任乃强◎著

周诗新诠（下）

任乃强全集【第八卷】

主编 任新建
副主编 何洁

四川人民出版社

图书在版编目（CIP）数据

周诗新诠. 下 / 任乃强著. — 成都：四川人民出版社，2021.12
（任乃强全集；第八卷）
ISBN 978-7-220-12479-2

Ⅰ.①周… Ⅱ.①任… Ⅲ.①《诗经》-诗歌研究 Ⅳ.①I207.222

中国版本图书馆 CIP 数据核字（2021）第 249283 号

ZHOUSHI XINQUAN XIA

周诗新诠（下）

任乃强　著

主　编	任新建
副主编	何　洁

总策划	罗桑道吉
出版人	黄立新
组稿统筹	喻　磊
项目执行	邹　近　章　涛
责任编辑	邹　近　张立园
装帧设计	戴雨虹
封面画像	蒋骊霄
责任校对	舒晓利
责任印制	祝　健
出版发行	四川人民出版社（成都三色路238号）
网　址	http://www.scpph.com
E-mail	scrmcbs@sina.com
新浪微博	@四川人民出版社
微信公众号	四川人民出版社
发行部业务电话	（028）86361653　86361656
防盗版举报电话	（028）86361653
照　排	四川胜翔数码印务设计有限公司
印　刷	成都东江印务有限公司
成品尺寸	185mm×260mm
印　张	25.25
字　数	418 千
版　次	2021 年 12 月第 1 版
印　次	2021 年 12 月第 1 次印刷
书　号	ISBN 978-7-220-12479-2
定　价	2500.00 元（全十五卷）

■版权所有·侵权必究

本书若出现印装质量问题，请与我社发行部联系调换
电话：（028）86361656

目 录

[周诗新诠（下）]

卷四 小 雅

《小雅》解题 …………………………………………………………（303）
一、鹿鸣之什 ……………………………………………………（306）
 （一）鹿　鸣 …………………………………………………（306）
 （二）四　牡 …………………………………………………（308）
 （三）皇皇者华 ………………………………………………（309）
 （四）常　棣 …………………………………………………（311）
 （五）伐　木 …………………………………………………（314）
 （六）天　保 …………………………………………………（316）
 （七）采　薇 …………………………………………………（318）
 （八）出　车 …………………………………………………（320）
 （九）杕　杜 …………………………………………………（323）
 （十）鱼　丽 …………………………………………………（325）
二、南有嘉鱼之什 ………………………………………………（327）
 （一）南有嘉鱼 ………………………………………………（327）
 （二）南山有台 ………………………………………………（329）
 （三）蓼　萧 …………………………………………………（331）
 （四）湛　露 …………………………………………………（332）
 （五）彤　弓 …………………………………………………（333）
 （六）菁菁者莪 ………………………………………………（335）
 （七）六　月 …………………………………………………（336）
 （八）采　芑 …………………………………………………（339）

（九）车　攻 ……………………………………………………………（342）

　　（十）吉　日 ……………………………………………………………（344）

三、鸿雁之什 …………………………………………………………………（347）

　　（一）鸿　雁 ……………………………………………………………（347）

　　（二）庭　燎 ……………………………………………………………（348）

　　（三）沔　水 ……………………………………………………………（349）

　　（四）鹤　鸣 ……………………………………………………………（350）

　　（五）祈　父 ……………………………………………………………（350）

　　（六）白　驹 ……………………………………………………………（351）

　　（七）黄　鸟 ……………………………………………………………（354）

　　（八）我行其野 …………………………………………………………（355）

　　（九）斯　干 ……………………………………………………………（357）

　　（十）无　羊 ……………………………………………………………（361）

四、节南山之什 ………………………………………………………………（364）

　　（一）节南山 ……………………………………………………………（364）

　　（二）正　月 ……………………………………………………………（369）

　　（三）十月之交 …………………………………………………………（374）

　　（四）雨无正 ……………………………………………………………（380）

　　（五）小　旻 ……………………………………………………………（385）

　　（六）小　宛 ……………………………………………………………（387）

　　（七）小　弁 ……………………………………………………………（390）

　　（八）巧　言 ……………………………………………………………（393）

　　（九）何人斯 ……………………………………………………………（396）

　　（十）巷　伯 ……………………………………………………………（400）

五、谷风之什 …………………………………………………………………（402）

　　（一）谷　风 ……………………………………………………………（402）

　　（二）蓼　莪 ……………………………………………………………（403）

　　（三）大　东 ……………………………………………………………（405）

　　（四）四　月 ……………………………………………………………（408）

　　（五）北　山 ……………………………………………………………（411）

　　（六）无将大车 …………………………………………………………（412）

（七）小　明 …………………………………………………………………（414）
　　（八）鼓　钟 …………………………………………………………………（417）
　　（九）楚　茨 …………………………………………………………………（419）
　　（十）信南山 …………………………………………………………………（422）
六、甫田之什 ………………………………………………………………………（425）
　　（一）甫　田 …………………………………………………………………（425）
　　（二）大　田 …………………………………………………………………（427）
　　（三）瞻彼洛矣 ………………………………………………………………（429）
　　（四）裳裳者华 ………………………………………………………………（431）
　　（五）桑　扈 …………………………………………………………………（432）
　　（六）鸳　鸯 …………………………………………………………………（433）
　　（七）頍　弁 …………………………………………………………………（435）
　　（八）车　舝 …………………………………………………………………（437）
　　（九）青　蝇 …………………………………………………………………（439）
　　（十）宾之初筵 ………………………………………………………………（440）
七、鱼藻之什 ………………………………………………………………………（444）
　　（一）鱼　藻 …………………………………………………………………（444）
　　（二）采　菽 …………………………………………………………………（445）
　　（三）角　弓 …………………………………………………………………（447）
　　（四）菀　柳 …………………………………………………………………（449）
　　（五）都人士 …………………………………………………………………（451）
　　（六）采　绿 …………………………………………………………………（453）
　　（七）黍　苗 …………………………………………………………………（454）
　　（八）隰　桑 …………………………………………………………………（455）
　　（九）白　华 …………………………………………………………………（457）
　　（十）绵　蛮 …………………………………………………………………（459）
　　（十一）瓠　叶 ………………………………………………………………（460）
　　（十二）渐渐之石 ……………………………………………………………（461）
　　（十三）苕之华 ………………………………………………………………（463）
　　（十四）何草不黄 ……………………………………………………………（464）
　　《小雅》总结 …………………………………………………………………（466）

卷五 大 雅

- 《大雅》解题 …………………………………………………………… (471)
- 一、文王之什 …………………………………………………………… (472)
  - (一) 文 王 …………………………………………………………… (472)
  - (二) 大 明 …………………………………………………………… (475)
  - (三) 绵 …………………………………………………………… (478)
  - (四) 棫 朴 …………………………………………………………… (484)
  - (五) 旱 麓 …………………………………………………………… (486)
  - (六) 思 齐 …………………………………………………………… (487)
  - (七) 皇 矣 …………………………………………………………… (489)
  - (八) 灵 台 …………………………………………………………… (495)
  - (九) 下 武 …………………………………………………………… (498)
  - (十) 文王有声 …………………………………………………………… (500)
- 二、生民之什 …………………………………………………………… (503)
  - (一) 生 民 …………………………………………………………… (503)
  - (二) 行 苇 …………………………………………………………… (510)
  - (三) 既 醉 …………………………………………………………… (514)
  - (四) 凫 鹥 …………………………………………………………… (516)
  - (五) 假 乐 …………………………………………………………… (518)
  - (六) 公 刘 …………………………………………………………… (519)
  - (七) 泂 酌 …………………………………………………………… (527)
  - (八) 卷 阿 …………………………………………………………… (529)
  - (九) 民 劳 …………………………………………………………… (532)
  - (十) 板 …………………………………………………………… (534)
- 三、荡之什 …………………………………………………………… (540)
  - (一) 荡 …………………………………………………………… (540)
  - (二) 抑 …………………………………………………………… (543)
  - (三) 桑 柔 …………………………………………………………… (549)
  - (四) 牲 鹿 …………………………………………………………… (555)

（五）云　汉 …………………………………………………………………（558）

　　（六）崧　高 …………………………………………………………………（562）

　　（七）烝　民 …………………………………………………………………（568）

　　（八）韩　奕 …………………………………………………………………（570）

　　（九）江　汉 …………………………………………………………………（575）

　　（十）常　武 …………………………………………………………………（578）

　　（十一）瞻　卬 ………………………………………………………………（582）

　　（十二）召　旻 ………………………………………………………………（586）

　《大雅》总结 …………………………………………………………………（589）

卷六　三　颂

《周颂》解题 ……………………………………………………………………（593）

一、清庙之什 ……………………………………………………………………（595）

　　（一）清　庙 …………………………………………………………………（595）

　　（二）维天之命 ………………………………………………………………（597）

　　（三）维　清 …………………………………………………………………（599）

　　（四）烈　文 …………………………………………………………………（600）

　　（五）天　作 …………………………………………………………………（601）

　　（六）昊天有成命 ……………………………………………………………（603）

　　（七）我　将 …………………………………………………………………（604）

　　（八）时　迈 …………………………………………………………………（606）

　　（九）执　竞 …………………………………………………………………（608）

　　（十）思　文 …………………………………………………………………（609）

二、臣工之什 ……………………………………………………………………（613）

　　（一）臣　工 …………………………………………………………………（613）

　　（二）噫　嘻 …………………………………………………………………（618）

　　（三）振　鹭 …………………………………………………………………（620）

　　（四）丰　年 …………………………………………………………………（620）

　　（五）有　瞽 …………………………………………………………………（621）

　　（六）潜 ………………………………………………………………………（623）

（七）雝 ……………………………………………………………（624）

　　（八）载见 …………………………………………………………（626）

　　（九）有客 …………………………………………………………（627）

　　（十）武 ……………………………………………………………（628）

三、闵予小子之什 ………………………………………………………（632）

　　（一）闵予小子 ……………………………………………………（632）

　　（二）访落 …………………………………………………………（633）

　　（三）敬之 …………………………………………………………（634）

　　（四）小毖 …………………………………………………………（635）

　　（五）载芟 …………………………………………………………（636）

　　（六）良耜 …………………………………………………………（639）

　　（七）丝衣 …………………………………………………………（641）

　　（八）酌 ……………………………………………………………（644）

　　（九）桓 ……………………………………………………………（646）

　　（十）赉 ……………………………………………………………（647）

　　（十一）般 …………………………………………………………（648）

　　《周颂》小结 ………………………………………………………（650）

《鲁颂》解题 ……………………………………………………………（651）

　　（一）駉 ……………………………………………………………（652）

　　（二）有駜 …………………………………………………………（654）

　　（三）泮水 …………………………………………………………（656）

　　（四）閟宫 …………………………………………………………（662）

　　《鲁颂》小结 ………………………………………………………（673）

《商颂》解题 ……………………………………………………………（674）

　　（一）那 ……………………………………………………………（675）

　　（二）烈祖 …………………………………………………………（678）

　　（三）玄鸟 …………………………………………………………（680）

　　（四）长发 …………………………………………………………（684）

　　（五）殷武 …………………………………………………………（691）

　　《商颂》小结 ………………………………………………………（694）

　　"三颂"总结 …………………………………………………………（694）

任乃强全集·第八卷

卷四 小雅

《小雅》解题

"雅",为周人自创乐类之名称,属商风西音之别派。其乐以琴为主,兼用商风之瑟及南乐之笙合之;不排斥他种乐器,而必谱之以琴;承虞夏遗音,以与商之风乐为别;盖文王自称受天命后所创也。

虞夏皆建国于河东盐池附近,其传统的乐歌,被称为"夏声"。夏灭于商。商风行而夏声偃。周起其废而更辉煌之,称之为雅。然在周末,犹有称"雅"为"夏"者,足知其传承发展之迹所自来矣①。

《六经》中,自《诗》外不见雅字。《诗》有"以雅以南"。《论语》有"雅颂各得其所",皆明明以雅为乐类名称。知周以前无雅乐之名,雅之名创于周矣。

周乐称"雅"之原因,先秦未有说者,后汉卫宏《续诗序》始有"雅者正也"之说。盖取《仪礼》工歌鹿鸣之三、关雎之三、鹊巢之三,为"正歌"之正字,与《论语》"政者正也"之文合以为说。夫《仪礼》乐工所谓之"正歌",凡十八篇,只六篇是雅(六篇是南,又六篇为有曲无词之笙乐),则不当以其正字说雅。至谓"王政所由兴废",则三百篇何者与王政无关,而不皆以为雅。《王风》《豳风》皆王畿之诗,岂即无关王政,而以为风邪?其说之不通如此,而后儒莫不遵之,怪也。

许慎《说文·隹部》云:"雅,楚乌也,一名鸒,一名卑居,秦谓之雅。"近人章炳麟说:"雅即是鸟。李斯《谏逐客书》,杨恽《报孙会宗书》,均有'击缶而歌乌乌'之句。……乌乌为秦声。秦本周地,也可说为周声。"(据蒋国善引他的讲演)把《说文》的"楚乌"径说为乌,犹如把楚王径称为王,芭蕉径称为蕉,是章氏之疏忽。惟从字形以说雅乐名称,方向则甚正确。雅字原义,固当是鸣声"牙牙"之鸟。

---

① 《荀子·荣辱篇》:"越人安越。楚人安楚。君子安雅。"《儒效篇》又云:"居楚而楚。居越而越。居夏而夏。"皆谓非人之天性,知能不同,只是"习俗之节","积靡使然"。所言"越""楚"与"雅",明是"越人""楚人"与"华夏人"习用之乐类。雅又称夏,故异篇信乎而异其字。近人梁启超谓"雅即夏音,中国之正声与南之夷乐俗声者有别。"(见蒋国善《三百篇演论》引梁氏《释四诗名义》)

考造字时之雅鸟，即今世俗所称之"八哥"。其鸟羽毛纯黑，有光泽，惟嘴与足爪丹黄；栖息于岩穴、树洞间，啄食虫类，不害稻粱；善能模仿他鸟及人之语言。惟其自鸣必长呼曰"雅"。此鸟从来为中华人民所爱悦。周乐取之命名者，或即取其纯洁、善美，为声悦耳。为物可爱之义。雅即用为乐名，历数百年，至于秦汉，人遂专以雅为诗乐之称，而别造鸦字以名此鸟。《说文》有雅字，无鸦字。则其明鸦字尚未创出，雅字仍兼为鸟名可知。（许氏所释之"楚乌""鷽""卑居"，不知依据何书，以今动物学语言推考，鷽与卑居，皆鹊类，非鸟雅一类。）

雅字既已专用为雅乐之称，后世遂引申为典雅、雅素、娴雅、雅美、高尚诸义，皆因诗乐之美以成义。雅鸟之义全失。遂有"雅，正也""雅，万舞也"等解释。足本疏之古字，六朝以来人亦以之代《尔雅》与《大小雅》之字。甚至以雅为一种乐器。皆谬妄者为之耳。

小雅与大雅，为使用乐器多少之别。卫宏说为"政有大小"者，亦谬也。同一征徐淮事，《鼓钟》《黍苗》诸篇入于《小雅》，《江汉》《常武》《崧高》诸篇列于《大雅》。同为宣王用兵征伐四夷之事，《采薇》《出车》诸篇，列于《小雅》。岂伐玁狁为"政事之小者"，征淮徐乃"政事之大者"；而征徐淮一事又有其政事之大小不同耶？郑樵《六经奥论》，已用《毛序》之文驳《续序》之说曰："序者曰：政有大小，故谓之《大雅》《小雅》。然则《小雅》以《蓼萧》为'泽及四海'，以《湛露》为'燕诸侯'，以《六月》《采芑》为'南征''北伐'，皆为政之小者？如此，不知《常武》之征伐，何以大于《六月》；《卷耳》之'求贤'，何以大于《鹿鸣》乎？"可谓一针戳破矣。

《新诠》以为小大雅因使用乐器种类多少不同而异者，推想创制雅乐之初，原只以琴代瑟，以雅易风。风之乐器原甚简单，有瑟即可歌之。汉人所记，赵女以郑卫淫声，游媚诸侯，但抱一瑟而已（见《史记·货殖传》）。雅乐重琴，轻桐为体，取携更便于瑟。一人所至，随兴而歌，皆可携琴自和。《小雅》诗篇，多平民与士人之作。与风诗相似。想其创作时只能有琴，非能合众乐者也。虽如王室燕享，可以多合乐器。但如《鹿鸣》诗语，反复所举，亦只琴瑟笙三种。此即创雅乐时周王燕享宾客之诗，其所用乐器之简单可知矣。其后天子燕享，有设钟鼓者。如：《彤弓》诗，言"钟鼓即设，一朝酬之"。《宾之初筵》亦云"钟鼓既设，举酬逸逸"。似二物只为劝酒之节，非《小雅》诗乐当有之器。纵使有之入乐，亦当是东周初年之制，西周固不如此（两诗皆东周初年之作）。若西周初年之《大雅》，则如《灵台》篇，所举乐器，有"虞业维枞，贲鼓维镛，于论鼓钟""鼍鼓逢逢"等句，可以想见其所用乐器种类之多，殆无所不备。此就乐诗本身所可能定之说也。

西周之初，王室与民间皆尚风诗，有《豳风》七篇可证。成王以后，风诗殆绝，民间亦用雅诗。此又周人以小雅代风之验。小雅之乐，可以行于民间。大雅之乐，则惟王室贵族乃能举之。由于设备乐器有难易不同，自然成为划分阶级之两种乐类。故大雅恒为王族使用之诗乐，小雅之诗则自王室至劳动人民皆为之，其阶级属性之广泛，亦正与风乐同。

一、鹿鸣之什

朱熹《诗集传》云："雅颂无诸国别，故以十篇为一卷，而谓之什，犹军法以十人为什也。"

（一）鹿　鸣

三章。章八句。百零三字。

（1）呦呦鹿鸣，食野之苹。我有嘉宾，鼓瑟吹笙。吹笙鼓簧，承筐是将。人之好我，示我周行。

（2）呦呦鹿鸣，食野之蒿。我有嘉宾，德音孔昭。视民不恌，君子是则是效。我有旨酒，嘉宾式燕以敖。

（3）呦呦鹿鸣，食野之芩。我有嘉宾，鼓瑟鼓琴。鼓瑟鼓琴，和乐且湛。我有旨酒，以燕乐嘉宾之心。

此文王初创雅乐时，用于燕飨宾客之乐诗。时岐周仍是奴隶社会。远近奴隶主以经济关系与周往来者，文王皆用此乐歌燕享之，团结友情，导使背殷。其诗温雅、谦恭，深致团结之谊。后世统治阶级燕飨宾客，大都沿用此诗。故在三百篇中，乐谱最为后亡（据《三国志·杜夔传》）。三章皆以鹿之得食呼伴起兴。

首章，"呦呦"，鹿鸣声。《毛传》云："鹿得蓱，呦呦然鸣而相呼。"训苹为蓱。《郑笺》不以为然，云"苹，藾萧"。鹿不食水中之草，毛氏训蓱固非。"藾萧"，今云扫帚草也。陈奂《毛诗传疏》引曾钊《诗异同辨》谓："《毛传》本作'苹，荓也'，传写误加水旁。"引《说文》"荓，马帚也"及《夏小正》"七月荓秀"传"荓也者，马帚也"为证。当是。马帚，即今之扫帚草，北方野生遍地，属蒿类，嫩时枝叶为鹿所嗜也。

"吹笙鼓簧"之簧，本义为管乐器孔上安装之薄片，随吹气振动以发响者。故

《毛传》云"吹笙而鼓簧"。《朱传》云"笙中之簧也"。后世乃有一种乐器曰簧,不适用于此诗。"承筐是将",旧说:"承,奉也。"(《郑笺》)"奉筐而行币帛,饮则以酬宾送酒,食则以侑宾劝饱也。"(《朱传》)《新诠》以为此句与次章"德音孔昭"为对,应皆为宾惠主人之语。盖谓宾客来时馈有筐筐盛物,主人承而将取之。"将",为携取之义。故下文曰"人之好我,示我周行"。周行,毛云"周,至。行,道也"。郑云"周之列位也"。朱云"大道也"。《新诠》以为:谦谓示我以交际往来之礼道,犹云"礼尚往来""施者必报"之义也。

次章,言来宾非仅有筐筐之惠而已。接席倾谈,所予嘉善之言亦是昭明。"视民不恌"二句,为"德音孔昭"句意落实之赞语,然亦空洞无实。便于作通用之谀辞而已。郑云"视,古示字"。恌,《左传·昭公十年》与《说文》引此诗,皆作佻。一般皆释为愉薄(毛云:'恌,愉也。'义同)。《新诠》以为上章已用示字,此章不当改用借字。且"民"为奴隶之义,与"君子"(贵族)对词。当谓:嘉宾德音为"对待奴隶(视民)不可不厚(不恌),凡奴隶主子(君子)俱当奉此为法则(是则)相效习(是效)。盖周行优待奴隶之制,故诗设为此语以勖其同类也。"式燕以敖"之敖,亦当读如傲。谓嘉宾能布此德音,即可以骄傲于侪辈。旧说为遨游字,于文不切。《邶·柏舟》"以敖以游",固训为遨。《小雅·桑扈》"彼交匪敖",与《曲礼》"敖不可长",则皆训傲。《嘉鱼》嘉宾"式燕以乐",《车舝》"式燕且喜",皆以感情字为文。遨游乃身动字,不能因《柏舟》借字,移用于此。

卒章,"芩",陆玑《诗义疏》云:"芩草,茎如钗股,叶如竹,蔓生泽中下地咸处。为草贞实,牛马亦喜食之。"盖即今云"黄芩"之苗也。植物学上属唇形科。此草不蔓生,陆玑见盖生于湿地之芩、茎弱长而偃者也。叶披针形无柄,故似竹叶。圆茎粗细如钗股。兽类喜食其苗,如陆所云。全诗再三所说乐器,只瑟、琴、笙三种。瑟为风诗主用之乐器,笙为南人主用之乐器,周人皆已用之,而雅乐必以琴为主导。合三者以燕来宾,则虽不喜雅乐者亦不厌之。此周人待客所注意者也。故曰"和乐且湛","以燕乐嘉宾之心"。毛云"湛,乐之久""燕,安也"。湛,陆氏《释文》云"又作耽"。盖《韩诗》作耽。故《常棣》释文引《韩诗》云"耽,乐之甚也"。《鲁诗》字则作妉。故《尔雅》云"妉,乐也"(《尔雅》文皆取自秦汉间经师之说)。《毛诗》多改古字,而说义未改。此其一例。

三章格调一致,而字数长短不齐,是贵族文人为诗特点。疑是周公旦少壮时作。周公诗,文格高而语意动人,多具教诲之义。此亦是初创雅乐时作之旁证。

（二）四　牡

五章。章五句。一百字。

（1）四牡骓骓，周道倭迟。岂不怀归？王事靡盬，我心伤悲。

（2）四牡骓骓，啴啴骆马。岂不怀归？王事靡盬，不遑启处。

（3）翩翩者鵻，载飞载下，集于苞栩。王事靡盬，不遑将父。

（4）翩翩者鵻，载飞载止，集于苞杞。王事靡盬，不遑将母。

（5）驾彼四骆，载骤骎骎。岂不怀归？是用作歌，将母来谂。

岐周已强盛时，殷纣犹遣使多所诛求。使臣处境艰难，献诗于周王，求得完成使命之词也。《韩非子·喻老篇》："周有玉版，纣令胶鬲索之。文王不与。费仲来求，因予之。"《竹书纪年》载纣之四十年，"使胶鬲求玉于周"。盖即此诗之本事。周人以胶鬲贤，故谱其诗入小雅耶。

旧说为"劳使臣之来"（《毛序》）；"陈其功苦以歌乐之"（《序注》）；"臣劳于事而不自言，君探其情而代之言"（《朱传》）；皆不能说通诗语。夫云"岂不怀归"，欲归而不能归之词也。"用是作歌"，使臣自作之诗也。明是国外来使，有求不得，告哀之词，岂得谓劳自己使臣哉。细审诗语，可以定为胶鬲之作。本为商之风诗，周人谱之入雅耳。

首章。"四牡"，驾四牡马之车，使臣赴急务之车也。"骓骓"，《毛传》："行不止之貌。"非与飞古字通，谓急行也，"周道"，在此诗谓入周之路。"倭迟"，《释文》谓《韩诗》作"倭夷"。又作"威夷"。《文选·潘岳西征赋》注引《薛君韩诗章句》曰"威夷，险也。"颜师古《汉书·地理志注》引此诗又作"郁夷"。三家诗与毛氏作字各异；为古代人形容道途险远之语，则说皆同矣。"岂不怀归"，自言来非得已，不可以徒归，故稽延不归之意。"王事靡盬"，说在《唐风·鸨羽》篇，谓国事不堪。隐言纣之暴乱。"我心伤悲"，自难处境之艰也。

次章，重申上章之意。毛云"啴啴，喘息之貌"。"白马黑鬣曰骆"，"遑，暇。启，跪。处，居也"。言四牡皆骆，是天子特使尊贵之车。急驰而来，则天子命使之意专严，求能必得也。使臣之不敢安处于家者，岂得已哉。毛云，"启，跪"者，周世无椅凳，坐卧于席。双脚屈坐为跪。发一脚坐为启，一曰"小跽"，即"半跪"。并脚跪为跽，又曰"长跪"。故坐与跪，古义相通。"启居"（见《采薇》与《出车》）

与"启处",皆安闲、放弛,于家坐息之义。

三章,"雏",毛云"夫不也"。字亦作鳺䳀鵴。亦名鹁鸠,一曰鹁姑;鸽类,似斑鸠而项无绣纹。造字时只用隹字当之。其后与隹相似鸟名俱从隹,乃别为鹪、雏字以别之。今俗云"水斑鸠"者是也。雏性不斗,故使人以自喻。"载飞载下,集于苞栩",喻其奔驰来求。栩,今云"青杠",有壳斗果者。"苞栩",犹言栎林。喻周之刚劲如栩。"将,养也"(《毛传》)。谓弃父母而来,之非得已。

四章,又重申前章之意。毛云"杞,枸檵也",即今之枸杞,茎有刺而果实甜美,喻物有可悦。不获养母而来求之,由王命也。

卒章,再言四骆之使,急骤之行,明其王之意必得,非使者强求。作此歌以献者,示虽不得而归,亦将有再来谴责、必取之使。"将母",读毋。"谂",《说文》云:"深谏也。"亦即将毋再有来谴责者之义。果然,费仲再来,文王亦不敢不与。周人之重此诗,以彰胶鬲之贤、纣之暴,费仲之恶,与文王之能忍,盖亦诗史也。(晋王戎问阮瞻孔老异同。瞻对曰"将无同"。将无,意已肯定而语不肯定之辞也。盖即用此诗语气。)

(三)皇皇者华

五章。章四句。六十四字。

(1) 皇皇者华,于彼原隰。駪駪征夫,每怀靡及。
(2) 我马维驹,六辔如濡。载驰载驱,周爰咨诹。
(3) 我马维骐,六辔如丝。载驰载驱,周爰咨谋。
(4) 我马维骆,六辔沃若。载驰载驱,周爰咨度。
(5) 我马维駰,六辔既均。载驰载驱,周爰咨询

武王将伐纣,分遣使臣驰合四方诸侯(当时是中小奴隶主的称号)作此诗,分赍致意也。

旧说:皆泛言为君遣使臣之诗。又皆囿于《左传·襄公四年》及《国语》叔孙

豹在晋之说，释其文字，全失诗之本义①。兹概不取，别立新解：

首章，言灿烂诸花，开遍大地。以兴灭纣时机之成熟。《毛传》："皇皇，犹煌煌也。高平曰原。下湿曰隰。"可取。续云"忠臣奉使，能光君命，无远无近，如华不以高下易其色"，则无取。此是命使臣赍致列国君臣之诗，非赠所遣使者之诗。前提既非，以下无不谬也。《毛传》"駪駪"，众多之貌。征夫，行人也"可取。续云"每，虽。怀，和也"。用《国语》"怀和为怀"文义，则无取（说在附注）。《郑笺》依别本《国语》以"和"作"私"，云："众行夫既受君命，当连行。每人怀其私相稽留，则于事将无所及。"如此以为遣使之辞，谬也。《朱传》混合其说曰："此駪駪然之征夫，则其所怀思，常若有所不及矣。盖亦因以为戒。"后之说者，又皆以为是遣使访求贤者咨询治道。谓靡训无。靡及，为"不能及"，是"教使臣虚怀听受之意"，尤属谬也。文王时尚属奴隶社会，安得有隐遁之贤者？又安得有统治者向其国中奴隶访询治道之事？《新诠》以为"靡"字本义是风吹麻倒。故《说文》云"披靡也"。《广韵》云"偃也"。《尚书·毕命》云"商俗靡靡"，孔颖达疏云"靡靡，相随顺之意"。《史记·儒林传》"靡然乡风"，皆用"草上之风必偃"之意说"靡"。此诗"每怀靡及"，盖谓，祝愿征夫所至，列国从同，以次相及，靡然从风。"每怀"，欲得之义也。

次章，"我马维驹"两句，周王自言此次遣使，车、马、御夫皆上选。喻使臣亦皆上选。驹字，《说文》引此诗作骄。云"马高六尺为骄"。《陈风·株林》"乘我乘驹"，《毛传》云"大夫乘驹"。《笺》云"马六尺以下曰驹"。此诗，陆氏《释文》云："驹，音俱，本亦作骄。"盖三家诗本作骄。毛诗作驹，仍当用骄字说义，乃与"六辔如濡"，及下三章文相称。"六辔"，说具《秦风·小戎》篇。"如濡"，谓辔之柔软而有光泽，如水濡沃之。"周爰咨诹"，毛云"忠信为周"，又是误用叔孙豹继章之辞。此诗"周"字，当为国王自指。爰，于也。发动咨诹于列国为使臣之任务，

---

① 《左传·襄公四年》同载此事。《鲁语》云："叔孙穆子聘于晋。晋悼公享之。乐及《鹿鸣之三》，而后拜乐三。晋侯使行人问焉。……对曰……今伶箫歌及《鹿鸣之三》，君之所以贶使臣。臣敢不拜贶。夫《鹿鸣》，君之所以嘉先君之好也。敢不拜嘉。《四牡》，君之所以章使臣之勤也。敢不拜章。《皇皇者华》，君教使臣曰：'每怀靡及。诹、谋、度、询，必咨于周。'敢不拜教。臣闻之曰：怀和为每怀（明道本无上怀字。《诗笺》《韦昭注》《诗正义》皆作怀私为每怀），咨才为诹（《左传》作'咨事为诹'），咨事为谋（《左传》'咨难为谋'），咨义为度（《左传》'咨礼为度'），咨亲为询，忠信为周。（《左传》无此句）。君贶使臣以大礼，重之以六德，敢不重拜。"（《左传》作"臣获五善，敢不重拜"）

《左传》无"忠信为周"句而有"访问于善为咨"句。所称"五善"与"六德"，亦不相同（他异文无关大义者不论）。既同出于叔孙豹之一口，记于左丘明之一手，分歧不当如此之甚。疑有一种是鲁诗家窜入之文。纵使皆出丘明一手，亦只是春秋世。"赋诗断章"之陋习，予叔孙豹以狡对之便。不能遂以为此诗本义如此。凡《左传》所举列国君臣赋诗陈意之文。无一非"断章取义"以就己意之说，固无可用以解说诗本义也。

亦即对列国君臣致意语也。咨诹何事，则寄使者之口陈之，不著于诗。古今两国间遣使谋事之函札，例必如此。此诗之用，亦然。

三章，至卒章，重复上章之意至于四次，不厌其烦者，示其遣使之多，分驰四方之国。将大举事，事不厌烦，则文亦不厌其烦，一也。诸侯之国有远近、亲疏之别，相应当有诹、谋、度、询之等。聚谋为诹（《说文》），则其人可招之来聚而谋者，谓同仇诸侯也。"虑难曰谋"（《说文》），"咨事之难易为谋"（《毛传》），则强大诸侯有伐纣之志而未能决者也。"咨礼义所宜为度"（《毛传》），"心能制义曰度"（《谥法》），对愿从周而不敢背殷之国言也。"询"，素非相谋，从违难期之诸侯，则但询其意向而已。欲使一诗能全适远近诸侯之意，固不厌辞费如此。

"骐"，已见《小戎》。"骆"，已见上篇。"沃若"，已见《卫风·氓》。"驷"，毛云："阴白，杂毛曰驷。均，调也。"

（四）常　棣

八章。章四句。百二十九字。

(1) 常棣之华，鄂不韡韡。凡今之人，莫如兄弟。
(2) 死丧之威，兄弟孔怀。原隰裒矣，兄弟求矣。
(3) 脊令在原，兄弟急难。每有良朋，况也永叹。
(4) 兄弟阋于墙，外御其务。每有良朋，烝也无戎。
(5) 丧乱既平，既安且宁。虽有兄弟，不如友生。
(6) 傧尔笾豆，饮酒之饫。兄弟既具，和乐且孺。
(7) 妻子好合，如鼓瑟琴。兄弟既翕，和乐且湛。
(8) 宜尔室家，乐尔妻帑。是究是图，亶其然乎？

周公既平管、蔡、殷、奄之乱。归于宗周，集燕其宗亲男女，以敦亲亲之谊，因为此诗以勖之。

《左传》僖公二十四年，富辰谏王曰："昔周公吊二叔之不咸。故封建亲戚，以蕃屏周。管、蔡、郕、霍、鲁、卫、毛、聃、郜、雍、曹、滕、毕、原、酆、郇文之昭也。邘、晋、应、韩，武之穆也。凡蒋、邢、茅、胙、祭、周公之胤也。召穆公思周德之不类，故纠合宗族于成周，而作诗曰：'常棣之华，鄂不韡韡。凡今之人，莫如兄弟。'其四章曰：'兄弟阋于墙，外御其侮。'如是则兄弟虽有小忿，不废懿亲。"《外传·周语》则富辰谏语曰："不可。古人有言曰：'兄弟谗阋，侮人百里。'周文公之诗曰：'兄弟阋于墙，外御其侮。'若是，则阋乃内侮，而虽阋，不败亲也。"云云。《内传》说是召穆公虎作，则当作于宣王时。《外传》说是周文公旦作，则当作于二叔败死后。韦昭《国语注》曰："文公之诗者，周公旦之所作《棠棣》之诗是也，所以闵管蔡而亲兄弟。此二句，其四章也。御，禁也。言虽相与很于墙室之内，犹能御异族侮害己者。其后周衰，厉王无道，骨肉思阙，亲礼废，宴兄弟。故召穆公思周德之不类，而合其宗族于成周，复循《棠棣》之歌以亲之。郑、唐二君以为《棠棣》穆公所作，失之。唯贾君得之。穆公，邵康公之后也，至周公，历九王矣。"诠按：《左传》《国语》同记一事，而世次差谬如此。韦昭折中其说，当是。审诗语含义、情调、格局、俱当是周公旦晚年之作。韦氏正诗题为棠棣字，亦可取①。

首章，以棠棣起兴者：棠棣，今云"海棠"，其花鲜美，春日开，恒数十朵为簇，灿烂似花球，各花柄同出于枝芽之端，疏密相称，喻为兄弟甚适当。"韡韡"，毛云"光明也"。其字与"彤管有炜"之炜同音义。韦昭写作韩，盖《韩诗》字也（昭时，齐、鲁诗已亡）。"鄂不"，《毛传》："鄂，犹鄂鄂然，言外发也。"《郑笺》："承华者曰鄂。不，当作柎。柎，鄂足也。"《朱传》云："鄂，鄂然外见之貌。不，犹岂不也。"今按：郑氏以鄂为萼。以不为柎，指花柄，得其义矣。海棠花柄作总状散放，如不字，故诗云"鄂不韡韡"也。不字具否音，故郑说为柎。《韩诗》字或作柎，故《笺》敢如此说耳。诗谓"凡今之人，莫如兄弟最亲近"。省"最亲近"字，于义亦明。

次章，言东征三年，杀人众多，未尝不孔怀兄弟。"孔怀"，谓欲有所以拯救之也。"原"，高地。"湿"，低地。"裒"，旧说"聚也""多也"，并非。《易·谦卦》"君子以裒多益寡"，乃裒字本义。此诗谓裒原益隰，使地平也。《尚书》谓禹平治水土曰："地平天成。"此诗"原隰裒矣"，即"地平"之义。后世称剿灭叛乱曰"平定"，亦是此诗"裒矣"之义。"兄弟求矣"，《毛传》："言求兄弟也。"郑、朱说为"兄弟相求"，失之。三叔之更封其子。霍叔则降为庶民，期限亦止三年。世言"周公诛管蔡者，非史实。此诗言"兄弟求矣"，乃周公之心，在于求得而教之，志不在

---

① 此诗"常棣"，与《召南》之"甘棠"，《何彼襛矣》之"唐棣"，《秦·晨风》之"苞棣"，《小雅·采薇》之"维常之华"，说诗者相与纠缠，莫成定说。旧尝辑录诸经师之说，参以各诗篇之文义，与实物之观察，及近代科学书籍之记述，如理乱丝，久而略得其要。所谓常棣、甘棠、唐棣、常芑，皆谓今之海棠。海棠固有多种，各地人呼之亦互异；说诗者作字亦不同耳。所谓棣，苞棣，与"夫栘"（《韩诗》此篇题为夫栘。《艺文类聚》引此诗亦曰"夫栘之华"）及《豳·七月》之"薁"，或奥李，郁李，皆谓今之海李，《朱传》云"子似樱桃，可食"者也。其间所辑旧说异同，纷错，烦琐，兹不具录。

诛之也。旧说者不能结合史实，竟至于说为"积尸哀聚于原隰之间，亦惟兄弟惟相求"（《朱传》）。大谬。

三章，进一步说明，东征为了挽救兄弟。"脊令"，小鸟，常见于园庭间，飞行迅急，止则首尾上下起落不停（俗呼"点水雀"）。不喜偶居与群飞（今作"鹡鸰"，亦出没于沟渠溪流边，以小虫为食，鸣声尖锐短促，性猾黠。——整理者注）。诗用此鸟起兴者，喻管蔡之离亲叛国，生性骚扰，如脊令之非善鸟。世人每有误解此诗，反以脊令喻兄弟友好者，亦大谬也。"急难"，谓兄弟之难，惟兄弟情急思救。"每有"，犹云"虽有"，或"往往有"。谓良朋虽亦同情于友人之难，亦唯付之一叹而已。况与贶通。永与咏通。

四章，再进一步说明兄弟之亲与朋友不同。阋，字从门。《毛传》云"很也"。《说文》云"恒讼也"。并谓使气相恨之争。"墙"，谓室内。豳人筑土为室以御寒，故室内之争曰"阋于墙"。"务"，《左传》《国语》引并作侮。陆德明云："务，如字。又音侮。"今人皆读务为侮。《郑笺》："务，侮也。"盖三家诗字本作侮。毛改作务。《毛诗》擅改古本文字之处甚多，此其一例。"御，禁也"（《毛传》）。无理相侵曰侮。《大雅·绵》传"武臣折冲曰御侮"，谓战守以御敌也。此诗"烝也无戎"，谓朋友虽众，亦无人肯以兵戎相助。"烝，众也"（《东山》毛传）。"戎，兵也"（《说文》）。故字从戈。《毛传》于此句云："烝，填。戎，相也。"朱云："烝，发语声。戎，助也。"并无取。

五章，言四国之乱既平，国已安宁矣。而兄弟宗亲间犹多误会，不相亲近，反较朋友感情为疏。故邀聚宗亲举行饫礼，以广亲亲之义。饫礼，下章云"饮酒之饫"是也。

六章，言饫礼中，兄弟会聚，一堂和乐，各有孺慕之情。《毛传》："傧，陈。饫，私也。不脱屦升堂谓之饫。"《郑笺》："私者，图非常之事，若议大疑于堂，则有饫礼焉。"《周语》："王公诸侯之有饫也，将以讲事、成章、建大德、昭大物也。故立成礼，烝而已。"今按：武王伐殷，有"饫歌"（详《大武六成说》在周颂之部）。饫者，聚合多人饮食之，使皆厌饫。人多，故不设席铺，但立而成礼。食品盛以笾豆之器者，便于立食也。虽立食，亦有乐歌侑酒以成礼。武王享战士，用大武乐之首章。周公饫族人，用此自撰之小雅乐歌。凡周代燕饮、铺席，则脱屦然后升堂。饫礼立饮，故不脱屦。"兄弟既具"，朱云"具，俱也"。谓兄弟皆至。"和"，毛云"九族会曰和"。朱云"孺，小儿之慕父母也"。

七章，言此次饫饮，族人皆偕妻子同至。欢饮中，妻子皆乐。如琴瑟之相调。

兄弟和好，无复芥蒂。故曰"和乐且湛"。湛，《韩诗》作耽，云"乐之甚也"（《释文》引）。《毛诗》改作湛（《鹿鸣》同）。今按：字当作耽，音当读澄（与酖同音）。《卫风·氓》"无与士耽"，亦读如澄。耽。相亲暱也。旧皆说耽"都南反"或"答南反"（并陆氏音释）。不协韵，亦与诗义不合。

卒章，周公于诸人醉饱之后，提出教训：承上言，当尔"妻子好合""宜尔室家，乐尔妻孥"时，宜细致研讨上各章之言，加以力行。帑、孥古通。《毛传》云"帑、子也"，又"究，深。图，谋。亶，信也"。《笺》云："女深谋之。信其如是。"朱云："兄弟于人，其重如此。试以是究而图之，岂不信其然乎。"

（五）伐　木

六章，章六句。百四十四字。

(1) 伐木丁丁，鸟鸣嘤嘤。出自幽谷，迁于乔木。嘤其鸣矣，求其友声。
(2) 相彼鸟矣，犹求友声。矧伊人矣，不求友声。神之听之，终和且平。
(3) 伐木许许，酾酒有藇。既有肥羜，以速诸父。宁适不来，微我弗顾。
(4) 于粲洒埽，陈馈八簋。既有肥牡，以速诸舅。宁适不来，微我有咎。
(5) 伐木于阪，酾酒有衍。笾豆有践，兄弟无远。民之失德，干餱以愆。
(6) 有酒湑我，无酒酤我。坎坎鼓我，蹲蹲舞我。迨我暇矣，饮此湑矣。

文王、武王拔用奴隶有材武者为将帅，功赏比于贵族，除其奴籍，予以官守。此等新贵召享其旧时友好，歌此诗也。作者盖泰颠、闳夭、南宫适或散宜生，以奴隶起至"乱臣十人"之列者，故其气概局量能至于此（参看《兔罝》篇说）。

《毛序》云："伐木，燕朋友故旧也。自天子至于庶人，未有不须友以成者。亲亲以睦。友贤不弃，不遗故旧，则民德归厚矣。"《郑笺》云："言昔日未居相位，在农之时，与友生于山岩伐木，为勤苦之事，犹以道德相切正也。"魏源《诗序集义》曰："'伐木，文王敬故也。'《韩诗序》见《周礼疏》。'言昔未居位，在农之时，与友生于山岩伐木，为勤苦之事，犹以道德相切正。'《郑笺》用《韩诗》说也。《文选注》引《韩诗内传》曰：'饥者歌食，劳者歌事。'诗人伐木，自苦其事，故以为文。……文王旧劳于外，友贤人隐士，及即位而举闳夭、泰颠于罝网、伐木之中，以道义相师友。武王师而行之，又以文王之臣为友。故周公作乐歌之。"如此诸说，皆能审寻诗语本趣，得其近似之义。徒以不识文武周公时为奴隶社会，而以封建君臣之道揣度之。以为"圣王"之事固当如此。夫尧甸、舜耕，原始社会所当然也。奴隶社会之贵族，岂犹能饥劳于山林哉。即以封建情俗推之，文王为太王爱孙，西伯世子，自身复为西伯，岂能于未即位时伐木于山岩间乎。若拔用奴隶以至将相，则奴隶社会末期所有。故知此诗出于闳、散之辈，而非出自文王周公也。

首章，此诗主人本是岐周伐木、猎兔之奴隶。《兔罝》诗云"椓之丁丁""施于中林"，是闳夭、泰颠旧时朋友，歌颂其已作"公侯干城"之诗。此篇则显然是其报答之诗，具有旧时阶级的共同语言。回忆得"丁丁"之声响。"鸟鸣嘤嘤"是山林生活中人习见之景。"出于幽谷，迁于乔木"，是诗主人借嘤声以自喻。谓客歌《兔罝》之诗，如鸟之嘤鸣。所歌出幽入乔之事，有似索和于"武夫"者，我故作此以答之也。"求其友声"，谓索和也。

次章。言彼鸟尚以嘤鸣求友，况人也而可不答乎？"神之听之"，谓凝神以听嘤鸣之诗歌，始终是和谐、平正之气。以上皆赞《兔罝》诗语也。亦即以说明今之燕乐赋诗，为答《兔罝》也。《朱传》并此诗为三章，将以上为第一章。就文义言，则然矣。然乐章应不如此。《小雅》诗乐，六章者多。惟《南》与《风》乃多为三章。

三章，"伐木许许"之许，当读如浒，是用力舞斧之声，毛云"许许，柹貌"。盖以为木片脱离之貌。朱云："许许，众人共力之声。《淮南子》曰'举大木者呼邪许'。盖举重劝力之歌也。"说较毛为胜，而未切矣。浒浒，犹云呼呼，运斧之声也，与"丁丁"同是一人伐木之形容语。"酾酒"，漉酒也。古者酒无蒸馏之法，酿成则挹而饮之，嫌其浑浊不清，则用滤具漉去其糟屑。粗滤为酾酒，再滤为清酒。《毛传》以筐曰酾，以薮曰湑。谓筐滤与再滤也。"蔌"毛云"美貌"。谓酒之美也。窃疑蔌当是精滤之器名，谓茅绒。能滤成清酒，毛云"以薮曰湑"是也。与后文湑字相应，故曰酾酒有蔌欤。"羜"，毛云"未成羊也"，谓食用之小羊。"速"，郑云"召也"。今为敦请之义。"诸父"，周人对同姓族人之通称。"宁适不来"两句，郑云："宁召之，适自不来，无使言我不顾念也。"窃疑此说鄙慢，不称。当以宁为疑辞，如云"岂其不来适耶，幸无不我顾"，是恳其必来之语。盖邀人饮酒诗也。

四章，再言具备八簋之馔，洒扫庭除，使之粲然清洁，以迎宾客。"诸舅"，周人对异姓族人之通称也。"簋"，盛食物之器。方形者曰簠，圆形者曰簋。"粲"鲜明也。"八簋"，器之盛也（用《朱传》说）。"咎"，过也（用《毛传》语），言无使我抱咎不安也。

五章，言谓宾应召皆至。仍用伐木于阪起兴，谓皆旧好也。"衍"，毛云"美也"。朱云"多也"。当依朱说。"践"，郑云"陈列貌"。朱同。今按：当谓笾豆之设，诸宾皆已就之，无拒召不来者，故曰"无远"。上称"诸父""诸舅"，此复称"兄弟"者，奴隶间本无伦辈关系，年长者，咸呼以叔父伯父，叔舅伯舅，年轻者，咸呼以兄弟。后儒以封建社会统治阶层礼次相呼语拟之，则不可通为一事矣。"干糇"，行者所携之食粮。朱云"食之薄者也"。此二语，盖主人用当时成语以自夸其富有无吝，劝客饫饮之意。谓小民每因干糇细故而获愆尤，兹则可以无忌矣。"民"，殷周人称谓奴隶之词。二语，疑是旧时文人诮藐奴隶生活之语，此诗用之。缘是成语，故可不尽其意。但举旧言，以明今之非吝而已。

卒章，"有酒湑我"二句，盖南人语法，主词在动词后。当译为"有酒我湑，无酒我酤"。湑，即滤酒之义。《毛传》云："湑，茜之也。"茜，即《左传》"苞茅不入，无以缩酒"之缩字。《周礼·甸师注》"萧，字或为茜。茜字读为缩"是也。毛上言"以薮曰湑"，此易薮字为"茜之"，意固同也。"酤"，与沽字通，买酒之义（亦通用于卖酒与酿酒）。《郑笺》"酤，买也"是也。《笺》又云："此族人陈王之恩也。王有酒则沛茜之。王无酒，酤买之。要欲厚于族人。"盖用《韩诗》之说，虽失诗篇本意，体会诗语则是。"坎坎鼓我，蹲蹲舞我"，亦是"我鼓坎坎，我舞蹲蹲"之意。《笺》云"为我击鼓坎坎然，为我兴舞蹲蹲然"，亦非。所燕宾客众多，盖亦饫礼之饮也。自当有乐工击鼓兴舞，安可使宾客为之哉？"迨"，《笺》云"及也"。"及我今之闲暇，共饮此湑"，亦是。而云"又述王意也"，则又不然。

（六）天　保

六章。章六句。百四十八字。

(1) 天保定尔，亦孔之固。俾尔单厚，何福不除。俾尔多益，以莫不庶。
(2) 天保定尔，俾尔戬谷。罄无不宜，受天百禄。降尔遐福，维日不足。
(3) 天保定尔，以莫不兴。如山如阜，如冈如陵。如川之方至，以莫不增。
(4) 吉蠲为饎，是用孝享。禴祠烝尝，于公先王。君曰卜尔，万寿无疆。
(5) 神之吊矣。诒尔多福。民之质矣，日用饮食。群黎百姓，遍为尔德。
(6) 如月之恒，如日之升，如南山之寿，不骞不崩。如松柏之茂，无不尔或承。

此巫祝降神，诒颂周王之歌，周人以之合于小雅之乐也。凡旧说"下报上""臣祝君"者，皆非。

《左传》宣公三年，王孙满答楚子问鼎，曰："成王定鼎于郏鄏，卜世三十，卜年七百，天所命也。"足知周人每当大事集时，即曾卜世。《周书·作雒解》谓"武王告周公以定天保，依天室"（谓营洛邑）。是武王灭纣，武成时，曾依巫卜得《天保》之识，故谓营洛为"定天保"也。

巫虽本为奴隶之艺，亦颇多有知识奴隶，借以自重。巫咸位至宰辅。故殷巫多有才艺，能为诗、创乐舞。此诗夸诞、狂谄，非封建文士所忍为。明明对周王之祝词，而称"尔"者，偏于六句各句，则托为神降之语可知矣。大抵武王诛纣犹在殷邑之时，有殷降人推荐某名巫为周卜世。巫极力为此谄谀之词以沽宠，冀得用为卜祝之官故也。

首章，"天保定尔"，与《周书》"定天保"语相应。"定"，即"天下恶夫定"，"一戎衣而天下定"之定字所本。尔，指周王。谓天帝保证尔定此天下也。不惟定矣，亦且大为坚固。"俾尔单厚"之单，旧说有"信也"（《毛传》），"尽也"（郑、朱）。《潜夫论》引此诗作亶。《说文》"亶，多谷也。"皆纡曲不切。今按"巫语无深义，盖灭纣前，殷、周对立，皆称"受天命"。此时，巫云"俾尔单独得天下之厚"而已。三家诗当有作亶厚者，亦是独擅天厚之意。"何福不除"之除字，亦旧解纷挐。《新诠》以为除字古书作"余"。《尔雅》"四月为余"，《诗·小明·笺》作"四月为除"，可证。余，又古文餘字也。此诗字本作余，是福皆有余之义。汉儒传写伪作除字耳。故下文申其意云"俾尔多益"。物资丰赡，则民无不庶者。庶，人民众盛之谓也。奴隶主富有，则奴隶益多，是庶之古义也。

次章，重言"天保定尔"。戬，谓无往不克。谷，谓无物不足。故《毛传》云："戬、福。谷、禄。"朱云："戬，与翦同，尽也。谷，善也。尽善云者，犹其曰'单厚''多益也'。"此说非诗义。"罄"，为俯悬之乐器，无所受物，是乃尽之义也。遐远也。谓天将降尔以遐远之福，将永无届满之日。是福及后世之义。

三章，三言"天保定尔"，财物无不阜盛。宝藏兴焉，货财出焉，人民丰乐，凡百事举。故曰"以莫不兴"。其财物增盛，如山之隆，如川之涌也。殷周人为歌颂必重叠至三。

四章，言：周之先公先王亦已降临，命之卜周王（尔）。卜得多寿。"无疆"，犹言无止境也。"君"，谓周之先公先王。文王称受天命时已称王，并追遵太王、王季。又以上之先祖如公刘等则为"公"。《毛传》："吉，善，蠲，洁也。饎，酒食也。享，献也。春曰祠。夏曰禴。秋曰尝。冬曰烝。"巫不言先公何时降神，漫云随祭而至，正是巫人妄语。

五章，"神之吊矣"的神，是殷巫自称其所奉之神。亦不讳言其所奉之神原佑殷王。谓其神此来临吊殷王祖先,亦已承认天命绝殷。因亦不违天命,转而福佑周王,赠遗以多量幸福。

毛云"吊,至也",非义。又云"质,成也"。与《大雅·绵》《大雅·抑》质字互参,仍不明白。今按:质字本义为货品交易,或转移之契约。《周礼·地官》:"质人,掌成市之货贿。人民、牛马、兵器、珍异,凡卖儥者,质剂焉。"司市云:"以质剂结信而止讼。"质人为司市(下大夫)之属官(中士),掌珍贵商品与奴隶("民"为奴隶之谓)之交易。成则登记之。纳其册籍于司市,以杜狡赖。毛云:"质,成也。"即交易成之义。《郑笺》释为:"成,平也。"《朱传》更说:"质,实也。"皆失诗义。诗言神已登记殷民转移为周民之籍,为"民之质矣"也。"日用饮食",谓殷民在殷日用不给。今质于物资丰富之周,则可每日皆得饮食,不患饥渴矣。"群黎",谓奴隶们,称为黎民。"百姓",指奴隶主,皆贵胄之子孙。"遍为尔德",谓"普遍受你德泽"。为字,当如《大雅》之"福禄来为"的为,作受字解。与受同具授予接受之义。《郑笺》释云"则而众之"。马瑞辰释为"讹也",皆非诗义。

卒章,结束全篇,更为热烈夸张之祝颂。与第三章同义。后世谀颂者合以为"九如"焉。

(七)采 薇

六章。章八句。百九十二字。

(1)采薇采薇,薇亦作止。曰归曰归,岁亦莫止。靡室靡家,猃狁之故。不遑启居,猃狁之故。

(2)采薇采薇,薇亦柔止。曰归曰归,心亦忧止。忧心烈烈,载饥载渴。我戍未定,靡使归聘。

(3)采薇采薇,薇亦刚止。曰归曰归,岁亦阳止。王事靡盬,不遑启处。忧心孔疚,我行不来。

(4)彼尔维何?维常之华。彼路斯何?君子之车。戎车既驾,四牡业业。岂敢定居?一月三捷。

(5)驾彼四牡,四牡骙骙。君子所依,小人所腓。四牡翼翼,象弭鱼服。岂不日戒?猃狁孔棘。

(6)昔我往矣,杨柳依依。今我来思,雨雪霏霏。行道迟迟,载渴载饥。我心伤悲,莫知我哀。

此宣王伐玁狁，军还时，军士之诗也。旧有说为文王时著（卫宏《续序》）；又说为王季时著（何楷《诗世本》）；有并《常武》《出车》说为襄王时著（《史记·匈奴传》）；有说为懿王时著（方玉润《原始》）；皆谬。王季文王时，岐周犹是奴隶社会，军士皆奴隶，则其诗安得有"靡室靡家""靡使归聘"之语。惟宣王时命南仲城朔方，伐玁狁，明著《出车》之诗。此诗情调，与《出车》正同。其为同时军士之作甚明。

玁狁者，西戎（羌族）之一种。其时西戎尚为原始氏族组织之牧畜民族，无一定之居处及部落名称，唯用其民族支派中一英雄人名为称号。曰昆夷、曰獯育、曰玁狁，犹汉世《西羌传》中之"先零""烧当"，华人不能辨，但知其为部落称号而已。牧族迁徙鸟举、飘忽无常，宣王用农奴军赋之兵车逐之，往往历久不获一战。故此诗之军，春出冬还，屡欲归而复深入仅于一次遇敌，连获三捷，逐敌既远，乃克旋师。此农国与牧国作战之一般形势也。

宣王时，农权阶层中已多能诗之士人。故其诗温雅忠厚，情致真实，语皆平淡而感人甚深。

首章，"采薇"起句者，农奴应军赋，当于车马战具之外，更自备糇粮（近世，藏族军制亦还如此）。行役既久，追敌已深，糇粮缺乏，则采薇为食也。薇是羊齿科植物，幼芽壮苗，卷如小儿握拳，与其根皆富于粉质，可茹食。丛生于高原阴湿之部，今人呼为"蕨萁"，川边山地极多。右陇山地区亦当多有。"薇亦作止"，止，为语词。"亦"当读如已。"作"，谓芽初苗也。此言春日深入而未遇敌，粮尽欲归，将帅以薇可代粮，仍命深入也。"曰归"二句，谓屡言将旋师，终以未战为憾，追军粮至，仍复索敌前进，直到岁已将暮，仍在索敌。盖归后追忆之辞。莫，读如暮。亦即暮之古字。其下四句，谓远离室家为"靡室靡家"。谓不得休息为"不遑启居"。皆以玁狁为害，必须征讨故也。宣王时，王畿奴隶皆已解放为有室有家之农奴。其人故皆能忠于周王，劳而不怨。

次章，"薇亦柔止"，谓薇蕨芽壮，而未刚，质正柔美，初夏时也。犹屡言归而不归，则常忧于心矣。"戎"字，在此诗为出征之义。其字本从人从戈，泛言兵役之事。后乃专用为戍守之义。"未定"，谓军未了。"归聘"，谓出发前已订婚，以出征在外，不得行聘娶。

三章，三言"采薇"，犹《伐木》之三言"伐木"，《天保》之三言"天保"，重其事，则再三言之。当时诗体如此。"刚止"，则薇蕨芽老，为枝为叶，不可食者多，新芽渐少，入秋之时矣。"阳"，毛云："历，阳月也。"《笺》："十月为阳。时坤用事,嫌于无阳,故以名此月为阳。"今按:盖古人于字义惯作反语,谓纯阴月为阳月。此是其一例。"王事靡盬""不遑启处",皆用《四牡》原句,足知作者已习诗艺,盖曾入国学之士人也。《毛传》:"疚、病。来,至也。"《笺》云:"来,犹反也。据家曰来。"《朱传》:"来,归也。此见士之竭力致死,无还心也。"今按:上云"忧心孔疚",则所忧为此行不能归,非朱氏之意。

四章,"彼尔维何",《说文》引此句,作"薾"。《毛传》:"尔,华盛貌。"则其字本当作"薾"。作"尔"者,传写省字。《笺》云:"彼尔者,乃常棣之华。以兴将帅车马服饰之盛。"用"常棣"字,又是习周公诗之士人之证。诗语所指之将帅,盖周王之宗人,故称"君子"。"路,戎车也(《朱传》)。"君子,谓将帅"(《郑笺》)。"业业,壮也"(《毛传》)。"一月三捷",言既逐得敌,穷追连胜。为此军役中最紧张时间,故军士不敢定居休息。

五章,述旋师情形。既已逐敌远徙,则可旋师矣。"驾彼四牡",谓主帅之车。"骙骙,强也"(《毛传》)。"君子所依",谓贵族诸将皆依随主帅之车。"腓",毛云"辟也"。朱云"随动也"。今按:足之筋肉为腓,此借为步行之义。戎车配有步卒翼之,诗语"小人",指农奴阶级之人。与贵族阶级称"君子"为对词。"翼翼",毛云"闲也"。朱云"行列整治之状"。"象弭",毛云"弓反末也"。朱云"以象骨饰弓弰也"。"鱼服",毛云"鱼皮也"。朱云"鱼,兽名,似猪,东海有之。其皮背上斑纹,腹下纯青,可为弓鞬矢服也"。按:即今人所谓"鲨鱼皮"也。"岂不日戒"两句,谓虽归途,亦日时警戒,以备玁狁之袭击。因玁狁大恶,来去飘忽无常。"孔棘",大恶之义。旧说:"棘,急也。豫述其苦以劝之。"(《郑笺》)于诗语未妥。诗语盖谓主帅饬随时戒备,士卒亦已知玁狁之恶而戒备。非豫为警戒之词。

卒章,言归途疲困中所伤感。杨柳得春最早,"依依",谓柳叶初发,柳絮依人,仲春下旬时也。雨雪霏霏,则仲冬絮雪飞舞之时。感物伤怀,痛定思痛,加以饥渴,故隐发伤悲而人莫知也。

(八)出 车

六章。章八句。百九十二字。

(1)我出我车,于彼牧矣。自天子所,谓我来矣。召彼仆夫,谓之载矣。王事多难,维其棘矣。

(2)我出我车,于彼郊矣。设此旐矣,建彼旄矣。彼旟旐斯,胡不旆旆?忧心悄悄，仆夫况瘁。

（3）王命南仲，往城于方。出车彭彭，旂旐央央。天子命我，城彼朔方。赫赫南仲，玁狁于襄。

（4）昔我往矣，黍稷方华。今我来思，雨雪载涂。王事多难，不遑启居。岂不怀归，畏此简书。

（5）喓喓草虫，趯趯阜螽。未见君子，忧心忡忡。既见君子，我心则降。赫赫南仲，薄伐西戎。

（6）春日迟迟，卉木萋萋。仓庚喈喈，采蘩祁祁。执讯获丑，薄言还归。赫赫南仲，玁狁于夷。

宣王征伐玁狁时，南仲另率一军，先城朔方，再伐西戎。凯旋时，从征军士作此诗。其事与《采薇》约略同时。《采薇》是春出师，冬还师。此诗是夏季出师，春还师。作诗者亦习于诗艺之士人，直用旧句之处更多于《采薇》。表现周代军赋制度之处尤为鲜明。

首章，叙述农奴应征赋出兵，初步集合于乡里情形。周制："四丘为甸。甸，六十四井也，有戎马四匹，兵车一乘，牛十二头，甲士三人，卒七十二人，干戈备具。"（《汉书·刑法志》用《司马法》文）其中"甲士三人"，即乡遂之卒业于国学，当服兵役者，亦即为各兵车之主，故曰"我出我车"也。"邑外谓之郊。郊外谓之牧。"（《尔雅》）乡遂皆在郊邑之外。故曰"于彼牧矣"。乡有乡师，遂有遂师，掌其征发之事。应征者皆自以其当备之车、甲、干、矛、牛、马、糇粮会聚于丘甸之牧地，听王臣宣命。"自天子所"，谓宣命之王臣。"谓我来矣"，言王臣已经点验。甲士传达步卒仆夫之语如此。"我"为"我们"之省词。以下四句，为甲士转述王臣之令教。如云："速命放牧马牛之仆夫，赶回牛马，驾车待发。因为王事急迫。"军赋，每兵车一乘，有牛十二头者，兵车供战斗，只载甲士三人，一左、一右、一御。其军之辎重，则牛运之。照料牛马刍秣饮饲之人称为仆夫。《毛传》《朱传》并以御夫为仆夫，误矣。戎车之御为甲士。牛车之御为兵士，抑或用仆夫御之耳。"谓之载矣"，犹言："告诉他套车了。"

次章，叙述一行已到王郊进行军容整治情形。时则已有大将指挥。先从王所须下旐、旟、旂、旄，命军士分队立之。建旗之法，前队旗绘朱雀，后队旗绘玄武，左者绘青龙，右者绘白虎（见《礼运》说）。此诗《毛传》曰"龟蛇曰旐"，谓玄武旗也。"鸟隼曰旟"，谓朱雀旗也。军行，前后为重，主将领之；左右为轻，偏裨领之。旄者，毛云"干旄"。郑云："设旐者，属之于干旄而建之。"朱云："注旐于旗干之首也。"此干字与竿、杆义通，不作盾义。"旆旆"，毛云"旒垂貌"。旒，谓旗缘饰垂绥。朱云"飞扬之貌"。此时，师向何方，军士仍无所知，各自黯然紧张。故曰"忧心悄悄"，所谓"临事而惧"也。照料马牛之仆夫，不知何时出发，欲纵使刍饮，则恐出发令下，重装不及。欲套车待命，又惧命久不下，牛马饥乏。纷扰奔驰，心力俱劳。故曰"仆夫况瘁"。"况，兹也"（《郑笺》）。"或云当作怳"（《朱传》）。

三章，述主将名字与其所受任务。主将南仲，奉命往筑朔方之城，以制猃狁。大概是前军逐猃狁，久不遇敌。知其人东逸向朔方，故宣王再命南仲率师，筑朔方城戍守之。既扼猃狁东逸之道。兼为前军后劲，相机夹击。故曰"王命南仲，往城于方"。方者，下文"朔方"之省称。于是全军出发。"彭彭"，车马行动之声。"央央"，旐旗飞扬之貌。《毛传》"交龙为旂"，亦谓旗上绘双龙相绞，左师之旗也。又谓"王，殷王也。南仲，文王之属"，与"彭彭，四马貌"，"央央，鲜明也"则皆不当取。南仲是宣王臣，魏源考订甚详。①。"天子命我，城彼朔方"两句，军士转相

---

① 魏氏《诗古微·小雅·宣王诗发微》云："文王治外怀远之政，莫盛于'蓼萧之三'。若夫《采薇》《出车》《杕杜》，则皆宣王诗也。《出车》之南仲，即《常武》之南仲也。今以《采薇》《出车》三诗错在'正雅'而诬为文王，遂以南仲为二人。《鲁诗》《齐诗》不然也。因《出车》而并诬《常武》之南仲为文王臣，《毛诗》亦不然也。《小序》谓《采薇》以下为文武治外。请比九征八问以质之：《后汉书》马融疏云：'猃狁侵周，宣王立中兴之功。是以赫赫南仲，载在周诗。'是指《出车》之南仲。征一也。王符《潜夫论》云：'蛮夷猾夏，古今所患。宣王中兴，南仲征边。'《风俗通义》曰：'诗美南仲，阚如哮虎。'是指《常武》之南仲，征二也。蔡邕《陈伐鲜卑议》曰：'周宣王命南仲，吉甫攘猃狁威荆蛮。'征三也。《盐铁论》曰：'戎狄猾夏，中国不宁。'周宣王、南仲、吉甫，式遏寇虐，诗云：'出车彭彭，城彼朔方。'征四也。《汉书·匈奴传》：'懿王时王室遂衰，夷狄交侵，暴虐中国。中国被其疾苦而歌之曰：靡室靡家，猃狁之故。岂不日戒，猃狁孔棘（《采薇》篇）。及其曾孙宣王，命将出师征伐，诗人美其功。曰：薄伐猃狁，至于太原（《六月》篇）。出车彭彭，城彼朔方（本篇）。'此明以《出车》诗美宣王，与《盐铁论》同。其《采薇》兼述懿王时者，追原夷祸所始，故云'疾而歌之'。与《史记·匈奴传》'戎狄破逐周襄王，国人疾之，故诗人歌薄伐云云者'，同例，非谓诗作于其时。且亦可见断非作于文王之世。征五也。《汉书·古今人表》，文王臣无南仲。而宣王十一臣，召虎、方叔、南仲、中山甫、申伯、尹吉甫、韩侯蹶父、张仲、程伯休父，共居上品。征六也。《衡方碑》：'将继南仲、邵虎之轨。'（邵、召通用）考皇甫不过监军，惟此（《常武》）诗一见。其他皆颂南仲、方叔、召虎，曾无皇父之功。至幽王时而皇父兼卿士，则诗刺之矣。是以《古今人表》宣王诸臣不列皇父，而列于幽王，下品之次。《笺》《疏》乃以征南大功专归皇父，未之前闻。征七也。《大雅》言天子事。今三诗该言文王事，则当列于《大雅》。且不应二雅自相刺谬。而《绵》《皇矣》诸诗述文王伐密、伐崇、拒昆夷，至详，无一字及猃狁。《尚书大传》：'文王受命一年，断虞芮之讼。二年，伐邘。三年，伐密须。四年，伐大夷。五年，伐黎。六年，伐崇。七年而崩。'《史记·周本纪》亦同。盖齿近狄，岐近戎，故《孟子》只言太王事獯鬻，文王事昆夷。《孔疏》亦谓'书传从无文王伐猃狁事'。矧纣都河内，于戎狄皆非切肤，安肯舍浮酗而丞安抚。征八也。《周无专鼎铭》曰：'惟九月既望，甲戌，王格于周庙，燔于图室。司徒南仲右无专，入门，立中庭。王呼史友册命无专曰：官司佐王，遣侧虎方，锡女玄衣、束带、戈、珥载、彤矢、攸勒、銮旗。无专敢对扬天子丕显敷休'云云。是盖宣王无专于庙，而南仲为相礼，可证命官于祖庙之说。若文王，方为方伯，能锡其陪臣以彤矢，鉴勒、銮旗乎，能称对扬天子、丕显敷休乎？若南仲为殷臣，则纣之锡命当于殷庙，何故于周庙？况《授时历》周文武二王时，九月既望无甲戌乎。征九也。"（下略）

魏氏以史学家治诗，考订史文诗义，多有纠正前人妄说之处，自较经生为胜。所言虽仍多使人难于承认之处，若此考订南仲非文王臣，以纠毛、郑之说，则可称详博矣。故录其大段作证。

告语之辞。"赫赫"两句,诗人综叙全役之语也。毛云"襄,除也"。《释文》云"本作攘"。当是三家诗俱作"攘"。后世云"尊王攘夷",即用此诗文义以颂霸者之语也。

四章,言自朔方出击之事。以夏季出发,于冬季还。"昔我往矣"之"往",往击玁狁。《采薇》诗之"一月三捷",益即此次会攻中事也。"今我来思"之来,还朔方也。两句与《采薇》同文而异向。故此下文为"王事多难,不遑启居"二句,明是不得归家,仍还朔方戍守也。又下"岂不怀归"之归,正是谓思归家园。"畏此简书"者,畏周王还戍之命。其时无纸,王命以竹简或木札行之,故曰"简书"。

五章,全用周南诗《草虫》篇之文。而结以"赫赫南仲,薄伐西戎"二句,盖因《草虫》为降人之诗,故用其原词以寓受降之意。补以二句,明是南仲受西戎之降也。"薄伐",迫而挞伐之也。三捷之中,必多降俘。降俘皆配朔方新城听用,故诗语如此。

六章,记军事结束,言春季,审讯西戎之俘虏已毕。招抚其同类已定,朔方之戎委之偏裨,主将南仲,率我等乡遂征用之军士凯旋,南仲此行,克收平定玁狁之功,故曰"玁狁于夷。"夷,平也(《毛传》)。《郑笺》云:"讯、言。丑,众也。伐西戎,以冻释时反朔方之垒息戍役。至此时而归京师。称美时物,以及其事,喜而详之也。执其可言问所获之众以归者,当献之也。"冻释,谓"雨雪载涂"时。"可言问"者,谓能言述其叛乱侵扰之由者,皆彼中豪杰狯黠之流,故献于周王之庭。其朴讷谨顺者则留用于朔方也。

诗与《采薇》章法、语调相似,且同有"昔往""今来"两句,极似一人之作。然所言自是两路军事,皆亲预其役者之歌,不能出于一手。盖当时军中常用语言如此,士人皆习用之,故从同也。多有语见于"二南"者,皆是两作者学诗时所读习之句。

(九) 杕 杜

四章。章七句。百一十二字。

(1) 有杕之杜,有睆其实。王事靡盬,继嗣我日。日月阳止,女心伤止,征夫遑止。

(2) 有杕之杜,其叶萋萋。王事靡盬,我心伤悲。卉木萋止,女心悲止,征夫归止。

（3）陟彼北山，言采其杞。王事靡盬，忧我父母。檀车幝幝。四牡痯痯。征夫不远。

（4）匪载匪来，忧心孔疚。期逝不至，而多为恤。卜筮偕止。会言近止。征夫迩止。

此宣王征玁狁时，从征大夫之妻、有屡盼其夫凯旋甯家而迄未得归者，所作之诗。乐官采以与《采薇》《出车》合为"采薇之三'，以次于"鹿鸣之三"与"常棣之三"，供燕宾，燕友与燕劳军士之乐歌，皆取其情辞真挚，乐而不淫，哀而无怨之美。旧说以为正小雅颂三套乐歌。此诗深刻描绘妇人思夫情致，似于士气不利。然，三篇皆非用于军中之乐，此诗惟用于凯旋饮至之时，最能提高军士快慰情感，亦周公《东山》之意也。《毛序》云"劳还役也"，是。《郑笺》以下谓三诗皆周王作，则非。

首章，周以十月为岁暮，正杕杜结实之时。诗人以此起兴。言：特生之赤棠（《唐风·毛传》），结实睆然，似美矣，而酸涩不可食。"继嗣我日"，犹言日复一日相继苦我，缘王事靡盬也。日复一日，自春至今，已阳月矣。女子之心伤可知。征夫迄今当已暇矣，其亦可以归耶。遥度之词，与《采薇》"曰归曰归，岁亦阳止"相应。疑即《采薇》作者之妻，归聚后唱和之作。

次章，杜叶萋萋，则次年之春时也。卉木皆着叶矣。女子之心欲碎矣。征夫则归来矣。

三章，回忆征夫未归时，为盼其归，托言采杞，登彼北山。北山，渭水平原之北山。玁狁即在此山之外，故此妇往觇。盖父母亦念征夫为病，故云采枸杞之实以治之。登山所见，山外檀车幝幝然归，四牡痯痯然，归者众矣。窃念征夫当亦在其中，归时不远矣。毛云："檀车，役车也。幝幝，敝貌。痯痯，罢貌。"檀木之车最坚，说在《伐檀》篇，故行军之车皆用檀。罢，古疲字。

卒章，赓言"匪载匪来"，犹云：盼待一车一车过去，皆未见我征人归来，使我"忧心孔疚"。期已过而不至，使人忧恤更多。毛云："逝，往。恤，忧也。"而多，犹"徒多"也。忧之既甚，故卜筮之。龟卜与蓍筮，并云"征夫已近"。"会，合也"（《朱传》）。"征夫迩止"，为极快愉之结语，犹云：征夫果不远矣！次章已言"征夫归止"，后两章为追思志快之词，故不更言征夫归止，而言果已迩矣。盖其夫由别道归，饮至后乃得甯家。故其诗叙情之言如此。亦士人女之能诗者所作。

（十）鱼　丽

六章。三章四句，三章二句。六十三字。

(1) 鱼丽于罶，鲿鲨。君子有酒，旨且多。
(2) 鱼丽于罶，鲂鳢。君子有酒，多且旨。
(3) 鱼丽于罶，鰋鲤。君子有酒，旨且有。
(4) 物其多矣，维其嘉矣。
(5) 物其旨矣，维其偕矣。
(6) 物其有矣，维其时矣。

南国奴隶主（诸侯）朝周，受宴享时，歌唱其本民族宾客谢宴之歌三章。周王译得其意，亦歌三章以答之。乐官并译前歌，合六章为小雅诗乐也。

何以知其如此？前三章举六种鱼名，多非中华西部所有，而为长江流域之特产，足知其诗原作在南国湖泽地区。三章所称颂者，惟酒旨且多。于佳肴，则惟有鱼品。足知其诗原作在落后氏族地区，社会经济尚以渔为主要生产之时，绝非农牧已经发达，食品已经甘美之中华人作品。《小雅》诸诗，惟此诗文字最少，亦最单调，与其他雅诗不类，只合为南国奴隶主谢宴之诗。若后三章，语言虽简，风格则高，具有随缘教育意趣，与周公所作之诗趣味接近。宜其为周王席上答辞所为歌也。

首章，《毛传》："丽，历也。罶，曲梁也，寡妇之笱也。"《尔雅·释训》："凡曲者为罶。"《释器》："嫠妇之笱谓之罶。"皆用毛说。曲梁，与寡妇笱，究作何解，旧儒亦莫能得。郭璞《尔雅注》依曲为箔之义，引此传语，而说为"凡以簿取鱼者名为罶也。"《朱传》因之，曰："以曲簿为笱，而承梁之空者也。"皆非考见实物之言。今按：凡鱼梁，砌石阻水，中空一口，以竹笆为笱承其出水。平列而句其底部者为笱。鱼随水来，飘入竹笱。水去鱼留，则拨刺坠入笱中，不能洄溯。笱部浸在水中，鱼亦自留。设笱者须随时检取之。《齐风·敝笱》之笱是也。另一种梁口甚窄，竹笆作甕状而口有倒须。以口承水，鱼随水入其中，则阻于倒须，不得复出。是称为罶。罶在梁口下水中，故鱼亦无苦。可以不用人守视，随时便以取之，故有"寡妇笱"之称。谓无须有人伴守也。曲字，古写作𠃊，有竹甕之义。此毛"曲梁"之意也。中华河流平浅，又人能尊重他人设梁劳动，故多用笱。南国山陡疾之区，人又每相侵盗，故梁多用罶。"鲿"，毛云"扬也"。朱云"今黄颊鱼是也"。今按：《诗正义》

引陆玑疏所述，盖即今四川人俗呼之"黄喇股"。形似鲶鱼而较小，色微黄，鳍有锯齿之硬角，能伤人。蜀江河中多有之，北方未见。"鲨"，毛云"鮀也"。朱云"又名吹沙"。旧传其厚唇能吹沙开络，盖即今人所云之"虾虎"，长江下游与沿海地区有之，体长二三寸，有黄白交文，俗呼"花花公子"。背鳍锋利，俗又呼为"皮匠刀子"，行沙上，所过成凹槽，故又有"吹沙"之称。南国渔人以其与鳖相似，故连称之。"君子"，奴隶社会呼贵族语也。

次章，"魴"，见《汝坟》篇。"鳢"，毛云"鲖也"。朱云"又曰鲩也"。盖即今俗呼之"七星鱼"。体色暗而多黑斑，腹白色，常栖泥浆中，捕食小鱼。顶上白斑作列星状，故曰星鱼。肉腴白，味美不及鲶鲤。北方俗呼"黑鱼"。川俗呼为"鸟鱼"。

三章，毛云"鳏，鲇也"。即川俗所呼之鲶鱼。江东呼为鮠，又有鯶鱼诸称。巨口无鳞，肉味美。惟长江流域多有，中原罕见。"有"，多读如侑，说详卒章。

四章，对首章多字为言。犹言：凡物之多固足美，惟尤贵在多而嘉也。

五章，对次章旨而言。酒味美，犹贵于能和宾友。

卒章，对三章"旨且有"言。"有"字，毛无传，朱云："有，犹多也。"今按：凡诗三章同式，必有以渐深入之义，似重复而义非重也。上既已云"且多"，赓以"以旨"，则"且有"不当再释为多，而当是侑酒之义。《周礼·天官·膳夫》："以乐侑食。"侑，佐也，助也。《楚茨》"以妥以侑"，《传》"侑，劝也"。皆用乐于饮食之际以助愉悦。后世"侑觞""侑酒"，援之为义。毛诗多改古字。古侑字作有，犹伸字作申，任字作壬，后世加人旁耳。或曰：《宾之初筵》"室人入又""矧敢多又"。又，复也。虽有诗之成义可用，然与"时"字之义不协。诗言侑酒固可悦乐，亦惟燕礼时得用之。非其时则不可也。后三章寓规谏之意，是国王答诗之体。大国对小国之君，可以如此。

《鹿鸣之什》十篇，一千二百四十七字。

二、南有嘉鱼之什

苏辙《诗集传》作"南陔之什",列《南陔》《白华》《华黍》及《南有嘉鱼》等十篇。朱熹作《集传》,复改为《白华》《华黍》《鱼丽》《白庚》《南有嘉鱼》《崇丘》《南山有台》《由仪》《蓼萧》《湛露》十篇。称为"白华之什"。各俱以为能"复孔子之旧"。《新诠》以为六篇"笙诗"皆南乐之未译为华言者,不当在《小雅》之列;三家诗亦皆无之。故篇第仍依宋刻"毛诗定本"之旧。

（一）南有嘉鱼

四章。章四句。七十二字。

(1) 南有嘉鱼,烝然罩罩。君子有酒,嘉宾式燕以乐。
(2) 南有嘉鱼,烝然汕汕。君子有酒,嘉宾式燕以衎。
(3) 南有樛木,甘瓠累之。君子有酒,嘉宾式燕绥之。
(4) 翩翩者鵻,烝然来思。君子有酒,嘉宾式燕又思。

此南国奴隶主宴客时,命其奴隶歌唱侑酒之诗。南奴卖入岐周者,亦恒用之于主人燕享之时。周人悦其歌曲,于初制雅乐时,译为华言,谱为小雅用之。与《鱼丽》《南山有台》之制为雅乐同时,是为"鱼丽之三",燕享与乡饮皆用之,著于《仪礼》。

知其为南国原歌者,燕肴惟言鱼酒与《鱼丽》同。三言"南有",为译南诗之特例。"南有樛木",且为《周南》译古诗之成语,显见南国诗人习其古诗而袭用之,岐周乐人译南诗亦沿用之也。

首章,"嘉鱼",美味鱼之通称,本不专指何种。《鱼丽》六种,皆南人所谓嘉鱼也。自《水经注》有"丙穴嘉鱼"之说,后世附会,于地理书者甚多。大抵谓鱼泉涌出之鱼为"嘉鱼",成为专称。所言鱼泉,虽纷不一地,大抵皆在四川与汉中地区，亦即周代南国西部之地。朱熹《集传》云："嘉鱼，鲤质，鳟鲫肌，出于沔南之丙穴。"凿凿言之，是沿地理书之误（《水经注》云丙穴在沔水）。"烝然"，朱云"发语声也"。诠按：烝，众也。烝然，当为众多之义（《郑笺》云："烝，尘也。尘然，犹言久如也。"其说更不可解，当汰）。毛云："罩，篧也。编细竹以罩鱼者也。"诠按：篧者，即今所言"鱼罩"，编竹为圆笱，以罩鱼，俾鱼不得逸，乃从上口揽捉之。人持罩捕鱼，有似鹤之啄鱼，故古称篧。字从雀义及声。雀，古鹤字也。罩罩，是投篧取鱼之状，非篧名词之义，毛训当作"罩，篧也"。旧刻衍一罩字。朱云："重言罩罩，非一之词也。"足证。篧罩取鱼，只适用于稻田，不适用于溪河。周初世，南国已多种稻，巴蜀、汉中皆有稻田鱼池。"烝然罩罩"，谓每罩皆得鱼颇多。盖此南国原诗，实作于巴蜀、汉中地区。此地区与周人奴隶买卖最多。则所谓"丙穴嘉鱼"为华阳特产之说，亦非无故（拙撰《华阳国志校注》于《汉中志》曾详论之）。《说文》引诗作"烝然鯂鯂"，盖《鲁诗》字。"嘉宾"与嘉鱼对言，亦足见嘉鱼非鱼种之专名。"式，用也。用酒与贤者燕饮而乐也。"（《郑笺》）陆云："乐，音洛。协句，五教反。"谓协罩句则读如"要"也。

次章，《毛传》："汕汕，樔也。"《笺》云："樔者，今之撩罟也。"朱云："以薄汕鱼也。"《尔雅·释器》："翼，谓之汕。"今按：樔、翼、撩罟，与所谓"以薄汕鱼"，皆谓今俗所用平田取鱼之"虾笆"。亦川汉所习见。竹编为一庌箕状，上缚一竿，撩投水中而急挽之。既近，乃提离水，以捞鱼。与罩同类，推罩鱼者入行水田中，此则行于田塍，不同。"汕汕"，谓每投一翼，皆烝然多得。《说文》"汕，鱼游水貌"。此谓撩罟行水貌也。衎，毛云"乐也"。《说文》"行喜貌"。

三章，"甘瓠"，瓠瓜之甘者。"甘瓠累之"，为《周南·樛木》"葛藟累之"之变句。"式燕绥之"，郑云："绥，安也。与嘉宾燕饮而安之。"诠按：绥字有攀附、联系、结合之义，与樛木下屈以便甘瓠攀附之义相应，宜为联欢结好之义。

卒章，"翩翩者鵻"，又是《四牡》原句。《四牡》作于文王时，为周人初创雅乐时所用之乐诗，鵻字为中华古语，对鸠类之称呼。南语，则谓鸤鸠为鸠（说在《鹊巢》篇）。是知南语此诗，所言为鹁鸠，而音不作鸠。由于译者知其所指为鹁鸠，故译用《四牡》原语。与译"维鸠居之"之时间不同，音异义别，不相混也。大抵此诗译在武王成王之世，故能用《小雅》诗语以译南歌。鵻为不斗之鸟，具信使之义。故《四牡》用之，此诗亦译用之。"烝然来"者，谓来使众多。当是武王既灭殷纣，抚定南国之时，译诗者于原诗三章之外，如此一章，以谱于雅（南乐多是三章），犹《鱼丽》之有后三章也。"式燕又思"之思，与"来思"之思，皆语词。"又"者，

《郑笺》云："又复也。以其壹意，欲复与燕，加厚之。"朱云："既燕而又燕。以见其至诚有加而无已也。"诠按：奴隶社会之燕宾，例有再三饫食以为侈之习。曾见藏族贵人之燕，有连三日饱食相续不缀者。周礼原无此制，由所燕皆南国之使，故为特设重燕之礼，而歌曰"又思"耶？抑四章皆南国奴隶主燕宾之诗歌耶？

（二）南山有台

五章。章六句。百二十字。

(1) 南山有台，北山有莱。乐只君子，邦家之基。乐只君子，万寿无期。
(2) 南山有桑，北山有杨。乐只君子，邦家之光。乐只君子，万寿无疆。
(3) 南山有杞，北山有李。乐只君子，民之父母。乐只君子，德音不已。
(4) 南山有栲，北山有杻。乐只君子，遐不眉寿？乐只君子，德音是茂。
(5) 南山有枸，北山有楰。乐只君子，遐不黄耇？乐只君子，保艾尔后。

此周乐师配合《鱼丽》《嘉鱼》而译南诗所作，俾为燕飨夷族诸侯使者使用之三篇乐诗。其后遂普遍用于乡饮及燕礼，即所谓"鱼丽之三"也。

通体用南北两山植物起兴，是周王燕乐南国诸侯及使者表示团结友好之意。举植物至十种之多，是周代乐官矜炫其知识渊博的恒态。十树皆关中所有，故知其非南人有此诗歌，与《鱼丽》《嘉鱼》两诗不同。五章同调，异字而不异义，是重在乐曲之美，不以文义为重之乐师作品也。

首章，"南山"，周人对南国界山之通称。即所谓终南山（取南国尽境之义）。在渭水平原南，今所谓秦岭是也。"北山"，指渭水平原以北，陇山山脉东支，即汉、唐诸陵所在一带山脉，包括豳、岐诸山，周王业所由兴者也。对言之者，以喻周王与南国也。"台"，毛云"夫须也"。朱云"即莎草也"。又并云"莱，草也"。孔颖达《诗正义》引陆玑疏云："旧说：夫须，莎草也，可为蓑笠。"盖即朱说所据。夫陆云"旧说"，则非陆所肯定之说矣。下文当有陆之新说，只缘孔颖达未取，今又无原书可证，遂不传耳。窃疑诗兴燕乐之事，应不泛言无关燕乐阶级生活之野草。详考从来记载植物之书，如《齐民要术》《南方草木状》《证类本草》《群芳谱》《植物名实图考长篇》等书，知台即云薹，莱即鸡苏，皆古代人视为甘香可口之食物也①。

"乐只"之"只"，《说文》云："语已词也。"《郑笺》此诗云："只之言，是也。"意当为"乐此君子"，与他处只字含义不合。当依许说，如云"乐哉，君子"也。基，本也（《毛传》）。此诗君子，指当时的奴隶主，奴隶社会认为"邦家之基"，与《尚书》"民为邦本"之义恰恰相反，是奴隶主阶级之言。"万寿无期"，与无疆同义。

次章，"桑"，为蚕事之本。中华蚕事传自蜀山，故以桑表南山。"杨"，今云白杨是也，北方盛产之树，器用所资，故以表北山。

三章，"杞"，即枸杞，甘果，各地均有野生，亦屡见于《周诗》。"李"，与桃同为中华固有之果实。"父母"，奴隶社会对奴隶主之通称，说在《葛藟》篇。"德音不已"，谓教诫之言多。"已，止也。"（《郑笺》）。

四章，"栲"，即臭椿。与香椿同类而材质轻韧，生长速，寿命长，形体亦大，南山中甚多。"杻"，读音扭。为树生长缓，纤维细密，极坚韧，俗呼"扭檀子"，中华古用为车材。并见《唐风·山有枢》篇。栲以兴寿。杻以兴坚。"遐不眉寿"，毛云："眉寿，眉秀也。"郑云："遐，远也。远不眉寿者，言其近眉寿也。朱云："遐，何通"，则以"遐不"为问词。其他多有助为之说者，迄无可通之论。诠按：四字，盖谓无不享上寿之义也。"遐不"，当训"无不"。遐，远也，物远之极则无物，故可训无。眉在人面之最上，故门上横梁曰楣（《尔雅》注），屋之檐梁亦曰楣（《说文》）。水之高岸（隒）曰湄（《秦风》传），山之高出者曰嵋（峨嵋山取义），书籍之上方栏外批字由眉批。谓上寿为眉寿之义亦如此。

---

① 陆玑与吴普同时，皆吴人之善于观察生物，究其性能之学者。陆玑《诗疏》，详于草木鸟兽虫鱼形态，唐时犹存，孔颖达《诗正义》多援引之。但皆只取其切合《毛传》之部，未合者即未取。吴普为华佗弟子，世传《本草定本》即普所传。中有"芸薹菜"注语一条云："一名寒菜，一名胡菜，一名薹菜，一名薹芥，一名油菜。九月十月下种生叶，冬春采薹心为茹。三月则老不可食。开小黄花，四瓣。子灰赤色，炒过榨油，黄色，燃灯甚明。"（据《群芳谱》引文）所言，明是十字花科植物之云台，今人们呼为"油菜"，幼薹售于市场，亦曰"油菜薹"，种子榨油，称为"菜油"者是也。原从羌胡地区引种，故中华用为冬季作物。在四川地区，今尚普遍种植。有冬春摘取，仍发蘖丛起开花结实供榨油用者称龙爪薹，即吴普所言之油菜。早在周世，人尚未知用以榨油，但摘食其叶，故人但呼作"台"也。羌胡本语，译音为台。借用台字，后世加草头作薹。遂谓其他作物可食之幼茎皆以薹，如今云蒜薹、菜薹，皆缘台菜引申为义。

莱字，《朱传》云"叶陵之反"则音藜。从毛曰"草也。"又从孔疏所引云："叶香可食者也。"《齐民要术》引《陆玑疏》云："莱，藜也。茎叶皆似菜王乌，今兖州蒸以为茹，谓之莱蒸。谯沛人谓鸡苏为莱。"所言盖即今人所谓藿香。与紫苏同类，故又有鸡苏之称。今农家宅地犹多种之，用以调味。古人所谓"藜藿之羹"，盖即用此物苊藜（今云"灰苋菜"）之羹，其古为莱也。

薹，今犹盛种于川边地区，故此诗以表南山。莱为中华所固有，故此诗以表北山。今世农民所甘之蔬菜，大都由上古劳动人民递传得来。周代祭飨食品，自牛羊黍稷外，见《诗》者，野生植物不少。惟深接劳动农民生活者，参讦古语，可以得其实义。

《谷风》"采葑采菲"传："葑，须也。"所云亦是十字花科植物。此传所云"夫须"，亦当是葑之类。后儒因须字误会为莎草。陆玑存其说而疑之。是也。夫草类百千万种，诗人但取两种以表南北山，岂能毫无意义，而任取两种野草耶？惟以此两种野蔬为当时南北人民饮食所尚，故首举之耳。

卒章，"枸"，读如具音，今云枳椇，俗呼拐枣树，古称木蜜者是也。其叶具甘味，可食。结实细长，拐曲如鸡趾，味甘而涩。种子扁圆而赤，入药。蜀中此树多。"楰"，毛云"鼠梓"。《正义》引《陆疏》云："其树叶木理如楸，山楸之异者，今人谓之苦楸。"郝懿行《尔雅义疏》云："今一种楸，大叶，如桐叶而黑，山中人谓之檟楸，即郭璞《尔雅注》所云虎楸。"今按：楰，即虎楸，茎有刺，叶大于楸。幼芽肥苗，可食（今四川汉源县人仍有采食之，呼为"龙苞"）。"黄耇"，毛云："黄，黄发也。耇，老。艾，养。保，安也。"朱云："黄，老人发白复黄也。耇，老人面冻梨色，如浮垢也。"今按：耇，老人背脊勾曲者也。

（三）蓼萧

四章。章六句。九十八字。

(1) 蓼彼萧斯，零露湑兮。既见君子，我心写兮。燕笑语兮，是以有誉处兮。
(2) 蓼彼萧斯，零露瀼瀼。既见君子，为龙为光。其德不爽，寿考不忘。
(3) 蓼彼萧斯，零露泥泥。既见君子，孔燕岂弟。宜兄宜弟，令德寿岂。
(4) 蓼彼萧斯，零露浓浓。既见君子，鞗革忡忡，和鸾雍雍。万福攸同。

周平王东迁，晋文侯率师勤王，为同姓诸侯之最先至者。平王作此诗乐以飨之也。旧说一致以此下三篇皆为天子燕飨诸侯之诗。称为"蓼萧之三"。夫既天子燕诸侯，则何以不入《大雅》？若谓《鹿鸣》亦天子燕诸侯之诗，则又何以不次"鹿鸣之三"下，而落在《小雅》第十三篇。更《菁菁者莪》即无复有燕飨之诗？此可疑为东周燕诸侯之乐诗矣。再审诗语，虽犹强为天子燕诸侯之格调，而意卑辞逊，决非西周诸王语气。参验《湛露》《彤弓》两篇诗义，与周王地位陵替之史绩，当以平王燕晋文侯为最适宜。诗之作者为王臣，如皇父之属，极力要结于诸侯，而又强作王朝尊严姿态。东迁之初，大雅之乐未备，故歌小雅，犹文王《鹿鸣》之为《小雅》也。

首章，"蓼彼萧斯"，《毛传》云："蓼，长大貌。萧，蒿也。湑，湑然，萧上露也。"诠按："蓼"，苦草。"萧"，祭祀用以薰香之草。"斯"，语词。以蓼状萧者，喻东迁之难，祭享之艰难也。"零露湑兮"，言露落，湑然如醑也（说在《伐木》篇）。露本水汽触冷物而凝。古人以为是天降以滋润草木者，故曰零露。零，毛云"落也"。比喻诸侯勤王之师至者已多，使王室复有生气如萧之得雨露也。四章起语含义皆同。"君子"，指晋文侯。"我"，平王。"写兮"，毛云"输写其心也"。郑云："舒其情意，无留恨也。""燕笑语兮"，郑云"天子与之燕而笑语"。朱云："誉、善声也。处，安乐也。苏氏（辙）曰：'誉，豫通。凡诗之誉，皆言乐也'亦通。"诠按：诗词不应如此纡曲。誉处者，即声誉聚集不去之义。

次章，"龙"，即易卦"飞龙在天"之龙。"光"，即前诗"邦家之光"之光，皆谓人君之德。故续云："其德不爽。"爽、差也。其德不替，则天赐寿考，国人不忘之也。"瀼瀼"，盛貌。已见《郑风·野有蔓草》。

三章，毛云："泥泥，沾濡也。""岂，乐。弟，易也。""为兄亦宜，为弟亦宜。"朱云："寿岂，寿而且乐也。"诠按：岂弟，读如恺悌，兄弟和乐之义。周王例称同姓诸侯为伯叔父，兹此为兄弟者，是尤亲近之义。封建服制，叔伯父较兄弟为疏。王室陵夷，势同列国，故诗语用诸侯相飨之称谓。

卒章，"鞗革"，陆云"鞗、徒彫反"。则读条音也。《毛传》："鞗，辔也。革，辔首也。忡忡，垂饰貌。"忡，亦作冲（《正义》与《朱传》作冲）。说者颇多分岐。马瑞辰谓：鞗即鋚字，辔首之铜饰，"盖革为辔首，以皮为之。鋚为辔首之饰，以金为之"。诠按："鞗革"，谓马络头之垂饰，以五色之革片垂于辔端也。"忡忡"，谓行时鞗革扰动不停之状。"雕雕"，谓车行时前后悬铃振动相和之声。既夸其车马之美，复祝以万福毕具。"攸，所也"（《郑笺》）。"同，聚也"（《朱传》）。攸同，犹云毕集也。

（四）湛 露

四章。章四句。六十四字。

(1) 湛湛露斯，匪阳不晞。厌厌夜饮，不醉无归。
(2) 湛湛露斯，在彼丰草。厌厌夜饮，在宗载考。
(3) 湛湛露斯，在彼杞棘。显允君子，莫不令德。
(4) 其桐其椅，其实离离。岂弟君子，莫不令仪。

秦襄公率师勤王，与晋文侯相继至洛。周平王既享晋侯，复为此诗乐以享秦君。秦既异姓，爵位尤卑，故燕礼减于晋侯，诗词亦较简慢。

首章，《朱传》云："湛湛，露盛貌。阳，日。晞，干也。厌厌，安也，亦久也，足也。夜饮，私燕也。"燕礼：宵，则两阶及庭门皆设大烛焉（系用毛、郑说而增损其文)。今按：诗语过于简短者，其文字含义每不单纯。此诗三言"湛湛露斯"。斯，语词，亦喻秦师勤王得力，如雨露之及时。露与《蓼萧》之露同义。斯又具"在此"之意，与《嘉鱼》"烝然来思"之思字同义，俱语词而用字不同，亦文字上之微义也（"蓼彼萧斯"句同）。"匪阳不晞"固谓夜露碍行，故留宾夜饮达旦。亦具有诸侯当依天子为起息之意。"夜饮"，非正式燕飨，比于《蓼萧》为杀礼；缘秦为异姓之国，又是边裔子爵故也。然，秦兵强，复当西戎；犬戎之余波赖之镇平，故虽杀其飨礼，仍伸亲爱之情以抚之曰："不醉无归。"

次章。"丰草"，固言丰盛之草以协考韵。亦以兼喻故国丰邑，委之于秦之意。谓周以岐丰之地赐秦也。"在宗载考"者，毛云："夜饮必于宗室。"郑云："载之言，则也。考，成也。夜饮之礼在宗室。同姓诸侯则成之（谓完成其礼）。于庶姓，其让之则止。"此诗言秦虽庶姓诸侯，宠之，必使成礼，故首章有"不醉无归"句也。

三章，"杞棘"，喻王室之难，如在杞棘，而秦能勤王。言外之意如此。"显，明也。允，信也。"（《朱传》）"君子"指秦君，与从饮之族人。凡燕诸侯，虽特为一人设，亦命同级人物从饮，时申、许、郐、郑、鲁、卫诸国皆有勤王之师在洛，有军帅代表其国君，飨诸侯时，俱当从燕。若私燕，则天子之宗人从。故一并泛称曰君子。"令德"，犹言美誉。

卒章，桐、椅，并已见《定之方中》，制造琴瑟之良材也；周人所重，故以喻秦君与宗人。"离离"，实多貌，喻其繁庶。"岂弟"，同前篇，当作恺悌。"令仪"，旧说多用《郑笺》"饮酒不至于醉"为说。与"不醉无归"文义抵牾。《新诠》以为上言"令德"与《蓼萧》同。此篇多"令仪"句者，秦襄从西戎中起，原未习王室礼仪，但能恭谨自持，故平王奖之，曰"令仪"也。离，古音同罗。仪，古音同茂。然读为今音亦协。

（五）彤　弓

三章。章六句。七十二字。

(1) 彤弓弨兮，受言藏之，我有嘉宾，中心贶之。钟鼓既设，一朝飨之。
(2) 彤弓弨兮，受言载之。我有喜宾，中心喜之。钟鼓既设，一朝右之。
(3) 彤弓弨兮，受言櫜之。我有嘉宾，中心好之。钟鼓既设，一朝酬之。

平王东迁，嘉晋文侯翊赞之功，赐之彤弓彤矢，卢弓卢矢，秬鬯，乘马以荣之，同日燕飨，赋此诗。别有策诰，"文侯之命"，载在《尚书》。《毛序》泛谓"天子锡有功诸侯"，疏矣①。

首章，《毛传》："彤弓，朱弓也，以讲德习射。弨，弛貌。言，我也。"郑云："言者，谓王策命也。"按：彤者，古精铜之称。引申为黄色光彩之词。说在《邶·静女》篇。诸侯有攘夷之功者，天子赐以精铜装饰之弓矢，故曰彤弓。但以饰威仪，非可实用于射事，所谓"仪仗"之器也。凡弓，张于弦则背反如半月。弦解而驰，则腹反如新月。彤弓不用于射，故不扣弦，弛而腹曲，弨然也。言者，具人身性之语词。《葛覃》之"言告言归"，具第一人称之义。此诗之言，则具第二人称含义之语词也。毛郑以三百篇中言字皆训为我，则非矣。"受言藏之"，犹云尔受而藏之也。毛、郑于训诂虽多可取，亦非尽皆正确。当知。"贶之"，《毛传》："贶，赐也。"其字一作况。《尔雅·释诂》："况，赐也。"《常棣》诗"况以永欢"是也。《郑笺》："贶者，欲加恩惠也。"盖谓"衷心欲以赐与此嘉宾"。今则遂所愿矣，故设钟鼓以飨之。

次章，"载之"，毛云："载以归也。""右之"，毛云："右，劝也。"盖谓以乐歌侑酒。

卒章，"櫜"，毛云"韬也"。陆云"古刀反"。彤弓不用，故常韬之，谓韬于弓衣之内。"醻"，郑云："饮酒之礼，主人献宾。宾酢主人。主人又饮而酌宾，谓之醻。"陆云"市由反"，则当读如酬。今按：字当读如捣。与櫜协韵。后世形变，音亦变。盖酬之古字如此。

---

① 《尚书·文侯之命序》："平王锡晋文侯秬鬯、圭瓒，作《文侯之命》。"其策命之文有云："闵予小子嗣，造天丕愆。"孔安国传曰："言我小子而遭天大罪过，父死国败，祖业颓陨。"又"扞我于艰，若汝、予嘉"，传云："乃扞我于艰难，谓救周、诛犬戎。汝功我所善。"又"用赉尔秬鬯一卣，彤弓一，彤矢百，卢弓一，卢矢百，马四匹"。传曰："彤，赤。卢，黑也。诸侯有大功，赐弓矢，然后专征伐。彤弓，以讲德习射，传示子孙。"盖用毛诗家说。毛公传诗时尚未见《古文尚书》故不能定此为平王之诗。策命文当庄严。燕乐诗当谐和，故语不相应，亦不相信。策命加于一人，故词义专一。燕乐涉及从燕多人，故词义泛及。策命用仅一次，乐诗则须长久使用之，故泛而不专也。

《左传》僖公二十八年，城濮战后，晋文公"献楚俘于王。驷介百乘，徒兵千。……王享醴，命晋侯宥。王命尹氏及王子虎、内史叔兴父，策命晋侯为侯伯，赐之大辂之服，戎辂之服，彤弓一，彤矢百，玈弓矢千，秬鬯一卣，虎贲三百人"。《国语》甯武子曰："诸侯朝正于王，王宴乐之，于是赋《湛露》。诸侯敌王所忾，而献其功，于是乎赐之彤弓一，彤矢百，玈弓、矢千，以觉报宴。"后之说诗者遂皆沿之以为泛泛之说，莫能及晋文侯。又《左传·襄公八年》，范宣子论《彤弓》，但言："先君文公献功于衡雍，受彤弓于襄王。"又昭公二十五年，载王语晋荀跞，言周所颁赐予晋君之物，上自唐叔虞，下迄重耳尤详，亦不及文侯之赐。后世遂疑《文侯之命》为伪，莫肯以与此诗相证。亦由文侯得国非正，儒生莫肯著其霸业故也。《竹书纪年》平王元年，"东徙洛邑，锡文侯命。晋侯会卫侯、郑伯、秦伯，以师从王入于成周"。其书晋世出土，非孔安国所能见，而吻合如此。则《文侯之命》为信史可知矣。

（六）菁菁者莪

四章。章四句。六十四字。
(1) 菁菁者莪，在彼中阿。既见君子，乐且有仪。
(2) 菁菁者莪，在彼中沚。既见君子，我心则喜。
(3) 菁菁者莪，在彼中陵。既见君子，锡我百朋。
(4) 泛泛杨舟，载沉载浮。既见君子，我心则休。

此周代执政者劳问学校教师用之乐诗。大约作于周初成王康王之世，后世天子、诸侯、卿相每岁入国学燕劳师生一次，皆用之。学校行释菜礼亦用之。

首章，《毛传》："菁菁，盛貌。莪，萝蒿也。中阿，阿中也。大陵曰阿。君子能长育人材，如阿之长莪菁菁然。"朱熹谓"此亦燕饮宾客之诗"，谓"君子，宾客也"。当遵毛说为"乐育材也"。"乐且有仪"，郑云："见则心既喜乐，又以礼仪见接。"亦非。"且"，当读如其。谓教师端正有威仪，足为士子师表，故乐之。"仪"，当读俄音。汉碑《蓼莪》多作《蓼仪》。仪字古音本读如俄，与阿韵协也。

次章，略。

三章，"锡我百朋"，郑云："古者货贝。五贝为朋。赐我百朋，得禄多。言得意也。"朱云："如得重货之多也。"按：商殷用海贝为货币，甲骨文中屡见。周兴于岐山，距海远，故以金刀为正币。只缘与商人市易，抑或用贝币而已。且国学教师为乐正，属清贵之官，不以货财为礼，安得有赐我五百海贝之意？又况乐师对执政地位甚卑，安得使用赐我之文？锡之本义，为金属名称。上古劳动人民初知冶金，即有此字。锡为熔点最低之金属，故采冶者能最先得之。锡在熔化中，能继续产生高温，并含蓄高温，以致使他种寻常高温不能熔化之物亦因入锡而易熔化。于是铜与锡混合的青铜器产生。以至于铅、铁，赤金皆得炼取。因而锡之含义引申为协助它物冶炼之义。再进而引申，乃为赐予之义。入秦汉后，乃有赐字产生，以与金属之锡相区别。此诗之锡，喻乐正能教化士子，使为国家人材，如锡之善于熔冶。"百朋"，即"有朋自远方来"之朋。在此诗指士子竟业服官，能助执政，如教师锡成也。

卒章，杨木甚轻。近造之舟，即所谓轻舟。诗言轻舟本为济涉利器，若无人驾驭，则浮沉于水中，不能前进。今喜得君子司教，如操舟有人，我心则休休然安定也（郑云"休者，休休然"，朱云"言安定也"）。

（七）六 月

六章。章八句。百九十二字。

（1）六月栖栖，戎车既饬。四牡骙骙，载是常服。玁狁孔炽，我是用急。王于出征，以匡王国。

（2）比物四骊，闲之维则。维此六月，既成我服。我服既成，于三十里。王于出征，以佐天子。

（3）四牡修广，其大有颙。薄伐玁狁，以奏肤公。有严有翼，共武之服。共武之服，以定王国。

（4）玁狁匪茹，整居焦获。侵镐及方，至于泾阳。织文鸟章，白斾央央。元戎十乘，以先启行。

（5）戎车既安，如轾如轩。四牡既佶，既佶且闲。薄伐玁狁，至于大原。文武吉甫，万邦为宪。

（6）吉甫燕喜，既多受祉。来归自镐。我行永久。饮御诸友。炰鳖脍鲤。侯谁在矣，张仲孝友。

周宣王初世，玁狁内侵，逼近京邑。尹吉甫受命捍御，逐敌至太原而还。师旋饮酒，归燕于私邑，家臣作此诗颂其功绩。在《采薇》诗作之前。

《史记·周本纪》记宣王事，只采《国语》二三则为之，未著其武功。失此诗史，是史迁之疏。《竹书纪年》载：宣王"五年，夏六月，尹吉甫帅师伐玁狁，至于太原。秋八月，方叔帅师伐荆蛮。六年，召穆公帅师伐淮夷，王师伐徐戎，皇父休父从王伐徐戎，次于淮"。与《二雅》各篇颇合，仍失《采薇》《出车》两篇史事。盖宣王武功档籍，丧于犬戎之难。史官不能传，仅赖此等诗史志其梗概。而说诗诸家复多以为《采薇》诸篇是文王时诗。虽如《毛序》之能结合史事，亦只以此篇以下为宣王世之诗，故与《采薇》三篇隔离编次，宜魏之史官亦不能定《采薇》《出车》是宣王事也。

揆《采薇》三篇与《六月》《采芑》诸篇离绝之原因，盖由彼三篇早经采作劳军乐歌，与"鹿鸣、常棣之三"下至《菁莪》同为燕飨所必用，故乐档首列之。《六月》以下，非燕飨用乐，故列在后。旧儒未识，遂谬谓《菁莪》以上为"正小雅"，《六月》以下为"变小雅"。夫同一宣王伐玁狁之诗史，何得有所谓正变之别哉。徒缘周人赋诗断章，不循本事，汉儒又皆未明史事，徒以褒贬之义说经，故相承为谬耳。

《纪年》又谓：宣王元年"复田赋，作戎车"。田赋即军赋。戎车即战车。此诗屡言"戎车"，故可定其为宣王初年之诗，与《采薇》三篇不同时。《采薇》三篇为宣王中世，国威既振，深入讨伐时事。此诗，则其初年，玁狁深入，方图捍御，整军经武之时也。玁狁属于羌族之部落，游牧嗜劫，来去飘忽，而不利与戎车部队正面交锋。故当吉甫出师之后，玁狁便退缩于陇山地区。直待若干年后，乃复有《采薇》之役。吉甫此役，战功并不多，然实收驱逐玁狁之效。

首章，吉甫受命，紧急出师，不及改换戎服，便以常服升车。指挥部署。故曰："载是常服。玁狁孔炽，我是用急。"旧说："常服，戎事之常服。以韎韦为弁，又以为衣，而素裳曰舄也。"（《朱传》，用《郑笺》《孔疏》之说）夫常服，以别于朝服与戎服，家居常用之衣服耳，取于便安，何得犹有定制，又何得更有"戎事之常服"哉。《朱传》又曰："《司马法》，冬夏不兴师。今乃六月而出师者，以玁狁甚炽，其事危急，故不得已而王命于是出征，以正王国也。"则可取。"王于出征"，《郑笺》云："于，曰。匡，正也。王曰：今女出征玁狁，以正王国之封畿。"诠按：于字，当云用也。《易·离卦》爻辞"王用出征，以正邦也"。《秦风·无衣》三言"王于兴师"皆是此义。

次章，述部署就绪，戎军初出时情形。"比物"，谓配置各车之装备，包括军械、旗帜、衣粮，甲盾，牛马之属。戎车为最重要，故特举"四骊"为言。谓帅车，四马皆纯黑而牡者。《朱传》云："齐其力也。"装备既定，又当加强演习，训练阵法。故曰"闲之维则"。"闲，习也"（《朱传》）。"则，法也"（《毛传》）。六月受命，即于六月内完成整军，是谓"既成我服"。于是可出发矣。"古者，吉行日五十里。师行日三十里"（《朱传》）。故三十里为一舍。仍再言"王于出征"，重王命也。

三章，言吉甫威仪。《毛传》："修，长。广，大也。颙，大貌。""奏，为。肤，大。公，功也。""严，威严也。翼，敬也。"《朱传》："共与供同，服，事也。言将帅皆严敬以供武事也。"《郑笺》："定，安也。"按：《说文》"颙，大头也"。马贵大头。诗言吉甫帅军之四牡皆长大而巨头。"薄伐"，迫而击之也。军官士卒皆能"共武之服"故能成平定玁狁之功。由军帅得人故也。

四章，言玁狁猖獗之形势，与吉甫之战略。"匪茹"，犹言劲敌。食物为茹。凡物可食者例皆柔软，故曰"柔亦不茹"。吉甫师出而敌去，实未接战。故作此语，以为敌虽逸去，亦非不强者也。试观其势，整居焦获之地，侵掠及于镐邑与朔方。虽尚未入镐京，亦已达于泾水之阳。水北曰阳，亦即渭水之阳（水随决入而纳通称，故泾阳亦即渭阳）。与镐只隔一水矣。"织文鸟章"，毛云："鸟章，错革，鸟为章也。"郑云："织，徽织也。鸟章，鸟隼之文章，将帅以下衣皆著焉。"朱云："织，帜字同。"按此诗借字甚多，当从朱说。"白旆央央"，毛云："白旆，继旐者也。央央，鲜明貌。"朱同。"元戎十乘"，毛云："元，大也。夏后氏曰钩车，先正也。殷曰寅车，先疾也。周曰元戎，先良也。"朱云："戎，戎车也，军之前锋也。"今按：谓军之选锋，只十乘戎车。"启行"，谓开道在前。以车战对步骑，故只需选锋十乘在前，已可挫敌。其余车乘，掩袭溃敌可也。

五章，言是役成果，为驱敌出境。"戎车既安"，言未遇战斗。"如轾如轩"，谓戎车安详行进。车只二轮，辕之前后俯仰无定，前仰为轩，前俯为轾。御人注意控制之，则平进。意稍疏怠，则轩轾频变。非战时，御夫恒怠。故车行轩轾频作也。轾，竹二反，音至，故毛云"轾，挚也"。《考工记》曰"平地既节轩挚之任"，谓轩轾之烦也。"佶"，毛云"正也"。郑云"壮健貌"。"闲"，习也。犹云驾车之马闲习于战斗之驰骋，故能逐玁狁于太原也。"文武吉甫"，颂吉甫具文武才能，足为万邦法式。

卒章，记凯乐荣归情形。旋师还镐，受天子燕劳（燕喜），多受赏赐（受祉）。复自镐归于私邑之家。"我行永久"，对家人语也。"饮御诸友"，犹云"可以招饮诸亲友矣"。御，当音迓，迎也（《鹊巢·笺》）。谓邀请诸友饮酒。毛云："御，进也。"郑云："侍也。"皆非诗义。诸友中，张仲最贤，故特称之。并称其孝友之德。"侯"，维也（《毛传》）。《汉书·古今人表》宣王八臣中有张中，即仲。然其人惟见于此诗。要是吉甫之友，未必即宣王致中兴之大臣。

诗中地名，不尽可考。如吉甫私邑，当为尹邑，故称尹吉甫。其他即无可考。或谓在今河南新安县。则是东都王畿之地。西周大臣采邑，不应去镐太远，故可疑也。"太原"，《朱传》谓是"太原府阳曲县"，则今山西太原矣。顾炎武《日知录》驳之，谓当是原州平凉县。魏立原州，取太原旧称。"计周人之御玁狁，必在泾原之间。若晋阳之太原，在大河之东，距周京千五百里，岂有寇从西来，兵乃东出者乎？故曰：'天子命我，城彼朔方。'而《国语》宣王料民于太原，亦以其近边而为御戎之备，必不料之于晋国也。"胡渭《禹贡锥指》又谓："太原当在原州界内，但非平凉县。县乃古泾阳，在故原州之东。玁狁侵及泾阳，则薄伐之，以至于太原。盖自平凉逐之出塞，至周原而止，不穷逐也。"陈奂《毛诗传疏》，又云："疑太原当在镇原，平凉即泾阳地。自泾阳北追至镇原，不更向西北矣。"今按：周王畿在渭水平原。若今甘肃地界以内，皆陇山之外，獫狁民族游牧之地，吉甫此役，但逐入侵之戎于境外，非如《采薇》之深入巢穴，则安得遂至陇山之外乎？黄河流域，地形之称原者多矣。太原者，大原也。何处不有大原，岂必平凉、泾州，原州乃有之乎？周师车战，当时亦不可能深入逾陇，但能逞威于渭水平原耳。况如诗所言"獫狁孔炽，我是用急"，则必入侵已迫京郊之地。按《采薇》《出车》两诗推断，朔方（亦即此诗之"方"）城位置，只能在今陕西、甘泉、延安地界，不能更过安定县境。太原当更在其南。充其极，远在焦获之北而已。固非山西之太原，尤不可能在甘肃界内。《国语》宣王料民太原，更是为太原是王畿内之地，不能越出渭水平原以外也。

《尔雅·释地》"周有焦获"，为"十薮"之一。郭璞注云："今扶风池阳县瓠中是也。"《水经注》："郑渠，渠首上承泾水于中山西邸瓠口，所谓瓠中也。《尔雅》以为周焦获矣。"晋池阳县，今为陕西省三原县。朱熹《诗集传》云："焦，未详所在。获，郭璞以为瓠中，则今在耀州三原县也。"（所据为《诗正义》）唐宋耀州，今为陕西耀县，去泾阳县约二百里。其北铜官县（今为铜川市）与白水县同在一冲积平原中，疑即周之焦获。周以农业立国，其王畿地合当至此。过此即陇山地区矣。白水县北有白原镇、雷原镇，皆属渭水平原北界，周之太原，其即在此欤？

（八）采　芑

四章。章十二句。百九十二字。

(1) 薄言采芑，于彼新田，于此菑亩。方叔莅止，其车三千，师干之试。方叔率止，乘其四骐，四骐翼翼。路车有奭，簟茀鱼服，钩膺鞗革。

(2) 薄言采芑，于彼新田，于此中乡。方叔莅止，其车三千，旂旐央央。方叔率止，约𨍱错衡，八鸾玱玱。服其命服，朱芾斯皇，有玱葱珩。

(3) 鴥彼飞隼，其飞戾天，亦集爰止。方叔莅止，其车三千，师干之试。方叔率止，钲人伐鼓，陈师鞠旅。显允方叔，伐鼓渊渊，振旅阗阗。

(4) 蠢尔蛮荆，大邦为雠。方叔元老，克壮其犹。方叔率止，执讯获丑。戎车啴啴，啴啴焞焞，如霆如雷。显允方叔，征伐獫狁，蛮荆来威。

周宣王命方叔帅师南征荆蛮，无功。师旋后，方叔家臣作此诗颂其劳。援《六月》之例为之也。按《竹书纪年》，在宣王五年八月，吉甫御獫狁后。《国语》："宣王既丧南国之师，乃料民于太原。"则此役实非胜利。诗亦但夸军容之盛，未及战功。再言采芑，则粮运不济可知。且荆楚大国，强武，亦非周师所能征服也。与《六月》之役，皆无功可以告庙，故只家臣颂之而已。

首章，"薄言采芑"，用《苤苢》"薄言采之"旧文也。芑，孔颖达《正义》引陆玑疏，云是"苦菜"。朱熹引用之，云："即今苦荬菜，宜马食。军行采之，人马皆可食也。"诠按：诗两言采于新田，则非野菜之苦荬。《大雅·生民》"诞降嘉种，维秬维秠，维穈维芑"，则芑为食粮作物，非野菜也。按陆玑疏语推断，"茎青白色，摘其叶有白汁出。肥可生食。亦可蒸为茹"，则是今莴苣同类之苣菜，是周代已有之农作物也。方叔南征乏食，采食农民之美蔬。军士乐其甘美，故曰"薄言"。薄言，欢然相呼以为之也。"新田"，《毛传》："田一岁曰菑，二岁曰新田，三岁曰畲。"（《礼·坊记》郑注，则谓"二岁曰畲，三岁曰新田"。《诗正义》同）《说文》"菑，反耕田也"，谓初垦之田，耕反其草以灭之。又"畲，二岁治田也"。治田，谓无复野草之田，以别于新田也。新田野草尚多，不宜种禾，但宜种叶盛之芑。故诗曰："于彼新田，于此菑亩。"菑亩，新田犹未反耕灭草之陇畔也。"师干之试"，谓方叔初为将。毛云："芑，临。师，众。干，扞。试，用也。"郑云："其士卒皆有佐师扞敌之用尔。"《朱传》云："试，肄习也。言众且练也。"按：如毛说，此句当上属。如郑、朱说，则当下属，与"方叔率止"为句。然全篇皆三读为句。则此句当上属矣。"翼翼"，犹亦亦也。郑云"壮健貌"。朱云"顺序貌"。凡叠字形容语，皆依上文以解其意，不胶滞于诂训也。"路车"，谓军帅以外之戎车。"奭"，毛云"赤也"。簟茀，朱作"簟笰"，云"以方文竹簟为车蔽也。"鱼服，矢服也。古音读如偪。此与奭、革协韵。"钩膺"，毛云："樊缨也。"朱云："马娄领有钩，而在膺有樊有缨也。樊，马大带。缨，鞅也。"鞗革，已见《蓼萧》。

次章。"中乡"，毛云："乡，所也。"郑云："美地名。"朱云："民居，其田尤沃。"皆谓农民聚居之地。诗谓深入农村采之。益可知芑非野菜。"旂""旐""央央"，并已前见。"约軝错衡"，毛云："軝，长毂之軝也，朱而约之。错衡，文衡也。"朱云："约，束。軝，毂也。以皮缠束兵车之毂而朱之也。错，文也。"又云："铃在镳曰鸾，马口两旁各一，四马故八也。玱玱，声也。命服，天子所命之服也。朱芾，黄朱之芾也。皇，犹煌煌也。玱，玉声。葱，苍色如葱者也。珩，佩首横玉也。礼，三命赤芾葱珩。"凡释车服之制，毛、郑为近，而语焉不详。朱较为远于古，然其时仍守古制者多，故其解说毛传之义皆可靠。其文简约明畅，故《新诠》多采存之。

三章，"鴥彼"，已见《秦风·晨风》。"隼"与"晨风"，皆猛禽类。是《秦风》

袭用"小雅"文句。"戾，至也"（《毛传》）。"爰，于也"（《郑笺》）。"亦集爰止"，谓隼飞虽高入于天，亦爰集于此士卒荟萃之处。喻方叔登坛誓众。《朱传》："钲，铙也，镯也。伐，击也。'钲以静之，鼓以动之。'（《毛传》文）钲、鼓各有人，而言钲人伐鼓，互文也（此《郑笺》说）。鞠，告也。二千五百人为师。五百人为旅。此言将战，陈其师旅而誓告之也。陈师告旅，亦互文耳。"《毛传》"渊渊"，鼓声也。入曰振旅，复长幼也。《郑笺》："伐鼓渊渊，谓战时进士众也。至战止将归，又振旅伐鼓阗阗然。振，犹止也。旅，众也。《春秋传》曰'出曰治兵，入曰振旅'，其礼一也。"诠按：古者行军，鸣鼓而进，鸣金则止。誓师，必先鸣金以止骚乱。誓毕，则伐鼓以催行动。止战虽用金，既止而整队回垒，则又必以鼓。诗但言"陈师鞠旅"，"伐鼓"，"振旅"，实无战斗之明文。

卒章，毛云："蠢，动也。蛮荆，荆州之蛮也。"诠按：楚之旧号为荆。《春秋》初亦称之曰荆。后乃曰楚。毛意不谓是楚，故泛称为荆州之蛮。《竹书纪年》，谓宣王四十一年，"王师败于申"。《后汉书·西羌传》："宣王四十一年，王师征申戎，破之。"或以为即此方叔南征事，故毛泛言荆州蛮也。然《纪年》固云"宣王七年锡申伯命"与《诗·崧高》合，安至于阅三十四年而又伐之？且幽王娶申后，为宣王所聘。宣王死在四十六年，则又安得娶其女而伐其国。《纪年》多有沈约窜入之文。疑此亦约用《后汉书》文所增窜也。《纪年》云"败于申"者，盖亦影射南国丧师之文。然又谓"四十年料民于太原"，则又与"既丧南国之师"乃料于太原之说不合。夫"江汉诸姬，楚实画之"，则宣王曾经南征荆楚，有可能矣。征楚无功，丧师以还，犹昭王之南征不复，亦当时之势所必然。"大邦"，谓周也。《诗》亦曾云"周虽旧邦"，又云"邦畿千里"。《郑笺》谓"大邦，列国之大也"，非义。"元老"，毛云："元，大也。五官之长出于诸侯曰天子之老。壮，大。犹，道也。"《笺》云："犹，谋也。谋，兵谋也。""执讯获丑"已见《出车》。未遇敌作战而有此语者，盖亦曾掳其边邑之民以为俘耳。"啴啴"，车声。《出车》作"惮惮"。"焞焞"，炽盛貌。皆言军容之盛。末言"征伐玁狁，荆蛮来威"者，意谓方叔曾以征伐玁狁著威名，故荆蛮畏威而来服。疑《采薇》诗"一月三捷"之主将，即此方叔。然则南征荆蛮固当在伐玁狁后。不能是同在宣王五年。《纪年》之文亦徒推诗意为之，非有史笔依据。

（九）车　攻

八章。章四句。百二十八字。

(1) 我车既攻，我马既同。四牡庞庞，驾言徂东。
(2) 田车既好，四牡孔阜。东有甫草，驾言行狩。
(3) 之子于苗，选徒嚣嚣。建旐设旄，搏兽于敖。
(4) 驾彼四牡，四牡奕奕。赤芾金舄，会同有绎。
(5) 决拾既伏，弓矢既调。射夫既同，助我举柴。
(6) 四黄既驾，两骖不猗。不失其驰，舍矢如破。
(7) 萧萧马鸣，悠悠旆旌。徒御不惊，大庖不盈。
(8) 之子于征，有闻无声。允矣君子，展也大成。

旧说咸谓："至于宣王，内修政事，外攘夷狄，复文武之竟土，修车马，备器械，复会诸侯于东都，因田猎而选车徒焉。"（朱熹《集传》文）按：宣王谋征徐淮，借言东猎圃田，合诸侯于洛，筹其事。圃田，大泽，不可猎，乃会猎于敖山。史官纪其事以诗谱以雅乐也。其事，当与《瞻彼洛矣》《裳裳者华》《桑扈》《鸳鸯》《鼓钟》及《大雅》之《烝民》《江汉》《常武》相奕。旧本分割而离立之。未知是乐官取便于用乐之种类而分，抑是汉儒传诗所乱。

《竹书纪年》宣王"伐徐戎"在六年。"会诸侯于东都，逐狩于甫"，在九年。时次颠倒，与诗史不合。又《墨子·明鬼》，谓："周宣王杀其臣杜伯而不辜。……其三年，周宣王合诸侯而田于圃……杜柏乘白马素车……射之车上。……伏弢而死，著在春秋。"《纪年》记宣王杀杜伯在四十三年，又三年而王陟。则又与《墨子》不合。大抵，宣王东猎会诸侯事，至确。先秦人皆能言之。其史记，则亡于犬戎之难。惟恃此诗与故老传说存之，故时间性不能统一。如此大举，必有所为。分析雅诗诸篇，自可得之，固不待于史籍之证也。

首章，《毛传》："攻，坚。同，齐也。宗庙齐毫，尚纯也。戎事齐力，尚强也。田猎齐足，尚疾也。""庞庞，充实也。东，洛邑也。"

次章，《朱传》："田车，田猎之车。好，善也。阜，盛大也。甫草，甫田也，后为郑地今开封府中牟县西圃田泽是也。宣王之时，未有郑国，圃田属东都畿内，故往田也。"

三章，《毛传》："之子，有司也。夏猎曰苗，嚣嚣，声也。"《朱传》："敖，近荥阳地名。"陈奂《传疏》云："考圃田，在今开封府中牟县西北，与敖山相去仅百余里。"诠按：圃田泽，今已涸为耕地。本兖州涸海之遗迹，周时已将涸，满生蒲苇，故曰"甫草"。为猎弋者所萃。宣王欲往猎，以其沮洳，尚不任车，故改与诸侯会猎于敖山。甫，大也。甫草，谓大草泽。圃，囿也。《穆天子传》："庚午，天子饮于洧上，乃遣蔡父如圃郑，用致诸侯。丁丑，天子里圃田之路，东至于旁，西至于𦊅丘。"（郑，奠字伪。里，理字省）是穆王时已于中开辟道路，称圃田。此诗"甫草"，犹是古称。敖山，即汉之敖仓所在。《水经注》济水"径敖山北。其山上有城，即仲丁所迁。秦置仓其中"。济水，今为黄河所夺。敖山本不甚高，今为河堤所没矣。

四章，言诸侯来朝于王所。"奕奕"，连续不绝貌。"赤芾金舄"，毛云："诸侯赤芾金舄。舄，达屦也。时见曰会。殷见曰同。""绎，陈也。"朱云："绎，陈列联属之貌也。"

五章，《毛传》："决，钩弦也。拾，遂也。佽，利也。"郑云："佽，谓手指相次比也。调，谓弓强弱与矢相得。"朱云："决，以象骨为之，著于右手大指，所以钩弦开体。拾，以皮为之，著于左臂，以遂弦，故亦名遂。"（按：遂，谓弦侧依而过）又"射夫，盖诸侯来会者。""柴，《说文》作㧘，谓积禽也。使诸侯之人助而举之。言获多也。"陆云："柴，子智反。"朱云"调，读如同，与同叶。"

六章，"两骖不猗"，毛云："言御者之良。"偏倚不正曰猗。"舍矢如破"，郑云："射者之工，矢发则中，如椎破物也。"朱云："巧而力也。"（破，古音盖读如皮，与猗叶）

七章，《朱传》："萧萧，悠悠，皆闲暇之貌。徒，步卒也。御，车御也。惊，如《汉书》'夜军中惊'之惊。不惊，言比卒事，不喧哗也。大庖，君庖也。不盈，言取之有度，不极欲也。盖古者田猎获禽，面伤不献，践毛不献、不成禽不献。择取三等：自左膘而射之达于右腢为上杀，以为乾豆，奉宗庙。达右耳本者次之，以为宾客。射左髀达于右䯚为下杀，以充君庖。每禽取三十焉。每等得十，其余以与士大夫习射于泽宫，中者取之。是以获禽虽多而君庖不盈也。"（采用《毛传》而纠正之，意明而文亦省。故可取。）此章言其终事严而颁禽均也。

卒章，"有闻无声"，毛云："有善闻而无喧哗之声。"陆云："闻，音问。"郑云："允，信。展，诚也。大成，谓致太平也。"朱云："总序其事之始终而深美之也。"诠按：此章，与首章"驾言阻东"相应，为猎事之首尾。隐言为谋征徐淮事。"之子"，指来会诸侯，"于征"，谓此次行役。亦谓谋征徐淮。"有问"，谓名为会猎敖山。成会同之令闻。"无声"，谓密谋不宣之事。"君子"，与会者之统称，包括周王与王臣。"大成"，大成就在谋定而事成也。旧说失于此义。

（十）吉 日

四章。章六句。九十六字。

（1）吉日维戊，既伯既祷。田车既好，四牡孔阜。升彼大阜，从其群丑。

（2）吉日庚午，既差我马。兽之所同，麀鹿麌麌。漆沮之从，天子之所。

（3）瞻彼中原，其祁孔有。儦儦俟俟，或群或友。悉率左右，以燕天子。

（4）既张我弓，既挟我矢。发彼小豝，殪此大兕。以御宾客，且以酌醴。

此宣王料民太原时举行大猎之诗也。与《车攻》皆从禽之乐官所作，故谱于《小雅》。

料民，即清查户口，编制军赋。必即因而举行大猎以讲武。《国语》载仲山甫谏词曰："蒐于农隙……狝于既烝……狩于毕时，是皆习民数者也。又何料焉。"谓征民赋田猎讲武即可知人民防御之力量，何必清查编制。宣王不听"卒料之"。则此次大猎，为颇郑重之大举，与敖山之役相当，故乐官并纪以诗乐也。

必其为太原料民之时者。周之太原，为逼近玁狁之边邑，见于《出车》之诗。玁狁猖獗时，据居焦获甚久。人民逃徙，地方残破。宣王既逐玁狁入陇，振恤遗黎，招徕安辑。说在《鸿雁》之诗。安集之后，民户复增，为编军赋以备玁狁，故必料民。他处旧民，军赋夙定，则不料矣。《出车》之太原，为今陕西白水县北，洛川、宜君诸县，洛川河谷平原地区，故有大原之名。其地山多禽兽，有铜锡之利，野复肥沃，宜其为玁狁之所垂涎，亦周王之所必争也。

首章，言大猎之规划部署。《毛传》云："维戊，顺类乘牡也。伯，马祖也。重物慎微，将用马力，必先为之祷其祖。"《郑笺》云："戊，刚日也。故乘牡为顺类也。"《朱传》云："言田猎将用马力，故以吉日祭马祖而祷之。既祭而车牢马健，于是可以历险而从禽也。以下章推之，是日也，其戊辰与。"按："从"者，追猎之义。"群丑"，指众禽兽。丑，类也。"大阜"，谓禽兽众多之山林。阜之本义为土山。土山则林密成薮，故阜之引申义为山林，为盛有，为肥硕。此章上阜为马壮硕，下阜为林薮之义。

次章，毛云："外事以刚日。差，择也。""鹿牡曰麚。麌麌，众多也。"郑云："同，犹聚。"朱云："庚午，亦刚日也。差，择，齐其足也。……视兽之所聚，麀鹿最多之处而从之。于漆沮之旁为盛，宜为天子田猎之所也。"（毛云"从漆沮驱禽而至天子之所"，不如《朱传》）此章但言相度从禽所宜之地，宜在漆沮河谷。毛郑说为已经出猎，则夺下两章文义矣。然其诂训可取（漆沮，说在附注①）。

三章，则《传》《笺》皆不可取。旧说诸家悉为所误，兹订正之。毛云："祁，大也。"谓原中多有大兽。郑云："祁当作麎。麎，麋牝也。中原之野甚有之。"夫猎鹿贵得麚，为其革也。岂在雌哉？况野兽供猎者多矣，亦不专在鹿。又况天子大猎，一方军赋毕会于此大平原中矣，野兽皆当骇然远避，岂能尚有载行载趋，或群或友之鹿群相率而来以迎天子之燕乐哉？细审此章所言，只是人民军赋士众聚集太原城外，静候天子出猎之情况。"其祁"，应即《豳风》"采蘩祁祁"，《大雅》"祁祁如云"之祁义，谓人众盛也。"儦儦"，即《齐风》"行人儦儦"字，彼篇《毛传》云"儦儦，众貌"。《毛传》于同文诂训，例只一见。则此诗之儦儦，不当再有传，而旧刻有《毛传》"趋则儦儦，行则俟俟"句，与《韩诗》雷同。为形容禽兽之语（韩诗说在附注②）。且《郑风》"清人在消，驷介麃麃"传："麃麃，武貌"。彼言驷马披甲为麃麃。此加人旁，以形容齐之获车武士则曰"儦儦"。《卫风·硕人》形容驷马之衔铁曰"朱幩镳镳"，则加金旁，同是麃之叠字形容语，而作字不同者，毛公说诗之

---

① 《大雅·绵》《周颂·潜》与此诗皆以"漆沮"联称。《毛传》于此云："漆沮之水。"《绵》传云："沮水漆也。"《潜》传云："漆沮，岐周之二水也。"《绵》之漆沮，当在豳地。《潜》之漆沮，当在岐地。此诗之漆沮，亦当是豳地。豳之漆沮，其水入洛，潜之漆沮，水入泾渭。此以今之地文，核古之诗语，所当肯定者也。陇山地区，林中多漆树，远古之劳动人民已经割取以制器物，书写木札、竹简。由其用途，重其为物，故凡有漆林之山水皆以漆水名之。应尚不只豳岐两地有此水名也。沮者，沮洳之地。本古湖海之遗迹。水未全涸则曰沮。水已干涸为农地则曰原。关中之焦获，古为九泽之一。至周而有大原地名出于其旁。盖皆洛水本支各流所经沮地之干涸与未涸有不同耳。洛水在今白水县境以北，古多沮泽，漆水缘之入洛，此豳地漆沮也。泾渭之间岐山地区，古亦有沮，既涸而为沮水，与漆水近。同为周人农垦之地，今云漆水与沮水是也。此两地之漆沮，并因《周诗》以传。后世言地理者，往往又各以所在山水附会以夺其称。学人不能统观全局，分析诗义，各执所见以毁所不见，遂成聚讼。郦道元《水经注》征引古地理书甚博。其《漆水》篇，不能订其是非，但云："川土奇异，今说互出，考之经史，各有所据。识见浅浮，无以辨之矣。"其后各代地理名著，更莫能定于一说。诠此篇时，曾泛涉之，纷纷杂沓，令人头痛。兹概撂去，但以古今地文变迁之必然，总结其实义如此。
② 张衡《西京赋》："泉鱼翩翩，群兽骚骚。"《文选》李善注此语云："薛君韩诗章句曰：趋曰骚，行曰骏。骚音鄹。骏音俟。"盖据马融《广成赋》"群鸣胶胶，鄹呆噪欢"，字为音训。章怀太子（李贤）《后汉书·马融传·广成赋注》云："鄹音普美反。骏音俟。《韩诗》曰'骚骚俟俟，或群或友'。此二人时，《韩诗》犹存。而写本作骚，作驱以作骏，作俟已异。写本字易伪变故也。然骚、驱同音。骏、俟亦同音，并同为兽鸟行动之状则一。《毛诗》改字作儦儦，俟俟，则音义俱变矣。骚在两赋当读如骇。在《毛诗》，则当读士。陆德明《音义》'儦，表骄反。俟音士'，是也。《说文》：'儦，行貌。''骏，马行仡仡也。'则骏又当读如仡。重叠形容字，重在音。义缘音求。而诸家说之音义各异者，盖缘三字诗与毛公所传诗各不同。三家诗用鄹骏之音，以状禽兽。《毛诗》则用儦俟之字以状军民也。《说文》俟字云：'大也。从人，矣声。《诗》曰：伾伾俟俟。'"所引字又不同，盖《鲁诗》也。许慎时《鲁诗》尚存。故所引不同于韩、毛两家。

微意，欲人见其字而辨其指也。三家诗皆说此章为言兽之语，毛公独以为言人之语，故作儦字。此《毛诗》胜于三家诗处。盖此诗首章言卜祷，次章言规划，三章言士众，卒章言射猎。具有层次。毛诗能得之，而谢曼卿、卫宏之徒，犹狃于三家之成说，因毛本无传，遂窜入此语。犹之以《续序》窜合于《毛序》也。《说文》俟字引诗，作"伾伾俟俟"。段玉裁注曰："《小雅·吉日》文。今毛诗作儦儦俟俟。传曰'趋则儦儦，行则俟俟'。……疑今毛传非旧，或用韩改毛也。"可谓先觉矣。旧刻《毛传》说"或群或友"云"兽三为群，二为友"，亦非。《新诠》以为诗承"其祁孔有"，言四乡来赴之民军，或儦儦然雄武，或俟俟然濡迟，或成群大至，或二人相偕携如友，皆有戎士率之，云屯于天子大路左右，以燕乐天子。《朱传》云："燕，乐也。……率其同事之人，各共其事以乐天子也。"得其旨矣。

卒章，朱云："言射而获禽，以为俎实，进于宾客而酌醴也。""豝"，已见《召南》。"兕"，古称野生水牛之字。"御"，即《六月》"饮御诸父"之御。郑云："御宾客者，以给宾客之御也。宾客，谓诸侯也。"朱承其意云："御，进也。"失之。

《南有嘉鱼之什》，十篇、四十六章，二百七十二句，一千一百四十八字。

三、鸿雁之什

朱熹《诗集传》分割《彤弓》《菁菁者莪》《六月》《采芑》《车攻》《吉日》与《鸿雁》《庭燎》《沔水》《鹤鸣》十篇为"彤弓之什"。而以《祈父》以下十篇为"祈父之什",兹依毛诗定本。

(一) 鸿 雁

三章。章六句。七十二字。
(1) 鸿雁于飞,肃肃其羽。之子于征,劬劳于野。爰及矜人,哀此鳏寡。
(2) 鸿雁于飞,集于中泽。之子于垣,百堵皆作。虽则劬劳,其究安宅。
(3) 鸿雁于飞,哀鸣嗷嗷。维此哲人,谓我劬劳。维彼愚人,谓我宣骄。

宣王已逐玁狁,收复太原,城戍朔方,安抚焦获遗民,召集流亡,重建居宅,垦耕地,编户籍,检军赋,与朔方之戎相应以备玁狁。此其使臣自述其劬劳之诗。作于宣王初年,与《采薇》《出车》《六月》《吉日》诸篇为同时相关联之一事。焦获古为大泽,周世已成邑居,犹有部分未涸之沮洳地。其水泄于洛川,即邠州地区之沮水,今陕西宜君、黄陵、洛川三县间之黄土平原,大抵即周焦获之地。此诗三言"鸿雁于飞"起兴者,应是当时犹有部分薮泽为鸿雁所萃,使者频见其飞翔故也。

首章,言使者初至,原野荒芜,屋宇残破,人民归者,率多鳏寡可怜。"之子",毛云"侯伯卿士也"。朱云"流民自相谓也"。并非。盖使者自指。"于征",谓奉命来此。无屋可居,故曰"劬劳于野"。矜人,犹云可怜人也。

次章,言官民协力重建家宅,重营邑聚。"于垣",谓从事于版筑,邠地多寒,居宅皆土垣平顶。毛云:"一丈为版,五版为堵。"百堵皆作,言居宅一时悉备。使者与人民虽并劬劳,究得居宅之安。与上章"劬劳于野"相应。

卒章,言安集人民,非惟有居处而已,又须有衣食之资。"哀鸣嗷嗷",吁告饥寒也。此诗盖奉命抚民者申请加恤放赈时作。当时似有议其多事者，使人以培护民本自解，故曰"哲人必当奖诩我之劬劳。愚人或将斥我为宣骄也。"毛云："宣，示也。"郑云："谓我役作众民为骄奢。"今按：当是朝中有人谓其恃功而骄，乞恤无已。故愤而为此诗也。

（二）庭 燎

三章。章五句。五十七字。

(1) 夜如何其？夜未央。庭燎之光。君子至止，鸾声将将。
(2) 夜如何其？夜未艾。庭燎晣晣。君子至止，鸾声哕哕。
(3) 夜如何其？夜乡晨。庭燎有辉。君子至止，言观其旂。

此周王内臣侍候朝臣之诗。《毛序》以为"美宣王"者，盖宣王赴洛会诸侯时，虑诸侯不至，命内臣侍之。频问夜色。乐官为此诗，以颂其勤政也。

首章。《毛传》："央，旦也。庭燎，大烛。君子，谓诸侯也。将将，鸾镳声也。"今按："夜如何其"，王传问语也。问守庭燎之内臣。以下，内臣答语。直记问答以为诗，二南已有其例。"庭燎"者，上古无灯烛，燃柴薪以照明。积柴于地面燔之曰燎。持薪于手以行者为烛（今川边人谓之松光。滇黔人曰松明）。烛亦可插土壁间燃之，以照室内。天子宫廷与宗庙祭坛毕砌柴燎之台，燃柴其上以照远，则称为"大烛"。烛者独也。独柱上燔之，异于地上燔柴之燎也。东周以后乃有蜡烛（以蜡凝固油脂之烛），造为蜡字。其后又乃单呼蜡烛为烛。从而呼台上燃油烛亦为大烛。《毛传》混言之，当辨。《月令》，季冬"乃命四监收秩薪柴，以共郊庙及百祀之薪燎"。知其时尚无蜡烛也。《孔疏》引《释文》："郑云，在地曰燎，执之曰烛，树之门外曰大烛，于内曰庭燎。"亦皆非言蜡烛。

次章，"夜未艾"，艾者，苍白色，故引申为人老。为天明时。毛云"久也"。朱云"尽也"。皆未当。"晣"，从折声，陆云"之世反"。毛云"晣晣，明也"。与《陈风》"明星晢晢"字同，与晰、晢字别。

卒章，"乡晨"，天微明近于晨矣。燎火亦将熄，然尚有辉光。此其前报闻来朝者车马之声。至此时，则已可见其车乘之旂也。

（三）沔　水

三章。二章章八句。一章六句。八十八字。

（1）沔彼流水，朝宗于海。鴥彼飞隼，载飞载止。嗟我兄弟，邦人诸友。莫肯念乱，谁无父母？

（2）沔彼流水，其流汤汤。鴥彼飞隼，载飞载扬。念彼不迹，载起载行。心之忧矣，不可弭忘。

（3）鴥彼飞隼，率彼中陵。民之讹言，宁莫之惩。我友敬矣，谗言其兴。

此宣王欲杀杜伯，其友左儒呼吁同僚营救之诗也。宣王杀其臣杜柏而不辜，见《墨子·明鬼》，谓"著在周之《春秋》"。韦昭《国语注》亦引《周春秋》文。《说苑·立节》篇谓："左儒争之于王，九复之而王弗许也。"载左儒语，有"友道、君逆，则率友以违君"。与此诗文义相契。又云："王杀杜柏，左儒死之。"盖即此诗之本事也。①旧儒但说为"忧乱之诗"（朱），或"规宣王"（《序》），皆未达。

首章，"沔"，毛云："水流满也。"起兴两句，谓江海能纳细流，人君当纳忠言，人臣当极谏匡君。"鴥彼飞隼"，以鹰隼出击，将杀生命为喻。"载飞载止"，谓盘桓犹未果杀者，有人谏阻故也。"嗟"字以下，责同僚友好，不考虑乱于礼法，未协刑律之事。纵长乱命，则谁能自保其父母亲好之善终乎。语皆浅显，是悍者之词。

次章，毛云："载飞载扬，言无所定止也。""不迹，不循道也。弭，止也。"朱云："汤汤，波流盛貌。""载起载行，言忧念之深，不遑宁处也。"此章，自言其见威刑失道，徘徊不安，踯躅不宁。

卒章，毛云："惩，止也。""疾王不能察谗也。"又云"疑当作三章，章八句。卒章脱前两句耳。"诠按：卒章促同僚起为杜柏辟谣湔谤，非促进谏，故不用流水朝宗句也。隼已入于中陵，则杀决矣。人不可救，为涤其诬诽可也。谓杜伯之罪状徒

---

① 《墨子·明鬼》："周宣王杀其臣杜伯而不辜，杜柏曰：'若以死者为无知，则止矣。若死而有知。不出三年，必使吾君知之。'其三年，周宣王合诸侯而田于圃田，车数百乘，从数千人，满野。日中，杜伯乘白马素车，朱衣冠，执朱弓，挟朱矢，追周宣王，射之车上，中心，折脊，殪车中，伏弢而死。当是之时，周人从者莫不见，远者莫不闻，著在周之《春秋》。"《国语》惠王十五年内史过曰："周之兴也，鸑鷟鸣于岐山。其衰也，杜伯射王于鄗。"则传杜伯射王同，而地在鄗京，非圃田。若谓鄗是敖字伪，亦与史事不合。《竹书纪年》宣王杀杜伯在四十三年，卒在四十六年。而其东会诸侯于甫在九年。即按《周诗》推之。宣王会诸侯猎山之后尚伐徐淮，定南疆，非死于猎敖之时。故言鬼报者伪也。然其杀杜伯，左儒九谏之事则《史记·封禅书》《汉书·郊祀志》、韦昭《国语注》《五臣文选注》与《太平御览》均载之。秦汉关中犹有杜主祠祀，则《说苑》所记有由质也。

"民之讹言"耳。讹,伪也,乱也。兴谗之言,宁无以惩之哉。我友杜伯,忠诚,恪敬之人也,而犹罹谤以死。今后谗言之多,讵不能使人人自危乎?

(四)鹤 鸣

二章。章九句。七十四字

(1)鹤鸣于九皋,声闻于野。鱼潜在渊,或在于渚。乐彼之园,爰有树檀,其下维萚。它山之石,可以为错。

(2)鹤鸣于九皋,声闻于天。鱼在于渚,或潜在渊。乐彼之园,爰有树檀,其下维榖。它山之石,可以攻玉。

此士人相好,而分仕于王室与食采之君者,相见时唱答之诗。诗两章者,为一唱一答,前有此例。旧说讽宣王求贤者,非。

首章,任邑君者颂仕王室者。"皋",毛云"泽也"。郑云:"泽中水逸出所为坎。自外数至九,喻深远也。"诗意为贤者仕于王室深闳之地,而声名远达野外。"渚",水中显著之地。"渊",深邃难到之所。喻同学为仕而所在不同。"乐彼之园",犹云乐哉彼之园乎。彼园指其所仕之处。檀,优良美好之木,喻其友人为良才也。"萚",即笋籜,已详《萚兮》篇。在此谓其同僚皆废弃之材也。初仕不习于政,每有颠踬之苦痛。对友人有牢骚怨望之语,故以它山之石为错慰勉之。

卒章,仕王室者答仕邑君者,因其原词。"声闻于天",谓在王室亦闻足下之贤名。乐哉足下所在之园,独檀之下,皆枸树耳。榖,今云枸树,疏窳之材也。琢玉用钢坚石粉,傅钻锯上,高速运转以解磨之。是谓之错。上章"为错",亦谓攻玉。

两章似同文义,出于二人之口,则两彼字所指不同,含义亦即相异。乐人并录为乐诗,后世遂难体会。虽毛、郑,解亦互异,《朱传》则云:"此诗之作,不可知其所由。"缘不知乐诗固有此体。

(五)祈 父

三章。章四句。四十七字。

(1)祈父!予王之爪牙。胡转予于恤?靡所止居。

(2)祈父!予王之爪士。胡转予于恤?靡所厎止。

(3) 祈父！亶不聪。胡转予于恤？有母之尸饔。

此周王虎贲旅贲之士，被调往猃狁破扰地区从事抚恤者，怨其司马之诗也。旧说为刺司马失职。

首章，《毛传》："祈父，司马也。职掌封圻之兵甲。"郑云："《书》曰：'若畴圻父'，谓司马。司马掌禄士，故司士属焉。"朱云："《康诰》曰'祈父薄违'，是也。"马瑞辰曰："祈者，圻之假借。《左传》引诗，正作圻父。""胡转予于恤"，毛云"恤，忧也"。郑云："此勇力之士责司马之辞也。我乃王之爪牙。爪牙之士，当为王闲守之卫。女何移我于忧，使我无所止居乎，谓见使从军与羌戎战于千亩而败之时也。六军之士出自六乡，法不取于王之爪牙之士。"按：《周礼》司马所属有虎贲氏、旅贲氏，皆王武卫之士，亦适四方为使。"军旅，则介而趋"，是不从事战斗者。郑训恤为忧。又训忧为战斗。并谓战斗为千亩之役，皆非诗义。三章同文曰"转予于恤"，则又不能是泛言忧劳之役，而当是一种任务之称。《周礼·大宗伯》"以恤礼哀寇乱"。可见此诗之恤，即"哀寇乱"之恤礼。是名词，不是动词，乃合文法。其事当与《鸿雁》之"劬劳于野"相同，为周王慰问振恤难民于败瓦颓垣之间，故曰"靡所止居"。特以《鸿雁》之使者能尽职。此辈仪仗士卒，不安其事，故责司马不同耳。《周礼·叙官》："虎贲氏，下大夫二人，中士十有二人，府二人，史八人，胥八十人，虎士八百人。旅贲氏，中士二人，下士十有六人。"士为职官之近于统治阶级者。盖当乱后，需得大量王臣往事安抚振恤，而征调及于王之爪牙之士。徒以此辈仪仗之官，大都自疏远贵族子弟中招来，习于安舒，不愿劬劳于野，而有此怨诗。非司马失职也。然其诗直以常用语言组成，别具风格，故乐官有取焉。

次章，"靡所底止"，谓灾区辽阔，久不能竟。《尔雅·释诂》："厎，止也。"与"伊于胡厎"同义。

卒章，毛云："亶，诚也。尸，陈也。熟食曰饔。"郑云："已从军而母为父陈馔饮食之具。自伤不得供养也。"诠按：尸之本义为祭祖时扮演先亡之人。亦具尸骸之义。陈，则引申之义也。夫从役在外，父母俱存，能相养活，岂得以不自奉养为请归之理由哉。诗云"母之尸饔"。直是言其母丧祭事耳。

（六）白　驹

四章。章六句。九十七字。

(1) 皎皎白驹，食我场苗。絷之维之，以永今朝。所谓伊人，于焉逍遥。
(2) 皎皎白驹，食我场藿。絷之维之，以永今夕。所谓伊人，于焉嘉客。
(3) 皎皎白驹，贲然来思。尔公尔侯，逸豫无期。慎尔优游，勉尔遁思。
(4) 皎皎白驹，在彼空谷。生刍一束，其人如玉。毋金玉尔音，而有遐心。

西周食采之君，有率其戚友僚属游燕山野者，放纵其马，食人田禾。农村有士人在乡者，与乡人执系其害禾之马，将责赔偿。贵人索马至，识其为旧时同学之贤者，逊谢。索马以去。因即约束仆夫，放马于空谷中。田主嘉其能纳善救弊，作此诗以志之。旧说刺宣王"不能用贤"（《毛传》）。"贤人不得志而去者，其友留之"（苏辙）。"强留欲去之贤者"（朱熹）。"饯贤者之去而赠以言也"（孙嘉淦）。"致仕之臣，招其寮友去位之诗"（魏源）。"王者欲留贤士不得，因放归山林而赐之以诗"（方玉润）。种种，皆只能切合一二语，若通于全篇之四篇。则重重抵牾。前提既误，则字义解释无不刺谬。兹故全面摒去之，特为新诠。

首章，"皎皎白驹"，则非仅一白驹也。西周贵族公侯，食邑之君，皆嗜养马。马多，又复以毛色一致者成乘相尚（三百篇中频见其义，例不胜举）。此贵族出游，全用白马，以为夸炫。故农民所见全是"白驹"（就下文"尔公尔侯"语推之，亦可能是宋君入朝者游燕。所为殷人尚白也）。驹与骄同义。说在《株林》篇。"场苗"，田场作物之苗。贵族纵恣，犹是奴隶主践踏田场旧习，无视农奴田主辛勤劳动之成果。仆夫倚势，不加制约，故其马相率入场食苗，而无人制止。曩在西康，见土司、喇嘛之纵马肆食，情致如此。其人比于西周之贵族公侯，正相当也。"絷"，绊其足也。"维"，系其缰也。"以永今朝"，谓使其今日不得再食田苗也。"伊人"，指纵游之贵族公侯。犹《蒹葭》之"所谓伊人"指秦君。旧皆说为指隐士，非也。"于焉逍遥"，谓：农民愤怒，已经絷维其食场之马而不知，尚且逍遥纵乐，无来索马者竟日。盖贵族与其从人，皆无有虑及农民敢拘系其马者，狃于积习故也。

次章，入场食苗之马未放，马主不觉，故仍复有别群白马，入田场食其豆苗。藿，豆苗也。农民再复维而絷绊之。时已天暮，马主不至，则将通夕絷维之。料其主必来索马，可以说理索赔偿也。及暮，马主人果已来索。至则相识之旧友，目见诸马践踏情形，致歉认赔。农民大悦，遂成农家嘉客。周之贵族子弟，亦与平民之秀者同入国学肄业（说在卷一）。卒业后入仕，地位不复相及。农民之仕，卑官，休浴回家，见其田禾被躏，敢于絷击其马。能以理自仗故也。贵人既知理绌，不能不服。故仍欢好成宾主也。

三章之"皎皎白驹"，谓马主恃势，率其从骑怒驰索马而来，故曰"贲然来"。贲，奔字古通。亦即"虎贲"之贲字。旧说为"饰也"（《毛传》）。"黄白色也"（《郑笺》）。"光彩之貌也"（《朱传》）。并非。惟马瑞辰说为"马来疾行之貌"得之。"尔公尔侯"，田主人谓贵族："尔等公侯食邑之君，何为逸乐自放，无止期乎？"逸，放也。豫，乐也。无期，无止时也。并谓"优游之乐，亦当谨慎，勿容贻害他人。何可再有白驹食场之事。"既待为嘉客而后深责之，足知此农村士人之贤而才，勇而能仁，诚挚而有辞，故能说服其人俾悉于后也。"勉尔遁思"句，旧皆说遁为归隐，甚至说"遁思"为归隐之想（郑玄、朱熹皆然）。岂有公侯贵族亦思归隐耶？又岂，首句有贲然而来之思，末句又勉为"决于遁思而终不我顾哉"（《朱传》文）。两思皆语词耳。"遁"，陆德明《释文》云"遁又作遯"，二字音义通。其最原始义著于《易》之遯卦，"君子以远小人，不恶而严"，是遯之本义。"九三，系遯，有疾厉，畜臣妾吉。""九四好遯。君子吉，小人否。""九五嘉遯。贞吉。""上九，肥遯。无不利。"王弼注系遯曰："在内近二，以阳附阴，宜遯而系，故曰系遯。遯之为义，宜远小人。以阳附阴，系于所在（指小人之言），不能远害，亦已急矣。宜其屈辱而危厉也。系于所在，畜臣妾可也。施于大事，凶之道也。"谓听奴隶之言，可得其忠心，而不可以施于大事。其注好遯云："处于外而有应于内。君子好遯，故能舍之。小人系恋，是以否也。"谓奴隶恋其所恋以为是，君子拾之，故为好遯也。注嘉遯云："遯而得正，反制于内。小人应命，率正其志。不恶而严，得正之吉。遯之嘉也。"谓能自作主张，不从奴隶之言，为嘉遯也。肥遯者，完全自主，不为他人所摇之义。是诗人所以勉此逸豫之贵族者，谓其勿放纵奴仆肆扰殃民耳。汉以来儒者释"肥遯"为心广体胖、避世不仕之义，与易卦本义不合。而说诗者更从俗解肥遯之义以体会此诗，尽从"隐士"方面索解，遂至"失之千里"矣。

　　卒章，农民之士人，送客后，于山间望其"嘉客"之行动，则见"皎皎白驹"皆已牧于无人居、无田苗之"空谷"矣。其人方以生刍一束自饲其马。嘉其能改过迁善而赞之为"如玉"之君子。旧以玉为最珍之物，故以比君子。谓玉备五德①，《秦风》"言念君子，温其如玉"，用此诗语意也。即重其人，因复呼而语之曰：我既以言诤尔矣。尔亦当多有以诤我。幸勿吝尔言如金玉，而有远我之心也。

---

① 《礼记·聘义》："子贡问于孔子曰：敢问君子贵玉而贱碈者何也？……孔子曰……昔者，君子比德于玉焉。湿润而泽，仁也。缜密以栗，知也。廉而不刿，义也。垂之如队，礼也。叩之，其声清越以长，其终诎然，乐也。瑕不掩瑜，瑜不掩瑕，忠也。孚尹旁达，信也。气如白虹，天也。精神见于山川，地也。圭璋特达，德也。天下莫不贵者，道也。"孔颖达《秦风·小戎》疏引，但取仁、智、义、礼、信五德。《家语》有《问玉篇》大体亦同。

（七）黄　鸟

三章。章七句。八十四字。

（1）黄鸟黄鸟，无集于榖，无啄我粟。此邦之人，不我肯榖。言旋言归，复我邦族。

（2）黄鸟黄鸟，无集于桑，无啄我梁。此邦之人，不可与明。言旋言归，复我诸兄。

（3）黄鸟黄鸟，无集于栩，无啄我黍。此邦之人，不可与处。言旋言归，复我诸父。

共和以后，王畿食采之君，皆已废奴隶生产制，改行农奴生产制，各自有其人民与赋税，比于诸侯。亦各自招降纳叛，徕民增户，以自益其赋役。其时各邑属民，承奴隶社会氏族制度残余未绝之际，尚多无自己之宗族姓氏，但依邑君姓氏为"邦族"。此乃轻附异邦之农民，复不满于新邦主人之待遇，更受旧主招抚，而思复还故邦之诗。与《魏风·硕鼠》之作相似，且约略同时。《硕鼠》为列国之风。此诗则因王畿灭风行雅，而入小雅。犹《谷风》一事，《邶风》与《小雅》同咏之。作于周人则为雅，作为卫人则为风也。《硕鼠》作者，已受唐君招抚，作于临去之时，故敢出之以诟骂。此诗作于欲去之始，尚无决去之途，故其措辞又有不同。

首章，"黄鸟"，在《棫木》篇中毛云"搏黍也"。《秦风》与此无传。意谓皆搏黍。《新诠》以为《棫木》篇中之黄鸟是锦鸡，风诗之黄鸟是搏黍。搏黍，鸣禽之小者也，今云黄雀者是也。上榖，字从木。下榖从禾。榖，今云构树。结果赤蕊细籽，蝇类与小鸟喜食之。下榖，即"粮榖"之榖。旋，回也。复，反也。此农民曩弃其邦族以就新主。今欲复返其故邑，复旧之邦族用黄鸟起兴，喻其邑君剥削重，催科频，使我生活困难也。人非榖食不生。"不我肯榖"，是使我生活困难之义。旧训榖为淑善，非此诗本义。

次章，"不可与明"，谓曾申述生活困难而此邦之人莫肯证之，致邑君不予蠲恤。《毛传》说此诗为刺"宣王之末，天下室家离散，妃匹相去有不以礼者"。谓此语为"不可与明夫妇之道"。《郑笺》又谓"明当为盟。盟，信也"。并缘误以此诗为夫妇离异之事，遂为曲解。"诸兄"，谓原同耕作之邻里。

卒章，"不可与处"，谓生活困难，冀人能相证以邀蠲恤。人又莫肯相证，竟不得恤，则此邦之人尚可与共处乎？"诸父"，谓旧时邑君之族人。在做奴隶时呼贵族为父母。作农奴时，仍依旧习呼邑君为父母（汉以来农民呼郡县官为父母），故称其同邑之贵族为"诸父"。

三章同以黄鸟起兴，而所集所食不同者，非徒协韵，亦言害于衣食者屡，非一次也。榖，纤维作物，古人种之以取麻。桑，饲蚕之树，恃以得丝。栩，薪材之良者也。是皆周人贡纳之物也。粟、粱、黍，三种粮食作物，周代田赋所出。举此以明贡赋之重。故知其非夫妇离异之诗。

郑振铎先生以此为赘婿诗。似矣。未尽合也。赘婿甚贱，去留之自由，安得为此诗之言哉。

（八）我行其野

三章。章六句。七十二字。
(1) 我行其野，蔽芾其樗。昏姻之故，言就尔居。尔不我畜，复我邦家。
(2) 我行其野，言采其蓫。昏姻之故，言就尔宿。尔不我畜，言归思复。
(3) 我行其野，言采其葍。不思旧姻，求尔新特。成不以富，亦只以异。

西周当离乱时（度是玁狁之难、或犬戎之难时），有富家女子，流离道路，饥困依人，结成婚媾。乱定邦宁，渐相厌弃。女子借口失爱自求离异归宗之诗。

首章，"我行其野"，追言避乱流离失所之时，行于此邦之野。"蔽芾"，已见《召南·甘棠》。"其樗"，喻男子，质虽樗材，然方壮盛繁荣，可资荫憩。"昏姻之故，言就尔居"，谓当时父母为避难无依，许订婚姻，来往汝家。《郑笺》云："妇之父，婿之父，相谓昏姻。言，我也。我乃以此二父之命故，我就女居。"畜，养也。"复我邦家"，与上篇"复我邦族"同义。属民关系则曰"邦族"。自由之身则曰"邦家"。盖此作诗之女子亦贵族之疏远，近于平民者也。

次章，"言采其蓫"，谓当流离失所时，采野蔬以充饥。毛云："蓫，恶菜也。"郑云："牛蘈也。"朱云："今人谓之羊蹄菜。"《齐民要术》引陆玑《诗义疏》云："今之羊蹄，似芦菔，赤茎，煮为茹，滑而不美。多啖令人下痢。扬州谓之羊蹄。幽州谓之蓫。"《朱传》因之。《尔雅》："朱藻，蓫。""藬，牛蘈。"孙炎《尔雅注》云："车前，一名牛蘈。"诠按：车前不可食用。有似车前而叶大无苦味者，密生于山野湿地。可食。曾于四川汉源县见之。土民大量割售于市，称为"山扁"，盖即此诗之蓬。孙炎误以为车前也。羊蹄是根用菜、芦卜一类。疑陆玑之说未当。《郑笺》与《尔雅》歧互者，说诗诸家皆未征验实物，但据前人之书。而前人之书，但揣诗意为救荒野菜，各以其意附会之，故三家诗又各不同。《尔雅》取《鲁诗》。郑氏用《韩诗》说耳。"言归思复"，思字，语词，倒用在复前。如云"言归复思"（为协韵例），不当作思虑义解。

卒章，"葍"，说者纷庞，无当。亦如说蓫。皆从《毛传》"恶菜"寻义。《尔雅》云"葍，藑。"又云："葍，藑茅。"郭璞注葍云："大叶白华，根如指，正白，可啖。"又云："葍华有赤者，为藑。藑、葍一种耳，亦如菱、苕、华黄白异名。"今按：《说文》葍与藑，音又互训。其物即今之野萝卜。曩于四川丹巴县，见土人荒年掘食之，称曰"茆"。藑，白茅也，其地下茎（俗呼为根）白脆而甘，可食，昔人常妄因茆、茅字通，说为藑。又因《说文》转"通为蕣字"，说为木槿。皆缘可食之植物而妄推之，故纷然纠缠，不可剔别。不值深辨也。"新特"，毛云："外昏也。"郑云："婿之父曰姻。我采葍之时，以礼来嫁汝。汝不思尔老父之命，而弃我，而求汝新外昏特来之女。责之也。不以礼嫁，必无肯媵之。"说特为无媵独来之女。竟用儒家设想之诸侯婚礼以说此平民之诗。谬极。《朱传》云"特，匹也"，盖用《柏舟》"实为我特"毛传义，于义为合。诗言"求"，则尚未成匹，只有动向之辞，亦非遂已外婚。盖贵家女子，困难之际，被迫嫁人，久而不安其生活，勃然求离，借口诬婿之辞；与《氓》诗之"士贰其行"，《谷风》之"晏尔新昏"同调。惟婿实未外昏，故与《谷风》不同，但云"求尔新特"，妇既依人于流离之中，又与《氓》之"以我贿迁"者不同，故其下文复云"成不以富，亦只以异"。谓：过去成婚，非由我之富有，而汝亦贫小子也。今则生活不安，贫富不同，亦只有离异而已。此两句，各家解说不同，皆有未安。兹并摒弃，但循诗语求意如此。

《论语》："子张问崇德辨惑。子曰：主忠信、徙义、崇德也。爱之欲其生。恶之欲其死。既欲其生，又欲其死，是惑也。诚不以富，亦只以异。"（《颜渊》）谓崇德、辨惑，皆不以求富为标的，只在忠信徙义，执一不乱而已。虽引此诗，断章取义，故可改成为诚。后人遂因此以说此诗，则亦惑矣。

郑振铎氏以为此两篇皆赘婿之诗。其言曰："这首诗比《黄鸟》更惨，更迫切。《黄鸟》的作者是自动的。因受了虐待，做尽苦工，而食还不能饱，所以浩然有归志。《我行其野》的作者，却是一个被遗弃的赘婿。他被妇家驱逐出来，茫茫无所

归,在呼吁着,在田野里漫步着,到底向什么地方去呢?还是回到自己家乡吧。"①如此体会诗语,全能吻合,惟有难遵用者两点:

——就赘字义训言,《说文》"赘,以物质钱。从敖贝。敖者,犹放,谓贝当复取之。"段玉裁注曰:"若今人之抵押也。……《大雅传》曰:'赘,属也。'(按谓《桑柔》'具赘卒荒'传)谓赘为缀之假借也。《孟子》'属其耆老',《大传》作'赘其耆老'。《公羊传》云'君若赘旒'。《史》《汉》云'赘婿'。此为联属之称,皆缀字之假借。"今按:《史记·始皇本纪》与《滑稽列传·淳于髡》始见赘婿字。在汉代,仍是借用寄物之义以称男子从婚于女家者。六经文字无赘婿,赘字亦不作婚姻义。则周诗中不当有咏赘婿之事。故女曰归,男曰取。其义直用至秦汉。汉以前,赘字只作商品抵押解,则民俗无赘婿可知,世有谓太公望为齐之赘夫者,亦战国时人之妄言。太公壮时,是奴隶社会,则安得有赘婿之事。

——周代社会,为男性中心之氏族制。小宗大宗组织严密。财产承继,必以男子。小宗俱绝,则以大宗子继嗣。如此社会制度,即不能有赘婿之事。惟如齐、楚、秦、燕等国之少数民族地区,犹有母性中心之原始遗习者,有招婿承嗣之事。故战国末期乃有赘婿出现。秦统一后,仍恶其制,始皇曾悉发天下赘婿从征岭外,以为惩戒。秦后汉代,赘婿之制又复无闻。迨历魏晋南北朝,中华宗法为异族政权所摧破,"赘婿"之事,乃渐有华族采行之者,虽在今日,赘婿之风,仍以少数民族地区为盛。此就社会发展历史言,西周华族社会中之无赘婿,可以断言。西周虽近羌戎,其人既自能诗,则为华人之事,固不可能为赘婿诗矣。

(九) 斯 干

九章。四章章七句。五章章五句。二百一十四字。

(1) 秩秩斯干,幽幽南山。如竹苞矣,如松茂矣。兄及弟矣,式相好矣,无相犹矣。

(2) 似续妣祖,筑室百堵。西南其户,爰居爰处,爰笑爰语。

(3) 约之阁阁,椓之橐橐。风雨攸除,鸟鼠攸去,君子攸芋。

(4) 如跂斯翼,如矢斯棘。如鸟斯革,如翚斯飞,君子攸跻。

(5) 殖殖其庭,有觉其楹。哙哙其正,哕哕其冥,君子攸宁。

---

① 郑氏《汤祷篇》小册子文,原载于1964年《文艺复兴》第一卷第三期。

（6）下莞上簟，乃安斯寝。乃寝乃兴，乃占我梦。吉梦维何？维熊维罴，维虺维蛇。

（7）大人占之：维熊维罴，男子之祥；维虺维蛇，女子之祥。

（8）乃生男子，载寝之床，载衣之裳，载弄之璋。其泣喤喤，朱芾斯皇，室家君王。

（9）乃生女子，载寝之地，载衣之裼，载弄之瓦。无非无仪，唯酒食是议，无父母诒罹。

武王灭纣后，营新宫于镐之东侧，延殷巫血祭。巫之祝词如此。与《天保》语调、文格全同，如出一手。惟《天保》系说为神降之语，此则巫人祝愿之语，故称"尔"称"君子"不同。参合详审，自能得之。汉儒乱次于宣王诗后，非太师乐档旧次也。

《毛诗》本序云："宣王考室也。"无续序。而有序注云："考，成也。德行国富……宣王于是筑宫庙，群寝。既成而衅之。歌《斯干》之诗以落之。此之谓成室。宗庙成则又祭祀先祖。"《竹书纪年》有宣王八年"初考室"文，似此说有据。然诗语首祝兄弟和辑。则非宣王考室可知（宣王无兄弟）。朱熹《集传》云："旧说：'厉王既流于彘，宫室圮坏，故宣王即位，更作宫室。既成而落之。'今亦未有以见其必为是时之诗也。或曰：《仪礼》'下管新宫'，《春秋传》宗元公赋新宫，恐即此诗。然亦未有明证。"大抵宗儒已多怀疑此非宣王考室之诗。故朱氏作一不负责任之序语："此筑室既成而燕饮以落之，因歌其事。"

夫诗既云"西南其户"，则非泛称通用之祝词。又祝生男子"朱芾斯皇，室家君王"。则又必为王室之宫也。地近南山，则去丰镐当近。文类《天保》，故可判为武王之世。何楷《诗世本》，以为成王营洛时作。清儒姚际恒驳之云"南山字无着落"（并见《诗经原始》）。邹肇敏谓是武王诗，得之矣。而方玉润疑为"不应厕于宣王诗内"。不知汉儒以私意乱其篇次故也。

首章，"秩秩斯干"，《毛传》云："秩秩，流行也。干，涧也。"汉魏迄北宋诸儒，及元、明、清儒之尊毛者，皆恪遵以为说。朱熹云："秩秩，有序也。斯，此也。干，水涯也。"独得其解。盖谓渭水南岸丰镐之间，旧宫新室，鳞次栉比，秩秩然也。"南山"，即秦岭诸山之总称，周诗屡见。"幽幽"，言其材木茂蔚，幽然郁闭。不以朝歌之仰条枚于汝坟之地（参看《汝坟》篇）。此殷巫所羡，故以入诗也。"竹苞""松茂"，并喻王室之发展。兄弟相好，三句，说明此诗所祝之室主已无父祖同在，但多兄弟。则非文王与宣王世时可知。可为武王世诗。"无相犹矣"之犹字，毛云："道也。"郑云："当作瘉。瘉，病也。言时人骨肉用是相爱好，无相诟病也。"盖取《韩诗》异字以正《毛传》。朱云："犹，谋也。"又引"张子曰：'犹，似也。'"又云："或曰，犹，当作尤。"马瑞辰《传笺通释》曰："犹、猷，古通用。《方言》'猷，诈也。'《广雅》：'犹，欺也。'诗盖谓兄弟相爱以诚，无相欺诈。即《左传》'尔无我虞，我无尔诈也'。"今按：三家诗各为异说，故后人承说亦异。巫语无深义，不适用如此诸诂训。当以"作尤"一说为可取。何楷以此三句定为营洛之诗，似较武王增作镐宫为合。然，不惟其地去南山太远而已，且东都只为朝会诸侯之便而作，非成王或周公身居其处、长养子孙之所。则诗中安得有兄弟相及，生男育女之祝哉。惟武王时，诸弟幼小者尚多，故营此新宫以居之。亦惟武王时尚殷巫。周公则尚祝，不尚巫也。

次章，《毛传》："似，嗣也。"《朱传》："妣先于祖者，协下韵耳。或曰，谓姜嫄后稷也。"今按：谓承王母太姒之志，续历世祖公刘"乃观于京"（《笃公刘》），太王"筑室于兹"（《绵》），与父文王"作丰伊匹"之功，兴此颇筑也。"西南其户"者，毛云："西乡户，南乡户也。"天子之宫，户南向。此宫在镐京之东，故更开"侧户"西向，以便朝会。《左传》襄公二十五年："姜入于室，与崔子自侧户出。"是宫室有侧户之制也。"爰"，于也。谓王之兄弟居此新室，有笑语偕和之乐。

三章，言新宫之工坚固。"约之"，谓押壁及地板时，惟恐不密，用生革勒之，使互依紧密，其声"阁阁"然。"椓之"，谓加楔紧之木，椓杙之声橐橐然。如此坚实，则风雨不能侵，鸟鼠不得入，居之者安适也。"芋"，毛云："大也。"郑云："当作幠。幠，覆也。"朱云："尊大也。君子之所居，以为尊且大也。"皆于巫语不类。诠按：古之根菜，芋为最大，亦最腴美，子芋环生，叶覆宽展。巫以之喻人居处多福耳。宇、芋、寓同声，皆有居处之义。攸，所也。

四章字义，从来解说者纷歧，率多纡曲。要其为述建筑之宏丽则一。"如跂斯翼"，毛云："如人之跂竦翼尔。"陆云："跂音企。"《玉篇》引诗作"如企斯翼"。《孔疏》说为"竦此臂翼"。朱熹则云："翼，敬也。言其大势严正。"今按：此句，总言全部建筑，中栋高起如跂足而立，左右两栋分出如翼耳。"如矢斯棘"，毛云"棘，棱廉也"，谓屋角方棱（廉隅）直如矢。郑云"戟也"。朱云"急也"，皆非义。《释文》云："韩诗作朸。朸，隅也。""如鸟斯革"，毛云："革，翼也。"《释文》云："韩诗作勒。"王应麟《诗考》，则谓"《韩诗》作翮"。《说文》"翮，披也"，则《韩诗》亦是翅翼之义。《郑笺》云"如鸟夏署希革，张其翼时"，曲解穿凿，复与上句重叠，俱未宜取。《朱传》云："革，变。其栋宇竣起。如鸟之警而革也。"今按：上已总言全势，言廉隅，此盖言屋脊之饰，如鸟之新集于屋，谓之革也。"如翚斯飞"者，郑云："伊洛而南，素质五色皆备成章曰翚。"又云："翚者，鸟之奇异者也。"今按：《尔雅·释鸟》："伊洛而南，雉五采皆备成章曰翚。"《郑笺》用之。《说文》亦云："伊洛而南，雉五采皆备曰翚。"盖三家诗有是说，《尔雅》《说文》《郑笺》并引之。皆谓美羽之鸟为翚。名词。是翚之本义。《尔雅》之"鹰隼丑，其飞也翚"，状词，与《说文》之"大飞也"，动词，乃翚飞引申之义。此诗，翚是名词。言檐宇扩张多文彩，如翚鸟之飞也。"君子攸跻"，毛云："跻，升也。"言此宏丽之宫，王族所得而升。称王族为"君子"者，盖奴隶社会习用其对奴隶主家族之称，未能骤改。此亦是知其诗作于周初武王之世。《郑笺》谓"此章主于宗庙，君子所升祭之时"，亦非。晏居之室，高堂崇阶，岂遂不得言升哉。

五章，再言新居内部壮丽，居之舒适。《毛传》："殖殖，言平正也。有觉，言高大也。"郑云："觉，直也。"朱云："庭，宫寝之前庭也。觉，高大而直也。楹，柱也。""哙哙其正"两句。毛云："正，长也。冥，幼也。"郑云："哙哙，犹快快也。正，昼也。哕哕，犹煟煟也。冥，夜也。言居之则昼则快快然，夜则煟煟然，皆宽明之貌。此章主于寝。君子所安，燕息之时。"《朱传》遵其说义，不遵宗庙与燕寝之别。谓："言其室之美如此，而君子之所休息以安身也。"朱氏实较毛、郑为胜。

六章以下，俱是假想祝愿之词，为巫人本色祝语。"下莞上簟"，谓下铺小蒲，上铺竹席。《笺》云："莞，小蒲之席。"朱云："莞，蒲席也。"皆误衍席字。《说文》："莞，草也，可为席。"《尔雅》："莞，苻离。"皆谓草，非谓席。席用竹，取其坚。荐以蒲，取其软，犹今人之床席荐稻稿耳。若已编成席，则安得更用加簟哉。簟，竹席也。如此铺设，寝之则安矣。安寝则有梦。故寝而即兴则占梦。梦之吉者，见熊罴，或虺蛇，皆生育男女之应。此新宫，盖即为王子聚居之处。血祭时祝多子孙。巫因以为此幻语。缘当时已有梦见熊罴类者生男，梦见蛇类者生女之说，故巫言如此。

七章，"大人占之"，郑云："谓以圣人占梦之法占之。"朱云："大人，太卜之属，占梦之官也。"当从朱说。《周礼·春官》："占梦，掌其岁时，观天地之会，辨阴阳之气，以日月星辰占六梦之吉凶。"是也。此巫师盖亦占梦自炫者。所称之"大人"，盖指其鬼师，托为鬼师所占，授使之言。熊小罴大。今云"马熊"，即古之罴。虺，毒蛇，今云饭匙倩是也。《郑笺》云："熊罴在山，阳之祥也，故为生男。虺蛇穴处，阴之祥也，故为生女。"祥，犹云征兆也。

八章，宗法社会。重男轻女，故巫此诗对比言之。生男则寝之床。衣之以裳。系璋，俾其玩弄。上古屋皆铺席，就地而寝。此诗始见床字，盖贵族家乃有之。原始之床无脚，仅以木条搁席地为之。曾于少数民族地区见之。有脚之床曰榻，入汉乃有。璋者，琢玉为之，方平如半圭。毛云："裳，下之饰也。"巫又假想男婴之啼声，喤喤然刚大也。"朱芾"，天子与诸侯之衣饰。"斯皇"，郑云："犹煌煌也。""室家君王"，郑云："一家之内，皆宣王所生之子，或且为诸侯，或且为天子。"宣字当删。

卒章，生女则寝之于地，谓不入于床，只在床外，衣以褓服。褓服，夜寝之衣，沾汗垢也。旧释褓为裸，亦垢片包裹之义。以纺砖为其玩弄之具。纺砖，古陶器，贯于钩上以助旋转，纺麻成线者。与瓦同质，故《毛传》训瓦为纺砖。"无非无仪"，毛云："妇人质，无威仪。"郑云："妇人无所专于家事，有非，非妇人也。有善，亦非妇人也。妇人之事，惟议酒食尔。无遗父母之忧。"朱云："仪，善。罹，忧也。"马瑞辰曰："《说文》'非，违也。……无非，即无违。此《士昏礼记》所云：父送女，命之曰'夙夜无违命'，母曰'夙夜无违宫事'也。……仪，度也。诗言无仪者，处常之道。《列女传》孟母引诗此句而释之曰：'言妇人无擅制之义，而有三从之道也。'"巫语邪妄之言，而博征其说者，借明封建宗法社会制度之诞谬，始于周初。然此诗犹以生女为"吉梦"。其后积习愈深，贱视妇女更甚，遂至有"生女不生男"之叹恨焉（《仓公传》）。

（十）无 羊

四章。章八句。百三十字

（1）谁谓尔无羊？三百维群。谁谓尔无牛？九十其犉。尔羊来思，其角濈濈。尔牛来思，其耳湿湿。

（2）或降于阿，或饮于池，或寝或讹。尔牧来思，何蓑何笠，或负其糇。三十维物，尔牲则具。

（3）尔牧来思，以薪以蒸，以雌以雄。尔羊来思，矜矜兢兢，不骞不崩。麾之以肱，毕来既升。

（4）牧人乃梦：众维鱼矣，旐维旟矣。大人占之：众维鱼矣，实维丰年。旐维旟矣，室家溱溱。

此殷巫为武王祝牧畜,降神之词也。与《天保》如出一口,且有"不骞不崩"同句。足知其人之伎俩。牧人献梦,又与《斯干》献梦同调,故知三篇为一人之作。《天保》为武王卜世,此则为武王卜牧。皆托神言,故云"尔"。《斯干》则祝词,故称"君子"。

岐周以农业兴,牧畜不及商殷之盛。加以文王、武王连年用兵,耗畜甚多。故灭纣之后,牧马于华山之阳,放牛于桃林之野,讲究牧务,以培民力。因卜世而卜牧,理可能也。殷巫,大都知识奴隶之能诗与乐歌者,弄其文学与技艺以欺当代执政,以自取贵重,其伎俩大抵如此。此巫三篇,虽谀诣极思,于贵族享受之述颂,格格若难形容。而于劳动人民作苦生活,如"约之阁阁,椓之橐橐"。"以薪以蒸,以雌以雄"等句则栩栩有致。至于此篇,描述牛羊在牧地生活情形,尤为生动,非文学之士所能设想。故此巫师,必从奴隶阶级中来,曾经从事多种劳动生活,故其感情暴露如此。

首章,托为神言:"尔现固乏于牛羊。谁谓尔遂果无牛羊乎。神已见尔羊之多,三百为群;尔牛之多,九十其犉。俱相率以来矣。"谓牛羊必将兴盛。《毛传》:"黄牛黑唇曰犉。"(《尔雅》"牛七尺为犉"。应是鲁诗家说)陆云:"犉,而纯反。"《朱传》:"羊以三百为群,其群不可数也。牛之犉者九十,非犉者尚多也。""其角濈濈",毛云:"聚其角而息,濈濈然。"朱云:"王氏曰:'濈濈,和也。羊以善触为患,故言其和。谓聚而不相触也。"《释文》云:"濈,本又作觠。"盖三家诗异字。《说文》:"戢,藏兵也。""濈,和也。"觠,戢之变体,戈与角皆斗具,戢而不用,是为和也。王氏之说得之。"其耳湿湿",毛云:"呬而动其耳,湿湿然。"《朱传》"湿湿,润泽也。牛病则耳燥,安则润泽也。"①呬,陆云"丑之反",则读如蚩,谓反刍。

次章,写牛羊在野情况:或自山阿而下,或就池水而饮,或卧于地反刍,或啮草而动。毛云:"讹,动也。"朱云:"言牛羊无惊畏。"荷蓑载笠之牧人,亦入诗中。"或负其餱",言牛羊多,牧人亦多;荷蓑者,所以备雨;荷笠者,所以备晴(笠可备雨,亦以遮日射。故毛云:"笠所以御暑")。又有自干粮以从事者。则其行之远,为时之久可知。奴隶社会之牧民,即食息于牧场,与农家牧者生活不同。由巫此诗,亦可知其人是殷巫。殷之大奴隶主之牧民生活乃如此。巫所习见,故所言与周人之

---

① 牛,耳常扇动,不动则病;鼻恒润湿,燥则病也(这是我放牛三年深得之)。"其耳湿湿",盖谓:牛群之多,众牛扇其耳,湿湿然(可见其形,可闻其声)。朱云"牛病则耳燥,安则润泽"误鼻为耳。如此释诗意也不妥。毛云"呬而动其耳",也不全对。

"牛羊来括"有不同也。末言"三十维物,尔牲则具"者,谓牛羊毛革,各色具备,且每色有三十头之多。则尔祭、享、服事之用,无不足也。周人祭牲尚纯色,故须牲畜毛色种类多,数量大。"三十",殷周人习惯使用为多数之辞。更多则曰三百。极多则曰"三千"。皆非确实是其数如此。故巫人用之甚便也。

三章,"尔牧来斯"三句,《郑笺》云:"此言牧人有余力,则取薪蒸,博禽兽以来归也。粗曰薪,细曰蒸。"今按:奴隶社会之牧民,随大群牲畜游牧山野,照料牲畜时间重在早晚,及夜间。昼日闲时颇多,然亦不容休卧也,必另有分派之任务。采薪蒸,猎禽兽,所获皆归主人,于冬日驱牲畜回宅时交纳之。班固《汉书·食货志》采录某种描述上古奴隶社会之奴隶生活,所谓"春令民毕出在野。冬则毕入于邑。……入者必持薪樵,轻重相分,斑白者不提挈",是也。无所谓"有余力"也。"尔羊来思"五句,谓冬自牧场驱羊入邑舍饲之时。羊群既大,拥挤行进,故用矜矜兢兢形容其所畏怯而趋进之状。"不骞不崩",《天保》用为喻南山之不虧不隤。再用于此,则喻羊皆健康、驯扰,循序群进,无分崩、溃散者也。故牧人但以肱麾之,无不次第入于羊牢也。《毛传》云:"肱,臂也。升,升入牢也。"《朱传》:"既,尽也。"

卒章,托为牧人之梦以作结,与《斯干》同伎。意谓梦见鱼多则兆丰年,梦见旐旟则子系众多。毛云:"溱溱,众也。"

《鸿雁之什》,十篇,三十七章,二百一十七句,九百三十五字。

四、节南山之什

朱熹《诗集传》以《节南山》至《雨无正》四篇，合《祈父》至《无羊》六篇为"祈父之什"。《小旻》以下为"小旻之什"。

孔颖达《注疏》引陆德明《音义》曰："从此至《何草不黄》，凡四十四篇，前儒申毛皆以为幽王之变小雅。汉兴之初师移其篇次。毛为诂训，因考其第焉。"诠按：《毛诗》篇第谬乱，不只此下四十四篇，若二南，若大雅、周颂，显然非太师乐档之旧者多矣。即此上三十篇小雅，《斯干》《无羊》与《天保》相离，六篇笙吹之南乐亦被窜入，显然为毛诗窜乱之证。何只此下四十四篇哉。陆氏之有此言也，盖曾及见三家诗篇第显与毛诗不同。故特提"申毛"诸儒之见解。谓非毛者固不如此说也。夫风雅正变之说，只卫宏《续序》之妄言。陆氏固已知之。而隋唐惟《毛诗》单行，陆亦不能独异，故其说如此耳。赖此说存，亦足证毛诗改易篇第之谬。朱熹未克见三家诗篇第，又谬持"笙诗"入雅之见，更复以私意改为八什，则又以谬纠谬之妄行也。

《新诠》以为：《毛诗》篇次诚须纠正。初固无妨循依旧次，各寻其世次之真与乐档之宜，既得而后以专文订正之。譬如校书，不得确据，则不擅改其字。故于三百篇诠说，什九否定《毛序》。而于篇第，则依宋刻之旧。

（一）节南山

十章。六章章八句。四章章四句。二百五十八字。

(1) 节彼南山，维石岩岩。赫赫师尹，民具尔瞻。忧心如惔，不敢戏谈。国既卒斩，何用不监。

(2) 节彼南山，有实其猗。赫赫斯尹，不平谓何？天方荐瘥，丧乱弘多。民言无嘉，憯莫惩嗟。

(3) 尹氏大师，维周之氐。秉国之均，四方是维。天子是毗，俾民不迷。不吊昊天，不宜空我师。

（4）弗躬弗亲，庶民弗信。弗问弗仕，勿罔君子。式夷式已，无小人殆。琐琐姻亚，则无膴仕。

（5）昊天不佣，降此鞠讻。昊天不惠，降此大戾。君子如届，俾民心阕。君子如夷，恶怒是违。

（6）不吊昊天，乱靡有定。式月斯生，俾民不宁。忧心如酲，谁秉国成。不自为政，卒劳百姓。

（7）驾彼四牡，四牡项领。我瞻四方，蹙蹙靡所骋。

（8）方茂尔恶，相尔矛矣。既夷既怿，如相酬矣。

（9）昊天不平，我王不宁。不惩其心，覆怨其正。

（10）家父作诵，以究王讻。式讹尔心，以畜万邦。

平王都洛，太师尹氏皇父执政，大夫家父作此诗规之。《毛序》以为"大夫刺幽王"者，谬也。诗语明言"国既卒斩，何用不监"，则非西周世诗矣。《春秋》桓公十五年："天王使家父来求车。"时为周桓王二十三年，上距幽王之死已七十五年，纵使其人长寿，亦不可能于幽王世作成此诗。况此诗为辞冗繁而字多重沓，旨趣散漫，语气骄肆，盖贵族青年初学为诗者盛气之作，当与"求车"之家父为一人，绝非幽王时之大夫也。

尹氏大师者，盖即《十月之交》诗中之"皇父卿士"。《竹书纪年》宣王二年"锡大师皇父、司马休父命"。幽王元年"锡太师尹氏皇父命"。宣王在位四十六年，太师皇父受锡四十四年而幽王即位，则可知尹氏皇父非宣王所锡命之太师皇父，殆太师皇父之子，再受幽王锡命，嗣为太师。周行世卿之制，故再锡命为太师也。又，幽王五年，"皇父作都于向"。六年，"王命伯士帅伐六济之戎，王师败逋"。八年，"王锡司徒郑伯多父命"。九年，"申侯聘西戎及鄫"。十一年，"申人、鄫人及犬戎入宗周，弑王及郑桓公（多父）"，"申侯、鲁侯、许男、郑子立宜臼于申。虢公翰立王子余臣于携"。平王元年，"辛未，王东徙洛邑"。"晋侯、会卫侯、郑伯、秦伯以师从王入于成周（洛邑王城）。"三年，"王锡司徒郑伯命"（即郑武公，说具《缁交》篇）。参合本什诸篇，与《小雅》《渐渐之石》以下三篇诗语，及《国语》《史记》，知皇父尹氏，实为幽王初年执政。因见王室不振，建议于两都之外更营向邑为新都，依近东方诸侯。并自往董理其事。六济之戎，近向邑之戎也，扰向工事。幽王征之而败。虢石父谮皇父。向功既溃，皇父奔申。时幽王已废申后，立褒姒。太子宜臼奔申。申侯与幽王、褒姒、虢石父等对立故也。皇父奔申，而后幽王任郑伯多父为司徒，当国政。申侯既联鄫人及犬戎杀幽王，覆宗周。立宜臼为平王，东都于洛。虢公翰亦立幽王子余臣为周王，都于携。宗周王畿，则为犬戎所据。平王从龙之臣皆出于申。惟皇父为旧卿士。在申，故仍锡为太师，以资号名。于时宗周贵族、王孙、食采之家，避犬戎蹂躏，流离东徙。或从携王。然大多来洛。洛邑朝廷新创，百务丛脞，仰食者多，资用贫乏；而皇父年已就衰，精力不能兼达。一切措施，每失人望。加以申国功臣与宗周贵族之间，洛京畿甸与朝廷之间，列国诸侯与王臣之间，劳动人民与新来贵族之间，矛盾重重，纠结不解；怨嗟之声，充斥城野。忧时之士，各以己见谴责执政，莫能原谅。卒以皇父继续经营向邑，大为朝野诟病，三年而败。郑伯掘突受命为卿士。申国旧臣皆去，宗周旧族执政，乃克宁定。此东迁前后十余年间之历史背景也。此下十一篇，皆此背景下产生之诗歌。旧儒不晓此历史背景，妄自推测，以为皆幽王世之变风，失之远矣。

西周废风用雅。《小雅》各篇，实皆只相当于王畿之风诗。东都洛邑，则多殷之旧民，流行风乐，王城空寂，莫能重雅。惟平王都洛以后，自宗周东来之贵族，仍自携同乐官，用其雅声。故平王之世，东周有雅。然而当时民间仍自用其风乐；孔子录诗，所谓"王风"者是也。用《王风》十篇与此《小雅》十篇互参，东迁初岁之社会情势自明。

此篇之家父，盖《十月》"家伯冢宰"之同族。家伯为旧从皇父奔申，及斯而贵者。家父则自宗周新来之贵族子弟，不满于皇父措施者，恃其族犹贵盛，加以青年气壮，谴责皇父如此。究其设辞态度，尚与《正月》《十月》《巧言》《巷伯》诸诗不同；虽面诽，仍具忠厚诤谏之意。此平王之乐官所以列为十篇之首耶？

首章，《毛传》："节，高峻貌。岩岩，积石貌。""赫赫，显盛貌。师，大师，周之三公也。尹，尹氏，为太师。具，俱。赡，视。惔，燔也。"《朱传》："尹氏，盖吉甫之后。《春秋》书'尹氏卒'，公羊子以为讥世卿者，即此也。"今按：《春秋》书"尹氏卒"在隐公三年夏四月，即平王之五十一年。王崩之月。《左传》作尹氏，谓即隐公母"声子"。《公羊》《穀梁》皆谓是"天子之大夫"。又并云："外大夫不卒，此何以卒。天王崩，诸侯之主也。"（《穀梁》云"为鲁主"）则是尹氏卒为平王执政，后平王卒。其后王子朝之乱，昭公二十三年，《春秋》书"天王居于狄泉，尹氏立王子朝"。二十六年，书"天王入于成周，尹氏、召伯、毛伯，以王子朝奔楚"。是尹氏自宣王至敬王之世皆为周之世卿。平王虽暂罢皇父，用郑伯，而尹氏之族仍为东周执政。皇父至平王末，应已八九十岁，立桓王后乃死。故《春秋》书之也。

"不敢戏谈"者，《郑笺》云："不敢相戏以言语。"朱云："使人忧心如火燔灼，又畏其威而不敢言也。"今按："戏谈"，谓轻易谈论。亦用厉王监谤，"道路以目"之义。下云"国既卒斩"，谓宗周之社会已经斩绝。"何用不监"，"监"，读如鉴，谓何得不用为鉴戒。

次章，仍复以"南山"起兴者，明其重念宗周之意。南山，即终南山，宗周在其下也。上云"岩岩"，喻尹氏之严峻，如在宗周执政时，故人虽惔忧，不敢轻议。此云"有实"者，言南山蔚长草木故能成其美，新朝亦宜厚布恩泽，尽满人意，始能成其大。毛云："实，满。猗，长也。"今按：实，即《唐风》"椒聊之实"的实字。猗，即《卫风》"绿竹猗猗"之猗，皆平王世前诗，家父用之以示王室当厚旧勋之义，是当时贵族恒用以勖王臣之语。下云"不平谓何"，言王室厚于申国从龙之士而薄待东来贵胄之族，此亦当时流离贵族所一致叹怨者也。"天方荐瘥"以下，更强调东徙贵胄之当恤。毛云："荐，重。瘥，病，弘，大也。""憯，曾也。"郑云："憯，止也。天下之民皆以灾害相吊唁，无一嘉庆之言，曾无以恩德止之者，嗟乎，奈何。"朱云："憯，创也。""神怨而重之以丧乱。人怨而谤讟其上。然尹氏曾不憯创咨嗟，求所以自改也。"今按：旧偏于贬斥皇父之见解如此，非诗之本旨也。诗亦是以善意戒皇父耳。此当谓"丧乱之民远来相依，一般觖望，皆无嘉美之言对汝，汝曾无所戒叹耶。"憯，云戒也。

三章，毛云："氐，本。均，平。毗，厚也。""弔，至。空，穷也。"郑云："毗，辅也。""至，犹善也。"朱云："维，持。毗，辅。弔，愍。师，众也。"今按：大读如太。氏，读如砥。维，读如惟。均，读如钧。下维，如字。毗，襄助也。颂言太师为国砥柱，秉重权，维系四方，上佐天王，下领导群伦，俾不迷失。国既不见愍于昊天，以致有犬戎之难，则惟当厚抚民众，不能使其空乏困顿。

四章，责皇父，事不躬亲，假手于申国之人，故宗周之庶民不能信任。信读如伸，亦具抱屈之义。"弗问"，谓不慰问君子。弗仕，谓不给君子以任务，则为罔君子。朱云："仕，事。罔，欺也。"君子，对庶民言，谓贵族阶级之人也。"式夷式已"两句，毛云："式，用。夷，平也。用平则已，无以小人之言至于危殆也。"朱云："当平其心，视所任之人，有不当者则已之。无以小人之故，而至于危殆其国也。"总之，是任人当申之功臣与宗周贵族平均待遇之意。"琐琐姻亚"两句，毛云："琐琐，小貌。两婿相谓曰亚。膴，厚也。"郑云："婿之父曰姻。"今按：姻娅，泛称婚姻联系各亲族。无，读如毋，勿使之义，谓当任人惟贤，勿以肥腴之禄畀琐琐之姻娅也。

五章，旧注多不可用。《新诠》以为："昊天不佣"，谓天帝不信任宗周幽王，故降此覆国之凶。鞠，尽致之义。讻，当读如"日月告凶"之凶。"昊天不惠"，谓天帝又不嘉惠于新朝廷，而有臣民不和辑之大乖戾。指申国新贵与宗周贵族间之严重矛盾。"君子如届"，言如使贵族阶级皆至高位，则能使人心安谧而讻言可息。毛云："届，极。闋、息。"郑云："届，至也。"今按：诗人目的在禄位，而称贵族阶级为君子，则所言届自当是各得其适当之地位。闋字从门癸。癸，聚也，聚于门内，则和辑如家人之义也。毛训为息，谓恶怒之语息也。"君子如夷"，谓东来贵族皆得其平，则恶怒自不与执政相值。其言全是站于贵族阶级立场，为旧贵族争禄位。故其声声言平，皆贵族阶级之所谓平，非任人惟贤之平，与申人之所谓平，更非劳动人民之谓平也。

六章，再言"不吊昊天"，皆昊天不吊倒用。言天不憗，故乱未能止，连月发生讻戾动乱。使人民亦不安宁。指旧贵族的讹乱兴谤。毛云："病酒曰酲。成，平也。"谓使人忧心如酲者，秉国家权衡者也。是其谁耶？责皇父事不躬亲，听任申国新贵为之。"卒"，终也。终当使百姓受其劳敝。"百姓"，谓疏远之王族及公侯之疏族，与"民"之一级有别。言百姓（东来之人）原非任劳役者，此时则不能不劳，故怨怨之声众也。

七章，家父自言为行人之官，"驾彼四牡"，当出使于列国也。"四牡项领"，谓使无所往，久不行也。《新序·杂事五》云："处势不便，岂可以量功较能哉。"下引此诗，而释之曰："失久驾而长不得行，项领不亦宜乎。《易》曰：臀无肤，其行趑趄。此之谓也。"毛云："项，大也。"盖谓马驾而不行，久则领肿大也。故续云："我瞻四方，蹙蹙靡所骋。"言诸侯携离日甚，无方国可以快意驰骋。与西周时已大不同。

八章，勉尹氏旋车易辙，平正对事。言尔如肆意旧习，人情离叛，则相视尔之矛锋。谓欲斗也。若还改变态度，平心怿貌，则可复相亲亲好，如酒友之相醻矣。此醻，读如酬。与矛协韵。

九章，言我王号为天子，如其昊天不平，我王亦不能宁。与太师不平，"俾民不宁"正同。今岂可不自惩其心，而反怨人之诤诉乎。"正"，谓谏诤，能正己之遇。

卒章，示挺身谏诤，系为王室。"诵"者，套用宣王时"吉甫作诵"句。自谦为诗不可能合乐，但供诵讽。"究"，推求之义。"王讻"，谓王室之患。"式讹尔心"，郑云："讹，化也。"谓尔能动心改计，则可以安王室而畜万邦，意谓万邦之于王室如子弟之于家长。畜犹俯不足以畜妻子之畜也。

陈奂《诗传疏》曰:"《十月之交》笺(按,陈依《孔疏》称序注为笺):'节,刺师尹不平。'昭二年《左传》'季武子赋节之卒章'。卢辩注(《大戴礼·卫将军文子篇》)云:'小雅节之四章。'节下皆无南山字。"是此诗题原只作"节",一字。毛诗增南山字为三也。明丰坊伪撰鲁申培公诗说,于此篇只用"节"一字,云"桓王时任用非人,诸侯咸叛,兵败民残,家父忧之,作此以谏王焉"。其说无取,若诗题只用一"节"字,则甚有见地。陈奂之说,丰坊实启之。故人物无论大小,见解各有短长。读书辨惑,宜于博涉也。兹仍题"节南山"三字者,不变宋刻之旧故也。

(二) 正 月

十三章。八章章八句,五章章六句。三百八十二字。

(1) 正月繁霜,我心忧伤。民之讹言,亦孔之将。念我独兮,忧心京京。哀我小心,癙忧以痒。

(2) 父母生我,胡俾我瘉。不自我先,不自我后。好言自口,莠言自口。忧心愈愈,是以有侮。

(3) 忧心惸惸,念我无禄。民之无辜,并其臣仆。哀我人斯,于何从禄。瞻乌爰止,于谁之屋。

(4) 瞻彼中林,侯薪侯蒸。民今方殆,视天梦梦。既克有定,靡人弗胜。有皇上帝,伊谁云憎。

(5) 谓山盖卑,为冈为陵。民之讹言,宁莫之惩。召彼故老,讯之占梦。其曰予圣,谁知乌之雌雄。

(6) 谓天盖高,不敢不局。谓地盖厚,不敢不蹐。维号斯言,有伦有脊。哀今之人,胡为虺蜴?

(7) 瞻彼阪田,有菀其特。天之扤我,如不我克。彼求我则,如不我得。执我仇仇,亦不我力。

(8) 心之忧矣,如或结之。今兹之正,胡然厉矣。燎之方扬,宁或灭之。赫赫宗周,褒姒灭之。

(9) 终其永怀,又窘阴雨。其车既载,乃弃尔辅。载输尔载,将伯助予。

(10) 无弃尔辅,员于尔辐。屡顾尔仆,不输尔载。终逾绝险。曾是不意。

(11) 鱼在于沼,亦匪克乐。潜虽伏矣,亦孔之炤。忧心惨惨,念国之为虐。

(12) 彼有旨酒,又有嘉殽。洽比其邻,昏姻孔云。念我独兮,忧心殷殷。

(13) 佌佌彼有屋。蔌蔌方有穀。民今之无禄，天夭是椓。哿矣富人，哀此惸独。

此东周初年，宗周贵族流离东徙而失于禄养者，诉怨执政之诗。家父所谓"民言无嘉"者是也。诗中屡自称为"民"者，实为贵族失势后愤激之语，意谓已同奴隶或农奴阶级之"民"也。此辈贵族，在宗周时，或有采邑，或有官禄，寄生舒适已惯。一旦王室颠覆，寄生无所，流离东徙，依附平王。平王亦一时无力资借。除尹氏、家伯，从申国来者仍旧执政，有权有禄外，多数皆同丧家之犬。迫于采食野菜，或充军戍，或垦山野，或就食于列国（参看《王风》各篇）。此诗屡言"无禄"，为其所最痛心处。呼天抢地，自诉失禄之苦。宛转哀号，以求得禄。求而不得，自不免怨诉执政。告哀与危言耸听兼施，絮絮将四百字，欲以说动周王。足为当时贵族无耻之自己暴露的史料。平王新集于洛，欲资旧贵族支持，以畜威势，虽不能多所救助，仍表示其同情之意。故与前后诸篇悉付乐官，谱成乐歌，以为东都之小雅。此篇文艺优于家父之作，而怨诽过之。故太师叙在家父诗后。实则作于其前也。

首章，"正月繁霜"，旧说遵《序注》，一律说为"夏之四月"。"建巳之月"，以繁霜为灾异，故忧伤。此说即当纠正。秦用周正，以仲冬建子月为岁首。说见《汉书·律历志》。《春秋》书"王正月"。所指为孟春建寅月。说者谓周用三代之历。充其说，亦不过以建子之仲冬，建丑之季冬，建寅之孟春皆有称为"正月"之可能。断无以孟夏建巳月称为正月之理。正者政也，岂有冰解甲坼之候，不言政务，更待南风麦黄，农忙正甚之候，始颁政令者乎？且丰、镐、洛邑同纬度，数千年来，雨量有变化，而气温大体仍一致，建寅之月，例为霜月。则诗人所谓为忧者，感于繁霜，非谓灾变也。犬戎入宗周，正是幽王十一年之春正月，霜繁之月。诗人叹其时，伤其事也。"民之讹言"以下，谓作者住在镐外食采之邑，不知镐京情形。但闻民间纷纷传说：申鄫之军联合犬戎打破镐京，杀了皇帝，掳去褒姒，另立废太子宜臼为周王，定都洛邑。犬戎四面劫掠，贵族之家首遭其殃。不敢明斥申侯，故曰"讹言"。讹言，讹动不宁之传说也。《毛传》云："将，大也。"谓：讹言太大，不敢不行。因而我亦独向东都奔来。诗言"我独"，实非独身上路。贵族虽出亡，亦必有妻孥仆婢，并胁逼其农奴负荷同行。故下文有"并其臣仆"之语。此言独者，难无其他贵族相结援护也。"京"，读如将，与痒协韵。《左传庄公二十二年》，"八世之后莫之与京"，与"五世其昌"句韵。盖京之古音如此。京，大也。上言民之讹言事大。此谓我所独忧之事体大也。谦言其心为"小心"，所忧为"井忧"。瘼，鼠病也。范处义曰："凡物之多畏者，惟鼠为甚。故谓瘋忧。"朱熹曰："瘋忧，幽忧也。"盖谓鼠病而忧于穴中，人畏忧状也。

次章，言生不辰，不先不后，适逢犬戎之难。"胡俾我瘉"，毛云："瘉，病也。"《弓角》诗"不令兄弟，交相为瘉"传同。今按：瘉、愈、痍三字古同音义。《汉书·宣帝纪》"痍死狱中"，颜师古注："苏林曰：'痍，病也。因徒病，律名为痍。'如淳曰：'律，囚以饥寒而死曰痍。'痍音庚，字或作瘉，其音亦同。"是瘉之本义为饥寒困殆将死。《说文》云"病瘳"者，汉人用其反义也。《毛传》但云"病也"，未足以尽诗义。诗盖谓父母生我于国难期间，使我饥寒困殆。"好言自口"两句，谓任人说好说坏。饥困之人，无争辩之力，是以受说坏者欺侮也。"愈愈"，三家诗有作痍痍者。故《尔雅·释训》云："痍痍，病也。"《毛诗》改作愈愈，犹八章前作"灭之"。后作"威之"；首章上云"亦孔之将"，下云"忧心京京"，同章诗恶同形义，故变其文也。推诗之意，盖人有谓其从携邑王子余臣处来，属褒姒之党，故不录用，而陷于饥困。其人以被斥作褒姒之党为"侮"也。

三章，毛云："惸惸，忧意也。"字又作煢。下文"哀此惸独"，《孟子》引之作"哀此煢独"。《后汉书·东平王传》"俾屏予一人，夙夜惸惸"是也。惸惸或煢煢，皆独忧之义。念我独无禄养之资，故曰"忧心惸惸"也。又言，我实无罪而失禄，陷于饥困，相从之臣仆，亦无辜而得饥困之祸。臣仆，谓其人之家臣、奴隶，与农奴之从来者。供趋使者为臣，供力役者为仆。又言：我等一行，能从何处寻取禄食乎。意盖谓：贵族一行不能自甘饿死，必有人君予之禄食。此处不得，将又顾而之他耳。故续云"瞻乌爰止，于谁之屋"，时携邑之王，亦正招罗周之贵族以壮声势，故诗人为此招摇要挟之语。

四章，更进一步责周王任用其人。毛云："中林，林中也。薪蒸，言似而非。"《郑笺》："侯，维也。林中，大木之处，而惟有薪蒸尔。喻朝廷宜有贤者，而但聚小人。""梦"，当读如懵，今俗语谓梦为"混"（优伶语，多用中州古音，呼梦为混），与蒸、胜、憎为韵正合。义亦同为"不明"。扬雄《太玄》"物失明，莫不瞢瞢"用此诗语义也。三家诗当有作懵懵者。诗中"民"字，皆指贵族阶级之臣仆。"民今方殆"，谓今贵族同来之臣仆无不饥困欲死者。仰望于天之振施，天则懵懵然无所觉。喻王不能恤此辈。续言"既克有定"，谓已定都于洛也。"靡人弗胜"，"胜"，读胜任之胜，音升。谓非有贤能之佐，亦不能胜永定之功。"有皇上帝"，谓皇然伟大之天帝，曾憎恶谁耶？喻周王当如天帝一视同仁，无所爱憎，唯才是用，乃可能永定国本也。意指平王偏任自申从龙之新贵，偏憎宗周来奔之贵族。

五章，仍是威胁周王之语。言山固然高，而人有谓以为犹卑者。夫山，有为高岗者，有为丘陵者，固亦有高卑不同。喻人民有谓洛邑之王为故太子，为高者；有谓携邑之王承宗周正统为高者。此等"民之讹言"，岂不足以资警惕歟。诗谓警惕为惩也。又言自己亦曾召询故老，与占卜之官，二王孰当为正？此辈俱称各所在之王为"予圣"。夫同为先王之子，分党自擅，孰能正其为正为伪哉！唯得人多者必胜耳。譬如乌鸟在此，谁能知具为雌为雄耶？具，俱也。毛云："君臣俱自谓圣也。"占梦亦太卜之官。言占梦，以概占卜。

六章，自言为尊崇王室之贵族，而被潜不获禄位。谓天王之位如天之高高在上，我对之未尝敢不局曲。王德比于地之能阜养万物，我对之未尝敢不谨慎恪敬。我之敢陈此诗者，有伦有理，可以考验。非一般"讹言"可比也。《毛传》："局，曲也。蹐，累足也。伦，道。脊，理也。"《说文》："局，促也。""蹐，小步也。"皆表示人敬畏、谨慎之态度。"伦"，谓伦常秩序无亏。"脊"，谓纲领条理不乱，如人之有脊，骨络胥自以分布者。"哀今之人"，斥潜者，谓其无聊，可哀。胡为毒害如虺蜴耶？"虺"，毒蛇。"蜴"，蜥蜴，今俗呼"四脚蛇"，并以虫类为食之小爬虫，从古相传其能毒害人者。

七章，更露骨表示携王亦曾招之。"阪田"，谓山阪之耕地。《郑笺》云"崎岖硗埆之处"是也。喻携邑。"有菀其特"，谓有菀然特出之树。喻携王。郑说为隐士自喻，则非也。下文之"我"，乃诗之作者自称。《毛传》："扤，动也。"陆云"五忽反"。则皆说为扤捏不安之扤（阢陧，字义同）。《新诠》按：此章前四句特、扤、克为韵，后四句则得、力为韵。扤、克，与则、得对句。"天之扤我"，之扤，疑是扼字之伪。音启，抑挖也。言天扼抑我，若惟恐不能克胜。扼使不得动弹之意。如此，则音义并洽于上下文。若竟释为扤捏字，则音义皆扞格难通矣。"彼求我则"，犹云"彼则求我"，周诗颠倒用字以调韵律之例甚多。此其一也。"彼"隐指携邑。"如不我得"，犹言惟恐不能得我，与上"如不我克"对句。"执我仇仇"，犹云推我于仇敌一方。执之为字，非仅捕持之义，亦有抵塞之义与等同之义。《左传》城濮之战，子玉请战，曰："非敢必有功也，愿以间执谗慝之口。"抵塞之义也。《曲礼》："见父之执，不问不敢对。"等同之义也。此诗之意，指携为"仇仇"，犹上称为"彼"，对立相雠之义也。仇，匹也。又通作雠。雠，两鸟对詈之义。后世皆写仇仇为仇雠，以指敌对之人。"执我仇仇"，释为排抵我于对方，或比斥我于敌对一方，皆合诗旨。若《郑笺》之说为"王既得我，执留我"。《朱传》云"执我坚固如仇雠然，然亦终莫能用"，皆与上文"念我无禄""于何从禄"，下文"民今之无禄"等句显然刺谬。

"亦不我力"之力，旧说皆说为"不我用"。力字无用之义。《新诠》以为：力为扐之省借字。本音勒。《易·系辞》"归奇于扐"，谓蓍卜者勒蓍于左手中三指之间而投之也。① 故扐为暂用复弃之义。诗意谓彼方实欲得我，亦必不如蓍卜之暂扐而又投之。周时巫卜用龟，史卜用蓍。扐为蓍卜术语字，故诗人用之。凡从力之字，如扐、勒、泐、肋、劣等皆音勒，盖力之古音本读如勒，故毛诗省借为力字。

八章，再作一番警告，若将结束。首言忧心如结，不可解矣。今兹之正月，繁霜何其严厉，岂非天之警告乎？旧释"正"为政事厉恶，与全篇诗义不调适。今释为首句相应之正月，则通体贯穿矣。"燎"，燔柴也。扬，火盛也。诗言燔燎炽盛之时，宁能有人扑灭之哉。然而宗周赫赫威势，竟因褒姒之宠，一旦覆灭。谓方盛之势，亦不足恃，人心不附，败政权易，前车可鉴也。

九章，以下另起譬喻，多方以求周王之必用。"终其永怀"，旧说纷纷，无一可取。《新诠》以为：盖作者之意，上八章极论谗言当惩，宗室当重，贤才当任。意若已尽，而犹有未能尽者，率性再赓五章，以竟其意。"终"，竟也。"永"，咏古字。咏怀，歌咏之怀也。"又窘阴雨"，犹言：又譬如行路而窘于阴雨。又者，承上譬喻，若云"又如"也。言当阴雨路泞时，其车既已在途。原有车辅以助车辐之功。乃嫌其累赘而弃之，则车易陷于泥淖。迨既陷于泥淖，无法前进，尔乃命所载人与什物悉卸于地，而呼求行路之人助尔挽车出泥。《朱传》云："载，车所载也。输，堕地。将，请也。伯，或者之字也。"（《郑笺》云："乃请长者见助。"）

十章，紧承上文，设为旁人所教之辞，云："无弃尔辅。"取来帮助于车辐。勤勤顾视尔之仆夫，谓驾车之仆夫，自有经验。如此，则无须输堕尔车上所载，自然能逾越绝对险恶之途矣。尔乘车者，当有此经验，而曾不忆及之，竟慌乱自误若此耶。"员于尔辐"，毛云："员，益也。"今按：员，谓还原于其旧之位置，犹军人退伍为"复员"，古称列于职位曰"备员"也。车行泥淖，则以木杖缚于辐，夹车称之为辅。所以防脱辐车陷。已弃其辅，再取而缚之，使备员相助也。《左传》"辅车相

---

① 《易·系辞》："大衍之数五十。其用，四十有九。分而为二，以象两。挂一，以象三。揲之以四，以象四时。归奇于扐，以象闰。五岁再闰，故再扐而后挂。"朱熹注："挂，悬其一于左手小指之间也。揲，间而数之也。奇（纪宜反）所揲四数之余也。扐，勒于左手中三指之两间也。五岁之间，再积日而再成月，故五岁之中，凡有再闰，然后别起积分；如一挂之后，左右各一揲而一扐，故五者之中，凡有再扐，然后别起一挂也。"此言蓍卜之法，取蓍草四十九茎分为两部。起卦先取其一挂于小指间。乃分两部相间数之。各四。四不能尽之余蓍，为奇。则取而扐之于中三指间，每度只能二数，再扐为四，至五则再起一挂。挂扐既定而后投之，以观其爻象。蓍卜之法如此。凡古言筮者，皆谓用蓍。言卜者，皆谓灼龟。言占，皆谓占梦及它诸自然事象。殷人尚巫，故多用龟卜。周人尚祝，故多用蓍筮。并非人民不能卜筮，则尚占梦。周之贵族无不重蓍筮，习其用语，知其含义。知扐为暂持即复抛弃之义，故诗用此字。

依"，以此为义。诗语用以譬周王之专任皇父，不用辅佐。

十一章，又举沼鱼为喻，言鱼之在沼，并非足乐。喻己之来洛，如鱼之入沼，非能逸者也。苟能生活而已。"潜虽伏矣"，谓鱼潜水底，如己之废弃不见用，然而生维艰，亦甚显著，应昭然在王之耳目矣。《中庸》引此诗，炤字作昭。音义同。又言，贵族世臣，例当有世禄在位，而乃困顿如此，非国家之虐我耶。故念之心伤，惨惨然忧痛也。

十二章，又举当时新出之执政者生活享受，"既有旨酒，又有嘉殽"，呼朋与俦，联姻带娅，大伙获得享乐。自念我亦贵族世臣，而独困顿至此，岂谓之乎耶？"忧心殷殷"，谓不平之痛也。

卒章，赓上章言，彼佌佌蓑蓑诸小人，指申国之新贵，在此王都有屋、有禄。《毛传》："佌佌，小也。蓑蓑，陋也。"《郑笺》："穀，禄也。"《朱传》："指王所用之小人也。"又言，我等功臣世胄，今则无禄位之俸，沦为齐民。此岂天之夭椓我等耶？我等无力反抗，唯有哀告诸富贵人，可以哀怜此辈惸独之人矣。夭，折辱也。椓，刑辱也。毛云："君夭之，在位椓之。"又云："哿，可。独，单也。"

诗之作者，失名。按其文学艺能与语言气概推之。大言不惭，无甚顾忌，当是贵族世臣中之尤负人望者，盖周公召公之嫡裔欤。召穆公虎，在宣王时位最崇高。又好诗艺。下距东周之初不到七十年。疑此诗作者即其子或嫡孙，向以在食采之召邑，未值犬戎蹂躏，率家东徙，至洛而失禄位。故敢为此长诗以要平王。平王与执政诸臣亦不敢咎责之。且不能不恢复其世禄。东周之世。召公虽仍世臣，远不如西周时之煊赫者，后至故也。其后召氏附王子朝之乱，同之奔楚。子朝死，曾有《四月》之诗乞归，疑亦是此人之后所作也。

（三）十月之交

八章。章八句。二百六十三字。

（1）十月之交，朔月辛卯。日有食之，亦孔之丑。彼月而微，此日而微。今此下民，亦孔之哀。

（2）日月告凶，不用其行。四国无政，不用其良。彼月而食，则维其常。此日而食，于何不臧。

（3）烨烨震电，不宁不令。百川沸腾，山冢崒崩。高岸为谷，深谷为陵。哀今之人，胡憯莫惩。

(4) 皇父卿士，番维司徒。家伯维宰，仲允膳夫。棸子内史，蹶维趣马。楀维师氏，艳妻煽方处。

(5) 抑此皇父，岂曰不时。胡为我作，不即我谋。彻我墙屋，田卒污莱。曰："予不戕，礼则然矣。"（诠案：当移下为第六章）

(6) 皇父孔圣，作都于向。择三有事，亶侯多藏。不慭遗一老，俾守我王。择有车马，以居徂向。（诠案：当上移，为第五章）

(7) 黾勉从事，不敢告劳。无罪无辜，谗口嚣嚣。下民之孽，匪降自天。噂沓背憎，职竞由人。

(8) 悠悠我里，亦孔之痗。四方有羡，我独居忧。民莫不逸，我独不敢休。天命不彻，我不敢傚我友自逸。

此平王初年，尹氏皇父执政，重营向都时，向邑大夫与宗周东来诸贵族联合，抗议营向，陈于平王之诗也。为东周初年，宗周东来诸贵族与申国从龙诸新贵夺权斗争之一鳞爪，且为其最主要关键之部分，故详考订之。

按《竹书纪年》幽王元年，"锡太师尹氏皇父命"。谓锡命皇父为太师，执周政也。是年，晋文侯仇始夺位，已详《唐风》。幽王二年，"泾渭洛竭。岐山崩"（此洛，指关中洛水，即沮水下游）。此诗第三章所言灾异是也。三年，"王嬖褒姒"。五年，"世子宜臼出奔申。皇父作都于向"。六年，"冬十月辛卯朔，日有食之"。八年，"王锡司徒郑伯多父命"。盖皇父出营向都，因罢其执政之权。虢公石父为卿士，更任郑桓公友，即多父为司徒。顺褒姒，与虢公同排皇父也。是年，"王立褒姒之子伯服为太子"。明宗周与申侯舅甥决裂也。九年，"申侯聘西戎及鄫"（西戎，谓犬戎。鄫，即缯国）。《国语·郑语》桓公为司徒，问于史伯。史伯对曰："夫虢石父，谗谄巧从之人也，而立以为卿士，与剸同也。弃聘后而而立内妾，好穷固也。……（皆斥幽王语）申、缯、西戎方疆，王室方骚，将以从欲，不亦难乎。王欲杀太子以成伯服，必求之申。申人弗畀，必伐之。若伐申，而缯与西戎会以伐周，周不守矣。"《郑语》为后人追述之言。史伯判断形势，未必如此之周密与准确。记此者必然为之修补，以合于当时之形势。故足为信史。汲冢之《竹书纪年》，正与之合。幽王九年，"申侯聘西戎及缯"，谋抗周也。十年春，"王及诸侯盟于太室"，谋伐申也。其秋九月，"王师伐申"。十一年，"申人、鄫人及犬戎入宗周。弑王及郑桓公。犬戎杀王子伯服，执褒姒以归。申侯、鲁侯、许男、郑子（郑武公，时在桧国）立宜臼于申。虢公翰立王子余臣于携"（《左传》昭公二十六年，"幽王用愆厥位，携王奸命。

375

诸侯替之而建王嗣"。谓立宜臼而替携王）。平王元年，"王东从洛邑。锡文侯命。晋侯会卫侯郑伯、秦伯、以师从王入于成周"。是平王初只僭立于申。得晋文侯、秦襄公、郑武公，与鲁、卫、缯、许之助申，而后得正王位于洛邑之王城（当鲁孝公、卫武公在位时）。又平王四年"郑人灭虢"。至二十一年，"晋文侯杀王子余臣于携"。王畿始获统一。可知幽王五年命"皇父作都于向"者，盖缘与申侯既已决裂，犬戎及缯与申方睦，又皆逼近宗周。而洛邑王城又逼近申许，缓急皆未足恃，故更营都于向邑；亦狡兔三窟之技，非徒排皇父居外以便专任虢石父也。向，邑名，见《左传·隐公十一年》。杜预注云："河内轵县西，有地名向上。"孔颖达《诗正义》云："向在东都畿内。"朱熹《诗集传》云："今孟州河阳县是也。"查晋轵县故城，在今河南省济源县东南十三里轵城镇。"向上"又在其西，则与今孟县接近。宋、孟州河阳县故城，在今河南孟县西三十五里。两说虽不能恰在一地，大体位置可合。皆可说明周之向邑，在孟津之北，为当时黄河北岸重地。其他近晋与卫，后无敌国。前临大河，与郑相望，与洛犄角，足以制申。此幽王之志，皇父之所赞为固周之策者也，故自往营之。未料居外，遂为虢石父所排。向功中败，迫而奔申。平王既立，欲正嗣王位号，不能不用宗周旧勋以为号召。自然仍用皇父为太师当政。但其得存、得立，全资申国陪臣，亦不能不位置多人，以赏功勋。此诗第四章所斥新贵七臣，大都是也。然七臣多出于微族，不习周政，政务仍操于皇父一人。故宗周奔来贵族，荣枯骤易，嫉妒横生，既失望于皇父，又不能不并皇父与诸新贵同排斥之。上诗两篇之文，已足知其党结势成，斗争发动之情致矣。皇父明知申国功臣不可去，而宗周旧族不能抑。携王在西，申国在南，西戎未辑，而楚不附洛，成周局势，实甚阽危。既得晋文侯卫武公之支持，更宜进营向邑为都，以依晋卫。故其谋国首计，即为赓续前功，进营向都。其时，王室新造，旧族麕集，资用虽乏，而人力有余，借营建以征赋于诸侯，以安插其冗职，亦是局势所宜然。故平王初亦赞之。此诗作者，盖即平王所命之宗周旧族故臣，为向邑大夫，于营建中，复与宗周排申诸贵族结党，因向功之失民望而陈诗于平王，以并排皇父者也。平王既因不胜宗周旧族之包围叫呶而疏皇父，更用郑伯，遂因此诗之陈，罢向邑之役。亦更因宗周贵族以结晋、秦、郑、卫诸国，竟斥罢申国新贵。皇父之位亦与同堕焉。此诗之全部背景如此。

旧说者，未能明此背景，故所释诗义，咸莫能通。《毛序》以为"大夫刺幽王也。"《郑笺》以为是"刺厉王"。后世儒家，纷自二说寻求史证，讫无知其平王初年之事者。由汲冢书出在汉魏之后，而经师又不治史，徒囿于汉儒成说故耳。

《新诠》参合前后诸诗，与史传旧文，斟酌历史发展之情势，地理条件之可能，摆脱旧说窠臼，揭示东周初年旧族与新贵斗争之实质。明此为当时阶级斗争之体现，又亦即东周所以不能复兴之原因也。

首章，用日月蚀为灾变，以耸动国人，威胁平王。《汉书·刘向传》引此诗作"朔日辛卯"。梁虞剻、唐傅仁均与僧一行等，推算历法，并谓周幽王六年乙丑岁，建酉之月，辛卯朔，辰时日蚀。建酉之日，夏历八月，周之十月也。与《竹书纪年》，幽王六年"十月辛卯朔、日有蚀之"合。《毛序》谓此为"大夫刺幽王"之诗，则非也。幽王世权臣，亦非此诗所斥诸人。盖作诗者借幽王时灾异事以威胁平王也。宋魏了翁《正朔考》曰："夫十月之交，则十一月矣。是周之朔月也。故曰朔月辛卯。正朔日蚀，古人所忌，故曰'亦孔之丑'。"朱熹亦谓："十月，以夏正言之，建亥之月也。交，日月交会，谓朔晦之间也。"故宋以来刻本皆作"朔月"，惟毛氏汲古阁本仍作"朔日"。自当以朔日为正。诚使原自作"朔月辛卯"，亦当以"朔"为逗，"月辛卯"为句。谓十月之辛卯日也。交，谓九十月交，乃合于史实。

"彼月而微"两句，旧皆训微为"不明"，指被蚀。殊失文义。当是斥当时执政者未尝重视此事之语。犹云彼月之月蚀，以为小故，不足道也。今则日蚀于元日，亦曰小故不足道。谬于天之示警，宜有今之大灾难矣。"今此"，对昔而言。可知今此下民之大哀痛（指犬戎之难），为对六年前天变不警而言也。

次章，赓上章，痛斥不警天变者。谓日月之蚀，是上天警告人们以灾祸将至。其所以构成日月蚀之原因，则为由于日月运行失道。《郑笺》云："行，道度也。"当时人谈天变者之设想如此。"四国"，郑云："四方之国。无政治者，由天子不用善人也。"朱熹则云："月不避日，失其道也。然其所以然者，则以四国无政，不用善人故也。"诠按：当时以"四国"与"九州"为包举天下之词。诗意实指周王失政由昧于用人。"彼月而食"以下，忿激之言。犹云："前此月蚀，则以为常有之事。今于日蚀，亦以为不相干之事。"日月蚀，古用食字。"臧"，诗中尽与"为"及"以为"义通。"于何不臧"犹今言"有何不好"。

三章，更言幽王时有剧烈之天变，而王不之惩，致人民罹犬戎之祸。《国语》，幽王三年，"西州三川皆震。……三川竭，岐山崩"。《竹书纪年》云：幽王二年，"泾渭洛竭，岐山崩"。是幽王初年确曾遭巨大地震，山川变貌。诗人所言有据。惟其有据，乃足以警当时之人。《周诗》之所以可贵，正在于是史实之第一手资料，非其文义皆足取也。"不宁不令"，谓当时震电无停息，尽凶恶。"哀今之人"，胡为曾不惩戒。显斥平王不以幽王前事为戒。通三章为一义，天灾人事相结，"不用其行""不用其良"两语而已。

四章，更阐"不用其良"之义，则明斥新贵诸臣矣。指责诸臣罪状，但有"艳妻煽方处"一语。艳，鲁诗作阎。《汉书·谷永传》，"阎妻骄扇"。颜师古谓"本鲁诗"是也。阎，盖焰之借，与艳义同。谓诸人虽无能，不有所作为，而妻皆艳冶相煽结。谓其亦将迫使其夫乱政，如褒姒之祸也。扇亦煽之旧字，谓煽动不宁。褒姒已败，故用此语以胁平王。

《汉书·古今人表》下下"愚人"栏，幽王世列褒姒、虢石父、皇父卿士、司徒皮、太宰冢伯、膳夫中术、内史掫子、趣马蹶、师氏万与申侯。皇父至万，七人，显依据此诗，而作字不同。应是所据为鲁韩诗，故字与毛诗不同也。三家诗作字不同原因，可能有个别为传写字伪。主要则当是由于申国旧臣皆南人，无一定姓氏，译人随音作字而异。如司徒番而作司徒皮者，番与皮古原同音，如波、坡、破、婆、播、鄱、皤，并同音韵是也。聚子作掫子，亦缘掫、趣、聚，促，皆同音故也。万，或是萬之伪，与楀皆同禹音。《汉书·游侠传》有"萬章"。《急就篇》有萬段卿，皆当是师氏楀（萬同）之后裔，南人之华化者也。"家伯"名见（春秋》，"太宰冢伯"字当伪，缘太宰一称冢宰而伪也。七人中，惟皇父、蹶与家伯（冢伯）似华人。皇父地位素高，家伯位亚司徒。蹶，可能是韩侯蹶父（宣王时）之族，与家伯皆为宣臼东宫官，相从奔申者。故在此时亦贵。趣马与膳夫之官，并见于《周礼》，皆只士级。盖由是宜臼亲信，故官虽微，权势亦大，为旧贵族所怨。诗"仲允"，《人表》作中术者，《人表》凡仲字皆作中。允音盾。故《汉官》太子中盾，后世作太子中允。术，古亦与述、遂字通用。故《春秋》"秦伯使术来聘"，《公羊》字作遂。遂、盾、允、术音同部，故传者异其字。是亦南人之证也。此辈南人，以申国从龙功得要职，实不习周朝制度，故不可能有所作为。但享厚禄，艳妻相处，招摇逾制而已。亦非故旧族攻击对象。攻击对象，只在皇父一人。皇父，旧族元勋，娴于政务，势最牢固。攻击皇父，则申国新贵自无不败，故也。

五章、六章，专攻皇父营向一事。于文，六章当在五章之前。"皇父孔圣"两句，意谓：皇父作都于向，自比为周公之营洛邑。周公，大圣人，故亦讼称皇父为大圣人（孔圣），实深讥嘲之。亦由营向为都是平王所许，故不敢非议其事体，但只斥言皇父经营措施之乖谬。所指为：将王庭重臣司徒、司马、司空皆调往向邑，竟不留一重臣在洛守卫平王。并且将能具车马之洛邑富氏皆徙居向邑，使洛京形势空虚。《毛传》云："择三有事，有司国之三卿，信维贪淫多藏之人也。"即释"择三有事"为"皇父受封于向，是畿内诸侯，按周礼，只当置二卿，他却僭置三卿，并皆选用的富而骄淫之人"。自《郑笺》以下，与《朱传》，无论佞毛、非毛者，皆同此说。将"作都"之都，说为《周礼》畿内诸侯，方百里为"大都"，方五十里为"小都"之都。如此说，则"不憗遗一老，俾守我王"之诗语成为天上飞来，不相粘接矣。《左传》庄公二十八年，"凡邑有宗庙先君之主曰都"。故丰镐与洛邑皆为王都。此营向邑为王都，故曰"作都于向"也。"三有事"，即后世所谓三有司，司徒、司马、司空三卿，并当国政冲繁之事，在此诗实指司徒番等。谓此三卿皆富有者，皇父择之同居于向以自佐，竟不留一重臣守卫在洛之天子。《左传》昭公十三年，"天子之臣曰老"（《礼记·王制》同）。憗，愿也（《释文》引《小尔雅》）。既营向邑为新都，即是将自洛迁王居向之计，故皇父不但自往经营，并将当时在职重臣皆调助营向。又择人民有车马者往居向邑。只留天子在洛，待向都宗庙、宫室落成，而后迁往。自宗周来诸旧族，自不得居向，故乘时包围平王，用此诸语挑其猜惧也。诗中两"择"字，皆谓挑选其富有者。因平王此时正患贫乏，故此章诗语，最能击中平王内心，使皇父诸人被黜。

六章，即旧刻之第五章，"抑此皇父，岂曰不时"者，再为欲控先纵之辞。缘营向是王命所许，故先纵之曰："岂谓皇父兴此大役为非时局所宜乎？"只谓其经营之态度与方法之当议耳。尽徙富家于向，至于不愿"遗一老以守我王"，其一也。我为王命之向邑大夫，如此大事，未先与我商讨，即自兴作。所有占耗民居、民田之事，皆径令我为之。"彻我墙屋"，《笺》云："不先就我谋，使我得迁徙，乃反彻毁我墙屋，令我不得趋农田卒为污莱乎。此皇父所筑邑人之怨辞。"今按：谓为邑人之语，则与上下各章俱无能合。此诸"我"字，皆向邑大夫自称。彻与撤通。撤我向邑之民者，固得云撤我墙屋也。土木大兴，庀材委积，占地宽，田不得耕种，卒成污莱，谓荒芜也。此是大夫站在向邑人民立场言之，非人民自言。"曰予不戕，礼则然矣"，则又斥皇父对待吏民呼吁之语。民吁称墙屋田园被毁为被戕害，而皇父则答曰："非我戕害，人民事上之礼，固当忍受如此损害。"谓皇父态度恶劣。其二也。

七章，承接上文"胡为我作"为言，故知上两章当是汉儒误倒。"黾勉従事，不敢告劳"，言皇父权重而颠顶，虽人民受害如此，我亦不能为之吁诉，只能昧心执行皇父命令。于是众民归怨于我，而谗人亦因民怨嚣然潜我。我实无罪无辜之人。夫下民遭此恶孽，非天之所降也。回应日蚀山崩诸灾变，是天所以警执政，非天所以警人民。而人民乃身遭其难，其为"噂沓背憎"之怨谤，主由于人事不臧，非降自天者也。《毛传》："噂，犹噂噂。沓，犹沓沓。职，主也。"今按：噂噂，骚呶貌。沓沓，泄怠貌。背憎，窃怨而不敢自陈也。皆谓人民对于执政营向之态度。噂，《说文》又作僔，与噂同，引此诗而作字不同，毛、鲁诗文异故也。沓，《释文》云"本又作嗜"，亦三家传诗异字。凡重叠形容字，皆录音字，无定形定释，但当循文义推求之。《说文》释傅，聚也。后儒遂据以说此诗，实于义不协。"职"，即"职是故也"之职。谓主由于人。"竞"，肯定辞。凡相竞者，必皆已肯定其为当然。

卒章，表示作者本人对于皇父诸人营向病民事，虽反对，但并不因之而怠荒职守。因为职守是周王给的，他不反对周王。全篇诗里始终强调这一点。此乃皇父诸人垮台，向功亦废，而此诗能收入小雅的原因。

"悠悠我里"，《毛传》："悠悠，忧也。里，居也。痗，病也。"朱彬、马瑞辰谓当同于"悠悠我思"。今按：承上章言，"我里"正指向邑，即"里仁为美"之里。"痗"，陆德明云"莫背反。又音悔"。盖犹今云"倒霉"，非疾病之义。"四方有羡"，谓其他地方人民皆有羡余之耕地、食粮与其他资用。而我里独在忧患急迫之中。四方人民莫不有逸豫休游之时，而我里苦于力役，独不得休。我字皆承"我里"为言，不专指其本身。"天命不彻"，旧皆说为："天命不均。"（《朱传》语，用毛、郑之意）今按：与"彻我墙屋"字同，盖谓王命如天命。营向作都之命一日不撤销，则我仍尽我勤劳之职责，不因反对皇父诸人而怠工。"我不敢傚我友自逸"，为最后表态之一长句。明当时宗周旧族莫不反对皇父诸人经营向都之事，大都用怠工态度表达反抗。我则将王命与皇父诸人行措乖谬分别划清，故不敢傚我同党之自逸也。此人之能取得两派斗争之胜利面，端在此章此语。

（四）雨无正

七章。二章章十句，二章章八句。三章章六句。凡二百二十三字。

（1）[雨无其正，伤我稼穑。]浩浩昊天，不骏其德。降丧饥馑，斩伐四国。旻天疾威，弗虑弗图。舍彼有罪，既伏其辜。若此无罪，沦胥以铺。

（2）周宗既灭，靡所止戾。（□□□□，□□□□。）正大夫离居，莫知我勚。三事大夫，莫肯夙夜。邦君诸侯，莫肯朝夕。庶曰式臧，覆出为恶。

（3）如何昊天，辟言不信。如彼行迈，则靡所臻。凡百君子，各敬尔身。胡不相畏，不畏于天。

（4）戎成不退，饥成不遂。曾我暬御，憯憯日瘁。凡百君子，莫肯用讯。听言则答，谮言则退。

（5）哀哉不能言，匪舌是出，维躬是瘁。哿矣能言，巧言如流，俾躬处休。

（6）维曰于仕，孔棘且殆。云不可使，得罪于天子。亦云可使，怨及朋友。

(7) 谓尔迁于王都，曰予未有室家。鼠思泣血，无言不疾。昔尔出居，谁从作尔室。

平王初岁任太师皇父，命与执政大臣往营向都。王城庶政以诸小臣承之。小臣与宗周旧族相结，陈此诗于王，与上三篇相呼应，以倾皇父也。

首章，旧传《韩诗》有"雨无其极，伤我稼穑"两句①。《毛诗》失之。汉儒重家法，章句既定，莫敢增损。自《郑笺》成为定本，唐宋以来儒者亦皆仍之。今审全文，失此二句，则诗题，"雨无正"，字义无所出，一也。"昊天不骏其德"两句无所承，二也。全章两韵，当各以六句为上下章，无此则不厮称，三也。凡本什群倾皇父诸诗，皆援天灾发论，作潛于平王，此篇不能独无，四也。诗题既云"雨无正"，疑《韩诗》之"雨无其极"，《毛诗》实作"其正"。正、政两字古通，谓雨不时为无政。极字之古写只作亟。岂《韩诗》伪正作亟，隶变为极耶②？

《尔雅·释天》："夏为昊天。秋为旻天"。此诗"昊天"，谓幽王时之天。风雨不时，降丧饥馑，为"不骏其德"也。毛云：'骏，长也。'《朱传》云："骏，大。德，惠也。"雨不时，故饥馑。犬戎乱，故人民死丧，四国覆宗。"四国"，通常用于四方

---

① 朱熹《集传》云："欧阳公曰：'古人于诗，多不命题。而篇名往往无义例。其或有命名者，则必述诗之意，如《巷伯》《常武》之类是也。今《雨无正》之名，据《序》所言，与诗绝异。当阙所疑。'元城刘氏曰：'尝读《韩诗》，有《雨无极》篇，序云：雨无极，正大夫刺幽王也。至其诗之文，则比《毛诗》篇首多"雨无其极，伤我稼穑"八字。愚按：刘说似有理。然第一、二章本皆十句，今遽增之，则长短不齐，非《诗》之例。又此诗实正大夫离居之后，暬御之臣所作，其曰"正大夫刺幽王"者亦非是。且其为幽王诗，亦未有所考也。"

诠按：朱氏所云"欧阳公"，谓欧阳修《诗正义》。所云刘元城，谓刘安世《元城语录》。所云"愚按"，为朱自判断语。所驳"正大夫刺幽王"两条，甚有见地。至谓"第一、二章皆十句"，则拘于定本章句成见，为疏矣。审次章文，云"靡所止戾"，则作此诗者方流离失所，未知所届也。遽接于"正大夫离居"，则是已作"暬御"时矣。中间如何至洛，取得此职，自必尚有二句。与首章之当有应题二句正同。是首、次两章，本皆十二句，经秦火后，汉儒所传失之耳。虽然，刘氏之说，固自有当可疑之点。如朱所云：无可证其为幽王诗，一也。正大夫非作此诗者，二也。此外，则《韩诗》至隋已亡，孔颖达作《十三经注疏》时未见，宋人安得见之。三也。郑玄初治韩诗，后乃笺毛，曾无疑及诗题而有拾韩补毛语意。又如马融之传，王肃贬郑诸说，皆未及此。四也。如宋世尚有韩诗旧本遗存，为刘安世所曾读，则同时诸儒，亦当有见而征订之者，乃自刘氏一言外，更无他人证之。自朱熹、王柏、范处义、王应麟等皆不敢信。五也。窃谓，刘氏亦只见及此诗当有脱文，遂援诗语伪撰以实之，托于已逸之韩诗，亦如明丰坊之伪托为鲁诗耳。《韩诗》之有此文，固难信，若此诗之有脱文，则决无疑。
② 王应麟《困学纪闻》，录朱氏语，并续之曰："《解颐新语》亦云：'《韩诗》世罕有其书。或出于好事者之附会。'"翁无圻《注》云"范处义《解颐新语》已逸。此二语见《逸齐诗补传》十八。其言曰：'说者多取《韩诗》为证。谓名《雨无》，正大夫刺幽王也。篇首多雨无其极，二句。窃意《韩诗》世罕有其书，或出好事者之附会。'正大夫'乃诗中之语，故欲以正大夫合之。据今序之文，以求诗人之言，亦可见非所以为政之意。且与前篇'弗躬弗亲''不自为政'之语相应，不必立异也。《通志堂刊本》谓名'雨无极'，脱去极字，当补。"

诠按：刘安世《韩诗》之说既不足信，则其所拟之文亦不足信矣。若必为此章《毛诗》补文，自不能失"雨无正"三字。窃谓《周诗》原语，首为"雨无其正"。与《续序》"雨，自上下者也，众多如雨而非所以为政也"相应。为借雨灾致饥馑刺周王失政之意。政、正两字古通。次句"伤我稼穑"与"降灾饥馑"句协，亦协德国韵，不可易。疑自毛、卫、马、郑时诗本有此二句，故皆无疑于诗题。刘氏所云，抑或有据。其易正为极者，古亟、极二字字通。盖有传写本误正为亟，遂更作极耶？（近得天空山汉墓黄羊作白金镜，铭文隶书"乐无亟"三字，足证。）

诸侯，在此句则仅指宗周食采诸侯之邑。"斩"，即"国既卒斩"之斩。"伐"，即"伐木丁丁"之伐，皆谓社稷宗庙塌毁。"昊天疾威"，《正义》本与《集传》本皆作旻天。《释文》本与相台本作昊天。陆云："昊或作旻，非。"以上文是昊天字也。今按：当作旻天，谓平王时之天也。亦谓自夏不雨至秋仍旱。饥馑滋甚，天之威怒仍严厉，为"旻天疾威"也。"弗虑弗图"，是责执政不畏天怒，不恤民饥而乃相率往营向邑。"舍彼"以下四句，谓"自宗周来之贵族，诚有附褒姒与虢石父乱政者，此辈今则皆已死于犬戎，死于饥困，为'既伏其辜'矣。若我辈，皆无罪之旧族执事，今皆抑为下僚，而复劳苦饥饿，至于病困何耶？"末句，《韩诗》作"勋胥以痛"（见《后汉书·蔡邕传注》引）。一作"薰胥"，见《汉书·叙传》晋灼注。《毛诗》作"沦胥"，义皆为莫落于卑贱阶级之意。胥，即《周礼·叙官》士级以下。"府、史、胥、徒"之胥。为知识奴隶用于职官之称。《吕览》"传说，殷之胥靡"。《儒林传》"胥靡申公"皆得奴隶阶级执役者。"沦"，沉没于水之谓。薰与勋，皆薪物焚而烟化之谓。并可以喻人之阶级地位转变。今通用沦之一义。诗《江汉》"淮夷来铺"，《传》云："铺，病也。"此诗铺字无传，当用《江汉传》义，与《韩诗》痛字义合。《江汉》诗或原在此诗前，故此诗无传也。下篇《小旻》云："如彼泉流，无沦胥以败。"《抑》诗又云："无沦胥以亡。"此云"沦胥以铺"，与"以败""以亡"句法一致，只病、败、亡，三字表示程度不同。此《毛诗》字有胜于三家诗处。诗之作者，自以为贵族旧臣，当得执政禄位。乃仅仅为申国从龙诸臣之事务官，叹为"沦胥"。禄薄任重，至于疲困，故曰"以痛"。已改作铺字也。

次章，"周宗既灭"，《左传·昭公十六年》引此作"宗周"。孔颖达《诗正义》云："宗周、周宗，文虽异而义同。"今按：推当时诗人语言，应作"宗周"。幽王之亡，是宗周灭，非周宗皆灭。由此一句，即可定为东迁后诗。《毛序》云"大夫刺幽王"，非也。《序注》云"亦当为刺厉王"，《笺》云"王流于彘，无所安定"，亦非。厉王虽被放，宗周自在，周宗亦未灭。惟平王时，宗周确已灭矣。"靡所止戾"之戾，即"鸢飞戾天"之戾，当读如莅。毛云："戾，定也。"近之，而未允当也。诗之作者自云"蛰御"之臣，则已有定居矣。此言"靡所止戾"，盖言流离奔走中情致。此下亦当有二句，言其被生活压迫，甘居下位，食薄禄，为正大夫僚属。共成六句为上半章。传诗者失之，遂无由补。"正大夫"者，《周礼·天官》：宰夫，"掌天子之征令，辩其八职。一曰正，掌官法以治要"。谓六卿诸司之主职也。其下七职，为：师、司、旅、府、史、胥、徒。是"八职"，实为职官之八个梯级。正为最高一级，犹今云"正印官"。三有事与百司，正印官品级不同，要皆以大夫领之。六卿为上大夫。诸司用中大夫或下大夫。皆有一人为"正大夫"。上篇诗所举，七臣皆是也。七臣皆往营向，故曰"正大夫离居"。既皆在向，则王城所当理之事务，皆由其僚属当之。故曰"莫知我勚"也。毛云："勚，劳也。"《左传昭公十六年》引此句作"莫知我肄"。应是三家诗异字。含义则同。"三事大夫"，即上篇"择三有事"之三卿。司徒，掌民事；司马，掌军事；司空，掌财事：皆上大夫（卿），故云。"夙夜""朝夕"，皆早晨与入暮之义。奴隶社会时，执政奴隶对奴隶主，皆于早暮二时进见。朝受一日之事。暮述一日之事，并受夜事。周承其俗，大臣皆早觐以受一日之事，暮觐以陈当日之事。国君不设朝治事也。至于子事父母，妇事舅姑皆然。子事二亲称晨昏进见为"定省"之礼（"昏定、晨省"出《礼经》）。妇事舅姑，称为"夙夜"。《行露》诗"岂不夙夜"，谓嫁之，则夙夜于其二亲也。大臣事君之礼，亦称夙夜，此诗所云是也。《尚书·舜典》伯夷作秩宗（礼官）"夙夜惟寅"，谓职在纠夙夜觐见大臣之不敬者也。周行封建诸侯之制。诸侯朝天子，在京师，亦行早暮觐见之礼，称为"朝夕"。《王制》："天子无事与诸侯相见曰朝（夕）。"是也。春秋战国之世之臣早暮觐君之礼，亦称"朝夕"。"夙夜"之义遂失。《左传》昭公十二年，"右尹子革夕"。《国语》晋平公将杀监襄，"叔向闻之，夕"。皆谓因夕礼以谏其君。此诗作于春秋世前，故犹分别言之。意谓三事大夫轻王，"离居"于向，不修"夙夜"之礼。故邦君诸侯亦从而轻王，莫肯入朝修"朝夕"之礼也。《郑笺》释此二句云："三公及诸侯……皆无君臣之礼，不肯晨夜朝暮省王。"犹存其意而不能分别之。后世更莫能申此义者。自政事繁，职官多，国君但早朝诸臣僚以听政，夙夜与夕礼久废故也。"庶曰式臧"二句，谓皇父执政，当此天变示警，王权见轻之阽危局势中，庶几能自改悔而遵善道。今乃不然，反出王城以为恶业于向邑。《毛传》："覆，反也。"

　　三章，更进一步斥责皇父诸人，以讽平王。"如何昊天"四句，讽王不行法。《毛传》："辟，法。"信，当读如伸。借呼天以讽王，谓如何天不行法诛除此辈耶。实斥天王胡为不能申法行刑，罢黜此辈。若其听任此辈行为发展迈进，则将靡所不至，成为不可收拾之局矣。《朱传》："臻，至也。……则如彼行往而无所底至也。""凡百君子"四句，作劝告同僚语：谨身畏天，则当敬于王而共斥彼不畏天不敬于王者也。

　　四章，表示自己坚决拥护周王，而只指斥权佞之态度，并责在朝诸人之萎靡畏葸。实意斥王。"戎成不退"二句，旧说诗者人各其词。毛云："戎、兵。遂，安也。"谓刺幽王。郑云："兵成而不退，谓王见流于彘，无御止者。饥成而不安，谓王在戁乏于饮食之蓄，无输粟归饩者。"指厉王。朱云："言兵寇以成而王之为恶不退。饥馑已成而王之迁善不遂。"马瑞辰云："戎成不退，外患炽而敌势强也。饥成不遂，内灾起而兵力弱也。"方玉润曰："寇至无人退，民饥无人遂。遂，遂生也。"陈奂云："成当读如诚。"释为"用兵不息"，与"天降饥馑、民无所安定"。则皆不定所指何王，所言亦不与任何一王史事相切。《新诠》以为：旧说皆非也。"戎"，即"维口启羞兴戎"之戎。与末句"潛言则退"相应。意谓：我等蛰御之臣，开罪于执政，修怨已成。但亦不甘退却，必仍与之斗争。"饥"，即上文"降丧饥馑"之饥。"遂"，当知朱说，"进也。《易》曰"不能退、不能遂"是也。"诗意谓：饥困已成，亦不要求升官增禄。我辈小臣处境如此，故憯憯然日益陷于憔悴也。《毛传》："蛰御，侍御也。瘁，病也。"《朱传》："憯憯，忧貌。"音与惨同。"瘁"与悴字义通。"凡百君子"以下，斥在朝诸臣。"莫肯用讯"之讯字，为谇字之伪。谓莫肯对皇父诸臣进行诘责也。陈奂云："讯当作谇。《笺》：'讯，告也。'《墓门》'歌以谇止'，《传》：'谇，告也。'今本作讯，误与此同。"谇字协韵。陆云"讯，音信"，则不协。盖古写卒字作卂，故传钞易伪也。"听言则答"，与《桑柔》"听言则对"同。意谓全躯保位，苟且容身之人，能听我言者，亦待其问而后对答。一经闻有谗谮之语，即求退以自解。此非忠于王室之人，我所不为也。

五章，承上章，更叹述其不能言所受之困陷。"哀哉不能言"，自叹其短于言辞，不能面陈其弊。惟作诗以见志，故云"匪舌是出"。谓意出于我而非用口舌表达也。然而言出而身受其敝矣。大约此人旧曾作诗讪谤，已受申斥，故其言如此。与上章"憯憯日瘁"相应。"哿矣能言"以下句，谓：相反，彼善于饰言之人，则"巧言如流"，为当道所信任，俾其所处皆休美肥腴之位矣。上下"躬"字相应。

六章，再言具处卑官言事之难。"维曰于仕"，毛云："于，往也。"郑云："棘，急也。"朱云："殆，危也。"苏氏曰"人皆曰往仕耳。曾不知仕之急且危也。当是之时，直道者，王之所谓不可使。而枉道者，王之所谓可使也。直道者得罪于君，而枉道者见怨于友，此仕之所以难也。"（全用苏辙《诗传》文义）言评论执政之难，欲求澄清仕途之危。若皇父之人，是不可使者，然为天子所使之人。若亦顺天子之意，云其可使，则舆论沸言，将怨我为阿谀枉道也。其为与平王争论皇父诸人之可任、不可任，步步为营，招招进逼，以求成功而免于挫败之伎俩如此。

卒章，则遂如敢面诘皇父之辞矣。"尔"，指皇父、家伯诸人。"谓"，欲天子诘之也。"迁于王都"言皇父诸人，在昔流离亡命，无家可归。今已为新朝执政，居王都矣，而犹嫌未有居宅之好。导天子以营向邑新都。志在必行，至于如鼠之求穴，泣血力争。"无言不疾"，以胁天子。致民劳于下，怨蒸于天，群情骚动，诸侯轻王，构成国家大病。最后乃诘之曰："当尔出亡失势时，有谁为尔营造室邑乎？"意谓皇父诸人之营向都，系为诸人自营私邑，但借口于为王营新都耳。欲王如此诘之者，盖以为皇父诸人出亡时，平王已容受之。今复任以国政。岂当更营私邑以负王耶？旧说不能结合营向事，故空虚无可落实，汕汕然各自为义。故《新诠》不惜辞费，订其为东迁初年史实。

（五）小 旻

六章。三章章八句，三章章七句。百九十三字。

(1) 旻天疾威，敷于下土。谋犹回遹，何日斯沮。谋臧不从，不臧覆用。我视谋犹，亦孔之邛。

(2) 潝潝訿訿，亦孔之哀。谋之其臧，则具是违。谋之不臧，则具是依。我视谋犹，伊于胡厎。

(3) 我龟既厌，不我告犹。谋夫孔多，是用不集。发言盈庭，谁敢执其咎。如匪行迈谋，是用不得道。

(4) 哀哉为犹，匪先民是程，匪大犹是经。维迩言是听。维迩言是争。如彼筑室于道谋，是用不溃于成。

(5) 国虽靡止，或圣或否。民虽靡膴，或哲或谋，或肃或艾。如彼泉流，无沦胥以败。

(6) 不敢暴虎，不敢冯河。人知其一，莫知其他。战战兢兢，如临深渊，如履薄冰。

此平王初年，卜师与旧贵族相结，诟斥皇父执政之诗。皇父既败，遂获与上诸篇同入于《小雅》之乐也。

首章，"旻天疾威"，用《雨无正》原句，明是响应其诗而作。"敷于下土"，亦"降丧饥馑"之意。敷，布也。"谋犹回遹"，毛云："回，邪。遹，避也。"《文选注》引诗作"谋犹回汍"。《释文》云："韩诗作欥。僻也。"马瑞辰曰："古遹读如穴，故通作欥与汍。犹《毛诗》'欥彼晨风'，《韩诗》作鹬也。古回僻字正作辟。《说文》'欥，回避也'。"今按：回，奸回。遹，诡谲。谓执政于营向事，谋猷不以正道。下云："谋臧不从，不臧覆用"是也。如此颠倒行事，何日乃止耶。"沮，止也"（郑、朱同）。诗中屡用"犹"字，皆指占卜者之繇辞①，即卦兆之占辞。《左传》闵公二年"成风闻成季之繇"，是也。毛诗改作犹，同声字可相假借也。犹又通作猷。营向为当时大事，盖因舆情反对者多，执政曾屡召卜师、巫祝进行卜筮。繇辞或吉或否。作诗之卜者，属定派，为皇父诸人所摈。别用他人占辞以陈于王，遂克进营。故此卜师乘舆情沸腾时为此诗以助势。本章两"谋犹"字，皆斥谋国者所任卜人非当。谋，谓执政之主张。犹，谓所选之繇辞。合言之则为猷谋，归其责于执政一人也。"亦孔之邛"，旧皆依《毛传》"邛，病也"为训。《新诠》以为字从卩、工音，当读如穷（期凶反），且亦穷之古字。卩，古节字。竹中空，至节而穷，故邛、穷为古今字也。诗人谓：以我看谋国者选用之繇辞，云营向吉者，今已见为大凶，是繇辞之说穷窘时也。

次章，"潝潝訿訿"，《说文》引作"翕翕訾訾"。《朱传》云："潝潝，相和也。訿訿，相诋也。"较毛、郑旧说为胜。诗人讥笑执政不能审辨繇辞邪正，为可哀也。不能分别繇之正确与否，故违谋犹之善者而依于不善者。如此行事，其所召之祸乱，将何所底止乎。厎，谓止境。

三章，言：执政命我卜之。繇不合意，则命他卜。他人所卜多吉，再命我卜之。仍不合意，则命再三改卜。至于我龟亦感厌烦，不复示兆（不我告繇）。仍召他卜占之。卜者既多，人各一词，至于无法归纳为一是（是用不集）。卜繇既多分歧，执政各有所执以为言。盈廷皆若能预见，有谁敢承任其失败之咎责耶？"如匪行迈谋"之"匪"字，马瑞辰、陈奂皆训为"彼也"②。按："匪行"与"迈谋"对辞。诗意盖斥他诸卜者为谀顺，是非道之行（匪行）。斥执政深依之以谋国，为非道之谋（迈谋）。故曰"是用不得于道"也。如字下有"彼"义存，字则可省。

四章，重复上章之意。斥他之占卜者不合先民法程。释上章之"匪行"。"大

---

① 《左传》原文："成季之将生也，桓公使卜。楚丘之父卜之。曰：'男也。其名曰友，在公之右，间于两社，为公室辅。季氏亡，则鲁不昌。'又筮之，遇大有之乾，曰：'同复于父，敬如君所。'及生，有文在其手曰友，遂以命之。……成风闻成季之繇，乃事之，而属僖公焉。故成季立之。"其名曰友以下四句，及同复于父两句，即所谓繇辞。繇字或从卜，作䌛。

② 马瑞辰《毛诗传笺通释》曰："匪，彼，古通用。《广雅》'匪，彼也'。如匪行迈谋，王尚书云：'与如彼筑室于道谋，如彼行迈，句法同。'是也。《笺》训匪为非，失之。"陈奂《毛诗传疏》曰："匪，毛无传。《左传注》云'匪，彼也'。行迈谋，谋于路人也。不得于道，众无适从。昆山顾炎武《杜解补正》、元和惠栋《毛诗古义》，皆以杜解为长。《玉篇》《广雅》并云：'匪，彼也。'王念孙《广雅疏证》云：'《小旻》三章，曰：如匪行迈谋，是用不得于道。四章曰：如彼筑室于道谋，是用不溃于成。语意正相同。《雨无正》曰：如彼行迈。其意略同。则匪即彼也。'"

今按：诚如王念孙说，则三章与四章诗语为重复矣。此亦东周诗较西周诗文繁辞费之验。诗语固多有省主词者，此当是'如彼匪行迈谋'之省，不必匪即为彼。《玉篇》与《广雅》皆六朝人书，拾杜预《左传注》之言为训，未足以补《毛传》所阙。"迈谋"与《雨无正》"如彼行迈"字义亦相应，又是此诗作者，响应《雨无正》诗发愤之验。

犹"，谓先王之猷，斥执政迈谋之失，不合先王之大经大法，惟听习近随顺之言，且固执而力争之。譬如筑室而谋于行路之人，安能有所成就耶。"不溃于成"，《毛传》"溃，遂也"。《召旻》"草不溃茂"，《传》同。

五章，"国虽靡止"句，足证此诗造作时间，在东迁之初，宗周犬戎已退，携邑余臣僭立，平王徙洛未久，向都正大兴营造，即将迁徙之时。国都究当定于何所，人情惶惑，莫知所向，正此时也。毛说为刺幽王，郑说刺厉王，朱说为不知何王者，皆失之。"民虽靡膴"，谓"人民虽不肥腴"。亦是东迁初物资匮乏情致。"或圣或否"，言依附王国之贵族贤否不齐。"或哲或谋，或肃或艾"句，言人民之爱国情致不一。其字义皆出于《尚书·洪范》。《洪范》，本为殷代占卜者所造之知识辞典。卜筮家于其"八稽疑""八庶征"两章尤为熟习，故能随手引用于诗。《洪范》，五休征：曰肃，曰乂，曰哲，曰谋，曰圣。五咎征：曰狂，曰僭，曰豫，曰急，曰蒙。艾与乂古通用。此诗三句，圣、哲、谋、肃、艾，全用其字。"或否"二字，隐包狂、僭、豫、急、蒙五义，休与咎，相对之词，故"或否"二字尽包之也。此诗作于卜官，其最明确之证也。意盖斥皇父诸执政为蒙，颂宗周所来贵族之反皇父者为圣，而以否定营向之卜者为休。谓顺随阿意之卜者为狂、僭、豫、急、蒙人也。肃，敬也。乂，治也。哲，明也。谋，智也。圣，通理也（狂，妄也。僭，差也。豫，怠也。急，迫也。蒙，昧也）。《洪范》旧注与此诗传注略同。末二句，谓泉水得旁流灌注，则虽日趋下行，亦复更为洪流；失旁流之助，则日复沦胥而归于败灭；警告平王勿专任五咎之臣，宜厚抚旧贵族中五休之士以自助也。

卒章，《毛传》："冯，陵也。徒涉曰冯河。徒博曰暴虎。一，非也。他，不敬小人之危殆也。"如临深渊，"恐坠也"。如履薄冰，"恐陷也"。从来说者皆如《郑笺》"人皆知暴虎冯河立至之害，而无知当畏慎小人能危亡也"。用以警王，固自可通。《新诠》以为：盖此卜师受旧贵族勾结时发愤而作此诗，但不敢如《十月》《雨无正》之敢直陈于平王，只以授于来相勾结之宗周旧族，以示自己赞同反对皇父为政，而不敢首先发难之意。喻倒皇父运动如暴虎、冯河，知其当为而不知其害患亦多。自己"战战兢兢"畏慎，不敢直陈其辞于平王。因平王自申国立，方信任自申从龙诸臣故也。此可由下篇相次为《小宛》之诗，可以推知矣。

（六）小 宛

六章。章六句。百四十五字。

（1）宛彼鸣鸠，翰飞戾天。我心忧伤，念昔先人。明发不寐，有怀二人。
（2）人之齐圣，饮酒温克。彼昏不知，壹醉日富。各敬尔仪，天命不又。
（3）中原有菽，庶民采之。螟蛉有子，蜾蠃负之。教诲尔子，式谷似之。
（4）题彼脊令，载飞载鸣。我日斯迈，而月斯征。夙兴夜寐，无忝尔所生。
（5）交交桑扈，率场啄粟。哀我填寡，宜岸宜狱。握粟出卜，自何能谷。
（6）温温恭人，如集于木。惴惴小心，如临于谷。战战兢兢，如履薄冰。

此平王初年，排申运动中，王臣持温和态度者，作以和《小旻》之诗。其人或是乐官，有学问、德行者。其诗在《周诗》中最为温和敦厚，当时远近传诵，故周太师亦采录之。

旧说刺幽王（毛），刺厉王（郑），刺宣王（孔），与大夫兄弟相戒以免祸（朱），以及其他清儒诸说，皆于诗意不协；纷从字句，强为异解，以自文饰，支离，纡曲，迄莫能通。在三百篇中，最无定论。兹立新解如下：

首章，"宛彼鸣鸠"二句，宛，语辞，犹《秦风》之"宛在"，《魏风》之"宛然"，俱含委婉轻举义。《周诗》鸠字甚多，所指之鸟各不同，如"雎鸠"水禽也。"惟鸠居之"，恶禽也。"鸤鸠"多子鸟也。此诗"鸣鸠"，盖即令人所呼之鸽，古云"鹁鸽"者是也。《动物学》上与斑鸠（鹁鸠）同类。古人不能分，混称之。今人称鹁鸠为鸠，鹁鸽为鸽。体形全相似。惟鸠灰色，昼鸣，飞不能高，超林木颠际而已。鸽多作白色，夜鸣，飞行迅疾，能高入云际。此诗云"翰飞戾天"，故可知其非鹁鸠。此类鸟皆不食虫豸，不伤禾苗，古今中外同称为善良之鸟，用为和平象征。此诗作者用以喻《小旻》之诗，故曰"鸣鸠"。谓其诗为世称颂，当达"天听"也。知其是乐官作者；诗中多用虫鸟生态作喻，又用意谆挚，故可推断其人之学识品德，宜为教官乐正之任。乐官与卜官同阶，比事，宜其常以诗相唱和也。"我心忧伤"二句，同情于"谋犹回遹""匪行迈谋"之斥责也。"先人"指《小旻》"匪先民是程"之先民。"明发不寐"，谓忧心剧重通宵失眠，直至天明已届，犹不能寐。不寐之中，所怀想者，你我二人之安危也。"二人"旧说或以为文王、武王，或以为父母二亲，或以为兄弟相谓。若自诗人本语求之，则第四章正有"我、而"两字。全篇字字出于友好相戒之辞，则"二人"之义可知矣。意谓彻夜不寐之所忧者，执政方为王所信赖，决卜营向，亦出之以王命。万一天威震怒，因诗及祸，则岂临深履薄之义哉。乐官愿德之意，固当如此。

次章，言虑事持行不当恣意。"齐圣"之齐，当读如"斋庄"之斋，敬也。齐圣，与《小旻》五休之"或圣""或肃"相应。因原诗字义以谏之。谓：譬如饮酒，斋圣之人为之，则不容至酗醉，温恭自持，适于量所能胜而已。彼昏昏，荒唐者，则不知此，一意肆饮，至于醉倒。且逐日增加，极其饮量。自以为能胜，而不胜之败必至也。末二句，谓我辈皆贵族世裔，当各敬慎威仪，为世典型，以应天命之休。凡一切恣情纵欲之事，皆足以伤天和而损德业。若还一遭天怼，更加贬斥，则痛苦亦将同于流亡失禄之辈。"天命不又"，犹云"天恩不再"。封建贵族，自谓其社会地位出于天命。此诗以天王之喜怒黜陟代表天命。意畏参加倒申运动，或遭王谴。故其言如此。

三章，再复以豆藿与青虫为喻。言原野中有豆苗（中原有菽），人人都可以采摘苃食，故原菽莫能结子。喻禄位当由天子命之。若人皆恣意争取，则国政亦难有成也。螟蛉蛾之小青虫，土蜂掠取来饲养其幼蛆。如此岂得为善道。喻彼辈之得在位，原自有其来历，如青虫之自有父母，岂宜掠他人子以养己子哉。"敬诲尔子"二句，谓当以恕道待人，各自教诲子孙，勿轻为不善之事，世行善道可也。"似"字，陈奂《毛诗传疏》引《诗异议》云："传于似字皆训为嗣，则此或不得同之于郑。"又："《稽古篇》引《诗诂》以似为似续之似。"意谓用善道相承嗣也。较郑朱说为胜①。

四章，"题彼脊令"之题，刘熙《释名》云："谛也。"盖谛之通假字。在此诗为审视之义。"脊令"，见《常棣》诗。其性躁扰不宁。周文公用以喻管蔡之变。此诗借之以喻皇父、家伯皆宗周旧族；推亲亲之义，未宜排之。讽其反审谛彼诗之义，

---

① 《毛传》云："螟蛉，桑虫也。蜾蠃，薄卢也。负，持也。"《郑笺》："蒲卢取桑虫之子，负持而去，煦妪养之，以成其子。"《孔疏》《朱传》并引《陆玑疏》，说蜾蠃为细腰土蜂，"取桑虫负之，于木空中，七日而化为其子"。相传至今，谓抚育他人子为己子者曰"螟蛉子"。说经诸家，有引《庄子》《淮南》《法言》诸书以证其实然者。

今案：蜾蠃即土蜂，随地有之，夏日入人屋际，或崖壁间，营土管状巢，三四相结，产卵其内。乃猎取草木间小虫塞管中，以泥封之。卵蜉化之蜂蛆，借虫为食。食尽则羽翼亦成，破土管飞去。其蜂黑色，腰极细，故亦称为细腰蜂。上古人士，知识积累于实物观察。初无青虫化为土蜂之说。此诗原意，亦不如此。即审《毛传》亦无此意。扬雄《法言·学行篇》有："螟蠕之子殪而逢蜾蠃，祝之曰：'类我类我。'久则肖之矣。"如此谬说，后人竟深信之。郑玄《诗笺》即深受其影响。至于《孔疏》《朱传》，遂说"式谷似之为？不似者可教而似"。使诗义面目全非矣。《庄子·天运篇》记孔子与老聃言论，有"细要者化"一语。注解者皆以此诗证讠之。亦谬矣。《天运篇》孔子有"丘治诗、书、礼、乐、易、春秋，六经"语，老聃有"六经先王之陈迹"语。夫孔老时只称"六艺"，无所谓经也。荀子始有"经言"之字，亦不及《易》。刘向《七略》与《汉书·艺文志》始有"六艺""六经"之名。则孔老时安得有"六经"之语耶？则《天运》篇为后汉人所妄窜可知矣。盖亦扬雄之徒所为也。岂足用以返说此诗义哉。

自蜾蠃化螟蛉子之说行，儒士一味盲从，陆玑不免。惟陶弘景《注本草》独能实察其物，以斥说诗者之谬。清人郝懿行《尔雅义疏》引之云："今一种蜂，黑色，腰甚细、衔泥，于人壁及器物边作房，如并竹管。是（蠮螉）也。其生子女如粟米大，置管中。乃捕取草上青虫蜘蛛十余枚满中，仍塞口。以拟其子大为粮也。其一种入芦管中者，亦取草上青虫。《诗》云'螟蛉有子，蜾蠃负之'，《注》言细腰物无雌者，皆取青虫教祝，便成己子。斯为谬矣。"又云："牟应震为余言：'尝破蜂房视之，一如陶说。'"云云。三千年陈在人人目间之事物记载，被经诗大儒为之曲解，惟陶隐居能察之其妄，又牟应震能踵迹验证之。持此说之郝懿行，号能博物，亦仅引用其说而未能试一观察之。文学家、史学家，毕竟不是生物学家、昆虫学家。不能对此类生物现象细察。不应斥之过甚。指出甚谬即可。

表面谓"谛视彼脊令"也。"载飞载鸣"亦是斥其躁扰之意。"我、而"两句，谓我与你皆有职守、禄位，非后来失禄诸旧族可比，但宜"夙兴夜寐"，无负于生平可以。"而"字，古与尔、汝字通用。诗人不斥言汝，用而字，若可合曰迈月征于一我，是诗人行文之巧。其实义，乃指作《小旻》之卜官。否则与上、下文"尔"字不相应。诗言：我为乐官，日日皆有常奏。故曰"我日斯迈"。尔为卜官，不必日日皆劳，然月必有一至多次。故曰"尔月斯征"。迈，进也。征，行也。征亦与徵通。其字具命其占卜之义，故宜用于卜官。此亦明是两人事。非一人事。旧说而为转折词者，非也。

五章，"交交桑扈"两句，讽其友之轻率。"桑扈"，鸣禽雀类，羽美有光泽。每入人家厨厕间窃食残脂物，故又名为"窃脂"。亦常觅食草籽。"率场啄粟"，率，循也。场，谓粟麦收割后堆叠打粒扬风之场所（说在《七月》诗）。诗意谓：卜师小官，不宜反对执政措施。今乃抗言营向之非，如桑扈当觅虫豸，寻草籽，今乃循打场以夺农夫之粟，为大胆也。"哀我填寡"之填字，《释文》引《韩诗》作疹。《朱传》："填与瘨同，病也。"填、瘨、疹，古皆同音，亦同为病苦之义。亦诗如疹。陆云"徒典反"，是也。《毛传》"填，尽也"，系用殄字义。《郑笺》解为"可哀我穷尽贫财之人"，非义。诗意盖谓：可哀我辈贫病孤独之人，一经失足得罪，即必然罹罪入狱。"宜"，宜其必然之义。《毛传》"岸，讼也"。盖谓对狱吏。《释文》引《韩诗》作犴。云："乡亭之狱曰犴。朝庭曰狱。""握粟出卜"，旧说粟与卜事之酬资，非也。周世，卜人皆士流，在官食禄，无设肆卖卜者。人民则皆有传统之简单占卜方法：握粟一撮，向户外抛撒，视其分布形致以判吉、凶、忌、宜。犹今民间之"打卦"，凉山彝民之"草卜"，人人能之，非求卖卜者也。诗意为：如此占卜，能有何益，徒自损一握粟耳。"谷"，善也。喻卜师之诗无益有损。

卒章，自言守身之道，以勖其友。言："温和恪敬之人，随时戒慎，如升于树木者之惟恐其坠。小心谨慎，如行近崖谷者之惟恐颠踬。"最后用来诗原句以自警曰：诚如高明所鉴，人当"战战兢兢，如履薄冰"。实责其友言虽慎而行已危也。

（七）小　弁

八章。章八句。二百五十八字。

（1）弁彼鸒斯，归飞提提。民莫不谷，我独于罹。何辜于天，我罪伊何。心之忧矣，云如之何。

（2）踧踧周道，鞫为茂草。我心忧伤，怒焉如捣。假寐永叹，维忧用老。心之忧矣，疢如疾首。

（3）维桑与梓，必恭敬止。靡瞻匪父，靡依匪母。不属于毛，不罹于里。天之生我，我辰安在。

（4）菀彼柳斯，鸣蜩嘒嘒。有漼者渊，萑苇淠淠。譬彼舟流，不知所届。心之忧矣，不遑假寐。

（5）鹿斯之奔，维足伎伎。雉之朝雊，尚求其雌。譬彼坏木，疾用无枝。心之忧矣，宁莫之知。

（6）相彼投兔，尚或先之。行有死人，尚或墐之。君子秉心，维其忍之。心之忧矣，涕既陨之。

（7）君子信谗，如或酬之。君子不惠，不舒究之。伐木掎矣，析薪杝矣。舍彼有罪，予之佗矣。

（8）莫高匪山，莫浚匪泉。君子无易由言，耳属于垣。无逝我梁，无发我笱。我躬不阅，遑恤我后。

此皇父罢免后，寄平王愬其怨叹之诗也。旧说此诗者，孟子为最早，以为孝子之诗。《鲁诗》《韩诗》诸家皆谓是宣王时尹吉甫之子伯奇被放而作[1]。《毛诗》序云"刺幽王"。《续序》云"太子傅作"。郑玄云："君子斥幽王。"朱熹以下，谓是"太子宜臼被废而作"。《新诠》以为结语用《邶·谷风》弃妇歌辞，明是大臣失位诉怨，非孝子怨亲之诗。"周道踧为茂草"，明是宗周覆灭以后之作，则非平王为太子或其被废时。更非宣王时。审诗语意，当是平王时中谗被废之王臣所作。拟之卿士皇父，尤为相宜。皇父当谗谤中，曾作《召旻》之诗，入于大雅。既罢免后而有此诗，则入小雅，亦大、小雅由作者阶级地位不同之验也。审诗语皇父似曾再度奔申。然平

---

[1] 《孟子·告子下》："公孙丑问曰：'高子曰：《小弁》，小人之诗也。'孟子曰：'何以言之。'曰：'怨。'曰：'固哉！高叟之为诗也。有人于此，越人关弓而射之，则己谈笑而道之。无他，疏之也。其兄关弓而射之，则己垂涕泣而道之。无他，戚之也。《小弁》之怨，亲亲也。亲亲，仁也。固矣夫，高叟之为诗也。'曰：'《凯风》何以不怨。'曰：'《凯风》，亲之过小者也。《小弁》，亲之过大者也。亲之过大而不怨，是愈疏也。亲之过小而怨，是不可矶也。愈疏，不孝也。不可矶，亦不孝也。孔子曰：舜其至孝矣，五十而慕。'"（《毛传》全录此文。疑系卫宏所续。后说诗者既尊孔孟，遂皆从"孝子"字推求作者。刘向《说苑》《汉书》注引）《汉书·冯奉传·赞》，及《中山王传》、王充《论衡》、赵岐《孟子注》《琴操》及《文选·舞赋注》，皆以为尹吉甫之子伯奇之作。毛诗家，则谓是幽王太子宜臼。自郑玄、朱熹等下逮陈奂皆然。惟魏源等极少数人犹谓是伯奇。究各所传伯奇事，亦纷歧莫一。

从来经生与史官，皆无言及皇父两度营向事及平王初年东周新旧党争事，固不可能有涉想此诗为皇父作者。此诚"固哉高叟"之伦也。

王亦曾召还之。

首章，《毛传》："弁，乐也。鸒，卑居；卑居，雅乌也。提提，群貌。"《朱传》云："群飞安详之貌。"今按：卑居酷似喜鹊，但较小而肥短，栖于矮林灌丛间，故曰"鹎鸠"。"归飞"，谓归林之飞，提提然可乐。此章，皇父自叹其于幽王时受命营向，受谗不得归而奔于申，故以羡鸒鸟之归飞起兴也（斯，语词）。续之云："民莫不谷，我独于罹。"谓罹于罪罟也。下言："我无负于天子。无罪而被罢废于工役之中。衷心忧伤之痛，当何如耶？"

次章，言：我去而宗周亦坏矣！《毛传》："踧踧，平易也。周道，周室之通道。鞫，穷也。"喻宗周之覆灭。又言：我于宗周之坏，忧伤如捣。"精神愦眊，至于假寐之中而不忘咏叹。忧之之深，是以未老而老也。"（《朱传》）疢，读如疹。陆云"勑觐反"。疾首，犹今云头痛。反复言其忧伤之痛。即后世云"重忧"之义也。

三章，言在新王世之处境。恭敬桑梓，明对宗周旧族未敢歧视。因我亦宗周旧族也。拥立平王于申，为其是故太子，获存于申，申人立之，则申人之功侔于父母桑梓之德也，岂必宗周旧族乃可信任哉。"靡瞻匪父"二句，犹言能相瞻顾者，谁非伯父叔父。能相依恃者，谁非伯母叔母。喻其于宗周旧族与申国从龙之间，初非有所轩轾。而今则旧族厕我于新贵一体谮害之。"不属于毛"二句，谓衣之裘，有毛、里二面。今我本旧族而被排于旧族，非新贵而被斥为新贵，则不得为毛，亦不得为里矣。人谓我再作卿士为我生逢其时，独得天眷。今我所谓时运者究安在哉？《毛传》："辰，时也。"古分天星为十二辰，有吉与凶。谓人值幸运为逢辰。今俗所谓"时运"是也。

四章，言：中谗谮时之心情。以菀然之柳，为群蜩所集。嘒嘒鸣声，喻谗口之多。"鸣蜩"说在《七月》篇。又以深渊旁新起之萑苇，淠淠然众，喻夺位者之众。"譬彼舟流"二句，亦如"汎彼柏舟，亦泛其流"意境。诗作于东周初，故能多用《七月》《柏舟》与《谷风》诗义。诸诗皆西周世已流行也。

五章，言：罢斥后，孑身孤零之苦痛。鹿群奔走时，领队之鹿，伎伎然舒驰不亟者，有其群也。反以兴己之独身去也。野鸡朝鸣，呼其雌也。反以喻己去位而奔，妻子不得从也。疑其人是自营向工程中罢斥，遂复奔申，故不得偕妻子。我今之身，直如坏死之木，疾发于内，枝秃于外。心之伤痛，而人莫之理睬。《朱传》"宁，犹何也"，是责平王之相负。

六章，言：当猎人布置罟于道以陷兔。兔不知而奔投其处之时，尚且有人怜之先其未陷而呵止之。行道遇见死人，尚且有悯而收埋之者。今我方受命营向，谗言兴于京邑，王不相告而径听受，而遽罢逐我于受任之处，秉心何其忍矣。维，犹何也。此章以下"君子"，皆指平王。皇父自平王做太子时已秉国政。又复同奔申国，同再起为君相。阶级地位相当，故用"君子"字为王之代称。亦缘未便明斥言王，故也。自首章至此，五言"心之忧矣"，为自述其身世遭逢之五个阶级，所受挫折之苦痛。轻言之曰"忧"。实俱为伤痛之义。

七章，更斥平王之轻于信谗。《郑笺》："酬，旅酬也。'如酬之'者，谓受而行之。"《朱传》云："如受酬爵，得即饮之。曾不加惠爱，舒缓而究察之。"谓又轻于处理也。今则如伐木者，木已断，掎之倒矣。又如析薪，破其肌理，撕之裂矣。毛云："伐木者掎其巅。析薪者随其理。"郑、朱说为"不欲妄挫折之"。并失诗意。诗之意，为已至不可挽救之际。掎，《说文》："偏引也。"谓伐木者于木将断时，引之向一侧倒折也。"扡"，顺理而裂也。陆云："勑氏反。又直氏反。"朱云："叶汤何反"。大抵唐以前人读如驼音，唐以后人读如驰音。"舍彼有罪"，谓凡宗周来旧族，多有党襃姒者，党携王者，皆平王之罪人。王则舍之，以示申国从龙之功，而加罪焉。"予之佗矣"，毛云："佗，加也。"郑、朱同。皆谓舍彼有罪而加罪于予。今按：此语佗，即他之古字，诗盖谓：王之措施如此之悖，已至不可挽救，则予惟亦舍此有罪之辈他去而已。是去而仍斥排已者为罪人之激辞。

卒章，"莫高匪山"二句，旧皆说为山虽高，人能登其颠。泉虽深，人能游其底。以接于慎言之义。今按：诗八章皆每两句为联，各自为义。意相属而文义不必通贯。此二句盖自叹其经历，两至高位，亦两坠渊泉。因以讽王勿恃高位而轻率恣意，纵容小人之意。"君子无易由言"两句，诫其谨言慎微也。"由言"当谓由衷之言，今云率意之言是也。旧说："由，用也。王无轻用谗人之言。"《郑笺》，及"不可易于其言"（《朱传》），皆于文理未协。卒章为决去之辞，安得尚龂龂于防谗之谏耶？盖皇父既奔申而密通于平王之诗。寄其怨难，仍未绝素日情谊，若闵其孤立而密戒之者。末用《谷风》旧文为结，亦示愿无坏其旧规之意。

（八）巧　言

六章。章八句。百九十三字。

（1）悠悠昊天，曰父母且。无罪无辜，乱如此憮。昊天已威，予慎无罪。昊天大憮，予慎无辜。

（2）乱之初生，僭始既涵。乱之又生，君子信谗。君子如怒，乱庶遄沮。君子如阯，乱庶遄已。

（3）君子屡盟，乱是用长。君子信盗，乱是用暴。盗言孔甘，乱是用餤。匪其止共，维王之邛。

（4）奕奕寝庙，君子作之。秩秩大猷，圣人莫之。他人有心，予忖度之。跃跃毚兔，遇犬获之。

（5）荏染柔木，君子树之。往来行言，心焉数之。蛇蛇硕言，出自口矣。巧言如簧，颜之厚矣。

（6）彼何人斯，居河之麋。无拳无勇，职为乱阶。既微且尰，尔勇伊何。为犹将多，尔居徒几何。

平王初，贵族大夫有私怨于司徒番者，于排申运动中作此诗以泄怨也。通篇诟斥，不离谗、乱二字。其所谓谗，不仅谮害他人之义，实包括一切害于治道之言。其所谓乱，亦不仅兵戎寇乱之义，实包括败政害民之行。诗未明指何事，徒肆丑诟。诗品诗艺皆无可取，而流行民间广远，故太师亦录存之。孔子谓学诗有七善，"可以怨"属之。故亦录此与下三篇。

知诗为诟司徒番者，明斥营向，而不讪及平王与皇父。郑庄公于平王三年代番为司徒。《十月之交》"番为司徒"，而此诗讥无拳勇，而"居河之麋"，故可知其为诟番也。

首章，借昊天喻周王为民父母。"且"，语词。"乱如此帱"，毛云："帱，大也。"《尔雅·释诂》同。宋《集传》本及明监本字作怃。《尔雅·释言》"怃，憮也。"盖三家诗异字，乱入毛诗写本，当以相台本为正。诗盖谓：天当爱育人民，今世人无罪戾而天所降祸乱若此。指宗周王畿已败，成周地区亦民不聊生。"昊天已威"二句，谓宗周覆灭为天之威怒，予虽罹其祸而实无罪也。"慎"，毛云"诚也"。朱云"审也"。此辈贵族，素不知其罪，故自谓我实无罪。"昊天大怃"二句，言天威怒奄至成周，我仍蒙其害，而实无戾行也。戾法为罪。戾行为辜。

次章，"乱之初生"谓幽王初以谗言废申后逐宜臼，召犬戎之乱。"僭始用涵"，毛云："僭，数。涵，容也。"郑云："僭，不信也。"朱以僭始为读云："僭始，不信之端。"诠按："僭"，盖潜之假借。"始既涵"，言彼谗僭所招之祸，自己定居成周，已开始缄默，不更言之。宜臼已为天子故也。"乱之又生"，谓因营向招致饥馑，民怨沸腾之事。则由于王之执政信听谗佞者语，为此害民之事。"君子如怒"四句，谓当建议时，王若赫然震怒，不准所请，则"乱庶遄沮"。"遄，疾。沮，止也。"（《毛传》）诚使"乱庶遄已"，则亦"君之福祉"。倒其句以厮比上文。毛云："祉，福也。"亦如云："君如有福，乱亦疾止。"

三章，"君子屡盟"，当有事实可指。平王自申迁洛时，实倚申国君臣之支持。更得晋、郑、秦、卫诸国拥戴而后定。自出发至于营向，必曾与皇父与番等大臣用盟约相固结。迨经宗周旧族反对，每有风浪，皇父与番等亦必请王更为盟信一次乃敢出都营向。王重于盟约，初实不敢罢黜诸臣。故诗如此言之。谓：由于屡与之盟，故彼辈敢于恣行，为乱之阶也。"君子信盗"二句，盖斥言司徒番等为"盗臣"。省言曰盗。为王信任之，故敢于"用暴"。盖司徒番曾有刑罚施于违抗王命之贵族，故诗如此云。"盗言孔甘"二句，讽王惑于盗臣之甘言，自食此祸因之乱果。餤，啖，古今字。"匪其止共"，当读如"祇恭"。马瑞辰引《荀子·不苟篇》杨倞注曰"止，礼也"。共、恭字古通。《郑笺》说为："既不共其职事，又为王作病。"不如马说。邛字亦不训病，说在《小旻》。

四章，"奕奕寝庙"二句，为刺营向诗之确证。盖惟营向邑为王都，乃作宗庙。若洛之宗庙，为成王世已作成，不得入此诗也。此诗以营向之出于王命，不敢斥言其非，故推其功于王，曰"君子作之"。"秩秩大猷"，谓营向之伟大规划，亦王所定。《毛传》："奕奕，大貌。秩秩，进知也。莫，谋也。"《朱传》："秩秩，序也。莫，定也。"毛盖训莫为谟。不如朱说。"奕奕"，亦当训为联缀，谓先王之庙多所。"他人有心"四句，谓事出于王命，诸人乃攘为己功，斤斤然如营私邑，其居心盖在夺国。其意若云："彼之用心，我能测之。如狡兔之跃跃然行，遇犬而被获。"

五章，以"荏染柔木"喻诸臣为口柔面柔之臣；为王所任用，喻为种植此木。以"往来行言"喻反申运动中贵族诸诗篇，及民间之"谣言"。"心焉数之"，谓动于心者，已非少数。古人于数目字，可记者则一、二、三之。不可记其确数者，则用"数"之一字，以明其为多数。此诗不能记"行言"之实数，故曰心识其多而已。"蛇蛇"，毒意也。"硕言"，大言也。"出自口"，犹言出自其口也。旧解皆失诗义，当悉弃之。"巧言如簧"，亦"盗言孔甘"之义。簧，管乐吹孔之小管中有薄膜，善为声。诗斥诸臣能以巧言蒙蔽平王，为厚颜无耻。实则妒王之听任其言。是则自不能而徒妒他人能者之卑劣口吻。正是当时破落贵族恒态。

卒章，乃明诟司徒番为南国鄙俚之人。是旧贵族詈人恒态。不屑于斥其姓名，故曰"彼何人斯"。"居河之麋"，湄、麋字古通。谓向邑在河水北岸也。皇父与三有事皆往营向，故曰"居河之湄"。拳，谓击刺之技。勇，谓战斗之气。番为司徒，非由文学，但以南人勇敢，佐申有功，为平王从龙，作司徒耳。故诗特用此语詈之，曰只能以巧言为乱阶耳。此与"妇有长舌，为厉之阶"句法相模拟。"既微"，鄙其非出于贵族。"且尰"，鄙其无威仪。《毛传》："骭疡为微。肿足为尰。"《说文》引此诗作瘇。瘇字云"胫气足肿"。夫人之足肿，无伤于德能，而诗诟之者，盖谓因此而损威仪。毛说微尰皆足病，非诗义也。若果骭伤为微，则其人必临阵负伤，是即勇战者也，何得有"尔勇伊何"之问哉。惟人微贱而居高位，又无威仪者，乃不得以勇气称矣。"为犹将多"二句。郑云："犹，谋。将，大也。女作谗佞之谋太多。"今按：犹盖尤之借字。言："番甚为平王所倚重，专权势，营向以自便，作恶业已多。虽然居向自便，在此众怒之下，尔又能久居之乎。""徒几何"犹言能几何时也。郑云："女所舆居之众几何人傃能然乎。"朱云："其所与居之徒众几何人哉。言亦不能甚多也。"皆失诗意。

（九）何人斯

八章。章六句。百九十三字。

（1）彼何人斯，其心孔艰。胡逝我梁，不入我门。伊谁云从，维暴之云。
（2）二人从行。谁为此祸？胡逝我梁，不入唁我。始者不如今，云不我可。
（3）彼何人斯，胡逝我陈。我闻其声，不见其身。不愧于人，不畏于天。
（4）彼何人斯，其为飘风。胡不自北，胡不自南。胡逝我梁，只搅我心。
（5）尔之安行，亦不遑舍。尔之亟行，遑脂尔车。壹者之来，云何其盱。
（6）尔还而入，我心易也。还而不入，否难知也。壹者之来，俾我祇也。
（7）伯氏吹埙，仲氏吹篪。及尔如贯，谅不我知。出此三物，以诅尔斯。
（8）为鬼为蜮，则不可得。有靦面目，视人罔极。作此好歌，以极反侧。

幽王之败殁也。虢公翰立王子余臣于携，是为"携王"。申、鄫、卫、许诸侯亦立故太子宜臼于申，寻得晋、秦、郑之助，定都于洛是为平王。平王初年，沿河之王畿公侯有食邑者，如韩、耿、郇、魏、芮、虞、虢、温、原诸邑之君，多先已附于携。东虢之君曰暴公，温邑之君曰苏公，同事携王。相善。已而暴公附虢公翰，夺苏公卿位。苏公奔投平王，为此诗以诅暴公也。

所以知其然者，《毛序》云："《何人斯》，苏公刺暴公也。"《续序》："暴公为卿士而谮苏公焉。故苏公作是诗以绝之。"《序注》云："暴也，苏也，皆畿内国名。"《路史》引《世本》云："暴辛公作埙，苏成公作篪。"又引宋衷《世本注》云"苏、暴二公，平王时诸侯。"苏公者，苏忿生之后，食邑于温。《左传成公十一年》，"晋郤至与周争鄇田。王命刘康公、单襄公讼诸晋……曰：昔周克商，使诸侯抚封。苏忿生以温，为司寇。与檀伯达封于河。苏氏即狄，又不能于狄，而奔卫。襄王劳文公，而赐之温。狐氏、阳氏先处之，而后及子。若治其故，则王官之邑也。"又《隐公十一年》，桓王"取邬、刘、蒍、邘、之田于郑，而与郑人苏忿生之田：温、原、缔、樊、隰郕、攒茅、向、盟、州、陉、隤、怀"。又《僖公十年》，"苏子叛王，即狄。又不能于狄。狄人伐之，王不救，故灭。苏子奔卫"（参《邶·旄丘》）。是温邑原为殷王属下一小奴隶主之庄园，武王灭纣，抚用苏忿生为司寇，因其邑为采邑，划属东都王畿。故曰"王官之邑"。苏氏为周世卿。平王初，因怨暴公而转附于洛。于时苏子已成大国，侵占畿内食邑甚多。一般习称所据为"苏忿生之田"。即如《左传》隐公十二年所记桓王用其属邑以易郑田者，即达十四邑之多。其中温为其国邑，他如原、樊、郕、茅，皆文武子孙封邑，亦皆为其所并，其国土之大可知。既拥携王，则携国势重。迨失势而来附于洛，则平王势重。然自携来投，则凶焰不能有所收敛，故桓王能用其属邑以易郑田也。温之地，在孟津北。当时为孔道。属地既广，桓王割其田之一部近郑者易郑田，非全割十四邑易之。故温邑仍为苏子之国邑。至僖公十年（襄王元年）始灭于狄。狄去，周王复得之。至僖公二十四年，温邑为王叔子带所据。二十五年，晋文公勤王，诛叔带于温。周王"与之阳、樊、温、原之田"。温入于晋，晋大夫孤突、阳处父，与郤至之族迭居之。至成公十一年，又复有属邑鄇田还属于周。此殷周间温邑之沿革大致也。温君称为"苏子"，其田称"苏忿生之田"，则苏者，温君之姓氏。所谓"苏成公"，即温君也。温与东虢地接，故古代曾有闲田之争。《淮南子·精神训》高诱注"争闲田者，虞、芮，及暴桓公，苏信公"是也。东虢君之称暴公，亦犹温君之称苏公。食采之君，本非裂土诸侯者比，故恒称姓，不以居邑。东虢君初不仕于王朝，与桧相同。故郑桓公寄帑贿于此二国。东迁后，郑武公为卿士，先灭桧，次复灭东虢。东虢与虢公翰同族，故得附翰以挤苏公。亦由苏公被排附洛，故国得存至襄王二年（鲁僖十年）。而始终附携之暴公，则平王四年即为郑所灭（《竹书纪年》）。温叛，东虢亡，携王之地日削，迨晋灭韩耿，而携王亦灭（平王二十一年事）。《毛序》，自《节南山》以下四十余篇皆云"刺幽王"（此什占九篇）。惟此篇云"苏公刺暴公"。盖确有依据之言。后之说者，未明如此历史背景，故不能达《毛序》之义。

首章，"彼何人斯"，当时通用诟人之语。"其心孔艰"，斥其人居心险恶，尴尬周张，艰苦扤陧也。"胡逝我梁"二句《郑笺》云："逝，之也。梁，鱼梁，在苏国之门外。"他诸说者皆从之。《新诠》以为必不然。温邑在河水之北，河水不可能有鱼梁。近河之支流亦不可以作鱼梁。国君门外亦不可能作鱼梁。郑徒望文生义，强为过而不入作解耳。窃谓《谷风》弃妇诗，久流行。《小弁》引用以失位之义。此云"逝我梁"者，亦用《谷风》成语，表达其彼人夺位之痛耳。东虢君与虢石父、虢公翰，本不相附，而以地近故，凤附于苏公，出入其门。追携王立，虢公翰为卿士，东虢君转附于翰，遂夺苏公之位，不更与苏往来，故苏憾甚，而诅之也。"伊谁云从"二句，嘲其依附虢公翰也。"维暴之云"之暴，指虢公翰。虢公与暴公可以通称故也。陈奂《毛诗传疏》引或说云："《周礼》暴字皆作虣，薄报反。暴公之暴，疑亦作虣。《说文》无虣字。虎部'虢，虎所攫画明文也。'古音古博反，与虣同部。虢，即虣之异体。"今按：虢本姬姓国，文王之后，而诗称暴公者，盖古文字多有因形伪，声伪而遂变异之字。书籍复因篆变、隶变，而有传写讹变之字。此诗"暴"字，固亦有虣虢讹变之可能。

次章，"二人从行"，旧说此为苏公门客转附于暴，谓"二人，暴公与其徒也"（《朱传》用郑说）。《新诠》以为当指此暴公为虢公翰。故下云"谁为此祸"。谓被二人相从，而我遂有失位之祸。明为虢公翰当权，岂即无暴公卖我。究谁作此祸殃耶？若非出于暴辛公之意，则代我在位，岂不当入门吊我失位，有所慰藉耶？唁，亦吊问之义。本初与我往来频繁之友人。今代我在位，遂不往来，岂遂不以我为可耶。"始者不如今"，犹言从前不是如此之不以我为可。"可"，谓称其位也。

三章，"胡逝我陈"，《毛传》："陈，堂涂也。"《尔雅·释诂》"尘久也。"孙炎注："陈居之久，久则生尘也。"故陈亦为旧居之义。此言"我陈"，亦是旧位之义。堂涂之说，实未为允。"我闻其声"二句，朱云："言其踪迹之诡秘也。"今按：谓我虽不见其夺位之实迹，而已如闻得其蝇营之声音矣。朱说近之，而非甚当。末二句，承上文"我"字言之。谓我虽失位，"不愧于人，不畏于天"。反衬谋此位者之当愧畏耳。朱云："不愧于人，则以人为可欺也。天不可欺，女独不愧于天乎，奈何其谮我也。"失之。

四章，《毛传》："飘风，暴起之风。搅，乱也。"今按：诗用飘风喻人排挤之力，无孔不入。"胡不自北"，谓自晋来也。"胡不自南"，谓自洛来也。自携至温皆沿黄河一带，介于晋与洛邑之间。诗言非自外来之故，只在国内遭人暗算。"只搅我心"，谓只我一人失位，明非由国内有何党争大故。诅咒系为神明陈词，不得人之实迹罪证，则为此反复推究之语以证其事也。只，犹仅也。

五章，嘲笑其人热衷贪位。言：汝虽可以缓步营求而得之，亦不暇暂舍稍息。

当汝亟欲求得时，则不暇脂涂车毂已驾驰矣。素知其性如此，亦是其阴谋夺位可证之一端。"壹者之来"二句，郑云："壹者之来见我，于女亦何病乎。"朱云："何不一来见我，如何而使我望汝之切乎。"（谓上文为"托以亟行而不入见我"）皆说为盼其一次入见之意。固与诅辞文义刺谬，亦于怨刺之义不合。《新诠》以为壹，是也。壹者，谓其壹心所盼在夺禄位。"盱，望也。《字林》云张目也。"（《朱传》）。讥其盼望之切，非谓诗人自己盼之。

六章，《毛传》："易，说。只，病也。"《郑笺》："还，行反也。否，不通也。只，安也。女行反入见我，我则解说也。"同上失诗之意。《新诠》以为还，周旋之谓。言汝虽欲夺位，亦当与我周旋。我非恋此位者，亦自知不容于权臣，思得友人来代。使汝不失交情而得其位，固是我之心愿。其或不得其位，我之否运固亦难免。而汝壹意营谋卖友何哉。"俾我只也"，之只，当是疷之假借。《说文》，"疷，病不支也。从疒，氏声。"与只同声。不当训安。病至不支，怨之深，忿之极也。故诅之。

七章，"伯氏吹埙"二句，谓虢公翰与虢石父为伯仲，皆拥幽王一系（虢公翰或谓是虢石父之子，王子余臣，或谓是褒姒之子。然史无明文可证。按此诗，石父与翰是兄弟。皆西虢之君为王臣者）。埙篪相赓和。埙，坝同，土陶之乐器。篪，管乐，《朱传》云："长尺四寸。围三寸。七孔。一孔上出，径三分，凡八孔。横吹之。"周人重琴、瑟，贱埙、篪。诗语盖讥二虢所立非正。"及尔如贯"者，《笺》云："及，与也。"朱云："如贯，如绳之贯物也。"盖诗谓二虢唱和于前，尔东虢之暴公又复傅益之，相缀如贯物也。如此三恶相承结以乱周宗，便信为我不知耶？《说文》："谅，信也。"此言二恶信以为能欺我也。"出此三物"二句，《毛传》："三物，豕、犬、鸡也。"《朱传》："刺其血以诅盟也。"今按：盟诅有别。二人以上相约不负而歃，为盟。一人有怨，刺血祝神，使其沮败，为诅。皆奴隶社会遗存巫祝之风习。诗明言"诅尔"，则是诗即诅辞也。

卒章，言尔害人如鬼蜮，神能制尔，使不得害之矣。"蜮"，旧世相传：江淮水间有狐，能含沙以射人水中之影，则其人病。与人死为鬼害人，皆无影可见。故谓害人之心为鬼蜮。"靦"，音觍，惭也。毛云"靦，姡也。"亦姡然不知耻之义。"视"，示也。诗言暴公用鬼蜮之行相排陷，究以身得赴洛，免于其害，彼徒留得怀惭之面目以示人于罔极。极，终也。"以极反侧"之反侧，即《关雎》"辗转反侧"字。谓心不能安，寝不成寐。自此诅后，尔留惭面于人世，我亦终止反侧而得安寝矣。郑云："作八章歌，求女之情。女之情反侧，极于是也。"朱云："作此好歌，以究极尔反侧之心也。"并缘《毛传》"反侧，不正直也"一语而误。

（十）巷　伯

七章。四章章四句，一章五句，一章八句，一章六句。百四十字。

（1）萋兮斐兮，成是贝锦。彼谮人者，亦已大甚。

（2）哆兮侈兮，成是南箕。彼谮人者，谁适与谋。

（3）缉缉翩翩，谋欲谮人。慎尔言也，谓尔不信。

（4）捷捷幡幡，谋欲谮言。岂不尔受，既其女迁。

（5）骄人好好，劳人草草。苍天苍天，视彼骄人，矜此劳人。

（6）彼谮人者，谁适与谋。取彼谮人，投畀豺虎。豺虎不食，投畀有北。有北不受，投畀有昊。

（7）杨园之道，猗于亩丘。寺人孟子，作为此诗。凡百君子，敬而听之。

此士人屈受宫刑者，冤已白而身不可复，痛忿诉詈其作谮者之诗。

首章，《毛传》："萋斐，文章相错也。贝锦，锦文也。"《郑笺》："锦文者，文如余泉，余蚔之贝文也。"今按：《尔雅·释鱼》："余蚔，黄白文。余泉，白，黄文。"郭璞注云："余蚔，以黄为质，白为点。余泉，以白为质，黄为点。"盖海贝壳之美如锦者甚多。言贝锦，明非丝织之锦。喻谗人因疑似之言以陷人于罪。《笺》云："大甚者，谓使己得重罪也。"

次章，哆，毛云"大貌"。陆云"昌者反"。《说文》"张口也"。今俗谓人张大口云哆嘴是也。箕星恒与南斗相伴，夏季恒夜初在正南方，故曰"南箕"。凡四星，其二为踵，相距较近。另二为舌，相距较远。作梯形。旧传其星主人间口舌（见《史记·天官书》）。故诗以南箕喻谗谮之祸。哆与侈，皆言谗谮之口。"谁适与谋"，郑云："适，往也。"朱云："适，主也。"今按：适，语词耳。诗作于谗者既败之后，欲更追究其同谋者，故有此章之辞。疑亦系遭皇父与司徒番等所误罚，皇父与番既败，事亦得白，乃为此诗。故敢于恣情诉詈。

三章，毛云："缉缉，口舌声。翩翩，往来貌。"言相与谋者，孜孜于谋所以谮人。"慎尔言也，谓尔不信"二句，揭其相谋时互诫之语；犹言发言当慎，勿使人疑而不信。旧皆自诗人发语求解，故与上下章句皆抵牾不通也。

四章，《朱传》云"捷捷，儇利貌。幡幡，反覆貌"，较《毛传》之重复上章语意为胜。诗语层层深入，消嘲尽致。上章嘲其谋谮之状，此章极其致谮之情。谓其致谮之技巧如此，王岂能不尔受哉。然而谗谮之言终得揭破，而谮人败矣。《朱传》引王氏曰："上好谮，则固将受女。然好谮不已，则遇谮之祸，亦既迁而及女矣。"盖诗谓谮者之败为"既其汝迁"也。

五章，"骄人"，谓行谮者得王之信重而骄。"好好"，谓其虽失位，犹豫乐无祸，罢其权而未蒙罪罚之谓也。"劳人"，谓我被谮祸者，事虽白而刑已行，无所补救，为"草草"，犹今云"草草了事"也。呼天而诅曰"视彼骄人，矜此劳人"，欲更申冤抑之罚。

六章，极口呼吁，欲人皆起而罚被谮人，及同谋者。谓如此恶人，欲其自死乎，虽投畀虎狼，虎狼亦恶而不食也。欲其逃亡乎，虽驱之于北狄，北狄亦将恶而不受也。是惟有投畀于昊天，俾受天诛。意谓天王（周王）应诛之也。

卒章，杨园，洛邑之风景胜地。其与洛城相通之道，必经亩丘。《尔雅·释地》云："如亩，亩丘。"盖三家诗有如此解释者。"猗"，毛云"加也"。意谓赴杨园者必须先上亩丘。喻行谮者必经王之听受，罚乃得行。今欲诛除谮人，固亦非先得王之同意不可。承上章"投畀有昊"之意为言也。此下，自言作此诗的警告同侪之意。"凡百君子"，泛指在位与不在位之贵族人员。"敬而听之"，敬当读如儆惕之儆。谓谮人不死，士大夫即不能陆续有人中谗罹祸。当儆惕前事共起击之。"孟子"，作者之名，"寺人"，阉者之官。《周礼·天官》序官云："内宰，下大夫二人，上士四人，中士八人，府四人，史八人，胥八人，徒八十人。"其属官有："内小臣，奄，上士四人。史二人。徒八人。""寺人，王之正内五人。内侍倍寺人之数。"则寺人与内竖，皆阉人之无爵级者。孟子当是士人以罪，阉割而罚充寺人。冤既得白，则当复为士级。但以已阉，不复为外臣，而改用为"内小臣"。冤愤之下，自谦曰"寺人"也。内小臣即"巷伯"。故乐官题其诗篇则曰"巷伯"，不曰"寺人"。《周礼》无巷伯之官。《左传》襄公九年，"令司官、巷伯儆宫"，杜注："巷伯，即寺人"，误解此诗题矣。司宫，相当于《周礼》之内宰。巷伯，相当于内小臣。皆士人之阉者为之。周世与晋世，西周与东周，称谓或不同，其职守、爵秩当同耳。不得因诗语之谦称，遂真以为寺人。

《节南山之什》，十篇，七十九章，五百三十六句，二千二百四十八字。

五、谷风之什

（一）谷 风

三章。章六句。七十二字

(1) 习习谷风，维风及雨。将恐将惧，维予与女。将安将乐，女转弃予。
(2) 习习谷风，维风及颓。将恐将惧，寘予于怀。将安将乐，弃予如遗。
(3) 习习谷风，维山崔嵬。无草不死，无木不萎。忘我大德，思我小怨。

　　此亦申国从龙诸臣中之一人，于罢黜后，抒怨情于平王之诗也。借弃妇《谷风》诗意为辞。非与《邶·谷风》同时为弃妇事作。毛云"刺幽王"者，固非。他诸家说为"朋友相怨"（《朱传》）、"相弃"（魏源）者，亦不合。朋友之诗，安得云"寘予于怀"乎？惟君臣之际，可以弃妇语作喻耳。《小弁》亦引《邶·谷风》原语表达怨怼，正如此诗意态。惟《小弁》文格与此诗不类，应非出于一手。

　　首章，用《邶·谷风》"习习谷风，以阴以雨"句意，易言"维风及雨"，明是咏泾渭弃妇故事，以自况。"将恐将惧"言危难之时，指宜臼被废奔申，幽王索之，不与，而被讨伐之时。"维予与女"，谓其时宗周旧族之相依维者，惟我与汝二人。盖冢宰家伯之诗也。家伯同宜臼奔申。皇父乃后来者。司徒番等，则申国臣僚也。"将安将乐"，喻王位已正，洛都已定，诸侯来王，大事已顺之时。"女转弃予"，汝反贬黜我，如《谷风》之弃妇也。

　　次章，"维风及颓"之颓，旧皆从《毛传》说为焚轮大风。于义不顺。仍当比照上章，作雨字解。谓雨大，如天之颓坠。《史记·河渠书》"水颓绝商颜"。是颓字可用为水溃之澎流。大雨必天黑，如云坠，是此颓之义也。下四句亦套用上章句法。故知此颓当为雨义。颓则天变，而"弃之如遗"矣。

　　卒章，"维山崔嵬"，就被弃之后言之。雨过见山崔嵬然耸立。喻周王已不可攀跻，然而危矣。"无草不死，无木不萎"，言盛位之不可久恃，何苦遂弃我哉。或我亦有不惬于王者，然小怨耳。何乃竟念小怨而倍大德哉。皇父与家伯似由有此两诗，皆复召还。故二诗获传。

（二）蓼 莪

六章。四章章四句。二章章八句。百三十字。

（1）蓼蓼者莪，匪莪伊蒿。哀哀父母，生我劬劳。

（2）蓼蓼者莪，匪莪伊蔚。哀哀父母，生我劳瘁。

（3）缾之罄矣，维罍之耻。鲜民之生，不如死之久矣。无父何怙，无母何恃。出则衔恤，入则靡至。

（4）父兮生我，母兮鞠我。拊我畜我，长我育我。顾我复我，出入腹我。欲报之德，昊天罔极。

（5）南山烈烈，飘风发发。民莫不谷，我独何害。

（6）南山律律，飘风弗弗。民莫不谷，我独不卒。

此旧说"孝子痛不得终养"之诗。语意明白，无可立异。至于何以不得终养，为说不一，要不出行役岁久，未得宁家之故。盖农民应征远戍，归而父母俱卒，葬在南山。此其哭于墓上之诗。时间当在西周宣王时。其时乃多长久戎役。《毛序》云"刺幽王"，殊无征验。

首章，《毛传》："蓼蓼，长大貌。"陆云："蓼，音六。""莪"，汉碑引诗多作仪。仪亦音莪，盖鲁诗字。当以毛诗为正。《毛传》未说莪义，先于《菁菁者莪》传云："莪，萝蒿也。"陆玑《疏》云："生泽田渐洳之处，叶似邪蒿而细。科生。三月中，茎可生食，又可蒸馅，味美，颇似蒌蒿。"陈藏器《本草拾遗》云："廪蒿，生高冈，宿根，先于百草。一名莪蒿。即茵陈蒿之类。常抱宿根而生，有子依母之象，故诗人据以取兴。"李时珍《本草纲目》云："莪，抱根丛生，俗谓之抱娘蒿。"今按：蒿类属于菊科，其幼苗大都可食。且多甘美。俗呼"清明菜"，即古人所谓莪也。过清明，则渐刚粗，味苦，与一般苦蒿无异，不可食。诗谓父母育子，为能得甘旨养之，如种莪然。迨莪已长大如蓼，而父母不得食之。今则我变而成蒿矣！因念父母生育之劳苦而痛伤未得终养，是诗语本义也。《郑笺》《朱传》与历代诗儒，未能察莪蒿之为物，但以意揣说之，以为是孝子忧思瞀乱，"心不精识"。至或以莪为"良材"。

失之远矣。故《蓼莪》虽广泛用为儒生之孝典，实未明"蓼莪"为何义。识其义者，惟能观察实物之"本草家"而已。

次章，"蔚"，毛云"牡菣也"。菣，陆云"去刃反"，则当读肾音。郭璞《尔雅注》："荆楚间谓蒿为菣。"《孔疏》释蔚为"牡蒿"。是"牡菣"即"牡蒿"也。牡蒿亦蒿类，叶较他蒿为阔，端近于齐，故又曰"齐头蒿"。生较晚，秋日开花，结子细微，人以为无子，故称曰牡蒿，嫩苗亦可食，但食之者少。诗言"伊蔚"，谓较莪为更无益于人也。

三章，《毛传》："缾小而罍大。罄，尽也。"《笺》云："言为罍耻者，刺王不使富分贫，众恤寡。"朱云："犹父母不得其所，乃子之责。"今按：瓶之酒取自罍，罍非无酒而瓶则竭，则罍之耻也。喻民之困穷为君之耻。《后汉书·陈忠传》"言已不得终竟子道者，亦上之耻"是也。朱说失之。"鲜民"，旧说纷庞。毛说鲜为寡。郑云："言供养日寡。"《孔疏》云："言生得养，其日尚寡，况我尚不得终养。"《朱传》未释。马瑞辰引阮沅说："鲜声近斯，遂相通假。鲜民当读如斯民。"并解斯为离析之斯。纡曲回旋。无可合于诗义。《新诠》以为此鲜，为地名。即《大雅·皇矣》"度其鲜原"之鲜。地在岐山之南，渭水之侧。亦即文王伐密占有之地。去丰镐未远。甚早成为王畿乡遂之区，徭役特别繁重。壮丁经常充当军赋，戍役在外，与家暌离。至于父母之丧亦不得归葬。故曰："鲜民之生，不如死之久矣。"而承之以"无父何怙"等句，以说明生不如死之义。怙恃，皆依赖之义。恤，忧痛也。无父无母，无可依恃之人，外出则衔痛在心，入家则不觉所至。谓生不如死之心情存在已久。

四章，极言父母生育之劬劳。《毛传》："鞠，养，腹，厚也。"《郑笺》："畜起也。育，覆育也。顾，旋视也。复，反复也。腹，怀抱也。"朱云："鞠、畜，皆养也。拊，拊循也。"今按：诗语念其所由生育以至长大，长时期内父母之恩。则拊当谓收生；畜，谓乳哺；长，谓衣食；育，谓教导；顾，谓照护；复，谓叮咛周至；腹，谓怀想不离其心也。欲报此德而人已殁，故呼昊天，叹罔极。"罔极"，无可为尽也。

五章，"南山烈烈"，《毛传》："烈烈然，至难也。"今按：谓孝子登南山有父母墓。念及未能终养事，衷心如焚，怒火烈烈然。非谓"难至"也。"飘风"，与《何人斯》"其为飘风"同义。盖周人比喻排压外力之语。"发发"，音同《七月》"一之日觱发"之发（《说文》引《诗》作滭冹字）。风声，亦风力之义也。喻政治环境如此，情虽痛愤，亦无可如之何也。自叹人皆获得善处，我何独罹此害而已。"我独何害",犹云"我何独害"。害正字,协泼、谷韵,当读曷音。古害字本读如"何",故可借作曷字。《周南》"害澣害否"是也。

卒章,"南山律律",谓山之高峻崒崒,为律律然。喻王权之重,威势之强。"飘风弗弗",谓风压之紧,喻痛苦莫可申。"我独不卒",不能终养也。

(三) 大 东

七章。章八句。二百二十七字。

(1) 有饛簋飧,有捄棘匕。周道如砥,其直如矢。君子所履,小人所视。睠言顾之,潸焉出涕。

(2) 小东大东,杼柚其空。纠纠葛屦,可以履霜。佻佻公子,行彼周行。既往既来,使我心疚。

(3) 有冽氿泉,无浸获薪。契契寤叹,哀我惮人。薪是获薪,尚可载也。哀我惮人,亦可息也。

(4) 东人之子,职劳不来。西人之子,粲粲衣服。舟人之子,熊罴是裘。私人之子,百僚是试。

(5) 或以其酒,不以其浆。鞙鞙佩璲,不以其长。维天有汉,监亦有光。跂彼织女,终日七襄。

(6) 虽则七襄,不成报章。睆彼牵牛,不以服箱。东有启明,西有长庚。有捄天毕,载施之行。

(7) 维南有箕,不可以簸扬。维北有斗,不可以挹酒浆。维南有箕,载翕其舌。维北有斗,西柄之揭。

周东迁后,庶事拮据,犹能以宗周余威,厚征敛于东方诸侯。郳邑之君,同转漕事。感征发之烦,漕役之苦,民怨之深,伤周道陵替,王政失人,而为此诗。《毛序》于上下各篇皆云"刺幽王"。此篇独云"刺乱",与《何人斯》同著特笔,似有所确指。《续序》云:"东国困于役而伤于财,谭大夫作是诗以告病焉。"亦似知作者为谭大夫。第四章《毛传》:"东人,谭人也。"则所云"谭大夫",为谭国之大夫也。《春秋》庄公十年,"齐师灭谭。谭子奔莒"。是谭为齐东之小国,则于周之供应,不能甚重,不可能突出于大东小东诸国上而有此告病之诗。魏源《诗古微》以为卫风"谭公维私"之谭公,是王朝卿士。谓《国语》襄王十八年,"狄人来诛,杀谭伯",

即是"谭子入为王朝大夫之证"。其说亦非。夫周虽用诸侯为卿士，所用皆食采王畿之公侯，绝无用畿外诸侯为之者。况东方极远之子男乎。盖王官中自有谭姓者曰谭伯，为狄所杀。其人盖即为郍邑之大夫，作此诗者也。诗中"舟人"，盖即谓舟邑之人。字亦作郍。《国语》史伯语郑桓公，"济洛河颍间"之十邑，即有舟邑。本王畿之邑，后遂入于郑者。专司王都舟运之事，故曰"舟人"，曰"舟邑"也。核诗语，确然为司漕执事所作。《郑语》又谓祝融之后，"秃姓，舟人，则周灭之矣"。是舟人一族，本擅漕事，为周所并。仍任其酋为大夫，其人本姓谭欤。

首章，言宗周盛时，诸侯朝贡，漕至献纳，执役之人皆蒙优遇。"有饛簋飧"，毛云："饛，满簋貌。飧，熟食。"言周王赐食，熟食盈簋。"有捄棘匕"，毛云："捄，长貌。匕，所以载鼎实。棘，赤心也。"言更有鼎烹肉相飨，有长而坚之赤心匕以取食之，鼎实，鼎所烹之实物，谓肉也。"周道如砥"，言当时入宗周之道路平坦。"其直知矢"，道路之端正。皆以喻宗周政业之美。"君子所履"，喻执政之贤。"小人所视"，谓从役之人皆能见之。末二句，《毛诗》："睠，反顾也。潸，涕下貌。"谓回忆其时，以揆今日，不禁伤感流涕。

次章，言当前王室征敛之烦。"小东"，谓洛邑王畿食采有国之诸侯，如毕、原、樊、温、凡、蒋、郇、魏、虞、虢、温、桧之邑。"大东"，谓王畿以外，裂土封国，如齐、鲁、卫、曹、宋、陈、蔡、许、邹、莒、晋、燕地区。皆在宗周之东，而远近不同，内外不同，当时民间习惯以大小字区别之也。"杼柚"，一作杼轴（扬雄《法言》"田亩荒，杼轴空"，系用《鲁诗》字）。织，其也。"杼轴空"，谓布帛征用尽。"葛屦"二句，用《魏风》诗原语。是断章取义，以喻东人丝麻俱尽，葛屦御冬。此亦为此诗作于东周之证。《魏·葛屦》乃西周诗也。魏为河东区国，与郍相距近，河水互通，故其诗为舟人所诵习也。"佻佻"，《朱传》云："轻薄不耐劳苦之貌。"谓自西周东来之贵族子弟，习于养尊处优，不知劳动生产之事，而偏据王室之要津。喻之为"行彼周行"。周行，犹周道也。末二句，言我以司漕运挽送之故，"既往既来"，见其如此，心为之忧且病也。

诗言布帛征尽而不及谷粟者，西周农业发达，渭水平原谷物丰赡，故诸侯之贡，重在丝麻织物。东周虽土地狭促，人口骤增，需粮食多。然其时商贾贩运粮食之业已盛，布帛体轻价重，在当时已同于货币使用。故周王所征，仍是布帛，不易旧制。仰谷物于商贾，可省仓廒衡量之费故也。洛去河近，故其征制如此。沿河商业情形，已论于《伐檀》篇。惟其征政如此，故平王初年，洛邑饥馑。见《雨无正》诗。至于贵族妇女，衣其文锦以拾野菜于山野间。见《王风·采葛》。互参诸诗，其义自得。

三章，叹征政之弊，与漕役之劳。"有冽汜泉"二句，毛云："冽，寒意也。侧出曰汜泉。获，艾也。"艾当读如刈，《臣工》"奄观铚艾"之艾是也。诗言：自各国征来之丝麻，布帛，堆积于库，对粮食比价降低，滞积未用；正如获薪而浸在汜泉，日就腐烂，不获竟其效用之可惜也。"契契"，毛云"忧苦也"。忧苦何为用契契二字，各家无说。《新诠》以为：凡转运之官，每运到一批物资，交库验收登记后，给符契一道。此诗谓契复一契，运交入库，如获薪浸泉，故不寐而叹。叹在运役之徒劳。故曰"哀我惮人"也。毛云："惮，劳也。"谓漕运之人也。又续之云：薪，毕竟是自山野刈获之柴薪，虽浸湿败，尚可载之以归，究犹可用。若此布帛、珍贵之物，堆积为无用，则如我等漕运之役，岂不可以休止乎？

四章，刺东西人民待遇之不平。宗周在西，成周在东。故成周（小东）之人谓宗周流亡而来之贵族为"西人"。"东人之子"谓成周旧族之人。"职劳"，谓专主劳役。"不来"之来，读如赉，谓赏犒之酬（陆德明云："来，音赉。"《朱传》云："来，慰抚也。"）。"西人之子"，谓西来人众。"粲粲衣服"，积布帛多，享用不尽故也。"舟人之子"谓司漕之职工。舟邑故址在廞山下，为黄河水运之重要节点，故周设邑于此。其邑民专司漕运之役。作此诗者，盖即其邑之大夫。悯其属民劳于转运，徒为他人作嫁，自不得衣布帛，徒以熊罴为裘。熊与罴同类，其毛密而直，耐雨水。上古无蓑笠时，猎户与渔民皆以熊罴之皮为裘帽。漕民常舟居，生活水际，故"熊罴是裘"，冬夏不易。"私人之子"，毛云："私人，私家人也。是试，用于百官也。"郑说为"群小"。朱说为"皂隶"。今按：于文，背公为私。私人，谓不公正使用，即不合选格之人，指贵族诸"佻佻公子"也。"百僚是试"，与"行彼周行"同义。

五章，讥诋西来贵族当道。盖西来贵族，排挤中国从龙诸臣成功以后，人员冗滥，政务浑浊时所作之诗。诗言：酿酒必先为浆而后漉之。今有酿酒而不为浆者。喻为布帛必先艺绩。而有人但取布帛丝麻，不知艺绩。"鞙鞙佩璲"，毛云："鞙鞙，玉貌。璲，瑞也。"谓西人虽鞙鞙然作佩瑞玉之官，用非其所长也。此天王用人之失。"维天有汉"，言天有银河，看来有光而模糊不明晰。以喻天王之监识人物。"跂彼织女"二句，织女，三星，作等边三角形，在银河北。与银河南之牵牛星斜对。七月初昏时正东向。十月初旦时正北向。在银河间，色最明朗。古星家言以为天帝之女孙，巧于织事之神也。"跂"，举踵行也。周天分十二躔度。二十八宿每天旋转一周天。夏夜视织女星，仅至七躔度而没。十二躔度，犹云十二格，古谓之襄。"终日七襄"，言织女之不息止。

六章，借天星，刺人事之不相应。承上言：织女虽勤，不称其报章。报，当释如投桃报瑶之报，即报偿之义，正如今云"劳动报酬"也。章，即"衣以章身"之章。"不成"，不克成为其服章，即不称之谓也。"睍"，毛云"明星貌"。牵牛，亦云"河鼓"（《尔雅》），在牛宿西北，隔银河与织女相对。诗谓星名为牵牛，而实不挽车。"服，驾也"（《朱传》）。"箱，大车之箱也"（《郑笺》）。启明与长庚，皆金星之别称。为太阳系行星之一，距地球最近，故光度最明。其绕日周期与地球略同，故先日出而见于东，后日落而明于西。古人不知其为一星，谓东者为启明，西者为长庚也。"天毕"，谓二十八宿之毕星。凡五星，其四星聚张如网，一星在下为柄，故用网鸟兔之毕为名。"载施之行"，谓此诸星皆无实用，载施于天之行列而已。

卒章，南箕，说在《巷伯》篇。簸扬，农民扬场（说在《白驹》与《桑扈》篇）用箕。而天星之箕，"不可以簸扬"。北斗七星，在天正中，七星列成挹酒之斗形，每日旋转周天一次。四季夜皆可见。诗言北斗亦徒有其名，"不可挹酒浆"。非惟无益于人也，又有其可憎者：南箕"载翕其舌"，斥谗谮之言，与《巷伯》同。北斗"西柄之揭"，徒欲挹取于东。翕，引也。谓伸其长舌。揭，示也，示惟南取也。皆刺执政失道。

诗末三章，皆以天星为喻，明作者为当时习于星象之人。亦司漕职官之一证。所言星象，不似治历家言。盖漕运与风雨灾变相关密切，古惟用天文星众占之。逸诗："日入于箕，风扬沙矣。月离于毕，俾滂沱矣。"（见《家语》）故司者习于此种星象。此诗诸语，虽不为占卜，然其凿凿言天星之职，亦足明其是风角占验家语言也。

（四）四 月

八章。章四句。百二十八字。

(1) 四月维夏，六月徂暑。先祖匪人，胡宁忍予。

(2) 秋日凄凄，百卉具腓。乱离瘼矣，爰其适归。

(3) 冬日烈烈，飘风发发。民莫不穀，我独何害。

(4) 山有嘉卉，侯栗侯梅。废为残贼，莫知其尤。

(5) 相彼泉水，载清载浊。我日构祸，曷云能穀。

(6) 滔滔江汉，南国之纪。尽瘁以仕，宁莫我有。

(7) 匪鹑匪鸢，翰飞戾天。匪鳣匪鲔，潜逃于渊。

(8) 山有蕨薇，隰有杞桋。君子作歌，维以告哀。

王子朝之党，随子朝奔楚，值楚方有吴入郢之难，无力助其复位。子朝既死，其党流离觖望。此其致王朝执政，告哀乞还之诗也。

首章，"四月维夏"两句，即可知其人作诗之地在楚。古人以断霜为夏，断凉为暑。楚地大部即今湖北，清明后十余日断霜，故曰"四月维夏"。周人以十一月为正月，清明为四月节故也。若中原，则无论西安或洛阳，则须立夏以后十余日乃断霜。断凉，依今世气候学语言，为气温平均十五度以上。长江流域，在夏至节后，周正属六月，故云"六月徂暑"。徂，到达也。此诗作者素居中原，不习于此种月气候，故首言其苦。"先祖匪人"二句，郑云："我先祖非人乎，人则当知患难，何为曾使我当此难世乎。"朱云："我先祖岂非人乎，何忍使我遭此祸也。"或谓：匪人，谓神圣，如后稷、文、武之类。《新诠》以为从子朝奔楚者，按《春秋》昭公二十六年经传所记，为召氏之族，毛伯得，尹氏固，南宫嚚等，皆周之贵族世臣（召康公，周同姓。毛伯，成王时辅政。尹氏，宣、幽、平王时首辅。南宫嚚，文武世功臣）。非周王族系，故其告哀诗，称"先祖匪人"，以自贬。人与仁古义通。"胡宁忍予"，似怨先祖，实以同为贵族世裔，责当时执政不召为忍。

次章，暑退为秋，楚地在周正十月，时则植物皆已刚健而凋落，如人兽之骭胈，劲细乏肉。"乱离瘼矣"，谓《春秋》定公四年，吴师入郢，楚国大乱，王子朝亦被杀（《左传》在五年春）。从亡之人，益无所归附。"爰其适归"，《家语·辩政篇》《华阳国志》卷九引此诗皆作"奚其适归"。当从奚字。《朱传》云："奚，何。适，之也。"

三章，与《蓼莪》第五章同文，只易南山为冬日字。是直用《蓼莪》语表达忧痛之情，亦借言出亡在外为失父母也。三百篇中，多有借用旧诗成语者，《出车》用《草虫》整章，此诗用《蓼莪》整章，孰为先成，孰为借用，其易辨别。《蓼莪》出以真挚情感，此诗则情与辞痛痒不切，故知此诗之为晚出。

四章，言故国食采之地，山有栗林梅林。自其出亡，废坏残毁于残贼之人。而不敢斥其人，但以残贼加于栗梅，如言栗梅无罪，只缘其主人得罪而遭废毁。如言其树不知有罪，当得归其自己主人也。

五章，言泉水有时而清，有时而浊。喻自己有时清醒，有时糊涂。既同为贵族，盼能赦罪责功。我自己构成祸难，自无能受善待之望。惟乞能见原情宥罪而已。

六章，明明点出楚国。楚在江汉之间，为南方最大国。故以江汉为"南国之纪"，喻楚国之大与富强。谓若我能尽瘁以事其君，宁能竟不用我。"有"，朱云："识有也。"陈奂云："相亲有也。"在诗语，实为占有之义。谓用之也。

七章,"匪鹑匪鸢"之鹑,字当作䲹或鹫。音团。《说文》云:"䲹,雕也。"此诗《毛传》:"鹑,雕也。雕鸢,贪残之鸟也。"陆德明云:"徒丸反。"是鹑为䲹之省写伪字。鹑字,音淳,即竹鸡,非鸷鸟,亦不能高飞,与此诗义不应。盖古有省敦为亨者。宋刻遂并省此字敦言,因以成伪。诗言:本人昔因王子朝之乱而僭越在位(王子朝称王者四年之久),如非雕非鸢而飞在天际。今随王子朝之败而沉沦异国,如非鳣非鲔而潜在渊底。周之贵族,不自知其负民之罪,狃于世禄尊优之制,直认叛乱成败如弈博之戏,不自以为敦恶,觍然以无耻之言乞哀于曩时之敌人,软硬兼施,是非含糊之伎俩,此诗为尽致矣。其时王城之执政者为刘子、单子,素谂其人积恶,亦未纳之。故敬王以后王臣更无召氏、毛氏。

卒章,言"山有蕨薇",似无用物,贫民犹可资为食粮。隰有枸杞与赤栋,遍地野生,人所贱视,而有时克充资生之用。喻执政贵能善于用材也。《朱传》:"杞,枸檵也。栜,赤栋也,树叶细而歧锐,皮理错戾,好丛生山中,中为车辋。"末二句,自言"告哀",犹自称"君子",是贵族既已破落烂败犹不肯放弃架子之恒态。与王子朝奔楚后致诸侯檄文,架子相似(檄载《左传》昭公二十六年)。

或问:《孟子》谓"诗亡而后《春秋》作"。《春秋》始于平王四十九年,故《毛序》世限,至幽王止。今《新诠》谓小雅多平王世诗,已失毛旨。又推下限至敬王之世,不太远乎?诚使此诗作于敬王十五年以后,则孔子已四十七岁以上,为自齐返鲁,教弟子诗乐时矣,安得收入此诗于楚地哉?答曰:"诗亡然后《春秋》作",孟轲之妄言耳。春秋世列国君臣皆于会盟燕享间赋诗相竞,孔子亦以诗乐教弟子,安得云"诗亡"耶?诗乐既流行于春秋之世,则春秋世自应有陆续新生之诗。《株林》明明为陈灵公诗,在周定王七年。东迁已九世矣。何楷谓诗终于《下泉》。在敬王十一年,孔子已四十三岁。说诗者莫能非之。《新诠》虽斥其说,而信孔子收录列国之诗,达于所见之世,非自开例也。孔子罢相,出游十二国,远入叶、楚。其在楚,为楚昭王二十七年。则此诗之出已十年左右矣,何能不知有此诗?若谓楚国无雅乐,则周太师固掌雅乐者也。孔子入周,"问礼于老子,问乐于苌弘"。从而得此乐诗,亦犹在郑而得《行露》之《南》,录习之以广诗史,理固然耳。此诗作者,当献诗于周敬王之执政刘、单二子。二子方任苌弘。弘旧为乐官,存录此诗以警世之好乱者。因以告来访之孔子。孔子从而录传之,以为当世之《小雅》。虽无史文作证,其理固有宜然。夫地质化石,告我人以人类未生以前数百万年之历史,岂待有史笔记载为证哉。若必拘墟于陈言,则孟子不得而讥高叟。若可不囿于陈言,惟事理与诗语相结合以求史实,则孟子岂足尚乎。

（五）北 山

六章。三章章六句，三章章四句。百三十三字。

（1）陟彼北山，言采其杞。偕偕士子，朝夕从事。王事靡盬，忧我父母。
（2）溥天之下，莫非王土。率土之滨，莫非王臣。大夫不均，我从事独贤。
（3）四牡彭彭，王事傍傍。嘉我未老，鲜我方将。旅力方刚，经营四方。
（4）或燕燕居息，或尽瘁事国。或息偃在床，或不已于行。
（5）或不知叫号，或惨惨劬劳。或栖迟偃仰，或王事鞅掌。
（6）或湛乐饮酒，或惨惨畏咎。或出入风议，或靡事不为。

此士子始仕，怨执政役使不均之诗。时间当在东迁之初，尹氏皇父执政时。与《节南山》《不平谓何》之"民言无嘉""不宜空我师""无小人殆""蹙蹙靡所骋"等词句相为表里。当先有此诗流播，家父因得持之以刺尹氏不平。家父，大夫。此则士人之诗，故太师序次相离。《毛诗》又乱太师音次，分割于二什，致说者不敢联想相缀也。

首章，北山，洛邑之北邙是也。后世为洛人丛葬处。东迁初，则尚为一片童山，野生枸杞遍满。时洛邑人口骤增，粮蔬两乏，执政令学校士子，采杞叶以供王蔬。故诗谓"偕偕士子，朝夕从事"。偕偕，众士相偕之貌。毛训为"强壮"，未当。枸杞，随处有之，叶甘而细小，茎有刺，故采撷不费力而费时，需士子朝夕从事。山地宽阔，禁民间采。旧采未遍，新叶复生，故足资供应之时间悠长也。"王事靡盬"，用《诗》成语，表国事艰难之意。此所指为饥馑而无救荒之政。因供王膳而自念其父母乏食，故曰"忧我父母"。旧说为"父母思己而忧"者，非也。

次章，言：方在学校时，则有采杞之劳。迨已卒业试仕，由于大夫不均，我独偏劳于役使。"溥天之下"，《左传》昭公七年，《国策·东周》《孟子·万章》《荀子·君子》《韩非·说林》《新书·匈奴》《白虎通·封公侯·表服》《史记·司马相如列传》，《汉书》之《司马相如传》及《韩诗外传》引，并作"普天之下"。盖齐、鲁、韩三家皆作普。毛诗改字，义则同也。"率土之滨"，他书引亦多作宾字。宾，依臣人字为义。然不如毛作滨，谓四海以内之地，皆王臣民。盖西周时已有成语如此，诗人引之，以喻当一视同仁也。"我从事独贤"者，谓大夫分配工作，一切委重于我，此事曰惟尔胜任，彼事曰惟尔能之，他诸劳务，亦皆曰他人不克任之，惟尔独贤耳。《毛传》:"贤,劳也。"

三章,言:大夫出使。将帅行军,诸凡劳役之事,皆我当之。"四牡",大夫之车。大夫行役,必以试仕之士子相从,备驱遣。"彭彭",马蹄声。"王事",王命之事,主要指军戎之事。'傍傍",《说文》引作骉骉,云"马盛也"。今按:《郑·清人》"驷介旁旁",即此诗傍傍同义语,军马蹄声,有异于大夫出使车马之声也。"嘉我未老",谓方以壮盛见嘉。"鲜我方将",谓更以我所承担者为轻少。毛云:"将,壮也。"郑云:"鲜,善也。"朱云:"鲜,少也。"当用少义。将,则负荷之义也。"旅力",犹膂力。士子初仕,正当刚壮,故人人乐使用之。"经营四方",言无所不为,无所不至。

四章,以下皆具体说明大夫不均,劳逸悬绝的情况。"燕燕",安息貌。"居息",谓居于私宅、无所事事。与尽瘁劳病于王国之事者对比。"偃息在床",则更进于"居息"矣。与不已于行役之劳对比。

五章,毛云:"叫,呼。号,召也。"劳病者叫号亦不闻,谓执政大夫也。与惨惨劬劳者对比。"栖迟",《衡门传》云:"游息也。"在此当谓:或止或行,或俯或仰,皆从容自在,若无事然。与王事鞅掌者对比。鞅掌,谓如御夫执辔,兢兢惟恐有失,五官并用,心力俱竭。指当轴大夫亦劳逸不均,犹《雨无正》:"曾我暬御,惨惨日瘁"之意。

卒章,"湛乐饮酒",湛,《方言》"安也"。《说文》作媅,云"乐也"。安乐饮酒,讥王与冢宰。与"惨惨畏咎"之低级官吏对比。"出入风议",谓言事诸臣,出入王宫,论此议彼,不作一事。与试仕士子之"靡所不为"对比。"风议",陆云:"风,音讽。"郑云:"风,犹放也。"谓放言议论,空谈而已。

(六) 无将大车

三章。章四句。四十八字。

(1) 无将大车,只自尘兮。无思百忧,只自疧兮。

(2) 无将大车,维尘冥冥。无思百忧,不出于颎。

(3) 无将大车,维尘雝兮。无思百忧,只自重兮。

此亦初仕之青年士子。受派作大夫属吏者,感受委屈,无聊自遣之诗。在《雅》诗中,惟此与《鱼藻》《青蝇》《苕之华》四篇文字最少。格调亦相同,颇与风诗类似。周人以雅易风，初制之雅，宜多风诗格句，故可疑为是西周初年之诗。然，西周制雅之初，国学创立优待士子。士子入仕，应无怨诗。《毛诗》序此于《北山》下，皆初仕士人牢骚之言。又似两失意士人唱和之作。不过《北山》为试仕已久，精明喜事之士人，当属上士一级。此诗为新入仕之士人，属中、下士级。且此士属谨愿畏事者，为不同耳。

首章，《毛传》："大车，小人之所将也。"《笺》云："将，犹扶进也。"与《毛序》"大夫悔将小人"含义不合。《序》语之将，为携取共事之义。《序》《传》抵牾，必有为后人所窜改者。当以《传》《笺》为正。周之士子，卒业于国学后，经司马甄别其贤者、才者，告于王而官之。大都分配于大夫之任事者为僚属。大夫皆贵族世臣，素骄骞自贵，轻视士子，役使同于臣仆。士子多来自民间，深感气味难受，但亦无可自免，不能不忍受之。故诗言"无将大车"。大车，大夫之车，言从大夫车后作吏，徒落得满身尘土，无他可资慰藉也。"百忧"，谓含垢忍辱之忧已多次，不可回思。回思，亦徒自痛苦而已。"疧"，毛云"病也"。陆云"都礼反"。不协尘韵。《朱传》云："刘氏曰：当作疻。与瘖同。眉贫反。"谓刘敞《七经小传》有此说。《大雅·桑柔》"多我觏痻"，无传。《笺》云"痻，病也"，与此《毛传》同。陆云"痻，武巾反"，与此诗韵协。顾亭林、江慎修皆主刘说，谓"唐避民字讳，正义本改作痻"，理或然也。《朱传》字作疻，亦云："疻，病也。"《说文》："疻，病不翅也。从疒，氏声。"是朱所据。则又不用刘敞说。马瑞辰谓"疧当读如疹"，引张平子《思玄赋》"百忧以自疹"为证。盖三家诗有作疹、作疻、作痻者不同，《毛诗》本作痻，传写讹作疧也。

次章，"冥冥"，郑云："蔽人目明，令无所见也。"朱云："昏晦也。"亦皆车后尘土飞扬之义。"颎"，毛云："光也。"（《尔雅》同）《说文》："颎，火光也。从火，顷声。"《朱传》："颎与耿同，小明也。在忧中，耿耿然不能出也。"用《柏舟》"耿耿不寐"义。反不如直训为光明捷切。

卒章，"雝"，与雍字，古今通用。壅蔽字，古只作雍。"维尘雝兮"，亦冥冥蔽日之义。谓车中之大夫、壅蔽贤路，俾其不得见天日也。既已如此，则忧思前事无益，徒使重累其忧伤而已。是听天安命者劝慰他人听天安命之语。由此可以判断：此诗是平王时作；作者或既《北山》作者之友人，见《北山》诗而作此慰戒之。庸碌之人，嗜古文艺，习于周初风雅，故自作诗亦类之耳。

（七）小　明

五章。三章章十二句。二章章六句。百九十二字。

（1）明明上天，照临下土。我征徂西，至于艽野。二月初吉，载离寒暑。心之忧矣，其毒大苦。念彼共人，涕零如雨。岂不怀归，畏此罪罟。

（2）昔我往矣，日月方除。曷云其还，岁聿云莫。念我独兮，我事孔庶。心之忧矣，惮我不暇。念彼共人，睠睠怀顾。岂不怀归，畏此谴怒。

（3）昔我往矣，日月方奥。曷云其还，政事愈蹙。岁聿云莫，采萧获菽。心之忧矣，自诒伊戚。念彼共人，兴言出宿。岂不怀归，畏此反覆。

（4）嗟尔君子，无恒安处。靖共尔位，正直是与。神之听之，式谷以女。

（5）嗟尔君子，无恒安息。靖共尔位，好是正直。神之听之，介尔景福。

此宣王征玁狁时，一支领军大夫，留镇朔方，寄当时王臣，乞早予瓜代之诗也。

定为宣王伐玁狁时者，为诗中"艽野"二字。艽，药草名，今云"秦艽"。音读如交。古音读如纠。陆德明《释文》"艽，音求"，是也。今青康草原，俄洛、阿坝，海拔三千米以上之草原，盛产之。三千米以下之地罕见。其叶微似龙舌兰，惟较小而平薄。青绿色，有白色条纹。根细长如指大。有纤维数组，盘旋相绞。故《唐本草注》云："今出泾州、鄜州、岐州者良。字本作糺，或作纠，作胶。正作艽也。"本陇山以西草原所产，羌党项人采运于泾、岐、鄜州售之。其后陇西草原恳拓，产地退至洮岷以西，故元明清世，此药集中于秦州兑换，乃有"秦艽"之称。周世，陇山以西之羌族，称为玁狁。亦即旧称之薰育。历为周人边患。惟宣王时曾出大军深入讨伐之，见《采薇》《出车》《采芑》之诗。此诗辞义，多与之合。亦惟深入玁狁，乃得云"至于艽野"。故当如此判断也。

诗题"小明"者，《大雅》有《大明》八章，为颂文王、武王诗。首云："明明在下，赫赫在上。"此诗入《小雅》首云："明明上天，照临下土。"故乐官题为"小明"。

首章，"我征徂西"，与《出车》"薄伐西戎"义同。"至于艽野"，与《采薇》"一月三捷"含义相应。野字，在此诗，当读如墅，协土、暑、苦、雨、罟韵。盖古音如此。故墅字从野声也。"二月初吉"，谓此支军队，出发于二月。古师行必卜，卜吉乃行，故云初吉。"载离寒暑"，离、罹古通用，谓冬寒已出，至暑未得归休也。

《采薇》之军,归时"雨雪霏霏"。《出车》之军,归时"雨雪载涂"。此军既同深入,亦当是冬季乃自芁野旋师。故曰"其毒大苦"。此毒字,与害同义。《书·盘庚》"惟汝自生毒"。《孔传》云:"自生毒害"。诗盖谓芁野荒凉,玁狁飘忽,长期远征之痛苦,为"其毒大苦"也。

"共人",即恭人之古写。作诗之大夫,自谓其妻具"温温恭人"之德。后世赐妇女美号曰"恭人",昉于此也①。旧说共人指下文"靖共尔位"之王臣,是诗人之友,则必不然。诗念共人而思归,至于"涕零如雨"之伤痛。岂思同僚友人之情耶?思归而不可得归,故曰"岂不怀归"。畏在军法严厉,谓之"罪罟"。与《出车》"岂不怀归,畏此简书"同义(参看《大雅·瞻卬》诠释)。

次章,"昔我往矣",为《采薇》《出车》同有之句。盖当时出征人员,久役征途中,无不随时追念出征情形,联及归期之推测,故有此共同的语言。此与《草虫》《出车》之"喓喓草虫",《谷风》《小弁》之"无逝我梁",《葛屦》《大东》之"纠纠葛屦",《蓼莪》《小弁》之"民莫不谷",之前后从同,为借陈语以表达情意者不同。"日月方除",毛云:"除,除陈生新也。"郑云:"四月为除。"系据《尔雅·释天》,盖鲁、韩诗如此说。今本《尔雅》作"四月为余""十二月为涂",系用夏正。周正建子,则二月为夏正之十二月。上章言"二月初吉",此又云"方除",是谓周正二月出师,即夏正之除月。涂,除,音义通。玁狁内犯在冬季,此支军队当是周之常备军,故亦隆冬出御。《采薇》《出车》,皆因追击而征调之乡遂民军,故出击较迟,实际皆玁狁统一役之事。郑说为"四月"未安。《毛传》"除陈生新",亦夏正除月之义。今人尚以岁终之日为除日,夜为除夕。盖周人虽制定子月(仲冬)为岁首,民间仍自用夏正。犹今世之太阳历与太阴历并行。所谓"周用三代之历"是也(参看《七月》篇)。《采薇》《出车》皆以"今我来思",为"昔我往矣"对句,是既归而咏之语。此用"曷云其还",是未得归者之语。犹云:何时得归乎,岁已暮矣,而犹未得归。"念我独兮",谓独留戎所也。戎军非只一人,而云独者,军士虽多,领军之大夫则只一人。由此可知其为大夫之诗,与《采薇》《出车》之为军士所作者不同。

---

① 共、恭古字通。《左传》僖公二十七年,"杞桓公来朝,用夷礼。故曰子。公卑杞,杞不共也。"注"本作恭。"古称恭敬淑善之人与恭人,原无分乎男女。男子称其妻为恭人,犹女子称男子为良人,非国家制度规定,但社会习俗用之耳。或谓宋、元、明、清乃称命妇为恭人。周、秦、汉、唐皆无称命妇恭人之证。曾不思宋元以来之称命妇恭人、叔人、宜人,亦只因经典中有此诸字义耳。周诗"温温恭人"与此诗之共人,"淑人君子"与"硕人颀颀"之硕人,"宜民宜人"之人,与"宜其室家"之人,前者皆指男子,后者皆指妇人;其实亦仅各该篇诗义推求,当如此耳。"公孙硕肤""硕大且拳"之男子,讵遂不得为硕人乎?后世制诰命者,使用恭、淑、宜字,实亦惟取于诗义,但偏用其字于女性,不与古同。至于今近世,设有颂称男子为恭人、淑人者,必怫然作色相诉。以此反推三千年前,岂遂不可以"恭人"一词称妇女耶。

大夫对同阶级之执政呼吁乞代，故曰独也。"庶"，众也。言我独承戎事，事大繁重也。"惮我不暇"，《释文》云："惮，丁佐反。字亦作瘅。"毛、郑、朱，并释惮为劳。今按：承上文心忧之义，当释为殚。谓竭我之力，不能了"孔庶"之事，因而亦无暇时假归。暇字，一般读"辖"，不协韵。朱云："叶胡故反。"谓当读甫音。善暇字古音本读"服"。《伐木》"迨我暇矣，饮此湑矣"与湑、酤、鼓、舞为韵。张衡《东京赋》"因秦宫室，据其府库。作洛之制，我则未暇"。是用此诗为典，协库字韵之证。"睠睠"，朱云"勤厚之意"。陆云"睠，音眷"。眷怀，恋恋难忘也。眷顾，依依难舍也。"谴怒"，谓天王之法严也。

三章，"日月方奥"，毛云："奥，暖也。"意谓燠字之省。与首次章语义不合。今按：此隩字之省也。《尧典》和叔宅朔方，"其民隩"。《孔传》云："隩，室也。民政岁，入此室处，以辟风寒。"奥为暖义，即谓隩处之暖。"日月方奥"者，谓方当隩居之时，与"二月初吉""日月方除"之义同，非谓气候之燠也。陆氏《音义》云："于六反。"字从采，在门闭中（冂古坰字）。俗写采首在门外，奥，遂伪为奥。相台本为伪字，《集传》本为俗字。正作奥。从采、从冂、从人。"政事愈蹙"，亦"我事孔庶"之义。"愈蹙"，愈无暇也。"采萧获菽"，皆备牛马饲料。周用车战，故戎军畜牛马多，岁暮近时，大夫当督率军士大量采集储藏。蒿类为萧，豆类为菽。采集时到，为"政事愈蹙"之一方面。"自贻伊戚"之戚，古音亦读如蹙。蹙字即以戚为音。刘熙《释名》："戚，蹙也。斧以斩断，见者蹙惧也。"足见汉世犹读戚如蹙音。宋以后乃读仓历切。《朱传》云"叶子六反"之叶字，衍文也。"兴言出宿"，朱云："忧至于不能安寝而出宿于外也。""恭人"之义，原可施于父母，及其他女性。此诗当定为妻室者，由此句得之。"畏此反覆"，谓此间敌情反覆不测，故不敢擅离。

四章，"嗟尔君子"，指王官之贵族大夫。"无恒安处"，谓亦当有受命远戍之时，不可能常得安处于王都。然则戎人思家之情，亦当体谅，否则他时易地而处，不亦难乎。"靖共尔位"之共，是供职字音义。毛云："靖，谋也。正直为正。能正人之曲曰直。"诗谓慎于供职，力持平正。宜体人情，调整人事之不平。庶神明不负，克享善禄。朱云："以，犹与也。神之听之，而以谷禄与汝矣。"

卒章，重复上章之意。毛云："介，景，皆大也。"它诗亦多有两章语意重叠者，大都有逐章深进之义。惟此诗卒章完全重复，盖虞人忽视卒章，故叠言之，以促人注意，求归之情切至故也。

或疑宣王名靖。此诗云"靖共"，未避，应非宣王世诗。考西周并无避讳之习。文王名昌，武王名发，雅、颂中不乏昌、发二字。昭王名假，而诗写嘉乐字为"假乐"。厉王名胡，《祈父》诗即三用胡字。是宣王时未有避讳之证。

（八）鼓　钟

四章。章五句。八十字。

(1) 鼓钟将将，淮水汤汤，忧心且伤。淑人君子，怀允不忘。
(2) 鼓钟喈喈，淮水湝湝，忧心且悲。淑人君子，其德不回。
(3) 鼓钟伐鼛，淮有三洲，忧心且妯。淑人君子，其德不犹。
(4) 鼓钟钦钦，鼓瑟鼓琴，笙磬同音。以雅以南。以籥不僭。

宣王与召虎分军平定淮徐。淮徐既服，命召虎疆理南土。南疆已定，召虎大享来归奴隶主于淮上，遍奏诸乐。此乐官纪盛之诗。与《大雅·常武》相应。以乐官作，故入《小雅》。

旧说以为昭王（郑玄《中候握河纪》用韩诗。何楷同）、穆王（孙嘉淦）、幽王（《毛序》《郑笺》《孔疏》，陈奂等）世诗。由不知宣王征徐淮史事故也。宋儒王安石、苏辙、欧阳修、朱熹诸人皆曾反复推究，均莫能得知何王能作乐淮上。只依《毛序》说为幽王。至清末方玉润《诗经原始》，乃有"或即在于（宣王）其时而误简于此欤"一语，则又不知大雅、小雅乐类区分方法故也。《常武》有"率彼淮浦""铺敦淮渍""截彼淮浦，于师之所"。足知召虎作乐淮上为必然矣。

首章，"鼓钟将将"，陆云："将，七羊反"，当音鎗。《说文》"鎗，钟声也。"盖《鲁诗》作鎗鎗。陈奂《传疏》云："鼓钟，击钟。谓金奏也。奏《王夏》《肆夏》也。凡飨食、宾射，尚金奏，故诗四章皆言鼓钟。"汤汤，《齐载驱传》云"大貌"。谓淮水中下游间之淮浦，水量已大。足知淮浦，是今正阳关附近地名，召虎大享南国诸侯（奴隶主）在此也。"忧心且伤"句，旧皆依《毛传》"鼓其淫乐以示诸侯，贤者为之忧伤"立说。夫诗既云"以雅、以南、以籥不僭"矣。岂"雅"亦为淫乐，"不僭"亦可忧伤哉？孔颖达《疏》为之弥缝云："其乐不与其德比，故贤者为之忧结于心，且复悲伤。伤其失所也。"夫"闻乐不乐，临丧不哀"皆贤者之耻。既云贤者，使其参预此会，则何可忧伤；设未参与此会，则将不知其盛集何为，又安从而忧伤乎。《新诠》以为鼓钟者，军中集众之声。凡军行鼓进而金退。鼓声沉浊而能远，故进军用之。金声高亢，宜聚众，故退军亦用之。退军，亦聚众之意也。召虎之军，"铺敦淮渍，仍执丑虏"（《常武》）。淮徐奴隶主败降之余，来就此会，觳悚若将就死。召虎乃以广乐大飨之，俾释畏为欢。乃教之云："王军讨叛，杀戮宏多，诚可伤悯。今所忧者，再有叛逆，即当再有杀戮，岂不伤哉。汝等诚贤淑之君子，则当谨守降时保证，不忘信誓，勿再有叛逆之祸，更无杀戮之忧伤，庶可相安长乐也。"是"苟得其情，则哀矜而勿喜"（《论语》）之义。故曰"淑人君子，怀允不忘"。允，信也。《笺》云"至信不可忘"是也。

次章，"其德不回"，《毛传》："回，邪也。"诠按：《常武》"徐方不回"，《笺》云："回，违也。"谓不反复也。

三章，"伐鼛"，《毛传》："鼛，大鼓也。"《緜》传亦云："鼛，大鼓也。长丈二尺。"《考工记》，韗人"为皋鼓，长寻有四尺。……鼓小而长，则其声舒而远闻"。八尺为寻。寻四尺，正是丈二尺。皋鼓即鼛也。读如咎陶之咎。故陆云"古毛反"。《淮南·主术训》"鼛鼓而食"。高诱注："鼛鼓，王者之食乐也。"《周礼·地官》鼓人"以鼖鼓鼓军事。以鼛鼓鼓役事"。是鼛亦不必为王者之食乐，役事亦用之。此诗之鼛，当用后一义。《朱传》云"叶居尤反"，则其字当读如罪咎之咎，音究。协洲、妯、犹韵。疑"鼓人"之鼛鼓，实读为究。"韗人"之皋鼓，不用鼛字。《淮南》与高诱，混皋为鼛。此诗字本读为究，非叶韵，乃正音居尤反也。淮水流平原中，故周时淮浦。有三洲。平流而有三洲，则其水之宽浅可知，亦"汤汤，大貌"之义也。"妯"，毛云："动也。"郑云："悼也。""犹"，毛云："若也。"郑云："当作瘉。瘉，病也。"今按：犹，兽名，进退多疑，故曰"犹豫"。诗谓受飨诸侯，当安反侧，无贰心也。

卒章，《毛传》："钦钦，言使人乐进也。笙、磬，东方之乐也。同音，四悬皆同也。"《笺》云："同音者，谓堂上堂下，八章克谐。"诠按：毛于次章云："喈喈犹将将，湝湝犹汤汤。"此章钦钦独异者，前三章皆鼓钟以聚众。加以伐鼛而已。此章则众乐合奏，故钟声钦钦和合于众乐，琴、瑟、磬、笙同音，大合乐也。笙本南方之乐。军中磬悬亦不能四悬。《毛传》全非。缘误为"刺幽王"故也。大合乐后，又分别演奏雅乐若干篇，此篇即当时乐官所造之"雅"，或尚有《鹿鸣》与《鱼丽》诸篇。《甘棠》即当时乐官所合乐之"南"，或尚有《鹊巢》《草虫》诸篇。以示周室与南国亲近和好之意。亦使华人与南人皆能悦乐也。"以籥"，当连上句，犹言"以颂"，各体俱备之意也。籥，为舞人所用之乐器兼舞器。籥舞，即文舞之别称。籥舞创自南人。其后华人亦有籥舞（《左传》所云"象箾南籥"，是鲁太师为吴札表演的）。故此会并演之。军中之舞宜武舞，用干戚。而乃只用籥舞者，盖淮海初定，不以干戈示人，具偃武修文之义。"不僭"，谓不曾僭用天子乐舞之意。故知鼛非天子食乐之皋鼓,而当为号召役事之鼓。亦此篇不入《大雅》而入《小雅》之义也。《毛传》云:"东夷之乐曰昧,南夷之乐曰南,西夷之乐曰朱离,此夷之乐曰禁。以为籥舞。若是,为和而不僭矣。"谓籥舞兼四夷之乐,亦非。淮上无西戎、北狄,何必有西北之夷乐舞哉。《朱传》云:"僭,乱也。"亦非。用军中乐人演奏以飨夷酋,安得不曾预习而乱其行列。又岂得夸其不乱而入于乐诗乎?编钟编磬皆颂乐之主导,而诗云"不僭"者,以舞南籥,不用干戚故也。

(九)楚 茨

六章。章十二句。二百八十八字。

(1) 楚楚者茨,言抽其棘。自昔何为,我蓺黍稷。我黍与与,我稷翼翼。我仓既盈,我庾维亿。以为酒食,以享以祀。以妥以侑,以介景福。

(2) 济济跄跄,絜尔牛羊,以往烝尝。或剥或亨,或肆或将。祝祭于祊,礼事孔明。先祖是皇,神保是飨。孝孙有庆,报以介福,万寿无疆。

(3) 执爨踖踖,为俎孔硕,或燔或炙。君妇莫莫,为豆孔庶,为宾为客。献酬交错。礼仪卒度,笑语卒获。神保是格,报以介福,万寿攸酢。

(4) 我孔熯矣,式礼莫愆。工祝致告,徂赉孝孙。苾芬孝祀,神嗜饮食。卜尔百福,如几如式。既齐既稷,既匡既敕。永锡尔极,时万时亿。

(5) 礼仪既备,钟鼓既戒。孝孙徂位,工祝致告。神具醉止,皇尸载起。鼓钟送尸,神保聿归。诸宰君妇,废彻不迟。诸父兄弟,备言燕私。

(6) 乐具入奏,以绥后禄。尔殽既将,莫怨具庆。既醉既饱,小大稽首。神嗜饮食,使君寿考。孔惠孔时,维其尽之。子子孙孙,勿替引之。

此西周大夫所作赞颂藉田之诗。自此以下四篇,皆咏农田祭享之事。以此篇领首,重藉田也。或即谏宣王不藉千亩之虢文公所作。

《礼记·祭义》:"昔者,天子为藉千亩,冕而朱纮,躬秉耒。诸侯为藉百亩,冕而青纮,躬秉耒。以祀天地、山川、社稷、先古。以为醴酪齐盛,于是乎取之,敬之至也。"《月令》孟春"乃择元辰,天子亲载耒耜,措之于参保介之御间,率三公、九卿、诸侯、大夫躬耕帝藉。天子三推。三公五推。卿、诸侯九推。反,执爵于大寝。三公、九卿、诸侯、大夫皆御,命曰劳酒"。《周礼·天官》:"甸师,掌率其属而耕耨王藉。以时入之,以共齍盛。"此周初重农之政也。宣王不藉千亩,虢文公谏之。其谏语载在《国语》，言"上帝之粢盛于是乎出""事之供给于是乎在""敦庞纯固于是乎成"。皆与此诗文意相印。又云："若是，乃能媚于神而和于民矣。则享祀时至而布施优裕也。今天子欲修先王之绪而弃其大功（指糈藉），匮神乏祀，而困民之财，将何以求福、用民。"此诗，即反复阐说"求福、用民"之效者也。

首章，综括全篇旨趣。《毛传》云："楚楚，茨棘貌。抽，除也。"诗托为甸师之言，曰："千亩之田，茨棘丛生，翘然楚楚。我乃抽除其茨棘，而蓺黍稷焉。""自昔何为"，《笺》："自古之人，何乃勤苦为此事乎。"谓上文是昔人开垦。非也。"昔"者，盖即古之糈字。殷墟甲骨文中之"昔臣"，即犹《周礼》之甸师与其属耳。耒旁，后人所加。以后再加草头，为凭借供祭之义。缘殷世奴隶社会，田土皆奴隶耕种。也由信巫，重祀，奴隶主多特划一部分土田作为祭田，以其田畜生产专供祭祀之用。入周，有了乡遂自由民户与公田，赋入即供国用；但仍依旧习，划一部分田土为祭田，称为耕田。天子亲耕，以为人民倡率。行之渐久人君厌弃不行，便成为广阔的荒地。只有相当于"糈臣"之甸师与其属员耕种，不能免于荒之地仍多。诗人深慨其制不行，故托为甸师之言而自诘曰。所谓天子亲耕（自藉），作了何事（何为），唯当仍由我等来拔茨抽棘，乃种黍稷耳。此诗每章十二句，恒三句为一整语。此句，应连上二句读断。旧说系每两句断，遂以此属下句，故不得其解也。"我蓺黍稷"三句，亦托甸人之言：我既耕种，能勤而得其道，则为黍与与然，为稷翼翼然皆获丰稔矣。"我仓既盈"三句，丰收千亩，仓庾皆满，则饮食之资，酿酒所费，无不赡足矣。末三句，言酒食既丰，则祀神，享宾无不厚善，人神喜乐，降福宜多矣。享，朱熹作飨，谓祭礼后之燕享。"以妥"，毛云："妥，安坐也。"朱云："礼曰：'诏妥尸。'盖祭礼，筮族人之子为尸。既奠，迎之使处神座，而拜以安之也。"侑，劝也。谓劝尸饮食。介，导致也。景福，美福也。

次章，凡祭田，皆兼养牲畜。祭享时用肉类多。《毛传》："济济跄跄，言有容也。亨，饪之也。肆，陈。将，齐也。或陈于牙。或齐其肉。"《笺》："有容，言威仪敬慎也。冬祭曰烝。秋祭曰尝。祭祀之礼，各有其事：有解剥其皮者，有煮熟之者，有肆其骨体于俎者，或奉持而进之者。"亨，古烹字。"祝祭于祊"，应连上文四或为句。旧说，与"祀事孔明"为句者，非。毛云："祊，门内也。"今按：祊，谓绎祭也。《礼记·祭器》"设祭于堂，为祊乎外"，《注》云："祊，明日绎祭也。谓之祊者，于庙门之旁。"《疏》云："祊有二义。正祭时，祭神于庙。……明日绎祭时，设馔于庙西室。"此章所言，正谓绎祭。正祭重在妥神。绎祭主于燕飨。上章言正祭，故曰"以妥以侑"。此章言燕享，故重言剥、烹、肆、将。"烝尝"，祭祖之通称。有分时冬秋之说。在此诗，只是祭祖之义。毛说祊字，郑说烝尝，皆未足遵。此下乃当另起"祀事孔明"句，总结上文，启导下文，曰：先祖于是皇然大乐矣，神保于是欢然享受矣，孝孙亦因而得神赐福之庆矣。仍是三句为断。《毛传》："庆，赐。疆，境界也。"云有庆赐，即谓"报以介福"二句。跄、羊、尝韵。烹、将、祊韵。明、皇、飨韵。庆、福、疆韵。明，古同茫音。朱云："叶谟郎反。"祊，古同旁音。朱云："叶补光反。"庆，读同羊音，朱云"叶袪羊反"，是也。

　　三章，言冬祭飨之乐。毛云："爨，饔爨、廪爨也。踖踖，言爨灶有容也。燔，取脾脊。炙，炙肉也。"皆言烹饪之事。"为俎孔硕"，言俎上牲大肉多，燔、炙皆宜。次三句，言君妇操作态度，莫莫然清静而敬诚。所为盛肉之豆甚多（孔庶），以供宾客。"君妇"，《笺》云："谓后也。凡適妻称君妇。事舅姑之称也。"朱云："主妇"也。今按：此诗以祭飨之丰乐，说藉田之重要，全篇皆虚设之辞。非描写实事者比。故于女主人，泛称"君妇"也。"献酬交错"三句，言宾主之乐。"神保是格"三句，与"孝孙有庆"三句同义。毛云："格，来。酢，报也。"朱云："主人酌宾曰献。宾饮主人曰酢。主人又自饮而复饮宾曰酬。"皆据《仪礼》。《毛诗》作醻。《朱传》作酬。

　　四章，以下，设为巫祝之辞，两句为义。要亦反复说明祭享之乐与祭享之报。与"求福、用民"意义相应。"我孔熯矣"，毛云："熯，敬也。"朱云："竭也。"今按：熯，谓尽礼也。故承之云："式礼莫愆。"谓于礼无失也。"工祝"，犹云祝工，巫之属也。周不尚巫而尚祝。祝工实亦巫之变体，但不用殷人之巫法耳。巫字从工。工祝，犹巫祝也。郑云："徂，往也。孝孙甚敬矣，于礼法无过者。祝以此故，致神意，告主人使受嘏。既而以嘏之物往予主人。"所予（赉）者，即下文，言"尔之祭飨，苾芬芳香，神欢嗜之，予尔百福。如期可至，如法如式，无不美好。多至亿万。"卜，予也。几，期也。式，法也。齐，减取也。稷，病也。匡，正也。敕，戒也。极，至也（参取毛、郑、朱说）。巫祝戏剧之辞，会其意，不足深究其义可也。

　　五章，描绘巫祝戏剧性演出告终，送神时欢乐情况。《笺》云："钟鼓既戒，戒诸在庙中者以祭礼毕。孝孙往位，堂下西面位也。祝于是致孝孙之意，告尸以利成。"徂位，往就位也。利成，犹云欢成也。具，皆也。先祖之神非一人，故曰"皆醉"。皇，大也。"皇尸载起"，工祝告尸以神既皆醉，扮演尸者亦即离座。于是堂下钟鼓作乐，以送尸。送尸，犹送神也。《笺》云："神醉而尸谡。送尸而神归。""尸出而可彻。诸宰撤去诸馔。君妇，筵豆而已。不迟，以疾为敬也。""祭祀毕，归宾客豆俎。同姓，则留与之燕。所以尊宾客，亲骨肉也。"今按：社会发展至统治阶级已经巩固，人民力量尚未形成，生产已相当丰富，剥削已大体集中之时代，贵族阶级享受犹受到科学技术落后的限制时，连日大会宾客，饮酒食肉，奏乐演戏，为彼辈享受之最高级形式。此诗作者，即陶醉于此种生活享受之人。其宣传耕耤劝农之诗，完全用祭享娱乐作诱导。后人之郑重其事而欣赏此诗者，情感亦相同也。此诗以垦草种田开场，用六分之五篇章描写祭享之乐。虽全属向壁虚拟，亦缘其生活于如此场面之时间甚多，故能描绘如此细致而生动。此种祭祖之礼，名为祈福，实同演剧。用族中生人为尸，以代表列代祖宗之神，坐于上位。与人一般饮酒食馔，但不得发言，故谓之尸。一切行动，由巫祝指挥操作。亦由巫祝代表神之语言，以为尸之语言。巫祝成为此一戏剧之导演兼主演者。开场先大合乐，迎神、迎尸。又为尸表达祖宗降临，饮食，降福诸仪式。主祭者称为"孝孙"，配合表演。跪拜进退，亦由巫祝指挥。观者为全族男女，与所邀请之宾客。又有执事臣仆，屠割烹饪，与奔走驱使之众。亦皆得大享酒食。第一日准备。第二日正祭。第三日绎祭。绎祭已毕，又合乐送尸，送神。尸还为人。神则始终未见，惟巫祝是云。巫祝送尸之后，宾客皆去。巫则犹留与同姓燕飨，得酬乃去。临去更有勉慰之辞，即此诗之卒章也。

卒章，巫言，乐章已奏，可以延续此后福禄。尔殽馔已由祖宗将持以去。宾客亲族皆欢乐莫怨，同庆尔之获福。各皆醉饱，稽首辞去。尔之饮食丰美，神皆欢嗜，降锡尔以寿考之禄。尔之嘉惠人神，大得其时，一切尽善尽美。宜世世引而行之，勿替。

论者每谓周世无宗教，巫法已废，儒教亦未形成，耶、佛诸教亦未兴起、输入。周王所奉者祖宗与天地，教民稼穑而已。兹分析《周诗》，《天保》《斯干》《无羊》《楚茨》，足知西周仍是巫法社会，不只陈、宋尚巫而已。周之工祝，实亦巫也。

（十）信南山

六章。章六句。百四十五字。

（1）信彼南山，维禹甸之。畇畇原隰，曾孙田之。我疆我理，南东其亩。

（2）上天同云，雨雪雰雰。益之以霡霂。既优既渥，既沾既足，生我百谷。

（3）疆场翼翼。黍稷彧彧。曾孙之穑，以为酒食，畀我尸宾，寿考万年。

（4）中田有庐。疆场有瓜。是剥是菹，献之皇祖。曾孙寿考，受天之祜。

（5）祭以清酒。从以骍牡。享于祖考，执其鸾刀。以启其毛，取其血膋。

（6）是蒸是享，苾苾芬芬。祀事孔明，先祖是皇。报以介福，万寿无疆。

此食采之君，自陈率民力农，祭祀祈福之诗。词义与上篇《楚茨》多同，疑出虢文公一手。上篇以劝有藉田之国君。此篇以劝无藉田之邑君。

首章，"信彼南山"二句，犹言信乎南山之为禹甸也。禹甸，谓禹时垦田，甸服之境界。《尚书·禹贡》谓邦圻自帝都起，五百里内为甸服，依远近纳赋，"百里赋纳緫。二百里纳铚。三百里纳秸服。四百里粟。五百里米。"谓甸服内最远之地，亦产黍粟也。《禹贡》非夏代之书，固无可疑。然孔子收入《尚书》，今文、古文皆有，则疑为战国之书者亦谬矣。征于此诗，可知其于西周年代已有。大约在穆王时从游之史官作之。故详于西北而略于东南。此诗，盖宣王时虢文公所作，故曰"信其为禹甸"也。周畿及禹甸，皆南尽于终南山脉，是以诗言如此。畇畇，韩诗作甾甾。《玉篇》："甾，均也。"畇，当亦均匀之义。原隰之田，区划井然，故曰畇畇。下云"我疆我理"，谓邑君曾加以丈量规划，授民耕种，井然匀称也。"曾孙"，周诗中屡见，皆对王族子孙之称。盖周同姓贵族祀后稷时之自称，世俗因习以为王族子孙之荣称。《毛传》谓曾孙指成王，非也。"田之"，食邑占有此田之义。"东南其亩"者，南山在南，渭河在北，河原向北倾斜，沟洫必自南东斜向西北开引，始能免于水土流失之患。故其亩向相同也。《齐风》"衡从其亩"。《左传》成公二年，"使齐之封内尽东其亩"。皆言并沟为亩向之法。自《郑笺》以下，说此诗者，皆谓是古井田之法。今按：井田之说始于孟子。泥其说者，多方不能通。窃观五十年代前康藏民族之"庄房制度"，深合于古代井田之说。决不能如儒家所说井田制之机械。周贵族之有土地者，固必然为之经界，划割匀整而后授民，是"我疆我理"之义，不能如《郑笺》之说"六十四井为甸。甸方八里，居一成之中。成方十里"云云也。

次章，"上天同云"之同云，毛、郑无说。朱云："云一色也，将雪之候如此。"今按：云一色时极多，何得即为将雪之候？彤、同、铜字古通用。说在《静女》篇。同云即彤云。《黄甫吟》"一夜北风起，万里彤云厚，长空雪乱飞，疑是玉龙斗"是也。秦汉间人书铜字作同，正因用此诗同字。黄河流域土气亢燥，冬多雪，则土墒润，为播种黍粟之基本要求，故曰"雪兆丰年"。更益之以霡霂，则百谷生长无不美好矣。"霡霂"，旧唯《毛传》云："小雨为霡霂。"今按：黄河流域气候，冬季无雨，唯有大雪。仲春以后乃有小雨。夏秋间则有大雨二三次，农作物此时结实，需水分多，雨虽骤暴，亦种田之利。此后旱燥，农作物秋熟之候也。农业与此种气候相配，恒致丰稔。此诗为重农者之言，决非以霡霂为细雨。当以霡为细雨，霂为大雨。字之从脉、从沐，皆兼音义。脉谓如血脉之细，沐谓如盆水之沐。雪水之外，更益之以霡以霂，乃为"既优既渥"，既沾既足"。优与沾，亦谓小雨之润。渥与足，亦谓大雨之灌。

三章，"疆"，界内也。"场"，畔间也，音亦。"翼翼"，与《楚茨》"我稷翼翼"同义，谓禾黍列列高耸于亩畔间如翼也。"或或"，禾实丰盛之貌。如此之稼穑收获，贵族主人食用不尽，则以为酒食，因祭祀而享神尸与宾，获"寿考万年"之嘏。皆同《楚茨》诗意。

四章，言疆场间农民分散居住，筑庐于其分田之中，而于疆场隙地种瓜。此种分田隙地之种植，本应在正供以外，归农民自享，而邑君亦借言祭祖而征取之。"是剥是菹"，剥瓜为菹，献其大祖。即所谓"瓜祭"也。《礼记·王藻》《论语·乡党》皆曾论及"瓜祭"。不在禴、祀、蒸、尝之列。其制亦不详。此诗粗言其概。疑《豳风》之"七月食瓜"，亦谓"瓜祭"，即所谓尝新之祭，非时之小祭也。若然，则"瓜祭"殷代已有矣。

五章，所言为定时之大祭，故用清酒与骍牡之牲，祭于祖庙。与《楚茨》次章相同。《朱传》云："执者，主人亲执也。鸾刀，刀有铃也。"（谓鸣声如鸾）"启其毛"，欲取膏血。当先刮去割处皮间之毛也。《郑笺》云："膋，脂膏也。血以告杀。膋以升臭，合之黍稷，实之于萧，合馨香也。"古祭不用香烛，爇萧燔燎以致神。嫌其不香，则以牲脂合黍稷以灌于萧而后燃之。

卒章，总结祀事，几于全用上篇成语。"是烝是享"，与上篇"以往烝尝"同义。由此文以烝对享。益足知上篇烝为祭之义，尝为享之义。"苾苾芬芬"，上篇云"苾芬孝祀"。"祀事孔明""先祖是皇"，更与上篇从同。故知与上篇同出一手。且亦多以此三句为义，与上篇同。

《谷风之什》，十篇，五十四章，三百五十六句，一千四百四十三字。

六、甫田之什

（一）甫　田

四章。章十句。百六十四字。

（1）倬彼甫田，岁取十千。我取其陈，食我农人，自古有年。今适南亩，或耘或耔。黍稷薿薿，攸介攸止，烝我髦士。

（2）以我齐明，与我牺羊，以社以方。我田既臧，农夫之庆。琴瑟击鼓，以御田祖，以祈甘雨，以介我稷黍，以谷我士女。

（3）曾孙来止，以其妇子。馌彼南亩。田畯至喜。攘其左右，尝其旨否。禾易长亩，终善且有。曾孙不怒，农夫克敏。

（4）曾孙之稼，如茨如梁。曾孙之庾，如坻如京。乃求千斯仓，乃求万斯箱。黍稷稻粱，农夫之庆。报以介福，万寿无疆。

此周初所制春社祈年通用乐章也。当时乐官所作，词皆虚拟，以鼓舞农夫。旧之说者，皆作为实事以求事义。故多曲解，而仍不能通。应悉摒弃，另立新诠。

首章，"倬彼甫田"，言有土之君，其土田倬然广大。不明确其实际大小者，因是通用之诗，非专言某国某家之土田。"岁取十千"，亦但泛言所取之多。非确数，故无钟石等单位字义。曰"十千"而不曰万者，殷人以五百至千为最多数。西周以三千为最多数。此言十千，极多之义也。"千"，以协田、年韵。"我取其陈"之我，是假为主祭邑君之称，亦非实指何人。《郑笺》竟指实为"成王"，谬甚。"陈"，谓仓里陈粟，以别于新取于"农人"者。与下文"自古有年"相应，谓累年皆得丰收，故仓中犹多陈谷。今当入新谷，故先取出其陈者，为农人食也。取之于"农人"而又食其"农人"者，明是奴隶耕种制度之辞。西周初年，自六乡六遂外，畿甸邑君，仍行奴隶生产制，故作诗者所虚拟之劝农诗语，仍是《七月》时代之思想境界。"今适南亩"以下，亦皆假想为耕种奴隶众多、勤劳之辞。承上"我"字言：我今曾适南亩，见农人勤劳，或耘除野草，或籽壅禾本（培土育禾为籽）于蘢蘢黍稷之间。其青年农人（髦士）见我之来，或相依导从（介），或留止操作，烝然众多。倒髦士于丞下以就韵也。

次章，"齐明"即粢盛。《毛传》："器实曰齐。在器曰盛。"《朱传》："齐，音咨。与粢同。《曲礼》曰：'稷曰明粢。'此言齐明，便文以协韵耳。""牺羊"，羊之卜宜为牺牲者。郑说为"纯色之羊"，无当于社祭之义。"以社以方"，毛云："社，后土也，方，迎四方气于郊也。"郑、朱说为"秋社祭四方"。今按：方，谓延巫作法祈年禳灾也。巫、医、卜、祝之技，古称为方。由下文有巫祝语，可知此方字非祭四方之谓。"我田既臧"以下，即述巫祝之事，为农夫之庆。"庆"，乐事也。"御"，音迓，迎也。"田祖"，毛云："先啬也。"郑云："《周礼》曰：'凡国，祈年于田祖。吹豳雅，击土鼓以乐田畯。'"（在《春官·籥章》）彼注谓豳雅为《七月》之一章。其实即谓此《甫田》，为小雅之诗。乐官称周为豳。豳雅即周雅也。"甘雨"，及时之雨。"介"，郑云"助也"。朱云"大也"。谷，并云"养也"。今按：田祖者，稷神也。周人祀之于社，故曰"社稷"。《礼记·祭法》云："王为群姓立社曰大社。王自为立社曰王社。诸侯为百姓立社曰国社。诸侯自为立社曰侯社，大夫以下成群立社曰置社。"又曰："厉山氏之有天下也，其子曰农，能殖百谷。夏之衰也，周弃继之，故祀以为稷。共工氏之霸九州也，其子曰后土，能平九州，故祀以为社。"农事必依于土壤，故社稷合祀之。又《郊特牲》云："家主中溜而国主社，示本也。惟为社事，单（殚）出里。唯为社田，国人毕作。唯社，丘乘供粢盛，所以报本反始也。"《左传》昭公二十九年，蔡墨曰："共工氏有子曰句龙，为后土。后土曰社。稷，田正也，有烈山氏之子曰柱，为稷，自夏以上祀之。周弃亦为稷，自商以来祀之。"烈山氏即厉山氏，故所谓"神农氏"是也。柱即神农，即所谓稷神是也。殷人祀弃为稷神。入周以弃为始祖，郊祀之以祀天。别称稷神为田祖。不明云弃，实亦指弃。故又称弃为"后稷"。

三章，社祭时戏剧之描述也。周人贵族于庙祭有巫祝娱尸宾之戏。已说于《楚茨》。农民则于春秋社祭时演之。其剧扮一贵族主人，与其妻其子，挈馌食往田间慰劳农夫。缘豳诗旧有"同我妇子，馌彼南亩"之文而设也。扮田畯者为巫，有似舞台小丑，作态以博谐笑。对于馌饷，作垂涎状，径先探食，云"尝其旨否"。又指长亩之禾以告主人，指空言有。主人诘窘之曰"无见"，则对云"终善且有"。丰收曰有。故丰年曰大有年也。扮曾孙者以身言，当怒其谐谑，而竟不怒，缘扮田畯者敏捷可喜故，夸述演技之词也。此章文义梯突，惟可以戏剧扮演说之。后世"优孟衣冠"，实即巫剧之发展。近世巫人，尚莫不兼习演戏之技。殷周巫觋本兼乐歌、舞蹈、禳卜、医药、文艺与鬼神谎言结合诸技，凡所作为，无一非属戏剧。故知此章为巫人演戏之叙述也。

卒章，为巫师最后祝颂之辞。"曾孙"称贵族主人也。"稼"，收割之禾。"茨"，茅茨，谓如茅屋之脊，密比相次。"梁"，车梁，谓如车顶之穹隆高起。"庾"，室外积贮。"坻"，水中高地。"京"，高丘。朱云"叶居良反。"皆言唯叠未脱粒时。"乃求"，谓打场求粒。则黍稷稻粱千仓、万箱之多也。末句重言"农夫之庆"，明诗乐为祈报之会而作。

（二）大　田

四章。二章章八句。二章章九句。百四十字。

（1）大田多稼，既种既戒，既备乃事。以我覃耜，俶载南亩。播厥百谷，既庭且硕，曾孙是若。

（2）既方既皂。既坚既好，不稂不莠。去其螟螣，及其蟊贼，无害我田稚。田祖有神，秉畀炎火。

（3）有渰萋萋，兴雨祁祁。雨我公田，遂及我私。彼有不获稚，此有不敛穧。彼有遗秉，此有滞穗，伊寡妇之利。

（4）曾孙来止，以其妇子。馌彼南亩，田畯至喜。来方禋祀，以其骍黑，与其黍稷，以享以祀，以介景福。

此周初秋祭社祭神报赛通用之乐章也。与《甫田》同时创制，如出一手。春社祈年，农功方始，预祝全年丰稔，故为虚拟之嘏词，不妨夸大，姑以乐其农民。秋社报神，所拟之词，为追述全年耕事过程，则不能不近于实际；若仍夸诞，反足使农民疑而不悦。故诗语较为谨严。其为虚拟通用颂神悦民之诗乐则同矣。

历法以立春后五戊为春社，立秋后五戊为秋社。五戊，为五十日（如二立适在戊日，则社日只隔四十九日；若适在戊后一日，则五戊为五十日。以此类推）。故春社恒在春分、清明之间，正黄河流域春耕开始之时。秋社恒在寒露前后，为秋成之时。《白虎通·社稷篇》云："岁再祭之何，春祈、秋报之义也。"《甫田》云"以祈甘雨"，此诗云"有不获稚"，正是二社所用之诗。旧有说为蜡祭者，亦非。蜡祭在岁末，为农民全年大娱乐之集会。遍祭农田各物，与社祀田祖有别。

首章，"大田"与"甫田"同义。"既种"，言选留种籽。"既戒"，言作好春耕准备。皆春社前事，"既备乃事"则春社事成，用赴南亩矣。"覃，利也"（《毛传》），与剡义通。《淮南·氾论训》："古者剡耜而耕。"郭璞《尔雅注》引此诗作"剡耜"。盖三家诗作剡。毛改其字，而义未改也。"俶载南亩"，按《尔雅·释诂》，俶为"始也"解，亦用三家诗义。《郑笺》乃云："俶读为炽，载读为菑栗之菑。"非诗语使用农民语言之义。当依《朱传》"俶，始。载，事""始事于南亩，既耕而播之"作解。惟朱以"播厥百谷"属上句，则莫如依《郑笺》本，断属下句。谓所播之百谷，既庭且硕。"庭"，毛云："直也。""曾孙是若"，郑、朱并云："若，顺也。"郑说为成王"顺民事不夺其时"。朱说为"其生者皆直而大，以顺曾孙之所欲"。今按：《说文》："若，择菜也。"本使之相齐，无所参差之义。故又为长短相当之义。"年相若，貌相似"字义如此。此诗直言禾稼之庭硕如田主人之高耳。农夫语言如此。

次章，言既庭且硕之苗稼，含苞结实矣。"方，房也，谓孚甲始生而未合时也。"（《郑笺》）"实未坚者曰皂。"（《朱传》）结实成熟，则既饱满坚实，而美好矣。"不稂"，谓不有"童稂"之病。童稂，一作童粱，黑穗菌胞子侵入禾穗，耗其养分，使苞叶内籽粒变成黑粉之病，今俗呼"寄生胞"者是也。"不莠"，谓无莠而不实之苗。凡不良种子，每有部分退化成野生状态，变成高出而过时不熟之劣苗，皆称为莠。谓非苗不美，而结实劣败者，故字从秀。《毛传》："食心曰螟。食叶曰螣。食根曰蟊。食节曰贼。"今按：食节者，正是螟虫（螟蛾之幼虫）。疑"蟊贼"为一词，泛指一切害根之虫，如土蚕、蝼蛄、田鼠之类。"无害我田稚"，谓莫能为害。缘田祖有神，执而畀之炎火以消灭之也。

三章，言云雨滋润，禾苗成熟。与《甫田》"以祈甘雨"相应。《毛传》："渰，云兴貌。萋萋，云行貌。祁祁，徐也。"诗言"公田"，私田，旧说皆用井田制作解，而把井田制说得非常机械。《新诠》按，以西藏地区原行之"庄房制度"以推古所谓"井田制"，所谓"私田"，并不能恰是"方里而井。井九百亩"。八家皆私百亩，其中为公田那样的方格形田土制度。而只是每家划给一部分土地耕种的田庄（分地）。所谓"公田"，亦不是九个方格中心的百亩之田，而是贵族地主划留的一些田土，是征用农奴户劳力耕种、收获、上缴归仓，不给报酬的田。这种公、私田的划分，是奴隶社会就已有了的。最初之奴隶主，占有田土，完全用奴隶耕种，全面皆是他的公田。后来有了"庄房娃子"，分给出去一部分奴隶自耕的田地。周代推行奴隶改良主义，逐步变为农奴耕种制度，农奴受分的私田多了，贵族地主的公田也就少了，但绝不能恰少到所有田土的九分之一。只不过有个公田、私田之分。如此诗所云而已。或遂以为《甫田》所述为奴隶社会劳农之诗，《大田》为农奴制下劳农之诗，两诗时代不同，故内容不同。此说由未明殷周社会发展变化过程所致。西周初期，只王畿的六乡行农奴生产制，其他王畿地面与诸侯国邑仍多行用奴隶生产制。亦均皆有公田与私田，即殷商奴隶社会，亦曾有划给奴隶之私田。此两诗既皆虚拟之词，固不免于有混淆生产关系之语。在当时，只求便于乡遂内外农民祀社皆能适用而已。

"彼有不获稚"以下，言农田受彼天之赐而获丰收，则可不尽其利，以惠矜寡之贫乏者。亦是夸张丰稔之意。"稚"，与上章"无害我田稚"字同，皆禾未及熟者之称。古时农业技术未精，禾苗发育不齐。先熟、后熟者杂在田中。农人但就多数成熟时收割。留其后熟者勿割，是谓"不获稚"。穧者，农人收获时，先割成把，攒集成堆，以待搬运入"打场"。与散把皆散在田中。"不敛穧"，谓搬运人偶未发现而遗留在田之穧。"遗秉"，即散失在田，未攒入穧之禾把。"滞穗"，谓禾穗之折落田间，未能入把者。此等遗逸之物，皆为贫乏拾残禾者所取去。故曰："伊寡妇之利。""寡"，贫也。寡妇，谓穷乏无力自活之人，不必为无夫之妇。

卒章，"曾孙来止"四句，亦是说巫祝演戏，与《甫田》同。大约社祭皆有如此一场戏剧。按《七月》古诗所记，奴隶主率其妇子，馌饷农夫。本当在开春"于耜""举趾"之时。此诗所言，乃在秋成收获"遗秉""滞穗"之后，是田野已空时矣，安尚有曾孙馌饷之事乎？以此可知其为循例扮演之戏剧也。"来方禋祀"之方，与《甫田》"以社以方"同是巫祝之义。演剧既过，巫祝登场，进行祭祀。"禋祀"，燃香熏烟之祭也。故禋、烟字亦通。清洁之祀，则熏香也。"骍黑"，谓牲之色。毛云"骍，牛也。黑，羊豕也。"既非一牲，又有黍稷，一面作法祀神，一面作食享众。预享者多，故非只一牛一羊之牲也。

（三）瞻彼洛矣

三章。章六句。七十二字。

(1) 瞻彼洛矣，维水泱泱。君子至止，福禄如茨。韎韐有奭，以作六师。

(2) 瞻彼洛矣，维水泱泱。君子至止，鞞琫有珌。君子万年，保其家室。

(3) 瞻彼洛矣，维水泱泱。君子至止，福禄既同。君子万年，保其家邦。

此宣王东狩圃田，会诸侯，猎于敖后，更率之入洛，再猎于邙之诗。王臣如仲山甫、尹吉甫辈所作，以颂来朝诸侯者也。当与《车攻》相次。由《毛诗》窜列之于"刺幽王"诸篇中，后儒佞毛，遂莫能识也。

朱熹《集传》谓"此天子会诸侯于东都以讲武事，而诸侯美天子诗。言天子至此洛水之上，御戎服而起六师也。"已近于《车攻》矣，仍不敢遂谓宣王世诗。何楷《世本》谓："纪东迁为郑武公咏。"《诗经原始引》打破幽王之说，而又误系于平王。夫幽王固未曾至洛邑。平王已都洛矣，诸侯既已数至，郑伯与王亦瞻洛三年而后武公为司徒。而诗重叠"瞻彼洛矣"，三章，皆如初至洛者之词。则安得是平王、郑武之诗。惟说宣王谋伐徐淮，会诸侯于洛，王官作乐之辞，能通全诗耳。自昭王、穆王后，诸王久不莅洛。唯宣王一至，证在《车攻》。合伐徐淮诸诗观之，意义自明。

首章，"瞻彼洛矣"，言王初至洛邑，始见洛水。"维水泱泱"，谓洛之为水，泱泱然大。喻周王东境之广，诸侯之多，民众之盛也。三章皆冠此语，而不一韵，是特重其词，以颂诸侯来会者之意。季札观乐，至歌《齐》，曰"美哉，泱泱乎大风也哉"，即用此诗语。"君子"，指来会诸侯。与《庭燎》之"君子至止"，同为王臣对朝会公侯之称。"福禄如茨"，谓来朝诸侯将大增福禄。"如茨"，用"如茨如梁"成语。说在《甫田》。"韎韐有奭"，谓诸侯来者，知有军事，皆戎服。以茅搜所染之韦为弁与带，具赤色也，朱谓以作六师，谓诸侯之士与天子六师会猎。六师因诸侯皆来会猎而后出猎，如诸侯使之兴作。《毛传》《郑笺》有脱衍。后儒不得其义。兹亦援之为说，而简化之如此①。

次章，"鞞琫有珌"，言其佩刀之饰。"《毛传》："鞞，容刀鞞也。琫上饰。珌下饰。"朱云："鞞，今刀鞘也。"此亦谓诸侯之戎服。"君子万年"，王臣颂诸侯传世久远。于文当以"万年保其家室"为句。于乐章则可于"万年"断句。

卒章，"福禄既同"，犹言皆同也。郑说为"其爵命尝赐。尽与其先君受命者同"，朱说为"同，聚也"。皆无足取。

---

① 《毛传》："韎韐者，茅蒐染草也。一曰韎韐，所以代韠也。"《笺》云："韎韐，茅蒐染也。茅蒐，韎韐声也。韎韐，祭服之韠，合韦为之。其服爵弁服，纁衣纁裳也。"陆云："奭，许力反，赤貌。纁，音缁。"《毛传》首韎字下当衍韐字，只当云："韎者，茅蒐染草也。"（《说文》）而"染草"，字亦当作"染韦"。《说文》与《毛传》并伪。又《说文》"一入曰韎"，谓入染一次；仅浅色之韦。今本《毛传》又脱入字。一入曰韎当断句。韐所以代韠为句。韠即芾，朝聘礼服之饰，即"朱芾斯皇"之谓。韐则戎服用之，与芾同位置。故云"代韠"。《周礼》司服："凡兵事，韦弁服。"故韎韐为戎服。《郑笺》谓茅蒐之声促读为韎。声上韐字亦衍（用马瑞辰说）。茅蒐，盖茜草之别名。

（四）裳裳者华

四章。章六句。百零一字。

（1）裳裳者华，其叶湑兮。我觏之子，我心写兮。我心写兮，是以有誉处兮。

（2）裳裳者华，芸其黄矣。我觏之子，维其有章矣。维其有章矣，是以有庆矣。

（3）裳裳者华，或黄或白。我觏之子，乘其四骆。乘其四骆，六辔沃若。

（4）左之左之，君子宜之。右之右之，君子有之。维其有之，是以似之。

此亦宣王会诸侯于洛时，王臣所作燕劳诸侯之诗。与《瞻彼洛矣》辞义相应。皆称诸侯为"君子"。《瞻彼洛矣》，颂从猎诸侯。此篇，则燕飨时歌颂之诗。诸侯从猎，则戎服。赴燕，则朝服，故曰：芸黄，有章。《瞻彼洛矣》，乐官所供，例为三章。此篇，卿士之词，长短无制，拟周公旦诗故也。前三章起句，皆用"裳裳者华"，颂朝服之美。

首章，《毛传》："裳裳，犹堂堂也。湑，盛貌。"《朱传》引"董氏云：'古本作常。常棣也。'"谓董道以为用燕兄弟之义也。"之子"，指诸侯。"我"，设为天子之言。作面见时亲昵语，曰：见而心写也。朱云："心倾写而悦乐之也。"重言："我心写兮。"重天子喜慰之意。"有誉处兮"，言天子喜，则诸侯长久载誉不失。《蓼萧》诗"既见君子，我心写兮"。截用此语，易我为君子。

次章，《毛传》："芸，黄盛也。"《笺》云："华芸然而黄。"《朱传》："章，文章也。有文章，斯有福庆也。"不如郑云"章，礼文也"为当。

三章，衣服以颂威仪，故兼及其车马。"白马黑鬣曰骆"，见《四牡传》。"六辔沃若"，亦《皇皇者华》原句。盖用武王将伐纣，遣使于诸侯之国故事，以讽诸侯从王征伐徐淮。

卒章，为三间之延续。"左之""右之"四句，皆誉诸侯车驭之良。亦喻其善于用人，善于治国。承上"六辔沃若"而言。陈奂引《周书·天顺》云："吉礼左还，顺天以立本。武礼右还，顺地以利兵。"以为《毛传》"左阳道，朝祀之事。右阴道，丧戎之事"作注。说明封建制度，车驭回旋亦有礼度规定。或是。《朱传》："言其才全德备，以左之，则无所不宜；以右之，则无所不有。维其有之于内，是以形之于外者，无不似其所有。"《毛传》："似，嗣也。"谓能嗣其先世之德。两存之可也。

（五）桑扈

四章。章四句。六十四字。

(1) 交交桑扈，有莺其羽。君子乐胥，受天之祜。
(2) 交交桑扈，有莺其领。君子乐胥，万邦之屏。
(3) 之屏之翰，百辟为宪。不戢不难，受福不那。
(4) 兕觥其觩，旨酒思柔。彼交匪敖，万福来求。

此亦宣王东猎，会诸侯于洛，王臣所作燕享之乐诗。与《瞻彼洛矣》《裳裳者华》三篇相次，含义相同。可称为"瞻洛之三"。此篇诗格犹高，语气贵倨，疑是南仲或召虎所作。

首章，"交交桑扈"与《小宛》同文。是《小宛》借用此诗语。动物学上，桑扈属鸣禽类，雀科。嘴色黄，嘴根青黑。腹背皆灰色带褐，翼紫黑，有白条纹。羽色具金属光。"交交"，《小宛》云"小貌"。《秦·黄鸟传》同。《新诠》以为皆鸣声也。雀类小鸟，人不易见，由鸣声而觉之。"有莺其羽"，谓其羽之光彩似莺。毛云"莺然有文章"是也。称诸侯为"君子"，三篇皆同。"乐胥"，毛云："胥，皆也。"郑云："胥，有才知名。"朱云："胥，语词。"马瑞辰曰："犹言乐嘉，乐岂。嘉亦乐也。"陈奂引《新书》云："胥，相也。"谓是"乐民之乐者，民亦其乐"之义。

按："乐胥"，与卒章"旨酒思柔"相应。胥字本义为柔闪，故引申为和柔之义。言饮酒微醉而不乱，正足为乐。"受天之祜"，祜，福也。喻受天王飨为"受天之祜"也。

次章，"莺其领"，谓颈羽之美。"万邦之屏"，毛云："屏，蔽也。"诗颂诸侯兵强，能屏藩王室，捍御外患，亦即所以屏蔽万邦，不愧于此燕飨也。回环不离诱劝诸侯助王出军之义。

三章，承"之屏"而衍其词，犹《裳裳者华》卒章之承前章，当时盖有此种衍分乐章而文义相属之诗体。《毛传》："翰，干。宪，法也。"《笺》云："外能蔽捍四表之患难，内能立功立事，为之桢干，则百辟卿士莫不条职而法象之。""不戢不难"，毛云："戢，聚也。不戢，戢也。不难，难也。那，多也。不多，多也。"郑云："不自敛以先王之法，不自难以亡国之戒，则其受福禄亦不多也。"朱云："盖曰：岂不敛乎，岂不慎乎，其福岂不多乎。古语声急而然也。"按：戢，即《时迈》

"载戢干戈"之戢。诗盖言干戈不足戢，征伐不为难，则受福无灾。时方与诸侯谋征徐淮，故以此勉之也。毛、郑、朱说并无足取。大雅诗云"不"者，皆丕字音义，毛尽说为反语。此亦如之，已根本不合。故郑朱缘之。说愈支离而不能通。"那"字，亦不当训多。《说文》魗字引此诗，作"受福不魗"。魗，若傩，皆驱鬼禳灾之义，以难为声。"那"字，奴何切，本音傩。故《毛诗》改傩为那"不那"，谓无鬼神之灾，无事蘸禳也。

卒章，"兕觥"郑云："罚爵也。""无失礼者，其罚爵徒觩然陈设而已。"毛于《卷耳》传云："兕觥，角爵也。"《朱传》云："爵也。"皆不谓罚爵。"觩"，《释文》云"或作斛"。又《丝衣》"兕觥其觩"，《泮水》"角弓其觩"，《释文》亦皆作斛字。《良耜》"有捄其角"，《说文》斛字引作"有斛其角"。陈奂直谓此"觩为斛之误"。按：古文斛与觩同音义，皆谓角对举也。在此诗，谓宾主对举兕觥。诸侯间亦相互劝酒，对举其爵如双角。孙嘉淦《诗义折中》云："飨之为礼也，亦成而不坐，设几而不倚，爵盈而不饮，恭俭之至也。"谓引诗觩字为爵盈不饮。应不然。惟飨礼立成不坐，则可信。古人席地而坐，不便于多人之飨。故大飨皆立饮，亦谓之饫。立饮则宜兕觥，今所谓"牛角壶"也。故劝酬则角爵觩然。无罚爵之义。朱言"觩，角上曲貌"，近之也。其对句为"旨酒思柔"，不多饮也。其与思，皆语词。"彼交匪敖"，朱云："敖，傲通。交际之间无所傲慢，则我无事于求福而福反来求我也。"（当删则后我字）《左传·成公二十二年》引此诗作"彼交匪傲"。襄公二十七年，公孙段赋《桑扈》。赵孟曰："匪交匪傲，福将焉往。"《汉书·五行志》引诗作"匪傲匪傲"。应劭注曰："言：在位者不傲讦，不倨傲也。"师古曰："傲，谓傲倖也。"盖《鲁诗》之文作"匪傲匪傲"。《毛诗》改其字。衡于励勉诸侯之义，《鲁诗》为胜。

（六）鸳　鸯

四章。章四句。六十四字。

(1) 鸳鸯于飞，毕之罗之。君子万年，福禄宜之。

(2) 鸳鸯在梁，戢其左翼。君子万年，宜其遐福。

(3) 乘马在厩，摧之秣之。君子万年，福禄艾之。

(4) 乘马在厩，秣之摧之。君子万年，福禄绥之。

此宣王在洛会诸侯议征徐淮，谋定，某能诗诸侯答谢王臣飨燕乐歌之诗也。旧说全无可采①。惟径以意阐说之（当时诸侯中有卫武公能诗。此或即其盛年时作）。

首章，"鸳鸯"，小有文彩之鸟。《裳裳者华》，誉诸侯有文章、威仪，故诸侯以《鸳鸯》答之。或疑鸳鸯为喻夫妇之鸟。诸侯不合以之自喻。今按：周诗以雎鸠喻夫妇，以琴瑟喻夫妇，皆有明文。不见以鸳鸯喻。鸳鸯喻夫妇，汉以来之意识，不足加于此诗。纵如《毛诗》说鸳鸯为匹鸟，是喻夫妇。古亦有喻君臣朋友为夫妇者，如《小雅·谷风》。与唐人献诗有"画眉深浅入时无"之问，是也。"毕之罗之"者，犹言毕罗致之，谓诸侯咸会于是也。旧释毕为长柄小网，罗为地上大网。虽有其义，不合此诗。鸳鸯水鸟，非长柄小网可罗；亦不适用地面之罗，及水中之网，但可以弓弹弋猎耳。故知此诗系谓毕罗致之也。"君子"，周贵族执政者互称之词。"万年"报《瞻彼洛矣》诗原语。"福禄宜之"，亦谓"保其室家"，用"宜其室家"之义。

次章，"在梁"，谓水禽在梁，犹诸侯在国也。"戢其左翼"者，谓返国即当暂息文治之政，专力于戎事之谓，答《裳裳者华》"左之""右之"句。左，谓文治之事；右，谓兵戎之事。戢其左，则右翼张也。特言戢，亦答《桑扈》"不戢不难"。"遐福"，祝远征胜利。

三章，诸侯自言从征已有准备。"乘马"，谓军赋之马（说在《出车》篇），即人民供军赋之戎马也。诗意为：人民乐于从征，已从牧场牵回戎马在厩，加意刍秣，随时皆可出军。《毛传》："摧，莝也。秣，粟也。"《说文系传》引此诗作"刍之秣之"。莝即刍也。三家诗有作刍作秣者，义同。"福禄艾之"，毛云："艾，养也。"朱云："苏氏曰，艾，老也。言以福禄终其身也。"当从苏（辙）说。其时从王诸臣。如南仲、召虎、皇父（幽平时皇父之父）、仲山甫、尹吉父等皆已老耄，用艾字适当。

卒章，重复上章文义，以重乐于从役之义。亦是仿《瞻彼洛矣》章法。当时和诗体裁或如此。

---

① 旧说：《毛序》云："刺幽王也。"《续序》："思古明王，交于万物有道，自奉养有节也。"《笺》云："君子，谓（古）明王也。"孙嘉淦《诗义折中》云："大昏也。天子、诸侯大昏礼成而群臣贺之也。"魏源《集义》云："与桑扈相次，皆康昭穆盛世之乐章。"方玉润曰："幽王初昏也。《白华》为申后被逐之诗。安知此诗不为申后初昏而作。圣人两存之，正以见幽王二三其德，虽有初而靡终也。"并谓何楷解此诗同。又谓明邹肇敏亦是此说"但彼谓咏成王"。诠按：因鸳鸯字遂定为婚诗，已无取矣。不审"毕之罗之"，与"戢其左翼"等字面。岂可作贺婚词耶？旧说之纷然悖谬，大抵如此。

（七）頍 弁

三章。章十二句。百四十四字。

（1）有頍者弁，实维伊何。尔酒既旨，尔殽既嘉。岂伊异人，兄弟匪他。茑与女萝，施于松柏。未见君子，忧心奕奕。既见君子，庶几说怿。

（2）有頍者弁，实维何期。尔酒既旨，尔殽既时。岂伊异人，兄弟具来。茑与女萝，施于松上。未见君子，忧心怲怲。既见君子。庶几有臧。

（3）有頍者弁，实维在首。尔酒既旨，尔殽既阜。岂伊异人，兄弟甥舅。如彼雨雪，先集维霰。死丧无日，无几相见。乐酒今夕，君子维宴。

此西周末期，贵族们相激以互招宴饮狂乐待死之诗。与《宾之初筵》及《唐风·蟋蟀》《唐风·山有枢》等诗产生时间相近，表达了幽王世王畿与近畿地区贵族生活腐化的程度。西周，在宣王初年，农奴生产制普及全畿。由于生产关系改变，刺激生产力之发展，一时农牧工商产业皆有甚大的跃进。一方面，是国力强大，号称中兴。另一方面，是新旧贵族地主剥削量亦激增，享受侈靡，生活腐化日深。到幽王世，似已达于不可救药之境界，故郑伯友虽为司徒，亦知王室将败，而与史伯谋求转移比较安全之地。按《郑语》所载，郑伯所说"王室多故"，实无明确之史事可证。而虑败岌岌然若不可终日者，盖由亲见统治阶级之贵族腐化堕落，料不能免于淘汰消亡故也。此等诗篇，实维暴露当时贵族腐化之实况，说明宗周必然覆灭之原因。而封建士大夫说诗者，犹以为刺幽王"亲亲谊薄，不能宴乐同姓"。妄将西周之灭既咎于幽王、褒姒二人。观点一谬，全盘尽非。

首章，《毛传》云："頍。弁貌。弁，皮弁也。"《说文》："頍，举头也。"陆德明《释文》："頍，缺婢反，举头貌。"凡从页之字，皆表头面形貌。训貌者，是。周制：贵族子弟成人，行冠礼后，即常著弁。弁皆以皮为之，故曰皮弁。有爵禄者，皮弁作雀状，故称爵弁，为礼服。诗云"有頍者弁"，谓贵族有爵位者著爵弁，頍然昂首也。""实维伊何"，犹今言："要它来作什么？"谓所贵乎有此爵弁者，在于能饮酒享乐也。尔酒既甘矣，尔殽既美矣。我等非他人，乃兄弟同族之谊也，岂可比于阶级不同者哉。"异人"，恰是今语阶段不同之人。"尔"，谓主人。"伊"，谓同来之另一贵族，随兴同来，作不速之客。作诗者介绍之言如此。"茑"，今云"云萝松"，旋花科植物，藤蔓织长，叶细似松而柔短，开小红花。富室多有种于庭院障日者，浓绿可爱。"女萝"者，藓类植物，以胞子附生于松柏科植物之皮鳞间。恒作数丈长丝挂于枝上，亦浓绿悦目。老林中遍树有之，亦曰松萝。二者皆附着他树而生，不能自立。诗以喻贵族之贫者不能自具酒食款客，则当望门作食客耳。奴隶社会时期，奴隶主或因天灾、人祸而贫，就食于人，人无敢拒者，稍失礼貌，则泼饭碎器而去。且控于其族人，求助其"打冤家"（近世凉山黑彝浪人尚如此）。周贵族承奴隶社会旧制而生，故破落贵族之无耻亦如此。"未见君子"以下，言：我等今日出觅酒食，未得主人你时，忧心如奕之难下棋。今则既见君子矣。庶几怿悦而具酒食耶？"说"，古悦字。

次章，文义从同。犹近世丐者唱"莲花落"乞钱乞食，未得主人施舍，则重唱之。至于次阕，语微异而已。"何期"，《笺》云："犹伊何也。"今按：期，当读如其。与《庭燎》"夜如何其"同义。"既时"谓我等已来作客，是陈殽得时。"恘恘"，毛云："忧盛满也。"陆云："兵命反。"朱云："叶兵旺反。"今按：此诗多用当时语言之音，"古音"也。首章嘉字，叶何韵。当读居何反，与今四川嘉定人土音符合（撮口，舌音）。他，读汤何反，音如拖。柏，读逋莫反，如拨。此章恘，与上、臧为韵。当读如方音。恘恘，犹怦怦，亦傍傍之义也①。

卒章，"兄弟甥舅"谓同来之贵族，非同姓之兄弟，即异姓之甥舅。统治阶级之间，称谓如此。由此语，足知《续序》"不能宴乐同姓"之说为不赅也。"如彼雨雪，先集维霰"，与茑萝松柏句同位，亦族类同而形色小异之谓。霰，今云"米雪"。古云"稷雪"，或"黍雪"之谓也。《说文》："霰，稷雪也。"段注："谓雪之如稷者。"凡雪之结，必先有微尘作核，空中水分附之以结冰。徐结成，则为六出之花，羽状坠落。若初遇寒重，则水分骤然结作粒状坠地，是谓之霰。《毛传》："霰，暴雪也。"暴当为黍字之伪。言粒雪似黍，犹《说文》曰稷雪也。凡结雪，皆由空中寒潮骤至，感水分核子而结，故往往先下粒雪，继乃羽雪。诗云"先集为霰"，经验者言也。非"暴雪"之义。客仓卒至，主人先未具食。既已具食，则以雪霰为喻。以下，为饮食之间所言：我辈死丧日近，能有几时相见。且乐饮今夕之酒，明则又顾而之他耳。"君子"言我辈贵族阶级之人。"维宴"，惟当宴乐饮酒耳。旧儒说诗者，多颂作者为旷达。封建士大夫缘之以饰无耻者多矣。此必当从诗语本义进行揭发。

---

① 马瑞辰《传笺通释》卷二十二云："古音，丙读如方。因与方通用。《士冠礼》'加枊面枋'注：'今文枊为柄。'《士昏礼》'皆南枋'注：'今文枋作柄。'《少牢馈礼》'南柄'注：'今文柄为枋。'《春秋》隐公八年'归祊'，九年'会防'。《公羊》并作邴。皆丙、方通用之证。此诗恘，古音读同旁旁，故与上、臧为韵。"

（八）车　舝

五章。章六句。百二十五字。

（1）间关车之舝兮，思娈季女逝兮。匪饥匪渴，德音来括。虽无好友，式燕且喜。

（2）依彼平林，有集维鷮。辰彼硕女，令德来教。式燕且誉，好尔无射。

（3）虽无旨酒，式饮庶几。虽无嘉殽，式食庶几。虽无德与女，式歌且舞。

（4）陟彼高冈，析其柞薪。析其柞薪，其叶湑兮。鲜我觏尔，我心写兮。

（5）高山仰止，景行行止。四牡骓骓，六辔如琴。觏尔新昏，以慰我心。

潦倒之贵族，有女美好，为势家所求，作此诗遣嫁也。未详其世。大约亦在西周宣幽之时。诗语甚明，而旧说纷纷，莫或及比，盖亦缘《毛序》"大夫刺幽王"一语束缚。卫、郑、孔、陈等佞毛者因壅蔽不能见。即如朱熹、王柏、丰坊、魏源之力求新意者，亦只说为贺婚。既失嫁女之义，则其训诂注解亦多不足取矣。

首章，"间关车之舝兮"。谓迎女之车来也。舝，辖同。陆云："胡瞎反。车轴头铁也。"《左传》昭公二十五年，"昭子赋车辖"。《北堂书钞》车部引《韩诗》俱作辖字。车之轴，两头贯轮，突出小部，为方孔，用钉贯之（古以坚木，后世用铁钉），以免脱辐，是谓之舝。"《说文》舛部："舝，车轴耑键也。两穿相背，从舛，䚔声。"段注："以铁坚贯轴头而制毂，如键闭然。"此为车行摩擦最剧之部，车行有声即出于此。"间关"即车声也。"间关车之舝"，犹"关关雎鸠"之先著其声。闻声而知车来也。特言车之辖者，谓有所钤制，不得不就。"思"，语词。"娈"，美貌。季女，稚女之谓。逝，往也。"匪饥匪渴"，谓非因贫窭而急于嫁女。由彼家来求故也。"括"毛云"会也"。今按：括有取之义。《易·坤卦》："六回，括囊，无尤无誉。"诗盖取之。遣嫁之诗，对亲迎者歌之，故谓夫家之求为"德音"。诗人之家非富势，嫁女而贺者不至，但治家宴以遣女，故曰："虽无好友，式燕且喜。"郑云："式，用也。"朱云："虽无他人，亦当宴饮以相喜乐也。"

次章，《毛传》："依、茂木貌。平林，林木之在平地者也。鷮，雉也。"马瑞辰曰："依、殷，古同声。殷，盛也。依即殷之假借，故《传》以依为茂木貌。"诗言夫家势盛，如殷盛之平林。而女嫁之，如长尾雉之往集于平林也。"鷮"，孔氏《正义》引《陆玑疏》曰："微小于翟，走而且鸣曰鷮。具长尾，肉甚美。"故林麓山下人语曰："四足之美有麃。两足之美有鷮。"麃者，似鹿而小，是也。薛综注《文选

·西京赋》"游鹬高翚"云："雉之健者为鹬。尾长六尺。"林麓山即林虑山，今戏装之雉尾有长六尺者，云出关东。然则古中原亦有此鸟，故诗人以喻其年稚而娈美之女。"辰彼硕女"，辰，谓得其时。硕女，淑女之借字。《卫诗·硕人》亦喻新嫁之女。"令德来教"，谓教女以令德。古者嫁女，临行，父母必有教言。如曰"往之汝家，必敬心戒，无违夫子"之类。往就女而教之，故曰"来教"。"式燕且誉"，与《韩奕》"韩姞燕誉"字同。彼诗《笺》云："韩姞则安之，尽其妇道，有显誉。"《笺》于此诗，则曰"则用是燕饮酒，且称王之声誉"，则为曲就《序》文为说，宜其不安。誉，乐也。《韩奕》为宣王世诗既确，则此诗明是用《韩奕》典语。两诗皆嫁女之诗，固宜袭用其文，不得更有他解。"好尔无射"，当读好为"爱好"之好，去声。"无射"读亦音，无厌也。谓爱悦不厌，祝语也。

三章，《朱传》可用。"言我虽无旨酒嘉殽，美德以与汝，汝亦当饮、食、歌舞以相乐也。"遣女之辞。

四章，送女升车之辞也。用升高冈，析柞薪为兴。言汝此行如陟高冈，上升之谓也。往析柞薪，结婚之谓也。马瑞辰曰："《吕记》引陈氏曰："析薪者，以喻昏姻……《汉广》有刈薪之言，《南山》有析薪之句。《豳风》之伐柯，与娶妻同喻。诗中以析薪喻昏姻者不一而足。"今按：以析薪喻婚姻，盖上古先民之语言已知此。故《周诗》多用之。俱不加解说，出于自然。兹体会其义，则古以石斧析木材为薪，木破，两合之则密相契合。以喻夫妻之和合也。然在周世所言析薪，又非破材为柴之谓，而是用斤斧斩伐木枝为薪之语。如《伐柯》云"匪斧不克"，喻娶妻之"匪媒不得"。此诗言析柞薪，而云"其叶湑兮"，皆明是析树枝为薪。虽亦是喻嫁娶，而与木材可契合之古义不同。质言之："喻嫁娶为取薪。故古之娶字，亦只作取。枝之在树，如女生于母家，娶者取之，如薪樵者之取枝。析者，离也。若使女离其母家也。此诗之升冈柞薪，正合嫁女之义。言柞者，薪材以柞栎为良，喻淑女也。""其叶湑兮"者，喻季女，方壮盛也。末两句，言：今后我将鲜得见汝。然而汝得其所，我心亦舒写也。

卒章，女车将发时赠别之词。"高山仰止，景行行止"，喻婿家门户崇高，素所仰望。"景"，慕也。景仰而向往之为"景行"。汝由行矣。"四牡骓骓，六辔如琴"，皆用前人诗语，明其为大夫华美之车，则婿家之为富势贵族可知矣。反视女家，则无"旨酒""嘉殽"，与"好友"之贺，足知其他位之悬殊。故送女就婚，而欣慰。婿以车来亲迎，则婚礼已就，故曰"观尔新婚"。

（九）青　蝇

三章。章四句。四十五字。

(1) 营营青蝇，止于樊。岂弟君子，无信谗言。

(2) 营营青蝇，止于棘。谗人罔极，交乱四国。

(3) 营营青蝇，止于榛。谗人罔极，构我二人。

此西周初世，贵族执政者间，有中谗而交疏者，求解于对方之诗。在《小雅》七十四篇中，文最简短，近于南诗。故知其为周初之雅也。诗意与周公旦作《君奭》相似。《君奭》四言"二人"，首曰"我二人"，恰是此诗末句。然诗语不类周旦诸作，未可遂揣为一事。但诗语借《尚书》之言以自况，亦可知其事之相类矣。

《小雅》中《巧言》《巷伯》皆刺谗之诗，《毛诗》与此同序云"刺幽王"而不相类次，则固已知其非一时之事矣。魏源《诗古微》乃强谓为"刺信谗废申后太子之事"。引《易林》"青蝇集藩，君听谗言，害贤伤忠，患生妇人"为证。且谓"交乱四国"为戎、缯、申、吕四国，凿凿然若可征信。细审实乃不通。夫"构我二人"为申后之语耶，则此四时未作乱。如作于四国已乱之后，则又岂能称幽王为"岂弟君子，无信谗言"乎。无论申后、宜臼不当如此，即其他任何旁人之诗亦不当矛盾如此。

《易林》又云："马蹄蹞车，妇恶破家。青蝇汙白，恭子离居。"意盖指骊姬、申生之事。或三家诗有如此两说。然此诗无妇人之义。称"我二人"，则亦与恭世子语位不合。前人虽有此说，无足取也。夫周世贵族之间，因谗言构成隙者多矣。岂能因刺谗而遂能得其真实之本事。若必欲得其近于实事者，其惟卫共世子余致卫武公和之诗乎？其事已论述于《邶·柏舟》。疑卫厘侯卒。世子余嗣位时，弟和以兵夺位。余避入墓道时，咏此以求解于和。其有可证者六点：(1) 余谥恭世子，与《易林》"共子"文合。是三家诗旧说有如此者（妇恶，疑谓武公母纵为之）。(2) 厘侯卒在宣五十六年，即卫武公元年。余在位仅数月。然在武公先。故诗之篇第，此在《宾筵》之前。(3)《小雅》诗虽皆周畿之事。然康叔封于卫较晚，在周已习诗。则卫有《小雅》为可能。卫之小雅，在乐官亦当入于周之小雅，与《宾筵》同也。(4) 厘侯距康叔九世，去周初未甚远，故雅诗犹具风、南格局，与他诸刺谗诗不类。(5)《周诗》三百篇，未收昭、穆至夷、厉世诗。自宣王世始多。共伯余诗在宣王世，固宜收到。(6)《困学纪闻》引袁孝政《释刘子》，谓"魏武公信谗，此诗刺之"。①"魏武公"当为"卫武公"之伪。是汉以后儒犹有传为世子余之诗者。此说虽未可肯定，犹胜于旧他诸说，故志于此，供他日更深考订之。

首章。"青蝇"，今云苍蝇。"营营"，毛云："往来貌。"朱云："往来飞声、乱人听也。""止于樊"，毛云："樊，藩也。"《说文》引此诗，字作棥。《史记·滑稽列传》引此诗，作蕃。《汉书·武五子传》引此诗作藩。盖三家诗作字不同。其为藩篱之义则一，音亦俱同也。"青蝇"，喻谗人。"樊"室外之物，谓谗人为异阶级之渺小人物也。"岂弟"，用于兄弟之颂词。诗云"岂弟君子"，明为贵族兄弟间之诗。

次章，"止于棘"，则较篱更远，关系尤疏之谓也。"交乱四国"，谓四方之国皆因之而不睦。

卒章，"止于榛"，则又更远在山林，而非宅近。喻其人地位疏远之至也。"构"，挑拨也。"我二人"亲昵之称。

（十）宾之初筵

五章。章十四句。二百八十字。

（1）宾之初筵，左右秩秩，笾豆有楚，殽核维旅。酒既和旨，饮酒孔偕。钟鼓既设，举酬逸逸。大侯既抗，弓矢斯张。射夫既同，献尔发功。发彼有的，以祈尔爵。

（2）籥舞笙鼓，乐既和奏。烝衎烈祖，以洽百礼。百礼既至，有壬有林。锡尔纯嘏，子孙其湛。其湛曰乐，各奏尔能。宾载手仇，室人入又。酌彼康爵，以奏尔时。

（3）宾之初筵，温温其恭。其未醉止，威仪反反。曰既醉止，威仪幡幡。舍其坐迁，屡舞仙仙。其未醉止，威仪抑抑。曰既醉止，威仪怭怭。是曰既醉，不知其秩。

（4）宾既醉止，载号载呶。乱我笾豆，屡舞僛僛。是曰既醉，不知其邮。侧弁

---

① 《困学纪闻》卷三："袁孝政《释刘子》曰：'魏武公信谗，诗刺之曰：营营青蝇，止于藩。岂弟君子，无信谗言。'"魏源《小雅答问》云："王氏《诗考》引袁孝政《注刘子》曰'魏武公信谗，诗刺之……似三家诗在魏风。予谓《青蝇》在卫武《宾筵》之前，当为卫武公刺幽王听谗之诗，而袁孝政误引为魏武公耳。"《诗考》与《困学纪闻》皆王应麟一人之书。翁元圻注云："《刘子》十卷，《唐志》作梁刘勰撰。陈振孙、晁公武据《唐播州参军袁孝政序》，作北齐刘画撰。……北齐刘画字孔昭，渤海，阜城人。名见《北史·儒林传》。然未尝播迁江表，与孝政之序不符。"要之《刘子》是六朝时书。袁则唐中叶人也。

之俄，屡舞傞傞。既醉而去，并受其福。醉而不出，是谓伐德。饮酒孔嘉，维其令仪。

（5）凡此饮酒，或醉或否，既立之监，或佐之史。彼醉不臧，不醉反耻。式勿从谓，无俾大怠。匪言勿言，匪由勿语。由醉之言，俾出童羖。三爵不识，矧敢多又。

西周末年，贵族酗酒失德，卫武公入朝，见而叹之，因兴射礼燕，为此诗以戒监史也。

妹邦以"荒腆于酒"亡国。周公既灭殷社，封弟康叔于卫，作《康诰》《酒诰》《梓材》而遣之。康叔"刚制于酒"，以教殷之余民。后嗣承其风尚。武公名和，康叔后第十世之卫君也。虽以篡弑得国，而有威仪、敦品节，有贤称于当时。以宣王十六年弑兄夺位，至宣王末，在位已三十年，年近七十矣。在诸侯中名位最尊，故敢斥言时弊如此。平王时，年九十余，应征为王卿士，作抑（懿戒），亦申酒诫，诗在《大雅》，抑诗十二章，四百余字。此诗五章，近三百字，烦言絮絮，曲尽其意，为卫武诗之特点。每章多至十句以上，又是宣王末与幽王世作诗者一般风尚。《頍弁》每章十二句。适与同时，合而参之，西周覆亡之故可以得矣。

首章，铺叙大射前燕饮与燕后射礼。《毛传》："秩，秩然肃敬也。""楚，列貌。殽，豆实也。核加笾也。旅，陈也。""逸逸，往来次序也。""大侯，君侯也。抗，举也。有燕射之礼。""的，质也。祈，求也。"《郑笺》："左右，谓折旋揖让也。秩秩，知也。先王将祭，必射以择士。大射之礼。宾初入门，登堂即席，其趋翔威仪甚审知。言不失礼也。""钟鼓于是言即设者，将射，故悬也。""举者，举鹄而栖之于侯也。"《周礼》梓人："张皮侯而栖鹄。"天子诸侯之射，皆张三侯。故君侯谓之大侯。大侯张而弓矢亦张，节也。"《朱传》："大射，乐人宿悬。厥明，将射，乃迁乐于下，以避射位是也。举酬，举所奠之酬爵也。""天子熊侯，白质。诸侯麋侯，赤质。大夫布侯，画以虎豹。士布侯，画以鹿豕。天子侯身一丈。其中三分居一，白质，画熊。其外则丹地，画以云气。""凡射，张侯而不系左下网，中掩束之。至将射，司马命张侯，弟子脱束，遂系下网也。"又云："射夫既同，比其耦也。射礼，选群臣为三耦。三耦之外，其余各自取匹，谓之众耦。"郑云："献，犹奏也。既比众耦，乃诱射。射者乃登射，各奏其发矢中的之功。发，发矢也。射者与其耦拾发。发矢之时，各心竞云：'我以此求爵汝。'爵，射爵也。射之礼，胜者饮不胜，所以养病也。故《论语》曰："下而饮，其争也君子。""

古射礼，《仪礼》言之甚详。《小戴礼》复有《射义》诸篇佐之。其烦琐。兹录毛、郑、朱三家之说，足得此诗实义。即不更为诠释。次章同。

次章，赓述射后举行之祭飨大礼。"籥舞笙鼓"，毛云："秉籥而舞，与笙鼓相应。"郑云："祭祀先奏乐，涤荡其声也。烝，进；衎，乐；烈，美；洽，合也。奏乐和，必进乐其先祖。于是合见天下诸侯所献之礼。"朱云："百礼，言其备也。""有壬有林"，《毛传》："壬，大；林，君也。"《郑笺》："壬，任也，谓卿大夫。诸侯所献之礼既陈于庭，有卿大夫，又有国君。言天下遍至，得万国之欢心。"朱云："林，盛也。言礼之盛大也。"马瑞辰曰："壬林，承上百礼言。有壬，状其礼之大也。有林，状其礼之多也。"今按：《尔雅》亦依《毛传》，训林为君。字义颇难通。窃依诗语寻义，"有壬"，当谓有主其事者，壬犹担任者，指主人。"有林"，谓有襄其事者。指诸侯襄礼者之多如林。承"百礼"言之。"锡尔纯嘏"，《笺》云："纯。大也。嘏，谓尸与主人以福也。湛，乐也。王受神之福于尸，则王之子孙皆喜乐也。""子孙各奏尔能者，既湛之后，各酌献尸，尸酢而卒爵也。"

"宾载手仇"，毛云："手，取也。室人，主人也。主人请射于宾。宾许诺，自取其匹而射。主人亦入于次，又射以耦宾也。"郑云："仇，读曰觓。"室人，有室中之事者，谓佐食也。又，复也。宾手挹酒，室人复酌为加爵。觓，相台本字。他本作觓。《说文》："觓，挹也。"字从双目，与从双百者旧混。《朱传》作觓，云音拘。亦依《笺》说，与《毛传》异义。今按：觓字义晦而音涩。不如用毛义：仇，匹也。又，又射也。"酌彼康爵，以奏尔时"二句，毛云"酒，所以安体也。释康爵。时，中者也。"郑云："康、虚也。时，谓心所尊者也。加爵之间，宾与兄弟交错相酬。卒爵者祝之以其所尊，亦交错而已，又，无次也。"《朱传》云："时，进祭也。苏氏曰：时，物也。此言因祭而饮者，始时礼乐之盛如此也。"今按："康爵"，与"时"，毛义为长。《大戴礼·虞戴德》："时以教技。时有庆以地。不时有让以地。"皆谓射中鹄者为时。射礼久废。其文义无足深考，但知此诗首次章皆赞射礼之盛，宾主之仪初未有乱足矣。

三章，言射飨之礼，初时礼度秩然。逮肆饮后，丧失威仪，秩序大乱，是酒饮无度之失。"温温其恭"，谓初饮时，人皆温柔恭敬。"威仪反反"，毛云："反反，言重慎也。幡幡，失威仪也。迁，徙，屡，数，倦倦然。"朱云："反反，顾礼也。幡幡，轻率也。倦倦，轩举之状。"今按："舍其坐迁"，谓不安于其座，屡徙屡坐于他处，屡次起舞，蹁迁如仙也。再言未醉与既醉之变态，以明酒之作恶。毛云："抑抑，慎密也。怭怭，媟嫚也。秩，常也。"

四章，痛陈诸宾醉后丑态。毛云："号、呶，号呼，欢呶也。僛僛，舞不能自正也。傞傞，不止也。"郑云："邮，过。侧，倾也。俄，倾貌。""既醉而出"，谓宾能自知其醉，即辞而自去，则可藏拙无尤。主人亦得安，故谓"兹受其福"。既醉而不出，留于庭内，丑态百出，累及主人。大为众所诟议，是之谓"丧德"。《酒诰》："我民用大乱丧德，亦罔非酒惟行。"伐德，犹丧德也。末二句为之箴言云：饮酒本以成礼，甚嘉事也。然所贵在能持威仪。失仪则为伐德矣。

卒章，为责监史之辞，以讽王与诸贵族酗酒者。《毛传》云："立酒之监，佐酒之史。"朱云："监史，司正之属。燕礼、乡射，恐有懈倦失礼者，立司正以监之，察仪法也。"（司正，宴会监礼之人。见《仪礼·乡饮酒礼》）诗言宴会既立监酒之司，又设佐史以助之。则当防止宾客之滥醉，而节制其饮酒矣。今监史失职，惟恐宾不滥醉。"彼醉不臧"之不，当读如丕。言彼谓醉者与大善，不醉，反以劝酒不力而自耻。《笺》云："凡此时天下之人也。饮酒于有醉者，有不醉者，则立监使视之，又助以史，使督酒，欲令皆醉也。彼醉，则已不善，人所非恶。反复取未醉者耻罚之。言此者，疾之也。"意虽如此，不读上"不"为丕，则义仍难通。雅颂诗中，不字当读丕者甚多，不仅此处。"式勿从谓"，谓无随从诸宾酗于酒者之言，如曰加爵，添酒云云。见其醉而体软形怠者，尤当节制之，使无大怠。凡不当说之言，如"君子惟宴""不醉无归"等劝酒之词，虽古人陈言，亦不可道。不当做的事，如"不醉反耻"之类，亦不可随声附和。凡醉者之言，皆妄言也。彼醉汉妄言有要人出无角之羊羖。岂亦可得耶？"童羖"，毛云："羖羊不童也。"郑云："羖羊之性，牝牡有角。"朱云："童羖，无角之羖羊，必无之物也。""三爵不识"，郑云："三爵者，献也，酬也，酢也。"诗言：此为燕礼中宾主相劝之三次酬饮，礼也。一般人酒量不能过此。此而不胜，况益之以多次加饮乎。"又"，即上文"室人入又"之义。与"侑酒"之侑义通。谓劝饮额外之酒也。

《甫田之什》，十篇，三十九章，二百九十六句，一千零九十九字。《青蝇》最短。《宾筵》最长。达百字以上者有六篇。自《青绳》外，皆可定为宣幽年代之诗。大抵，出于贵族者文较简，通于民俗者词较繁。惟卫武公诗例外。

七、鱼藻之什

朱熹《集传》以《鱼藻》至《菀柳》四篇属"桑扈之什",《都人士》以下十篇为"都人士之什"。此依汉唐定本。

(一) 鱼 藻

三章。章四句。四十八字。
(1) 鱼在在藻,有颁其首。王在在镐,岂乐饮酒。
(2) 鱼在在藻,有莘其尾。王在在镐,饮酒乐岂。
(3) 鱼在在藻,依于其蒲。王在在镐,有那其居。

武王迁都于镐,镐民悦乐之诗,最早制成之雅乐诗也。诗语简朴,类于周南。以鱼喻民,亦是周初诗屡见之语。《毛序》云"刺幽王",列在小雅末什。《续序》与《笺》《疏》虽曲为之说,亦谓"君子思古之武王"。足见不能否定此为歌颂武王之诗。

首章。《毛传》:"颁,大首貌。鱼以依蒲藻为得其性。"今按:《无羊》"众维鱼矣",《鱼丽》"物其多矣"。皆以鱼多喻奴隶与财富之多,亦皆周初之诗。此诗则人民自以鱼之在藻为喻。盖奴隶社会人视奴隶如鱼,奴隶之自视亦如此。陆氏《音义》:"颁,符云反。"

次章。毛云:"莘,长貌。"陆云:"所巾反。""乐岂",犹"岂乐"。《笺》云:"岂,亦乐也。"

卒章,郑云:"那,安貌。"陆云:"乃多反"。应与《桑扈》"受福不那"同音,与《隰有苌楚》"猗傩其枝"之傩,同音义。

诗三章,但言鱼得其所之乐,与王之安居饮酒者,下民之谣,以安居饮酒为人生至乐,不能知王之尚有他诸乐事故也。此尤显示浑浑噩噩之奴隶,虽能为歌颂,而意境局限如此。

（二）采 菽

五章。章八句。百六十一字。

（1）采菽采菽，筐之筥之。君子来朝，何锡予之。虽无予之，路车乘马。又何予之，玄衮及黼。

（2）觱沸槛泉，言采其芹。君子来朝，言观其旂。其旂淠淠，鸾声嘒嘒。载骖载驷，君子所届。

（3）赤芾在股，邪幅在下。彼交匪纾，天子所予。乐只君子，天子命之。乐只君子，福禄申之。

（4）维柞之枝，其叶蓬蓬。乐只君子，殿天子之邦。乐只君子，万福攸同。平平左右，亦是率从。

（5）汎汎杨舟，绋纚维之。乐只君子，天子葵之。乐只君子，福禄膍之。优哉游哉，亦是戾矣。

此武王伐纣前，王臣赠朝周诸侯固结情感之诗也。

首章，《毛传》："菽，所以芼太牢而待君子也。羊则苦，豕则薇。""君子，谓诸侯也。""玄衮，卷龙也。白与黑谓之黼。"今按：诗称周王礼待诸侯之勤，与赐予之厚。言：方诸侯未至，即饬人众大量采菽以芼太牢。用量大，故曰"筐之筥之"。又思所以赐予诸侯之物。虽自谦为无可予赠，起码亦各有大路之车与一乘之马矣。又或更有加赠玄衮及黼之衣服也。当时西周经济，在全华为最发达，最富有。粮食、牲畜之外，丝麻绩织之物，车工绘素之艺，皆高于他国，故凡来朝诸侯，除得燕飨酒食之外，又有车、马、衣物之赠。然，食物品种仍属有限，芼肉之蔬，仍皆采自山野。菽即豆苗，《周诗》屡言之。皆谓野生者，人人得而采之。似尚未有人工栽培之者。灭纣以后，解放大量奴隶为自有耕土之农奴，始有蔬菜种植。于是菽乃进为蔬，实并用之作物。武王初年，仍是奴隶生产制，故虽燕诸侯，亦资芼蔬于野菜也。衮与黼，皆丝织物所制之衣。于时尚无刺绣，但以五彩绘为卷龙、云气、称之曰衮，以为人君礼服，秦汉以下，始施刺绣，仍称为衮。而绘画之衣犹有存用者，故汉儒犹能言上古画衣之制。黼，裳也。亦绘白与黑色之文章。《郑笺》云："黼，黼黻。谓绨衣也。"

次章，《毛传》："觱沸，泉出貌。槛泉，正出也。淠淠，动也。嘒嘒，中节也。"

今按：周世之芹，即今人称呼之"水芹菜"。芹之原生种也，纤维粗硬，具微香，无毒，生于水边，古人以为芳蔬。今则已培育成脆软芳香之芹，野芹仅供救荒。"槛泉"，亦见于《赡卬》之诗，盖周畿有涌泉为泽，盛产水芹处。周王槛围之，禁民入采，专以供天子食用者也。为燕诸侯，乃从采之。诗言此者，明当时为难得之蔬（异蔬）。《周礼·天官》："醢人，掌四豆之实。……加豆之实，芹菹兔醢。"为祭享用芹之证。诗言：方采芹时，已见诸侯来朝，远望其车建之旟，闻其车铃之声。渐近而见骍、駓之马，则已至王所也。郑云："届，极也。"朱云："至也。"并达于王所之义。

三章，毛云："诸侯赤芾、邪幅。幅，偪也，所以自偪束也。""纾，缓也。申，重也。"郑云："芾，太古蔽膝之象也。冕服谓之芾。其他服谓之鞸，以韦为之。其制：上广一尺，下广二尺，长三尺；其颈五寸；肩革带，博二寸。胫本曰股。邪幅，如今行縢也。"今按："行縢"，今俗呼"裹缠"是也。"芾"，藏族跳神犹存其制，用绫锦为之。劳动妇女，则以毛布为之。中华古代则用革或韦布。音弗，与韨若韍同音义。诗言天子赐予来朝诸侯之服制如此。

四章，毛云："蓬蓬，盛貌。""殿，镇也。""平平，辩治也。"朱云："左右，诸侯之臣也。率，循也。"《笺》云："柞之干，犹先祖也。枝，犹子孙也。"今按：周人以柞喻周王之政权，《绵》《旱麓》《皇矣》皆言"柞棫"是也。周地诸木，柞为最坚，故周人旧有以柞喻王族之习。即《车舝》之"析其柞薪"，亦是喻取王族之女。此诗言周王族之强盛，如柞枝之蓬然多叶。叶喻诸侯。故曰"乐只君子，殿天子之邦"。殿，奠之借字。谓诸侯深结于周，奠定周邦，则万福皆与周同享。并勉以辩治其臣属，亦如此率从。"平平"，犹后世之"平章"，故毛训为辩治，亦犹今云领导也。

卒章，《毛传》："绋，䌫也。缡，綍也。明王能维持诸侯也。""葵，揆也。膍，厚也。"陆云："频尸反。"今按：此章，明周与诸侯深相结纳之关系：如维系泛荡之舟，如葵之倾转向日，如膍之相比积叠也。毛训失之。《左传》成公十七年"仲尼曰：'鲍庄子之知不如葵。葵犹能卫其足。'"《说文》："葵，卫也。倾叶向日，不令照其根。"是古有葵叶向日，故能自卫之说。"天子葵子"，谓能使诸侯如葵也。《说文》："膍，牛百叶也。"百叶，今俗云"千层肚"是也。反刍动物皆有此胃，古人识之极早，故诗用之。末句，言如此，则可以优游享乐，人生幸福，可云至极矣。"戾"，毛云"至也"。郑云"止也"。俱"观止"之义。

魏源《诗古微》谓此亦"宣王朝会东都"所作。审此诗之意虽力图诸侯与王室团结，而毫无军事迹象。应与《瞻彼洛矣》诸篇有别。毛诗不与宣王诸篇相次。乃次于《鱼藻》篇下，虽妄云"刺幽王"，亦可知旧次未在宣王诗下矣。

（三）角　弓

八章。章四句。百三十二字。

（1）骍骍角弓，翩其反矣。兄弟昏姻，无胥远矣。

（2）尔之远矣，民胥然矣。尔之教矣，民胥傚矣。

（3）此令兄弟，绰绰有裕。不令兄弟，交相为瘉。

（4）民之无良，相怨一方。受爵不让，至于己斯亡。

（5）老马反为驹，不顾其后。如食宜饇，如酌孔取。

（6）毋教猱升木，如涂涂附。君子有徽猷，小人与属。

（7）雨雪瀌瀌，见晛日消。莫肯下遗，式居娄骄。

（8）雨雪浮浮，见晛日流。如蛮如髦，我是用忧。

此西周有两邑君，各率其民以相争讼，王臣往调解，致谴于邑君之诗。各章文辞简短，是周初诗格式。联续至八章之多，是叮咛周至以图说服之验。厉王囚彘以后，王畿邑君皆仿乡遂之制，解放奴隶为农奴，刺激农业生产，垦拓日增。向之荒地，俱克耕种，因而多有争田之讼。此诗本事，疑即发生于共和年代。故劝告语虽严厉，而不张言王权。又，高诱所云"争间田者"之暴桓公与苏信公（参看《何人斯》篇），疑即此事。然皆不能定。亦无旧说及此。

首章，"骍骍"毛云："调利也。"《说文》："觲，用角低仰便也。"从羊牛角，读若《诗》"觲觲角弓"。盖三家诗字有作觲者。毛之"调利"，谓角制之弓。《说文》之觲，则谓牛羊之角，相抵欲斗。毛义为胜。"角弓"者，《考工记》言：弓人以干、角、筋、胶、丝、漆等六材为弓。"干也者，以为远也。角也者，以为疾也。"言用柘、桑之木为质，弹性强，则发矢能远。合以角质，则尤坚强，以大力张之，则矢更能疾。是角弓，即强弓，今云"硬弓"是也。强弓射效固大，然苟力不能制，则易反弹而伤人。喻强梁狠斗之事，如弄角弓。力不胜，则翩然而反，将自伤也。又言凡同为食采之王臣，同姓则为兄弟，异姓则为婚姻，宜相亲近，不可相疏远。《郑笺》："胥，相也。"

次章，承"无相远矣"言：尔等相疏远。则属民相然效，无异于尔教之争斗。

儆，《左传·昭公六年》引此诗，字作效。

三章，举当时有令名之邑君作比。大约谓如周公召公之共和行政，则"绰绰有裕"。反衬交相为病之邑君，则为"不令兄弟"也。毛云："绰绰，宽也。裕，饶。瘉，病也。"

四章，言人民本或不良，而相怨其敌对之一方。"受爵不让"，旧皆以爵为爵禄。亡为亡失。则不可以承"民"字为义。《新诠》以为谓人民于乡饮酒时，主人献爵，宾当辞让而后受。爵，酒尊也。言人民于乡饮时，见有受爵不让者，亦非笑之。追爵及己，则又径饮不让，忘其向之非笑他人。"亡"，为亾之省借。指斥人民，实即以讽邑君。

五章，更明责邑君。言老马能识途，经验富也。驹则勇而无知者。诸君老马，乃反为驹乎，乃不顾其后果耶？"如食宜饇"之饇，毛云"饱也"。陆云"于据反"，则音区。今按：审诗意，当为不加节制。"宜"，当训求。"饇"，当训呕，吐也。《左传》哀公二年，"吾伏弢呕血，鼓音不衰"之呕是也。从口从食之字，义多可通。食过多则致饇吐。古文原从食，后世乃省从口耳。"如酌孔取"，亦谓如酌挹取酒，当适可而止。不当遂大取之。当时邑君侈纵饮食，故诗以饮食为喻以诫之。

六章，责邑君教民非道。自贵族统治阶级视之。人民便是不良者和好乱者。邑君导其民争讼，有如"教猱升木"。毛云："猱，猿属。"朱云："狝猴也。性善升木，不待教而能也。"又如泥涂之壁上，再加以涂泥，使泥过量沉重，必致崩坏也。作"君子"者，当有美道以领导其人民。毛云："徽，美也。"郑云："猷，道也。君子有美道以获声誉，则小人亦乐与之而自连属焉。"所云"君子"，谓统治阶级之贵族。"小人"，谓被统治阶级之人民，皆是周代习用之词。"与属"，犹从属，今言受其役属是也。

七章，譬言化道人民之道。雨雪由阴寒凝结，其势虽暴，瀌瀌然弥漫大地。然而见日阳之气，亦自消失矣。毛云："晛，日气也。"朱云："曰，音越。《韩诗》，刘向作聿。"诗谓：民相争讼，虽烈，若邑君相与制之，则如雪之融消也。今乃"莫肯下遗"，而"式居娄骄"矣。"下遗"，谓洩不良之气。下即"低声下气"之下。遗，即"一饭三遗矢"（《廉颇传》）之遗。居，停滞也。娄，古屡字，亦古楼，重累之义。《汉书》屡字多作娄。诗言：雪消矣，其水亦当有下遗之道，否则停积日增而放肆为虐。喻人君化民愤争之气，当求其忍让而下洩于内。否则气积累高而骄纵难制矣。（此二句，旧解纷歧，审无当于诗义者，故悉摒弃之。）

卒章，再申上章之说。毛云："浮浮，犹瀌瀌也。流，流而去也。蛮，南蛮也。

髳，夷髳也。"今按：周初谓楚国土人为蛮。《诗》云"蠢尔蛮荆"是也。谓蜀乡土民为髳，字亦作髳。《牧誓》"庸、蜀、羌、髳"是也。此两族落后土民，勇于私斗，内难频兴。故诗语用以斥人民之好内斗者。"我是用忧"，调处之王臣，言：我以尔等之民丧失礼义，蜕变如蛮髳为忧也。

（四）菀　柳

三章。章六句。七十二字。
(1) 有菀者柳，不尚息焉。上帝甚蹈，无自暱焉。俾予靖之，后予极焉。
(2) 有菀者柳，不尚愒焉。上帝甚蹈，无自瘵焉。俾予靖之，后予迈焉。
(3) 有鸟高飞，亦傅于天。彼人之心，于何其臻。曷予靖之，居以凶矜。

厉王贪暴，国人叛王。王征畿内诸侯之军靖乱。诸侯相戒勿应之诗也。疑是周定公其人所作。"周定公"名见《竹书纪年》与召穆公共立宣王者。即"共和行政"之周、召二公。召穆公虎之事迹，《国语》与《周诗》多有。周定公则无所闻，而能与召虎共和行政十四年之久，又共立宣王而后归政，始终名在召公之上者，盖有定乱靖国之潜德，为当时革命奴隶所尊信故。其事已详著于《诗学概念》之部。

旧说此诗者，未能明悉此种历史背景，纷自臆为推测，莫能切合。然因诗语甚明，故颇多得其近是之说者。如：《毛序》云："刺幽王。"《续序》云："言王者之不可朝事也。"《集传》云："使我朝而事之，以靖王室，后必将极其所欲以求于我。"《折中》曰："幽王征诸侯伐申，而诸侯不至也。"《原始》曰："诸侯忧王暴戾。……所刺又似厉王，非幽王也。"旧儒皆设想为幽王，方玉润已经设想至厉王，而不能识厉王败流之史事，一匮未及耳。《新诠》首为之发明焉。

首章，"有菀者柳"，喻厉王政权，已非"芃芃棫朴"之周德，而仅属枝叶疏柔之菀柳，不足依之以休息也。菀，即《正月》"有菀其特"，《小弁》"菀彼柳斯"之菀。陆氏《音义》并云"音郁"。《朱传》同。马瑞辰曰："《释文》菀音郁。徐于阮反。按：读郁者为茂木。读于阮反则训如萎怨之怨。诗盖以枯柳之不可止息，兴王朝之不可依倚也。"诠按：《正月》《小弁》之菀，义皆为茂，非枯。盖此字唐宋时读郁，乃是茂木之义。菀为本音，何时避私讳者改郁音。遂师受成典实耳。菀具柔义。柳枝柔细、无浓荫，非菀枯之义也。"不尚"犹今言"不值得"也。"上帝甚蹈"，

《韩诗》字作慆。《战国策》孙子赋，引《诗》曰："上天甚神，无自瘵也。"① 《毛传》："蹈，动。暱，近也。"马瑞辰曰："《一切经音义》引韩诗作'上帝甚陶'。陶，变也。变与动同义。"诠按：蹈字，古文作踀。故与陶字通用。慆与神皆字伪也。诗意谓上天甚躁扰耳。以喻厉王之愎而拒谏，扰民弗恤，悖乱致变，为不可亲暱之人也。未便明斥厉王之恶，托云上帝。上帝，谓天帝，与上天、昊天，皆周人喻天王所惯用之词。

"俾予靖之"，毛云："靖，治也。"朱云："靖，安也。"诠按："靖"，谓靖乱。使我助王出兵弹压之义。"后予极焉"之极，毛云："至也。"郑云："诛也。"朱云："求之尽也。"诠按：物之两端为极，物极则空无所有，故极者尽也。诗言王之贪暴如彼，激成民变。我等若为靖乱，则王益骄纵。所取于我者，非至罄尽不止。自言其虑若此，以劝食邑公侯勿从王也。

次章，愒，毛云"息也"。《民劳》"汔可小愒"同。陆云"欺例反"。则亦是息音，但字易耳。"瘵"，毛云"病也"。郑云"接也"。陆云"音债"。郑音"际"。《说文》云："劳病也。"诠按：瘵者，房劳之病，亦云消渴病是也。病源为所偶纵淋，精髓竭涸。诗谓助王靖乱，等于自瘵也。从广、祭声。祭，古音同察，后转同蔡。又复用同际音。在此诗，当读际音。"后予迈焉"之迈，当读如疠，协息、瘵韵。疠音同厉，恶疮疾。今云"麻疯癞"是也。古谚云"疠人怜王"。此诗实用其义。谓因怜王靖乱如自求疠也。故曰："古无虚谚。"迈与疠，毛诗假借字。郑云"行也"，朱云"过也"，皆与诗义不合。

卒章，言：鸟飞之高，尚有止境，王之贪欲何能有止境。我何能为之靖乱，而自投于凶矜之地乎？"彼人"，指厉王，不明斥之，亦不更尊视之之语也。"于何其臻"，犹云"何能知其所届。"凶者，吉之反。矜者，危困之义。《鸿雁》"爰及矜人"，《烝民》"不侮矜寡"，皆谓可怜之人也。

---

① 《国策·楚四》孙子为书谢春申君曰："疠人怜王，此不恭之语也（《韩诗外传》作'鄙语曰疠人怜王'）。虽然，古无虚谚（一本无此四字），不可不审察也。此谓劫弑死亡之主言也。……夫劫弑死亡之主，心之忧劳，形之困苦，必甚于疠矣。由此观之，疠虽怜王可也。因为赋曰：'珍宝随珠，不知佩兮。袆衣与丝，不知异兮。闾妹子奢（古美女）莫知媒焉。嫫母求之，又甚喜之兮。以瞽为明。为聋为聪。以是为非。以吉为凶。呜呼上天，曷惟其同。'"诗曰"上天甚神，无自瘵也。"《韩诗外传》所载略同。引诗作"上帝甚慆，无自瘵焉。"《荀子·赋篇》亦载此赋，不著书语，亦未引诗。汉三家诗皆传于荀子之徒。疑文有作"后予疠焉"者。

（五）都人士

五章。章六句。百二十字。

(1) 彼都人士，狐裘黄黄。其容不改，出言有章。行归于周，万民所望。
(2) 彼都人士，台笠缁撮。彼君子女，绸直如发。我不见兮，我心不说。
(3) 彼都人士，充耳琇实。彼君子女，谓之尹吉。我不见兮，我心苑结。
(4) 彼都人士，垂带而厉。彼君子女，卷发如虿。我不见兮，言从之迈。
(5) 匪伊垂之，带则有余。匪伊卷之，发则有旟。我不见兮，云何盱矣。

此周贵族士人赠其贵族友人夫妇致思慕之诗也。魏源云："自此以下八诗，虽作于王朝大夫，而纯乎风体，置之王风。不复可辨。视西周幽厉之世，升降又不可同日而语矣。旧以为刺幽王者误。"

首章，"彼都人士"之都，即"洵美且都"之都，美于德行与威仪之谓。《郑笺》说为"都邑之人有士行者"，非。"狐裘黄黄"，明为贵族之富者。"其容不改"，客态有常也。"出言有章"，语言有法也。"行归于周"，行忠信也。颂其品德备美，为"万民所仰慕"。《毛传》："周，忠信也。"（《皇皇者华》传同）《左传》襄公十四年"君子谓子囊忠。……忠，民之望也。《诗》曰：'行归于周，万民所望'，忠也。"是《毛传》所据。按周本义为田畴，因太王居周原，遂成国号。又因周王政道得民，世称"周道"，为道德标准之义。忠信固包括在内。此诗之"行归于周"，亦谓周道中行耳。

次章，"台笠缁撮"，《毛传》："台，所以御暑。笠，所以御雨也。缁撮，缁布冠也。"《笺》云："台，夫须也。都人士以台皮为笠，缁布为冠：古明王时，俭且节也。《朱传》："缁，布冠，其制小，仅可撮其髻也。"诠按：毛于《南山有台》释台为夫须。于此诗则训台为台榭。仍以台笠与缁撮对言，则谓高笠如台也。郑、朱仍用夫须说之，非是。夫须皮不可为笠。此诗亦无颂俭之义。"彼君子女"，谓贵族之女，颂其人之妻之称。周诗雅颂中，屡以"君子"为贵族阶级之代称。"绸直如发"，毛云："密直如发也。"陈奂云："传读绸为周。《说文》'周，密也。'"马瑞辰云："《说文》'髝，发多也'。诗作绸，为假借字。"又云："如髮，犹云乃髮。乃，犹其也。"诠按：诗语，谓其人致密而直道，如其发之密而直耳。与下两章颂其发之美同位，亦兼补上章专颂其夫德威之偏，故用如字，则德、仪并颂矣。马、陈虽得《毛传》之昔，究不失为曲解。诗语省主人字义者亦多，不能以如为若、乃、其、而等代表主人之字。"不说"，即"不悦"，郑云："心思之而忧也。"

三章，"充耳琇实"，《毛传》："琇，美石也。"《笺》："言以美石为瑱。瑱塞耳。"诠按：《淇奥》诗"充耳琇莹"传以琇莹为"美石"。故旧说有以琇实合释为美石者。孔颖达《正义》云："俗本'琇实，美石'者，误也。"王肃以实为"塞实其耳"之义，亦非。充耳已具塞之义。此诗云"琇实"，谓琇石如果实耳。琇莹，言琇之光色。琇实，言琇之形状。意相袭而义有别。"君吉"，毛云："尹，正也。"郑云："吉，读为姞。尹氏，姞氏，周室昏姻之旧姓也。"朱云："尹吉，未详。"仍用郑说。后儒俱同。诠按：诗言"彼君子女"，指"都人士"之妻，无二人义。"谓之尹吉"，是被称为尹氏吉人之义。吉，善也。《卷阿》"蔼蔼王多吉人"，与"吉士"叠言，明是男女淑善者之通称。《左传》宣公三年"郑文公有贱妾曰燕姞，……生穆公，名之曰兰。……公逐群公子。公子兰奔晋，从晋文公伐郑。石癸曰'吾闻姬、姞耦，其子孙必蕃。姞，吉人也。天或启之……"云云。南燕之国姞姓。殆缘与王族缔姻而封。当时已传"姬姞耦，子孙蕃"之谣（后世因有"天相吉人"之说）。此诗有主人姬姓之贵族，其偶为尹氏之女，子孙蕃衍，人以尹氏吉人称之，故诗曰："谓之尹吉"，明非本名尹吉，犹燕姞之称"吉人"。亦非谓尹姞二姓也。"苑结"，郑云："苑，犹屈出，积也。"陆云"于粉反。徐音郁。是苑结犹郁积也。"

四章，"垂带而厉"，毛云："厉，带之垂者。"郑云："而，亦如也。而厉，如鞶厉也。鞶必垂厉以为饰。"诠按：古人衣必束带。带上恒有垂系之物。如今藏族衣带之系带"火链包""烟包""吊刀"之属。中华古人所谓鞶厉，所谓佩觿，亦皆如此。鞶厉者，小革囊，盛悦巾，刀锥、日用之物。亦单云厉。《左传》桓公二年，臧哀伯谏纳郜大鼎文，"鞶厉游缨"是也。虽礼服，亦有之。毛云"带之垂者"，谓带末余垂之部。当用以饰"垂带"二字。"而厉"，谓更有系于带之物，如"鞶厉游缨"之属也。"卷发如虿"者，谓其妻发盛，髻之后翘举甚高，有如蝎尾之上曲。今世所见古代妇女造像，后脑翘髻。郑云："虿，螫虫也，尾末揵然，似妇人发末曲上卷然。"是也。"言从之迈"，谓昔时相从聚首，今已暌隔，令人回忆难忘也。迈为远行之义。

卒章，延续前章为文，谓非他故意垂带，只缘其带有余也。喻其人则富有余，德誉有余。又谓非她故卷其发，只缘发多有余，如旗之必飞扬。皆喻其自然致誉，非有矫饰。故我甚慕之，不见心不能忘也。"盱"，郑云"病也"，朱云"望也"。《说文》："盱，张目也。"今按：盱，犹豫张望，心无所着之顾视貌。《何人斯》"云何其盱"，同。

（六）采 绿

四章。章四句。六十四字。

（1）终朝采绿，不盈一匊。予发曲局，薄言归沐。

（2）终朝采蓝，不盈一襜。五日为朝，六日不詹。

（3）之子于狩，言韔其弓。之子于钓，言纶之绳。

（4）其钓维何，维鲂及鱮。维鲂及鱮，薄言观者。

此大学乐正易人，卸任乐官致新任，逊言才力不足之诗。《毛序》云："刺怨旷也。"后儒以《礼·内则》有"妾虽年老，未满五十，必与五日一御"之规定，与毛"妇人五日一御"之说符合，莫不遵之（两千余年，只孙嘉淦一人说为士"怀才不用"）。予检旧说，为之笑不可抑。夫说礼至于规定房事期限，已可笑矣。居然据以阐说此诗女主人，怨诟逾限一日之违法，诉于诗歌，王者采诗，登于《小雅》。并与孔子所辑之经典，讵不令人捧腹喷饭乎？《新诠》亦未能得其史事，但缘绿、蓝皆染草，以染为喻之一线过，细审诗语以阐说之。

首章："终朝采绿"，谓尽一朝之力，所采荩草，曾未能得盈把之多。毛云："自旦及食时为终朝。两手曰匊。"郑云："绿，王刍也。"《本草》："王刍，又曰荩草。"查，荩草为木本科植物，有黄色液汁，供染料。染黄者套蓝即成绿，故又名绿草。毛诗作绿也。古语恒以染喻学。《墨子·所染》云："染于苍则苍，染于黄则黄。所入者变，其色亦变。"是也①。诗盖自谦云：终朝采染草，所得甚微。"不盈一匊"则能染者少也。"予发曲局"，毛云："局，卷也。"朱云："犹言首如飞蓬也。"谓所染虽微，而劳苦已甚，至于久不及沐而毛发垢结。今始得就梳沐矣。归而休沐，即离职之谓。

---

① 《吕氏春秋·仲春纪·当染》篇，全举《墨子·所染》篇文，于"非独国有染也，士亦有染"句后，更续其事例曰："孔子学于老聃、孟苏夔、靖叔。鲁惠公使宰让请郊庙之礼于天子。桓王使史角往。惠公（留）止之。其后在鲁，墨子学焉。此二士者（指孔墨），无爵位以显人，无赏禄以利人，举天下之显荣者必称此二士也。皆死久矣，从属弥众，弟子弥丰，充满天下，王公大人从而显之。有爱子弟者从而学焉，无特乏绝。子贡、子夏、曾子学于孔子，田子方学于子贡，段干木学于子夏，吴起学于曾子，禽滑釐学于墨子，许犯学于禽滑釐，田系学于许犯。孔墨之后学显荣于天下者众矣，不可胜数，皆所染者得当也。"所言皆学术传授事，足知周代人士对染与教学联系之情致。《荀子·劝学》曰："学不可以已。青取之于蓝而胜于蓝。"亦皆以染喻学。然以染喻学者，当以此诗为最早见。盖有染色即有此喻。审此诗格局，似出于周之初世。最晚亦不能过宣王世。其时学校有人，亦有《菁菁者莪》诸诗可证。乐正，以平民出身者为多，故品学与诗艺皆有可称者焉。

次章，"蓝"，即蓼蓝。采其叶沃之，则腐而为靛青。亦为中华古劳动人民发明之重要染料。《毛传》："衣蔽前谓之襜。"朱云："即蔽膝也。"古谓公侯礼服蔽膝为芾。劳动人民之蔽膝与襜，韦布为之。每折角提挈以贮所采撷物。"五日为期，六日不詹"，但言材力不给。当五日程功者，逾期犹不能瞻足耳。詹，与瞻、赡、澹、儋字古通用，皆"满足"之义。《郑笺》颇嫌《毛序》"五日一御"之说不雅，乃说为"五日、六日者，五月之日，六月之日也。期至五月而归。今六月犹不至。"亦"五十步笑百步"之说耳。先用此说于豳风。已驳。在此。更不能立脚。

三章，"之子"，谓新任乐正。"狩"，以喻武事，"纶"，以喻文教。周之学校，通习礼乐、射御之艺，文武兼资，皆乐官教授。诗此章，犹言：予于前任，只算做有准备工作。如狩猎，只曾将弓矢装入袋里。如钓鱼，只曾整理了钓丝。韔与纶皆动词。绳，谓钓丝。

卒章，承上章"于钓"为颂祝之辞。言：新任之钓，必得鲂、鱮大鱼。鲂鱮，已见《齐·敝笱》。夫既言钓，则各种鱼皆可得，何得但言鲂鱮？足知其为借喻，非必实曾钓鱼，只得鲂鱮。《郑笺》遂云"此美其君子有技艺也。钓必得鲂鱮。"亦太凿矣。"薄言观者"，郑云："观，多也。"《释文》引《韩诗》作靓。足见观为坐观厥成之意。非多。颂言新任善于育材，成就必大。"薄言"，欢然乐道其事之意。说在《芣苢》。观谓观成。者，为语词（元曲及今苏语犹习用之）。即卸任，故为此言。诗语冲和、谦逊，不失教官之体。亦具有勉励后任之义。佳制也。非贵族士大夫所能为。

（七）黍　苗

五章。章四句。八十字。

(1) 芃芃黍苗，阴雨膏之。悠悠南行，召伯劳之。
(2) 我任我辇，我车我牛。我行既集，盖云归哉。
(3) 我徒我御，我师我旅。我行既集，盖云归处。
(4) 肃肃谢功，召伯营之。烈烈征师，召伯成之。
(5) 原隰既平，泉流既清。召伯有成，王心则宁。

宣王与召虎谋征徐淮，先营谢邑于淮水上游，以徙申伯，为经营淮水前卫。召虎自率畿甸军赋之民往营之。谢功既成，役民将归，欢歌此诗也。徙申之谢邑，按

《水经注》卷二十九，在比水侧，今为泚阳县地。比水亦曰谢水，为淮水上源之一。后字伪为沘水也。

首章，言黍苗得阴雨膏润而芃芃然茂。征夫得召伯劳来而南行无苦。**谢**，中国东界，在宛之南，去宗周远，故曰悠悠南行也。《毛传》："芃芃，长大貌。"《郑笺》："宣王之时，使召伯营谢邑，以定申伯之国。将徒南行。众多悠悠然。召伯则能劳来劝说以先之。"说悠悠为众意茫然，亦通。

次章，言我等应征从役之人：任者、辇者、车者、牛者，皆欢悦于事功已集，行将归里，各自准备之时。朱云："任，负任者也。"谓徒手负担之人。"辇，人挽车也。"今云担架也。"牛，所以驾大车也。"自民间征役之车，故用牛驾也。郑云："集，犹成也。"集事，完成其事之谓也。"盖"，读如曷音。"盖云归哉"，犹言何得不言归于自己之家乎，愉快之语也。

三章，言我等应征，组织成军旅而来。今亦仍军旅以归。"我徒"，徒步之人。"我御"，御车之人。"我师我旅"，军行组织，五百人为旅，五旅为师。"归处"，谓役事息，可归家安处也。

四章，"谢功"，谓谢邑工役之事。未完为事。既完为功。郑云："肃肃，严正之貌。营，治也。烈烈，威武貌。征，行也。美召伯治谢邑则使之严正；将师旅行，则有威武也。"是归途中之咏。

卒章，谢邑，营于比水（沘水）之侧。《水经注》谓其城"周回侧水"。可以想见营谢必先治水。水治，则原隰平，水流清。城池可固，民乐居之。召伯克告成功，周王心事克遂，则安宁也。毛云："土治曰平，水治曰清。"

此诗不言申伯，而旧说诸家能联系于申伯者，缘《大雅·崧高》诗，叙召伯营谢，以定申伯事。时犹未徙申伯于谢，故诗不及之。迨申伯已徙居谢，宣王乃与召虎分道出师。召虎即自南阳出谢邑以备淮夷。故知营谢徙申，皆宣王亲征淮徐之准备工作。宜与《车攻》《瞻彼洛矣》《鼓钟》《常武》《甘棠》诸合看。

（八）隰　桑

四章。章四句。六十四字。

(1) 隰桑有阿，其叶有难。既见君子，其乐如何。
(2) 隰桑有阿，其叶有沃。既见君子，云何不乐。
(3) 隰桑有阿，其叶有幽。既见君子，德音孔胶。

(4)心乎爱矣，遐不谓矣。中心藏之，何日忘之。

此太学教师答《菁菁者莪》之诗也。篇次不相属者，或由执政劳问师儒之诗，为通用乐歌已久，师儒辈乃有此作。故世次应相离。抑或由执政与乐正阶级地位不同，乐官分列之。亦可能是毛公误解为"刺幽王"而误列于此。《节南山》以下，《小雅》篇次紊乱，昔人早已言之矣（《正义》已著其说）。知其为答《菁菁者莪》者，不惟四章结构正同，语意亦句句相应。

首章，"隰桑有阿，其叶有难"，《毛传》："阿然，美貌。难然，盛貌。有以利人也。"《笺》云："兴者喻时贤人君子不周而野处，有覆养之德。"诠按：毛、郑及其他旧说皆非也。《菁菁者莪》首章云："菁菁者莪，在彼中阿。"以莪在山阿，喻士子在学校。此答诗，语意相对，以"隰桑"对莪蒿，叶傩对菁菁。"阿"，亦指学校。"有"，为指事之语词，具"存在"之义。"有阿"，犹云在阿。"有难"，犹云"猗傩"（《隰有苌楚》），难，为傩之假借。《菁菁者莪》云"既见君子，乐且有仪"。执政称乐正为君子，尊之也。此答诗，称执政为君子，周代通称贵族为君子也。

次章，变其词以答《菁菁者莪》之次章。用《菁菁者莪》之格局。前三章意皆从同，唯易二三字。"沃"，毛云"柔也"。与《桧诗传》"猗傩，柔顺也"义同。

三章，"幽"，毛云"黑色也"。马瑞辰曰："幽、娄，一声之转。《豳诗》"四月秀葽"，《夏小正》作"秀幽"。《汉郊祀志·房中歌》曰"丰草葽"。孟康注"葽，盛貌"。此诗"有幽"，与上章"有傩""有沃"同义，正当读葽，训为盛貌。《何草不黄》诗"率彼幽草"，义与此同。《传》训幽为黑色者，盖读幽为黝。今按：马说是也。毛云"黑色"。陆云"于纠反"。朱云"叶于交反"。于交反正当读葽，与胶韵协。"德音孔胶"，谓执政视学歌《菁莪》为"德音"。胶，毛云"固也"。谓使我等为学之心大固也。

卒章，亦如《菁菁者莪》之诗，于卒章为结束语。《菁菁者莪》卒章，颂教师能称其职，为之放心。此诗，则答以感德音助勉，衷心不忘之意。"心乎爱矣"，谓心悦其言。"遐不谓矣"，《礼记·表记》引此诗，作"瑕不谓矣"。郑注云："瑕之言，故也。"是诗此句，犹今云"谁不如此说好"耳。马瑞辰云："凡诗言遐不者，犹言胡不。""中心藏之"，《孝经》引此诗作"忠心藏之"。《释文》则作臧。臧，本古之藏字。引申为淑善之义。郑用臧字引申之义释此藏字，谓"我心善此君子"，亦非。其释"谓"为勤者，用"孔子曰爱之能勿劳乎，忠焉能勿诲乎"，以兼契《孝经》之忠字。并失原意。忠与中字古亦通用。故《左传》"忠为令德"，《华阳国志》引作

"中为令德"。孔子劳诲二语，固当用忠字义。若此诗，自是"中心"，即内心之义。则不适为忠字。夫诗语本甚质朴明显，而后人说诗，多为纤曲以傅他书之字义，反转成为晦涩，失其本真。

（九）白　华

八章。章四句。百二十八字。

(1) 白华菅兮，白茅束兮。之子之远，俾我独兮。
(2) 英英白云，露彼菅茅。天步艰难，之子不犹。
(3) 滮池北流，浸彼稻田。啸歌伤怀，念彼硕人。
(4) 樵彼桑薪，卬烘于煁。维彼硕人，实劳我心。
(5) 鼓钟于宫，声闻于外。念子懆懆，视我迈迈。
(6) 有鹙在梁，有鹤在林。维彼硕人，实劳我心。
(7) 鸳鸯在梁，戢其左翼。之子无良，二三其德。
(8) 有扁斯石，履之卑兮。之子之远，俾我疷兮。

幽王宠褒姒，废申后及太子宜臼。王臣家伯从宜臼奔申。太师皇父亦被虢石父所排，作此诗以赠家伯，寄其忧怨之意。《竹书纪年》，幽王五年，"世子宜臼出奔申"。同时"皇父作都于向"。申后，宣王元舅申伯之女。元舅申伯，本周王之世臣，与皇父同为宣王十臣之一（《汉书·古今人表》）。始封于谢，召虎为之经营国邑（《黍苗》），为南国之镇（《崧高》）。皇父，于幽王元年受锡命（《竹书纪年》），专国政早。迨幽王三年得褒姒，任虢石父为卿，用事（《史记·周本纪》），废申后与太子宜臼，皇父始见疏。宜臼奔申而皇父出营向邑，显系褒姒与虢石父所排。营向亦受制不克成，迫于奔申（说在《小雅》末三篇），则其同情于宜臼母子可知矣。家伯亦周之世臣，而在申国，与申国诸臣同为平王初年执政者。盖先同宜臼奔申（参看《十月之交》诗）。则其与皇父相善同为宜臼之党，又可知矣。此诗八章，皆一喻一叹，意怨而辞隐晦，不敢明斥一事。显为执政者危疑之际，大有牢骚而又不敢发泄之辞。诗以"之子"与"硕人"并为所怀念人之代称。似一人，又似二人。盖以家伯从宜臼同奔，称家伯为"之子"，称宜臼为"硕人"故也。如此推断，验于诗语，全可契合。

首章，《毛传》："白华，野菅也。又沤为菅。"古以白华之草（今云茅草）沤以为菅，荐床褥。取其柔韧（《笺》云"柔忍"）。又以白茅为束滤酒（缩酒，参看《伐木》篇）。二物同类有用。诗以喻同作王臣，各资事用。"之子之远"，谓其友出奔。同类皆去，我为独留。则有势孤身危之难也。

次章，"英英白云"，《释文》引《韩诗》作泱泱。潘岳《射雉赋》"天泱泱以垂云"，是"英英"亦垂云貌也。"露彼菅茅"者，承上章喻我与友之菅茅，同在白云覆盖之下，喻同为王之大臣也。马瑞辰曰："露犹覆也。"（马氏《通释》历引《国语》《淮南子》《春秋繁露》《汉书·晁错传》与《严助传》皆连言"覆露"喻君德）。伤其友之出亡，仍不敢明斥君非，而诿之于"天步艰难"。实即王室危殆之义。"之子不犹"，毛云："犹，可也。"郑云："犹，图也。"今按：犹当读如尤，而《斯干》"无相犹矣"之义。谓其友无罪而去，去而亦无怨诽也。

三章，"滮池"。镐京西部水泉名。《水经注》卷十九："渭水又东北与鄗水合。水上承池于昆明池北……又北流，西北注，与滮池合。水出鄗池西，而北流入于鄗。《毛诗》云：'滮，流浪也。'（今本毛传作"流貌"）而世传以为水名矣。"《括地志》云："滮池，周十五步。"盖南山下之泉水，流合鄗水，与鄗池之水同灌稻田（周邑"月十获稻"）。诗借以喻二人之辅相镐京（镐与鄗字通）。因友人之远去而"啸歌伤怀"，同情深也。念友人而曰"念彼硕人"者，谓宜臼与其友同出亡在申。或曰念申后，犹庄姜之称"硕人"，亦通。申后废则被幽，不可得同奔还申。故因念宜臼而及之。

四章，毛云："卬，我；烘，燎也。煁，烓灶也。桑薪，宜以养人者也。"朱云："煁，无釜之灶，可燎而不可烹饪者也。"今按：诗谓褒姒得宠而申后幽废也。桑薪，薪之美者也，言未得桑薪之前，烹饪用松柏之柴，既得桑薪，而松柏之材投于煁灶。喻申后昔为王国司烹饪之主妇，今则以褒姒为之。卬，托为申后之语也。王之爱恶如此，故念彼硕人而心忧劳焉。

五章，言宫内谗谮之说行，申后与太子并废，如宫中鼓钟之已声闻于外。显露之意。"念子懆懆"，毛无传。《说文》："懆，愁不安也。"陆云："七感反。愁不申也。"七感反，则当读如惨。当与《陈·月出》"劳心惨兮"，《正月》"忧心惨惨"，《北山》"惨惨劬劳""我心惨惨"同义。与上文"实劳我心"相应。"视我迈迈"，言非惟子心惨惨然。我亦同受牵连而行迈于向也。谓外遣在远为迈迈。毛云："迈，不悦也。"朱云："迈，不顾也。"并失其义。

六章，毛云："鹙，秃鹙也。"相传：鹙为水鸟，似鹤，黑色，无顶毛，以鱼及蛇类为食。"有鹙在梁"，以自喻也。有鹤在林，喻其友远飞云也。鹙鹤同类，与菅茅同类一义也。同类分散，为彼硕人之事也。

七章，"鸳鸯在梁，戢其左翼"，沿用《鸳鸯》诗成句。彼作于宣王时，此作于幽王时，彼用以喻修武备。此则喻废正后，宠嬖。右者尚左，故以左翼喻正后。郑云："戢，敛也，敛在翼者，谓右掩左也。鸟之雌雄不可别也。以翼右掩左，雄。左掩右，雌。"此章"之子"，当指幽王。"二三其德"，与《氓》诗同斥丈夫之不能专一。

卒章，《毛传》："扁扁，乘石貌。王乘车履石。"按：谓如今之"上马石"也。朱云："扁，卑貌。有扁然而卑之石，则履之者亦卑矣。如妾之贱则宠之者亦贱矣。"说较毛郑为胜。若遵毛训，当云升车之履石，扁平不高。我履之而卑。喻其友去而失助。故云："之子之远，使我疧也。"疧，毛云"病也"。陆云"都礼反"。

（十）绵　蛮

三章。章八句。九十六字。

（1）绵蛮黄鸟，止于丘阿。道之云远，我劳如何。饮之食之，教之诲之。命彼后车，谓之载之。

（2）绵蛮黄鸟，止于丘隅。岂敢惮行，畏不能趋。饮之食之，教之诲之。命彼后车，谓之载之。

（3）绵蛮黄鸟，止于丘侧。岂敢惮行，畏不能极。饮之食之，教之诲之。命彼后车，谓之载之。

此大学乐正送卒业士子就仕之诗也。汉唐旧说，皆依不弃微贱立论。朱熹知其不然，而说为："此微贱劳苦而思有所托者，为鸟言以自比也。"仍未允洽于诗义。孙嘉淦以为"诸侯贡士"，乃稍近矣。仍不如乐正赠行之诗为切。诗语自是送士子就仕之词。缘与《菁菁者莪》《隰桑》《采绿》诸篇相隔离，故昔人莫能觉耳。

首章，"绵蛮"，毛云："小鸟貌。"朱云："鸟声。"《文选》引《韩诗章句》曰"绵蛮，文貌。"当从"文貌"之义。谓黄鸟为文秀可喜之鸟，喻士子也。"丘阿"，毛云："曲阿也。鸟止于阿，人止于仁。"郑云："止，谓飞行所止托也。"《菁菁者莪》与《隰桑》皆以山喻学校。乐官屡歌，遂成典实，故引诗作者借用之。"道之云远"之道，谓古圣先王之道。亦即所谓"大学之道"。远，是深远难竟之意。亦是自谦为未能明究道要，虽任教师，劳而无功之意。故续云："我劳如何。"如何，犹言：

"奈何"或"如之何"也。《大学》云:"大学之道,在明德,在亲民,在止于至善。"其释止于至善,则此诗曰:"绵蛮黄鸟,止于丘隅。"子曰:"于止知其所止。……为人君,止于仁。为人臣,止于敬。为人子,止于孝。为人父,止于慈。与国人交,止于信。"虽亦"断章"为说,亦可知此诗之必出于学校教师矣。"饮之"以下十六字,三章从同,明为作诗者赠言最主要之点,谓国家集士子于太学,供给其饮食,延师教诲之。又行将由司马论材授官(说在《王制》)。"从大夫之后",不复徒行(即阶级地位转变之意。说在《论语》),应不忘于君之德泽,慎于服职也。"教之",谓教以礼、乐、射、御、书、数之艺。"诲之",谓诲以仁、敬、孝、慈、忠、信之德。"命彼复车"者,周制,大夫不徒行。而士之初仕者亦不得有车。恒命从大夫治事,用大夫之后车载之以行。故初仕士有《无将大车》之诗。"谓之载之"者,命后得载之义。"谓之",已定而尚未得之辞也。

次章,"丘隅",亦谓丘阿之隅。"岂敢惮行"二句,谓予虽教士以服官之道,不能相从而仕于官,年事老大,不能奔走矣。诸士子年富力强,前程远大,予不能相及。谦勉之辞也。

卒章,比上章只易两字,重言以备三章之数。乐官风诗格局如此,小雅亦如此者,周以小雅易风之验也。"丘侧",承"丘隅"言,明其渐离于阿。谓士卒业也。"畏不能极"之极,当读如及。郑、朱并云:"极,至也。"朱引《国语》云:"齐朝驾,则夕极于鲁国。"是极亦有及之义。

(十一) 瓠 叶

四章。章四句,六十四字。

(1) 幡幡瓠叶,采之亨之。君子有酒,酌言尝之。
(2) 有兔斯首,炮之燔之。君子有酒,酌言献之。
(3) 有兔斯首,燔之炙之。君子有酒,酌言酢之。
(4) 有兔斯首,燔之炮之。君子有酒,酌言酬之。

此农民享客,主妇歌咏其献酬礼度之诗。按诗意推之,此农妇盖疏远失禄之贵族或士人之女,故亦能诗;虽乏文采,亦无樵野之气,清雅胜于《节南山》诸篇。称其夫为"君子",盖西周末叶,贵族因血系疏远而沦为农民者已多。此诗主人之家,虽寒素,犹守封建礼度,享客必先祭祖,亦必行宾主献、酢、酬三段之礼。可知其平时生活仍持贵族格调，不曾因贫而废。太师与孔子之肯录而存之者在此。其人之可怜可笑亦即在此。然，此诗所反映为西周社会发展之关系殊大：足以说明封建制度发展演变之实迹。又为农民阶级亦有小雅之铁证。

首章，"瓠叶"，瓠瓜之叶，幼嫩者可烹治为菹。农民恒绕它篱间、木下种之。既菹其叶，亦食其瓜。"幡幡"，毛云："瓠叶貌。庶人之菜也。""亨"，古烹字。"尝"者，秋祭之名。旧说为酒成尝试之酌。按封建礼家之说，凡尝新，亦必先祭祖。酿酒以谷，谷待秋而成。瓠亦秋熟。则秋酿之尝，亦即秋祭之尝也。统治阶级恒因祭祖而为大飨。此诗农民亦因尝祭而享宾客。首章言祭，不及享客。

次章，以下三章皆咏享客。说明祭是名，享是实。亦可反映封建统治阶级之祭享，排场虽盛大，实质亦只如此。此诗尝祭只供瓠菹，不用兔，兔不在六牲之列故也。享宾侧重在兔，肉食也。嘉殽亦唯有兔，足知其贫。"斯首"，《郑笺》说为鲜首。云："斯，白也。今俗语斯曰之字作鲜，齐鲁之间声近斯。有兔白首者，兔之小者也。"朱云："斯首，一兔也。犹数鱼以尾也。"诠按：斯首，亦非谓其殽唯有一兔。如诗，有炮之者，有燔之者，有炙之者，至少当有三兔。故三言斯首。斯虽语辞，亦具"此"字之义。《毛传》："毛曰炮，加火曰燔。炕火曰炙。"《郑笺》："凡治兔之宜：鲜者炮之，柔者炙之，乾者燔之。"炮，谓泥涂而烧也。燔，谓入釜以煮也。炙，谓胾而煎之也。兔在农田间，易猎得，故农民虽贫不能畜鸡豚，亦能具数头兔殽。"酌言献之"，郑用《仪礼》说云："饮酒之礼，既奏酒于宾，乃荐羞。"谓主人先斟酒奉宾，复献兔殽。

三章，"酢言酢之"，毛云："酢，报也。"郑云："报者，宾既卒爵，洗而酌主人也。"

卒章，"酌言酬之"，毛云："酬，道饮也。"郑云："主人既卒酢爵，又酌自饮。卒爵，复酌进宾。犹今俗人劝酒。"诠按"道饮"谓如今云主宾同干杯也（朱作"导饮"。似误）。

（十二）渐渐之石

三章。章六句。七十二字。

(1) 渐渐之石，维其高矣。山川悠远，维其劳矣。武人东征，不皇朝矣。

(2) 渐渐之石，维其卒矣。山川悠远，曷其没矣。武人东征，不皇出矣。

(3) 有豕白蹢，烝涉波矣。月离于毕，俾滂沱矣。武人东征，不皇他矣。

幽王六年，"命伯士率师伐六济之戎。王师败逋"（《竹书纪年》）。此其败兵歌咏之诗也。诗语三言"东征"，与所涉山川之险阻。虽不明指何地，亦可推测其非近地与平地。《毛序》云："下国刺幽王也。"《续序》与《郑笺》《孔疏》皆谓是征荆舒。查幽王未曾用兵荆舒（荆楚与舒六诸国）。荆舒皆南国，不当云"东征"。魏源谓是平王世诗，"当作于《扬水》戊申之时"。不知戊申许，为安置过多流离入洛之军士，非征荆楚地。自洛至申许亦非悠远。地又非险阻，与诗语不称也。丰坊《伪诗说》谓是"桓王伐郑，将师不堪劳苦"，尤为不称。惟幽王伐六济之戎一役，与诗语相契。

考"六济之戎"，谓济水六源地区之戎也。旧说济水上源为沇水。出王屋山，凡六枝，汇流于原、阳、樊、温、轵地区，潜流地中，越河，重出，再为济水，入海（《水经注》详其原委）。故知六济之戎所居地在王屋山区。此与太行山中之"赤狄潞子"等部，皆西戎之窜居此一山岳地区，阻险以扰华地之少数民族。此戎所劫扰地方，即为阳、樊、温、原诸地。皆东周王畿河外之邑也。幽王命太师皇父东营向邑为第三王都，欲依晋卫之助以固河外之王畿。必同时征讨六济戎，然后向功无扰，而入晋之道乃通。此幽王出兵原因也。向与六济戎皆在宗周正东，故曰："东征"。地远而山道险阻，行军不利，故有此诗。《后汉书·西羌传》谓："幽王命伯士伐六济之戎。军败，伯士死焉。"则此次军事之惨败可知。审诗语，亦似溃军所作。《后汉书·西羌传》之首段，东汉溃军所撰。当时《竹书》未出，而有此文，则非取材于《竹书》，而是取材于此诗之旧说可知。疑三家诗曾有如此说者，故《毛序》以为"下国刺幽王"也（下国一般以称戎狄之国）。

再考《竹书纪年》：幽王元年，锡命尹氏皇父为太师。三年宠褒姒。五年命皇父营向。六年伐六济之戎。可以设想为皇父在幽王初年，实专国政。极力经营东方，身往营向，曾得幽王同意。为憎六济之戎侵扰向功，故请幽王讨之。王师既败于六济山中，主将陷殁。虢石父因得从而谮之。王不更遣征师，戎益肆扰，向功沮溃。皇父被迫奔申，依宜曰。故宜曰既立于洛邑，仍用皇父为太师，主持国政。皇父图竟营向之功，再度躬往督之。遂复为宗周东来诸贵族所排。用《竹书》此文，与《郑语》《史记》及《十月之交》诸诗，及此下三篇小雅相参，可以得其史事发展过程。正如宣王东征淮徐之事，旧史虽不言及，单持《周诗》部分篇章，亦可得其梗概也。

首章，"渐渐之石"，《释文》云："渐渐，亦作嶄嶄。"（丰坊伪诗说径作"嶄嶄之石"，与《何草不黄》同入王风）《说文》无"嶄"字，有嶃字，云："礦石也。"《系传》引诗，作"嶃嶃之石"。是三家诗有作嶄、作嶃不同。《毛诗》改字作渐，

《传》云"山石高峻",未变其义也。周用车战,不利于山区行军。戎人便于山区袭击。故周师败覆。溃军生还者犹念其山路之险,咏诗如此。"不皇朝矣",《郑笺》《孔疏》皆说为"荆舒不朝于王"之故而东征。王肃驳郑,释为"不暇脩礼而相朝"。则皇字不作王解,而作遑。朱熹《集传》定为遑字,云:"遑,暇也。言无朝旦之暇也。"当从朱说。

次章,"维其卒矣",毛云:"卒,竟也。"郑云:"卒者,崔嵬也。谓山颠之末也。"朱同。诗首章言自宗周远征,初至山下之劳。此章言仰攻登山之苦。与忧在覆军。"曷其没也",郑云:"曷,何也。广阔之处,何时其可尽服。"朱云:"没,尽也。言所登何时而可尽也。"诠按:此溃军叹主将伯士阵殁,而不知其死状之辞也。"不皇出矣",更是叹东征全军覆没之语。

卒章,言幸免于死之溃卒,逃逸中之艰苦。"有豕白蹢",毛云:"豕,猪也。蹢,蹄也。将久雨,则豕进涉水波。"诠按:毛所云猪,谓野猪。野猪凶猛,古人多用以喻战士。故吴之兵强,申包胥喻为"封豕"(《左传》定公四年)。西羌兵强。刘陶称为"豕突"(《后汉书·刘陶传》)。王莽募兵,号为"豬突豨勇"(《汉书·食货志》)。古人未尝贱视豕,而以视同熊虎貔貅可知。此诗盖溃军自喻为白蹢之豕,涉波奔窜,谓逃死急也。烝涉波,谓大群豕乱流奔窜。豕色本黑,云"白蹢"者,喻溃兵涉波而脱其屦屣。今云"赤脚"也。朱云:"张子曰:豕之负涂曳泥,其常性也,今其足皆白,众与涉波而去,水患之多可知矣。"是得白蹢之义也。若真言豕涉,则众多之豕,岂能皆白蹄耶?"月离于毕"二句,据《春秋纬》,其上尚有"月离于箕,风扬沙矣"句。盖古占候家,积观察天象所造之农谚如此。谓月行与箕星相值,必有狂风;月行与毕星相值,必有大雨。劳动农民习于此谚。一旦从军远征,遭逢暴雨,遂亦用之入诗。言六济之役,主将陷没,残军奔溃,赤脚涉水,复遭暴雨山洪。然而为逃死,亦"不遑他顾"也。重言"滂沱"者,太行、王屋山区,暴雨则溪流泛涨,逃者固苦,追者亦不敢涉。作诗者亦幸其如此而得全命故也。三言"武人东征",皆自嘲之辞。

(十三) 苕之华

三章。章四句。四十六字。

(1) 苕之华,芸其黄矣。心之忧矣,维其伤矣。

(2) 苕之华,其叶青青。知我如此,不如无生。

(3) 牂羊坟首，三星在罶。人可以食，鲜可以饱。

皇父营向，为虢石父所谮，失其权势，济戎侵扰不能制，从人因敝不能救，迫于奔申。此其奔申前，相从营向诸吏士悲欢之诗也。与《渐渐之石》章法、格调俱同，有似同时、同地、同辈感愤之作，而非出于一手。上篇悼伯士，兼自伤，是军士之作。此篇悼皇父失势，贴危，亦兼自伤，则当是皇父从吏之语。

首章，"苕之华"，与《陈风》"邛有旨苕"字同，应是一物。《毛传》云："苕，陵苕也。将落则黄。"《笺》云："陵苕之华，赤紫而繁。"盖即紫云英类之豆科植物，迄今蜀人仍呼"苕菜"，古为野生植物，故曰陵苕（生丘陵间）。今为绿肥植物者是。《朱传》释为"凌霄花"者，误。"芸其黄矣"，袭用《裳裳者华》原句，足见作者亦曾习诗，属于士人一级。《裳裳者华》为王臣颂诸侯之盛服。此诗则喻皇父之失势，如苕华黄变，为将凋之象，故其心为之忧伤。

次章，"其叶青青"，则花落徒有其叶矣。喻皇父败征已著。因自叹悔于从之来此。设早知我如此，则宁死亦不肯来矣。

卒章，"牂羊"，毛云："牝羊也。坟，大也。""牂羊坟首，言无是道也。"朱云："羊瘠则首大也。"《说文》则谓牂羊为牡羊。今按："牂羊"当谓瘠羊，无分于牝牡。瘠羊而大首者，喻皇父与相从营向诸人之瘠困，徒有大首如旧。羊之肥瘦，表现在胸腹腿肉之丰啬，头形不因而变。然而羊既困毙，头亦非能自活者，有讥皇父不能荫庇之意。"三星在罶"，毛云"罶，曲梁也，寡妇之笱也。"已说在《鱼丽》篇。罶字，陆云"音柳"，协首韵。然古留、卯同音。在此诗当读卯，协饱韵。"三星"，《绸缪·笺》云："心星也。"此云："如心星之光耀，见于鱼笱之中，其去须臾也。""人可以食，鲜可以饱"，谓向功垂败之时，工作人员尚有可食，已难获饱。亦是责皇父不能自振之意。皇父于是不能不出于申矣。

（十四）何草不黄

四章。章四句。六十四字。

(1) 何草不黄，何日不行。何人不将，经营四方。
(2) 何草不玄，何人不矜。哀我征夫，独为匪民。
(3) 匪兕匪虎，率彼旷野。哀我征夫，朝夕不暇。
(4) 有芃者狐，率彼幽草。有栈之车，行彼周道。

此工匠人民愁怨征役不息之诗也。旧说为兵役者，非是。诗语无兵役含义。且亦非农民力役之征。农民不能废农事，故除战役所征军赋外，力役之征，每人岁不过三日。惟市居工商之民，调充土木、运输、采购之役者，国家得随时征调使用，以竟事为期。官为给食。亦有工资，但率甚微，且或被弊侵，不能实得。尤以土木之工最苦，或数月、数岁不得复员。此诗盖即被征远出营造之工匠所咏也。在西周，如成王营洛邑，宣王营谢（已有《黍苗》之诗），幽王、平王先后营向邑，皆大役，征用工匠多，为时亦长。营洛、营谢于承乎富盛之世，工匠苦乐尚得调剂，幽王营向于衰敝之世，功之无成，至于溃散。疑此诗即其工匠所作。故太师乐档原自与《渐渐之石》《苕之华》相连次也。

　　首章，以"何草不黄"起兴，喻其劳苦终岁，草皆转黄而人亦病也。"何日不行"，言无日不在役中。"何人不将"，言工商之人，谁亦不免于征用。"将"，携取从行之义也。"经营四方"，向四方远近营造，如谢在南方，洛与向在东方，朔在北方，皆宣幽世事。《灵台》诗，"经始灵台，经之营之，庶民攻之，不日成之。"是"经营"之本义，谓土木之役也。其后含义演变，凡国家规划之事皆曰经营。《北山》诗之"经营四方"是也。此诗仍为土木兴造之义。与《北山》诗文同而意微有别。

　　次章，"何草不玄"，毛云："玄，赤黑色。"朱云："既黄而玄也。"（毛谓始春时。非）诠按：玄者，干枯之色。草黄为衰，玄为老。此诗言自少壮岁，长期从事于征调之役。今则哀衰老之将至也。"何人不矜"，言国人从事于征役者连年不归，虽有室家，等于鳏居。毛云："无妻曰矜。从役者皆过时不得归，故谓之矜。"陆云："矜音鳏。"矜之本义为矛柄，引申之义甚多，音亦随之多变。在此诗自当读如鳏寡之鳏，乃协韵。其下"哀我征夫，独为匪民"，谓凡民皆得室家之乐，可怜我应征之人，独非民乎，而无室家之聚耶？

　　三章，兕、虎，皆凶猛巨兽，以喻军士。工役之民则匪军士也。乃亦远役于阽危之地，如兕、虎之率循于旷野，而又朝夕不得闲暇焉。向邑近戎，屡被扰害。工匠尽当从役，夜当守卫，同于军士之苦，故曰"朝夕不暇"也。

　　卒章，"有芃者狐"，《毛传》："芃，小兽貌。"朱云："长尾貌。"查《黍苗》传云："芃芃，长大貌。"《说文》："芃，草盛貌。"疑此传当云"毛盛貌"，或"毛兽貌。"乃与诗应。"幽草"，谓幽僻深密之草丛。诗盖叹周王待人失乎。同为人民，同入大学学艺，士则乘有栈之车，徜徉于周道之上。工匠则"率彼旷野"而"朝夕不暇"。士如芃然之狐，率彼幽草。工匠则匪兕匪虎，而率彼旷野。四章之诗，末二章文义相衔如一章，为通例。此诗则是相对成文，以明一义也。"栈车"，毛云："役车也。"亦未允当。《周礼·春官·巾车》："服车五乘：孤乘夏篆，卿乘夏缦，大夫乘墨车，士乘栈车，庶人乘役车。"郑注："栈车，不革挽而漆之。役车，方箱，可戴器。"足见士乘栈车，工匠庶人因公事出者只能乘役车。栈者，《说文》云："竹木之车。"《考工记·舆人》："栈车欲其弇。饰车欲其侈。"即谓孤卿大夫之车为饰车。"夏篆""夏缦"皆谓车厢之装饰。栈车则但以竹木编成车厢，有盖为弇。无盖即露车。《杕杜》"檀车幝幝"，《毛传》云"役车"，是。此则混而未别矣。

《鱼藻之什》，十四篇，六十二章，三百二句，一千二百一十一字。

《小雅》总结

"雅"为姬周叛殷独立时创制之乐类。用琴调歌，以自别于用瑟之"风"乐。其乐器初只一琴，旋亦配合以笙、瑟、钟、鼓。渐编合诸种乐器，则别称之为"大雅"。于是乐官存档，题用乐器少之诗歌为"小雅"，以区别之。

《小雅》七十四篇，包括文王、武王世西周各阶层人物所作之雅乐。成王世已有《大雅》，亦仍有《小雅》乐诗。直至东周皆然。其中绝大部分为统治阶级所作。或为燕飨唱酬之诗。或为集团相诟之谣。或为绥抚诱教之词。或为巫祝降神之语。或为流亡乞哀之言。或为诤张玩世之谐。或为冤痛呼暴之怨。表达当时封建贵族生活方面之真实情态，相当完备。亦有反应学校教育与士人生活者多篇。足以说明士人阶级产生、发展，与其逐渐进入统治阶级之情况。惟属于劳动人民之作者极少。其可指数者《采薇》《出车》《采芑》《蓼莪》《渐渐之石》为军士之诗。其阶级属性为农奴。《黄鸟》一篇，与风诗《硕鼠》相似，代表农奴已有争取为自由农民之倾向。《瓠叶》，足以代表农民之经济生活。《黍苗》与《何草不黄》两篇，为平民工匠之诗。足以说明当时城市平民之阶级属性仍是农奴一类，惟属于脱离农业生产之农奴，为东周"四民"分化的嚆矢。

周以农立国，而雅诗罕及农事。《甫田》《大田》两篇，为春祈秋报之乐章，虚夸欺妄。以求农夫野老一时之乐，脱离实际，无益于劝农。惟《楚茨》《信南山》，有勉励农功之意；正如"告朔饩羊"仍于实际无裨；周之农政废弛，已可知矣。

周朝廷制雅乐以代商风，似曾禁乐官采收风乐诗歌。故成康以后，宗周畿内无风诗。且小雅诗中，往往有风格与风诗相同者。此强迫其属民弃风用雅之验也。

然雅歌非久习于商风之劳动人民所爱悦。除部分习近士大夫阶级，不得已而用雅者外，民间实仍流行风诗，但乐官不采耳。此种估计，有四点可验：

（一）《豳风》今存七篇，其六篇皆作于成王之世，后于文王制雅数十年。足知周初畿内原是风、雅并行。周王虽欲废风用雅，以六篇皆周公所作，乐官不能不录。他诸风诗乃不敢录也。

（二）《谷风》本事，出于经渭之间，是宗周王畿地，而列入《邶风》区内。此必宗周民间先有诗史传之，故邶人得因之转用于邶风之乐。否则叙事不能如彼其详致。《小雅·谷风》是周执政被废者借以自喻，亦当是借用王畿风诗本事。盖本有《豳·谷风》之诗，乐官未采也。

（三）东迁后，宗周旧地悉入于秦。其贵族皆或死亡、或东徙。劳动人民则尽为秦民。于是秦风之诗勃兴。秦音与豳，同为商代西音之转变（《吕览·音初篇》说）。其为诗乐，固属一类。则秦风亦豳风之承续演变的乐类，其间变化当甚微。非有宗周劳动人民为之承传，则安能使素无风乐之秦，遂有勃兴之风诗哉。

（四）成周王畿，多朝歌迁徙之民，素习风乐，西周之世，雅乐不能流行。惟东迁初，雅诗盛极一时。细审，则皆宗周迁流贵族之诗也。追平王之末，宗周东来之贵族死亡略尽，雅诗亦遂绝焉。而《王风》之盛行如故。且宗周东来之贵族，亦有习于王风之诗者，《葛藟》之诗是也。《王风》十篇中，《扬之水》《兔爰》两篇，则皆旧贵族挟持东来之劳动人民所作。设其人先不习风而习雅，则安能入境未久，即能为此风诗乐歌哉?!

雅乐不为劳动人民所尚，徒因西周王朝提倡，流行于宗周贵族之间，实为广大劳动人民所排逐。故自周衰以后，历世儒生，虽极力推崇雅乐，而雅乐亦不能不亡。中华至秦汉之世，惟地方风乐流行，雅乐只存《鹿鸣》一篇。至汉末，杜夔死而《鹿鸣》亦亡矣（《三国志·杜夔传》）。

《小雅》七十四篇，皆孔子自周、鲁太师乐档中抄录来教其弟子之乐章，非周、鲁太师保存小雅诗篇之全部。揆度孔子当时选录之标准，为适合弟子学习之教材；尤注意于文、武，周公年代与厉、宣、幽、平之际的政局变化之历史资料。对康、昭、穆、共、懿、孝、夷七王之世，竟未选录一篇。非七王之世无雅，只孔子未录。抑或由厉王之乱乐档亡佚故也。

关于平王之雅诗，亦惟东迁初年为多。入春秋世（平王四十九年为《春秋》鲁隐公元年），则突然无见。《孟子》谓"王迹息而诗亡，诗亡然后《春秋》作"，盖即谓雅诗之亡也。然亦非春秋世遂无雅诗。《小雅·四月》即敬王世之雅诗。孔子于其所闻世二百年中，于风、南、颂诗多所采录，惟雅诗仅录此篇。从可知孔子亦非真嗜雅者也。

儒家自孟、荀以下，乃斥风而偏重于雅。荀子倡之尤力。汉儒传《诗》，原始四家，皆出于荀子之门，故其说诗，皆崇雅、薄风而曲解二南。其后历代说诗诸家，胥集力于二雅之考订，谄誉不遗余力，侈夸已死数千年之礼仪服制，与文、武、后妃之"德化"。其文汗牛充栋，无或能有当时作诗之真旨实义。

《新诠》以为雅、颂其有裨于研究我国古代社会历史实际之探索者亦多。故于历史发掘方面为详，古礼、制度方面为略。对于历史方面所反复阐说者，约惟五端：

（一）西周初年创建封建制度，改变生产关系之实际情形；

（二）西、东周，王畿地区社会阶级之发展变化；

（三）宣王逐玁狁、平徐淮两大史事的全面探索；

（四）幽王、平王两度经营向都之动机与其演变过程；

（五）周代贵族逐步腐化之实际生活资料的分析。

凡此，皆秦汉以来治经史诸儒所未能言，而现代研究社会历史者所宜注意。"诗学"之精髓，应在于此。

任乃强全集·第八卷

卷五 大雅

《大雅》解题

大雅与小雅同属雅琴导奏之乐类。其区别在于：

一为使用乐器之多少。小雅只一琴即可和歌演奏，配合乐器唯瑟与笙磬。贵族祭享宴乐，参用钟鼓，亦只以节乐。大雅，则遍合诸种乐器，备八音之声。钟用编钟。盘用编磬。鼓有大小多种。柷、敔、埙、篪、管、弦新器皆合用之，犹今世之大合乐也（在《穆天子传》称为"广乐"）。

二为使用者阶级与使用场合的限制。大合众乐，非周王及诸侯不能备。故大雅之乐，非统治阶级不能具，且亦只能用于祭祀燕飨。欣赏者限于统治者与其宾客。若小雅，则不分阶级，不定用途，凡能具一琴以上之乐器者皆可用之。

三为所用诗篇之文格与乐曲音节的不同。大雅诗用字繁多。六章以下者仅六篇，占百分之九十弱。百字以下者亦仅六篇；小雅则六章以下者六十篇，占百分之八十一而强。百字以下者有三十三篇，占百分之四十六而弱。由字量之大，足知大雅音节之繁重，远大于小雅。又其语言充满虚伪、夸张、矜骄、矫揉之气味，不似小雅之大体质实。

封建士大夫于《诗》中特重雅、颂，尤奉大雅为"礼教"之典则。所为传、注，多所曲解附会，殆全失史实之真。《新诠》除沿用部分诂训外，什九摒除旧说，更作。旧云大雅三十一篇，然分析《桑柔》，发现实系前儒将宣王世芮良夫诗与平王芮伯诗两篇不同时代的诗误合为一。故实应为三十二篇。

一、文王之什

（一）文　王

七章。章八句。

郑笺本旧文。下同。

（1）文王在上，于昭于天。周虽旧邦，其命维新。有周不显，帝命不时。文王陟降，在帝左右。

（2）亹亹文王，令闻不已。陈锡哉周，侯文王孙子。文王孙子，本支百世。凡周之士，不显亦世。

（3）世之不显，厥犹翼翼。思皇多士，生此王国。王国克生，维周之桢。济济多士，文王以宁。

（4）穆穆文王，于缉熙敬止。假哉天命，有商孙子。商之孙子，其丽不亿。上帝既命，侯于周服。

（5）侯服于周，天命靡常。殷士肤敏，祼将于京。厥作祼将，常服黼冔。王之荩臣，无念尔祖。

（6）无念尔祖，聿修厥德。永言配命，自求多福。殷之未丧师，克配上帝。宜鉴于殷，骏命不易。

（7）命之不易，无遏尔躬。宣昭义问，有虞殷自天。上天之载，无声无臭。仪刑文王，万邦作孚。

丰邑文王庙成。周公作此祭享乐章也。由诗两言"文王孙子"，知是成王时。由其文格清越，态度贵踞，叮咛周至，饶有教育王臣意义，知是冢宰周文公作。时间当在成王初年。与"周公诰诸侯于皇门"（《竹书纪年》）约略同时①。必判为丰邑文王庙者，宗周大庙建成于武王时，以太王为大祖，王季为昭、文王为穆。惟丰邑有文王专庙。

首章：言文王之灵在天上，仍甚昭明。有周虽是殷之诸侯旧邦，由于文王已受天之新命，便大显于天下。上帝此命大大及时，谓及文王生存之时授命有周代殷而有天下，以明授有德也。末二句，言文王无论地位上升（如被任为西伯），或地位下降（如被囚于羑里），皆如在天帝左右，谓德可配天，亦获天帝之祜佑也。《竹书纪年》称帝王之死为"陟"，故亦有训陟为升于天，训降为生于地者。《毛传》云"言文王升接天，下接人"是也。亦通。

次章：言文王黾勉修德，美誉陆续传闻，福德延及子孙。"陈锡哉周"，陈，犹敷也（《朱传》语）。锡，犹赐也。哉，《传》训为"载"。郑训为始。朱云"语辞"。盖谓文王之德大，使帝之赐福延及其子孙。"侯"字，旧皆训维。按此诗语，三侯字皆当训咸，即普遍皆然之义。故下文谓：凡属文王子孙，无论本系支系，皆百世在位。《朱传》云"本宗百世为天子，支庶百世为诸侯"是也。末二句言：非唯文王子孙如此，即翼佐周王之人员，亦皆世代丕显。谓异姓诸侯与王臣也。

三章：称颂翼佐文王诸臣工，以明文王善于用人。"世之丕显"承上章末句指佐周之士，如太公望，召公奭、散宜生、南宫适等。皆有嘉猷以辅翼周。如此皇然多士，生于周王之国。意谓亦皆天帝所遣也。"思，语辞。皇，美也"（用《朱传》），天克生此多士为周国桢干，济济然和辑以助周王以宁其家国，以宁天下。"桢"，《毛传》云："干也。"犹今言"骨干"也。"济济"，《传》："多威仪也。"朱云"多貌"。诠按：犹今言"和衷共济"，与"一心一德"也。文王亦称"宁王"，谓其能使国家与天下安宁。旧说为"文王亦赖以为安"（《朱传》），非是。

四章：言商族之服事于周，虽非文王之事，亦由文王穆穆之德，不已其敬慎，能固持天帝之命，故能使商汤子孙臣服于周，指武庚、微子等与其族类。"穆穆"，毛云："美也。"朱云："深远之意"。"缉熙"，毛云："光明也。"朱云："缉、续，熙、明，亦不已之意。""假哉"，毛云："固也。"朱云："大也。"诠按：此诗"假"字，当为转移之义。陆德明音"古雅反"，谓与假借之字同音。《说文》假字在又部，云"借也"。其说六书假借云"本无其字，依声记事"，谓字义随声而转移，如"令、

---

① 《竹书》成王元年，"周公诰诸侯于皇门"。《周书》有《皇门解》。孔晁注："路寝左门曰皇门。"《皇门解》所载诰辞，与此诗文义大旨相同。且亦有"国亦不宁""监于兹""朕荩臣"等词汇。其所诰者诸侯。此诗，则勖勉从祭诸人也。

长"二字，失号令与长大之本义而转为县令、邑长之新义也。此诗"假哉天命"，亦谓天命自殷转移于周。续以"有商孙子"为句，谓自商族转移也。与下文"上帝既命"相应。"孙子"，犹子孙，族姓之义也。"其丽不亿"，《毛传》："丽，数也。"言商族众多，不可计量，既知天命转移，遂皆臣服于周。亿为周代人想象之最大数字。"不亿"，犹今言巨亿也。"侯"，读如咸，在此诗文义甚明。旧训维，未切。

五章：告慰殷人之臣服于周者。谓：天命无常，惟授有德者。尔殷之多士，具美质而复敏给（《毛传》："肤、美，敏、疾也。"）。既已臣服于周，周王与之同祭于周京之宗庙，不因其为殷族而加以歧视。"祼将"，谓祭祀灌酒于鬯之礼。《毛传》云："祼，灌鬯之。周人尚臭。将，行。京，大也。"朱云："将，行也，酌而送之也。"谓贮郁金香于鬯中，灌之以酒，使酒挹有香气乃注于地。故"将"为流行之义。又谓周王不惟与殷人同祭灌鬯而已，又且不改易殷族之冠服，许其服黼冔以同祭。《毛传》："黼、白与黑也。冔，殷冠也。夏后氏曰收，周曰冕。"朱云："黼、裳也。"谓殷制，裳，白地绘黑纹采。诠按：殷人尚白。上衣曰衮，亦当是白地绘龙纹。时尚不知刺绣，衣之衣饰但彩绘之。末二句通周人殷人而戒之曰：凡王忠荩之臣，应随时忆念尔之祖德。德美者知所以勉。德恶者知所以戒。"无"，语辞，毛云："无念、念也。"朱云："犹言岂得无念也。"皆用无字本义为说。非是。"荩"，字本义为染黄色之草，人恒见即取之，故字从尽。周人尚黄，故喻忠敬之臣为荩臣。《毛传》："荩，进也。"《孔疏》云："忠爱之笃进，进无已也。"义转迂晦，难从。

六章：重申上章之义，更专以戒王族成员。言：常念尔祖之事，述修其德，以求永能配合天命，则亦永无祸败，是为"自求多福"也。《毛传》训聿为述。朱云："聿，发语辞。"此宜遵毛。"殷之未丧师"，谓牧野战前也。《毛传》云："帝乙已上也。"帝乙为纣之父。意谓纣以前之殷王乃克配上帝。"未失天命"，非诗语本义。文王与纣同时，末年乃自称受天命。又十余年乃克诛纣。周公对当时人，不能否定此事实。固应言纣未败亡时，天命仍未全夺，故亦克配上帝。《郑笺》训师为众，义较灵活。实质仍当谓牧野之败为众叛亲离之终点。故承之云："宜鉴于殷，大命不易。"《毛传》："骏，大也。"《郑笺》云："天之大命。"陆德明《释文》："不易，言甚难（得）也。"郑以易为改易，则不亦当读如丕。然当用陆说。

卒章：言能鉴于殷之失德，天命即不至转移。然，不可满足于自身能保持天命而止。宜更发皇先德，诏令闻于天下。末四句总结全文，仍回顾首章文王在天之义。言天之为天，无声无臭，一切难得而知。惟文王之克受天命，在于有德，则可知矣。苟能仪型文王之德，即必符合天命之道，天下自信服矣。毛云："载，事。刑，法。

孚，信也。"郑云："天之道难知也。耳不闻声音，鼻不闻香臭，仪法文王之事，则天下咸信而顺之。"

诠按：汉儒咸谓"《鹿鸣》为小雅始，《文王》为大雅始"。推究周初创制雅乐时，实以此两篇开始，皆周公旦作也。《鹿鸣》作于文王之世。此篇作于成王初。前后相距约二十年。为雅乐创制二十年乃分出大雅一类之验。亦为雅乐二类皆自周旦创制之证。

旧儒恒以夏、商、周三代并称。然夏代仅属奴隶社会的开始。周代则由奴隶社会向封建社会过渡矣。开始过渡一切制度，实皆创始于周旦。故周公实为中华历史创时代之一伟人物。世称"周公制礼作乐"，就此三百篇诗史考订，大体可信。孔子虽自称屡梦周公，实仅知周礼创自周公而已，未知周公之所以伟大也。周公之伟大，在于创造农奴生产制以代替奴隶生产制。创造崇拜祖先之宗法制度以代替崇拜自然之巫法。其于文艺、品德两方面，亦俱有高深杰出之造诣，在当时社会，具有甚大之教育效果。对政治、经济、文化、军事各方面具有促进社会发展前进之作用。就社会发展之历史阶段言之，当衡定为一时代之伟人也。

（二）大　明

八章。四章六句。四章八句。

(1) 明明在下，赫赫在上。天难忱斯，不易维王。天位殷适，使不挟四方。

(2) 挚仲氏任，自彼殷商，来嫁于周，曰嫔于京。乃及王季，维德之行。①

(3) 大任有身，生此文王。维此文王，小心翼翼。昭事上帝，聿怀多福。厥德不回，以受方国。

(4) 天监在下，有命既集。文王初载，天作之合。在洽之阳，在渭之涘。②

(5) 文王嘉止，大邦有子。大邦有子，伣天之妹。文定厥祥，亲迎于渭。造舟为梁，不显其光。

(6) 有命自天，命此文王。于周于京，缵女维莘。长子维行，笃生武王。保右命尔，燮伐大商。

(7) 殷商之旅，其会如林。矢于牧野，维予侯兴。上帝临女，无贰尔心。

---

① 朱氏《集传》本，截下"大任有身，生此文王"二句于此章。
② 《集传》本截下"文王嘉止，大邦有子"二句于此章。

（8）牧野洋洋，檀车煌煌，驷騵彭彭。维师尚父，时维鹰扬。凉彼武王，肆伐大商，会朝清明。

此周公旦继《文王》赞颂其母太姒之诗。因太姒以及于太任与武王，益阐天命文王造周之义。用于祀文王庙时以赞陪祀诸主也。虽提到王季、文王、武王，但三王各有专祀之庙，非仅陪祀于此。故所叙述，特多为太姒太任与武王之文，而以太姒为核心。

首章：强调天命自殷转移入周。"明明在下"，颂地德，言人事。"赫赫在上"，颂天德，言天命，后妃于《易》为坤，为地德。故此诗用"在下"起句。"天难忱斯"，亦上篇"天命靡常"之义。斯为语辞。"忱"，《韩诗》作訦。《说文》引诗作谌。《尚书·咸有一德》首云："天难谌，命靡常。"周公用之为诗。忱、訦、谌同音义，作固持或胶执解。"丕易维王"亦前篇"帝命不易"之义。"天位殷适"，旧说为"殷之嫡嗣"（毛、郑、朱并同）。诠按：适即自此适彼之义，谓天命自殷转移入周为殷适也。"使不挟四方"，犹言使其不得统治天下。挟为持有之义。与辖义通。与下章太任自殷适周句相应。

次章，承上言太任自殷适周为"殷适"开始之验。《毛传》："挚，国。任，姓。仲，中女也。嫔，妇。京，大也。王季，太王之子，文王之父也。"《郑笺》："及，与也。挚国中女曰太任，从殷商之畿内，嫁为妇于周之京，配王季，而与之共行仁义之德。"

三章：言太任生育文王，乃始承受天命。《毛传》云："大任、仲任也。身，重也。"谓嫁前当称仲任。子孙则称以大任。陆云："大音泰。后大姒、大姜皆同。"有身，谓怀孕。孕则身内有身，故毛曰"重也"。大任生文王姬昌。小心以事天以祈福。天帝从而予以多福。文王敬事天帝不衰，遂克转移天命，俾四方之诸侯来附。谓天帝以四方之国授之。《毛授》云："回，违也。"《笺》云："翼翼，恭慎貌。昭，明。聿，述。怀，思也。方国，四方来附者。"

四章：言天既代殷界周，又为文王生太姒为配偶以佐之。毛云："集，就。载，识。合，配也。"《朱传》训载为年，云："言天之监照，实在于下。其命既集于周矣。故于文王之初年而默定其配。"洽水之阳，谓有莘氏之国邑。其地战国初属魏，曰合阳。汉置郃阳县。即今陕西省合阳县地。洽水入洛，洛水入渭。诗云"在渭之涘"，谓莘之南境达于渭水之涯，大姒之嫁，文王亲迎于此。

五章：述文王婚礼之郑重。首二句，《朱传》改属上章，于文义为顺。《郑笺》

本云："文王闻大姒之贤，则美之曰：大邦有子，可以为妃。乃求昏。"系依《毛传》"嘉，美也"立义。朱云："嘉，婚礼也。大邦，莘国也。子，大姒也。……当文王将昏之期而大邦有子也。"说义不如毛、郑。然子字与涘韵协，与妹、渭不协。又重言"大邦有子"。与周旦诗分章套句例合。兹两存之。"俔天之妹"，《释文》引《韩诗》俔作磬，云"磬，譬也。"《毛传》亦云："俔，譬也。"按：俔者，传说如见之义。引申为譬。亦为间（谍探）之义，故《尔雅·释言》曰："间，俔也。"注云"《左传》谓之谍"是也。大姒，周公生母，未便侈称其美，亦未便径以之为天帝之妹。故用俔字，谓传说其美有似天女。因而卜婚，则吉。从而致聘，莘国卜之亦吉。是谓"文定厥祥"。古婚礼重亲迎。近世川边土司家婚礼尚如此。两族相近，则新郎率其仆从迎至女家之门。相距太远，则期迎于女家辖地界上。诗言"亲近于渭"，谓莘之南界渭涘也。时周在岐邑，莘在河西，按诗语推测文王亲迎之路，当自渭水浮船而下。随从众多，用船多艘。既至渭涘。岸浅滩阔，不能径登，则推挽轻舟入浅，越滩达岸，相续成浮梁以达莘之宾馆。俾亲迎入舟，不至涉水濡足。在三千年前，如此布置，实为宏伟之创举，故诗特称述，谓为"丕显其光"也。

六章：言克受天命之文王，缘娶莘女大姒，笃生武王，剪灭殷纣，完成天命转移之事。毛云："缵，继也。莘，大姒国也。长子，长女也。能行大任之德焉。"郑释"维行"为"维德之行"；朱释为"来嫁于我"。当用朱说。末三句，毛云："笃，厚。右，助。燮，和也。"朱云："言天既命文王于周之京矣。……又笃厚之，使生武王，保之，助之，命之，而使之顺天命以伐商也。"按下文，当谓大姒保、助、命之协而伐商。下两章，发挥其义。

七章：述牧野之役，大姒所起的作用。武王立十二年然后灭纣。先一年曾出师，已至孟津而还。盖内怯也。牧野战前有《泰誓》三篇，多露内怯之情。至《牧誓》而乃果决。《武成》云"受率其旅若林，会于牧野"，则虽克而犹露其怯也。据此诗，十二年中，其母太姒实起敦促作用。"矢于牧野"，毛云："矢，陈也。"《尔雅·释言》："矢，誓也。"盖三家诗旧训为誓，谓牧誓之决也。末三句，皆述太姒勖勉武王之语。盖周公所同闻，故赓牧野之誓连言之，以明武王勇决所由自。"维予侯兴"，非《牧誓》语。旧皆依六月《毛传》训侯为维。然在此句已有"维予"字矣，安得叠用而异其字？盖武王初未王，仍自居于殷之侯国。其母继皇文王之忠，假天命以勉武王，为此语也。故更励之曰："上帝临汝。无贰尔心。"诗言武王临牧野战前念其母敦促之言因而勇决也。若如旧说，皆以为武王勉士之语，则全章为颂武王，与大姒无关，应非周旦诗意。

卒章：述牧野之战，突出太公者，盖谓大姒助武王信任主张伐殷最力之太公。为聘其女邑姜为武王元妃，内外以敦促之。卒亦赖太公之力取胜牧野，克灭纣代殷，完成天命。此周旦作诗本旨也。诗不言邑姜者，周公之诗，不颂生人，时邑姜尚在也。《毛传》："洋洋，广也。煌煌，明也。骝白腹曰骄"，朱云：檀，坚木，宜为车者也。彭彭，强盛貌。师尚父，太公望为太师而号尚父也。鹰扬，如鹰之飞扬而将击，言其猛也。凉，《汉书》作亮，佐助也。肆，纵兵也。会朝，会战之旦也。"末句"会朝清明"言如此重大战役，昧爽陈师，会朝而决。以证太姒"上帝临汝"之教。用以结束全篇。终首章之意，颂大姒之功。不识周旦诗意者，乃谓诗颂先世母德，而以七章卒章为赘入武王太公事焉。

《小雅·小明》与此诗皆以"明明"二字领起。分标以大小字。足知诗题非作诗者所自有，只乐官归档时所标以便取用也。

（三）绵

九章。章六句

(1) 绵绵瓜瓞。民之初生，自土沮漆。古公亶父，陶复陶穴，未有家室。
(2) 古公亶父，来朝走马。率西水浒，至于岐下。爰及姜女，聿来胥宇。
(3) 周原膴膴，堇荼如饴。爰始爰谋，爰契我龟。曰止曰时，筑室于兹。
(4) 迺慰迺止，迺左迺右。迺疆迺理，迺宣迺亩。自西徂东，周爰执事。
(5) 乃召司空，乃召司徒，俾立室家。其绳则直，缩版以载，作庙翼翼。
(6) 捄之陾陾，度之薨薨。筑之登登，削屡冯冯。百堵皆兴，鼛鼓弗胜。
(7) 迺立皋门，皋门有伉。迺立应门，应门将将。迺立冢土，戎丑攸行。
(8) 肆不殄厥愠，亦不陨厥问。柞棫拔矣，行道兑矣。混夷駾矣，维其喙矣。
(9) 虞芮质厥成，文王蹶厥生。予曰有疏附，予曰有先后，予曰有奔奏，予曰有御侮。

岐邑营造太庙成，周公与史官造此诗史为祭享乐章也。其后与上两篇亦用为两君相见燕飨之乐，以夸周之祖德。乐官称为"文王之三"此三诗，自文王至太王，由亲及疏，由近及远，先后有序。每篇递增一章，颇似有意为之。诗格及语词均同，可定为周旦一手所作。

按《竹书纪年》殷帝武乙元年，"邠迁于岐周"。三年，"命周公亶父。赐以岐邑"。二十一年"周公亶父薨"。季历嗣为周公。至文丁四年"命（季历）为牧师"。谓作西方诸侯首领也。十一年，"王杀季历"。文丁十三年"陟"。嗣帝乙"九年陟"。嗣帝辛，即纣，在位五十二年。周文王嗣西伯，薨于纣之四十一年。武王十一年伐殷，明年诛纣，十七年"陟。年九十四"。考九为五字之讹。当生于纣即位之四年。周公之生，更在其后。上距太王迁岐百年左右矣。乃此诗写太王迁岐营邑事，回翔细致，有如身亲目击者，决非脱离劳动之贵族文士意匠所能及。盖原自有民间流传之诗歌刻绘当时真实情致如此，周旦从而纂述之；亦如辑纂古豳歌谣之为《七月》篇；故特能如实表达当时劳动人民生活情事。在《大雅》三十二篇中，合当推为价值最高之诗史。

《毛传》《史记》与朱熹《集传》皆引《孟子》"太王居邠"一段为此诗本事。孟子所据，亦只能是此诗参以其他古代民歌传说耳。太王时民歌，为奴隶社会之民歌。周公编纂为此诗与孟子所传之史事固必各有所加工。惟周公出身于奴隶社会时代，虽云不亲劳动，亦尚能瞭知奴隶劳动之情况。其于此诗，对旧歌之改变应不甚大。至于孟子与毛公，则已昧于奴隶社会各阶层之生活情形，徒依封建王侯之生活与礼制以求诗义，故多"隔靴搔痒"之失，往往谬误甚大。再至司马迁与毛苌以下之史家及经师，则皆囿于孟、荀以下之师说，益附会于封建大一统王朝之格局，更如"隔山打鸟"，不可能命中矣。兹为新诠，微正旧说之尤谬处：

首章：领句"绵绵瓜瓞"，总颂先周世代长远，子姓众盛。按《史记》《世本》所载自弃以下世代与其名人之史事，应皆出于周人之口头传说与诗史性质之歌谣。此诗首章所据，盖亶父迁岐以前，豳原生活之史实也。"民之初生"二句，谓邠族由原始之氏族组织进于公社组织，系从邰迁居到沮水至漆水地区开始。于时始有奴隶。原古谓奴隶为"民"。至周初，乃以百姓并称为"民"。此周初之诗，用原古旧歌而改"周族"之字为民字也。沮水东流入洛（今陕西宜君县之洛河），漆水西流入泾。皆出自豳（邠同）之一黄土平原。其他与羌族邻接。自公刘修后稷（弃）之业，兴矿石之利，用谷物及金属品与羌族市易，致富强，始有奴隶；渐由原始生产制进入奴隶生产制；遂由氏族公社，发展成立国家组织之雏形。《竹书》谓殷帝祖甲十二年"征西戎"。十三年"西戎来宾。命邠侯组绀"。组绀，《世本》曰"太公组绀诸盩"，《周本纪》作"公叔祖类"，《三代世表》作"叔类"，即亶父之父。邠之称国，盖自组绀始。亶父之称"古公"，犹叔类以上之称"先公"，周初谓位不及王之国君为公。古犹故也。非亶公自有此称，盖王季、文王世如此称之也。迨武王、成王世，已称亶父为"太王"。故知此章所据旧歌编造于王季文王之世。所传史事不多，仅突出邠人原始陶穴一点。黄土分布地区，宜凿崖为洞穴，既不崩裂，亦不浸漏，冬暖夏凉，贮藏谷物久不霉蛀。中华先民，远自石器时代，已知此土层造穴居处，成为孕育华夏文化之主导条件。豳原即属如此黄土分布地区，故虽位于"戎狄之间"，社会发展前进较速。此诗所称"陶穴"，即黄土凿之窑洞群也。复、複字古通。《毛传》云："陶其土而复之。""陶其土而穴之。"《朱传》云："陶，窑竈也。复，重窑也。"皆未见陶居者之谬解。推人类对如此构造之发明，盖在发明陶器同时。先民由于取土作陶器，于上壁间掘入成穴，久而知其并不崩败，因以为居处。故亦呼为陶（陶器字，本只作匋。加阜字作陶，原为穴居之义。后遂通用陶字而匋字废）。今人则呼为"窑洞"矣。"陶穴"，谓单穴，大抵领导所居。"陶复"，则骈凿而有道相通连，为群众所居。进入奴隶社会，则奴隶主居陶穴，奴隶分工，聚居陶复间。再进入封建社会，则民户各自为一陶穴，如今华北若干地区农民之住宅地。"未有家室"者，家、室字皆从宀为义，地面建屋之谓也。邠人原只居陶洞，无地面建宅。迨迁岐之周原，地非黄土崖壁不能作窑，始建地面住宅。同时婚姻制度已立，乃渐以室家字义引申为夫妇字义。此诗旧歌所用者为室家字本义，非如旧说之"未有寝庙，亦未有室家"（《毛传》）也。

次章："来朝走马"，古歌中述亶父决迁之语也。邠国既已富盛，多粮食，引起牧部垂涎，由偷盗渐至劫掠。来去飘忽，防不胜防。故亶父决意避之。避狄远徙，当先慎商于族人。会商既定，乃能有此语也。决定迁徙路线，系自邠向西，循漆水入泾水河谷，故曰"率西水浒"。率，循也。浒，水涯也。更自泾水中游支谷逾梁山，入于岐山下之周原，遂定居焉。其地已属渭水平原，距牧部远，阻以重山，牧骑所不易到。陇阪外尽牧羌，市易仍便。内方腴沃，与华夏诸部衔接亦有利于国家与民族文化之发展。又尚为华夏未垦占之地，故徙之也。"爰及姜女"二句，谓亶父妃太姜与太王同来相度地形，助其迁居。胥，相也。宇，居宅也（并用《毛传》诂训）。

三章：述决定营造周邑过程。"周"字，本像原田划割之形。古歌已称为"周原"，则是其地先已有人耕垦而复弃去，阡陌犹有存者可知。毛云"周原，漆沮之间也。"后儒遂缘之以说上章之沮漆。大谬。今岐山县亦有漆水、沮水，乃邠族徙居后，因其亦有漆树与沮洳，移用邠地旧地以名之。非徙居前水已自名如此，更非"自土沮漆"之水也。"膴膴"，毛云"美也"，朱云"肥美貌"。堇与荼，皆野生植物之叶可茹者。《尔雅》："啮，苦堇"，郭璞注："今堇葵也。"《夏小正》二月"荣堇"。郝懿行《尔雅义疏》云："生下隰者，叶面光细于柳叶。高尺许，茎紫色。味苦。瀹之则甘。"笔者在川边河谷屡见之。开垦既久，则被芟绝。毛云："堇，菜也。"朱云："堇，乌头也。"皆非诗义。荼，野荼也。与堇同类之灌丛植物，其叶味苦瀹之可食与同。后世茶字即荼字之省。周原土厚，野生之堇荼叶肥，瀹食甚美，故曰"如饴"。堇荼如此，则宜于谷物可知。先民凭其经验判断如此，为初步决定宅地之条件。由此发现而停留考察（爰始）而与族人讨论（爰谋），而进行占卜，灼龟以觇其裂纹，定吉凶（爰契我龟），龟卜之繇"曰止"，毋庸他求也。"曰时"，开垦正及时也。于是决定"筑室于兹"。

四章：述邠人相继徙来，安插布置。"迺慰"，迎而劳之也。"迺止"，人皆愿留此也。"迺左迺右"，安插于附近适当之地也。"迺疆迺理"，量度各支人口，划分垦区，为之经界也。"迺宣"，集中其人宣布令教也。"迺亩"，宣政之后，各支分别就垦区从事垦耕也。"自西徂东"，谓安插其家自原之西端开始，次第及于东端。必如此者，西端距泾谷远，牧族劫掠难至。东端与来路近，防备之力为多，当先固基础也。"周爰执事"之周，为"周密""周到"之义，谓亶父与骨干人物为其群众擘画、安排、照雇、体贴之勤恪。旧说为"从西方而往东方之人，皆于周执事。竞出力也"（《郑笺》），大谬。邠之称周，在既迁乃强之后，亶父初至仍自称邠。故周之风诗仍曰"豳风"，而部分雅、颂亦称"豳雅""豳颂"也。

五章：述经营国邑先建宗庙之事。司空、司徒之称，虽曾见于《舜典》，亦后人追述假借之称耳。唐虞世文字尚不足用，岂能遂有如此官名。夏殷遗文绝未见此称号。《尚书·牧誓》始见之。至成王时，周公作《立政》所举旧官，先重"常伯、常任、准人、缀衣、虎贲"及"趣马、小尹"。"太史、尹伯、庶常吉士"以下乃叙"司徒、司马、司空、亚旅"，皆军职也（《牧誓》同）。且谓"文王惟克厥宅心，乃克立兹常事司牧人"。则诸官皆文王创立。太王之世，尚属奴隶社会，安得遂有如此名称之职官。亦且未必徙邑之初不先营居宅而先造宗庙。故可判断此章非据先民传诵之诗歌，而为周礼已推行后周公增窜之一章。"其绳则直"，谓定基引绳也。"缩版以载"，谓筑土为壁也。岐邑冬寒夏酷熟，不得陶穴资用，故作室必用土墙，非无木材也。"缩版"，谓以绳约束其筑版。"载"，谓既成一版，撤版加于其上缩约更增筑之。《毛传》云："君子将营室，宗庙为先，厩库为次，居室为后。"是儒家矫揉说礼之言，非可以语于奴隶社会之迁徙。"翼翼"字屡见于诗，皆连橑接栋五庙七庙聚列之意。

六章：描绘版筑情形，全是劳动人民语言。《毛传》："捄，虆也。陾陾，众也。度，居也。言百姓之勤劳。"《郑笺》："捄，抒也。度，犹投也。筑墙者抒聚壤土，盛之以藁而投之版中。"《朱传》："捄，盛土于器也。度，投土于版也。"陆氏《释文》："捄，音俱。陾，耳升反，筑墙声也。"诠按：《说文》："捄，盛土于梩也。从手，求声。一曰桴也。《诗》曰'捄之陾陾'。"又抔字云："引取土也。从手，孚声。《诗》曰'原隰抔矣'（《毛诗》作裒）。抱，抔或从包。"段注云："古音孚声、包声同在三部。后人用抱为怀裒字。盖古今字之不同如此。"今凡徙孚之字，仍多读"袄"音。如脬、桴、浮、孵、殍、莩，俗写亦可作胞、枹、泡、豝等是也。郑训捄为抔，当读为"庖"，谓以双手抔土入畚中，以投于版也。豳族虽已有金属之锄，不足供多人掘土使用，故奴隶皆以双手抔土入畚。"陾陾"，细土累积貌。字书但依《毛传》训众。依此诗之韵"音仍"。盖筑墙之土宜顿细，从阜者，积土高之意，是会意字，故不以顿顿为声也。《毛传》训众者，盖畚中土众之意。云"捄藁"者谓抔土入藁。邠岐乏于竹类，箕畚以藤编之，故曰藁。或以木条编之，则曰梩。故《说文》释捄为盛土于梩。许慎于诗多用鲁诗字义。疑鲁诗作"捄之陾陾"，训捄于梩，毛诗传脱入于字，单言藁。误也。"度之"，陆音"待洛反"。朱同。则当读如"审度"之音"夺"，亦非。当读如字"渡"，谓用畚投土版中为度，如自彼引度过此也。"薨薨"，与"虫飞薨薨"同义，喻其众多。"登登"，乃版筑之声。"削屡冯冯"，毛云："削墙锻屡之声冯冯然。"朱云："削屡，墙成而削治重复也。"诠案：屡、娄，古今字。凡瘘、偻、嵝、瘘诸字皆因其义造，为隆起，累赘，重出，疣结，诸解。毛云"锻屡"，是劳动金工语言，谓锻者砧、锤披头外突之废部。筑墙者新旧相乘之两版间，有土被压外突与锻屡相似。古只本呼为屡，后世呼为锻屡也。筑墙成，例用土刀削去之，使墙面平。其声"平平"然。冯与凭，亦古今字。"百堵皆与"，与《鸿雁》"百堵皆作"同义。宫室与民居同时兴建也。"鼛"，毛云："大鼓也，长一丈二尺。或鼛或鼓。言劝事乐功也。"按：《周礼·地官》鼓人六鼓，"以鼛鼓鼓役事"。鼛鼓当为一物，只大鼓，声能及远耳。非长形之舞鼓也（《鼓钟》诗之"伐鼛"，音鸩，乃舞鼓，今云"象脚鼓"非鼓役事者）。奴隶劳动，出于强制。奴隶主为加强督促，使人鸣大鼓以催逼之。谬言为"鼓励"之。执鼓者不胜其劳。必至奴隶皆已疲困而后止。此"鼛鼓弗胜"之义也。

七章：作邑既成，巧作大墙绕护于宗庙宫室外，以别于民居。是为标志统治阶级住在之建筑。已经建成国家之验也。复用迺字，亦仍用旧歌之辞。毛云："王之郭门曰皋门。伉，高貌。王之正门曰应门。将将，严正也。"朱云："太王之时，未有制度。物作二门，其名如此。及周有天下，遂尊以为天子之门，而诸侯不得立焉。"诠按：朱说是也。盖当时作宫于周原高处，估地不大，只开正门于皋，故曰皋门。

另开侧门正当太王之宫,以便人民陈事出入,是曰应门。当时简朴如此。"将将",人民出入频数貌。冢,大也。作方土垒以象地,当时称为"冢土",复乃正名曰社。太王立社以祀后土,供祈年报赛之用。诸侯之国亦皆有社。故称天子之社曰大社。"戎丑攸行",毛云:"戎,大。丑、众也。"用"起大事"说之。后儒遵用。诠按:此启下章之语。非承冢土句言也。戎,谓西戎。丑,谓其类。攸行,成群至也。周之俗,大事告于庙,不告于社。毛说未允。

八章:言太王与戎狄之关系。前在邠时,与羌戎市易之关系,徙岐后仍保持。若乎侵掠邠土之狄曰混夷者,则更无可掠,限以梁山,不得而至岐邑也。毛云:"肆,故今也。愠、恚。陨,坠也。"朱云:"肆,古今也。犹言遂也。承上启下之辞。殄,绝。愠,怒。陨,坠也。问,闻通,谓声誉也。"按:诗谓牧羌性好掳掠,而必须市易农产品,兑出畜产品,今与之市易而制其劫掠,则既不殄绝其恚愠,亦不中断于聘问往还。旧儒不识民族集团间经济相倚之关系,但从政治军事方面求解,故不能达此义也。"柞棫拔矣"以下,言豳之故地,人众迁徙,还为荒原,柞棫挺拔,更无农产品可掠。唯商旅道路仍通。"兑",毛云:"成蹊也。"朱云"通也,始通道于柞棫之间也。"柞,栎类。棫,郑云"白桵"。朱云:"俱小木,丛生有刺。""混夷",即《孟子》所谓"昆夷",《史记》谓之"薰育",《毛传》所谓"狄人",实为羌民族之一支,在豳之北,故曰狄。薰育,当是该首领之名(亦即为该支名称)。混夷,则豳人所加之恶称(或因其居地之名为称)。"駾",毛云:"突也。"郑云:"见文王之使者将士众,过己国,则惶怖惊走,奔突入此柞棫之中而逃。甚困剧也。是之谓'一年伐混夷'。"说太王事而胡扯至文王,以谬传伏生《书大传》文王"一年伐混夷"之说,经师之妄乃至于此,可为之一叹也。《说文》:"駾,马行疾来貌也。"引此诗。是鲁诗训释如此。毛氏省为一突字。谓其马队奔突而来。如昔行劫之时也。赓云"维其喙矣",嘲其此来毫无所得,惟存空喙以去。颂迁岐得计也。毛云:"喙,困也。"朱云:"喙,息也。……木拔道通,混夷畏之,而奔突窜伏,维其喙息而已。"于文义,于事理,皆甚不通。豳族避其寇扰,至于弃其世业而远避之。何为迁后便突然强大,因柞棫间相通之道遂至惶骇奔窜以匿避哉?鸟兽之嘴曰喙。嘲骂之语也。

卒章:言文王受命,由太王开基。是周旦纂旧歌成诗史后自缀之辞。《毛传》:"质,成也。成平也。蹶,动也。虞芮之君相与争田,久而不平。乃相谓曰:'西伯,仁人也。盍往质焉。'乃相与朝周。入其境,则耕者让畔,行者让路。入其邑,男女异路,斑白不提挈。入其朝,士让为大夫,大夫让为卿。二国之君感而相谓曰:'我等小人，不可以履君子之庭。'乃相让，以其所争田为间田而退。天下闻而归者四十余国。"孔颖达《疏》云："当有成文，不知出何书也。"按：《家语》《史记》《说苑》，皆记此事，大体与《毛传》同。《书大传》谓，"文王受命一年，断虞芮之讼。"相传《书大传》为伏生作。然亦讹托耳。或更出于《毛传》以"虞芮质成"句加于"文王蹶厥生"之前，则毛意非即以质成非文王事，而是王季事也。《诗》与《大传》皆未详言其事。惟《毛传》絮絮描绘如此。所言"入境""入邑""入朝"所见，皆与奴隶社会情实不合。文王时无私田，则何云"让畔"？时无官制，则何来有卿大夫？男女之防，周公所制礼也，文王时何已成俗？虞芮之国在河东。不达千里来质于西伯之岐邑，何能履庭而退？且诗不云"质厥成"乎？《大传》亦云断讼，非其自退也。参合推详，徒是汉儒说诗之讹言耳。按诗语推之，王季为西伯实曾受殷王命断虞芮之讼。周公引以为天命转移之验也。"文王蹶厥生"，谓因于羑里几殆而未死也。谓此皆太王遗泽所致耳。末四句，谓文王得士之盛，亦由有太王开辟之国基。"予曰有"云者，谓周王因而得有。亦非特言文王也。"疏附"，谓远族来附者，若太公、微子、鬻熊、与庸、蜀、羌、髳诸人也。"先后"，谓前后卫导之士，泰颠、闳夭之类是也。"奔奏"，《书大传》作"奔走"，毛云"喻德宣誉"之人。谓如南宫适、散宜生等是也。"御侮"，谓雄强敢战之士，若尹氏八士，新荒、百合（并见《逸周书》）之属也。皆非出于岐周王族之人，而效事于周族者。

（四）棫 朴

五章。章四句。

(1) 芃芃棫朴，薪之槱之。济济辟王，左右趣之。
(2) 济济辟王，左右奉璋。奉璋峨峨，髦士攸宜。
(3) 淠波泾舟，烝徒楫之。周王于迈，六师及之。
(4) 倬彼云汉，为章于天。周王寿考，遐不作人。
(5) 追琢其章，金玉其相。勉勉我王，纲纪四方。

此乐官作以歌颂周王得士之诗。周公初创大雅，作《文王》诸篇以颂祖德。乐官因成王临视学官，阐述"济济多士文王以宁"之义，以教士子，以广大雅之乐。后遂用为释材之乐章，祼祭抑或用之。不称文王而漫言周王者，便为时王通用之乐故也。

首章：以棫朴喻多士之材，薪樲喻周王之用。"济济"，《文王》篇原语，喻才士之多。"辟王"之辟，与辅弼字同义。同诗于正臣与诸侯，亦称"群辟"，亦与"百辟"同，同音字可通假也。《郑笺》于此亦作"君王"解。应非。"左右趣之"，《毛传》："趣，趋也。"谓：为周王奔走趋事也。陆云："芃。薄红反。樲，者酉。"薪，谓析木为柴。樲，谓积柴而燔以祭也。上古以祭祀为国家大事，故诗之设喻如此。

次章：袭周公套句诗法，重言多士助祭称职。毛云："半圭曰璋。"郑云："璋，瓒也。祭祀之礼，王裸以珪瓒，诸臣助之。亚裸以璋瓒。"周人重玉，贵族相见必执圭、璧。祭祀献酒，必以圭璋为柄之勺灌酒，通过香鬯，是谓裸祭。用圭柄者为珪瓒，用璋柄者曰璋瓒。诗言"左右奉璋"，谓趋事于亚裸也。"峨峨"，毛云"盛壮也"。髦士，犹进士也。毛之突出者为髦。故士子之选官者称为髦士。旧释为"俊士"者，未允（参看《王制》）。

三章：言戎事亦赖多士之力。"国之大事，惟祀与戎"（《左传》文），故诗用此两章申言"左右趣之"之义。《毛传》："淠、舟行貌。楫，櫂也。"诗言：泾水之舟，淠然前进者，赖众多之人为之鼓棹也（棹、櫂同音，推楫行船也）。周王远征，则六乡之士相与从之也（《郑笺》："迈，行。及，与也。"）。"六师"，毛云："天子六军。"周制，寓兵于农。天子六卿，六卿主之。军与，则卿赋一师。其制创于周公。诗云"六师"，则是此制已行之后，应是成王时作也。《毛序》谓诗颂"文王能官人"者，亦非。

四章：泛颂周王培育士子。《毛传》："倬，大也。云汉，天河也。"诠按：天体恒星密集之部为"天体赤道"，地上人称为"天河"，古曰"云汉"。诗言云汉之彰明于天，由众星各有光辉。章、彰，古今字。郑、朱说为"文章"。非也。周王兴学毓成多士，皆能为国之光，犹天帝毓成众星，蔚为银汉。宜其寿考齐天也。"遐不作人"，《朱传》："遐，与何同。作人，谓变化鼓舞之也。"谓周王因多士而宁，以致寿考，则何为不作育人才乎。训遐为远。郑云"周王，文王也"，均失诗指。

卒章：言周之多士，如金玉之质，经周王雕琢成材，亦为周王治理天下之用。毛云："追，雕也。金曰雕。玉曰琢。相，质也。"郑云："《周礼》追师'掌追衡笄'，则追亦治玉也。"诠按：毛说非也。周初，尚不可能有雕刻金属之技。但能雕刻竹木耳。追师所追之笄，亦明非金玉之器。《荀子·富国篇》《说苑·修文篇》、赵岐《孟子注》引此诗并作"雕琢其章"。彫、雕亦古今字。郑玄追师《注》，顾野王《玉篇》引此诗并作"追琢其璋"，盖鲁诗、韩诗作字不同。毛诗改追与章字也。追与琢，皆谓治玉。中华治玉为北方追族所教，说在《韩奕》。故治玉之工曰追师。追雕古同音，故追琢即雕琢，东周以后始别称追师为"玉人"，追琢为雕琢。毛、郑径用先秦文义说周初语言，故谬也。"勉勉"，犹亹勉也。《韩诗外传》引此诗句作"亹亹文王"，是郑玄说此为文王诗的思想根源。《白虎通义》引作"亹亹我王"。足见三家诗虽着字不同，亦惟韩诗妄说为文王耳。亹，亦训勉。"纲纪四方"，郑云："以罔罟喻为政。张之为纲，理之为纪。"符合古文假借之义。当云"张则持纲，理则持纪"。纲，纲领索，纪，纲目也。

（五）旱麓

六章。章四句。

(1) 瞻彼旱麓，榛楛济济。岂弟君子，干禄岂弟。
(2) 瑟彼玉瓒，黄流在中。岂弟君子，福禄攸降。
(3) 鸢飞戾天，鱼跃于渊。岂弟君子，遐不作人。
(4) 清酒既载，骍牡既备。以享以祀，以介景福。
(5) 瑟彼柞棫，民所燎矣。岂弟君子，神所劳矣。
(6) 莫莫葛藟，施于条枚。岂弟君子，求福不回。

南国人士入仕于周者，参与祼祭，王命乐师作此歌勉其推行王化于本土也。与《棫朴》如出一手，亦皆称祼祭之事，应是用于一祭两次乐章。

首章："旱麓"，旱山之麓，在汉中西南池水上游，当"米仓道"侧，从来巴蜀与汉中地区交通要道也。南国奉此山为神山。《水经注》卷二十七："汉水，右合池水。水出旱山。山下有祠，列石十二。不辨其由。盖社主之流。百姓四时祈祷焉。"诠按：原始社会，未有青铜器前，有撵大石于冢墓处以祀为神者。四川成都之武担山"石镜"，新都之"八阵图"，与米仓道之"石牛"及旱山十二巨石，皆是也。南国西部，即今四川与汉中地区，地近岐周，奴隶市易最盛。从而南人在周立功者甚多，慕周之文化亦早。在文、武、成王之世，奴隶主入朝于周及遣子弟入周学者实多有之。故能由极为落后之原始社会，随周室发展，飞跃而进入奴隶与封建社会，蔚开秦汉郡县文化发展之局。此种历史发展过程，虽无明确之史载可据，由《周诗》之有此篇，及《鱼丽》等篇和《周南》数篇所显示者已甚明白矣。南国之多榛楛，亦犹岐周之多棫朴，皆主要之薪材也。榛亦栎类，楛坚而直，上古以为矢材。故诗以喻南国之多士。与《棫朴》同用"济济"之形容字。"岂弟"，《国语》单穆公引此诗作恺悌。恺，和乐也。悌，友好也。《毛传》合训为"乐易"（《齐·载驱》与此同），谓和乐平易也。为南方民族一般具备之美德。"君子"，谓南国奴隶主，用《关雎》"君子好逑"之义。郑云"谓为'求官'之代辞"，亦谬。干者，本义为盾，引申为捍卫之义。干禄，谓保持禄位。贵族不失其禄位，则亦能保持其乐易之度，是此诗之本义也。

次章：言南人入仕于周者，亦得参与祼礼。与"殷士"、周人同待遇。"瑟"，郑云"洁鲜貌"，朱云"缜密貌"。皆只"玉瓒"之形容语。"黄流在中"，谓卣中先贮郁金，酒灌入成黄流也。郑说为圭瓒，"以圭为柄，黄金为勺，青金为外，朱中央矣"，以为天子之灌器，"王季为西伯以功得此赐"。谬甚。"福禄攸降，"谓参加祼礼者、神皆降予之以福禄。降，读如《草虫》"我心则降"之"杭"，与中韵。亦用南人语音也。

三章：言鸟类皆能飞，惟鸢之飞独高。鱼皆能潜于水而亦有雄健能跃起于深渊者。喻南人虽限以南山，幽居在下，亦有杰出之士能自奋发而入仕于周如鸢之飞、鱼之跃也。所贵于岂弟之君子能推行周王之教以培育之。"遐不作人"，用《棫朴》颂周王成语，以鼓励之。后儒不知，乃误谓与上篇同为颂周王。

四章：言祭祀祖庙，南国贵族，亦宜仿行。"载"，犹在也，郑云"在尊中也"。"骍牡"，祀祖之牲。"既备"，已选定卜定。谓周之所用，南国亦并有之。用以享尸祀神，可以致大福。郑云："介，助。景，大也。"

五章：谓瑟然之美薪，能燔以祀神者，人民也。喻人力之伟大。岂弟之君子能育材以助祭，则亦神之所喜劳倈者。谓获福祐也。

卒章：再用南国《葛覃》《樛木》辞义，指示南人当亲附于周。意盖以二诗作自南国，南人易于体会，是作者诲谆南人苦心。"求福不回"，是前进勿退之意。旧训回为违、为邪者，并非。

（六）思 齐

四章。章六句。故言五章。二章章六句，三章章四句。《朱传》从故。

(1) 思齐大任，文王之母。思媚周姜，京室之妇。大姒嗣徽音，则百斯男。

(2) 惠于宗公，神罔时怨，神罔时恫。刑于寡妻，至于兄弟，以御于家邦。

（3）雝雝在宫，肃肃在庙。不显亦临，无射亦保。① 肆戎疾不殄，烈假不瑕。

（4）不闻亦式，不谏亦入。② 肆成人有德，小子有造。古之人无斁，誉髦斯士。

此史官作以歌颂周王三世祖妣之诗，用为王室婚礼乐章，疑亦出于周公之意。所据亦为旧有之宫廷诗歌，句多费解。殷周妇女行事不着于闺外，故虽史官为之叙事亦不能多，且皆空洞之谀颂。经师说此诗者，自毛、卫、马、郑，下至唐宋以来诸儒，多所纷歧。封建谀颂，无当史实。兹但略通其意而已。

首章：综叙三后世次。两思字，皆发语词。齐，陆音"侧皆反"，当读如齐庄之齐。《毛传》："齐，庄。媚，爱也。周姜，大姜也。京室，王室也。"大姜，太王妃，《绵》云"姜女"是也。居周原，始以周为国号，故曰"周姜"。又曰"京室之妇"，周初谓周邑为京，宫中人称王室为京室也。大任为王季妃，孝敬以事其姑，时称敬顺事上为媚。既生文王。为之娶太姒，承续其媚姑之言行，故曰"嗣徽音"。徽，美也。则获多子之福。"则百斯男"者，当时计数及十而返，仅以百为极多数之义，非谓实有百子。《左传》僖公二十四年，富辰所举文王之子得国者十六耳。加以武王与伯邑考及早死之子，不能出二十左右。至于太姒一人所生，据《史记·管蔡世家》所著则只十人而已。《毛传》云："大姒十子，众妾则宜百子矣。"凿言"百子"，大谬。

次章：以下，通颂三后之德。"宗公"，指宗庙先公，通三世祖公言之。《毛传》："宗公，宗神也。"《郑笺》："惠，顺也。"诠按：惠字，本作恵（专心），一心无贰之义。此诗谓专诚事神也。省作惠后，辗转引申，成为仁惠于下之辞，失此本义。郑训顺，亦非也。"神罔"二句，谓神于三后皆无所不满，亦无所伤痛。毛云："恫，痛也。""刑"字，本作型，陶范也。引申义为范。毛云"法也"。是再引申之义。后世更以为威刑字，而别为"型"字以表陶范。"寡妻"，谓众妾也。毛训为"适妻"，亦非。奴隶主皆多妻。大姜、大任、大姒皆嫡妻矣。更型于谁之"嫡妻"？寡字本义为分赋（《说文》），引申之义为少，为孤独无伴，再引申为鳏寡。卫庄姜诗称"寡人"，由庄公已死，非以嫡妃也。奴隶主之多妻，惟嫡妻为正偶，余妻皆独居待幸，故曰"寡妻"也。诗谓三后内善于事神，内为众妾之模范，外为族人之典型，从而影响于全国之人，皆能敬祀其祖先耳。"御"，毛云"近也"，依《鹊巢》字义。郑云

---

① 下二句，《朱传》割入第四章。
② 《朱传》此二句属第四章，此下为第五章。

"治也",用驾驭之字。当以郑义为长。

三章:言三后在宫雍和。在庙庄敬。当时对女德要求如此而止也。"丕显亦临",谓后妃不治外事,声闻本不能显著于外。然而三后亦皆大显其名于世。临,犹言加临其身也。毛云"以显临之",是此义。朱云:"虽居幽隐,亦常若有临之者",失之。"无射",与卒章"无斁"音义同。同篇字,亦犹《绵》诗之迺与乃,所用旧歌原字不同故也。《郑笺》释无斁为"口无择言,身无择行",说无射为"于六艺无射才者",以牵合为文王之颂,大谬。射字古音同"弋",与睪音近。斁与择字皆从睪声。故弋射,斁、择字可通假。《车辖》《抑》《清庙》之射字皆读如斁,为餍足,为选择之义。此诗言:三后虽言行无所择避,而亦能保其身之安而不倾也。

末二句,《朱传》以为当另分章。就文理言,固应如此。肆,发语辞。"戎疾不殄"二句,毛云:"戎,大也。故今大疾害人者,不绝之而自绝也。烈,业。假,大也。"郑云:"厉,假,皆病也。瑕,已也。"朱云:"烈、光。假,大。瑕,过也。"皆谓是文王之事,各为之曲解。《新诠》以为诗谓戎事与疾病时期,皆家邦困难之时,不因之而颓废丧志为"不殄"也。烈,谓昌盛时期,假与嘉古音义通,谓快慰之事。俱不因之而骄恣纵情为"不瑕"也。即"居泰不骄,临危不变"之意。

四章:"不闻亦式,不谏亦入",正合赓上二句成文。故言"章四句"者正应如《朱传》本。惟乐章利在字数一致,则四章皆六句为便。故两存之。不,当读如丕。"丕闻",谓大有声闻之人,能式敬之。"丕谏"即《民劳》诗"大谏"之义。对大谏诤,亦能受纳之。皆宫廷旧歌之辞,当时或有实事可指。究亦不知所指何后之事,故徒为泛颂后妃之虚辞。决非谓文王事也。

"肆成人有德,小子有造",与"戎疾不殄,烈假不瑕"为比对句。谓三后皆能熏陶后进,使族之成人有德称,小子有进步(有造就)。续言"古之人"二句,盖用某后勉其子媳之言。谓古人诲人不倦,无所择于人,故能成德达才,作育誉髦之士也。

(七)皇 矣

八章。章十二句。

(1)皇矣上帝,临下有赫。监观四方,求民之莫。维此二国,其政不获。维彼四国,爰究爰度。上帝耆之,憎其式廓。乃眷西顾,此维与宅。

(2)作之屏之,其菑其翳。修之平之,其灌其栵。启之辟之,其柽其椐。攘之别之，其檿其柘。帝迁明德，串夷载路。天立厥配，受命既固。

（3）帝省其山，柞棫斯拔，松柏斯兑。帝作邦作对，自大伯王季。维此王季，因心则友。则友其兄，则笃其庆。载锡之光，受禄无丧，奄有四方。

（4）维此王季，帝度其心。貊其德音，其德克明。克明克类，克长克君。王此大邦，克顺克比。比于文王，其德靡悔。既受帝祉，施于孙子。

（5）帝谓文王，无然畔援，无然歆羡，诞先登于岸。密人不恭，敢距大邦，侵阮徂共。王赫斯怒，爰整其旅，以按徂旅，以笃于周祜，以对于天下。

（6）依其在京，侵自阮疆，陟我高冈。无矢我陵，我陵我阿。无饮我泉，我泉我池。度其鲜原，居岐之阳，在渭之将。万邦之方，下民之王。

（7）帝谓文王，予怀明德，不大声以色，不长夏以革。不识不知，顺帝之则。帝谓文王，询尔仇方，同尔兄弟，以尔钩援。与尔临冲，以伐崇墉。

（8）临冲闲闲，崇墉言言。执讯连连，攸馘安安。是类是祃，是致是附，四方以无侮。临冲茀茀，崇墉仡仡。是伐是肆，是绝是忽，四方以无拂。

此史佚作周王世德之诗史也。自太王、王季，至文王伐崇。戛然中断，疑是因老病中辍。迨其既死，成王乃取以与《思齐》合于大雅之乐。抑或是太师简册有脱，抑孔子抄录时削其下数章而代之以《灵台》《下武》。又或汉儒传诗时脱之。要必当有一或数章终文王事，始成文理。然，不可考矣。其说天命，与周公立异。周公诗皆谓文王受命。此诗则谓受命自太王始。显然为周既统一天下以复追尊太王、王季时所造之诗。天命原是周人欺世之说。周公只以传于其父文王，史佚因追尊而传于太王也。

首章：《毛传》云："皇，大。莫，定也。""二国，殷夏也。""四国，四方也。""耆，恶也。廓，大也。"后儒皆循其字义求解，纷然歧互，莫能竟通。《朱传》引通之云："言天之临下甚明，但求民之安定而已。彼夏商之政既不得矣，故求于四方之国。苟上帝之所欲致者，则增大其疆域之规模。于是乃眷然顾视西土，以此岐周之地，与大王为居宅也。"诠按：莫者，瘼之借字。"求民之瘼"，谓天帝欲知人民疾苦。是《泰誓》"天视自我民视，天听自我民听"之义。古瘼、莫两字通用。《文选注》引《韩诗》"乱离莫矣"（在潘安仁关中诗注），今在《小雅·四月》字作瘼。《说苑·政理篇》引此诗，字亦作莫。则毛训此莫为定，非矣。说二国为夏殷亦非与《泰誓》相结合即不可通。"上帝之耆"，耆，郑云"老也"。老之，谓上帝见夏禹之泽衰老，则"佑命成汤，降黜夏命"（《泰誓》语）。今商政又已衰老，当有壮盛者代之。故憎恶衰殷地盘之寥廓，乃眷顾于西土之周族以岐地与太王。太王应天命居之，遂奠代殷之基。"此维与宅"，亦《绵》诗"筑室于兹"之义。朱训耆为憎，再云"憎当作增"，妄之甚矣。

次章：前八句，述太王开辟周原之事。亦是用古诗歌文，表达开荒之术。旧儒多妄说之。如《毛传》谓："木立死曰菑，自毙曰翳。"后尽遵之。《朱传》疑其字义，亦只引"或曰'小木蒙密蔽翳'"以说翳之一条。按：菑旧，谓旧菑田。作谓耕作。原是菑田，则耕作之（称周原，即可知其旧曾为田）。原是丛翳，则摒除之。原是灌木，则修剪之。原是列树，则削平之（栵，音例，树之成列者也）。柽，今云观音柳，椐，今云山毛榉。俱薪材。则亦除去之为耕地。启，犹开也。辟、闢，古通用。檿，野桑。柘、桑属而木质更坚。俱叶饲蚕，材中弓，则但修整其枝条，俾更中于使用。攘，取而不杀也，剔，去其恶戾之部也。与开辟含义不同。后四句言：地既垦辟，帝命迁转于明德之周王，夷戎来市易者络绎载道。天为立妃曰姜女，本羌戎族人，为能招致羌民市易之一大动力。是为天命已固之验。"串夷载路"，旧说亦纷庞互抵。毛云："串，习。夷，常。路，大也。"郑云："串夷即混夷，西戎国名也。""路，应也。天意去殷之恶就周之德，文王则侵伐混夷以应天命。"朱云："载路，谓满路而去。所谓'混夷駾矣'者也。"诠按："串夷"，谓与周市易之夷。串字，象两物等称连缀之形。与古貿（卯）字同一会意。《说文》无串字，只中字。段注本训中为纲（内）。谓："作内，则此字平声去声之义无不赅。"平声，中央之义。去声，投入得当之义。唐宋元明，谓商人输谷于边易政府之茶曰"中茶"，易戎人之马曰"中马"，皆以中为兑换之义，盖古义也。串之为字，象双中，为双方兑物之义，亦古义也。羌与姜，古义亦通。《绵》诗之"姜女"，盖羌族之女。太王世与羌族相市易，故娶羌族之女。由于娶羌族之女，故所在与羌族市易关系不断。诗以"天立厥配"与"串夷载路"连言，明姜女与串夷之关系如此。旧儒不达此义，固不能不徒作唯心之妄解耳（《绵》诗之"戎丑攸行"同）。

三章：言天帝省察太王之政效，则已柞棫尽拔，松柏荫路矣。具见其能得民心，地辟事理，不负天命。则更助之兴邦，助立贤妃。"作邦作对"之对字，谓太姜之德与之匹敌。拔、兑字俱袭《绵》篇，足见所言为太王事。"自太伯王季"，谓太姜生太伯、王季，周乃大兴。"自"字，疑当为"生"字讹。否则当训"生"。《大明》言大任"生此文王"，大姒"生武王"。大伯、仲雍、王季皆大姜所生。"自"字与"生"字形近。"生"亦有"自"之义。诗以王季大伯并言，而下文专颂王季者，明上下章各半章非同颂一人也。举大伯不及仲雍者，仲雍从太伯让国，太伯更为南国之君（《史记》与《吴越春秋》同），殆与王季成就同也。

后七句专颂王季。为辨其非夺嫡篡国，特称其友于兄弟，是史官之苦心。其实亦是太伯仲雍失其父爱而避位以存身。后人徒因此诗以说为让耳。"因心则友"，毛云："因，亲也。善兄弟曰友。"朱云："因心，非勉强也。""则笃其庆"，谓惟其友于其兄，故两兄让避远去而得永袭君位之庆。"载锡之光"，载始也。谓天乃锡之以光大。指作西伯。郑云："始使之显著。"朱云："与其兄以让德之光"。失之。"受禄无丧"，谓遂世为西伯，不失其位。以至于"奄有四方"。《竹书纪年》载季历代程，克毕。伐义渠，获其君。又伐西落鬼戎，燕京之戎，余无之戎，始呼之戎，翳徒之戎，并克之。"四方"者，盖谓征服其邑四方之部落。旧说为"至于覆有天下"（《郑笺》），"至于文武而奄有四方"（《朱传》），并非。此章单颂王季，不及文王之事。

四章：《左传》昭公二十八年，晋成鱄对魏献子，全引此章，首句作"唯此文王"，貊作莫，邦作国，并释其文曰："心能制义曰度。德正应和曰莫。照临四方曰明。勤施无私曰类。教诲不倦曰长。赏庆刑威曰君。慈和偏服曰顺。择善而徙曰比。经纬天地曰文。九德不愆，作事无悔，故袭天禄。子孙赖之。"后儒皆用此以为说。未知周人说诗断章，唯心妄解之习，全非作者本意也。若竟以王季为文王，尤为显明之谬。夫言"维此"，必上文已有其名矣。上章"维此王季"，缘句上先有"王季"。此"维此"上"文王"二子安在？而下文承以"比于文王"，岂谓文王可以比于文王乎？如成鱄说，则文王可以"择文王之善而从之"乎？明是《左传》误矣，尚可以从谬乎。成鱄所说九德，全是抽象空言，用以谀颂任何国君亦无不可。何必即为指文王哉？《朱传》云："悔，遗憾也。"诗盖言天帝揆度王季之心，美其语言使其德益明，其象益和，胜任为君为长于此"奄有四方"之邦，克顺天心，克比天德。上比于天德，亦与文王相同，德无遗憾。故能受天之福祉，延及于其子孙。"孙子"，犹子孙，倒言也就韵也。

五章：前四句，谓：天帝启示文王，"羽毛未丰满时，对纣当不即不离，对诸侯当不竟不求。听其胡作非为，暴露罪恶，颐使天下归心于周，则事济矣。""无然"，犹云不可。"畔"，离泮。"援"，攀附。两义相对，而合用之，即"不即不离"之意。"歆"，欲之动也（《朱传》）。歆羡即贪羡（《毛传》）。贪欲动，则必有所忮求，树敌之道，故曰"无然"。能不如此，则如与诸国竟渡，"诞先登于岸"，谓目的达也。本是文王志性如此而言天帝所教，以饰周王皆受天命。下八句。与第六章皆述文王伐密事。冠此四句，以明文王非贪其土地。

关于文王伐密事，《左传》《国语》《逸周书》《竹书纪年》《吕氏春秋》《书大传》

《史记》《帝王世纪》皆有记载。亦皆寥寥数语。合而参之，亦不能详。大抵，密须氏与阮国邻，皆在周东界。密须姞姓（《世本》），以女子故，侵阮国（《国语》富辰谏王，有"密须氏由伯姞"语）。文王为西伯，问孰可用兵于太公。太公曰："密须氏疑我，可先伐之。"管叔沮之。太公曰："臣闻先王之伐也，伐逆不伐顺，伐险不伐易。"文王遂因侵阮徂共而伐密须。密须之人自缚其君以降（《史记集解》引《帝王世纪》）。《竹书纪年》载殷纣三十二年，"密人侵阮。西伯率师伐密"。三十三年，"密人降于周师。（周）遂迁于程。乃锡命西伯得专征伐。"时则文王即位之四十年也。《书大传》谓："文王受命，一年断虞芮之质。二年伐邗。三年伐密须。四年伐犬夷。五年伐耆（黎）。六年伐崇。七年崩。"《史记》时次又微异。要皆谓伐密早先，伐崇最后。所据主为此诗。顾诗语古奥难明，秦汉说诗者解释互异，后人体会故不同也。如《毛传》云："国有密须氏，侵阮，遂往侵共。"《郑笺》则云："阮也，徂也、共也，三国犯周而文王伐之。密须之人乃敢距其义兵。"盖用《韩诗》说也。杜预《左传注》谓"密须国在安定阴密县东故密城"（在昭公十五年）。《朱传》云："密，姞姓之国，在今宁州。阮、国名，在今泾州。徂，往也。共，阮国之地名，今泾州之共池是也。"今按：此诗语，三地皆当在泾渭之间，属陕西省，不当在安定及宁州、泾州。

诗言"密人不恭"者，谓密阮开衅，文王以西伯身份制止之。密君不听而侵阮。拒大邦之命为"不恭"也。共为已附周之边邑。密人不惟侵阮，又越阮而犯共邑。故文王赫焉斯怒，整饬军旅以伐之。"按"，毛云"止也"。朱云"遏也"。诠按：当为"按罪"之义。按罪，谓质证其罪而遣罚之，即所谓"部罪之师"。问罪于"徂共"之密军也。末二句，朱云"以原周家之福，而答天下之心。""对"，《尔雅·释诂》云："扬也。"赵岐《孟子注》引此诗作"以扬苦于天下。"《毛传》："遂也。"《郑笺》："答也。"按诗意，谓：文王拓境自此始，为厚周家之福祐。亦由天下人皆恶密君之横暴，故加挞伐以慰天下之心。"对"，谓正视天下之望。盖援引誓师之辞。

六章：前七句，亦誓师之辞。"依其在京"谓密须之君依持其在京邑之众，自阮疆侵及我疆。《毛传》"京，大阜也"。上古无城郭，国君例居大阜之上，故其都邑恒称为"丘"，为"阜"，为"京"，为"皋"。氏族社会，聚居于此者，皆其最忠于酋长且最勇敢之人。故诗语如此。《郑笺》谓："京，周地名。"《朱传》："京，周京也。"大谬。"陟我高冈"，谓其升共邑之高冈以窥我之陵泉，欲内犯也。"无"，禁止词，犹云无许。"矢"，陈也（《毛传》）。"不许其陈师于我之陵阜。我之陵阜是我虞牧荣卫之地。""阿"，陵阜曲斜部之内，生产草木处也。不许其饮我之泉水。我泉为我润蓄稻鱼之水源。谓此出师出于自卫也。后五句，为军事结束过程。"度"，越也。鲜原，密都邑附近之要地。既越鲜原而密须之人自缚其君以降。文王因即自岐徙居于程以临治之。程邑在泾水下游，故知鲜原与密京在泾水以东，去程邑不远也。《朱传》释度为相地。云："于是相其高原而徙都焉，即所谓程邑也。其地为汉扶风（郡）安陵。"谓程邑即营于鲜原上，亦非。《竹书》谓文丁五年"周作程邑"，在王季世。是程邑原在周界，《蓼莪》诗称"鲜民"，则鲜原与程邑为二地。然皆在镐之东北，隔渭水而近京水。谓安陵县界亦合。安陵在漆水口对岸，北山之末。北山为岐山东支，故又谓居程为"居岐之阳，在渭之将"也。《毛传》："将，侧也。"末二句谓文王居程而诸侯相与朝之。国土廓大，人民众多，号为"万民之王"。毛云："方，则也。"郑云："方，犹乡也。"谓万邦向往之。

七章：叙文王伐崇事。不叙其他军事，故文不与上章承，更以"帝谓文王"领起。前六句，颂言天帝满意于文王之明德。其细目为：不夸大声闻，不铺张威仪。虽已天下归心，仍不革殷命而长诸夏。一切遵德天帝之法则，顺其自然，逐步发展。"怀"，毛云"归也"。朱云"眷念也"。当从朱训。毛谓"不大声以色"为"不大声见于色"。朱云："不暴露其形迹。"则俱非。诗谓不以形色夸炫其声威耳。后六句，再起为帝命文王伐崇。崇侯虎搀构西伯，纣囚文王于羑里七年。故崇为周之"仇方"。郑云："询，谋也。""谋征讨之。"（《毛传》云："仇，匹也。"则似谓谋于友国以伐崇。则与下句重叠）"同尔兄弟"，谓联合友好之国。崇，大国而亲附纣，故伐崇当厚为准备。并指示崇国之城甚坚，虽失人心，亦易固守以待纣援，故当准备攻城之具。《毛传》："钩，钩梯也，所以钩引上城者。临，临车也。冲，冲车也。墉，城也。"朱云："临车，在上临下者也。冲车，从旁冲突者也。"谓高于其墉之楼车可以矢石戈矛施于墉上。及载重横冲之车，用以洞其墉垣。古初为城，但只土壁，不高厚，故王以此三物破崇国，为时所称。

卒章：续叙破城情致。"闲闲"，毛云："动摇也。"朱云："徐缓也。"应是从容施展，技艺娴熟之义。"言言"，毛云："高大也。"朱同。应是崩溃之意。言如字，言语出口，即意存而形灭，故以喻崇墉之溃也。"执讯"已见《出车》。"连连"，毛云："徐也。"朱云："属续状。""攸馘"，毛云："攸，所也。馘，获也。不服者，杀而献其左耳曰馘。""安安"，朱云："不轻暴也。"诠按：此皆以后世儒家"王道"之法说古诗，不切于本义。奴隶社会，每战胜，得其贵族，则击讯之。"连连"，言所获之多。至于奴隶，被获不降者甚少。其有不服，则虐杀之。割其首以威众曰馘。故字从首。后世以斩级多少报军功，乃只割交左耳，亦称为馘。非本义也。"安安"，言囚虽临死，莫敢挣扎顽抗也。"是类"，谓灭国时类祭上帝与诸天神。《舜典》"类于上帝"，《孔传》谓舜摄位"遂以摄位告天及五帝"。朱谓"将出师祭上帝"为类，非也。《淮南·本经训》"戮其君，易其党，封其墓，类其社。"高诱注："祭社曰类。"引此诗，是也。"是祃"，谓克国，师祭以飨将士。《王制》"祃于所征之地"是也。《毛传》"于内曰类。于野曰祃。"内字当作社。谓于崇国之社，告易主也。"是致"，谓招致其人民。"是附"，谓人民来归附。马瑞辰引《左传》襄公二十五年郑入陈，"祝祓社。司徒致民，司马致节，司空致地"。以释此诗是致。又谓"附当读如拊循之拊"。较《毛传》"致其社稷群神，附其先祖，为之立后"之说远胜。"四方以无侮"，郑云："文王伐崇而无复敢侮慢周者。"

末五句，重言灭崇之威，而异其文，与前章之分为上下段对称。《毛传》"茀茀，强盛貌。仡仡，犹言言也。"《方言》："仡，不安也。"《郭注》："船动摇之貌。"《朱传》："仡仡，坚壮貌。"大谬。"是伐"，谓斩崇之社。"是肆"，谓抄崇之宫。"是绝"谓绝崇之庙祀。"是忽"，谓灭其国。《毛传》："肆，疾也。忽，灭也。"《朱传》："肆，纵兵也。"上言类、祃、致、附，是入城受降时事。此言伐、肆、绝、忽，是降定后处理崇侯之事。具有层次。旧说多混言无别。上言四方之人鉴于崇人之拊循有道，而不敢侮周。此复言四方之君鉴于处理崇国之严酷而不敢拂周之意。"拂"，郑云"犹佹也，言无复佹并戾文王者。"佹，读如诡。陆德明《释文》"拂，符弗反，违也。佹，九娄反，戾也。"

周自王季时，已灭毕程氏（《竹书》，在殷帝武乙二十四年）。以为程邑。文王因之灭密，而徙居程。毕程，亦作毕郢。《孟子》"文王生于岐周，卒于毕郢"是也。程近毕原，故称毕程。犹周原在岐下之称"岐周"也。文王死，葬于毕原，武王、系公亦葬于毕。为其在渭北、岐山之阳，去周原与程邑并近也。伐密后，又曾伐耆、邘等国，皆渭北之地。遂渡渭伐崇。既灭崇，乃营丰邑徙居之。是崇国境在今陕西渭水之南原。相传故崇城在鄠县东五里。当是。

（八）灵 台

五章。章四句。《朱传》作"四章，二章章六句。二章章四句"。

(1) 经始灵台，经之营之。庶民攻之，不日成之。

(2) 经始勿亟，庶民子来。① 王在灵囿，麀鹿攸伏。
(3) 麀鹿濯濯，白鸟翯翯。王在灵沼，于牣鱼跃。②
(4) 虡业维枞，贲鼓维镛。于论鼓钟，于乐辟廱。
(5) 于论鼓钟，于乐辟廱。鼉鼓逢逢，矇瞍奏公。

文王既灭崇，营丰邑而自徙居之。年已耆耄，厌武事。因崇之旧苑，筑灵台以娱晚年。与周公旦等集乐师于彔沼之辟雍，究治颂乐以宏祭祀之礼。史官作诗颂之。疑此为《皇矣》之一章，至成王世，周公改为专篇，用为学校燕享之乐也。审文义，原只两章（亦如《皇矣》之分上下章），改制时，分为四章（如《朱传》之说）。合乐时，乃作五章。

首章：《毛传》：“神之精明者称灵。四方而高曰台。经，度之也。攻。作也。不日有成也。”郑云：“观台而曰灵者，文王化行似神之精明，故以名焉。”朱云：“谓之灵者，言其倏然而成如神灵之所为。”诠按：如此旧说皆谬矣。丰水旧名灵水。崇人旧壅其水为沼于园囿，称为灵沼灵囿，周人因其洲岛作宫室曰辟雍。合称灵台。因水为名耳。古于人工河皆称灵水。故秦开五岭，沟通湘、桂之渠曰"灵渠"③。汉因南山之水作渠灌盩屋，曰："灵轵渠"④。凡古言台者，必有宫室营于其上，或仅为宫室区之总称，竟无土台。北京故宫之瀛台、西郊之钓鱼台皆是也。惟侯台乃筑高土耳。诗云灵台，而所称乐事皆不在台上，已足知台之为义矣。而后儒凿凿言其方高，"所以观祲象，察气之妖祥"（《毛序本注》）。谬甚⑤。"经之"，筹划也。"营之"，建造也。"庶民"，在当时只谓奴隶。"攻之"，从事工役也。旧说为百姓，亦谬。"不日成之"，谓不待预期之日即以完成。旧说为"不终日而成"（《朱传》），亦谬。疑以上为原诗句。改制时嫌在虐逼奴隶，乃增入下二句，谓非经始之急，只由

---

① 《集传》此上为第一章。
② 《集传》第二章。
③ 《寰宇记》"秦命御史监史禄，自零陵凿渠至桂林"：谓分漓水为二渠，北入湘水，南入桂水，使舟行径通岭南北，以漕转华夷之货。今其分水坝在广西兴安县，有碑刻"古灵渠"字。
④ 汉武帝引南山之水作渠灌盩屋田，曰"灵轵渠"，见《汉书·地理志》。轵，歧也。分津引灌，故曰灵轵渠。凡人工河成，例祭地水之神，谢其沛助，故皆称曰灵水。
⑤ 程大昌《雍录》考订关中古迹颇详。于灵台，引唐人《括地志》曰："辟雍、灵沼，今悉无复处，惟灵台孤立。高二丈，周回一百二十步。"又引宋宋敏求《长安志》曰："其（灵）宫，今在鄠县、灵台、灵沼、灵囿皆属其地也。……独灵台遗址，至正观尚在。"亦谓《括地志》所指之灵台。夫《水经注》于关中地理书籍搜罗最早，最完备，考订亦最明。曾言丰水，"径灵台西"，而不能实指其地，亦无所考订，则其时已无灵台遗址，但据古志言之耳。则唐人安能实现其台哉？此必隋唐人妄指一黄土丘陵之被割削者为附会也。筑土成台，阅千数百年至唐世，宫室久毁，川原屡变，岂能独存土台可量高广哉？

于庶民来就工者踊跃，有如子赴父事，故能速成也。"勿亟"犹言非急。"子来"，郑朱皆说为如"子成父事"。

次章：原亦似只在囿在沼四句。《孟子》言"文王之囿，方七十里"。谓其面积甚小也。如诗所言，囿中只有麀鹿，无他种。则只如今世动物园之鹿囿而已，不能方一里半里。丰水附近皆肥农田，于势亦不可建成苑囿。是《孟子》之"七十里"，亦妄揣言之耳。"麀鹿"，毛云"牝也"，于下"濯濯"，云"娱游也"。疑牝字上脱一游字。游牝之鹿曰麀鹿，则合牝牡娱游之义。若单云牝，则鹿囿中岂能单有牝鹿哉？①"攸伏"之伏，当训扰。旧说为伏处，亦非。诚是伏处，则安得见其濯濯哉？"白鸟"，谓水禽之起落于灵沼者，如鸿、鹭、鹈鹕、鹤、鹳等皆多白羽而光泽。"翯翯"，毛云："肥泽貌。"朱云："濯濯，肥泽貌。翯翯，洁白貌。"义较为得。"于牣鱼跃"，毛云："牣，满也。"朱云："鱼满而跃。言多而得其所也。"

四章：《毛传》："植者曰虡，横者曰栒。业，大版也。枞，崇牙也。贲，大鼓也。镛，大钟也。论，思也。水旋丘如璧曰辟雍，以节观者。"《朱传》："虡，植木以悬钟磬。其横者曰栒。业，栒上大版，刻之捷业如锯齿者也。枞，业上悬钟磬处，以彩色为崇牙，其状枞枞然者也。"诠按：毛、朱各以当时所见乐器布置情形推测诗语，未必即与初周之制符合。惟此章之为辟雍演乐，则然也。按文义，虡业当为悬编钟之物。枞当为置大鼓之架，大钟又置于大鼓之旁。维者，依近以便乐响相关维之义。诗未言磬，朱氏意增，非义。编磬为殷颂乐器。周之颂乐用编钟。故知此虡业所悬无编磬（参看《鼓钟》与《那》篇）。"于论鼓钟"之鼓，动词。之钟，编钟也。编钟，周世始有。此句，盖即谓文王、周公与诸乐师工师研究编钟铸造使用之法曰"于论"。编磬，殷世早已有。殷地得磬石易，故创制早也。周地无磬石，而周人冶金之业发达且早，故首先造为编钟，以代殷之编磬，领导颂乐。故一称为"金奏"。钟之大小音阶之适当是工师之责，敲击之技，则乐工操之。乐曲编制，出于乐官，声应作舞，属于舞师，合之乃成完美之颂乐。其创制过程，绝非容易。文王末年，乃其初创阶段。武王之世，成王之初，亦尚未臻成熟。或已用编钟于大雅。直到周公平四国后，再事制作，乃有周颂之诗。编钟未成之前，已有大钟，与大鼓毕单音时发，只以节乐。既有编钟，大钟大鼓仍不废。故此诗既言虡业又举大钟。非谓大钟悬于虡业也。最初编钟十二枚，大小相次以度，为十二音阶。虡之大版下有

---

① 《曲礼》："夫惟禽兽无礼，故父子聚麀。"亦谓父子共牝为麀。《左传·襄公四年》载《虞箴》谓后羿"冒于原兽，忘其国恤而思其麀牡"。谓鹿相牝时，则群牡争一牝而相斗，至疲困，乃由胜者得遂其麀。羿思其获取之利而忘恤其国也。故麀字当为游牝之义。

十二纽以悬之，是为十二业。后世引申为学业，进业，事业字，皆缘其次第有度也，径说业为大版者亦非也。大版亦不必有楔业之齿，与崇牙之饰。初制时所重在度，不为饰。后世乃为之绘刻耳。"辟雍"，本读如璧壅。谓壅水为圆沼，中作圆台，使水池作璧形，如《毛传》说。园岛上作宫室、台榭，称为辟雍。周公父子与乐官习乐于此。研究编钟律度之法。初所制乐，即以辟雍为名。《庄子·天下篇》"文王有辟雍之乐。武王、周公作武"是也。此"于论鼓钟，于乐辟雍"之实义，旧儒不达，所有缘毛、朱而作之曲解，皆与周乐发展程式不合，不值援据也。

卒章：重复"于论""于乐"两语，以重文王创制此乐之事。"鼍鼓"，旧说为鳄鱼之皮冒鼓，颇可疑。鳄鱼为现存爬虫之凶巨者，盖远古龙类之遗种。中华上古可能有之，近世则惟长江流域有其孑遗（古名曰鼍，今所谓"扬子鳄"是也）。鳄皮厚、薄、坚、韧不匀，不可以为鼓。诗中逢逢发声之鼓，谓节乐之大鼓也。应是绘鼍为饰，诗避重，故不再赘鼓而曰鼍鼓耳。"矇瞍"，瞽人也。毛云："有眸子而无见曰矇。无眸子曰瞍。"朱云："古者，乐官皆以瞽者为之，以其善听而审于音也。""公"，毛于此云"事也"。于《六月》"以奏肤公"云"功也"。皆职守之义，犹今云"办公"也。

（九）下　武

六章。章四句。

(1) 下武维周，世有哲王。三后在天，王配于京。
(2) 王配于京，世德作求。永言配命，成王之孚。
(3) 成王之孚，下土之式。永言孝思，孝思维则。
(4) 媚兹一人，应侯顺德。永言孝思，昭哉嗣服。
(5) 昭兹来许，绳其祖武。于万斯年，受天之祜。
(6) 受天之祜，四方来贺。于万斯年，不遐有佐。

武王封爱子于应，周公作此诗，陈世德以勖其孝思，祝邀天祜以慰武王。《左传》僖公二十四年富辰曰："邘晋应韩，武之穆也。"《水经注》卷三十一："滍水东径应城南。故应乡也，应侯之国。《诗》所谓'应侯顺德'者也。"武王崩，成王尚幼。则应侯尤小，受封在其稚龄，不可以言事业，故但以世德勉之。知为周公旦作者，重叠用句，六篇相套，是《文王》篇诗格。字少意深，叮咛不厌，如训稚子。

文格高而词简易，俱非周旦莫辨。旧儒无辨此者，纷纷说异，迄无可取。新诠如下：

首章："下武"，犹言接武而下，即"世德相承，哲王世继"之义。武，谓步武。哲，贤也。"三后"，指太王、王季、文王。谓已死为在天也（《文王》篇云"在帝左右"）。今王在镐，其德与三后同可配天（《下泉》"念彼周京"，即指镐京，用此诗字义）。

次章：言"在京之今王克配天者，天命周代殷，亦三后世德之所求也"。求，如字。毛云："终也。"马瑞辰云："匹也，配也。"（旧说只此两义）并迂回难通。"永言"，谓歌颂（《虞书》"诗言志，歌永言"）。人子以继事述志为孝（出《论语》）。武王胜殷遏刘，完成天命，已见咏于《大武》与《大明》之诗，是也。"成王之孚"，孚，信也。与符义通。汉人侈言"符命"以夸天命，即缘此诗义。诗谓完成周王之符命。《朱传》："或疑此诗有成王字，当为康王以后之诗。"清儒遂有说成王为生前之号者。大谬。

三章：言武王能成天命，为大孝。普天之下咸式敬之，以孝思为则。《毛传》："则其先人也。"《郑笺》："则三后之所行。子孙以顺祖考为孝。"

四章："媚"字与《思齐》同，为敬顺之义。"兹一人"，指武王。"应侯顺德"，谓顺武王之孝德。《毛传》："应，当。侯，维也。"《郑笺》："媚，爱。兹，此也。可爱乎，武王能当此顺德。"与《朱传》皆说为颂武王语。大谬。"昭哉嗣服"之服，谓"侯服""藩服"。应侯不能嗣王位以继武王之事，而受封为一国之君，故曰嗣服。昭，谓受封之诰命昭明也。

五章："昭兹来许"之许，朱云"所也"。谓所封处也。故何处人，陶潜文作"不知何许人也"。此章，盖径用封诰之语。"绳"，犹遵循也。率循先祖之步武，谓守世德以孝。则能万斯年承受天祜。祜，福祐也。

卒章：应侯受封在武王暮年。周室方隆，武王病殆而封其爱子，故天下诸侯与王臣皆来贺之。周公亦特有此贺诗。"不遐有佐"，犹云"遐不有佐"。谓诸侯皆尊重应侯如此，则何有不助其兴国至万年者乎？所以慰武王者备至。仍亦寓勖勉应侯之意。《毛传》竟说为"远夷来佐也"，又是大谬。而《郑笺》《孔疏》并强通之，俱不知应侯为武王子之失。《朱传》亦谓"应如'丕应徯志'之应。言天下之人皆爱戴武王为天子，而所以应之维以顺德。亦陋矣哉！

（十）文王有声

八章。章五句。

(1) 文王有声，遹骏有声。遹求厥宁，遹观厥成。文王烝哉！
(2) 文王受命，有此武功。既伐于崇，作邑于丰。文王烝哉！
(3) 筑城伊淢，作丰伊匹。匪棘其欲，遹追来孝。王后烝哉！
(4) 王公伊濯，维丰之垣。四方攸同，王后维翰。王后烝哉！
(5) 丰水东注，维禹之绩。四方攸同，皇王维辟。皇王烝哉！
(6) 镐京辟雍，自西自东，自南自北，无思不服。皇王烝哉！
(7) 考卜维王，宅是镐京，维龟正之，武王成之。武王烝哉！
(8) 丰水有芑，武王岂不仕，诒厥孙谋，以燕翼子。武王烝哉！

此成王周公上文王武王谥号时，巫祝奠神之乐章也。前两章奠文王。次两章奠太姒。各两献。合为一庙，四献。每献用乐一章。于时邑姜尚在，故武王庙之四章无王后，而分灭殷前后事各为两章。亦四献。分用"皇王"与"武王"字，足知谥法是灭纣后所创。

首章：祀文王初献词也。首举新上之谥，颂其声闻之大。"遹"，发语辞（用《朱传》）。"骏，大也"（《毛传》）。诗言文王志在宁民，故受命而不革殷命，晚年卒致国家于安宁（毛训遹为述志之述。辞费而牵强，无取）。"烝"，即《丰年》"烝畀祖妣"之烝。毛于彼云"进也"。于此云"君也"。仍当训进。此巫祝奠神语言，犹今云安神"进位"也。

次章：再献词也。颂伐崇作丰之事，文王事业止于此。言"武功"，则包灭密与耆诸役。至灭崇而周乃宁也。求宁而宁，故又称文王为"宁王"。

三章：初献太姒之词。"筑城伊淢"，谓文王作程邑，太姒实助成之。"淢"，毛云"成沟也"。《韩诗》作洫。并谓城外之濠，东周以后称为池者是也。疑古本作"筑程"字，传诗者缘音而讹。程本周之旧邑，文王始作城，故诗云"筑"。丰则新作邑，故诗云"作丰"。"伊"，指太姒。"匹"，亦同力相当之义。"匪棘其欲"，《小戴礼·礼器》引作"匪革其犹"。陆氏《释文》则棘作丞，慾作欲。皆不急于求成之意，与"经始勿亟"同义。"遹追来孝"者，亦太任"思媚周姜"与太姒"嗣徽音"之变词。相追随以孝道也。

四章：再献太姒词。亦《思齐》"惠于宗公""肃肃在庙"之变辞。"王公"，谓先王先公。"濯"，毛云"大也"。朱云"著明也"。并谓先公因伊祭享中礼光大也。古以祀事、戎事为国之大事，后妃不预戎事，但筹备祀事并参预之，故《思齐》通篇亦只言祀事。"四方攸同"，谓诸侯同重祀事为太姒之化。是姒能助文王行化，有翼佐之功也。"翰"，干羽。与《崧高》《江汉》之"维翰"同。

五章：武王庙初献之词。提出武王有兴修水利之绩，可补《河渠书》所未及。渭南地带独长安之部独腴沃者。崇侯先已引南山诸泉为丰水。文王因之。武王乃再引丰水入于鄗水。后世乃更有鳌屋灵轵，与丰、鄗、灞、浐、骊山、蓝田，以及渭北郑渠、白渠诸水利，使关中成为富庶王畿几千余年之久。其发轫唯赖此诗传之。丰水在鄗西，本自入渭，武王引之入镐，故为"东注"。人工开河，以利排灌，诗比其绩于禹也。此"四方攸同"，则谓诸侯之国，见水功之效，皆从效之。卫之肥泉，蜀之二江，洛京之"下泉"，镐京之"滮池"，河内之漳卫，鲁之汶泗，齐之茶潍，皆周代所开。是武王之化也。"皇王"，谓武王未灭纣前已为王之尤大者。"辟"字在他篇《传》《笺》皆训为君。此篇《释文》云："音璧。下同（谓辟雍字）。又婢亦反，法也。"当从此说。谓天下以武王为法也。

六章："镐京辟雍"，谓武王更于鄗水作辟雍，如丰之辟雍。亦聚乐官教习乐舞。后遂发展为学校。后世学校称辟雍，教师用乐官，实即导源于此。与丰邑辟雍之仅研讨乐曲者不同。诗言由此大兴文教，四方之人无不悦服。称"皇王"，皆都镐前事。然则武王即位十年而后伐殷者，盖准备深厚，经济、文教方面皆已成功，而后用其武力也。周公诗鲜称武王事。此诗独称武王，详备得当。疑非周公作，或是召公与史官为之。

七章：始颂宅镐。《竹书纪年》记文王死之前四年"使世子发营镐"。《周书·文传解》谓"文王受命九年，惟暮春，在鄗"。是镐为文王都丰时所营之新邑。武王初亦都于丰。《尚书·武成》"厥四月，哉生明，王来自商，至于丰，乃偃武修文"，则时尚未徙都镐，但以其近邑，两居之，宗庙、朝市犹未徙也。其徙，在大封功臣之后。诗自此章乃称谥，盖其末年之事也。首二句言文王考营镐于耆卜。卜谓周当徙宅于镐。又复龟卜以正之。然终未徙。至武王乃决徙之。宅，居也。正，决也。成，完成其事也。

卒章："丰水有芑"，即《生民》与《采芑》所言之芑，为食叶之粮食作物。旧说为草者，非。谓徙都后丰邑农田扩增。"武王岂不仕"，《毛传》："仕，事也。"郑云："武王岂不以其业为事乎，以之为事。"朱申之云："武王岂无所事乎。诒厥孙谋，以燕翼子，则武王之事也。"诠按：武王灭纣后，多病，更无所事，未久而崩。（或言归国之明年，或言灭纣后六年。）诗谓其非不兴作也，为子孙作长久稳固之谋，有规模贻之，如丰水东注之有芑也。意盖隐言周之礼乐制度，虽周公所制，始武王已内定之。

《文王之什》，十篇，六十六章，四百一十四句。

共凡千六百八十字。文最长者《皇矣》三百八十九字。文最少《灵台》与《棫朴》皆八十字。

二、生民之什

（一）生　民

八章。四章十句。四章八句。

（1）厥初生民，时维姜嫄。生民如何？克禋克祀，以弗无子。履帝武敏歆，攸介攸止。载震载夙，载生载育，时为后稷。

（2）诞弥厥月，先生如达。不坼不副，无菑无害，以赫厥灵。上帝不宁，不康禋祀，居然生子。

（3）诞寘之隘巷，牛羊腓字之。诞寘之平林，会伐平林。诞寘之寒冰，鸟覆翼之。鸟乃去矣，后稷呱矣。

（4）实覃实吁，厥声载路。诞实匍匐，克岐克嶷。以就口食，蓺之荏菽。荏菽旆旆，禾役穟穟。麻麦幪幪，瓜瓞唪唪（《朱传》本以首二句属上章，诞字以下八句为此章）。

（5）诞后稷之穑，有相之道。茀厥丰草，种之黄茂。实方实苞，实种实襃，实发实秀，实坚实好，实颖实果，即有邰家室。

（6）诞降嘉种，维秬维秠，维穈维芑。恒之秬秠，是获是亩。恒之穈芑，是任是负，以归肇祀。

（7）诞我祀如何？或舂或揄，或簸或蹂。释之叟叟，烝之浮浮。载谋载惟，取萧祭脂。取羝以軷。载燔载烈，以兴嗣岁。

（8）卬盛于豆，于豆于登。其香始升，上帝居歆。胡臭亶时，后稷肇祀。庶无罪悔，以迄于今。

此周代郊祀后稷之乐章。依其先人传说，神化后稷，奉为始祖，以明其受命有自。氏族社会，妄托远古闻人为先祖之习如此。诗语荒诞难信者多，非史诗之佳者。

其编造当在成王之世，自文武上至太王诸庙既成之后。发语词多用诞字，文亦甚长，疑与《皇矣》同为史佚所作。时史官勘旧籍可资，古事惟采诗歌传说编纂。世愈远者愈不能免于荒诞。然究属远古人民之语言，表达远古人类之实迹，不无可取之处。读之宜详加分析，区别看待之。

"后稷"之称，最早见于《舜典》。亦是依夏殷时人所造诗歌编成者。《鲁语》展禽曰："烈山氏之王天下也，其子曰柱，能植百谷百蔬。夏之兴也，周弃继之。故祀以为稷。"（《礼记·祭法》同）谓夏以前中华人祀神农氏名柱者为稷神。称稷神为后稷者，"有天下"为后也（"其子"杰出者之义。即所谓神农也）。自夏以来，改祀弃为稷。称"后稷"，是沿旧称。弃未曾"有天下"，故说《尚书》者，于此后字颇不能解。由《舜典》已称弃为"后稷"，与此诗同。故可知其文是夏殷时人所造，与此诗所据之旧歌约略同时产生。非原始社会所已有。原始社会，女子无夫而孕毫无足怪。由此诗之述三弃私生子，亦可知其创作在奴隶社会时期，民族俱已珍重夫妇制度之后，奴隶主争援上古名人附会为本族祖先以相炫惑之世。大约是公刘之时造此旧歌以缘附于弃。故相传"公刘能修后稷之政"也。《舜典》之弃，当为有虞之一氏族成员，乃可能作此一氏族公社骨干，九官之一，不可能封国于邰，别为有邰氏。是《世本》所传周族出帝喾高辛氏者，亦谬。《大戴礼》与《周本纪》皆缘以为谬。从而用之以说此诗者，自无不谬矣。然，自公刘以来，周族已自谓为后稷之裔，造为神话之诗歌。周族既有天下，更制为此诗以阐其事。则说诗义者仍当循之。兹仅掊击旧说之妄解，力求回复先世作诗者造作之意识形态，以证上古史实而已。

首章："厥初生民"二句，总言周族之先出于姜原。"民"字，与氏字在甲骨、金文、小篆与隶书皆同结构。只显上双文单文不同。盖有氏族组织后即已有氏字。进入奴隶社会之初，乃有民字，以表奴隶。奴隶必属系于氏族之成员，故微异其形以别之。《商书》诸篇民字，皆为奴隶之代称。《周书》民字，则成为周族百姓之统称。周族宽待奴隶，解放立功奴隶为百姓，故民字含义亦不能不随之转变，而别为奚、胥、隶、皂等字以代表各种奴隶名称也。"姜嫄"，《大戴·帝系姓》作"姜原氏"。《史记·周本纪》作"姜原"。应是三家诗字本作原。毛诗改字作嫄，以突出其为女子之名。以附会于《世本》之谬说。揆原作诗歌时，只可能已有原字，不可能有嫄字。"原"者，高平地之称。见于周诗之"周原""鲜原""太原""北原"，皆周初关中已有之地名也。"姜"者，羌字之别体。华族与羌族交通之初，只有羌字。迨与通婚以后，遂有姜字。从而遂有姜姓。姜原，谓姜姓氏族所居之原耳。非弃之生母名姜原也。此两句，作此诗者领起前三章之语。"生民如何"句以下，乃用旧诗歌演出后稷出生之神话。初无后稷生母之名，当时但称后稷为姜原氏之子而已。"克禋克祀"，谓姜原氏已经有子，克继禋祀，不愿再生子。"以弗无子"之无字，当读如抚。① 因不抚子，故不更接男性。虽生子，亦再三弃之。旧说为"禋祀上帝于郊谋以祓除其无子之疾"（举《郑笺》文）者，谬甚。既禋祀以求子矣，胡为又再三弃之哉？郊禖，《月令》作高神禖，先秦书无禖神之字。只儒家有此妄说。郑玄《月令注》，谓："娀简吞卵生契，后王以为媒官嘉祥而立祠。以高辛氏为禖神。"夫契与弃为同时人，则弃之母时安得有禖神之祠哉？一片谬说，自相抵牾如此。

"履帝武敏歆"，《史记》云："姜原出野，见巨人迹，心忻然悦。欲践之。践之，而身动如孕者。"《毛传》，"履，践也。"郑云："敏，拇也。……有大神之迹，姜原履之，足不能满，履其拇指之处，心体歆歆然，其左右所止往，有如人道之感已者也。于是遂有身。"盖汉儒加工之说，又非《毛传》之义。毛云："敏，疾也。"训歆为饗。诠按：敏歆，谓敏感歆快。郑训敏为拇趾，属上为读，尤非。以下叙生育过程，是民间语言。"攸介"，谓受孕。犹今天云介入也。"攸止"，谓月信停止。"载震"，谓成胎三月则动于腹中。"载夙"，谓胎成将脱母体如朝日之将出也。"载生"，分娩也。"载育"，乳字之也。"时为后稷"，犹云"是为后稷"。初未命名，其后为尧舜农师，被称为后稷也。时与是，古音同，义可通假。

次章：仍叙分娩之易，不嫌为重复者。盖采另一旧歌以申天常予子之意。诞，语辞。"弥厥月"，谓满足帝子需在母腹之月数。神话必云非同寻常孕期。旧说为"终人道十月"者，亦非。"先生"，正谓未足月而生。"如达"，言虽不足月而饱满如成人。达，成就之义，旧说首生而易者，非也。"不坼不副"二句，谓上古传说神人之生不从母道，坼胸副胁而出。副，割破也。字亦作疈。古凡从畐之字。皆读如"逼"，富、福、匐、幅、腷、偪、逼，皆然，今副与富读F音，在周诗中多不能叶，唯复用古音则协。菑、灾，古今字。言虽神人入胎，而不坼副以为母氏灾害。所以显赫善神之灵也。"上帝不宁"以下三句，谓天帝对于此女，求无子，而使之有子，恐其不养的禋祀而不安。毛云："不宁，宁也。不康，康也。"郑云："宁康，皆安也。"反毛之说，得之。"居然生子"，不当生子而生子之义。谓天帝之所以为不安。

---

① 无字，古原作橆，从林。《说文》："丰也。从林无（段注"或说无是规模之模字"）。无，从大卌。卌，数之积也。林者，木之多也。"橆与庶同意。《商书》曰"庶草繁橆"。段注《洪范》文。今《尚书》作番廡。《晋语》"黍不为黍，不能蕃廡"亦同。蕃廡，皆蕃育之义。是无之本义本为众多。为繁盛，引申为蕃育。后乃用其反义，以为有无字。隶变改林从火，示焚灭之义。许书不取，只用大小篆之义。草木蕃盛为芜，哺育婴儿为抚，皆依无字本义所制。故曰无与抚古义通。此诗正谓因不愿多养子，故屡弃之。

亦谓天帝非有意予以此子，故后稷有后之名实无封国。后世谓弃封于邰者，亦非此诗之义。下云"即有邰家室"，亦非谓封对于邰。

三章：言其母果三弃其子，是承上章为文。寘，置，音义同。巷为牛羊出入之道。置之隘巷，则当被牛羊践踏以死矣，而牛羊反避之、乳之。"腓"，毛训辟。辟，古避字。《小雅》《传》，及《释文》，并云避也。"字"，毛云："爱也。"《说文》："乳也。"不死，则再弃之于平林。会有人伐木，抱持归之。三度弃之于寒冰上，当冻死矣，而有鸟群以翼覆藉之。迨往视其死，则鸟去而婴儿呱焉啼矣。乃收养之，因名曰弃。古歌谣及诗人之意如此。其拙可笑。夫杀婴甚易耳。此产妇不能自戮其私生之子，不惜冒风雪寒冻以赴平林与寒冰以求其死，借曰以验其神否，讵不畏本身之"产后寒"耶？而后儒乃郑重宣扬其事，不更可笑乎？

四章："实覃"，言呱声在上音大声长。"实吁"，言其声之大（毛训"覃，长。吁，大"）。"载路"，谓抱归之路。应为结束三弃之语，当属上章。《集传》改正，甚是。郑云，"覃，始能坐也。"是其割入四章之曲解。

"诞实匍匐"以下，叙述成长以后之事。"匍匐"爬行也（朱云"手足并行"）。匐，陆云"蒲北反。又音服"。近得汉武帝将黄羊镜铭，知服之古音亦读逼。① "克岐克嶷"，谓其坐立凝重如山岳然。毛云："岐，知意也。嶷，识也。"朱云："岐嶷，峻茂之状。"《史记》："弃为儿时，屹如巨人之志。"盖鲁诗家说如此。"以就口食"，郑云："至于能就众人口自食。"连上文为句。诠按：当与下文"种之荏菽"为句。谓其当脱乳粒食时，已知稼穑之重要，而好为树艺之事。为儿戏亦种荏菽。荏、菽，即亚麻与豌豆。在当时皆由野生初进为农作物，种之易也。渐则各种作物皆种之，积经验提高技术，遂为农师。以下乃用叠字表达其成就。荏菽，茎叶旆旆然。种禾，创行播之法，禾本行列，当时谓之"禾役"，则整齐划一，穟穟然。麻与麦，时皆撒插，密生高大，幪幪然。瓜有大小多种，当时统称瓜瓞，结实奄地，唪唪然。毛云："役列也。穟穟，苗美好也。幪幪然，茂盛也。唪唪然，多实也。"《说文》：玤字，唪字并引诗"瓜瓞菶菶"。当是三家诗作字不同。瓜重在实，毛义为胜。

五章：颂其栽培谷类之技巧。"有相之道"，《毛传》："相，助也。"郑云："有见助之道。谓若神助之力也。"朱云："言尽人力之助也。"《史记》谓弃："游戏好种麻

---

① 1972年，四川南充县中和公社天官山新发现汉墓，得白铜铸镜。背镌龙甚精。有隶书二十八字环之，云："黄羊作竟四夷服，多贺国家人民息。胡虏殄灭天下复，传告后世乐无亟（极）。"书法铸工并佳。又得五铢钱十片。及朱提制之环蜀多枚。余考系汉武帝时作镜（尚有秦镜一枚，亦有微存篆体之隶书字环）。始知《集韵》服"与愊同"又"愊弼力切或作服，竺音愊"之古音有据。复字，古作𠬝，或𠬝，与福、匐、副同音，在周诗当均为笔力切，音愊。故在汉世，蜀人仍以服、复与息极为韵。

菽。麻菽美。及为成人，遂好农耕，相地之宜。宜谷者稼穑焉。"盖鲁诗家说此诗荏菽至黄茂九句如此。诠按：相者，商殷世为"天子辅佐"之简称。《商书》"伊尹相汤"。又，伊尹作《太甲》，有"惟尹躬先见于西邑夏，自周有终，相亦惟终。其后嗣王罔克有终，相亦罔终"。是伊尹自谓为相。《说命》谓高宗求得傅说"爰立作相"。后世"丞相""宰相"名义导源于此。此诗旧歌，当作于商殷之世，颂后稷稼穑，有相之道。即谓虽治农事，合于治民之道，为有相之道也。周代辅弼无相之名称，说诗者遂失其义。

言耕种有治民之道者，如下文"茀厥丰草，种之黄茂"，谓如为政之去其莠民，作育良民也。"茀"字，《毛传》云："治也。"《方言》云："拔也。"《释文》云："《韩诗》作拂。"要皆谓除去杂草。"黄茂"，毛云："黄，嘉谷也。茂，美也。"谓"种之黄"断读，合茂以为句。朱云："黄茂，嘉谷也。"谓两字合为一名。嘉谷谓禾之良种。禾字，造字时专指粟谷一种作物，其苗为禾，其实为谷，其仁曰米。后来变种日多，乃有黍、粱、稷、穈，诸字称；而统云谷。百谷之中，惟粟谷一种穗色最黄，又恰是先民最早育成之禾之正统谷种。诸别种既已各有专称，而正统之禾种无别名。迨百禾，百谷已成包举粮食谷物之通称后，劳动人民不能不更为正统之禾谷造特用之别称。缘其穗色最黄，又黄与禾音近，习俗自然呼禾为黄。华人语言发展之规律如此也。《周诗》单用黄字以称黄色之良马者，迭见于《鲁颂·䮓》《小雅·车攻》《郑·叔于田》《秦·渭阳》诸篇。在古语言简单时代，人们对其心爱之物，只用其特色之一字以为称，为例甚多。周人之称黄马为黄，正缘周以前人已单呼黄谷为黄。亦呼黄色之玉为璜，黄色之管为簧。后世单称赤金为黄，银为白，亦此例也。黄帝轩辕氏，亦被人单称为黄（如言黄老）。考轩辕氏之称"黄帝"，亦正由其族人善于种禾粟致富强之故，汉儒说为五行"土德之运"者，非也。"五行"之说，初见于《洪范》。"五德之运"更晚出于东周之末，黄帝时安得用之为称号哉？黄为上古劳动人民用于嘉谷之习称，应无疑矣（其时中华无水稻。凡古言谷，皆指粟谷）。此下五句，十实字，则谓细察其发展成熟之自然而顺应之，以助天地之化育，亦治人之善道也。

"即有邰家室"，毛云："尧见天因邰而生后稷，故国后稷于邰。命使事天，以显神顺天命耳。"郑云："以此成功，尧改封于邰，就其成国之室家。无变更也。"朱云："邰，后稷之母家也。岂其或灭或迁，而遂以其地封后稷欤。"《史记》则谓尧"举弃为农师"。舜"封弃于邰，号曰后稷，别姓姬氏"。诠按：尧舜时，只合建成氏族公社，安能有封出之国？即者，就也。诗盖谓弃于此章之成就，是在其有邰之室家创造之。其母为邰氏之女,故弃以有邰为家室。非谓尧或舜封以为国也。《汉书·地理志》:扶风郡斄县云"周后稷所封"。颜师古注"读与邰同"。考邰地者均从此说,以为即武功县之斄乡。诠按:太古地名考定不易。汉魏人概以今古地名音近者拟之,其不足恃。武功已近于岐,去尧舜居地则远。其后裔何为东迁于邰,再西迁于岐,而后兴乎?有邰氏居之姜原,盖接近黄河之地,故弃为尧之后稷也。此章诗之主旨,谓其虽有邰从事生产,而能"有相之道"故为尧舜农师,而广烝民粒食也。《书·益稷》"烝民乃粒",应亦与此章诗同用一篇旧歌之词编成。原歌似甚长,各所取弃者不同也。

六章:言弃育成优良品种以致高产。"降",毛云:"天降嘉种。"朱云:"降是种于民也。《书》曰'稷降播种'是也。"朱义为胜。谓弃既作后稷,以其所育成之良种推行于民间也。秬、秠,皆当时育成良种之名称。经、史惟此一见,亦惟《毛传》一解。毛云:"秬,黑黍也。秠,一稃二米也。穈,赤苗也。芑,白苗也。"诠按:农作物发展过程,凡良种皆由人工栽培所促成之种变逐步诱导变化而成。粟谷原种为"狗尾草",今世我国各地原野犹多有之。其籽粒细微,仅如白尘。经先民长期之栽培选种,连续为之,乃成今日能有亩产数百斤之良种。在今三千年前,此一良种已形成矣。列山氏之柱,轩辕氏之黄帝,与唐虞时之弃,俱当是促成此良种跃进入于新一阶段之良农。巨与丕,皆大之义。先民语言,以之呼新成之良种。作诗者就其音加禾旁以明其为禾种之名称。其所指示之物,应与今之粟谷形质相近,不得即为"黑黍""赤黍"。黍为粟谷变种之尤远者,其最初育成之地当在晋冀之北部,故《孟子》曰:"夫貉,百物不生,惟黍生之。"明其为原产地,故栽培特普遍也。粟谷最先育成之地在黄河中下游之黄土地区,黍类育成较晚。故黍字从禾,像其穗枝披离之形。且此诗亦尚无黍字。然则秬者,禾之尤巨之新种,其形应与今世之粟谷形态接近。此种既已育成、推广,则旧之禾种既不能免于淘汰。故诗所谓"秬",盖即粟谷正统发育之良种。后世更发展为高大之变种,则有如今世之结球高粱矣。丕虽亦是大之义,乃谓分散扩大,与凝聚之大不同。故秠字,可能即禾之小穗分散而不结球之变种。由此导出之新种,当时人呼为丕。此诗秠字,谓为黍类最初之名称,可也。约言之,即秬为今世粟谷之古称,秠为今世黍子之古称。三千年来,农人继续选种、育种,所造成之发展变化,便粟与黍之新种已层积至百千种之多。新旧名称,古今相掩,地区互易。举凡字书所载从禾从黍之字,各地人员解释不同,更不可逾古人而订正之。若此秬秠穈芑数字,则因同时所称作物品种之字不多,尚可得循农作物发展演进之规律,推其如此。穈字亦从禾。足知在上古亦是禾之变种,今甘肃尚以之为主要作物。其形与黍相似，而颖壳光泽坚韧。耐旱、耐寒之性高于其他禾类作物。特能在长期低温中成长籽实。米之品味亦佳。由此诗，知其种远在殷周之际已基本育成，与秬、秠鼎立为三。始育成之者为陇西之羌族，故其风土之性特宜于陇西。由于其亩产量低于其他禾谷，今已渐有淘汰之势。然其耐寒耐旱性质之培成，在禾谷类中，先民已创造有伟大成绩。应可更培育成较高产量之名贵作物也。芑字，在《周诗》中屡见之，所言皆菜蔬，非禾类。此诗既称为"嘉种"，则亦后稷所育成之优种蔬菜，周世已经普遍栽培之物。蔬类种变尤易。古今名物尤难考订。已于《采芑》篇论述。"恒"，毛训徧。朱云："谓徧种之也。"徧种之，则是弃已为尧舜后稷之官，故能以其育成之"嘉种"普遍推行也。秬秠言"是获是亩"，谓刈其茎而堆叠之，以待打场。场地筑于田亩间，故古之劳动人民亦谓积禾于场圃为"亩"。穈芑言"是任是负"，谓皆非当先积于场圃之物，则径收归储藏之。朱云："任，肩任也。负，背负也。"肩任，谓担之。背负，则必盛以筐。穈之收获甚晚，故不先积之于场圃中。"以归肇祀"，谓俱以之归用于祭祀。"肇，始也"（《毛传》），始祀，谓农民冬季始从事于祭祀。朱云"稷始受国与祭主，故曰肇祀"，非也。

七章：言后稷所制祭祀之情况与其目的。用"诞我祀何如"句领起。"我"，谓周族之人也。所言，非《周礼》所志之任何一种祭祀，只周族原始祭祀之形式。凿凿然以后世祀典所记之礼制拟之者皆非也。其原始之祀，精制禾黍为食品以供神，祭毕即自分食之而已。"或舂"，谓纳谷粒于臼中，舂去其稃颖。"或揄"，《韩诗》作"或扰"。《说文》："扰，深击也。"于此诗，当谓更精舂之。《毛诗》改字作揄，《传》云："揄，抒臼也。"《说文》揄字遵用之。"或簸"，谓舂后用箕簸扬，云其糠粃细屑。"或蹂"，《说文》引此诗作"或舀"。盖《鲁诗》字。舀，谓用勺筛之也。筛去其巨片之糠粒也。簸扬之法，今世北方扬场选种犹用之。轻者随流气飞去，重者直坠而堆积。汰去臼舂之米粃，古法盖亦如此。米未脱稃者，亦重而随米坠故再筛去之。筛之，则其尤重而粗糙者旋聚，便于挹取以除去之。顾所谓筛，非如今世之"竹筛"与"罗筛"（殷周间尚无此物）。只用勺盛而回旋摇激荡之，使米粒自相蹂撼，则轻重各自揉聚。其法，今世淘金者犹使用之。故《鲁诗》之字作舀。舀，用勺取物也。取舂成之米而摇选其精好者，亦当舀之。舀与蹂之义相成。旧说蹂为"蹂禾取谷"（《朱传》语），失其工序，显然非义。四字成一工序，而各冠以"或"字者。奴隶社会，群奴操作，舂、扰、簸、蹂皆不止一人二人。故同时四者并进。后儒不能体会此诗，为之谬解甚繁，皆用秦汉以来社会情俗揣测之失。"释之叟叟"，《毛传》："释，淅米也。叟叟，声也。"《释文》云："又作溲溲。"谓米既精选，则浇水淘净之，其声溲溲然。淘米后，入釜鬵蒸熟之，其气浮浮然。《说文》引作"烝之烰烰。"烝与蒸音义通。烰与浮古音同。熟食享神，为上古之俗。后世笾豆盛黍稷，牢用全牲。既献然后烹之以饗。此诗所言为公刘时代之祀礼，亦即反映当时尚无磨制之具，饼饵之术，盛会亦只蒸米而食也。祭祀不仅献神以谷物之食，又必有牲畜之肴。"载谋"，谓选牲必卜之。《洪范》云："谋及卜筮。"毛云："谷熟而谋。陈祭而卜。"朱云："谋，卜日择士也。""载惟"，郑云："惟，思也。"盖谓推寻繇辞文义以判断其所指之牲而用之。选牲既定，则杀而取其脂，浇于萧艾之香草而焚之，致其香于神。"取羝以軷"，毛云："羝，牡羊也。軷，道祭也。"朱云："祭行道之神也。"他诸说，皆用《国礼·大驭》"犯軷"说此诗之軷。查，郑玄《周礼注》说犯軷云："封土为山象，以菩刍棘柏为神主。既祭之，以车轹之而去。喻无险难也。"其笺此诗，则云："馨香既闻，取羝羊之体以祭神，又燔烈，其肉为尸羞焉。"无车轹之义。但仍谓是祭于"行神之位"，以就"犯軷"之说。并谓是效祭，王路出发之礼。夫公刘以前，周族尚无国家形式之组织，则安得有大路、有效祀、有大驭犯軷之礼？毛云"道祭"者，盖谓其时无祖庙，无天地诸坛，只祭于田野道路之间。所以被灾害而祈来年丰收也。其牲但用一牡羊。既取脂灌萧以祭，乃燔其肉以为餐。軷乃祓之借字。盖公刘时代人称述后稷时之祭祀如此。其后周既统一天下，扩制祭祀之礼甚宏隆，废旧制不用，乃于效天前为犯軷之礼，以明其废旧制，仍存其朔，而轹毁之。非后稷已有郊天之制而诗人述之如此也。末句"以兴嗣岁"，明为祈来年丰稔之祭。亦谓当时只此祀礼之一种耳。

卒章：古今之周王之祀典已大不同，亦滥觞于后稷之祀。作诗人语也。《毛传》："卬，我也。木曰豆，瓦曰登，豆荐，菹醢也。登，大羹也。"诸物皆后稷肇祀时所无。志其古今之变。然古今皆重馨香，所谓"周人尚臭"也。"胡臭亶时"，郑云："胡之言，何也。亶，诚也。……何芳臭之诚得其时乎。美之也。"句上属。《朱传》以此句下属，云："此何但芳臭之荐信得其时哉，盖自后稷之肇祀，则庶无罪悔而至于今矣。"朱说为长。

（二）行 苇

八章。章四句。故言七章。二章章六句。五章章四句（朱传本作四章章八句）。

(1) 敦彼行苇，牛羊勿践履。方苞方体，维叶泥泥。

(2) 戚戚兄弟，莫远具尔。或肆之筵，或授之几。

（3）肆筵设席，授几有缉御。或献或酢，洗爵奠斝。

（4）醓醢以荐，或燔或炙。嘉殽脾臄，或歌或咢。

（5）敦弓既坚，四镞既钧。舍矢既均，序宾以贤。

（6）敦弓既句，既挟四镞。四镞如树，序宾以不侮。

（7）曾孙维主，酒醴维醹。酌以大斗，以祈黄耇。

（8）黄耇台背，以引以翼。寿考维祺，以介景福。

此诗述公刘大会族人而燕享之事。盖周作公刘庙成时，命史官依据先民传说所纂造，以为侑神乐章。其后改用《公刘》六章，而以此三十二句作为养老之乐也。判为公刘事者，何楷《诗世本》，引《刘向·列女传》《王符·潜夫论》《范史·桓荣传》及《吴越春秋·太伯传》，又魏源《诗古微》、加引《范史·章帝纪》、班固《北征赋》《蜀志·彭羕传》，皆证明汉儒之说如此（陈奂《毛诗传疏》亦引四种证其说。魏源更谓当在《公刘》篇下）。《毛序》云："《行苇》忠厚也。"无主语。疑是谢曼卿，卫宏不定为公刘事，削去"公刘"字而以"周家忠厚，仁及草木，故能内睦九族，外尊事黄耇、养老乞言以成其福禄焉"之《续序》易之。以迎合东汉养老之礼制。固以为周之养老始于文王，公刘时不养老故妄删公刘字也。按：《孟子》所谓"西伯善养老"（《离娄》上篇语。《史记》亦著之）。非如汉儒所传之养老礼也。敬养贤士之谓也。贤士亦不必即为老人。即如所谓伯夷，与齐弟叔齐皆以让国，如泰伯之出亡，岂得为老人哉。凡民族既已发展壮大，势难免于分散各地。其大酋必于每岁或数年召集民族大会，燕饮以决大事（《匈奴传》《鲜卑传》及他史旧裔传多有如此记载）。详审此诗所述。盖即如此燕会也。公刘于如此燕集，尊礼耆老，以抚本族之具德望者。故《公刘》有"俾筵俾几"之文。对于外族之来归者，则供其馆膳，故又有"于豳斯馆"之文，是公刘已创之法，后世称之为"养老"，非汉儒所传迎养三老五更之礼也。且所谓老，只是具有声誉地位者之称，如近世各少数民族之所谓"老民"，只为"乡民代表"之义，实以壮年中年人为多。古称天子之臣曰老（见《左传》昭公十三年）。大国之卿一曰老（《论语》"孟公绰为赵魏则优"）。大夫之家臣亦称老（《仪礼·聘礼·疏》）。本民之贤者亦称老（《左传》昭公三年"三老冻馁"）。皆非以高龄为老也。《续序》说此为"养老乞言"之诗，谬甚。

首章：言公刘燕族人于郊野行苇之间。戒其人护惜行苇。苇成行列，明系人工所植，非野生者。"敦"，毛云"聚貌"。于下文"敦弓"则又训为"画弓"。诠按：两敦字，皆呼起注意之词也。"勿"，禁止词。豳近羌戎，其人耕牧并重。牧民必有率其牛羊同至者，故诫禁之。"方苞"，谓嫩芽初苗。"方体"，谓形体初成，嫩叶泥泥然可爱，当获惜之。泥泥，犹妮妮也。

次章："戚戚"，谓痛痒相关。"兄弟"，泛指族人，不可以封建社会之父子、兄弟拟之。"莫远具尔"，言远近毕会。郑云："莫，无也。具，俱也。"朱云："尔，与迩同。"族人皆至，老少壮龄不一。少壮者任其自相组合为筵，不加限制，故曰"肆之"。筵，坐饮之竹席也。古无桌椅，饮食、操作，皆据地为之。竹席麤阔，供饮食。蒲席柔狭，供坐卧。首领治事，则设一几以资依凭。书写、饮食亦便之。其造价高，一般不得擅用。诗谓公刘时，生产发达，造几多，赴会之年高老皆授之几。《朱传》以上两章并为一章。

三章：谓"肆筵"者，虽无几，亦加蒲席于筵上。"授几"者，则有缉御之人。毛云："缉御，踧踖之容。"郑云："缉，犹续也。御，待也。"朱云："有相续代而侍者。言不乏之使也。"诠按：三说皆未允。"缉御"，与"设席"为对词。盖谓授几者有人导引之，使其次第相续排坐于一处以便照护。如停车马者之以次相依近。御为迎导之义。当读如近。

"或献或酢"以下，与下章皆言燕饮情形。《朱传》并两为一章，于文理为当。《郑笺》云："进酒于客曰献。客答之曰酢。"所据为《仪礼·乡饮酒》与《燕礼》之文，旧儒无不遵之。诠案：公刘时尚无私有财产。族人大会，所消费者为公共积累之物资。无所谓主与宾也。献与酢，为族人互相酬应以劝饮之义而已，用《乡饮酒》主宾献答之说加之则非矣。"洗爵奠斝"，毛云："斝，爵也。夏曰盏，殷曰斝，周曰爵。"郑云："主人又洗爵酬客，客受而奠之。不举也。用殷爵者，尊兄弟也。"朱同。诠按：《乡饮酒》周制也。原其始，周当由氏族大会所演变。自孔子缘饰之以为"礼经"，遂有絮絮之繁文缛节，迂阔而不可行。其所用"献""酢""奠爵""奠斝""洗"字，或是公刘世会燕已有之语言。孔子因此诗而制其文，非可反以孔子所制之文义解说此诗也。爵，单口饮器，后世演变为杯。斝，双口饮器，后世演变为台。夏代饮用盏，平浅之盂也，于时尚无深腹之饮器故也。殷世已有斝与爵之深腹饮器，豳地犹是单口，曰爵。殷人已有双口，曰斝。公刘时之大会燕，既有族人，亦有宾馆之工匠，则为殷人，故爵与斝皆用之。各从所习尚也。此诗之"洗爵"，应为酒频频满溢于爵，如洗于之义。"奠斝"，应为酒溢出于斝口之外，如奠于神，之义。谓物资丰盛，不嫌其滥费也（皆谓相与献酬之时）。

四章：续言殽馔之丰。《毛传》："以肉曰醓醢。"《说文》："醢，肉酱也。"《周礼》："醢人，掌四豆之实。"有"醓醢"。《说文》血部引作"肬醢"，云："血醢也。"

肉部肬字云："肉汁滓也。"郑玄《周礼注》"作醢及臡者，必先膊干其肉，乃复莝之。杂以粱曲及盐，渍以美酒，塗置甀中。百日则成矣。"然则醓醢为一物，即肉酱之古称。故《毛传》谓"以肉曰醓醢"。许氏云"血醢"，及从而谓此诗之醓、醢为二物者皆非矣。《周礼》醢人所举"四豆之实"，醢有醓、蠃、蚳、鱼、兔、雁七种（醓醢，鱼醢皆重见），则醓醢之为牛羊牲畜之内醢甚明也。醢为饮汁之食品。盖浆之类，汉人称为酱也。诗言各筵几间饮酒之际，先供醓汁，次供烤肉。最后供嘉殽。醢，酿造物，宿就，故先之。燔炙者皆鲜肉，美于醢矣，后之。嘉殽为脾与唇肉之脍，则尤美矣，供于最后。原始社会之盛餐如此。"臄"，毛云："函也。"朱云："口上肉。"并谓唇肉。脾与唇肉为上古人所喜食，宜脍。后世谓喜食为脍炙，由此来也。"或歌或咢"，谓与燕者醉饱后情态。毛云："歌者，比于琴瑟也。徒击鼓曰咢。"又是以周代乡饮之礼说此诗。以为必有音乐伴奏。无论公刘时未必已有乐工。纵已有琴瑟，在会演奏，其族人亦不可歌以应之。诗语亦未见有奏乐之意。惟原始人类，当欢快极乐时，多发为歌唱以写情。此会中必有之也。"咢"为愕之古字。《汉书·韦贤传》："喻喻谄夫，咢咢黄发。"《颜注》："咢咢，直言也。"是又与謇谔同义。此则"或咢"之义。谓或不歌而错咢颜视，但谔谔然自言而已。

五章：与六章皆述校射之事。故《朱传》合为一章。豳近戎狄，族非强武即不能自立。族人会燕，即为团结御侮，故演习射艺自属必要行动。"镞"，金镞之矢也。原始人类用石镞之矢。公刘时已有冶铸之工（说在《公刘》篇），故有金镞之矢。于时尚以坚木条为弓（近世凉山彝族尚如此）。故谓劲强之弓为坚。弓既坚，射出金镞之矢乃能准。金镞首重、执矢引满，当使其瞉之前后重量均衡。诗谓之"钧"。毛云"参亭"。朱释之云："谓三分之：一在前，二在后。三订之而平者，前有铁，重也。"（铁字当作镞。公刘时只铜镞）"舍矢"，谓发矢。朱云："均，皆中也。贤射多中也。《投壶》曰'某贤于某若干纯'。"当读如行音。

六章："既句"，谓挽弓之弯曲度，当圆弧九分之一。《毛传》云"合九而成规"是也。时用直木，故挽能致此为劲。后世乃以弓弛之曲度言之。则胶角竹为之，反之能圆为满。故毛氏所言，是弛弓之句，则失诗义矣。周之射礼，人各四矢。"搢三挟一"，谓每发只能挟一矢。"既挟四镞"，则四发讫也。"四镞如树"者，当时习射无布侯，对土垣为之。四镞直入垣不坠如树之植也（若是布侯，则矢贯之亦坠，不贯亦坠或垂，不得云树）。"序宾以不侮"者，谓中多者固为上座之宾。惟内部较射，不当相争侮。虽多中而侮人者亦抑下之。故曰"射以观德"也。

七章：与八章皆述公刘祭祀之事。"曾孙"，氏族后代对其祖之通称。见于《周诗》者甚多。毛云"成王也"。大非。"主",谓主祭。此言公刘对后稷之祭也。祀神用酒曰醴。"醹",毛云"厚也"。《说文》云"厚酒也"。诠按：醹之为言濡也。上古无清酒,酿者蒸米加曲蘗（酵母）宁于甕中,使其陆续发酵,变粉质为酒。连糟贮之,初成汁少,濡濡然似粥,似沮濡之土,故曰醹。今云连糟酒是也。"酌"者,用勺挹取之。圆者为勺,方者为斗。勺便于挹取其汁。用斗,则连糟舀之。言"酌以大斗",谓多取,且明其亦连糟以荐于神也。多献酒醴以祈福。"以祈黄耇",犹云：以黄耇祈。谓主祭者皆高龄人,即上文授几者。公刘自亦在内也。

卒章：人老则须发白,更老则由白转黄。耇,谓人老则背句曲也。"台背",毛云："大老也。"（大读太）郑云："台之言鲐也。太老则背有鲐文。"诠按：鲐鱼背高曲,老人驼背似之。非谓肉肤鲐文。"引",导引。"翼",扶持。郑云："在前曰引。在旁曰翼。"祺,吉也（《毛传》）。介,助也（《郑笺》）。景福,大福也。诗言扶掖耇耉以祀,能尊老人,则先祖必赐大福。

（三）既　醉

八章。章四句。

(1) 既醉以酒,既饱以德。君子万年,介尔景福。

(2) 既醉以酒,尔殽既将。君子万年,介尔昭明。

(3) 昭明有融,高朗令终。令终有俶,公尸嘉告。

(4) 其告维何,笾豆静嘉。朋友攸摄,摄以威仪。

(5) 威仪孔时,君子有孝子。孝子不匮,永锡尔类。

(6) 其类维何,室家之壸。君子万年,永锡祚胤。

(7) 其胤维何,天被尔禄。君子万年,景命有仆。

(8) 其仆维何,釐尔女士。釐尔女士,从以孙子。

此周公旦为成王冠礼所拟尸嘏之辞,遂为后世冠礼通用之乐章。《竹书纪年》,成王元年"夏二月,葬武王于毕。秋,王加元服"。加元服,谓行冠礼也。《家语·冠颂》《大戴礼·公符》并纪其事。盖周公所制为勖勉嗣君之礼,初行之于成王。其后则诸侯、大夫、士人皆有冠礼（《仪礼》有《士冠礼》一篇）。冠礼之制,行于庙,有祝、有尸、有宾。祝有祝辞。尸有嘏辞。成王冠礼,则成王为主,诸侯为宾,祝雍为祝。其祝辞已传。虽《家语》与《大戴》文不全同,大旨相若。尸嘏之辞,盖即此诗。判其为周公作者，辞意谆切，而态度踞肆。连章套句，叮咛周至，言语简练，皆周公诗之特色也。"辞达而勿多"正符嘱祝雍语。汉世传诗，齐、鲁、韩、毛四家，皆莫知此为成王冠礼之嘏，诗之文本事遂晦，而妄解者多。兹合诗礼两家之说，更为新诠。

首章：尸嘏之辞，例托为神言。首两句，言神谓既已享王之酒食，亦满意于王之明德。《毛传》："既者，尽其礼，终其事。"《朱传》："德，恩惠也。"诠按：《尚书·酒诰》："惟德馨香，祀登闻于天。"《左传》"鬼神非亲，惟德是馨"，皆此诗"饱德"之义。何至如世俗谢酒，以饮食为恩惠之意哉。"君子"，指助祭之诸宾，自亦包括祭主。"万年"，殷周祝语常用之辞，助尔大福之时间长久之意。

次章：殽云将者，周祀礼，作尸者皆实饮酒，实食献殽，而谓神则享之。曰将，谓神已携去。"昭明"，光大也。大戴记成王冠祝之辞，有"始加昭明之元服"名。小戴记《冠义》曰："重礼，所以为国本也。……故孝弟忠顺之行立而后可以为人。可以为人，而后可以治人也。"可以治人，即昭明之义也。

三章：毛云："融，长。朗，明也。始于饗燕，终于享祀。"以享祀为令终之义。郑云："天既助汝以光明之道。又使长有高明之誉，而以善名终。是其长也。"朱云："融，明之盛也。《春秋传》曰'明而未融'。朗，虚明也。令终、善终也。《洪范》所谓'考终命'，《古器物铭》所谓'令终令命'是也。"封建词汇之无达诂如此。听之可也。"令终有俶"，毛云："俶，始也。"谓令终者必善其始。《冠义》所谓"成人者，将责以成人之礼焉"，是也。"公尸"，毛云："公尸，天子以卿。"诠按：祀祖庙之尸，必以其子孙充之。成王冠礼之尸，或即是周公自为，或是他卿，要必是太王子孙之得称公者，故曰"公尸"。或是其时行礼于后稷，或公刘之庙，则尸为先公之尸也。"嘉告"，谓嘏辞。

四章："其告维何"一句，领起下文。皆嘏辞内容。谓：若笾豆所陈，则肃敬（静）美好（嘉）矣。主宾亲睦如朋友，相摄佐以威仪。威仪，包括衣冠、礼度、容止言之，是周礼所尤重。仪字古音俄，汉碑多可证，毛云"叶牛何反"。叶字当衍。

五章："威仪孔时"，谓：加元服得时。元服者冠也（颜师古《汉昭帝纪》注辨之甚详）。加元服。正威仪之始。此得其时也。王有成人之志，备孝、弟、忠、顺之德，而后可以治人。诸侯之参与此礼者，亦当以此教孝于其国有孝子。是孝子不匮矣。《毛传》："匮，竭。类，善也。"诠按：不匮，谓延续后代，推及他人，故孝子不至于匮乏。类，同类之义，贵族与贵族为一类。《左传》："君子曰，颍考叔纯孝也。爱其母，施及庄公。《诗》曰'孝子不匮，永锡尔类'，其是之谓乎？"（在隐公

元年)

六章:更明释"尔类"之义。"室家之壸",谓子孙与妻族成员。"壸",毛云"广也"。郑云"梱也"。《尔雅·释宫》"宫中衖,谓之壸"。朱云:"宫中之巷也,言深远而严肃也。"诠按:壸字,金文与阃、梱通。造字之义谓同体聚居之人也。与族姓之义相当,犹今言血系也。世俗称女德为"壸范"者,又是因此诗曲解为女德之义而造。此诗本意,固只谓夫族与妻族之胤嗣为壸。以释"尔类"含义而已。"永锡祚胤",朱云:"祚,福禄也。胤,子孙也。锡之以善,莫大于此。"

七章:再申"永锡尔类"之意。"天被尔禄",谓贵族子弟皆"天然食禄,是天锡之"。被,谓普被,无遗。"景命有仆"之仆,毛云:"附也。"郑云:"天之大命又附着于汝。谓使为政教。"诠按:仆之本义为执役人。此诗之仆,按下章文义,明指为贵族子孙之妻室。毛云附者,是附属于周族之义。郑笺体会全谬(朱同)。原始社会初期,女子地位高于男子。其后期,男女齐等。进入奴隶社会后,男子渐重,女子渐轻。周之礼俗,则女子有"三从"之义,奉箕帚事男子而已。相传其礼制自周公,由此诗之称妻妾为仆,应可信。《世说新语》载王导妻妒,憎周礼,曰:"使周婆制之,当不如此。"虽谐噱之书,亦足见古代妇女思想反抗之者不少。儒家经师之曲解此仆字,正所以掩盖周礼重男轻女之恶业。此当明也。

卒章:"釐尔女士",毛云:"釐,予也。"郑云:"予汝以女而有士行者,谓生淑媛使为之妃。""从以孙子",郑云:"从,随也。……又使生贤智之子孙以随之。谓传世也。"(《朱传》并同)周制,男子成年而冠。冠礼成,即可进行婚礼。故此嘏辞如此作结。成王在位三十余年,周诗与史志莫曾传其王后之名氏。若太王妃大姜、王季妃大任,文王妃大姒,则有《思齐》《皇矣》等专篇称颂之。武王妃邑姜,名犹可考,而诗无称道。《皇矣》但颂其父太公以代之。此所体现,为奴隶社会时代之周人犹有称妇女之诗歌,自周公旦"制礼作乐"以后,后妃之颂堙绝,至于名氏不闻,而代称曰仆矣。

(四)凫 鹥

五章。章六句。

(1)凫鹥在泾,公尸来燕来宁。尔酒既清,尔殽既馨。公尸燕饮,福禄来成。

(2)凫鹥在沙,公尸来燕来宜。尔酒既多,尔殽既嘉。公尸燕饮,福禄来为。

(3)凫鹥在渚,公尸来燕来处。尔酒既湑,尔殽伊脯。公尸燕饮,福禄来下。

（4）凫鹥在潨，公尸来燕来宗。既燕于宗，福禄攸降。公尸燕饮，福禄来崇。

（5）凫鹥在亹，公尸来止熏熏。旨酒欣欣，燔炙芬芬。公尸燕饮，无有后艰。

　　此文王居程时祀祖绎祭尸嘏之词。乐官所作。本为南乐，后乃谱为大雅乐章，有事于程邑时用之。

　　知其在程者，周自太王居岐，文王居程，又徙丰，武王迁镐，成王营洛，皆营建祖庙。唯程邑能望见泾水。此诗用于庙祭，而所见为泾水沙渚之凫鹥，则其作于程邑明矣。祭祖之尸称"公尸"，则是尚未上太王、王季之王号时所作更可知，旧儒莫或识此，乃以为成王时诗（序注及《郑笺》），或太平时王绎祭通用之乐。谬也。知其本为南乐者，文王居程时尚无大雅，且或尚无雅乐，惟南乐与风乐流行。此诗五章复叠一式，是南诗格局，豳风如《东山》《破斧》《伐柯》《狼跋》亦然。雅诗自"鱼丽之三"外，皆不如此。而此《鱼丽》三篇又皆为谱用南乐之诗。以此知此诗初制亦系用南乐也。

　　判为乐官作者，于时乐官究治文学与声律，不预政务。故其为诗好矜炫博识，堆砌词汇，音韵谐协，而诗格不高，与周、召二公及史官之作显然有别。

　　首章：凫与鹥，皆水鸟名。凫，今俗云"水鸭"，以鸭而小，首羽青碧色，善飞。鹥，毛云"凫属"。朱云"鸥也"。诠按：鸥鸟恒群居海边，周地无之。鹥鸟善没水取鱼，体青黑色，貌丑恶。古呼"水鹗"。今人养以捕鱼，呼"水老鸹"者是也（即鱼鹰。杜甫诗"家家养乌鬼"，即指此鸟）。程邑近泾水，庙中可以望见之。旧说为"兴也"者，非。"公尸"，先公之尸，谓太王也。"来燕"，来享受主祭者之酒殽。"来宁"，郑云："自以为宜亦不以已实臣之故而自谦。"谓作尸者以人臣为讹作其君之先祖，心当不安。然既已为其先祖之灵所附，则亦安之矣。"尔"，谓祭主文王。酒清，谓滤过之酒无渣滓。殽馨，燔炙之肉，香远闻也。"来成"，谓使你福禄成就。

　　次章：毛云："沙，水旁也。宜，宜其事也。"为，郑云："助也。"此章，以沙、宜、多、嘉为韵。以今世音读之不协。缘古音沙读如梭（朱云"叶桑何反"）。宜，读如俄（朱云"叶朱何反"）。嘉读椒（朱云"叶居何反"）。为读如讹（朱云"叶吾禾反"）。韵自协。云宜读俄者，宜字，古文作𡚘，以多为音，兼以贮物之多会意。故《君子偕老》"象服是宜"与佗、河字为韵。正如此诗之与多字为韵，明其为古音也。嘉字，今四川嘉定人正读椒俄反。存此古音。为音讹者，伪言与讹言义通，皆非实之义。《兔爰》"我生之初尚无为"，与罗、罹、吪为韵。故知其古音同讹也。

　　三章：毛云："渚，沚也。处，止也。"郑云："湑，酒之泲者也。"下，朱云

"叶后五反"。诠按：下字，古音亦自读如户。故《采蘋》诗"宗室牖下"与女字韵。《绵》诗"至于岐下"与浒、女、宇韵。《陈风》"宛丘之下"与栩字韵。"婆婆其下"与相字韵。《唐风》"首阳之下"与苦、为韵。《豳风》"九月蟋蟀入我床下"与股、羽、宇、户字韵。皆其明证。非叶音也。

四章：毛云："潨，水会也。宗，尊也。""崇，重也。"郑云："潨，水外之高者也。"朱云："来宗之宗，尊也。于宗之宗，庙也。"陆云："潨，在公反。宗在容反。"

卒章：毛云："亹，山绝水也。"郑云："亹之言门也。"朱云："水流峡中，两岸如门也。"熏熏，毛云："和悦也。"郑云："坐不安之意。"诠按：熏熏，犹醺醺，谓半醉也。用于卒章，谓其已饮足也。其下"旨酒欣欣"是赞酒之美，能使人欣欣然乐。"燔炙芬芬"，是赞其殽之美，芳香袭人。末二句，谓公尸既燕饮之，则当保佑祭主无后来之艰难。艰当读艮音。凡从艮之字，根、跟、垠、痕、恨、很、银，皆艮音也。艰字不能例外。《何人斯》"其心孔艰"，与门、云为韵。《释名》恒以同音之字为训。云"艰、根也"，俱是古艰音同于根之证。

（五）假　乐

四章。章六句。

(1) 假乐君子，显显令德。宜民宜人，受禄于天。保右命之，自天申之。

(2) 干禄百福，子孙千亿。穆穆皇皇，宜君宜王。不愆不忘，率由旧章。

(3) 威仪抑抑，德音秩秩。无怨无恶，率由群匹。受福无疆，四方之纲。

(4) 之纲之纪，燕及朋友。百辟卿士，媚于天子。不解于位，民之攸塈。

此亦尸嘏之词。作于文王徙程，自称受命之后，或即文王称受天命，告庙祭享之嘏。作者当是周公旦，且或即是其为尸所自作。旧说为"嘉成王也"（《毛序》）；"即公尸之所以答凫鹥者"（《朱传》）；与"祭武王"（《何楷》）；"美宣王"（魏源），等等。皆非。宋儒严粲，分此诗为六章，章四句。清季明德分为三章，章八句。就文章言，皆有似处。乐章则未必然。凡嘏，皆一气完成，初不分章。惟谱入乐乃分章耳。兹仍依"故言"章句。

首章：《中庸》全引此章六句以赞舜。谓"大德必得其位，必得其禄，必得其名，必得其寿。"引《诗》后又云："故大德者必受命。"盖旧曾有说此为文王"受命"之诗，子思又用以赞舜也。其字作"嘉乐"，《左传》宣公二十五年字同。毛诗改假字，仍训"嘉也"。应是其师传避私讳改。"显显"，《中庸》又作"宪宪"。显，谓光明。宪，谓法则。义近音近，固可通假。然当读如"显现"，即《清庙》"肃雍显相"之义。"宜民宜人"，毛云："宜安民、宜官人也。"诠按：民，谓周族之人。人，谓周族以外，天下之人。"受禄于天"，谓受天命为王。禄字本义为天帝所予之福量。从专用为享受人民供给之义。封建制行，乃渐变为俸禄之义。此诗"受禄"，仍是受命为王之义。"右"与佑、祐义通。陆云："右，音又，助也。""申"，毛云"重也"。《朱传》："天之于王，犹反复眷雇之不厌，既保之、右之、命之，而又申重之也。"

次章："干禄"，保持禄位也。说在《旱麓》。周人以多子孙为福，恒用夸语祝愿。此云"子孙千亿"，犹《思平》之"则百斯男"也。穆、皇、君、王二句，承子孙句言之，"天子穆穆"，宜王也。"诸侯皇皇"，宜君也。"愆，过。循，率也"，循用旧典之文章（并郑笺）。朱云："适为天子，庶为诸侯，无不穆穆皇皇，以遵先王之法者。"

三章：言为君子之道。修其威仪而秉心抑抑然谦谨，不肆；明其诏令，而秩秩然，不乱。政教适合民众需要，使无怨恶。集思广益，依靠群贤，不专断任情。如此，则能得天福祐，受人爱戴，为"四方之纲"。言四方归附如网之在纲。《棫朴》之"纲纪四方"，用此诗语也。

卒章：阐"纲纪四方"之义。"朋友"，毛云："群臣也。"朱云："亦谓诸臣也。"诠按：此与《既醉》"朋友攸摄"之语同义，谓从祭之诸侯与诸臣工为朋友也。"百辟"，谓诸侯（当时之奴隶主）。"卿士"，谓王臣。"天子"，谓周王。媚，顺事也，如纲目之纪理于一纲之义也。又皆不懈怠于政务以理其民，则民皆翕然归依如塈之涂附不离也。毛云："塈，息也。"郑、朱并释之为"休息"。非义。说在《邶·谷风》。"解"，陆音"佳卖反"。本义为解剖牛体。引申为懈怠之义。后分为姐、谢二音。

（六）公　刘

六章。章十句。

（1）笃公刘！匪居匪康。廼埸廼疆，乃积乃仓。廼裹餱粮，于橐于囊，思辑用光。弓矢斯张，干戈戚扬，爰方启行。

（2）笃公刘！于胥斯原，既庶既繁。既顺廼宣，而无永叹。陟则在巘，复降在原。何以舟之？维玉及瑶，鞞琫容刀。

（3）笃公刘！逝彼百泉，瞻彼溥原。廼陟南冈，乃觏于京。京师之野，于时处处，于时庐旅，于时言言，于时语语。

（4）笃公刘！于京期依。跄跄济济，俾筵俾几。既登乃依。乃造其曹，执豕于牢，酌之用匏。食之饮之，君之宗之。

（5）笃公刘！既溥既长，既景廼冈，相其阴阳，观其流泉。其军三单，度其隰原。彻田为粮，度其夕阳，豳居允荒。

（6）笃公刘！于豳斯馆。涉渭为乱，取厉取锻。止基廼理，爰众爰有。夹其皇涧，溯其过涧。止旅廼密，芮鞫之即。

此周营公刘庙时，命史官取先民所传公刘事迹旧歌纂述以为颂神之乐章。与《生民》篇之编纂同时，或同出于一人之手。太师原次当在《生民》篇下，《行苇》之前。《毛序》以为是"召康公戒成王"，遂妄移于此也。审《绵》《皇矣》《生民》及此诗，铺叙史事，不尚虚语，文虽繁重，皆有实指，非掌握故事丰富之史官不能为。周公旦、召公奭，皆不能作此类诗。惟史官诗乃能如此耳。全诗六十句，无一戒饬语，安得为戒成王哉？《续序》云："成王将莅政，戒以民事。美公刘之原于民，而献是诗也。"诚使召公达于政体，岂能不述文武之事以戒成王，反远引公刘时之民事哉？乃汉魏唐宗诸儒皆恪遵其说而莫敢疑。至元世，金履祥乃定《七月》与《公刘》为"豳之遗诗"，明末何楷《世本》列此诗于夏少康之世。清姚际恒乃反毛、郑、朱传而阐金、何之说。其他说诗者仍莫肯援用。

《史记·周本纪》：谓"公刘虽在戎狄之间，复修后稷之业，务耕种，行地宜。自漆沮渡渭取材用。行者有资，居者有畜积。民赖其庆。百姓怀之，多徙而保归焉。周道之兴自此始。故诗人歌乐怀其德。"所据盖鲁诗家言与《孟子》"公刘好货"之说。体会殊失当。然亦谓豳之诗人已有其歌矣，正如《七月》之由旧歌改编为诗也。夏少康时，中华核心地区尚未能形成巩固之国家，则公刘在豳，只可能开始组成氏族公社。必须有此概念，乃可以解说此诗。

首章：谓公刘初居戎狄之间，勤劳不息（匪居匪康）。开始组成氏族公社（参自《行苇》篇），整理耕田之事（廼场廼疆）。积有粮储（乃积乃仓），使"居者有积仓，行者有裹粮"（孟子文）。于是商旅远出，周知其旁更利于农事发展之地。因思安辑其人于新地而光大之（思辑用光）。于是率其族人，张其弓矢，扬其干戚，而迁焉（爰方启行）。旧说，除一二故训外，概不适用。如《毛传》"公刘居于邰而遭夏人乱，迫逐公刘。公刘乃辟中国之难，遂平西戎，而迁其民邑于豳焉"。"民邑"两字谓人民与国邑，即是以太王时之国家组织拟公刘时社会。为昧于历史发展之根本错误。与邰为后稷封国之说相濡为谬。又谓自邰迁豳为避夏难自内地之本国迁入戎狄。其释"思辑用光"，则云"言民相与和睦以显于时"。岂谓其人不能光显于华夏，乃思迁居戎狄间以为光显乎？诠按：《生民》之"姜原"，本有周族原出于羌族之舍义。《史记》言"不窋失官而自窜于戎狄之间"，则公刘先世已居于戎中，非有邰之家室也。公刘诚欲光显其族于世，则当是求显华夏，故自戎地向内迁徙，以耕于豳原。即今陕西宜君县西铜官县地。在当时为华夏与找戎间之瓯脱者宜垦而未垦之黄土河原也（参看《豳风》新诠）。何可谓自邰迁近戎地乎？

　　此章三十九字中，多有足证为原始社会语言之字。"笃公刘"，六章同为冠领语。笃字是称颂公刘之发语词，专敬之义也（毛训"原也"，非义）。原始社会无固定之君长，杰出人物，皆为群众所尊敬。更有尤杰出者，则群众专敬于尤杰出之一人。公刘为周族尤为杰出之祖先，能团结全族，组成公社。故族人当时歌咏，已有"笃公刘"之群众语言，史官从而重用之。又场字，在此诗当为耕垦之义。从易从土，会意字。谓轮栽之地。即"上地不易，中地岁易，下地再易"之易。豳土早寒，土壤分解缓，积累养分不多，故垦地须间年种之。故其人谓耕垦为易。即在华夏，当未知施肥以前，耕种亦用此法。故《孟子》曰："易其田畴。"《注》："易，治也。"治田即种田。《甫田》"禾易长亩"，义同。此诗旧歌，当是"廼易廼疆"字。传诗者增土旁。要是代表原始耕种方法之字义。橐字，从木、从石，与囊并称，自是盛粮之具。在古籍中多见之。中世以来，其物废灭。人乃不能详其形制，而有多种谬解。如毛云："小曰橐，大曰囊。"朱云："无底曰橐，有底曰囊。"夫橐之从石，谓木器容一石也，岂得小于囊哉？盛谷之器又岂可无底哉？盖橐者，石器时代已制有之木箱。初剜木如独木舟状以盛物，进入金属工具时代，乃有镶合木板之橐。公刘时，正是初用此物搬运，故诗称之。牲畜负运，橐优于囊。其后车运兴，橐则演变为车箱。箱之用称通行后，橐之用称并废。秦汉之际，风箱之具犹有称为橐者。《老子》"天地之间，其犹橐籥乎"，《淮南子》"鼓橐吹埵，以消铜铁"，是也。此后文士，遂不知橐为何物。顾其在古籍中，则唯有妄测以为说矣。又廼，为乃之古字。原从匋，从夊，会意。鸟归林巢加夊（引之古文），以示时间与行动之转折。为人事初繁时之用语字。笔画故繁。造文字已多，人皆要求简化时，始有了与乃字出而代之。周诗惟《绵》篇与此篇多用廼字，足知其所用旧歌传写之文字，乃皆作廼。诗又复兼用乃字，足知其自用之乃字已简化，惟遵用旧歌字仍作廼，是接近于公刘时代之古歌也。又，周代盛行车运。此诗搬运之语已多，而不及车。《绵》诗亦然。即可知周族当时尚未有车。若殷墟甲骨文中，则已有类似图书之多种车字，明其时作车尚不甚久（世传黄帝作舟车，不可信）。迨文王时，有《四牡》之诗，犹可谓殷之使臣有之。若武王时，则有"戎车三百乘"与《皇皇者华》之诗。是用车已普遍矣。凡此表达于诗之字，皆为考证作诗时代之确据，为研究中华劳动人民历史者所当知，故论著其线索于此。

次章：叙述迁到豳地情形。"于胥斯原"，《毛传》训胥为相。旧皆说为相度豳原之地。诠按：《汉书·扬雄传》"木雍枪纍，以为储胥"，《注》"有储蓄以待所须也"。是胥亦有须待之义。全族同徙，不能一时同到，故首领到达适当地点，即停住以待后至者。是之谓须。是此胥字，为须之借，自亦俱有相度之义。《绵》之"聿来胥宇"是相地之义，亦有相待之义（参看"廼慰廼止"句），此诗文义，尤重在于"须后至者"之义。"既庶"，谓其众皆已到达。"既繁"，谓人多而事繁，纷然哗乱一时。"既顺"，谓渐就安定静肃。"廼宣"，谓既顺然后宣布就此营邑。"无咏叹"，谓人皆同意，无怨叹不悦者。永、咏古今字。后五句，总述公刘之行动与仪表。有时升于山顶以相地形，有时下至原隰抚慰民众。状其勤劳。"何以舟之"之舟，毛云"带也"。马瑞辰云："舟者，周之假借。《说文》'周，帀徧也'。字通作周。带周于身，周得训带。"瑶，石之美者。言公刘以玉及瑶为带饰。带上佩刀，有鞘而露其柄，以便把持。显其能制断。《朱传》："鞸，刀鞘也。琫，刀上饰也。容刀，容饰之刀也。或曰：容刀，谓鞸琫之中容此刀耳。"诠按：《瞻彼洛矣》诗"鞸琫有珌"，《毛传》："鞸，容刀鞸也。琫，上饰，珌，下饰也。"此云"鞸琫容刀"，则鞸谓刀鞘，琫谓外露之刀柄。柄下之刀纳在鞘内为容刀也。周之诸侯皆佩刀，鞸与琫皆有珌饰。公刘世则但有革制之鞘，刀柄外露，无珌之饰。明其为原始之制。合观两诗，其义自明。前人恒恍迷离之说，徒能使人益滋惑乱而已，摒之可也。

三章：述公刘相度营邑地址情形。"逝"，过而不留也。凡有泉之处，皆当知之。公刘所考察之泉源众多。谓为"百泉"。"瞻"，则详审也。溥，毛云："大也。"豳原广大，为准备营邑与垦种之地，则详察之。营邑当选较高之处，故陟南冈以察之。于是得高丘而有泉水之处营邑。"觏"，与遘通，《说文》："遇见也。""京"，丘之绝高者也（《尔雅·释丘》）。"师"，众也（《尔雅·释诂》）。"京师"，谓人众聚集于此高丘。后遂转为天子所居城邑之称。"京师之野"，亦豳原之一部分。营邑之前，但旷野耳。于此时，则有"处处"者，谓露坐。有"庐旅"者，谓相依营造临时简陋之住室。有"言言"者，谓有所倡议。有"语语"者，谓相商诗。《毛传》："庐，寄也。直言曰言。论难曰语。"此为下半章五句，描述选地既定后群众行动情致。

四章：述营邑既成，合族大飨之情事。"于京斯依"，谓营邑已成。《朱传》："依，安也。"原始社会，住宅简陋，除地、植木、押盖草茅而已，一日可成，故诗不著其造工。与《绵》诗不同者，公刘时尚无版筑之法故也（凉山彝族营宅，犹保持一日完成之习惯，否则以为不祥而弃之）。"跄跄"，言群众奔忙之状。"济济"，言才士趋事者多。"俾筵"，言为公刘铺席。"俾几"，为公刘设几案。"既登"，谓拥公刘登筵几上。"乃依"，谓群众乃依集于其旁。原始社会推举首领之仪式如此。大燕飨尊奉首领之仪式亦如此。"乃造其曹"，以下五句述公刘发号施令情致。旧说皆以造为赴之义，曹为牧群所在（郑云"乃适其牧群"）。诠按：《书·盘庚》："王命众悉至于王庭。"又云："诞告用亶其有众，咸造勿亵，在王庭。"是命群众至前，宣布令教之义。"曹"者，谓分曹治事。公刘既受群众推戴，即命群众至前，部署分曹各执事。又命人从牢中执豕屠之以飨众。用瓠瓜所制之瓢以酌酒。当时燕飨，只是如此简朴。旧儒未识古今之变，妄以封建礼制推测此诗，如《毛传》云："新国则杀礼也。酌之用匏，俭以质也。"郑云："酌酒以匏为爵，言忠敬也。"朱云："此章言宫室既成而落之。"并非。"食之饮之"，谓公刘飨群众。"君之宗之"，谓群众尊公刘。原始社会，燕飨物资，皆是氏族集团之公共积累，但由首领发令用之。积久，群众遂不自觉其为自己之劳动果实，而觉为首领之恩赐。此诗旧歌，正是如此时代群众对于首领之思想意识的反映。旧说"君之宗之"者，《毛传》："为之君，为之大宗也。"《朱传》："宗，尊也，主也。嫡子孙主祭祀而族人尊之以为主也。"诠按：宗字从宀、从示，本身即为家神之义。后世宗庙、宗族、宗法之义缘此而定。此诗不言祭祀，而有宗字，则当时尚无宗庙，而已有家庭之祀可知。其祀，大约如满洲皇族之"祭堂子"，但深夜秘密为之，不明白宣扬其祀礼耳。"君之"，谓治事之主。"宗之"，谓祭祀之主。诗之旧歌，盖亦作于公刘死后数世，全族奉为族祭之大祖时。

五章：述公刘领导生产之事，从整理土田开始。"既溥且长"，谓相度豳原地形广长，足以容受其众垦牧发展。乃审察日影于南北两山间。南向之侧为阳，宜垦种粮食。北向之侧为阴，宜蓄竹木，资器用，便狩猎。观察草原之有流水者，宜牧牛羊，养鱼鳖。当时生产之事此三者并重。故承之曰"其军三单"，单字从双口，嚣声也。亦有馈饷之义。故"单食"字从单。《崧高》诗"徒御啴啴"，《常武》诗"王旅啴啴"皆徒众观盛之义。更增一口，是周中叶之俗字，本字只作单也。"军"字，车战行后所造之字，公刘时不当有。按诗语，应谓公刘分其众为三群。原歌应是"其师三单"，传诗者用秦汉字训易师为军也。《毛传》："三单，相袭也。"犹其分三组进行之意。《郑笺》遂云："丁夫适满三军之数。单者，无羡卒也。"竟以《周礼》说公刘史事，谬甚。"度其隰原"，谓相度原隰耕土。"彻田为粮"，谓命所有田皆种食粮，俾其人民足食，而以余粮市易羌戎之畜产品。周族善稼绌于牧畜，豳地亦宜稼而未宜牧故也。《毛传》："彻，治也。"未失诗义。《郑笺》亦用周之彻法释之，谓"彻之使出税以为国用。什一而税，谓之彻。"《朱传》更用井田之法说之，谓"周之彻法自始"，皆非。"度其夕阳"之度，是度越之义。谓种粮之田，逐步向西发展，遂越曩时夕阳所之山丘（谓洛水与泾之分水部分）而入于泾水流域。"豳居允荒"之荒，毛云："大也。"朱云："豳人之居益宽大也。"诠按：豳原以今铜官县境为中心，向东入白水县界，古为沮洳之地，不适于种谷类。向西穷沮水源入于淳化县境，俱是黄土原地。故公刘之民种谷逐度向西发展。直入泾水河谷，更便于与羌戎市易。

卒章：述公刘发展矿冶业事，甚可珍贵。兹详释之：

"于豳斯馆"，《毛传》："馆，舍也。"《朱传》："客舍也。"矿冶事来，非豳人所优为。公刘始招致内地工匠为之。内地矿冶工业，始于太行山脉之南段地区。夏世已有专业工匠，能辨识矿石，知其冶炼之法。能合铜锡为青铜，促使中华社会文化跃进一步。公刘所居豳原之南山，有铜矿（铜官县命名由此）。华夏工匠逃避奴隶之役者，无远不至[①]。其至豳者识之，说公刘以开采铜矿之利。公刘能知其利，故为客馆，以居此辈，使之更招华夏工匠，进行开采、冶铸，以原资用，并以余品与羌氐、蛮、濮部落市易，遂开富强之基。《孟子》谓"公刘好货"盖有以也。必先营客馆以礼工匠者，华夏与豳人生活方式不同。待以客礼，依其故地习俗供以物资，使其人能安于土而忠于其事。既安于土，则娶妻生子，逐渐变为豳族内部人民，可得

---

① 中华工匠逃避阶级压迫，远出数千里之外以售其技巧者，自古有之。见于正史者，如《大宛传》"宛城中新得秦人，知穿井"。《西域传》"大宛国王治贵山城，去长安万二千五百五十里"。足见避秦之工匠，外流之远。秦之虐，但徭役而已。若夫奴隶社会，劳动人民所受痛苦，较秦更当百倍。挟技之人，得逃逸者，必不愿仍留于另一奴隶社会之中，而必尽其可能的逃入于原始社会地区，得更有产业可兴而无阶级压迫之处则止。矿冶工人所留止之地，必是矿山地区。其事，旧史家所不能传，然亦有可因史文以肯定之者。如《货殖传》言巴寡妇清"其先得丹穴，而擅其利数世"。所谓丹穴即丹砂矿（汞矿）。此物，今时内地不产，惟黔水流域盛产之。四川黔县即汉世之丹兴县，旧穴犹存，丹则早已采尽。巴寡妇清所擅者应即在此。其人在始皇时已是老妪，则数世前已当春秋之时矣，其矿之发现与炼丹之发明，又当远在其前。华夏之丹字，最早见者为兖子名"丹朱"，可知在原始公社时期华夏已知炼矿为丹矣。黔江之丹穴，必为华夏工匠所开。则当为中华工巧奴隶逃亡至者所开矣。又，云南东川与昭通，为汉世堂琅与朱提县。秦汉之际，堂琅铜与朱提银并以精好高价著名。其地近世尚在"群蛮"中，与内地远绝。在秦世，尚属原始社会，只巴、蜀、汉中已进入奴隶社会。又只中华地区已有矿冶之业。然秦灭巴蜀，初置郡县，即已于此两地置县，历久不曾废者，由有甚多之内地工匠之子孙支持秦汉政权故也。其先世发现并开辟其矿冶者亦必是从华夏内地逃役之工匠也。更远推求之，则永昌珠宝之采掘，身毒（印度）商道之打通，皆周秦间事。亦当以工匠为先导耳。一九七二年南充出土之天宫山汉墓铜镜，其一为秦世文字，铜绝精。其二为"黄羊作镜"，雕龙巧好，汉隶甚工，为银、镍、铜之合金制，汉武帝世作也。又有朱提银制之手镯与环。皆可说明秦汉间工匠与文士早于郡县未开置前即已深入此朱提、堂琅二地，从事矿冶之事。从而知其工业之创造发展远在殷周之世，并为奴隶逃亡者所创。

长久利用。亦使本族人得从而习其技艺。且其人之生活习惯亦必影响于当地人民，导诱其向华夏方面改变前进。此即周族所以能勃兴于羌戎之间的一大原因（上文"思辑用光"，适用如此解释）。馆字鲜见于他《经》。唯见于此诗最古。字从食从官，盖豳人所造之字。本只作官。官字从宀（音绵）从自。《说文》："宀，交覆深屋也。""自，小阜也。"自即堆之古字。夫深屋下有如小阜之堆，非矿石冶炼之所乎？引申为锻炼士子之学官（今云学校），工匠所聚处曰"工官"（锦官、车官、监官同为今世工厂之义）。再乃引申为官府、职官诸义。故官者，本为矿冶工厂之义。加食旁者，周人于官字文义纷歧后加，明其人食于公给。后遂别为客馆专用之义也。

"涉渭为乱"，毛云："正绝流曰乱。"郑云："仍使人渡渭水，为舟绝流，而南取锻厉斧斤之石。"朱云："乱，舟之截流横渡者也。"皆不识历史发展之谬说。公刘之初，尚属石器时代，石斧所凿之独木舟，工值殆与今世钢铁轮船相当，公刘倾全力为之，尚当须以年月，而谓已能造横绝渭水之轻舟乎？上古人类无舟梁时，大都善于泅泳。途遇小水，则揭裳以涉之。遇大河、湖，则泅水而渡。泅者，顺流曰沿，逆流曰溯，横流曰乱。谓横流则人身使水不得皆顺行，激起浪花如乱也。公刘闻矿工言渭之南山有石可炼，矿业必需之。故使人远出数百里，泅渡渭水以取之。豳地无大水，其人泅水之技不会高，乱渭成功为甚难事。由其有发展矿业之决心，不惜一切以赴之，终克成功。故豳人特为诗歌以颂之。

"取厉，取锻"，究为何物，旧儒未能详之。《朱传》云："厉，砥。锻，铁。"亦缘《郑笺》"锻厉斧斤之石"为说。夫厉石（今字作砺）随地有之，豳地不乏，何必远乱渭流以取之哉？查《说文》："厉，旱石也。从厂，蛋有声。"蛋，今云蝎子，毒烈之虫也。故厉又训为酷烈。旱石者，盖即今所谓"生石灰"，用石灰石之圆砾、或残块烧成。外形如石，吸收水分，则解化而成消石灰。吸水分少，则仍作石状。多沃以水，则激烈分解，发放大热与毒气，暴酷伤人。室中置之，则常干燥。故曰厉，又云旱石。用以垩壁，则洁白致密，历久不坏。粉末治虫蚁。亦供医用。用途甚广。上古华人发明其烧炼之法亦甚早①。豳地属侏罗纪地层，无石灰石。渭南之秦岭山

---

① 中华初制石灰，原只称为厉。神农氏又称厉山氏（一作烈山氏），疑其人已知制石灰。《周礼》屡称"蜃炭"，谓以蚌类介壳所烧之灰。疑发明烧灰者原成功于介壳。后乃转用石灰石烧成。语言复杂之后，乃不称厉而称蜃。其用途，则主要为杀虫御湿。《秋官·赤犮氏》"掌除墙屋，以蜃炭攻之，以灰洒毒之。凡隙屋，除其狸虫。"所言蜃炭，即生石灰，敏于吸收水湿，使墙屋干燥，故曰攻之。所言灰洒，亦谓蜃灰，即石灰粉，承上文省蜃字。蜃灰毒烈，能杀虫、驱兽，故毒之。旧说为"草木灰"者，非是。又《地官》"掌蜃，掌敛互物，蜃物以供闉、壙之蜃。"则直谓石灰为蜃矣。闉，即赤犮氏所治之墙屋、隙屋。壙，则葬礼所以燥墓防腐者。《遂师》所为大丧之"蜃车"同。所云"互物"，即谓介壳。"蜃物"，当即谓其他可烧石灰之物，应指石灰石。此应已是东周之文记，已失厉字之称。公刘世则只称厉。

脉中，多古生代地层，石灰岩多，华夏矿工早知之。其有受招入豳地者，言其如此。故为公刘所知，不惜冒万难以远取之。旧儒说锻者，《毛传》"锻，石也。"《郑笺》说为锻厉之石，作一物看。段玉裁《说文注》驳之曰："锻与厉，绝然二事。锻石、厉石，必是二物。《尚书·费誓》'锻乃戈矛，厉乃降刃'。锻之，欲其质之坚也。厉之，欲其刃之厉也。《诗》'取厉取锻'，亦明明分别言之。"（石部碫字注）《说文》："锻，小冶也。"又"碫，碫石也。"是锻为冶炼之义。碫为供冶炼用之矿石之义。陆德明《释文》作"取厉取碫"。盖三家诗字本作碫。《毛诗》改锻字。然《传》云"锻，石也"。仍是指矿石，非用锻冶字义。且或是唐石经乃改锻字，汉魏所传《毛诗》定犹作碫，《释文》本字犹未改也。无论其字作碫、作锻，按之时语，俱只能是矿石，非砺石，而为石灰石以外之一种金属矿石，则可以定。顾当判断为何种矿石乎？朱说为铁者必非。豳地可能有铁，取炼当晚于梁州。《禹贡》梁州有铁贡。雍州无之。足知豳之炼铁，在梁州后。公刘时，亦尚不可能有铁。且就地质言，谓之南山亦乏于铁矿。豳地属侏罗纪地层，应多有之，亦不至乱渭而远求于南山也。为铜矿乎？亦必不然。豳地从古迄今皆以铜官著称，何得更取矿石于渭南。人类最早取用之金属为锡。锡之熔点，于五金为最低，易炼得。锡又能在熔化后继续升温，到达于接近气化点之程度。从而可利用以熔炼铜铁等他种熔点较高之金属。故冶金工艺，必先自冶锡开始。锡质虽软，以与铜熔为合金，则成坚利之青铜。作器为良。公刘欲兴矿业，不能不远致此种矿石。故可断言，此诗咏之取碫，系取锡矿石也。"止基廼理"，毛无传。《郑笺》云："止基，作宫室之功止，而后疆理其田野。校其夫家人数，日益多矣……"与"爰有"至"过涧"缀合为句。《朱传》云："止，居。基，定也。理，疆理也。……取厉取锻而成宫室。既止基于此矣，乃疆理其田野。"用郑之义而以句上属。诠按：上各章皆分上下段各五句为义。郑之说义已根本不合。《朱传》强为之解，于上下文仍不可通。夫上文已云"俾筵俾几"，及"彻田为粮""豳居允荒"矣。此章乃反宫室初成开始疆理田野乎？"止基"者周族对金属农具之统称。《孟子》："虽有镃基，不如待时。"《汉书·樊、郦、滕、灌、傅、靳、周传》引作"兹基"。《小戴礼·月令》作"镃錤"。夏殷之世，华夏器物名皆一音一字。唯边疆民族地区名为二字（二音之译字）。盖周族自公刘时已有金属农具，称为"止基"。周室统一天下，金属农具随之推行，从而华夏亦随之成为农民语言。文人为之译字各不同耳。"理"，治也。诗言自公刘取厉与碫于渭水之南山，而后豳有青铜质之耕具。农事得以跃进一步，而富强之局亦定也。《玉篇》释镃基为锄，按诗"乃理"之义，盖不谓锄。公刘以前所用只木农具，耒与耜为主。耒之变为犁。耜之变为耜。又其后乃有锄，初亦只呼为"钱"不曰锄也。此诗之"止基"，应包括犁端之铧与金属之锹与钱。故曰"乃理"。理，有次第制成之义。夫先秦年代，华夏单音器名"钱镈"，"犁、锄"之名固仍习用，则《孟子》与《月令》何不径云犁锄，而必称以兹基哉。

"爰众爰有"，以下，郑云："……人数日益多矣。器物有足矣。皆布居涧水之旁。"朱云："日益繁庶富足。其居有夹涧者，有溯涧者。其止居之众日以益密，乃复即芮鞫而居之，而豳地日以广也。"诠按：涧者，山侧疾流间息之水，非耕地之川流，即非农民所居，况更溯涧而居之乎。惟矿工与山涧为缘。矿在地下，因涧水深凿而露，故原始之矿冶必缘山涧为之。炉鞴即设于涧旁，冶就矿，人亦近水故也。矿盛，工人大集，地不能容，乃有溯涧而上以求冶之新地者。诗云"爰众"，矿工日众也。"爰有"，冶金日多也。农民谓丰收为"有"。矿工亦以多获为"有"。"皇涧"，义为大涧，是矿工所命之名。冶炉之厂夹大涧而立。逐渐向上发展，至于溯（逆同）涧顶更缘矿脉以展拓至另一涧，称为"过涧"。亦矿工所命之名也。"止旅"之旅，古文作㫃，又作𣃦。并结队而行之义。矿工自远成队而来，止于涧旁。使两涧炉鞴日密。矿盛，器利，远地驰誉，争来采购，则商旅亦陆续而至。亦是"止旅廼密"之义。于是矿业更由豳原之二涧发展远入芮鞫二水地区。二水皆泾水之支流。芮，亦作汭。鞫，亦作湨。《周礼·职方》雍州"其川泾汭"。《郑注》"汭在豳地"。引《诗》"汭湨之即"盖《韩诗》字也。《汉书·地理志》"右扶风·汧县"云："芮水，出西北，东入泾。《诗》'芮𡱆'，雍州川也。"颜师古注："𡱆，读与鞫同。"查汉汧县，为今陕西之陇县。在宝鸡西北汧水（今地图作汧水）上游。其西陇山之北有水经灵台县入泾，即古芮水（汭同）。此水流过长武县境，纳一支流，亦自陇山之北流来，盖即此诗之鞫水（湨、𡱆并同）。《毛传》谓"芮，水厓也。鞫，究也。"《郑笺》云："水之内曰隩。水之外曰鞫。"皆失诗义。《朱传》缘《孔疏》得"芮水名"矣，犹说鞫为"水外"。谓即居于汭水之外，究指何地，成何语言。汭水距豳百余里，何为豳人遂从二涧忽然即变此地乎？上章已言"度其夕阳，豳居允荒"矣，此又重复为"芮鞫之即"，若不分别农垦与矿冶说之，则不成其为文艺矣。

（七）泂　酌

三章。章五句。

（1）泂酌彼行潦，挹彼注兹，可以餴饎。岂弟君子，民之父母。

(2) 泂酌彼行潦，挹彼注兹，可以濯罍。岂弟君子，民之攸归。

(3) 泂酌彼行潦，挹彼注兹。可以濯溉。岂弟君子，民之攸塈。

此文王徙丰之初，南国诸侯来朝，周公拟南乐所作用以燕享之乐章也。其时尚无大雅。至成王世乃改为大雅之乐，燕京诸侯通用之。知其然者：诗旨简明，重叠三章，全是南诗风格。文雅洁而意恳挚，具深刻之诱导意义，故判为周公拟南乐之作。周公初习南乐，后治风、雅。其雅诗多踞肆，而此独谦逊，故判为其未大贵显时之作。《竹书纪年》载纣辛之三十五年"西伯自程迁于丰"。三十六年"春正月，诸侯朝于周"。当时所谓周之诸侯，只可能是南国西部与陇西羌氏部落首领之与周人市易者，故必用南乐以燕享之。因于乐章寓勉为经济互惠之义。供译人宣教也。《毛序》以为"召康公戒成王"者亦非。

首章："泂"，此诗特用之发语词，毛云"远也"。盖与《牧誓》之"逖矣"同义。陆云"音迥"。疑西土谓远为逖。南国谓远为泂，各依其本语以发声。"行潦"，已见《召南·采蘋》合两字为辞，亦南语也。彼与兹对言，无所实指，但虚喻为物资互惠之意。《毛传》："饎，馏也。饎，酒食也。"《说文》："饎，潃饭也。"字又作饘，作饎。"馏，饭气流也。"潃饭已见《采蘋》"湘之"诠释。此诗言挹行潦之水，资用甚小。然而可以潃蒸饭。谓微物用得其时，亦殊可贵。"岂弟君子"，指与燕诸侯。其时周与其他部落，只有贸易关系，无政权隶属关系。故以物资相济说之。市易足以利民，故曰"民之父母"，言利民则民爱悦如父母也（饎，谓蒸饎，不当作"酒食"解）。

次章："濯罍"，谓洗涤酒器。毛云："濯，涤也。"

卒章："濯溉"，毛云："溉，清也。"朱云："溉亦涤也。"诠按：溉，陆德明云"古爱反"。则当读如灌溉音，与塈不协韵。溉字古音本读如既。上两章饎、罍皆名词。不合此章迭叠用动词。疑溉者，齑之借字。齑，《说文》作虀。云："韲也。从韭，次末皆声。"《段注》祖鸡切"。引《周礼·醢人注》："凡醯酱所和，细切为齑。"又引王念孙曰："虀者，细碎之名。庄子言虀粉是也。"谓"菜之切者曰齑。"古无姜、桂、葱、蒜，调味以韭为主。断韭、罍等辛菜入醯酱以调味，谓之齑，亦作剂（古只作齐）。既已细碎，当更用水清洗之，然后入醯。此诗《毛传》"溉，清也"，疑本作"清齑也"。后儒曲解溉为灌洗，遂夺齑字。"民之攸塈"与《假乐》文同，义同。

（八）卷 阿

十章。六章章五句。四章章六句。

(1) 有卷者阿，飘风自南。岂弟君子，来游来歌，以矢其音。

(2) 伴奂尔游矣，优游尔休矣。岂弟君子，俾尔弥尔性，似先公酋矣。

(3) 尔土宇昄章，亦孔之厚矣。岂弟君子，俾尔弥尔性，百神尔主矣。

(4) 尔受命长矣，茀禄尔康矣。岂弟君子，俾尔弥尔性，纯嘏尔常矣。

(5) 有冯有翼，有孝有德，以引以翼。岂弟君子，四方为则。

(6) 颙颙卬卬，如圭如璋，令闻令望。岂弟君子，四方为纲。

(7) 凤皇于飞，翙翙其羽，亦集爰止。蔼蔼王多吉士，维君子使，媚于天子。

(8) 凤皇于飞，翙翙其羽，亦傅于天。蔼蔼王多吉人，维君子命，媚于庶人。

(9) 凤皇鸣矣，于彼高冈。梧桐生矣，于彼朝阳。菶菶萋萋，雝雝喈喈。

(10) 君子之车，既庶且多。君子之马，既闲且驰。矢诗不多，维以遂歌。

成王会诸侯于岐，同游卷阿，召康公赋此诗，勖诸侯以抚臣民，崇周室。时间在成王即位之三十三年。《竹书纪年》：成王十八年，"凤皇见"。三十三年"王游于卷阿，召康公从。归于宗周"。卷阿究为何地，典籍无可考。后人推测为在岐山者，由此诗三言凤皇。《周语》内史过曰："周之兴也，鸑鷟鸣于岐山。"韦昭注引此诗，谓鸑鷟为凤之别名。合于《竹书》，可定。成王时，周室极盛。诸侯岁有朝觐。天子巡方，所在供应无怠。每有号召，远近无敢不集。岐山为周始兴之地，建庙最早，成王因有凤鸣之瑞，会诸侯于此，理有可能。会诸侯必同祀庙，有燕飨。召康公奭，在当时大臣中齿、德、名位最尊，尚康强，好诗，因燕飨而赋此诗，亦理所必有。《毛序》言召公诗者多不中，惟此诗可定。然非以"戒成王也"。成王时已五十余岁，亲政已数十年，统治权已甚巩固，自尸嘏外，孰敢尔汝之哉。旧儒盲从《毛序》故不能得诗旨也。

首章："卷阿"，山阿曲卷者，因以为地名。盖即所谓凤鸣之处。《毛传》："卷，曲也。飘风，回风也。"阿卷曲，则风入而回出。"自南"者，阿在岐山之阳，故风自南来也。南风至，孟夏之时也。此时来游。毛云"与也"，则非。"岂弟君子"，周诗屡见，皆指诸侯。旧说"指王"者，亦非。"矢其音"，郑云："矢，陈也。"谓诸侯游乐中皆有歌诗，或歌旧辞，或献新诗，皆直陈其意，如矢之发放向的。后世所谓放歌、放言，皆用此诗文义。自言作此诗亦如诸侯之歌也。

次章：以下之尔，皆谓从游之王臣与诸侯。"伴奂"，毛云："广大有文章也。"郑云："自纵驰之意。"朱云："伴奂，优游、闲暇之意。"诠按：伴奂，犹言泮涣，谓听诸侯随意漫游，不必从王。即"自便"之义。游者自变，休者相聚，王虽在亦无拘束，故曰"优游"。礼尚严敬以事天子。此游则宽缓如此，以为天子之惠。"俾尔弥尔性"，谓使人皆尽其性情之便。"似先公酋矣"，郭璞《尔雅注》引作"嗣先公尔酋矣"。当是用鲁、韩诗文，毛诗脱尔字，改似字。毛云："似，嗣也。酋，终也。"后儒悉遵之，皆因"戒成王"之说所误也。夫果为戒成王，何得不引文武之事而更远引先公？以似为嗣者，皆谬说耳。"似"者，如字。"先公"谓公刘、古公、公季等文王以前诸祖先，位在诸侯也。"酋"字本义，《说文》云："绎酒也。从酉，水半见于上。"《段注》"糟滓下湛"是也。古酿酒，连漕贮之。愈久则糟滓下沉，酒清而腾居于上，为酉中精粹，与精显分优劣。引申为酋长，为猷谋遒逸诸字义。此诸言诸侯比于周先公为优也。

三章："昄章"，毛云："昄，大也。"朱云："大明也。或曰昄当作版。版章，犹版图也。"诠按：字从日反，盖取日出前与日落后回光幻为重升现象之义。会意字。此现象，劳动人民所习见，谓之为昄也。对土地言，当是尽朝阳至夕阳所照之义。此诗有"朝阳"字，《公刘》有"夕阳"字，皆表示东西方所见红日起落之地面。盖当时人习用为指示地位之词语。合之为昄，则具界至之义。"昄章"，则谓王章所划之昄土。后世乃借版图字以易之。疑武王初封诸侯所划地域即称为"昄章"。故此诗云"尔土宇昄章已大厚矣"。诸侯来会者多，其封域大小厚薄不一，要必适其愿望之量。在当时咸认为周天子之恩赐多少皆当各认为太厚。上章"俾尔弥尔性"，对燕游言，俾尔得尽其兴。此章"俾尔弥尔性"对封域言，则谓周王俾尔意愿满足，作君其地，为该地方百神之主。主谓主祭。

四章：言诸侯受王命主一国之事。为时已长，康享福禄。此亦俾尔满足意原而常享之。皆周王之恩赐。毛云："茀，小也。"郑云："茀，福。"朱云："茀，嘏，皆福也。常，常享之也。"《尔雅·释诂》袚，"福也"。郭注引《诗》"袚禄（尔）康矣"，当是三家诗异字。《方言》燕之外郊，朝鲜洌水之间，凡言置立者谓之树植，过渡谓之涉济，福禄谓之袚戬。"盖此诗原作"袚禄"字，系召公语。其子孙保存于燕洌之间。毛诗改作茀字。皆福之借字，而音不同也。福字古本音逼，袚字古本音拔，音近义近。茀字古音闭，与弼通（《孟子注》）。亦音近。今则皆读为福矣。前汉世犹读袚为拔。故扬雄《方言》以为异。毛诗盖亦以为异而改茀字也。"纯嘏"者，谓尸嘏之词本假语，真实不虚则为纯嘏。即嘏祝言皆实现之义。故嘏字有二音，嘏词为假，纯嘏为古。

五章：言诸侯有土地之凭借，有臣工之翼助，有宗庙以尽孝思，有民众以敷德化，有王章以为引导，群辟以为翼赞。则必能修德立事，为四方之楷法。四方谓四邻之国。非谓天下。

六章：《毛传》"颙颙，温貌。卬卬，盛貌。"朱云："尊严也。"皆状其威仪之美。珪，圭同。圭璋，皆玉制，状其品质之美。"令闻令望"，言其声誉之美。如此则四邻皆化之而受其纪理如纲之在纲矣。

七章：既已勖勉诸侯，再诱以尊王室。就游燕地曾有凤鸣故事，称颂周之瑞应。言凤皇飞至，群鸟从之。如百辟卿士之从天子来游于此也。凤凰，古传为"羽虫之长"。所至，则群鸟飞从之（详《说文·鸟部》）。今世所传其造象，动物之所无也。《国语》所言"鹙鹙鸣于岐山"，汉儒贾逵、虞翻、唐固皆云"凤之名也"。若其果为鹙鹙，则其物可知。盖即喜马拉雅地区之鹙鸟也。猛禽之最大者，张翼阔丈八，能攫小儿、羔羊、狐、兔等小动物入高山崖穴啄食之。西藏行天葬者，即招此鸟群以食其尸。非瑞鸟。佛教所传大鹏，亦指此物（庄子之鲲鹏，亦缘此鸟之传说者夸大）。岐山距西藏高原颇近，此鸟或偶有飞来者。鸟群见异鸟则群起噪逐之，故周人有此传说。其鸟偶至即去，更不复见。传者遂以为瑞应耳。"翙翙其羽"，毛说翙翙为"众多"。郑说为"羽声"。马瑞辰曰："传以翙翙为众多，则'其羽'即指众鸟言。"得诗意。依郑为说者皆非也。"亦集爰止"，胡承珙《后笺》云："凤皇于飞，则有此众多之羽亦集于所止耳。"诗以凤皇喻王。从游之多士喻群鸟。"蔼蔼"，毛云："犹济济也。"朱云："众多也。""吉士"，指王臣。"君子"，指诸侯。言王之贤士众多，咸愿为诸侯臂助，以供有裨于周王之事。"媚"，顺事无违也。

八章：言群羽随凤，飞传于天，如诸侯来朝于王，则更可以得人民之尊敬。"王多吉人"，谓普天下之贤者，莫非王臣。分属于封城之臣民，则维尔之命是听。听命矣，则当体周王之意爱获之，使乐其生。

九章：凤皇鸣于高岗，喻周王之德音。梧桐生于朝阳，喻诸侯之国在东方。相传"凤皇非梧桐不栖"，故诗用以表天子诸侯之关系。"菶菶萋萋"，毛云："梧桐盛也。""雝雝喈喈"，毛云："凤皇鸣也。"

卒章：称道来朝诸侯车从之盛，为富庶之验，提示以由周王覆育所致，讽以尊奉王室。从人多，以见其国之人民众。从车多，以见其国之物资丰。马之闲习善走，以见其御者为多贤才。不言其意而意自见。"矢诗"，回应首章"以矢其音"。"丕多"，言诸侯之献诗者甚多。"维以遂歌"，谓自己遂亦勉为此歌以应制。《朱传》云："犹《书》所谓'赓载歌'也。"（载《益稷》篇）

此诗冗长而谆挚，不拘韵律，文不整齐，为后世"古诗"创局。语和易而意严肃，老气横秋，的确是召公奭晚年作品。

（九）民　劳

五章。章十句。

（1）民亦劳止，汔可小康。惠此中国，以绥四方。无纵诡随，以谨无良。式遏寇虐，憯不畏明。柔远能迩，以定我王。

（2）民亦劳止，汔可小休。惠此中国，以为民逑。无纵诡随，以谨惽怓。式遏寇虐，无俾民忧。无弃尔劳，以为王休。

（3）民亦劳止，汔可小息。惠此京师，以绥四国。无纵诡随，以谨罔极。式遏寇虐，无俾作慝。敬慎威仪，以近有德。

（4）民亦劳止，汔可小愒。惠此中国，俾民忧泄。无纵诡随，以谨丑厉。式遏寇虐，无俾正败。戎虽小子，而式弘大。

（5）民亦劳止，汔可小安。惠此中国，国无有残。无纵诡随，以谨缱绻。式遏寇虐，无俾正反。王欲玉女，是用大谏。

此召公虎，继芮良夫诫百官文所作诗。阳诫百官实以谏厉王。宣王谱为大雅乐章也。芮良夫文，载在《汲冢周书》，与此诗文义表里相应。参合《周语》厉文嗜利、监谤，召虎两谏之文，及《墨子·所染》《吕览·当染》及《竹书纪年》与《史记》所著虢公长父与荣夷公事，足知《毛序》谓是"召穆公刺厉王"，判断正确。诗中连言"式遏寇虐"者，《竹书》：厉王八年，"初监谤。芮良夫诫百官于朝。十一年，西戎入于犬丘。十二年，王亡奔彘"。此诗盖作于西戎入侵王畿，人民无力抵抗，畔而逐王之势已成，即将爆发之时。

首章："民亦劳止"，谓人民已困敝。与《国语》"民不堪命"，《周书》"专利作威，民将弗堪"，意义相应。"汔可小康"，言可使得休息矣。"止"皆语词。止有极矣之义。"汔可"，为代吁之意。"中国"，犹云国中，谓王畿地区。"四方"，谓诸侯之国。"无从诡随"，毛云："诡随，诡人之善，随人之恶者"，盖指虢公长父与荣夷公之认误厉王。《左传》昭公二十年引作"毋从诡随"。盖欲王臣之勿亦从虢荣之佞于厉王。亦是芮良夫诫百官之意。"以谨无良",郑云:"谨犹慎也。"朱云:"仅束敛之意。"诠按:仅犹儆也。谓无良之人,当纠绳之,若相与诡随,则其志益肆。苟人皆斥责以儆之则亦可使之自敛抑。故以谨仅作动词用,亦即是儆之义。

"式遏寇虐",式,用也。遏,制止之谓。寇,贼之自外来者也。谓西戎之入寇也。西戎与周世以贸易相依处。其入寇,必不能出于两种原因:一为市易中受华人欺负;一为中华内乱,有人往勾结之。据《竹书》厉王十一年,"西戎入于犬丘"。犬丘,即秦汉之栎阳,今为陕西高陵县地,与丰镐只隔一水。则寇虐已及周王辇毂之下矣。必由于王之贪利,所用人市欺戎人所致。亦由国人怨王而不力御之。或且与戎相结而畔。要皆由虢公长父、荣夷公导王贪利所致。戎寇深入达于近郊而王不能御,则人民知周王非克承天命者也,故敢于群逐王而杀其子,另拥周召二公主持周政也。"憯不畏明",谓西戎与人民皆已不畏天之明命,敢于畔王也。憯,音惨,痛也(《说文》)。《节南山》"憯莫惩嗟",《十月之交》"胡憯莫惩",与此诗,毛、郑、朱皆训憯为曾。实皆具惨痛之义。而在此诗尤为明显。旧说此两句为"慎小以惩大"(《毛传》),与"用此止为寇虐曾不畏敬明白之刑罪者"(《郑笺》)与"寇虐无畏之人止"(《朱传》)者,皆与寇及憯字之义不合。由不知厉王时寇入之深所为之曲解也。"兵作于内为乱。于外为寇。"(《左传》文公七年)厉王既因贪以召外寇,亦因贪以致内乱。祸迫眉睫,犹不悔畏,故有被逐之祸。"寇犹及人,乱自及也"(同上引),正是为此诗立注。召虎已知其然,故为此"大谏"之诗。"柔远",谓抚西戎也。"能迩",谓抚人民也。旧时浅人皆以此句为怀柔远人即能怀辑者(孔安国《顾命传》云:"言当和远,又能和近。")。马瑞辰引王引之《经义述闻》曰:"古者谓相善为相能。《康诰》曰'亦惟君惟长,不能厥家人'。《左传·僖公九年》曰'入而能民,土于何有'……并与柔远能迩之能同义。"诗盖用《顾命》原语以勖王臣以此共谏厉王也。王位危殆,惟如此乃能安定。故曰"以定我王"。

次章:"小休",谓短暂宁居。不可得小康,则更求其次之义。"民逑",《毛传》:"逑,合也。"《关雎传》则云:"逑,匹也。"诠按:《假乐》"率由群匹",指臣工言。臣工对天子言为群匹。对人民言,则为民匹。为协韵,作民逑也。"憯怓",毛云:"大乱也。"郑云:"犹讙哗也。"诠按:怓与呶同义。在心为怓,发于外为呶。皆非善言善念。憯怓,指嗜利监谤之念。云"无弃尔劳"者,谓旧曾参加御戎之臣民。由人民思畔,不能御戎。康民则民和而戎可攘,王亦可获休光。谓民悦而颂美之也。

三章:"小息",谓暂得喘息,又小休之次也。"京师",谓王都邑内之众。又国中心腹处也。"罔极",作恶无止境也。"作慝",毛云:"慝,恶也。"谓对人民作恶。

"有德",指能御戎恤民之人,若芮良夫等,为依近之。国,朱云:"叶于逼反。"窃谓当读如轨。

四章:"小愒,则仅得暂时心慰而已。"忧泄",言泄其忧危之情。仍"宣之使言"之意。"丑厉",谓丑恶厉民之行。"正败",郑云:"无使先王之正道败坏。""戎虽小子"谓西戎也。旧儒以《书·大诰》成王自称"小子",遂训戎为汝(郑、朱同),指厉王,又或以《芮良夫解》屡称王臣为"小子",谓指臣工。诠:此诗"小子"对"弘大"为辞,冠以戎字,则明是斥西戎本亦臣服于周为"小子"也。"而式弘大",谓其本只小部族,由于虐民召乱而遂弘大也。此次戎寇,侵入犬丘,似遂留占不去,后遂称为"大戎"。共和以后,亦臣属于周。至幽王世,又与申缯相结,遂倾宗周。愒,陆云"起例反",则因竭。窃谓当音害,古曷害同音义。厉,疠通,古音与癞同。大当读如岱,均协败字韵。

卒章:"国无有残",谓国人免于残贼之害。"贼人者谓之贼,贼义者谓之残。"(《孟子》)"缱绻",毛云:"反复也。"盖缱者,缓束之也。绻者,紧束之也。《左传》"缱绻从公"(昭二十五年),《注》不离散也。《朱传》据以说此诗曰:"小人之固结其君者也。"指虢、荣辈。"正反",与"正败"同义。借戒王臣以谏王,故曰"王欲玉汝"。谓王甚重汝,则汝之言行能影响王。故以此诗谏汝。不敢明斥王也。

《荀子·成相篇》:"孰公长父之难,厉王混于彘。"孰为郭字讹。郭、虢字通。虢公长父见《国语》。盖民变先诛长父与荣夷公,厉王得脱而奔彘。人民仍围召公之宅索杀太子。不及召公,而反拥立之,由两谏与此诗先已传播也。荣夷公,《墨子》《吕览》并作"荣夷终"。

(十) 板

八章。章八句。

(1) 上帝板板,下民卒瘅。出话不然,为犹不远。靡圣管管,不实于亶。犹之未远,是用大谏。

(2) 天之方难,无然宪宪。天之方蹶,无然泄泄。辞之辑矣,民之洽矣。辞之怿矣,民之莫矣。

(3) 我虽异事,及尔同寮。我即尔谋,听我嚣嚣。我言维服,勿以为笑。先民有言,询于刍荛。

(4) 天之方虐,无然谑谑。老夫灌灌,小子蹻蹻。匪我言耄,尔用忧谑。多将熇熇，不可救药。

（5）天之方懠，无为夸毗。威仪卒迷，善人载尸。民之方殿屎，则莫我敢葵。丧乱蔑资，曾莫惠我师。

（6）天之牖民，如壎如篪，如璋如圭，如取如携。携无日益，牖民孔易。民之多辟，无自立辟。

（7）价人维藩，大师维垣，大邦维屏，大宗维翰。怀德维宁，宗子维城。无俾城坏，无独斯畏。

（8）敬天之怒，无敢戏豫。敬天之渝，无敢驰驱。昊天曰明，及尔出王。昊天曰旦，及尔游衍。

此厉王被逐后，大行人凡伯，继召公《民劳》作以儆戒宗周臣工之诗。宣王时与《民劳》同谱为大雅乐章也。诗称厉王为"出王"，又言"丧乱"，知是民变发生以后之作。又称同寮为"小子"，与芮良夫同，知其是同时人。又自称"老夫"及"耄"，知其为周室贵胄之老寿具德望者。与王臣"异事同寮"，知其在行人之职。亦用"是用大谏"语，如是响应《民劳》之作。全篇只劝王臣以敬天惠民，不实指戎寇与民忧之事，与召虎《民劳》异趣，而与芮良夫之文旨为近，知其为徒治文学。谈礼义之贵族，非能亲实政之官吏也。《毛序》定为"凡伯刺厉王"。凡伯字应可靠。凡伯，周公之胤也（《左传》僖公二十四年）。周公长子封于鲁，自留宗周辅政，嗣之者为周平公。余六子分封凡、蒋、邢、茅、胙、祭六国。凡伯、祭公仍入仕于周。屡见于史籍。厉王既败，周召二公共和行政。凡伯虽职在行人，缘齿德与周公地位而尊，故其诗语踞肆冗长，颇似召公晚年之作，而文义俱浅薄也。旧说者不知其为共和世诗，故皆不中。

首章："上帝板板"，《韩诗外传》《荀子》杨倞注、《后汉书》章怀太子注、《文选》李善注引字并作版。《说文》："版，判木也。"上古法令皆书于片木行用之。此诗盖谓天帝之命为版。《毛诗》改板字也（《管子·版法篇》阐尊天之义，可以参证）。诗言上帝既明明以天命援周而下民卒至于殄瘁者，乃由于周室未能遵行天之法宪，故降鞠凶以示警。首二句，光提疑问，以示义。"出话不然"，谓帝已昭示有周"受命既固，施于孙子"（《皇矣》），何为厉王又失其位？若谓"天命靡常""宜鉴于殷"，为革命矣，则又何以未有新国代替周王朝庭？此岂上帝出话不然乎？复自答云：为其失德犹未远耳。"靡圣管管，不实于亶"为句。意谓："无有管理万类之神圣，不坚决实行其管理之道者。"神权迷信者之言如此。凡周诗中叠字，皆重言以加重其义之意。如"亹亹文王"，只如"亶矣文王"。"厥犹翼翼"，只如"其猷惟翼"。此云"板板""管管"，亦然。《荀子》云："圣人者，天下之道管也。"即用此诗字义。"实"，犹今言"落实"。亶，诚信也。犹今言"信守不渝"也。"犹"与遒义通。上言"为犹未远"，谓天之视人。下言"犹之未远"，谓人之视天。已遒而未远，则犹可用畏天怒而返于天道。故用此诗大谏也。

次章：言，体天施政。值天降祸难，则可知旧时政令之非，勿以为法而遵行之。值天方颠蹶乐时，尤宜自振奋，以循天道，不可泄泄沓沓，因循自败。"宪"，法也。"无然"，勿然也。

"辞之辑矣"，谓执政之令教协于民情，即"令顺民心"之意，则民和洽，与官府如一体矣。若还政令丧失民心徒以悦一人之意，满一人之欲，一人怿矣，民则病困思乱也。"莫"读如瘼，与"求民之莫""乱难莫矣"之莫同义。旧说"莫，定也"（毛、朱同）。谓"政教和悦，顺于民，则民心合定"。重叠为义，非是。此下各章犹云"天之方虐""丧乱蔑资"，则此章安得言"民之定矣"乎？

三章："异事"，谓职事不同。"同寮"，《朱传》作"同僚"，云："同为王臣也。"王臣在内者为执政，在外者为行人。相对为言，乃为同僚异事。《春秋》隐公七年，"天王使凡伯来聘"。周之职官多世职，当是此凡伯之子或孙仍为行人之官（两凡伯相距一百二十余年）。此凡伯述职返镐而有此诗，故曰"来即尔谋"。尔指执政在内诸王臣。"嚣嚣"，犹絮絮烦聒之声，自谦语也。毛于《小雅》"选徒嚣嚣""谗口嚣嚣"并云"声也"。于此诗云："犹謷謷也。"《鸿雁传》："未得其所安集，则謷謷然。"盖缘后有"丧乱蔑资"句，遂以灾民拟作者。甚非。"我言维服"，郑云："服，事也。我所言乃今之急事，女无笑之。"（朱同）诠按：服，使用之义。《易》云"服牛乘马"，《葛覃》"服之无斁"，皆是此义。此诗"维服"，是维供采择之义。请勿以迂阔而见笑，当秉"询于刍荛"之古训，勿忽视之。"先民"，谓周族古世之人，刍，刈牧草者，荛，采薪者。《孟子》谓文王之囿，"刍荛者往焉。雉兔者往焉。"《墨子》谓文王拔闳矢于罝罦之中。故有《兔罝》之诗。疑"询于刍荛"，亦是文王时诗歌所有之语而凡伯引之。

四章：言时局艰危，勿以责善之言为戏。"无然谑谑"，谓无得以为戏谑而嘲笑相报。"老夫"自指。"灌灌"，谓如灌邑之水，易尽而竭者也。"小子"当时用为王臣之称，他篇及《周书》芮良夫文可互证。当时盖以子为男子之美称，小言其方壮盛也。"蹻蹻"，《周颂·酌》毛云："武也。"《鲁颂·泮水》毛云："言疆盛也。"于此诗云"骄貌"，则未切。应皆为精壮之义。陆者"其略反"，则当读如嚼音，协耄为韵。"言耄"，谓衰年絮絮昏聩之言。"尔用忧谑"，谓尔当忧及失天福祐时被他人嘲谑笑弄之痛将甚于我也。"多将"，犹言积恶。"熇熇"，毛云："炽盛也。"当谓著明也。"救药"，谓病殆，则不可以医药挽救。盖其人衰龄而好为迂阔之教，人颇憎之，故先自置人如此。

五章：追叹厉王致败之由。"憯"，毛云："曾也。"陆音"才细反"。《广韵》《集韵》并音齐。协毗、迷韵。"夸毗"，毛云："以体柔人也。"《尔雅·释训》"夸毗，体柔也。"《朱传》"夸，大。毗，附也。小人之于人，不以大言夸之，则以谀言毗之也。"诠按：夸毗，启"威仪卒迷"为句。则当是夸饰威仪之义。毗与紕字音义通，谓衣饰也，具威仪之义。"迷"，混乱迷失也。诗言：尊位，天之所假也。不修天爵而徒饰威仪，则威仪终当丧失，厉王是也。"善人载尸"，谓厉王监谤，巫指为谤者则杀之。善人之谏议王者皆死。"殿屎"，毛云："呻吟也。"陆德明《释文》云："殿，《说文》作唸。屎，《说文》作㕧。"查今本《说文》："唸㕧，呻也。从口，念声。《诗》曰'民之方唸㕧'。"盖三家诗异字。屎字以尸为声，与尸、资、师韵协。㕧字不协。疑《毛诗》为正字。盖劳动人民语言，谓大解为"拉屎"，古云殿屎。《庄子》云"道在屎溺"，古人不讳屎字。后世文人恶言之，乃别作矢字（如《廉颇传》"一饭三遗矢"）。㕧字亦当作呹。《释文》引《说文》作呹。只段注本改作㕧。非许原字也。凡遗屎者，必避人。诗盖引厉王语，谓"民该避刑而远引自蔽，则谁呲议我乎"。以殿屎为隐蔽之义。三家诗嫌屎字不雅，改作唸㕧，以就"呻吟"之说也。呻吟义实未妥。"善人载尸"，人则"道路以目"（《国语》原文），何得谓呻吟乎。"则莫我敢葵"之葵字，尤不协韵，义亦不解。毛公无传。郑笺之云："葵。揆也。民方愁苦而呻吟，则忽然有揆度知其然者。"殊不成辞。《朱传》又释之云："民方愁苦呻吟而莫敢揆度其所以然者。"仍不能通诗意。新诠以为葵者，茈之字讹。两字形近又同在十五部，易混。茈与呰、訾、疵字同音，可通假。疑旧原作訾，故《毛传》无文。传写至郑玄遂讹为葵也。"丧乱蔑资"，谓西戎侵扰人民无以资生。而执政诸侄，曾莫有图为赈恤之惠者。"师"，众也。指出民变原因。

此诗各章皆三十二字，惟此章多三字。若节删为"民方殿屎，莫我敢訾。丧乱蔑资，莫惠我师"，一切无碍。疑是传诗者因殿屎等是劳动人民语言，文士难解，故旁注二三字以通其义，传写遂同正文也。《说文》口部已引作"民文方唸呹"，则三家诗同有方字，当是荀子与浮丘伯辈所传已是如此。

六章："牖民"，《韩诗》作"诱民"，毛云："牖，道也。"道、导古通用。朱云："牖，开明也。犹言天启其心也。"毛又云："如埙如箎，言相和也。如璋如圭，言相合也。如取如携，言必从也。"当遵。"携无曰益"，谓为政之道，使民从己而已。赋役征取有定制，不可于制外再增取之。则是应天以适人，人民从之如流水。故曰"牖民孔易"。"民之多辟"，毛云："辟，法也。"《郑笺》《朱传》则皆说为邪辟。为之说者，每引《左传》宣公九年、昭公二十八年引此二句为证。诠按：春秋世断章赋诗，恒去诗章本义甚远。不当据之以说本诗。此诗本义，盖谓人民智慧出于生活经验，其所创造之方法甚多。虽天帝亦恒取法之。故曰："天观自我民视。天听自我民听。"（《泰誓》文）王者体天立法，则令顺民心而民和洽。未可脱离民意，妄自立法。斥厉王之政，亦所以诫当时执政也。

七章："价人维藩"，毛云："价，善也。藩，屏也。"郑云："价，甲也，被甲之人。"朱云："价，大也。"当用郑义。谓介胄之士捍卫国土如藩篱。《荀子·君道》引此诗正作介。《汉书·诸侯王表》、郭璞《尔雅注》引亦同。足见鲁、韩诗均作介。毛诗改字。"大师维垣"，郑云："大师，三公也。"朱云："师，众。垣，墙也。"当用朱义。亦即"曾莫惠我师"之师。周制：乡遂夫家征兵作战，是为介人。其余留耕之众曰师。"大邦"，郑云："成国诸侯也。"朱云："强国也。"谓诸侯之大国为牧伯者。《载驰》"控于大邦"是也。"大宗"，郑云："王之同姓世嫡子也。"朱云："强族也。"当作郑说。周礼重嫡长子，世禄位者只一人，是为大宗。余子为小宗。大宗为支持王室之骨干，故曰"维干"。小宗则如着翰之羽也。"怀德维宁"，谓天子主于怀德则天下宁。"宗子"，包括大宗、小宗言，即先王一系之子孙，捍卫王室最力，如城之保卫宗庙、社稷与宫室人氏也。末二句，言勿矗伤宗子，如自坏其城，亦不容他人伤害宗子，而自陷于孤独为可畏。是贵族阶级维护其阶级利益之言。厉王时民变，推翻厉王统治，则摧毁周王贵族庄园必多。周召二公，克受人民拥立，而有此絮絮之诗章也。盖亦自知在当时为不合时宜之论，故先于三章屑屑自辨焉。

卒章：总结全篇为敬畏天威。此周王贵族察及末运已届时之一般思想表现。不曰畏天之怒而曰敬之者，谓天威不可远怨也。"无敢戏豫"，谓不可儿戏视之。"渝"，变改前意之谓。"无敢驰驱"，谓天之意变爱为恶，则不可以逃避。惟当更敬顺之。"昊天"以下各以两句对举。"曰明"，谓天帝已察及。则厉王被逐，不能复归。出王，被逐之王也。"曰旦"，犹云"光华复旦"，谓天之威怒已过，如夜尽复明。"游衍"，毛云："游，行。衍溢也。"陆云："衍，延善反。"朱云："叶怡战反。宽从之意。"诠按：当读如燕。盖凡伯入朝适值王臣燕游，故以此儆之，避燕字，借作衍耳。衍，本义水行。水行就下，流连忘往之意也。

《生民之什》十篇，六十五章，四百三十三句。

凡一千七百七十字。为补一字（在《卷阿》）衍三字（在《板》）。旧说《民劳》与《板》皆厉王诗。余皆为"正大雅"。新诠否定大雅正变之说。谓有文王世诗六篇，成王世诗两篇。厉王世诗两篇，俱当在下什。每什原不必为十篇，《郑笺》机械以十篇割之也。

三、荡之什

旧云"十一篇"。实十二篇。

（一）荡

八章。章八句。

（1）荡荡上帝，下民之辟。疾威上帝，其命多辟。天生烝民，其命匪谌。靡不有初，鲜克有终。

（2）文王曰咨，咨女殷商。曾是强御，曾是掊克。曾是在位，曾是在服。天降滔德，女兴是力。

（3）文王曰咨，咨女殷商。而秉义类，强御多怼。流言以对，寇攘式内。侯作侯祝，靡届靡究。

（4）文王曰咨，咨女殷商。女炰烋于中国，敛怨以为德。不明尔德，时无背无侧，尔德不明，以无陪无卿。

（5）文王曰咨，咨女殷商。天不湎尔以酒，不义从式。既愆尔止，靡明靡晦。式号式呼，俾昼作夜。

（6）文王曰咨，咨女殷商。如蜩如螗，如沸如羹。小大近丧，人尚乎由行。内奰于中国，覃及鬼方。

（7）文王曰咨，咨女殷商。匪上帝不时，殷不用旧。虽无老成人，尚有典刑。曾是莫听，大命以倾。

（8）文王曰咨，咨女殷商。人亦有言：颠沛之揭，枝叶未有害，本实先拨。殷鉴不远，在夏后之世。

此召穆公虎答凡伯《板》诗之作也。与《板》同时谱为大雅乐章。故不与《民劳》相次而隔在《板》篇之下。凡伯申天诫以儆执政。召虎为当时执政者，未便自辩解，则更肯定天诚之义以应之。只托文王论殷商之语以自明，亦非能蹈殷商之覆辙者，亦如谓致天怒者厉王与荣夷公之徒，非今之执政，似若响应凡伯而实自解嘲也。于时厉王在彘，虽失权，周、召二公犹奉为周王，待其死而后立宣王。故虽归恶于在彘君臣，不愿斥之。而托为文王论纣之语。所指实皆厉王在位时之虐政与恶行。

首章："荡荡"，《毛传》无文。卫宏《续序》云："厉王无道，天下荡荡，无纲纪文章。"郑玄以下诸儒皆因之以为说。诠按：《书·洪范》："无偏无党，王道荡荡。"《孟子》：称尧"惟天为大，惟尧则之。荡荡乎民无能名焉。"此诗"荡荡上帝"为主宰下民之君，以答《板》诗，何得有"荡无纪纲"之义？凡依序立说者盖无不谬矣。《板》诗曰"上帝板板，下民卒瘅"，此诗曰"荡荡上帝，下民之辟"，皆以上帝与下民对言。所言"下民"，实指全人类，包括统治者与被统治者言之。与称王臣为"小子"，皆共和时西周贵族之语言，与后世语言含义不同。"下民之辟"，犹言"人法天"。旧释此辟为君，未允。"疾威上帝"，毛云："疾，病人矣。威，罪人矣。"病与罪，皆动词，谓憎恶人则予以处惩，为不可犯者。"其命"，谓天帝之命于人者。"多辟"，亦《板》诗"民之多辟"同义。旧说为邪辟者，非。由于天之命于人者方法多端，故人所赋于天之命运，不能固定。"谌"，《韩诗》作讹。毛训诚。朱训信。皆谓"匪谌"为非固定不变者。人初知畏天，则命运大好。其后倍天肆志，则命运亦随之而变。故曰："靡不有初，鲜克有终。"

次章：以下皆托为文王论纣之语。《毛传》："咨，嗟也。强御，强梁御善也。掊克，自伐而好胜人也。服，服政事也。"汉以来儒士皆训掊克为聚敛。孔颖达《正义》宗毛说，而改字作倍，云："倍者，不自度量，谓已兼倍于人，而自矜伐。"《朱传》云："强御，暴虐之臣也。掊克，聚敛之臣也。"诠按：诗谓文王叹纣君臣之顽固拒谏，虐害其人民也。三家诗说掊克不同，皆无聚敛意，后儒因厉王贪利，乃一致说为聚敛。若以答《板》诗为义，则毛训为长。班固序《酷吏传》云"曾是强圉，掊克为雄"。酷吏凶悍无畏，不皆贪黩。见鲁诗家亦以掊克为残暴也。其强御作强圉，更足见此读双语形容字是劳动人民语言录音，与《板》诗文"夸毗""殿屎"同。当从解说之最古者。"在位"，谓国君之位。"在服"，犹言在职，谓臣工。"滔德"，毛云："滔，慢也。"《朱传》作"慆德"。《释文》此传作"滔，漫也。"当以滔、漫为正字。作慆与慢者为讹。郑说为"厉王施倨慢之化"，与朱说为"天降慆慢之德而害民"，并非。《尧典》："汤汤洪水方割，荡荡怀山襄陵，浩浩滔天，下民其咨。"诗语盖取此义。德者，行也。善行为德，恶行亦为德。故有"凶德""惭德"

"恶德"之称。"滔德",谓淹没人民如洪水。"汝兴是力",谓纣实促使之然也。

三章:"而秉义类",而读如尔。《郑笺》"义者事之宜也。类善也"。诗言殷之秉政者,掌握事宜之权衡。包括用人在内,故曰义类。而乃强梁拒善,使人多怨怼。"流言",诽谤之言相传播与。人不敢谏,则相与流言以对尔,谓"国人谤王"也。由于人民怨毒已深,故戎狄攘夺之患因而侵入于畿内。"寇攘"与《民劳》之"寇虐"同义。式,惟也。毛云:"作、祝,诅也。屈,极。究、穷也。"陆云:"作,侧虑反。"朱云:"作读如诅。"诗盖谓用卫巫用诅咒禳祝之法求弭乱,故乱无止境亦无穷究之时也。

四章:"炰烋",《文选·魏都赋注》引此诗字作咆哮。盖三家诗作字不同。《毛传》:"炰烋,犹彭亨也。"郑云:"自矜气健之貌。"今世通谓不循礼度之叫嚣为咆哮。然此炰烋字俱从火,不从口。盖谓暴行,如"羹脍鲤"以为美食之义。故下文云"敛怨以为德也"(凶德)。"不明尔德",谓尔不自知其行为敛怨。是以无佐助。《毛传》:"背无臣。侧无人。无陪贰也。"朱云:"言前后、左右,公卿之臣,皆不称其官,如无人也。"

五章:"湎",《说文》:"湛于酒也。"《书·微子》:"我用沈酗于酒。"《宋世家》:"纣沉湎于酒。"是湎即酗酒之谓。诗言:天不以酒沉湎尔,尔自为不义而沉湎之。尔既恣于酒矣,又复无分昼夜肆饮,狂纵号呼。盖对《板》诗"及尔游衍"之答辞。犹言尚非如纣之恶也。

六章:《毛传》:"蜩,蝉也。螗,蝘也。"《朱传》:"蜩、螗皆蝉也。"诠按:《豳诗》"五月鸣蜩"。今暮春噪叫之小蝉,俗云夜蝉是也。螗则暮夏咋鸣之大蝉也。诗以喻国人之叫呶不安。"沸",谓沸水。羹谓羹汤。皆含高热,不可触,喻虐政之酷烈难受。"小",谓平民。"大",谓贵族。"丧",死亡也。《朱传》:"小者,大者几于丧亡矣,尚且由此而行。不知变也。"诗称王与执政曰"下民",对上帝言之也。曰烝民,则是泛言人类。曰尔汝,则如面质执政。曰"人",则泛言之。各因行文之便。本是托言,不实指,故无定称也。末两句,谓若此之人,内贾怨于中国,外搆怨于远夷,则安得而不败哉?"奰",毛云:"怒也。不醉而怒曰奰。"《说文》作䨣,云:"壮大也。从三目三大。二目为䀠。三目为䨣,益大也,一曰迫也。读如《易》'虙羲氏'。《诗》曰'不醉而怨谓之䨣'。"无毛传字。疑与毛皆引自《齐诗传》。陆云"奰皮器反",则当读闭。故虙、伏同音,故伏羲氏,《易·系》作虙羲氏。汉卓茂、伏湛,《樊敏碑》作"卓密"。今读奰为伏,非古音。当依陆氏。"覃",延也。"鬼方",南夷部落,指殷高宗伐鬼方事。说在《商颂》。毛云:"鬼方,远方也。"谓其祸延之远。

七章："匪上帝不时"，毛无传。郑、朱皆用时间之义说之。马瑞辰曰"时当读如'尔殽既时'之时"，独得诗义。《颎弁传》："时，善也。"故毛于此不更言。诗言文王之论曰：非天帝不善待汝。汝殷王不用旧时之善政也。先王之旧政，应有老成人可资询问。虽无老成人，尚有旧典成法可用。盖自谓为周公、召公之胤嗣，能率循旧典者。此而不听，故大命倾覆。似若言纣之不听比于胶鬲，实自明其屡谏而未用也。

卒章：《毛传》："颠、仆。沛，拔也。揭，见根貌。"《郑笺》："拔，犹绝也。言大木揭然将蹶，枝叶未有折伤，其根本实先绝，乃相随俱颠拔。"诠按：诗云"人亦有言"，盖采用劳动人民之语言也。山中大树，自然生长，能至数百年久。迨枝叶蔽亩，根达数十丈远以后，须根皆在远处。近处之主根支根，粗大与茎秆相当。即渐难得叶所营造之养分供给，生长层丧失健康，土中病菌乘之侵入，自表皮向内部逐渐腐朽，但其木质部之导管初无损伤，输供须根所吸收之水分于茎叶如故。迨支根、主根之腐朽已深，失去支持地上部分重力之时，生活中之大树亦即随风雨震撼而颠仆。此种现象。惟经常入山樵采者乃能识之。奴隶主与统治阶级人物虽能偶见大树自倒，不能发觉其断根之已先朽也。周族先民有总结此种现象为教导人群生活相互关系之训言者，召虎取以入诗。亦非召虎直接知之。后世儒，但依文字求义。郑玄之说得其似矣。盖亦由其生长民间，知有大树自倒之事。他儒莫能胜之。然亦非能切合实际之说也。"颠沛"，即颠朴。沛是下坠之义。揭字，当从木，作楬，音曷。与害、拨为韵（害亦读如"害浣害否"之音）。树之剥皮者为楬。古狩猎与樵采者行森林中，恒剥若干树皮以为行道标识，称之为楬，亦具揭示之义。后遂以剥皮之行动为揭，从手。已剥皮之树干为楬，从木。本皆读如曷音。故传诗者字讹。今世则已读揭之洁，而楬字废矣。

《汤誓》曰："夏王率遏众力，率割夏邑。有众率怠弗协，曰：'时日曷丧，予及汝偕亡。'"夏德若兹，今朕必往。"汤灭夏，传至殷纣，武王伐之作《泰誓》，亦曰"今朕必往。我武维扬，取彼凶残，杀伐用张，于汤有光。"此诗云："殷鉴不远，在夏后之世。"深慨厉王之蹈桀纣覆辙也。

（二）抑

十二章。三章章八句。九章章十句。

（1）抑抑威仪，维德之隅。人亦有言：靡哲不愚。庶人之愚，亦职维疾。哲人之愚，亦维斯戾。

（2）无竞维人，四方其训之。有觉德行，四国顺之。訏谟定命，远犹辰告。敬慎威仪，维民之则。

（3）其在于今，兴迷乱于政。颠覆厥德，荒湛于酒。女虽湛乐从，弗念厥绍。罔敷求先王，克共明刑。

（4）肆皇天弗尚，如彼泉流，无沦胥以亡。夙兴夜寐，洒扫廷内，维民之章。修尔车马，弓矢戎兵。用戒戎作，用逷蛮方。

（5）质尔人民，谨尔侯度，用戒不虞。慎尔出话，敬尔威仪，无不柔嘉。白圭之玷，尚可磨也。斯言之玷，不可为也。

（6）无易由言，无曰苟矣。莫扪朕舌，言不可逝矣。无言不雠，无德不报。惠于朋友，庶民小子。子孙绳绳，万民靡不承。

（7）视尔友君子，辑柔尔颜，不遐有愆。相在尔室，尚不愧于屋漏。无曰不显，莫予云觏。神之格思，不可度思，矧可射思。

（8）辟尔为德，俾臧俾嘉。淑慎尔止，不愆于仪。不僭不贼，鲜不为则。投我以桃，报之以李。彼童而角，实虹小子。

（9）荏染柔木，言缗之丝。温温恭人，维德之基。其维哲人，告之话言，顺德之行。其维愚人，覆谓我僭，民各有心。

（10）于乎小子，未知臧否。匪手携之，言示之事。匪面命之，言提其耳。借曰未知，亦既抱子。民之靡盈，谁夙知而莫成。

（11）昊天孔昭，我生靡乐。视尔梦梦，我心惨惨。诲尔谆谆，听我藐藐。匪用为教，覆用为虐。借曰未知，亦聿既耄。

（12）于乎小子，告尔旧止。听用我谋，庶无大悔。天方艰难，日丧厥国。取譬不远，昊天不忒。回遹其德，俾民大棘。

此卫武公晚年集先民成言以诫饬王臣之诗也，作于东周初年。《毛序》谓为"卫武公刺厉王，亦以自警"，必不然。《楚语》左史倚相责申公子亹之言曰"昔卫武公年数九十有五矣，犹箴儆于国曰：'自卿以下，至于师长士，苟在朝者，无谓我老耄而舍我。必恭恪于朝，朝夕以交戒我……于是乎作《懿戒》以自儆也。'"韦昭注："三君云：'《懿戒》，书也。昭谓懿，《诗·大雅·抑》之篇也。'懿，读之曰抑。"《朱传》全引之，云"即此篇也"。又引董逌《广川诗故》曰："侯包言：武公行年九十有五，犹使人日诵是诗而不离于其侧。"诠按：诸说皆非也。《史记·卫世家》载卫武公和弑兄夺国事，已详《柏舟》篇。其人逆取顺守，善饰威仪，奖德行，已详《淇奥》篇。年享耆寿，好诗，晚年好教诲人，详《宾之初筵》篇。倚相所言之"懿戒"，三君云是专书，非此诗也。及郑玄皆不谓此即《懿戒》。诗中既云"抱子"，又云"既耄"，且云"告尔旧止，听用我谋"，则明是泛诫多人之词，非晚年自儆语。至于侯包，即《扬雄传》之侯巴，着有《韩诗翼要》，孔颖达《诗正义》引之。韦昭亦正据之以定《抑》为《懿戒》耳。查《史记·十二诸侯年表》卫武公元年为宣王之十六年，至平王十三年卒。则厉王时，尚为卫之庶子，年尚幼小，安得有如此长篇以刺厉王？《毛序》之谬亦甚明。《卫世家》武公之"四十二年"，犬戎杀周幽王。武公将兵往，佐周平戎，甚有功。平王命武公为公。五十五年卒。如其武公即只九十五岁，则当生于厉王之二十七年。十一岁时，厉王被流。至四十岁，乃得夺位，为诸侯。至犬戎杀幽王时，已八十一岁。明年为平王元年。《竹书纪年》记是年"晋侯会卫侯、郑伯、秦伯，以师从王入于成周"。时武公已八十二岁，只可能乘车与会，不可能参加战斗，故晋之武受上赏，秦襄公次之。郑武公亦得为卿士，卫武之赏较薄，以耆老名德进为上公，则必有，知史迁之文不谬也。三公"坐而论道"，不预实政，但加衔耳，非入仕于周也。惟其嗜诗而好教诲人，朝幽王，则有《宾之初筵》，朝王而有此《抑》诗，亦理所必有。惟全篇旨在训人，非自警耳。

诗语冗长而零乱，包举德行箴诫之词达二十余种之多。大都辑录先民成言为之。始开后世集句诗之先例。惟其集用成言缀合，故文义多不融贯，章句音韵亦不整饬，且无中心意识可指。各句任人解释，若皆可通，而于全篇义旨，则莫能贯串。故说此诗者最为纷歧庞杂，每或以为卫武晚年昏聩瞀乱之诗，但取其断句数语为格言耳。兹亦但知其为集用成言为诗耳。若其各诗所自出，则无可考。唯其各章旨趣，则可绎寻。

首章：戒人谦抑。周人重威仪，卫武尤以善威仪著称。威仪，包括衣服车马之都丽，姿容仪貌之威严，言语举措之端重，进退步武之肃穆，其作用在于使人畏敬。人敬重矣，则易失于嚣张肆慢，故当济之以谦抑谨慎。诗首言"抑抑威仪"，用意如此。《假乐》，"威仪抑抑"此用其句也。"维德之隅"，毛云："隅廉也。"朱益之云："廉角也。"屋之两壁交会处，山侧之突出部分，皆曰隅。为最引人注目处。故以喻人之威仪。"人亦有言"，周人引用成言者恒用之语。"靡哲不愚"，亦《老子》"君子盛德、容貌若愚"之义。古已有此语也。"庶人"，众人也。"职惟其疾"，犹云职是愚病，意谓其病在无知，是真愚。"哲人"，所谓"贤人"也。"亦维斯戾"，谓贤人知卖弄聪明为足致嫉妒，为戾，故谦抑如无所知。故容貌若愚也。

次章：赓上而言"无竞维人"，人与仁义通。《周颂》"执竞武王，无竞维烈"。此用其义，故曰"四方其训之"亦"奄有四方，斤斤其明"之义。原始之集句，用其意，不全用其文。"有觉德行"二句，郑云："有大德行，则天下顺从其政。""訏谟定命"二句，毛云："訏，大。谟，谋。犹，道。辰，时也。"朱云："必大其谋，定其命，远图时告，敬其威仪，然后可以为天下法也。"仍谓一切德行，俱当以威仪摄之，而后能为民之则。

三章：诫酗酒，与《抑》诗同。言令，则平王东迁之初，共凤犹未戢也。"兴迷乱于政"，郑云："兴，犹尊尚也。"诠按：当与"女兴是力"之兴同，促成政务之迷乱，与"颠覆厥德"皆谓纵淫于酒也。与"荒湛于酒"为句，不可分割。"湛乐从"谓非主动，但因循从人为之。虽如此，亦是"伐德"（《抑》诗语）。讵弗念，人人相绍以存此想之祸患乎。旧言有敷求先王之道，克共明刑，诗加罔字，责以何为不广求先王之善道，以克共明刑乎？《酒诰》："群饮，汝勿佚，尽执拘以归于周。予其杀。"是此章先王与明刑之义。共，供音义同。

四章：肆，语辞，郑云："故今也。故今皇天不高尚之。"朱云："弗尚，厌弃之也。""言天所不尚，则无乃沦陷，相与而亡，如泉流之易乎。"按：《小旻》"如彼泉流，无论胥以败。"亦东迁初年作，若非相唱和而如出一口者，盖为同引陈言之证。"夙兴夜寐"，亦见东迁初作之《小宛》。"洒扫廷内"，在古为奴隶之事，贵族所不为，而诗语及之，明所用为古奴隶主教育奴隶之诗歌成言，卫武亦引用之也。"维民之章"，当是三句连文。所言民，指奴隶。章，谓表率。东周世，民字含义已变，卫武未知古今字义演变，遂误用以入诫贵族王臣之诗而未觉。"修尔车马"，以下四句，又当是古诗中训厉兵士之语（如《费誓》之类），或是殷高宗，征鬼方，周穆王征徐戎，及方叔征荆楚所作之诗。遏，郑云："当作剔，治也。"盖《韩诗》字作鬄。毛改作遏而训为远。非义。一章所言三事，不相属系，同为诫劝之语。在集成言为文则可谅。若自为之文，则不成其为文章矣。

五章：首三句，郑笺之说云："侯，君也。此（厉王）时万民失职，亦不肯趋公事，故又戒卿乡邑之大夫及邦国之君，平女万民之事，慎女为君之法度，用备不亿度而至之事。"后儒尽遵之，无能异者。夫此诗既非刺厉王矣，诚假公位，亦只是诸侯加衔，可以诫王臣，岂可以并诫各国诸侯乎？其为不通甚明矣。《新诠》以为此三句，盖引昔人教射之成言，以喻行政之勿失度耳。《宾之初筵》"发彼有的"《毛传》"的，质也。"《孔疏》云："十尺为侯。四尺为鹄。二尺为正。四寸曰质。"是质与侯，皆射的之度。侯，射布也（《说文》）。射布之的，以质为最小，射之能中，则艺成矣。故此诗《毛传》云："质，成也。不虞，非度也。"皆依射义为训。郑说失之远矣。"慎出尔话"，与《板》诗"出话不然"，同以话为发号施令之义。慎于发令而敬慎威仪，则人民无不柔嘉得用也。"柔"，即"柔亦不茹"之柔。"嘉"，即"尔殽既嘉"之嘉，皆谓美食。阶级社会，视人民如食品，故以柔嘉为喻。然变由前人已有此成语，故可援为典实入诗。否则亦不伦不类之语。末四句，又是因"出话"字引用之成言。谓白圭有污点，尚可磨去。说话有污点，则不可磨去。为字承磨而言，变其文以协韵。为字右音讹（说在《王风·免爰》篇）。《论语》"南容三复白圭"，旧儒以为即是此诗此句，亦必不然。夫言"三复"者，难之也。若仅此两句，则百复之无难，岂得遂为择婿之标准哉。盖古有《白圭》之篇，论述人事至备，南容能精习之。卫武所用，只是其二句耳。

六章："无易由言"，与上"慎尔出话"似重复，而实质迥异。"出话"为行政命令之义。"由言"为平辈然诺之义。前者系用贵族成语。此者，则系援用劳动人民所制之格言。犹云勿得轻易发为负责之言。如云"自尔口出之言"，或"由衷之言"，俗谓"亲口许人"之言也。"无曰苟矣"，犹云："勿谓苟且言之，非实意矣。谁能搜索我之唇舌以证之哉。"朕者我也。上古原为人民自称之语。秦始皇乃规定"天子自称朕"（《史记》）。"言不可逝"，乃造作扪舌教言者结束语，谓言不能如流水之逝而不返，而必反验之于其身者也。"无言不雠"三句，又是引用另一成言。因言字而缀续之。雠字本义为两鸟对鸣。引申为人之对话，再引申为脱售之义。在此诗，为反应之义。为"无德不报"此对语。以下言德惠加人，必能得报，故人当尚德，惠于朋友，惠于庶民，惠于小子。则必子孙绳绳相承而受万民爱戴矣。"绳绳"，见《螽斯》篇。承，郑云："言承顺也。"末二句。系用另一成文缀合。大抵每章所用，皆有三篇陈文。全文四百六十九字中，凡四言"小子"所指为臣工、为自身、为子弟、为孩稚，互不同，亦是杂取先民成言之证。此"小子"字系泛指人之子弟。

七章：首三句，劝人和柔颜色以对人。"友君子"，犹"君子友"，指贵族阶级之执政权者。"辑，和也"（《毛传》）。"不遐有愆"，与"不遐有害"同义。谓和柔颜色对人，即无害之虞。中四句，教人慎独，无为惭于暗室。"屋漏"，毛云："室西北隅也。"诠按：室西南隅曰奥，传有神居之。云"西北隅"则无意。古人话言，亦不至于迂晦至此。屋漏，便是屋壁漏光处。谓室内虽暗，行则光明，不愧于一线之光耳。下文"无曰不显，莫予云觏"，释其义甚明。自壁隙漏入之阳光，惟室内人觉之，室外不能从以窥见室内。故曰"莫予云觏"也。末三句，另掇敬畏神明之成言以卒之。谓神之鉴临，不可测度，况可以干其怒乎？"格，至也。矧，况也。"并旧训。"射"，弌义通。古音并读如亦。旧说为"厌致",在此,非义。思,语词。

八章:前六句皆援旧文诫群僚以身作则,导民于法。毛云:"女为善,则民为善矣。止,至也。'为人君,止于仁。为人臣,止于敬。为人子,止于孝。为人父,止于慈。与国人交,止于信。'(皆《大学》文)僭,差也。"郑云:"辟,法也。止,容止也。……又当善慎女之容止,不可过差于威仪。女所不行不信,不残贼者少矣。鲜不为人所则。"郑说为长。投桃、报李二句。与《卫·木瓜》篇全同,皆援用先民成语也。末二句,毛云:"童,羊之无角者也。而角,自用也。虹,溃也。"诠按:中华自古已育成无角之牛羊种,称之曰童。后世乃造犝、羫字。《易·大畜》:"童牛之牿,元吉。"谓牿牢无角之牛,无害也。卫武《宾之初筵》已云:"由醉之言,俾出童羖。"此云:"彼童而角,实虹小子。"义相发明。童为无角牛羊之专称。虹者,无实之幻象,用为动词,即欺弄之义。与今云"欺哄小儿"同。亦用当时劳动人民歌谣之词也。

九章:"荏染柔木",亦见于《巧言》。彼诗《毛传》云:"柔木,椅桐梓漆也。"皆琴瑟之材,故曰"言缗之丝"。缗,毛云"被也"。谓可被之以丝弦,为乐器。为下文"温温恭人"二句比兴语。应原出于一诗篇。温温,毛云:"宽柔也。""斯维哲人",愚人两联,与首章文义相应。疑原是一篇旧文,割裂用于此诗。"顺德之行",与"民各有心"二句。又是辑他诗成语缀成之。谓从之贤愚不同,哲人可敬,愚人不足责也。

十章:前八句,皆用昔人训饬家人子弟之诗语。故虽于诫朝臣之语气不类,为其所用为成言,则无碍。如《出车》之第五章,文不可解。然知其为割取《草虫》原语则可解。《小弁》结尾四句,不可解,语尤不类,不皆知其为用《邶·谷风》成言,则不嫌其不类而能解其意也。旧说此诗为刺厉王者,卫武岂能对厉王为耳提面命之言乎?有说为自警者,又岂能自谓面命、耳提,岂又在"抱子"之时耶?明明只是集用成语之诗也。末二句,《毛传》:"莫、晚也。"此盖因上文"未知"而联想及"夙知",故另掇他篇二语以益之。朱云:"人若不自盈满,能受教戒,则岂有既早知而反晚成者乎。"诠按:莫,如字,"莫成",谓无所成就。原诗盖谓:人能不自盈满,则不至停滞于未知阶段,而多所夙知。夙知,谓早从经验中学得知识。言有谁人能多所夙知力行而竟无所成就者乎?泛教众人之先民格言也。

十一章:"昊天孔昭",谓天道甚明。卫武好言人事,不喜言天命。惟此诗作于平王初,东都君臣侈言天命之时,故亦取成言之说天道者以应时尚。"我生靡乐",极似宗周旧族流离者语言。以之与"昊天孔昭"为对,文义不属,显为集句凑合。

乐，旧音洛，当读去声，与教、耄韵。"视尔梦梦"，陆云："梦，莫空反。沈，目登反。"当从沈音。《说文》梦，"从瞢有声"。瞢，昏通。"我心惨惨"，朱云："当作懆，七到反。"古惨、懆二字同音义。《正月》诗"忧心惨惨"，亦当读懆，与昭、虐为韵。"诲尔谆谆"二句，又是引另一文语，可能即与"于乎小子"段同出一篇。"匪用为教"二句，颇似自九章"覆谓我憯"，原诗中割移于此。"借曰未知"二句，则与"亦既抱子"二句如对句。而所指之壮、老不同。则当又是另一篇之文，适相袭耳。

卒章："于乎小子"，重用前人之言，以自明其为集句诗也。"告尔旧止"，更明白谓各章皆昔人旧有之格言。用此总结以上十一章。以下乃为其自撰之辞。述作诗之旨。要求朝士重视其言，以求无大后悔。谓天步方艰，已丧宗周矣。殷鉴不远，在夏桀。幽王取鉴，不远，在殷纣。昊天之道，不差忒。"回，邪也""遹，僻也"（并旧训），人为邪僻，天则应之，而使下民大痛苦也。其时都贵族叫嚣于洛邑正盛，故卫武如此诫之。

人类文艺发展至诗文成言已多时，文士以博览自炫者恒好创为新奇之局以为巧。周自姬旦嗜好文学，作诗已多。发展至宣王世，诗歌殆已数百篇。于是遂有直用旧诗原文为诗者，《出车》之直用《草虫》全章是也。下及幽平之世，旧诗积以千计，于是一文见于若干篇中者亦多。足见其时风尚在用成言矣。此篇与《小弁》皆东迁初年之作，又皆是衰龄贵族善于为诗者所作，则其引用成言迹尤为显著。《小弁》尚以表达意旨为重，偶用成语，出于自然。此诗则鹜为堆砌以炫博学，至于章句之间，难于会通。实为后世集句诗之嚆矢。谓为卫武晚暮"戏谑"之作可也（《淇奥》诗"善戏谑兮"赞卫武也）。其流肆滥至于士大夫聚会，直以诗语代言。举诗咏而不知者，如齐庆封则不为士夫所齿。优于使用诗语者，若鲁之叔孙豹，晋之叔向、赵孟，齐之晏婴，郑之子产，即为举世所尊。至戎子驹支，亦能赋诗以取重于大国之公卿。此无怪于孔子教人首重于诗学也。

（三）桑 柔

故云："十六章。八章章八句。八章章六句。"兹分为两篇。此篇八章，二百五十六字。

（1）菀彼桑柔，其下侯旬。捋采其刘，瘼此下民。不殄心忧，仓兄填兮。倬彼昊天，宁不我矜。

（2）四牡骙骙，旟旐有翩。乱生不夷，靡国不泯。民靡有黎，具祸以烬。于乎有哀，国步斯频。

（3）国步蔑资，天不我将。靡所止疑，云徂何往。君子实维，秉心无竞。谁生厉阶，至今为梗。

（4）忧心殷殷，念我土宇。我生不辰，逢天僤怒。自西徂东，靡所定处。多我觏痻，孔棘我圉。

（5）为谋为毖，乱况斯削。告尔忧恤，诲尔序爵。谁能执热，逝不以濯。其何能淑，载胥及溺。

（6）如彼遡风，亦孔之僾。民有肃心，荓云不逮。好是稼穑，力民代食。稼穑维宝，代食维好。

（7）天降丧乱，灭我立王。降此蟊贼，稼穑卒痒。哀恫中国，具赘卒荒。靡有旅力，以念穹苍。

（8）维此惠君，民人所瞻。秉心宣犹，考慎其相。维彼不顺，自独俾臧。自有肺肠，俾民卒狂。

以上八章。为宗周旧臣芮伯，失其采邑，流离东徙，归于平王得其任用后所作之诗。其人，盖即芮良夫之嫡子，嗣其爵位者，在平王东都洛邑时，宗周旧族，自皇父外，此人最尊。其言亦较忠厚、雅愨，与皇父相适。故平王谱为大雅乐章以宠之。并将其父芮良夫之诗一并入乐，即旧传之下八章也。我此创说前人未有及者。良夫诗原当在前，孔子录诗于周太师时，误遗其题。古诗题皆在各篇之末，连文缮于竹简。前篇失题，则传者误合为一篇，迨后儒移诗题于篇首，疑题语出在第九章非例，而以为错简颠越。遂又妄自自"菀彼桑柔"起移后八章于前而成今传本之章次。盖自汉儒传章句者已误如此。郑玄《诗笺》本仍之，遂成定局。两千年来说诗诸家，偎从石经与郑本章句。莫曾注意其文理之不合，但盲从之。

兹为新诠，敢于毅然分为两篇者，其理据如下：

（1）三百篇中，《南》与《风诗》一般只三章。《小雅》一般六章。《大雅》一般八章。增损其数者绝少。如《邶·谷风》《卫·氓》皆妇人怨结絮絮之辞，至有六章。《小雅·正月》《大雅·抑》多至十二、十三章文最长矣；然其章法、句法、气韵、辞旨，皆一气贯穿，明明出于一口。此十六章，前八章言乱离失国事，无谏净讽刺语意。后八章全是谏净讽议之语，毫无乱离痛叹。前者章各八句，后者章各六句，各自成格，完全不似一人一时作品。前八章，与《节南山》诸篇语调情致均同。

用平王世诗说之，全通无碍。旧说以为"刺厉王"，则全扞格难通。后八章，与芮良夫诫朝臣文，及《民劳》《板》《荡》诸篇，情调均同；说为刺厉王则皆吻合，说为东周初诗即不合。

（2）就文字分析，其尤为著明之句，如"念我土宇""云徂何往""灭我立王"，皆厉王在位时臣工所不当有。而"贪人败类""为民不利""民之未戾""覆背善詈"等句（皆在后八章），则惟合于厉王时事，移于平王亦不合。其他分释于各章，不可胜举。

（3）《左传》文公元年，秦穆公自责，引此"大风有隧"一章全文，云是"周芮良夫之诗"，不称"桑柔"。芮良夫固是宣王时之芮伯，《毛序》云"芮伯刺厉王"，应即据此。然厉王未败前，岂得有"乱生不夷，靡国不泯"之言。惟犬戎之乱，宗周王畿食采诸国全泯灭耳。东迁，去厉王贪败七十余年，则芮良夫不能遭逢犬戎之难，而有此言，只能是嗣芮伯流依平王而有"桑柔"八章之诗矣。"大风有隧"，乃芮良夫诗之第四章。非嗣芮伯作明矣。

（4）孔颖达《诗正义》云："《书序》'巢伯来朝，芮伯作《旅巢命》'。武王时也。《顾命》周召六卿，芮伯在焉。成王时也。《春秋》桓九年'王使虢仲、芮伯伐曲沃'。桓王时也。此又厉王之时。世在王朝。常为卿士。"则芮良夫固是宣王时之芮伯。作《桑柔》者，应是幽王世之嗣芮伯，平王时尚壮；伐曲沃之芮伯，又是其嗣爵者也。平王因赏芮伯而以所献芮良夫诗与《桑柔》同付乐官合乐为必然也。

（5）《汉书·地理志》在冯翊、临晋县"有芮乡，故芮伯国"。其地在今陕西大荔县黄河之西；在周，为畿内地，但距镐京较远。故当犬戎之难，幽王已败死于骊山戏水时，芮伯仍得从容东奔，以就平王于洛邑。从人犹多，资产损失不大，至洛后，犹未至于十分穷困。故其诗，在东流诸旧族中，独能从容舒缓，无叫呶诟怨语。平王与太师皇父亦特喜爱之，不惟复其爵位，宠其诗章，又且徙其封国于河东。今山西之芮城县是也。伐曲沃之命芮伯，即欲贵其食邑之众，以助王师耳。此诗"告尔忧恤，诲尔序爵"，即是平王徙封之诰语，为可知矣。

（6）十六章中，"菀彼桑柔""瞻彼中林"同为周诗篇首惯用之语法。旧传三百零五篇中，如此起句者二十一篇（《邶·柏舟》《鄘·柏舟》《卫·其奥》《魏·陟岵》《秦·晨风》《曹·下泉》《小雅·蓼萧》《沔水》《节南山》《小菀》《小弁》《北山》《信南山》《甫田》《瞻彼洛矣》《旱麓》《行苇》《行潦》《云汉》《商颂·殷武》与此《桑柔》）。《陟岵》《下泉》《蓼萧》《行潦》皆连章用为首句。并宣王以前之诗也。此章以下，不再用如此句法者，殆全是平王东迁后之诗；且皆通体连贯，无可拟为篇首。惟此十六章，前八章章八句者，"菀彼桑柔"领起。后八章章六句者，"瞻彼中林"领起。内容又截然不同，无可连属。则其为两篇误合，亦甚明矣。

旧说既皆以《桑柔》为刺厉王，则其解说亦无可取。除间采《毛传》诂训外，自为新诠如下：

首章：以桑柔密荫，喻宗周贵族受其庇荫之得所。斥幽王折损之甚，至于伐绝，为旧民造成痛苦。《桑柔》犹"柔桑"，已详《豳·七月》。侯，维也。旬，毛云："言阴均也。"阴读如荫。均、旬两字古通。《易·丰卦》"虽旬无咎"，王弼注："旬，均也。"毛用其义（诠按：旬，数之满也。盖诗谓宗周之荫庇已尽，胜于均之为义。荫满而绝者，由于将采者虔刘之。不敢斥申侯，但责幽王不恤人民）。"瘼"，病苦也，作动词用，谓使人民痛苦。"殄"，绝灭也。自言旧曾忧之不已。"仓兄"，读如怆怳。悲伤也。"填"，毛云："久也。"陆云："音尘。"朱云："旧说古尘字"。诠按：今云填塞，古云尘塞。音尘，亦是填塞，蒙蔽之义。训久者，非。"倬"，明大貌。号呼昊天不矜悯宗周，祸及于我。

次章：自述其出奔，犹能驾四牡之车，建旟旐之旟。尚得从容就道，无甚痛苦。而所以不能不逃者，由于乱生于大戎，畿内之国无不覆灭，于势不能不走耳。"骙骙"，奔驰貌。旟旗绘飞鸟为旟，绘龟蛇为旐。"有翩"，翻飞疾也。"不夷"，旧说为"不平"。诠按："不"读"丕"。丕，大也。谓犬戎为大敌也。"民靡有黎"，犹云"民无孑遗"。俱归于烬灭。哀叹于乎（呜呼）有此国哀，于是"国步斯频"不能不东徙于洛矣。"步，行也。频，急也。"（《毛传》）

三章："国步蔑资"，谓国既迁，则我亦失资凭。是天不养我，使我无可投止。"将，养也"（郑）。"疑，定也"（毛）。《士昏礼》"妇疑立于席西"，《郑笺》"正立自定之貌"。陆云："鱼陵反。"当读如凝。"云徂何往"，自问："行将何往乎？盖芮地近携，芮伯初亦欲附于携王，嗣闻东方诸侯皆尊洛邑，乃自芮东徙于洛。故特为此章以明其初意徘徊之情。"君子实维"，维，惟字通。心向之义。"君子"，谓故君之子。指平王为故太子。余臣虽王子，非太子，而先立于携，故先欲从之，嗣知故太子已立于洛，故即来归。时两王争竞，而芮伯先后其间，自谓秉心无有所竞求，但舍庶从嫡而已。并云：犬戎之难，谁致之乎？至今犹横梗于心，未能明也。意谓犬戎召自申侯，而申侯之召犬戎，为褒姒逸害申后母子。"妇有长舌，为厉之阶"（在《瞻卬》），是周人旧有格言，故芮伯用"厉阶"字以示当责褒姒。然亦不愿为申侯开脱。表示自己言行持正，为其弃携就洛作辩护。

四章：述其自芮来洛途中心情。言：内心殷殷所忧者，恋念我食邑之土宇难舍弃也。从携则可仍守其土宇。从洛，则不能不舍离之。由其有此一语，故平王更封以河东之地（即芮城）。然而不能不舍离之，皆由我生不辰，逢天僤怒故也。"辰，时也"（郑）。"僤，厚也"（毛）。"自西徂东"，赴洛邑也。途中多日皆无所定处。遭逢之困苦甚多，仆圉之痛苦尤大。"瘏"，郑云："病也。"陆云："武巾反，一音昏。""圉"，郑云："当作御。"谓"御寇"。朱云"边也"。谓"急矣，我之在边也"。并非。《周礼·夏官》，圉人，掌养马之事。是此"我圉"指其御者与仆夫。芮伯非曾御寇，亦非在边也。

五章：为既达洛邑受平王录用之叙述。"为谋为毖"，赞颂平王与皇父诸人善于谋国，惩前毖后。乱离情势已渐消灭。"告尔忧恤，诲尔序爵"二语，尔皆自指。谓平王告之以忧恤之意，有诰命为之从新序爵，徒封。用诰文原语"尔"也。不云诰而云诲，谦讹之辞。"谁能执热"二句，是用先民成语，表示其受恤之欣慰。犹云有谁能执热径行而不就濯以自灭其苦乎。毛云："濯，所以救热也。"末二句，当倒，淑字韵，文义为顺。"胥，相。及，兴也。"（《郑笺》）言相与从于陷溺，何能得善果乎。谓弃携就洛之得计。盖亦援用先民成言。《孟子·离娄》"苟不志于仁，终身忧辱，以诒于死亡。《诗》云'其何能淑，载胥及溺'。"溺字亦韵，故可倒之。汉儒尊《孟子》遂缘其倒而亦倒此篇也。溺，水名，本作弱。后人加水。溺淹之字本作休。《说文》："没也。从水人。读与溺同。"《段注》："奴历切。"又云"《玉篇》引孔子曰'君子休于口，小人休于水'。"（《礼记》文，今作溺）是溺字会意作休。汉儒改用溺字而读匿音。弱水善休人，故汉人加水旁。仍弱音。休字废后，溺字代其义而用其音。不复用弱为声矣。朱云："叶奴学反。"亦失古音，故也。

六章：陈恤农裕食之计。东迁初，成周人口骤增。其食粮恐荒情形，已详《王风》诸篇。此诗如言："食生于农。不恤农则不可以救饥。虽欲东来之人自食其力，不可能也。""遡风"，谓逆风而行。"嚘"，毛训为呃。《荀子·礼论》"僾诡唈嚘"，杨倞注云："唈嚘，气不舒，愤郁之貌。"诗谓令教不顺同心，则窒碍难行，如使人逆风而行，必大愤郁也。"肃心"，犹云戒备之心。"菶"，今为"扫帚草"（已详《鹿鸣》篇）。一本百茎，丛然升起。"菶云"，群起同声，呼力不能逮，则政令无法推行也。又言"善道，在于劝农力穑"。"力民代食"，谓使用农民努力于生产，而征其余粮以代在位者之禄食。四字，皆昔时已有之陈言，故下文又云"稼穑维宝。代食维好"。旧说为刺厉王者，苏辙语最为圆足。《朱传》引之曰："君子视厉王之乱，闷然如遡风之人，呃而不能息。虽有欲进之心，皆使之曰：'世乱矣。非吾所能及也。'于是退而稼穑，尽其筋力，与民同事，以代禄食而已。当是时也，仕进之忧，甚于稼穑之劳。故曰：'稼穑维宝，代食为好。'言虽劳而无患也。"体会文义，远胜前人。然而，非诗义也。周之贵族思想意识，犹奴隶主之意识也。落莫如孔子，尚羞言老农老圃之事，而谓西周贵族有"退而稼穑"之志者哉？说为劝平王，则无碍滞也。

七章：承"力民代食"之意，反对当时有人（应是申国旧臣），主张东来贵族之家耕田自给之议。由《王风·丘中有麻》及《兔爰》《采葛》诸篇，足知当时实曾有此主张，并已实施。留子三世力行而有所成功。余人则皆诅咒建议者，以至于结党排挤而摈逐之。《小雅·十月之交》与《巧言》等篇，皆其旁证也。芮伯亦是反对此议者，只措辞较和婉耳。"天降丧乱"，从犬戎覆灭宗周说起。"立王"，指幽王"为我辈所奉立"也。又复降此虫害，以灭我从王旧族所种之稼穑。"瘨"，郑云："病也。"陆云："音羊"。诠谓当读如戕害之戕。凡贵族皆不愿从事耕种。迫于功令，则鲁莽灭裂以为之。无成，则诿之于天灾。故诗以稼穑失败诿于蟊蜮之害。"具赘"，谓流民之垦，无益于救饥，只同疣赘之累，其他卒归于荒芜。是芮伯劝王"力民代食"之主旨。"靡有旅力"，谓"此辈素来安于逸乐之人，无膂力从事于农垦。徒望天降丰，而天方降乱于我，安可以得食粮哉！"言下之意，惟农民具有膂力，乃可力耕。力民而代食之，乃上策也。当时贵族观点如此。"赘"，瘝同。"旅"，膂同。"穹"，谓天之形。"苍"，谓天之色。

卒章：为颂称平王采纳其言，罢贵族垦田自给之命。当是政寄食诸贵族于诸侯之国。如《王风·葛藟》与《扬之水》所咏并多征东方诸侯之粮食（《大东》）也。称平王为"惠君"，称建垦议者为"不顺"。"秉心宣犹"，谓秉恤民之心，宣其相，应是指罢逐申国从龙之司徒番等，为即建议贵族率垦者也。责彼不顺者自以为善，使民穷困殆欲发狂。斥其为"自有肺肠"，犹今云"别具心肝"也。

按：余初稿时于《大雅》与"三颂"不甚留意。再研究时始觉此篇表达东迁初旧贵族与申国从龙两派夺权斗争之关键，尤在此诗。攻击营向，乃其表面形式耳。夫东都定居之初，粮食不足以供应骤增之人口，自必然成立当时政局中最为严重之问题。然此伊洛盆地，全是黄土覆被之浅丘地区，气温及雨量均较关中为高。果使流集之人口，努力开垦新田，以期自给。理所必能。即如申国，宣王时所新建。亦曾为征淮大军一时麕集之地。由于召虎经营适当，屯垦资军，既赖之以平定徐淮。申国亦且之强大。故以蕞尔新国，遂能抗御幽王讨伐之师，并联缯戎、犬戎覆灭周社，而以废太子宜臼另建新周，仍能得晋、秦、郑、卫、鲁、许等东方诸侯之拥戴。其得力处，应只在于食足兵足，能守能战也。东都之初，大臣自皇父家父为先已逃申之旧臣外，当权如司徒番等，皆申国旧臣。无王畿食采而致高位者。然必亦有其智慧才干足以胜任者。彼辈目见申国现成之实效，用以解决骤增人众之给养问题。建议于皇父与平王，平王不能不用。夫平王为申人所立，初以宗周为敌国。宗周旧族之流离来依者，在司徒番等视之，乃敌国投附之丐民耳；能为之容受，为之筹划生活之道，是亦可已。无如彼东流来依之贵族，久已习于寄生逸豫，不能劳动；今既不得禄食，又复沦为农夫食力之人，自不能不深感伤痛。然而亡国失爵，饥寒依人，亦不敢公然抗违。恶绝农事而勉强为之，自无不败之理。估计平王元二年中，皆曾实行流民垦耕之政者。彼辈生活，虽赖王朝补助，仍当困苦。怨谤相诟，而与申国旧臣为仇。多方寻间隙以煽诟、动摇平王，有如《节南山》诸篇所表现。营向只其借口之要点，实质乃在反对垦政。只以除向功外别无理由可以反对而已。平王与携王对立，必须招徕宗周旧族以孤携王之势，不能不逐渐为诸贵族一致言议所动摇。申侯既没，成周亦渐稳定，遂有退黜申国人员，参用部分宗周旧族之意。然于垦事尚未敢遽变也。垦局之变，实自芮伯入朝始。此诗八章，实为罢垦局之具体叙述。自旧族归洛说起，一直叙述至垦局已罢，新订"代食"办法具体颁发，旧贵族咸已欢庆称颂之时。应是平王三年郑伯代为司徒之际。番等既去，而皇父亦被排矣。于是洛邑重入贵族旧臣统治中，呶声宁息而真正之民怨乃郁结欲沸（表现全在《王风》），而周室遂亦不振矣。以此论断，验于周诗各篇，无不吻合。执是以释《桑柔》八章，可以奏刀砉然，目无全牛矣。

（四）牲 鹿

八章。章六句。百九十四字。

(1) 瞻彼中林，牲牲其鹿。朋友以谮，不胥以谷。人亦有言，进退维谷。

(2) 维此圣人，瞻言百里。维彼愚人，覆狂以喜。匪言不能，胡斯畏忌。

(3) 维此良人，弗求弗迪。维彼忍心，是顾是复。民之贪乱，宁为荼毒。

(4) 大风有隧，有空大谷。维此良人，作为式谷。维彼不顺，征以中垢。

(5) 大风有隧，贪人败类。听言则对，诵言如醉。匪用其良，覆俾我悖。

(6) 嗟尔朋友，予岂不知而作。如彼飞虫，时亦弋获。既之阴女，反予来赫。

(7) 民之罔极，职凉善背。为民不利，如云不克。民之回遹，职竞用力。

(8) 民之未戾，职盗为寇。凉曰不可，覆背善詈。虽曰匪予，既作尔歌。

厉王任荣夷公与虢公长父，专利而监谤。芮伯良夫诫百官于朝。谓："惟尔执政小子，同先王之臣，昏行罔顾，尊王不若，专利作威，佐乱进货。民将弗堪。"（全文在《汲冢周书》）荣虢谮之于王。王弗究。良夫更为此诗以斥诟之也。犬戎之难，嗣芮伯奔就平王于洛，即作《桑柔》之诗者，并曾以此诗献于平王，自明其世与虢公不能，故不从虢公翰拥立之携王，而奔投于洛。故平王特宠任之，复其爵秩，徙封于新畿内，并纳其"力民代食"之议，罢贵族屯垦。而以此诗与《桑柔》同付乐官，谱为大雅。旧传写简失题。后儒遂误并之。兹更分割，补题"甡鹿"字。补题不取首句"中林"字者，为《兔罝》与《正月》皆已用其字。故用下句之"甡鹿"字也。

首章：以"瞻彼中林，甡甡其鹿"起兴。甡甡，毛云："众多也。"朱云："众多并行之貌。"喻王庭同侪亦当亲善相处。"朋友"二字，亦见于《周书·芮良夫解》（原文云："惟尔执政朋友小子"），足知此诗所指为王臣之执政者。"已谮"，谓其人已谮愬于王。"不胥以谷"，谓我本相勉以善道而诫于朝，其人乃不以善道相报，而进谗于王（胥，相也。谷，善也。并《毛传》旧训），斯使我进退维矣。"进退维谷"本先民成语，故曰"人亦有言"。毛云："谷，穷也。"诗谓进忠告，不受，反获谗谮。退而不言，则国势危殆，于心不安。进退俱如将坠于谷中。正如先民所云。

次章：谓王为"圣人"，未受其谗，是能高瞻远瞩，照见百里之远未曾加罪于我也。惟亦心曾召责以多言，故复云"维彼愚人"（指谮者）乃以谗谮为得计，反为之狂喜。"匪言"，谓诽谤之言。"不能"，谓不能为害，犹云诽言不售。则何足畏忌而遂不为忠侃之言乎。按：周重世卿。厉王不敢轻易加刑辱于世臣，故芮良夫能顽强无忌。

三章：言专利病民之事，贤者不为。"弗求"，谓自己不为。"弗迪"，毛云："迪，进也。"谓进献其于王。迪之字从由为义，是由斯道行之义，故训导。用于对王，则献策之谓也。善良人所不为者，彼忍心之恶人则爱之不舍。顾，复，见《蓼莪》篇。世传：伯乐遇善马，"环而视之，去而顾之"，恰是此诗"顾复"之义。"民之贪乱"，谓执政贪利，则民贪乱。民乱，固将自陷荼毒之苦矣。然而当其不堪虐政而贪乱时，则宁甘于荼毒而不畏矣。荼蓼，味苦有毒，百虫不肯近。而有种虫亦甘而蛀之。复与毒，今音与迪不协。《朱传》谓"迪叶徒沃反"。诠按：复字古音与愎同。汉武世黄羊镜铭"胡虏殄灭天下复"，与息、极韵。毒字古文作𦸕，从草，畐声。曹植《思归赋》："何曾云之沈结兮，悼太阴之潜匿。雨淋涔而累注兮，心愤悁以凄毒。"亦毒古音届之证。是迪与复、毒古音协韵。

四章："大风有隧"，亦先民之陈谣。古音谓"大块噫气成风"（见《庄子》），相传，地有风口，即此所谓隧也。后世转为"空隙来风"。故曰"有空大谷"。喻事物之来，必有所自。专制之政，弥漫王畿，如风之在谷，无隙不入。贤良之人弗求弗迪，作为皆循善道（式，循用。谷，善也）。惟彼不顺于天道民心者，忍心为之，以自投于污垢。"维彼不顺"，亦见《桑柔》。应是后儒误会两篇为一人所作之原因。不思宣王以下作诗引用成言者甚多，况子用其父诗之语。同斥凶人，岂得遂为俱是一人。正如上文"人亦有言"及"维彼愚人"，亦见于他诗（例如上篇之《抑》诗），岂得遂以为一人之作乎？"征，行也"（《朱传》）。中，读去声，动词，谓投入也。"垢，污秽也"（毛训中垢为暗冥，非义）。

五章："贪人败类"，与"永锡尔类"之类同义，谓"族类"也。言贪人必败。败必牵累多人。相从为恶者固不能免。招祸大者，覆宗灭社，则凡其同类，亦不能免。厉王之祸，果如所言，虢公长父，与荣夷之家族皆覆没，厉王太子亦不能免。同时覆灭之邑君尤多。故嗣芮伯陈献此诗以矜其父之言为中也。然在当时，则"贪人"未能虑此。不受忠告之谏。"听言"，谓顺耳应心之言，则笑颜相答。"诵言"，谓"诵诗陈谏"之言，则懵懵不理，如醉如痴矣。皆暗指厉王之听信虢、荣，而拒善人之谏。不用其良，反以我为悖谬。言虽不加罪于我，亦已受贪人之谮毁矣。表面仍是指责贪佞之臣。

六章："嗟尔朋友"，谓执政者。诚百官文所云"惟尔执政朋友小子"是也。予前比之作诫于朝者岂由不知其缘此将得谮侮，为不智乎（知与智，古通）。实以祸机所伏预为忠告，以图挽救。言而不中，国之幸也。然又何得谓其必不能中哉。飞鸟，甚难弋获者也。然而弋者有时亦能得之。苟予言而中，则是忠告正所以庇荫汝也。汝乃不以此荫汝之言为德，反以悖逆之罪相谮而以吓我耶？古谓生物皆曰虫。故谓"麟为毛虫之长，凤为羽虫之长，龙为鳞虫之长，龟为介虫之长"，诗语"飞虫"，谓飞鸟也。"阴女"，读如荫汝。陆云："阴，音荫"，是也。"赫"，毛云："炙也。"郑云："口距人，谓之赫。"陆云："郑许嫁反。"则正是今"吓唬""恐吓""恫吓"之义，当作吓。《庄子》："今子欲以子之梁国而吓我耶。"注云："吓怒其声。恐其夺己也。"读如贺。

七章："民之罔极"，犹诫百官文"下民胥怨，财单竭，手足靡指，弗堪戴上，不其乱而"之意。"职"，肯定语辞。犹"职是故也"。"凉"，毛云："薄也。"谓非牢固不变者。"善"，易为之义。谓人民"惠我则后，虐我则仇"，不可能无条件恭顺于一人，而易为背叛者也。亦犹诫百官文"民归于德。德则民戴。否则民雠"之义。旧说此章者，乃以为诟责人民之语。大谬。"为民不利"，谓执政者贪虐，犹诫百官文"后除民害，不惟民害。害民乃非，后惟共雠"之意。"如云不克"，谓作不利于民之事甚力，惟恐不能作通。"民之回遹"，言：今斥人民怨谤为奸回诡谲。而行监谤之政。夫民之回遹，岂其性哉？亦徒因尔执政。"专利作威"，严法酷刑以临之，内痛而不敢言，乃迫而出于回遹耳。"职竟用力"，犹云："职由执政相竞用力于为民不利之事如孔不克，则民自不堪，而被斥为回遹也。"

卒章："民之未戾"，谓人民尚未敢为叛乱之时。"戾"，乖违也。其所以犹未背叛者，职由有外戎寇盗，谓西戎入犯，人民犹望执政能拒御之，不忍叛王也。"凉曰不可"，谓有思叛者，亦姑相诫以"不可"。凉曰：本不能忍而强忍之之言也。仍"薄也"之义。虽相告以不可叛王，然亦暗背中多为咒詈之言矣。诗盖作于西戎已深入犬丘，民变已甚成熟而尚未发作之时。芮良夫已深得其情，故诫百官文曰"民至亿兆，后一而已。寡不敌众，后其危哉。"又曰"贤智箝口，小人鼓舌，逃害、要利，并得厥求，唯曰哀哉。"又曰："尔乃聩祸玩灾，遂弗悛，余未知王之所定。"此诗之意，仍是如此。结语二句，言汝虽诽毁我。我则已作此歌，赓前之说，不因未潜诽而遂退缩也。"既"，有果决之意。

（五）云　汉

八章。章十句。

（1）倬彼云汉，昭回于天。王曰于乎，何辜今之人。天降丧乱，饥馑荐臻。靡神不举，靡爱斯牲。圭璧既卒，宁莫我听。

（2）旱既大甚，蕴隆虫虫。不殄禋祀，自郊徂宫。上下奠瘗，靡神不宗。后稷不克。上帝不临。耗斁下土，宁丁我躬。

（3）旱既大甚，则不可推。兢兢业业，如霆如雷。周余黎民，靡有孑遗。昊天上帝，则不我遗。胡不相畏，先祖于摧。

（4）旱既大甚，则不可沮。赫赫炎炎，云我无所。大命近止，靡瞻靡顾。群公先正，则不我助。父母先祖，胡宁忍予。

（5）旱既大甚，涤涤山川。旱魃为虐，如惔如焚。我心惮暑，忧心如熏。群公先正，则不我闻。昊天上帝，宁俾我遯。

（6）旱既大甚，黾勉畏去。胡宁瘨我以旱，憯不知其故。祈年孔夙。方社不莫。

昊天上帝，则不我虞。敬恭明神，宜无悔怒。

（7）旱既大甚，散无友纪。鞫哉庶正，疚哉冢宰。趣马师氏，膳夫左右。靡人不周，无不能止。瞻仰昊天，云如何里。

（8）瞻仰昊天，有嘒其星。大夫君子，昭假无赢。大命近止，无弃尔成。何求为我，以戾庶正。瞻卬昊天，曷惠其宁。

此共和末年连岁大旱时大宗伯仍叔号召内外官吏坚持祈祷之诗。全篇充满迷信天命与神权之语不值诠释。惟其表达旱灾严重之历史事实有足重者。

按《竹书纪年》所记商汤十八年"始屋夏社"，十九至二十四年，七年连年大旱，"王祷于桑林乃雨"。此后则周厉王二十一年（共和九年）至二十六年，又连书"大旱"至厉王死，宣王立，乃雨。皆具有天子兴代是否合于天命之含义。应是东周史家谬用天道说史之记录，只可以代表上古文人迷信神权之心理，妄为附会之言。然汤有七年之旱，先秦诸家皆言之，则非史家臆造之说也。共和末岁之大旱六年，亦当有据之记录。此诗《毛序》云："仍叔美宣王也。"《竹书》亦云："宣王二十五年，大旱，王祷于郊庙，遂雨。"若谓此诗美宣王之能祷雨耶，则非连年大旱，与此诗文情不类。若谓为美宣王能应天命甫立而大旱获雨，旧传或有此说，毛公采之也。"仍叔"名见《春秋》桓公五年。即周桓王十三年，"天王使仍叔之子来聘"。《穀梁传》仍字作任。疑即太任母族之世职在周者。凶礼之事掌于礼官，详于《周礼》故疑仍叔是当时之大宗伯，乃与此诗语格相称。自宣王元年至桓王十三年已一百十余年，应已阅三世。则桓王时之仍叔，应是此诗作者。仍叔之孙且亦已老耄矣，仍作礼官，应出使聘鲁，由老病不能上道，故王命其子代行。明其子即将袭职为宗伯，故鲁史书"王使仍叔之子来聘"也。

首章："倬彼云汉"，倬，明貌（《甫田》传）。云汉，天河也（《郑笺》）。乃恒星最密之部，蔚成河水状之光带亘天，人称"天河"。又云"天汉"。自地视之，每日回旋一次，故曰"昭回于天"。谓昭然回行于天上。古人谓天河为雨水之源。故诗首称之，怪其昭回如故而岁独大旱也。"王曰"之王，指在彘之厉王。当西戎侵入犬丘时，王畿民变爆发，杀虢公长父，荣夷终等，王奔居彘。国人既杀王子，拥立周定公召穆公共和行政。周召抚定人民，囚王于彘，而仍以王命行使政令。仍叔为大宗伯掌"以荒礼哀凶礼"，故其号召全国祈雨，仍托为王言以行之。"何辜今之人"，犹云今之人何罪。罪字古作辠，与辜同义异音。"丧乱"，例指兵戎之祸。此言旱灾，已在西戎入侵之七八年以后，犹必称之者，明是仍假厉王之言。谓丧乱之后，继以饥馑。《毛传》"荐，重。臻，至也。""靡神不举"，言无一神前未举行祈祷。祈神必有牺牲之献与圭璧之瘗。今则于牺牲未尝爱惜，圭璧皆已献埋且尽矣。百神岂能仍未感格而听我之祈求乎？为是礼官，故先托王言以明自己已经致力于祈祷。

次章："蕴隆虫虫"，《毛传》："蕴蕴而暑，隆隆而雷，虫虫而热。"郑云："隆隆而雷，非雨雷也。"朱云："蕴，蓄。隆，盛也。虫虫，热气也。"《尔雅·释训》："烛烛，熏也。"《释文》引《韩诗》作炯炯。刘向引此诗作疼疼。蕴字，《韩诗》作煜。诠按：此当时形容旱象之俗语，劳动人民所造，原只有音无字，文士以字录音，故传者毛与齐、鲁、韩四家作字各异。不可遂缘字形以求其义。但知其为旱貌可也。"殄"，断绝也。"禋祀"，包括一切事神事鬼之礼言之。从郊天至到宫内之祭，上自天，下至地，皆莫祭而瘗埋圭璧宝玉以媚之。其他百神，莫不尊礼而敬祀之。毛云："宗，尊也。国有凶荒，则索鬼神而祭之。"后稷，周王之先祖，保卫农功之神也。其享我祭，必起而争雨，岂其力犹未足而不克耶？上帝，主宰天命，福祐我周者也，知此旱象必能悯救。岂其未临我祷坛而不知耶？岂天命当我之身，下土必至耗败耶？"耗、败也。"（郑）"丁，当也"。（毛）

三章：《毛传》："推，去也。兢兢，恐也。业业，危也。"诗言大旱为虐，无法排去。人人惧恐，如畏雷霆。有周自西戎之扰，丧失人民已多，重以旱灾，将使余民俱尽，更无孑遗乎。"孑遗"，谓孑然一身之遗民。毛训"孑然遗失"，朱云："孑，无右臂貌。"谓"靡有孑遗"为"无复有半身之遗者"。此盖亦先民固有语言而仍叔用之。善乎孟子之言曰："说诗者，不以文害辞。不以辞害志。以意逆志。是为得之。《云汉》之诗曰：'周余黎民，靡有孑遗。'信斯言也，是周无遗民也？"谓诗语夸大，不足信也。昊天上帝，岂欲使我亦不遗存乎？仍是托为厉王之言。此何得不畏。我亦不遗，则先祖之祀亦即被摧灭矣。

四章：《毛传》："沮，止也。赫赫，旱气也。炎炎，热气也。"云我"无所"，朱云："无所容也。""大命近止"，疑天命有周，其将至我而止乎，故遂不瞻顾我耶？"群公先正"，朱云："《月令》所谓雩祀百辟卿士之有益于民者，以祈谷实者也。"今乃亦不助我。父母先祖之灵，竟亦不助我，何乃忍耶？仍托厉王之言，极无聊哀呼之致。真是厉王固不作如是语。厉王悍然为恶，自丧其国，饱载其剥削积累以苟活于河东之彘，十余年。失国不恤，何有于社稷，更何有于旱灾民瘼乎？礼官假托王言不类。非佳诗也。

五章："涤涤山川"，毛云："涤涤，旱气也。山无木，川无水。魃，旱神也。惔，燎之也。惮，劳。熏，灼也。"陆云："惔，音谭。徐音炎。"《韩诗》作炎。见

《后汉书·章帝纪注》。《说文》："惔，忧也。从心。炎声。《诗》曰'忧心如炎'。"盖三家诗俱作炎，毛诗改惔，仍炎之音。《节南山》"忧心如惔"，即许氏所引。亦毛改字，正与此同。炎，火光上也。与焚字叠用，以状旱象，较惔为洽。下文已有"我心惮暑，忧心如熏"，则此炎字加心旁者，非也。"闻"，与首章听字同义。"宁彼我遯"，谓忍使我长久遯居于汾上而不得归乎。虢邑在河东汾水上。故厉王亦称"汾王"。

六章："黾勉"，一作勔勉，皆努力挣扎之义。"畏去"，谓由宗周之长期大旱，故不敢离去虢邑。"胡宁"，同义字，重叠用之以重此疑问。"瘨，病也。""憯，曾也。"（并《郑笺》）作厉王检查自辩之语以问天。甚早已祈年矣。祭社与四方之神为报赛，亦不曾晚。"悔"，恨也（毛）。我之恭敬神明如此，宜神明无愠怒矣，何乃亦不我虞乎？《郑笺》训虞为度。释为忖度义。陆云："度，特洛反。"则于韵不协。按：其字当读如娱，"则不我娱"，犹云"而乃不悦乐我"也。

七章："散无友纪"，《韩诗》作其纪。故《郑笺》径云"散无其纪"。犹《关雎笺》之径作仇字也。朱云："友纪，犹言纲纪也。或曰，友，疑作有。"按：宣、幽、平世，公孤呼百官作"朋友"（《甡鹿》《宾筵》《抑》等篇同见）。友纪，犹言"官纪、官规"耳。《毛传》云："岁凶，年谷不登，则趣马不秣，师氏驰其兵，驰道不除，祭事不县，膳夫彻膳，左右布而不修，大夫不食粱，士饮酒不乐。"皆周所规定。此诗谓之友纪也。"鞠哉"，称其勤也。旧说为穷，非。"庶正"，谓理民之官。"疚哉"，谓冢宰省疚。指当时之周召二公。"趣马、师氏、膳夫"，并见《十月之交》，皆天子日常侍应左右之官。又以"左右"二字赅其他内臣。"靡人不周"，毛云："周，救也。"谓无人不从事于祈祷救灾之事也。"无不能止"，毛云："言无止不能也。"朱云："无有自言不能而止不为也。"按：止，语辞。"无不能"谓无不尽其心力，以治其事为能。与"柔远能迩"之能同义（说在《民劳》篇）。"云如何里"，郑云："里，忧也。"谓是悝之假借。朱云："与《汉书》'无俚'之俚同，聊赖之意也。"按：当读为理。犹云"此理之不可解者"耳。理，道也，故天道，亦称"天理"（《乐记》）。

卒章：勖勉臣民祈祷勿懈。"嘒，众星貌"（《毛传》）。朱云："明也。"诗谓星光虽微，亦足以助之天之昭明。喻全国上下祈祷不懈，是以助王之虔敬。"昭假无赢"，毛云："假，至也。"郑云："假，升也。"陆云："假，音格。"言大夫君子所求为以精诚感格鬼神者已无力矣。虽天命若已将尽，亦无弃尔祈祷请之前功。仍尽最后之力以祈求之，则终必能感格天神，抵于成功。"何求为我"，仍是托为厉王之言曰：

"固非求为我之一身而已，乃所以定众正也。"（《朱传》语）毛云："戾，定也。"言庶正诸官，因久祈无效而怠。今兹大夫君子与全国人士皆坚持行之。则庶官已怠之志即可转为勤恪。戾，犹捩也。扭转之意。结句，盼天能惠降灵雨以宁天下。周诗屡用宁字，多为安定天下之义，故文王曰"宁王"。此宁同。旧说为"今我心安"（《郑笺》）者，非。

（六）崧 高

八章。章八句。

（1）崧高维岳，骏极于天。维岳降神，生甫及申。维申及甫，维周之翰。四国于蕃，四方于宣。

（2）亹亹申伯，王缵之事。于邑于谢，南国是式。王命召伯，定申伯之宅。登是南邦，世执其功。

（3）王命申伯，式是南邦。因是谢人，以作尔庸。王命召伯，彻申伯土田。王命傅御，迁其私人。

（4）申伯之功，召伯是营。有俶其城，寝庙既成。既成藐藐，王锡申伯。四牡蹻蹻，钩膺濯濯。

（5）王遣申伯，路车乘马。我图尔居，莫如南土。锡尔介圭，以作尔宝。往近王舅，南土是保。

（6）申伯信迈，王饯于郿。申伯还南，谢于诚归。王命召伯，彻申伯土疆，以峙其粻，式遄其行。

（7）申伯番番，既入于谢，徒御啴啴。周邦咸喜，戎有良翰。不显申伯，王之元舅，文武是宪。

（8）申伯之德，柔惠且直。揉此万邦，闻于四国。吉甫作诵，其诗孔硕。其风肆好，以赠申伯。

申为南阳旧国，与周王世婚。召虎与宣王谋征徐淮，虎自任西路，自南阳，出谢邑，循淮水而东，平定淮夷，与东路之王师夹攻徐国。谋定后，召虎先营谢邑于泌水上游以储粮秣。诸王封元舅申侯为方伯出镇于谢，以固后勤。申伯畏难不肯赴。王屡促之。迨已就封于谢，复命尹吉甫作此诗，勖勉以振奋敬事也。

宣王平徐淮事，屡着于《召南·甘棠》，《小雅》之《车攻》《瞻彼洛矣》《皇皇者华》《桑扈》《鸳鸯》《鼓钟》《黍苗》，与《大雅》之《江汉》《常武》《烝民》及此篇。首尾完具。而《史记》不载。盖当时《毛诗》未行。三家诗亦不能详明其事，史迁故不觉也。《竹书纪年》颇载之，人事与《诗》多合，而时间颇谬。如谓"六年，召穆公帅师伐淮夷。王帅师伐徐戎。皇父、休父从王伐徐戎，次于淮。王归自伐徐。锡召穆公命"。与《常武》《江汉》诗合。谓自出师至召虎疆理南国回京师受厘为一年事，则颇可疑。如此大役，所征服敌方之强，地面之广，就当时交通与国情言之，决非一年所能结者。且宣王方当弱冠，即位于连年大旱与玁狁深入之后，亦不可能于五六年间，遂使周室强盛至此。宣王在位四十六年，其极盛至于能荡平徐淮广大地域时，只可能在二十年经营准备之后，不可能在五六年间也。又云"七年，王锡申伯命。王命樊侯仲山甫城齐"，似与此诗及《烝民》文合，实则大谬。两诗，皆征徐淮前准备措施（《黍苗》《车攻》等篇同），岂能反在结束徐淮一役之后？盖春秋战国间说诗者，但知有平徐淮事在《常武》《江汉》篇中，不详究其史实，遂不能与《黍苗》《车攻》《鼓钟》《甘棠》等篇及此《崧高》《烝民》相联系。魏王之史官无从考订其时间与次第，遂援当时说诗者语妄拟定之（又谓宣王八年，"初考室"。九年"会诸侯于东都，遂狩于甫"。二十九年"初不藉千亩"。四十年"料民于太原"。皆有可疑。参看《斯干》《车攻》《楚茨》与《吉日》诸篇）。兹就此诗相关事项详作考订，分章诠释之。

首章："崧高"，崇隆高峻之义。"维岳"，指嵩山。骏，陆云"音峻"，谓是峻之借字。"极于天"，谓其高险入天地。《毛传》此段全谬。其言曰："崧，高貌。山大而高曰崧。岳，四岳也。东岳，岱。南岳，衡。西岳，华。北岳，恒。尧之时，姜氏为四伯，掌四岳之祀。述诸侯之职。于周则有甫、有申、有齐、有许也。骏，大。极，至也。岳降神灵和气，以生申甫之大功。"后儒皆从其说，故当纠正。

夫原始社会之人，有名，无姓。婚姻制立以后，血系相结为一体，称之曰氏。氏犹族也。女性中心之氏族时代，一女所生为一姓。在氏族中则为一小支。再进入男性中心时代，氏族之义不变，姓之为字转为子孙之义。奴隶社会，奴隶主阶级有氏，奴隶依于主子。氏族中之雄强者，每脱族自别为一新支。亦无所谓姓也。奴隶社会末期，氏族之血统关系已乱，此族或被彼族征服而降为奴虏。此人或背离本支而附入于他支。氏族含义，已不能代表纯一之血系。于是乃有名上冠姓之法，以代替氏族组织之旧形式。其制最早亦当出自周族统一天下，封建诸侯之后。世传禹姓姒，汤姓子者，皆妄言耳。周文武世诗，尚只自称为周族。《大明》谓挚仲氏任，"来嫁于周"，皆举氏族。雅颂诗无姬姓可验。东周诗文乃有之。足见诸侯之有姓，是西周中叶以后之事。诸侯各自定其字。宋得子姓，遂谓汤亦子姓。杞得姒姓，遂谓禹亦姒姓。周族初不为姓，武王元女曰大姬，嫁于陈，从而周族之诸侯皆称姬姓。世传黄帝之子有姓，与文王名姬昌，武王名姬发者，皆庸俗昧于古史之言也。申、甫、南阳地区上古之两大氏族也。本"三苗"之裔，居其故地。从来为南国文化最高地区。唐虞夏世，与中夏经济相倚，文化相竟。其后中夏日强，此区相形落后。周族抚循南国最早。此区之申、甫二族于周尤为亲近。后皆入仕于周。穆王时，甫侯以明刑著功，《尚书·甫刑》传其事。吕、甫古字通。故《古文尚书》作"吕刑"。齐国始封之太公，本出吕氏，即此间之甫族。宣王大臣仲山甫，尹吉甫，亦此族人。南俗有称氏于名号之末者，如闽越、瓯越之类是也。厉王、宣王、幽王皆取后于申族，诗称申伯为宣王"元舅"。是宣王、平王皆申女所生也。甫国不见于《春秋》，盖西周末叶已为申国所并。其众皆在宛之南，谢邑之西，《郑语》所谓"谢西九州"是也。世传甫、申、齐、许四国皆姜姓者，三苗本羌族之最早东徙于南阳地区者，唐虞时已演为申、甫、许之三氏族。而齐太公亦甫族人，故在西周也，四国相结，自认为羌族之裔，与姜原同族，故同以姜为姓。其族以嵩山为望山，自谓岳神之灵所钟，联称"四岳"。非姜氏为唐虞之四岳，"掌四岳之祀也"。岳字，古文作岙。隶变作狱，今作岳，"象高形"（《说文》）。所指为今河南之嵩山，字形象太室、少室之并峙。为专用于此山名称之字。《周礼·职方氏》："河南曰豫州。其山镇曰华山……正西曰雍州，其山镇曰岳山。"夫华山为雍州之山。河南无华山也。雍州亦无所谓岳山。是记职方者误易其字亦甚明矣（其他如"正南曰荆州，其山镇曰衡山""正北曰并州，其山镇曰恒山""河东曰兖州，其山镇曰岱山"，均与世称五岳部位符合）。盖嵩高古名"岳山"。亦为中华与南国标界之山，故《召南·草虫》《殷其雷》皆称此山为"南山"。《尚书·舜典》所谓"南岳"者，指此山也。虞舜时国在河东。政治、经济影响所至，东不过泰岱，西不过华山，北不过恒山，南不过此山。此山以南，即三苗之国。故以此山为南岳。无所谓中岳。周平徐淮，乃礼霍山为南岳。秦汉拓地中逾五岭，又仍以衡山为南岳（参看《周颂·般》篇）。宣王时之四岳，无衡山也。而谓尧时四岳有衡山耶？尧舜时有无"四岳"之官，尚属疑问。即使有之，亦不过其氏族公社横联四邻氏族首领之尤强大俱有号召力者，比于四方群山之有四岳，非官名，更无所谓"述诸侯之职"者。《孔安国传》谓《尧典》四岳"邵上羲和之四子"。与《毛传》云"姜氏为四伯"同属唯心妄揣所附会。又复以周之甫、申、齐、许说之，尤谬。

尹吉甫此诗特称岳山降神而演为申甫两族者，盖利用旧传神话，加强两族同源之诰以利于诵谏之感格。再言申甫"维周之翰",则又强调同僚关系,明其关切之深。翰,鸟羽之干也。蕃,音藩,扞蔽也。宣,宣畅也。于,往也(并《郑笺》说)。四方诸侯之国有事,则往扞御王室。四方人民有所扞隔,则往宣畅王命。明"此行任务,为我辈应尽之事"。

次章:"亹亹",见《文王》篇。勉也。借颂文王语以称其勤勉者,申伯以王之元舅,久居京师,不愿就封于边鄙多事之地,多方规避,故吉甫伪称其勤勉以助之。实责其当如文王之作西伯。"王缵之事",犹云"缵王之事"。南国语言有动词倒在宾词下者。郑说为"王又欲命使继其诸侯之事"。非也。诗谓仕在王朝,为王事。出镇于谢,亦王之事,当继承之。非谓使之国仍为诸侯。"于邑于谢",郑释上于为"往",下于为"于"。云"往作邑于谢"。诠按:上于发语辞,读如呼。《麟之趾》《驺虞》"于嗟"字,亦如此,南人习用之发语辞也。单言于,即无感叹意。如"黄鸟于飞""之子于归""于以采蘩""于以用之"之类是也。"南国是式",谓为南国之法式。"召伯",谓召穆公虎,在宣王世位最崇,功最高,权最重,德望勋业亦如成王世之周公。故诗特言"王命召伯定申伯之宅"谓营造谢邑(《采苗》篇)。言其郑重如此。实则明王命系召虎所决定。召虎欲借申甫之民支持其后方勤务,故不能借用申侯兼王元舅之地位。故躬自为之经营谢邑,布置为南方重镇,布以申侯作方伯以镇之。毛云:"登,成也。"郑说为"成法度于南邦"。诠按:登,升也。谓自申国之君升作南邦方伯。传之后世也。

三章:重申往作方伯之义"因是谢人,以作尔庸",谓:方伯必因旧有国人为基础。申人,固尔之基础矣,今又益以谢人。即所谓"谢西九州"之人也。《郑语》郑伯问史伯曰"谢西之九州如何"。《韦注》"谢,宣王之舅申伯之国。在南阳。谢西有九州。二千五百家曰州"。诠按:自召虎经营谢邑为南方重镇,当时自宗周征往之工匠,征淮之军士人徒,于役后多有乐其风土,垦种定居而不归者,召虎结束军事时,因命申伯劳徕安抚之。合申甫旧民,按周乡遂之制编成比、闾、族、党、州之制(说在《周礼·大司徒之职》),故谢西有九州。九州二万二千五百家。皆在谢西者,淮夷新服,垦民不敢垦谢东淮水流域之地。惟乐居于南阳地区。南阳,申甫旧民既已与周族相习,地近东都,水上厚便,而气候和暖,山有铜铁之矿与竹木之材,地绾南北交通,商旅荟萃,有申伯镇谢为捍卫,不虞淮夷叛扰。在宣幽之际,为著名乐土,故郑伯图避世乱,欲往寄孥。不称南阳或申甫,而称"谢西"者,当时谢西九州之名更高于申甫故也。在申伯初至时,则但称为"谢人"而已。庸,用地。谢人本多属于王畿旧民,今则划归申伯使用,故曰"以作尔庸"。毛训庸为城,郑训庸为功，皆来允。王命召伯彻申伯土田，谓如大司徒，"以土均之法，辨五物九等"，以编制州党，而制其赋役。郑重言系召伯为之，如王自行也。"王命傅御迁其私人"者，谓迁徙申伯在京师之人口于谢。包括其家口、奴隶，与食邑之属民。时召虎在外，故王命在京之近臣为之办理迁移，亦如王亲治之也。"傅御"，毛云："御，治事之官也。"郑云："二王治事，谓冢宰也。"朱云："申伯家臣之长也。"各人体会不同，要必是王之近臣之义。

四章：重言召伯为申伯安排部署之完备。凡当属于申伯应作之事功，召伯皆预为之。筑其城池，营建寝庙，无不完备。"俶"，毛云"作也"。当云善也。"成"，完备之义也。寝庙虽成，王犹嫌其仪物未备，更锡车马以实之。"藐藐"，草疏浅也。借为嫌在空虚之义。"四牡蹻蹻"，则必有车乘。"钩膺，樊缨也。濯濯，光明也。"（《毛传》）当读如耀。谓车饰之美。俱是专备祭事用者。

五章：言王资遣申伯礼遇之隆重，与情意之惇厚。"路车"，大车也。"乘马"，四马。皆备上路用者。并告之云："我图尔所宜居之地，莫如南土作方伯最好。赐尔以大圭，以作方伯之信宝。"周无印信，统治者朝会或临民，则执圭以为信。《周礼·春官·典瑞》"王晋大圭，执镇圭。……公执桓圭。侯执信圭。伯执躬圭。"《郑笺》此诗云："圭长尺二寸为介。非诸侯之圭，故以为宝。"然《韩奕》云："以其介圭入觐于王。"盖锡命方伯皆锡介圭，以为信宝也。"往近王舅"，近字为记字之伪。《朱传》云："近，郑音记。按《说文》从辵从己。今从斤，误。"段玉裁《说文注》辑得其说。转录如下：

近，居吏切，一部。《大雅》："往近王舅。"假借为语词也。《王风》"彼其之子"《笺》云："其，或作记，或作己。读声相似。"《郑风笺》云："忌，读如彼己之子之己。"《崧高传》曰：'近，己也。'（今本仍作近）《笺》申之曰："己，辞也。读如彼己之子之己。"是则，己、忌、记、其、近五字通用，一部也。《大雅》作近者，误。近，十三部也。

诗言"往近王舅"，犹云"往矣，王舅"，或"王舅往哉"。申伯即是王之元舅。则"往近王舅"字义不能成立。旧儒说诗者，唯校得此一伪字。毛郑原本皆未误。只由六朝传诗者写伪。孔颖达不能正之。而乃强解毛说云："以命往之国，不得与之相近，故转为己，唐石经遂遵用近字。"沿误至段乃明。

六章：王虽以隆礼遣之，而申伯犹不愿行，托故避居于郿。王则就郿祖饯以偪之，申伯乃不能不行。"迈"，行也。"信迈"，申伯屡言"即行"。而久不成行。今乃信然行矣。郑云："时王盖省岐周，故于郿云。"诠按：郿，今陕西郿县。东去镐，西北至岐周皆约二百里。无论宣王在岐、在镐，皆不得饯之于郿。而诗言饯于郿者，结合上文"信迈"，下文"诚归"分析，其为申伯娇惰，不愿就封而托病捱延，避居郿之别墅。宣王就郿饯之，以偪其行，乃不得已而行可知。盖申伯不愿就封，召虎以镇抚南国非王之元舅不足以资威慑。原订远征徐淮计划如此。徐淮已平而申伯尤不肯往。召虎屡请宣王促之，迄兹乃信行也。申伯就国为"还南"。南阳本南国地也。归谢为"诚归"，屡言归谢而爽言也。意甚斥责，而以颂言出之，若谓谢之人曰："申伯果归来矣。"是深刻讽刺。上已云"王命召伯彻申伯土田"，此又言"土疆"者，《郑笺》云："治申伯土界之所至。"诠按：谓召虎疆理南国（江汉）皆为申伯管理之诸侯地区。非重复三章文句。"以峙其粻"，以，读如已。言召伯已经储积粮食于谢，如山岳之峙，盖召虎报王催促其行之语。故曰"式遄其行"。郑云："粻，粮。式，用。遄，速也。"速，催促也。申伯虑大军之后必有凶年，故迟迟畏往。其人之庸懦鄙倍可知。而《汉书·古今人表》竟以与方叔、召虎同列为宣王十贤臣，亦缘昧于此诗文义故也。

七章：颂言申伯入谢时盛况以勖勉之。"番番"，毛云"武勇貌。诸侯有大功则赐虎贲"，则谓是虎贲之貌也。不如郑云："申伯之貌，有威武番番然。"陆云："番音波。"朱云："叶分遭反。"诠按：此诗各章皆分四句为上下章，各自为韵。此四句，谢喜韵。番番，首句不当叶。陆氏音是。"啴啴"，毛云："徒行者，御车者，啴啴喜乐也。"诠按：啴啴，车声也。诗言从车之多，载物资富，车重而众，故一国之人闻声而喜。"周邦"，谓全谢邑之人。毛云："周，偏也。戎，犹汝也。"言邦人相谓为汝。诠按：当言邦人语从来者，犹今言"你们有好领导"也。续言申伯名既大显，又是王之元舅。文武吏民，唯当奉其法式。再假托为人民言以勖勉之。翰宪韵在首尾句。

卒章：虚词颂称其德以勖勉之。结以作诗之旨，不更谦逊，以明受旨于王及召公之意。诵，谏也。与"诵言如醉"之诵同义。"硕"，重也。石、硕二字，古通用，有针砭之义。"其风"，犹云其讽。"肆好"，谓无恶意。皆作者内心之意而貌为夸颂之言。此申伯，盖即召犬戎覆宗周之申伯。强直而狠暴，无文字。故吉甫如此讽以恭于职守。当亦是召虎之意。

（七）烝 民

八章。章八句。

（1）天生烝民，有物有则。民之秉彝，好是懿德。天监有周，昭假于下。保兹天子，生仲山甫。

（2）仲山甫之德，柔嘉维则。令仪令色，小心翼翼。古训是式，威仪是力。天子是若，明命使赋。

（3）王命仲山甫，式是百辟。缵戎祖考，王躬是保。出纳王命，王之喉舌。赋政于外，四方爰发。

（4）肃肃王命，仲山甫将之。邦国若否，仲山甫明之。既明且哲，以保其身。夙夜匪解，以事一人。

（5）人亦有言：柔则茹之，刚则吐之。惟仲山甫，柔亦不茹，刚亦不吐。不侮矜寡，不畏强御。

（6）人亦有言：德輶如毛，民鲜克举之。我仪图之，维仲山甫举之，爱莫助之。衮职有阙，维仲山甫补之。

（7）仲山甫出祖，四牡业业，征夫捷捷，每怀靡及。四牡彭彭，八鸾锵锵。王命仲山甫，城彼东方。

（8）四牡骙骙，八鸾喈喈。仲山甫徂齐，式遄其归。吉甫作诵，穆如清风。仲山甫永怀，以慰其心。

宣王将亲征徐戎，先遣仲山甫赴齐鲁征发东方诸侯之师，并相地筑城储粮，经营后勤诸务。其事艰巨繁重。仲山甫或不愿承，尹吉甫因王旨，作诗以送之也。宣王与召虎谋征徐淮，因东猎圃田，会诸侯于洛以议之。已详《车攻》《瞻彼洛矣》，及《鸳鸯》诸篇。徐在鲁齐之南，征徐当自鲁境进军，而齐为东方之伯。故命仲山甫徂齐以督促诸侯之师，并征集粮秣，筑城储备，亦如召虎之经营谢邑也。然谢邑经营，准备甚早，且以王畿之众为之，故成功易。而申伯犹捱延不赴。东方事尚赖诸侯之力，又发动迟，一切待临行草创，故其事尤难。王命君吉甫送此诗者，非惟以促其行，亦夸张其德能与地位以歆动东方诸侯，俾其事推行能顺利也。旧说此诗者，完全昧于如此背景，各依字面敷衍为说，各自立异，亦皆未能说通全局。每有难句，妄为曲解者尤多。兹既得本事，则难句亦自迎刃而解矣。

首章：《毛传》："烝。众。物，事。则，法。彝，常。懿，美也。"言天生众人，有一事即有一法则。人民之常性，所好者美德也。天鉴于周族能昭德格天，故降生德尤懿美之仲山甫以保佐天子。

次章：仲山甫之德何如乎？自守则以柔嘉为则。谓无急言躁行。惟有令仪令色，小心谨慎以对人。恪遵古训，力持威仪。故天子任以东方之事，如天子亲行。布明命于诸侯。毛训若为顺。后儒遵之。审诗上文所颂仲山甫之德亦谓天子之德如此相似，故天子特信任之，恒使布明命于天下。即如天子亲行之义。"赋，布也。"（《毛传》）

三章：重言仲山甫之职为出纳王命。为王喉舌之官。"百辟"，指王臣与诸侯。出纳王命，"天子是若"，故为百辟所矜式。"缵戎祖考"，谓缵承其先祖甫侯之业以保王躬。甫侯，穆王时司寇，制甫刑者。仲山甫与尹吉甫皆以甫为氏。戎，汝也。仲山甫任"纳言"之职，恒布政于外，向四方出发。则此行为当然职责。

四章：再申其职任之重要，与其德才胜任。严肃之王命，是仲山甫所掌而推行者。"邦国若否"，读如痞，谓有疑阻王命者，则仲山甫能阐明王旨以通利之。既明于理，而贤于处理其事，则人无怨侮者，故虽执法严而身不危。人知其忠勤于天王之事，故也。"一人"，谓天子。忠勤于天子，则天下莫敢雠之也。

五章：更宣仲山甫之刚正，以肃诸侯接受王命之心。谓昔人有言，"食者，桑则咽之。刚则吐之。"喻遇柔善与凶顽者。惟仲山甫，不侮鳏寡可怜之人。不畏强御横暴之人。一切惟衡于理法。柔亦不吞，刚亦不吐。"矜"，陆云"古顽反"，则读如鳏。鳏、矜，古今同音义。《王制》："老而无妻者谓之矜。老而无夫者谓之寡。"《尧典》"有鳏在下曰虞舜"，《孔传》"无妻曰鳏，"鳏字本读如矜，大鱼名。《敝笱》诗，鳏与云韵。陆音古顽反，亦非。

六章：又举昔人名言："德之为物轻而易举。然而人罕能举之。"谓行德在人，人决行之，则举之矣。然而人不能举者，无其志也。"我仪图之"，谓我亦未能举之者，但有其欲举之志而已。"仪"，毛云："宜也。"郑云："匹也。"朱云："度也。"当从毛训。惟仲山甫则已举之矣。我虽爱之而莫能动之。明仲山甫贤于诸王臣。"衮职"，谓天子诸侯之事。毛云："有衮冕者，君上之服也。"郑云："衮职者，不敢斥王之言也。王之职有阙，辄能补之者，仲山甫也。"朱云："未有不能自举其德而能补君之阙者。"旧儒皆用其说，谓"补阙"为谏诤天子。诠按：衮，绘龙之衣也。周世，三公与诸侯亦皆服衮，言"衮职"，则天子与诸侯并言。在此诗，尤当说为诸侯之职，乃与送之徂齐，城彼东方之任务厮称。亦与吉甫"爱莫助之"之句相应。东方之行，惟山甫任之，吉甫不能助也。若言补天子之阙，则同为王臣，虽不能举，岂能爱而不能助之哉？

七章："出祖"，谓出发时公卿饮饯之。祖，祭名。郑云："将行，犯轶之祭也。"（参看《生民》"取羝以軷"说。）朱云："行祭也。"祭毕即行，故云出祖。"四牡"，使者之车也。"征夫"，从行人徒也。"每怀靡及"，用《皇皇者华》原句，祝愿其成功如武王之使也。续言"四牡""八鸾"之车既行，观者相告曰："王命仲山甫城彼东方也。"

卒章：重言"四牡""八鸾"之车"徂齐"。谓作城东方，必选赴方伯之国。然后传命于东方诸侯。"式遄其归"，祝愿其成功早归之意。毛云："遄，急也。言周之望仲山甫也。"诗于勖勉之中多有安慰委屈之意。与《崧高》同，云"作诵"，不可徒以颂美之诗视之。"穆如清风"，亦谓无责难之意，与《崧高》之"其风肆好"同旨而措辞深浅不同。所谓因人而施也。

仲山甫，《国语》作"樊仲山甫"。又称樊穆仲。《毛传》称为"樊侯"。大抵其人食邑于樊。非以樊为姓也。关中有"樊川"在杜，见《史记·樊哙传》。孟津之北亦有樊邑，周襄王赐晋文公阳樊邑之田是也。二地皆属周之王畿，可能即为仲山甫之食邑。《括地志》载"汉樊县城，在兖州瑕丘县西南三十五公里。"瑕丘，宋政滋阳县，在曲阜西（今已并入曲阜）。即《春秋》之负瑕，是鲁地。亦见《水经注》。其地，为宣王亲征徐戎所必经。疑即仲山甫所筑以储备征徐资粮之城。筑于樊穆仲，且穆仲居之颇久，故人称樊城也。《韩诗》谓"仲山甫封于齐"（《汉书·杜钦传》注引）。是缘此诗之误解。

（八）韩 奕

六章。章十二句。

(1) 奕奕梁山，维禹甸之。有倬其道，韩侯受命。王亲命之：缵戎祖考，无废朕命。夙夜匪解，虔共尔位，朕命不易。干不庭方，以佐戎辟。

(2) 四牡奕奕，孔修且张，韩侯入觐。以其介圭，入觐于王。王锡韩侯，淑旂绥章，簟茀错衡，玄衮赤舄，钩膺镂钖，鞹鞃浅幭，鞗革金厄。

(3) 韩侯出祖，出宿于屠。显父饯之，清酒百壶。其殽维何，炰鳖鲜鱼。其蔌维何，维笋及蒲。其赠维何，乘马路车。笾豆有且，侯氏燕胥。

(4) 韩侯取妻，汾王之甥，蹶父之子。韩侯迎止，于蹶之里。百两彭彭，八鸾锵锵，不显其光。诸娣从之，祁祁如云。韩侯顾之，烂其盈门。

（5）蹶父孔武，靡国不到。为韩姞相攸，莫如韩乐。孔乐韩土，川泽吁吁，鲂鱮甫甫，麀鹿噳噳。有熊有罴，有猫有虎。庆既令居，韩姞燕誉。

（6）溥彼韩城，燕师所完。以先祖受命，因时百蛮。王锡韩侯，其追其貊。奄受北国，因以其伯。实墉实壑，实亩实籍。献其貔皮，赤豹黄黑。

宣王时，大行人蹶父，以女许字韩侯。韩侯因亲迎朝王。王命礼官显父饯送之。显父作此诗也。《毛序》谓："尹吉甫美宣王也。"通篇只颂美韩侯，微及蹶父与韩姞，自"王命""王锡"字句外，全与周王无涉。卫宏《续序》为之说曰"能锡命诸侯"。夫西周之王，可以烹诸侯，可以意立诸侯太子，可以征用诸侯军赋。岂宣王当极盛之世，锡此戋戋之物于其姑表之婿之来朝者，亦足称美乎？况诗又明言"显父饯之"，且如上之两篇之为尹吉甫饯行送诗哉。至于与尹吉甫诗同有"缵戎祖考""夙夜匪懈"等句，自是当时诗人好袭用前人陈句之风所致。正如吉甫诗之有"每怀靡及"，岂得遂以为与《皇皇者华》为一人之作乎？此诗琐琐于赐物与酒殽之铺叙，及门第威仪之渲染。知其人虽治文学，非有经济才能。只合是礼官或乐官之能于诗者。

西周有二韩国。一在王畿韩城（今陕西韩城县），武王之子韩侯所封国。东迁初为晋文侯所灭。一在《水经注》卷十二圣水所经之"韩城"是也。其地近燕，《困学纪闻》引王肃云"涿郡方城县有韩侯城"。盖召公子或孙有功者所封国。《竹书纪年》成王十二年"王师燕师城韩。王锡韩侯命"者是也。审此诗语，所赠为近燕之韩侯。旧以龙门韩城说之者皆非。

首章：举韩国地望为"梁山"。旧说者龙门之"吕梁山"。诠按：九州皆有梁山。太王去邠，踰梁山，雍州之梁山也。吕梁为冀州之梁山。此诗所言，幽州之梁山也。又名高梁山，属太行山脉北段连峰之雄奇者。名见于《水经注》卷十三："漂水又东南径良乡县之北界，历梁山南，高梁水出焉。"即今良乡故县西之百花山也。又见于卷十四鲍邱水篇。"高梁"地名又见于《左传》僖公九年与二十四年，地在晋国之东太行山脉间，为春秋时晋东要道。故"诸侯之师伐晋，及高梁而还"。盖太行山脉故称"高梁山"，而其北段之燕山山脉故称"梁山"。其所流出之水，多有高梁水之名。故郦道元所引古地理书，称谓错综。此诗之梁山，实指良乡之百花山也。然则幽州之韩城，当在今北京市区之西南界也。"奕奕"，云连峰相续之义。大禹疏导九河，其下广原乃成耕土，故曰"维禹甸之"。"有倬其道"，犹云先韩侯佐周，有天汉倬然昭明之道，故受王命为开国于此。"王亲命之"者，召公薨年九十余，犹康强在朝，为成王所倚重。当推恩封其子孙。为嫌在召公徇私所求，故特用王亲命之也。以下，援用诰命语义。"缵戎祖考"，用《烝民》诗语。谓缵召公之绪业也。诗中援用旧诗成言甚多，盖宣幽之间诗人风尚如此。"朕命不易"，亦是套用《文王》"骏命不易"句。"干不庭方"之干，与捍同义。桢干字，亦作幹，以干为义。干、盾，捍御之具也。"不庭方"，朱云："不来庭之国。"卒章所称之北国追貊是也。"戎辟"，义为"汝君"，指燕侯。周初，封重臣太公于齐以镇东夷。周公于鲁以镇南服（初国在鲁山，后徙曲阜。宣王时以申伯代之）召公于燕以御北狄。北狄最顽悍，故更封韩侯以佐之。初封之韩侯，盖先为燕侯之臣或子，故诗曰："以佐汝君。"仿吉甫诗，先颂其人祖德。

次章：乃叙韩侯入觐，受厘。"四牡奕奕"，言其从车之多，行列甚长，马皆高大。毛云："修，长。张，大。觐，见也。"诸侯朝见天子曰"入觐"，"以其介圭入觐于王"者，其见祖曾受命为追貊之伯（详卒章），故有介圭（参看《崧高》。）子孙虽非方伯例得嗣用之。婚礼亲迎例当装点门面，故以介圭觐王与亲迎。"王锡韩侯"以下，详列礼单，十二品，皆只一车之装饰品，甚微，姑以荣饰其亲迎之车而已。虽车与马亦未锡也。而封建礼官，必夸称之为文饰。以此知显父必是礼官。《毛传》："淑，善也。交龙为旂。绥，大绥也。错衡，文衡也。镂钖，有金镂其钖也。鞹，革也。鞃，式中也。浅，虎皮、浅毛也。幭，覆式也。厄，鸟镯也。"郑云："善旂，旂之善色者也。绥，所引以登车，有采章也。筜茀，漆筜以为车蔽，今之藩也。钩膺，樊缨也。眉上曰钖，刻金饰之，今当卢也。鞗革，谓辔也，以金为小环，往往缠益之。"《朱传》有可资补充者：如"绥章。染鸟羽或牦牛尾为之，注于旗竿之首，为表章者也。"马眉上饰曰钖（音羊）。"鞹，去毛之革也。鞃，式中，谓两较之间，横木可凭者，从鞹持之，使牢固也。""幭，覆式也，字一作幦，又作幎，以有毛之皮覆式上也。"

三章：述韩侯入觐后迎娶赴屠皇邑时，王命显父饯送，赠遗诸物。"出祖"，亦用《烝民》诗语。亲迎后即当归国。故离京师时有出祖之礼。"出宿于屠"者，屠即蹶父食邑所在，就为亲迎也。"屠"，毛云："地名也。"不言何地。朱云："或曰，即杜也。"胡承珙《后笺》以为即雩县之杜陵。此一说也。《说文》："屠皇，左冯翊部阳亭。"（依段注本）。《困学纪闻》引："浠水李氏，以为同州屠皇谷。"顾祖禹《方舆纪要》以为荼谷渡，云："在陕西同州府邰阳县，河西故城南。"此又一说也。后者似与韩国在河西龙门之说为近。而实不然。同州，与杜皆二百里，去镐已远，非一日所能至。则安能自镐出祖遂宿于屠乎？无论屠是何地，皆必为蹶父之食邑，缘迎娶赴之，乃与诗合。非谓归其韩国也。"显父饯之"，《毛传》："显父，有显德者也。"郑云："显父，周之公卿也。"然《汉书·古今人表》收列宣王十一臣，有申伯、蹶父，而无显父。足见班氏以前，无说显父为人名者。即如毛意，亦只以显父为宣王之代称。初疑是以王子饯之，故称王曰显父。然诗语殊不类王子口吻。只合是礼官之辞。则当如郑说为人名。陈奂《传疏》引《逸周书·成开解》"显父登德"证人名。然《周书》明言为成王九年周公之语。纵人名，亦非此诗之显父也。韩姞为厉王之甥，于宣王为姑表妹，故于韩侯迎娶，遣礼官送之。自出祖时同行至屠。名为饯之，实只饭以酒殽诸物，皆生置之，非经烹饪可食者。致之于屠而后用之，以示荣宠于屠邑之人也。下言酒、殽、蔌、赠，旧说遂以为出祖时之饯赠，亦非也。"清酒百壶"，又是致送礼单之语。如是显父饯韩侯，纵使编及从人，亦何致即耗百壶之多。惟致于屠邑，与蹶父亲友同饮，当多馈也。"其殽"只鳖与鱼，即非当时食用之殽。且与百壶不称。"其蔌"，毛云："菜殽也。"亦维笋蒲二物者，周地水产少，贵族所珍，当时天子垄其利。致此四物以示出于王之特赐也。"其赠"，谓酒殽以外之物。则有一乘之马与大路之车，为亲迎用，以荣韩姞也。又有笾豆。笾，竹制，以盛黍稷。豆，木制，以盛脯醢。"有且"，谓有荐藉之几状物也。《郑笺》："且，多貌。"非义。《说文》且字："从几，足有二横。一，其下地也。"《段注》："横音光，即桄子。今俗语光去声是也。"按许意：古几之形，断为足而已。周人加二横木缀于足，使之牢固，置于席地上，以荐笾豆等贮物而重之器，使之稳而高举，以便于食。是谓之且。周王赠韩侯车马外，又赠笾豆各器，皆配有荐藉之且，优之也。《伐柯》"笾豆有践"义同。践犹荐也。（旧释为"行列貌"。）"侯氏燕胥"，传王语，犹云"韩侯与其所亲燕飨之"。郑云："胥，皆也。"

四章：始述韩侯迎娶盛况，亦是显父饯送在屠参与婚礼之证。若只祖饯于京郊，则不当见及此礼也。"取"，古娶字。"汾王"，指厉王。郑云："厉王流于彘。彘在汾水之上。故诗人因以号之。"姊妹之子为甥。古谓女儿皆曰子。止，语辞。迎于蹶父之里，即上言之屠邑也。（毛云："里，邑也。"）韩侯自具行馆于屠，亲迎日，乃率百辆之车，建八鸾之旗，以迎于蹶父之家。"丕显其光"，借用《大明》原语。"百两"亦用《鹊巢》语。"八鸾"句，《烝民》原语。皆非适如其实。"诸娣从之"，诸韩姞之姊妹诸女眷送韩姞升车，皆及门而止。车行乃退。女多而服饰盛丽，祁祁然众灿烂盈门。旧说："诸侯一娶九女"（《毛传》），众妾为娣（《郑笺》）。与诗语不合。设"诸娣"为纵嫁者，则当时上车，何得韩侯顾之皆在门内乎？旧又说："韩侯顾之"为亲迎"曲顾"之礼。毛云："曲顾，道义也。"孔颖达《正义》解之曰"既受女，揖以出门。及升车授绥之时，当曲顾以道引其妻之礼义。"夫亲迎于门外，自当顾见门内诸娣姒。安得有所谓曲顾之礼哉？汉儒强纳婚礼于道义，竟因此诗之"顾"，发为"礼经"所无之妄说，无足取也。

五章：为合并后贺婚之语，亦是假为周王之言，以慰韩姞。"蹶父孔武"，就蹶字为说称其人雄武。《唐·蟋蟀》"良士蹶蹶"。《传》云："蹶蹶，动而敏于事。"是蹶字本义，捷健也。后乃用其反义为蹶踬。本义转废。宣王命于诸侯故"靡国不到"，为其女相婿，未有如韩侯之国者。毛云："相，视。攸，所也。"诠按：《洪范》五福"四曰攸好德"谓配偶贤也。为女相攸，即相婿之义也。选婿于诸侯，则重在其国，不重在其人之年貌。考周代贵族婚姻，男女年龄恒多悬殊。此必韩侯年貌不相称，而韩姞好猎渔游逸，故以其地之乐动之。言梁山之下皆平原广泽，多大鱼。"吁"，陆云："况甫反。"号呼远达之义，引申为广大辽阔也。"甫"，大也。又言梁山之中，则禽兽众多，为游猎之善地。鹿最多，"噳噳"鸣声远闻矣。熊，今云黑熊。罴，今云"马熊"。猫，今云猞猁，与猫同类而形体大。虎，与猫皆食鸟兽，昔人蜡祭所迎享，故诗特举之。"庆既令居"，犹云：喜其有此令善之居地。旧说为"喜而令韩姞往居之"者，非是。"燕誉"，朱云："燕，安。誉，乐也。"《射义》"以燕以射，则燕则誉"，与《车舝》"式燕且誉"，誉皆训乐。苏辙曰："誉，豫通。凡《诗》之誉，皆言乐也。"《孟子》引夏谚曰："吾王不游，吾何以休。吾王不豫，吾何以助。"此诗"燕誉"，盖游豫之变文，谓游猎之乐也。

卒章：结论韩国与周王之关系。重勉韩侯共职。溥，发语辞，有全部之义。言韩城全部为燕国人民所筑成。明其为召公之国所分封。以侯之先祖以功受命而封于此。因是百蛮以立国。当时王赐韩侯以追貊之地为北方之伯。"追貊"，毛云"戎狄国也。"旧儒莫能实指为何地何族。诠按：追，为琢玉技术之古称。《周礼·天官》有追师，即治玉之工师。我国治玉技术，羌人最为先进。历黄帝下至殷周，中华玉器皆是羌戎商品。殷末周初，华人始自琢玉，技术亦即羌族所教。于是羌族已由陇西高原，越河地区进入幽州地界，南缘太行山脉进入华夏。而代北地区亦有石英石出产，故代北有部分羌族（当时称之为狄）已成为传授琢玉之工匠，为华人所师。其人被称为"追人"，而《周礼》亦称玉工为"追师"也。"棫朴》诗"追琢其璋"《毛传》"追，雕也。"玉即白石英石与水晶之属，不可以雕刻，但可琢磨。琢玉与解玉者用寻常铁盘，传以硇砂，用机栝转之，造成高速以触玉石，玉即可随人意被琢成形。其机栝用绳制轮，以足踏之，借轮带轮，以造成高速转盘或镐以琢玉。足不停,轮不息而玉可解。其势苦追。是琢玉工古称为追之义也。雕字,古亦读佳音,故追与雕古同音义。后乃用为雕刻字。而追为玉工之义亦悔。陆云:"追,如字。又都回反。"都回反,则读堆。古追字本音如此。故蜀之离堆,亦作"雷塠"。今山西北部桑干河流域,丘阜古名之称堆者甚多。例如《水经注》卷十二"乐堆泉",其水出"乐堆"之东。卷十四,有"黄瓜堆"在桑干水北。"白狼堆"在㶟水之北。郦氏引徐广曰:"猗卢废嫡子曰利,逊于黄瓜堆。"足知汉魏氏,北人尚称民族所聚之地为堆。犹华人古称帝王所居曰丘也。疑即此追族之语言,自谓居邑为堆,华夏人因称其族为堆,字则作追也。"貊",陆云"武伯反",则与貉同音。读如何。《传疏》径作貉字,本是一种耐寒而毛绒甚美之小兽名。《国策》"北有胡貉代马之用",谓冀北多此兽也。华夏人爱其毛皮,因称拥有此利之民族为貊也。此诗之"其追",谓代北西部天羌戎别种。"其貊",谓代北东部之东胡别种。皆北国之大部落也。成王时已附于周,故划隶于此始封之韩侯,假以方伯之名赐以大圭之宝以镇之。"实墉",谓为之筑城,即上言"燕师所完"者。"实亩",谓治其田亩。"实籍",谓治其版籍。实皆具始之义。末二句,谓制其岁贡,皆狩猎品,梁山所产。"貔",毛云:"猛兽也。"今不详为何物。上古猎人以其皮为衣帽以炫能。其后遂用为军士服饰,故曰貔貅之士。疑亦黑之类也。"赤豹"即金钱豹,皮亦褐色。"黄黑",今云棕熊是也。

(九)江　汉

六章。章八句。

(1)江汉浮浮,武夫滔滔。匪安匪游,淮夷来求。既出我车,既设我旟。匪安匪舒,淮夷来铺。

(2)江汉汤汤,武夫洸洸。经营四方,告成于王。四方既平,王国庶定。时靡有争,王心载宁。

(3)江汉之浒,王命召虎:式辟四方,彻我疆土。匪疚匪棘,王国来极。于疆于理,至于南海。

(4)王命召虎,来旬来宣。文武受命,召公维翰。无曰予小子,召公是似。肇敏戎公,用锡尔祉。

(5)釐尔圭瓒,秬鬯一卣。告于文人,锡山土田。于周受命,自召祖命。虎拜稽首,天子万年。

(6)虎拜稽首,对扬王休。作召公考,天子万寿。明明天子,令闻不已。矢其文德，洽此四国。

召虎平定淮徐，疆理南国，返京述职，宣王命其告于家庙（召公奭之庙），虎作此诗，上其辞于宣王。王命合于大雅之乐以宠之也。《毛序》谓"尹吉甫美宣王"，失诗旨义。《朱传》知非尹吉甫作，但云"诗人美之"。审诗语，屡用"召虎"之名，当是虎自作以献于王也。

首章：《毛传》："浮浮，众强貌。滔滔，广大貌。"《郑笺》："江汉之水，合而东流，浮浮然。宣王于水上命将率，遣士众，使循流而下，滔滔然。"按：宣王非于水上命将，详《常武》篇。郑说非毛义，尤昧于诗义。毛云"众强貌"，应是加于武夫之词。"广大貌"，应是加于江汉之词。当是旧作"江汉滔滔。武夫浮浮"。《郑笺》妄移易之。唐宋儒写刻莫能易耳。马瑞辰《通释》引王引之《经义述闻》，正如此说。又引《白虎通义·山泽篇》"江汉陶陶"，谓"陶与滔古字通"。足证此臆说亦正确。《小雅·四月》"滔滔江汉"，正是袭用此诗成语而倒之耳。"匪安匪游"者，召虎之师乘舟浮淮而下。无跋涉之劳为安，有坐游之乐为游。然而非为安游而舟行也，来讨淮夷，宣如此耳。"淮夷来求"者，淮夷散处于淮水沿岸，无城邑聚落，故宜顺淮水以求之。《朱传》云："惟淮夷是伐耳。"来，语词。来求，犹是求也。"既出我车"以下，言：既得淮夷主力所聚，则舍舟登戎车，建旌旗以征讨之。亦非为乘车之安舒，为车战足以制陆上之淮夷也。"铺"字，毛云："病也。"朱云："陈也。陈师以伐之也。"马云："止也。谓止其地。"皆未协于诗义。审诗，是求，是铺，为战争首尾铺叙语。铺当为斩杀平定之义。故字从金从甫。甫与圃，古今字。故《诗·车攻》作甫草。凡作圃者必先除野草而平整其土地。是之谓铺。会意字，圃亦声。故铺有杀伐与平定之义。引申之义乃为铺设，敷布，铺首，铺止，痛病之义。汉以后引申义行而本义转废，人遂曲解此诗也。

次章：言江汉已定，南国已平，军事结束。"汤汤"，水盛貌。"洸洸，武貌。"（《毛传》）"四方"，谓淮浦之四方，包括淮北之淮夷，其东之徐戎，共西南江汉诸小国。"经营"，谓或招降抚用之，或声罪挞伐之，如营建之用材，各以其宜。"告成"，告其成功于周王。"王国庶定"者，淮徐屡为华夏之害。管蔡之变，徐淮夷助武庚。武庚败灭，又助奄扰周。周公东征，三年而后灭奄。周师甫归，徐淮侵鲁至费。穆王时，徐偃王拓地万里，侵及王畿。厉王三年，淮夷侵洛，王命虢公长父伐之，不能克。皆经史已著明者。宣王任用召虎，既逐玁狁，威荆蛮，而后集东方诸侯之师与周畿邱甸之士合力分道以讨伐之。既平淮夷，服徐国，抚定汉水以东，大江以北诸小邦，分建为诸侯之国，疆理其土田，而徙申伯于谢，建大藩以镇之。皆召虎之谋，又躬行以实现之者。由是江淮之域，进为华夏，国室更无徐淮之祸。在当时，召伯已度其不至再有祸乱，告成于王，姑云王国庶几永安定矣。郑云"庶，幸也"，非义。"时靡有争"，时，是二字当时通用。争则"争地""争城"之争，谓是后将无复有战争。可以告慰于王。王心则宁也。郑云："载，则也。"

三章：述既服徐戎将归宗周时，宣王命召虎办理南国善后诸务，封建诸侯，疆理土田，制其贡赋之事。"江汉之浒"，言徐淮二族故域所属，南至江，东尽海，西至汉水，地面辽阔。王则命召虎皆疆理之。"式辟"，为之立法立君也。"四方"，仍上章之义。时召虎之师驻淮浦（说见下篇），即谓淮浦之四方。"彻我疆土"，谓此地域全属周王之疆土，当建诸侯之国，行什一之税，立朝贡之制也。"匪疚"，谓人民当乐便之。"匪棘"，谓推行无滞碍（旧说为急者，非）。"王国来极"之极，郑云："中也。"朱云："中之表也。居中而为四方所取正也。"按：召虎暂驻淮浦，功竟好归。淮徐江汉，远在镐之东南，安得云王国之中哉。极字，当释如《尔雅·释地》"四极"之极。言王国之境，从而远于江海之溃，以为东南之极也。故下文即承以"于疆于理，至于南海"之句。"南海"，亦《释地》"九夷、八狄、七戎、六蛮，谓之四海"之海。指大江以南为山越与蛮濮，巴、楚之夷，称为南海。非谓江南之海洋也。

四章：述完成使命，返京师受釐锡命事。"来旬"，《毛传》："旬，徧也。"郑云："旬，当作营。"说为"经营四方"。诠按：旬者，十日之终。人事为之小结。故古有"旬休""旬见"之制。此诗言王命召虎归来述职，用"旬见"之义也。"来宣"，谓述职后宣布其成功于天下。"来"，是召还语。郑云为"勤也"。朱说为"王命召虎来此江汉之浒，徧治其事，以布王命"。并非。以下全是摘述王命语意。言文王武王相继受天之命，时则召公奭为之桢干。今尔勋业德望，有似召公。汝嗣承召公之勋业，故赐尔以福祉。"无曰予小子"，召虎改王言为自谦之辞。"无"，语辞，亦示不敢当其语。肇，嗣也。敏，敏于事也。戎，汝。公，功也。《后汉书·宋宏传》引此诗，正作"戎功"。《六月》"以奏肤公"，《传》"公，功也"。此《传》云："公，事也。"均是勋业之义。

五章：赓承福祉，列举王之所赐。《毛传》"釐，赐也。秬，黑黍也。鬯，香草也。筑煮，合而郁之曰鬯。卣，器也。九命，锡圭、瓒秬鬯。"盖以备勋臣告家庙灌鬯之用（参看《文王》篇）。"告于文人"，《毛传》："文人，文德之人也。"《笺》云："告其先祖诸有德美见记者。"马瑞辰曰："哀公二年《左传》：卫太子祷曰：'文祖襄公'。《积古齐钟鼎款识》有旅鼎。其铭曰：'旗用作文父曰乙宝。'尊彝古器铭又多称文考者。文人，犹云文祖、文父、文考耳。《文侯之命》'追孝于前文人'，承上'汝克绍乃显祖'言。"谓"此诗'文人'，《传》《笺》俱指召穆公之先人。甚确。朱子《集传》谓指文王，似误。"除赐祭告于召公外，又加赐以"山土田"。毛云："诸侯有大功德，赐之名山、土田、附庸。"赐山，给材用，供狩猎。土田则有民户，供赋役。（赐附庸，见《鲁颂·闷宫》）"于周受命"二句，郑云："周，岐周也。自，用也。宣王欲尊显召虎，故如岐周使受山川土田之赐命。用其祖召康公受封之礼。"朱云："从其祖康公受命于文王之所以宠异之。"按：召康公食邑在岐周，宣王加赐山川土田，亦当在岐周。于周受命，当连上读。谓受命赐山土田于周。"自召祖命"句，谓宣王卜赐土时，得召康公示兆如此耳。应"告于文人"句。"稽首"，下拜，首至地，最敬之古礼也。《周礼·春官》："九拜。一曰稽首。"《尚书》"禹拜稽首"，《释文》稽音启。"天子万年"，虎之颂语。

卒章：再言"虎拜稽首"，为祭告家庙后，献诗之时。王有赐命，虎有献诗，以扬王之休美，故曰对扬王休。"作召公考"者，《毛传》"考成也"。《朱传》："穆公既受赐，遂答称天子之美命。作康公之庙器。而勒王策命之词，以考其成。且祝天子以万寿也。《古器物铭》云'邢拜稽首，敢对扬天子休命，用作朕皇考龚伯尊敦。邢其眉寿，万年无疆。'语正相类。"（邢，音弁，人名）按：考者，器成而检验之义。"考工记"文考，含义如此。召康公昔曾作庙器，有铭刻以颂周王之德。召虎亦作庙器如式，以铭刻颂宣王，故曰"作召公考"，以祝天子万寿。"明明天子"以下四句，即召虎铭刻于庙器之文句。故以诗献其辞，为对扬王休也。"明明天子"，用《大明》意。"令闻"，犹美誉。"不已"，不断产生。"矢其文德"，毛云："矢，施也。"朱云："矢，陈也。"意谓武王克商而偃武修文。故召虎陈宣王之文德以劝之。"不欲其极意于武功也。"诚如是意，亦当如《毛传》作"施文德"为义，谓赐告祭与赐诰命为文德。而祝愿其以文德洽施于天下诸侯。乃合于虎之措辞。（毛于《卷阿》释"矢诗"为"公卿献诗以陈其志"。于此，则训矢为施。）

（十）常　武

六章。章八句。

（1）赫赫明明，王命卿士，南仲大祖，大师皇父。整我六师，以修我戎。既敬既戒，惠此南国。

（2）王谓尹氏，命程伯休父，左右陈行，戒我师旅。率彼淮浦，省此徐土。不留不处，三事就绪。

（3）赫赫业业，有严天子。王舒保作，匪绍匪游。徐方绎骚。震惊徐方，如雷如霆。徐方震惊。

（4）王奋厥武，如震如怒。进厥虎臣，阚如虓虎。铺敦淮濆，仍执丑虏。截彼淮浦，王师之所。

（5）王旅啴啴，如飞如翰，如江如汉，如山之苞，如川之流，绵绵翼翼，不测不克，濯征徐国。

（6）王犹允塞，徐方既来。徐方既同，天子之功。四方既平，徐方来庭。徐方不回，王曰还归。

宣王平徐淮，分军三路：王自太师皇父，领六师及齐、鲁、卫诸国之由鲁境径取徐城，为东路。分军命程伯休父会宋、陈、蔡、许之众，向淮浦，为中路。召虎自洛率师会申吕之众，循淮而下为西路。西与中路之师，会于淮浦。以夹攻徐城。徐君降。宣王旋师，留召虎办理南国善后事宜。虎遂南至江、西抵汉水，分建诸侯，乃归宗周，已具《江汉》篇。此篇，则召虎与从王史官如君吉甫等所制，以颂宣王征徐之事者。《毛序》云"召穆公美宣王"，谓其主之也。题曰"常武"者，天子之旌旗曰常。《周礼·春官·司常》云："日月为常，交龙为旂。""王建大常，诸侯建旂"是也。武王克商，作乐名《大武》。召虎盖亦欲以此诗为周之颂乐，比于《武》《酌》诸篇。由宣王逊谢，但以之与《江汉》及吉甫两篇谱为大雅，合成平定徐淮之诗史而已。（卫宏《续序》解题云："有常德以立武事，因以为戒焉。"全失诗旨，亦昧命题之义。）

首章："赫赫明明"，总颂王师征徐之威势。赫，用"王赫斯怒"之义。明，用"明明在下"之义。毛公于《大明·传》云："文王之德明明于下，故赫赫然著见于天。"既误解矣。于此诗亦用其义，训赫为盛，明为察。无取。"南仲大祖"二句，毛云："王命南仲于大祖，皇父为大师。"郑云："南仲，文王时武臣也。宣王之命卿士为大将也，乃用其以南仲为大祖者，今大师皇父是也。"后儒多遵郑说。按：南仲名载《出车》篇，宣王时诗也。则宣王征徐所用之大将皇父，何得遂为南仲之远孙哉？郑玄误遵《续序》以《出车》为文王世诗，故有此谬。后儒又复从谬矣。夫若南仲果为文王世人，自文王至宣王征徐，已八九世，约二百五十年矣，如此简要之诗语，何得因述命将而有闲文牵涉其八九世之远祖哉？况皇父尹氏。明着于《节南山》。南仲自应为南氏，岂得为君氏之大祖哉？魏源《诗古微》辨南仲为宣王大臣，列证九条，可成定谳。然又说"南仲从王亲征淮北之徐戎"，则又误从《毛传》之失也。《毛传》释大祖为宗庙不易之祖，字面天成，于文义则省，于字即不可通。"卿士"为南仲官衔，则然也。"大师"亦是皇父官衔。大师属三公，位在卿上。岂王独命南仲于大祖，皇父不于大祖乎？抑南仲主其军，太师皇父更受其命以整六师乎？此文理之不可通者，不只省于字为不通也。窃以为：祖者，祖祭也。宣王亲征，必留重臣于京师，召公既行，则方叔南仲应其选也。军行必有祖祭，因即犒劳军士。王亲行，则留守大臣祖饯之。其视隆重，故曰大祖。卿士不能自擅，故以王命行之。此"王命卿士南仲大祖"之义也。南仲为留守卿士，皇父则受命为六师主帅者。本亦六卿之一，此役进大师衔，以重戎政，循太公为太师以伐殷之故事也。"王命"二字，双绾至此。以下四句乃专属皇父之事。《竹书纪年》载：幽王元年，"锡大师皇父命"，谓作冢宰也。五年"皇父作都于向"，为褒姒之党所排也。十二年，"申侯、鲁侯、许男、郑子，立宜臼于申。"平王元年"东从洛邑"。时则皇父仍为太师。总持庶政。着于《节南山》诸篇。平王年，"王锡司徒郑伯命"。则皇父败免矣。以此推之，宣王征徐时，尹氏皇父尚属壮年，堪任繁钜，故宣王畀以军政焉。"六师"者，周制：六乡军赋，六卿主之。而总属于大司马。故天子出则六军。（二千五百人为军，乡各一军。）此役皇父以大司马，加太师衔也。整顿六师，修戎政，为司马之事。"既敬"，谓宣王告庙，南仲大祖，皇父祃祭，诸礼已成。"既戒"，谓皇父申军令，已讫。则师行矣。远征南国而曰："惠此南国者，伐罪吊民，安良除暴，于南人为大惠也。"

次章："王命尹氏"，即尹氏皇父。《节南山》"尹氏太师"是也。程伯休父虽亦六卿，戎政统于主师。故王命皇父转命之。此亦五字为句。故知"南仲大祖"句非有于字。《楚语》及《史记·自序》皆谓程伯休父在周为司马之官。皇父进为太师，休父亦转为司马也。"左右陈行"者，《周礼》大司马之职：凡大阅，"坐群吏，听誓于陈前。斩牲，以左右徇陈曰：不用命者斩之"。陈，古阵字。"陈行"，军旅之行列也。上云"既戒"，即此"戒教师旅"之义。分军别出，又当作戒也。"率彼淮浦"，率，循也（《郑笺》义）。宣王六军攻徐城不下，徐恃有淮援也。故再命程伯休父率师，乘颍水浮舟而下，与召虎淮上之师会于淮浦，截断淮夷之援。且与王师夹攻徐城。"淮浦"，盖指淮颍水运交会之中权地方，应在今安徽省正阳关附近。率循淮浦，犹云宜出淮浦也。"有此徐土"，旧说为省方观政之省，于此诗义不合。省，视也。诗言抵淮浦后，即向徐戎之土前进，谓夹攻。故接云"不留不处"也。"三事就绪"，毛云："诛其君，吊其民，为之立三有事之臣。"夫此章方叙至出师之命，至卒章乃言徐方来同，则安得此时便云诛、吊、立官？《十月》"择三有事"，《毛传》："有司，国之三卿。"毛于《雨无正》之"三事大夫"，说为"三公"。岂此谓亦为徐国立三公之官哉？其谬明矣。后儒多缘之，同谬，直至此章不悟。《郑笺》说为"三农之事"，亦不合。按：《尚书·立政》"立政，任人、准夫、牧，作三事。"《孔传》"常任，准人，及牧，治为天地人之三事。"（《蔡注》："言文武立政三宅之官也。任人，常任也。准夫，准人也。牧，常伯也。以职言，故曰事。"）《白虎通·封公侯》云："司马主兵。司徒主人。司空主地。"又引《别名记》曰："司徒典民。司空主地。司马顺天。"并释之云："天者施生，所以主兵何？兵者，为谋除害也，所以全其生，卫其养也，故兵称天。"大抵三代文言"三事"者，皆天事、地事、人事之谓。用于官，则为"三卿"。用于德，则为"三教"（亦见《白虎通·三教篇》）。用于政，则为"三事"。在此诗语，显然为部署军事皆已就绪之意，为首、次两章结束语。盖以择日祖祭为天事。分路进军为地事。命将申戒为人事。于时俱已妥当也。

三章：为王师出发后，敌我情致。《毛传》："赫赫然盛也。业业然动也。严然而威。舒，徐也。保，安也。"郑、朱并云："作，行也。"言王师浩大而威严，安舒徐行而进，有似遨游。"匪绍匪游"，当与"徐方绎骚"为句。言徐方之侦察者惊疑相谓曰："观其军容，似前来征伐者。然其行进，则似巡游省方，不似来伐。"就在鲁境内所见言之。迨见其径向徐境，则判其非巡游，是来征伐。故驿传骚然而动。周代已有驿递之法。故《论语》曰："速于置邮传命。"绎骚，陆续骚动，亦驿传骚动之意。迨王师进入徐境，则徐方震惊，如雷霆乍发矣。再言"徐方震惊"者，颂王师出其不意。

四章："王奋厥武，如震如怒"，则既入徐境战斗开始矣。"进厥虎臣"，郑云："进，前也。"朱云："鼓而进之也。"虎臣，谓诸雄勇之将士。"阚"，《说文》"望也"。诗谓周之将士，望之如虩虎然。"虩"，毛云："虎之自怒虩然。"陆云"火交反"，与咆哮之哮同音义，虎怒吼也。"铺敦淮濆"之铺，与《江汉》首章铺字同。斩馘之义也。"敦"，迫促也。"淮濆"，淮水之涯，谓徐城所在。"仍执丑虏"，频仍执之。谓连战频获敌俘。"截彼淮浦"，谓程伯休父与召虎之师亦斩获至淮浦。据有其地。"截"，与《商颂》"海外有截"同义。亦为截断淮浦，使淮水敌援断绝之义。旧说诸诂训，殆无一可取，体会先谬故也。

五章：再言王师之众盛。"啴啴"，车声震也。"如飞轮"，车行疾捷如飞鸟也。"如江汉"，车徒众盛如大水在地也。"如山之苞"，不可动也。毛训苞为本，意谓山之植于地如苞之系于根干。"如川之流"，动则不可御也。"绵绵"，不可绝也。"翼翼"，不可袭也。"不测"，不可知也。"不克"，不可胜也。"濯征"，彻底征服，涤荡瑕秽，不同于一般之征伐也。诗盖以王师方攻徐城，不拔而别以军据淮浦制胜为"不测不克"，以掩王攻坚不下之憾。实谓全局制胜在于先据淮浦，隐为召虎颂西路之功。

卒章：述言徐君降而军事结束。"王犹允塞"，颂王庙谋周密。犹音猷。《毛传》："犹，谋也。"郑云："允，信也。"朱云："塞，实也。"谓庙谋皆如实观成。"徐方既来"，降使来也。徐为曾经统一江淮流域之大国（徐偃王时）。后虽败破群舒（《鲁颂》详），与淮夷仍依附之。徐君降，则所役属民族部落皆降，各以使至王所，故曰"徐方既同"。实则招徕抚绥，皆召虎为之。虎不自以为功，归功于王，故曰"天子之功"。徐与所属部皆降，淮浦之四方既平。其君长皆来朝于王所。是谓"来庭"。毛云："来王庭也。"说者遂谓入朝于京师。亦非诗义。下言"徐方不回"，谓徐君表示其衷心降服，不复反叛，宣王乃还师。则并非徐君入朝于宗周也。

徐国旧城，传在盱眙县，在淮水故道之南。由于洪泽下陷淹没。今已不可考实。审于诗语，当是其地。

（十一）瞻卬

七章。三章章十句。四章章八句。

（1）瞻卬昊天，则我不惠。① 孔填不宁，降此大厉。邦靡有定，士民其瘵。蟊贼蟊疾，靡有夷届。罪罟不收，靡有夷瘳。

（2）人有土田，女反有之。人有民人，女覆夺之。此宜无罪，女反收之。彼宜有罪，女覆说之。哲夫成城，哲妇倾城。②

（3）懿厥哲妇，为枭为鸱。妇有长舌，维厉之阶。乱匪降自天，生自妇人。匪教匪诲，时维妇寺。

（4）鞫人忮忒，谮始竟背。岂曰不极，伊胡为慝？如贾三倍，君子是识。妇无公事，休其蚕织。

（5）天何以刺，何神不富。舍尔介狄，维予胥忌。不吊不祥，威仪不类。人之

---

① 《集传》本作"则不我惠"。
② 《朱传》及陈奂《传疏》本将先二句划并为下章八句。

云亡，邦国殄瘁。

（6）天之降罔，维其优矣。人之云亡，心之忧矣。天之降罔，维其几矣。人之云亡，心之悲矣。

（7）觱沸槛泉，维其深矣。心之忧矣，宁自今矣。不自我先，不自我后。藐藐昊天，无不克巩。无忝皇祖，式救尔后。

《毛序》云："《瞻卬》凡伯刺幽王大坏也。"定为凡伯作，未知所据。于《板》诗，谓"凡伯刺厉王"。《序注》谓作板诗者"入为王卿士"。于此篇，则曰："凡伯，天子大夫也。《春秋》鲁隐公七年冬，'天王使凡伯来聘'。"盖谓是两凡伯。世仕于周，父子俱能诗，各有所刺也。此诗痛诉褒姒与其党羽，而规避幽王，非刺幽王之诗。盖东迁之初，旧贵族求新禄于平王者所作。辞若愤怨，而意则甚诡。语多隐秘。旧说者不得其意识之背景，解释多不中。兹随文考订之。

首章：词句模拟《桑柔》，如出一口。然《桑柔》气度雍容。此诗浅憯激切，不同。应是作在《桑柔》之后，羡其献诗获宠而赓为之，故极力摹其语义。"瞻卬"，陆云："卬音仰。""瞻卬昊天，则不我惠"，犹《桑柔》之"倬彼昊天，宁不我矜"也。"孔填不宁"之填，即"仓况填兮"之填。"降此大厉"之厉，即"谁为厉阶"之厉。"邦靡有定"，即"靡国不泯""靡所定处"之意。"士民其瘵"，亦"瘼此下民"之义也。"蟊贼蟊疾"，上蟊为名词，下蟊为动词，言伤害之急。与"降此蟊贼，稼穑卒痒"又同义趣。"靡有夷届"，亦"具祸以烬"之义。夷，谓灭轻。届，谓终止。无灭无止，则非至于烬灭不可也。"罪罟"，已见《小明》诗。《毛传》于彼但云："罟，纲也。"于此云："罪罟，设罪以为罟。"郑释之云："施刑罪以罗罔天下。"朱赓之云："刑罪为之罔罟。"三人成虎，后世莫敢疑之。按：诗以罪罟与"蟊、贼"对，则亦当是二物之联称。《说文》："罪，捕鱼竹网，非声。秦以为辠字。"段注云："秦始皇以辠字以皇，乃改为罪。"是秦以前罪字皆只作渔具解，犯罪之字只作辠。汉以来儒者不知，遂谬解此罪字为罟形容语也。诗言："昊天降蟊贼以病民，无止；设罪、罟以罔民，不收，则民人之病无愈时也。"

次章：赓言民人病苦。四汝，皆指昊天。两"人有"，缘指畿内诸侯有土田、人民也。犬戎之难，宗周贵族食采者皆丧失其土地、人民。诗不敢斥幽王；而云昊天为之罪罟所致。为幽王乃平王生父，故讳之而归罪于天。"此宜无罪"，指在洛诸旧贵族，"收"，谓收没其土地人民。"彼宜有罪"，谓携王余臣为褒姒之子，拥立余臣之虢公翰为虢公石父之族，皆覆灭宗周罪人之党，而竟仍建社稷宗庙于携邑。犬戎杀幽王而掳褒姒以去，亦不践携。诗谓天实假手于犬戎。以褒姒不死，携王嗣立，为天悦之也。"说"，古悦字。

"哲夫成城"，谓贤士为国之干城。"哲妇倾城"，犹言"女子无才便是德"，妇而多才，必败其国。周代重男轻女，已造其极。盖先已有人作此成言，而凡伯引之，以为诟詈褒姒之语。《朱传》以此二句割归下章，于文理为宜。陈奂《传疏》本同。上章八句，下章十二句。

三章：当自"哲夫"句起。为诟詈褒姒专章。"懿厥哲妇"，懿为忿叹之发语词。哲妇之哲、亦用反义。愤怒之极，则易用赞颂语为诟。如今俗云"好小子"，性气之自然也。诗谓："彼昔人所谓'哲妇'者，实为不祥之物，如枭与鸱也。枭与鸱，皆猛禽，可憎之恶鸟。""长舌"，巧于言语之谓。诗言妇人而巧于语言，则易为蛊惑谮谮，故"维厉之阶"。谓祸乱缘之而生为厉阶也。"乱匪自天"（原降字当衍），言犬戎之乱，非自天降，实由褒姒谮构召之。以释厉阶生自妇人之意。"匪教匪诲，时维妇寺"，亦前人成言而诗引用之。"妇寺"，原指宫女与阉人，皆王所亲近者，其言语易撼动王。盖旧曾有人谏王云"此辈皆未受教育者"，劝王远之。诗借用以诟褒姒与虢石父诸人也。由其含义未当，又突加有寺字，故知其为引用陈言。

四章：文义最难解。旧说纷庞，究皆不能自圆。按章末二句，应仍是诟及褒姒。首言"鞫人"，应是一大冤狱之事。《史记·周本纪》云："幽王得褒姒，爱之。欲废申后，并去太子宜，以褒姒为后，伯服为太子。""幽王以虢石父为卿，用事。国人皆怨。石父为人佞巧，善谀。好利。"凡废立，必先宣布其罪行。幽王废立之由，自必出于褒姒谮构。当其提出申后与太子罪由时，固必须命用事大臣审讯，落实其罪行。此诗所言鞫人，盖即鞫讯申后母子之大臣，亦即虢石父也。"忮忒"，毛云："忮、害。忒，变也。"郑云："忮害转化，其言无常。"宫廷之谮谮，虢初不知，未敢遂罪后与太子。或以谮报。迨受褒姒之贿，乃复循幽王意屈冤定谳。故曰"忮忒"。《史记》则说为"巧佞"是也。《说文》伎字，引此诗，作"鞫人伎忒"。盖三家诗异字。作伎，则谓鞫狱人之伎俩善变，是正字。毛诗改作忮字也。"谮始"，谓始谳定为谮谮。"竟背"，谓终竟与前谳悖谬，落实其罪，而申后与太子皆废矣。郑朱并云："谮，不信也。"亦谓"不信终于背违之"为忮忒。"岂曰不极"，旧以与"伊胡为慝"为句。郑云："岂谓其是不得中乎？反云维我言何用为恶。不信也。"按："岂曰不极"，句当上属。犹云"如此伎俩，岂不丑恶以极乎"。"伊胡为慝"，句当下属。谓："伊何以敢于为此丑恶之事乎？"又复自答曰："贿厚如贾人之见市利三倍也。"即《史记》"好利"评语昕据。《易·说卦》："巽、为木，为风，……为近利市三倍。"《管子·小问篇》"三倍不远千里"。盖古先有此言，以喻得货贿之多。"君子是识"，与"岂曰不极"同是各上二句之追加慨叹语。如言"其受贿也，宗周贵族皆知之，但不敢言耳"。"妇无公事"二句，亦当是当时已有之成语。谓妇人不当干预国家大事。但当修其养蚕、纺织之事而已。当时作诗，好用成语。惟具以成语作结，故意结而文不相属。

五章：文亦难解。审其主旨，重在"人之云亡"一句。索解，当先分析此句所指之人。《后汉书·郭太传》载郭林宗闻陈蕃、窦武遇害，"哭之于野，恸。既而叹曰：'人之云亡，邦国殄瘁。'"用此诗语。则是亡者，死也。《郑笺》释此句曰："贤人皆言奔亡，则天下邦国将尽困病。则亡者出奔也。"幽王诛杀何人，史无所闻。惟太子宜臼奔申，家父从之。其后太师皇父亦奔申，已有考见。审此章，盖谓皇父之出奔也。皇父比较持正，初谮申后母子时，鞫人尚不敢冤之。故宜臼虽废，尚得受其护而奔申（参看《白华》篇）。虢石父遂与褒姒并谮皇父。出之营向，终亦迫之奔申。此时，则仍为平王太师在洛。宗周旧贵族之来洛者，皆缘之以接近平王。故此诗亦用专章侑颂之。若宜臼，则此时已立为君，即不适用此章语矣。"天何以刺"，谓篇首曷为刺昊天乎？复自答云："我辈贵族，于上下神祇，敬礼至矣，瘗埋厚矣。可神不已富有哉。"亦《云汉》"靡爱斯牲，圭璧既卒。上下奠瘗，靡神不宗"之意。谓神以瘗埋圭玉为富。旧训富为福者，非也。"舍尔介狄"，谓六济之戎为"介狄"，扰向功而不卒讨，为舍。介，大也。六济之戎与赤狄、白狄同类。故曰"介狄"。"维予胥忌"，代皇言也。"不吊"，即"昊天不吊"原意。"不祥"，《大明·传》云："祥，善也。"此谓天下不予以休祥也（休祥，见《泰誓》，谓善徵）。"威仪不类"者，谓皇父以太师出营向邑，而困敝至于威仪不能具，事物功不能维。工役怨叹，人从崩溃，不能不出亡于申也（详具《小雅》末三篇）。最后叹曰："此人出亡而邦国亦殄，人民憔悴矣！"

六章："天子降罔"，即首章"罪罟不收"之义。罔，网之古字。"优"，毛云："渥也。"郑云："宽也。"朱云："多也。"陈奂云："《说文》'瀀，泽多也。'引诗'既瀀既渥'。今《信南山》诗亦假借作优。"盖三诗作瀀。毛许作优。皆叹其多。上"人之云亡"二句，指宜臼、皇父之奔申。谓我心已忧之矣。下"人之云亡"，则自指出奔就洛，故云"几矣"，"悲矣"。毛云："几，危也。"郑云："近也。"要是切身之意。

卒章："觱沸槛泉"，用《采菽》篇原句，明其怀念宗周。泉自地下涌沸者，由其源深邃。以喻周族根源深厚。因言我以周公之裔，忧及宗周，非自今日始矣。而祸难之来，不可逃避。不先不后，恰中我躬。最后言相信天命未移，宗周仍克巩固。宗祀无忝，皇祖必能拯其后裔。巩与后不韵，《朱传》："巩，叶音古。"按：后字，《说文》从彳、幺、攵，为会意字。本无定音，随地而异读。周人盖读如户音。扬雄《赵充国画颂》："在汉中兴，充国作武。赳赳桓桓，亦绍厥后。"是蜀人在汉世亦读后为户音。与固协韵。巩字，盖固字之讹。巩与固为一义。《易·革卦》："巩用黄牛之革。"谓以黄牛之革固定之，使不得变革。巩固一义最明。旧传写者缘义而讹也。

（十二）召　旻

七章。四章章五句。三章章七句。

（1）旻天疾威，天笃降丧。瘨我饥馑，民卒流亡，我居圉卒荒。

（2）天降罪罟，蟊贼内讧。昏椓靡共，溃溃回遹，实靖夷我邦。

（3）皋皋訿訿，曾不知其玷。兢兢业业，孔填不宁。我位孔贬。

（4）如彼岁旱，草不溃茂，如彼栖苴。我相此邦，无不溃止。

（5）维昔之富，不如时。维今之疚，不如兹。彼疏斯粺，胡不自替？职兄斯引。

（6）池之竭矣，不云自频。泉以竭矣，不云自中。溥斯害矣，职兄斯弘。不烖我躬。

（7）昔先王受命，有如召公，日辟国百里。今也日蹙国百里。于乎哀哉！维今之人，不尚有旧。

此太师皇父答凡伯《瞻卬》之诗也。时间当在平王三年，申国旧臣被诉，即将败退之时。诗中丧乱、流亡、罪罟、蟊贼诸文皆与《瞻卬》相应，亦皆七章，是当时倡和诗格局。《毛序》遂与《瞻卬》同说为"凡伯刺幽王大坏"。后儒遵之以为说者，皆谬矣。《瞻卬》专斥褒姒。此篇不及褒姒，但斥小人谗害。《瞻卬》全篇四字句。（只'乱匪降自天'一句五字，其实亦当衍降字，乃与篇首责天语调相称。）此篇四十一句中，有五字者四句，三字者二句，七字者一句，为三百篇中使用长短句最多者。《瞻卬》辞旨浅憭，此篇意趣从容，显然为年轻躁进者与老成蕴藉者两人之作；只同为宗周旧族，经历因颠流离后再同聚于洛邑而复意气相投者唱答之诗，为合也。尹氏皇父，宣王初已知名（《竹书》云："宣王二年锡太师皇父司马休父命。"）征淮徐之役为王师总戎。幽王即位，任为冢宰。历五年，乃被褒姒之党所排，出而营向。向功被扼溃败，奔申。平王立，复以太师综庶政。自宣王二年至平王立，为五十八年，应已八十九岁矣。久经患难，无适于名位去留，诗情郁愤而能以克制出之。宜其诗语如此也。旧说者全失此旨，故无可取。

首章："旻天疾威"，用《小旻》及《雨无正》原句。二诗皆诋诉皇父之作。皇父则故意用之。意若曰："我亦正谓如此。如此大变，非天怒何能致哉。"然各所指为招致天怒之原因，则不同矣。前两诗所斥责者平王执政之皇父。此诗所指则幽王执政之虢石父与褒姒之党。"瘨我饥馑"，即《云汉》"瘨我以旱"之瘨，为陷我于痛苦之义。幽王之败，不由饥馑，诸史与《诗》但述其时之天变者多。未有言饥馑者。此诗言"天笃降丧"明是幽王时。而续以"瘨我饥馑"，则只能是言营向之役，由于受朝廷扼害而陷于饥馑。"民卒流亡"，谓营向之工匠与军民皆因饥馑无援而归于溃散。"我居圉卒荒"，言我亦不能不出奔于申，而所有食采之邑，仆圉之人皆丧失也。"我"，字皆皇父自指。"卒"字，皆本无其志而卒不能不出于此之义。

次章："罪罟""蟊贼"，皆当时答诗必征引其原句之体。"内讧"，毛云："讧，溃也。"郑云："争讼相陷之人言也。"《说文》：诗盖言蟊贼在内，陷害在外者。后世乃以内讧为"内部相讧"，非诗义。"昏椓"，答《瞻卬》"妇寺"而变其字也。昏者，夜也，通用为婚配字，引申为"妾妇"之义，指褒姒。"椓"者，郑云："椓毁阴者也。"即所谓"寺人"，指褒姒之党，虢石父辈也。按：《国语》及《竹书》，称"虢公长父"（宣王时），与"虢公翰"（平王时），于虢石父独不称公。疑石父只是虢之人，或疏远之公族。验此两诗，又是阉人，故能亲近褒姒。皇父自云不与妇寺共朝延而奔申，曰"昏椓靡共"也。郑说靡共为"王远贤者而近任刑奄之人，无肯共其职事者"。朱云："共与恭同。一说与供通，谓供其职也。"皆非。"溃溃回遹"二句，毛云："溃溃，乱也。靖，谋。夷，平也。"郑云："溃溃然维邪是行，皆谋夷灭王之国。"朱云："靖，治也。言此蟊贼、昏椓者，皆溃乱邪辟之人，而王乃使之治平我邦。所以致乱也。"按：溃，讀与讧，古义通。"回遹"，邪僻也（已见《甡鹿》篇）。靖，净也。夷，芟夷。谓覆灭也。言此辈"内讧"之蟊贼，实使我邦覆灭。"我邦"，自可指为宗周畿。然诗意似指皇父之采邑。因平王既已立国。在当时仍谓周邦自在。故当与上章言"我居国卒荒"同义。

三章：《毛传》："皋皋，顽不知道也。訿訿，窭不供事也。"于《小旻》则云："潝潝然患其上。訿訿然思不称乎上。"《朱传》于《小旻》云："潝潝，相和也。訿訿，相诋也。"于此诗云："皋皋，顽慢之意。訿訿，务为谤毁也。"叠字，语之无定解如此。诚如《孟子》所云"以意逆志"，则此诗皋皋、訿訿，应即是"内讧"之义。皋皋，谓困陷人。訿訿，谓诋毁人，则于字义亦通矣。玷，垢污也。在此为污耻之义。此就奸人言之。"兢兢"，慎也。"业业"，勤也。此就自身言之。"孔填不宁"即《桑柔》"仓兄填兮"字，谓大苦闷填塞于胸，不能宁静。因虽敬慎勤勉于供职而权位一再削贬也。"訿訿""兢兢"，皆用谤诗原字。

四章：自白其出亡时考虑，以答"人之云亡"也。自谓困于向功，如岁早时之草，不可能溃茂。毛云："溃，遂也。"盖谓遂其自然之茂。"栖苴"谓寄居于树上之栖。即老林中所常见之松萝（俗称"树挂"，系绿色藻类植物，丝长数丈悬垂老树上似茑萝），树韦（与房上瓦韦同类），苔藓等附生于树皮尘垢间之植物。毛说为"水中浮草"，非也。栖苴不能自立，随老树枯倒而死。我相度此邦，无有不溃败者，故奔于申，从故太子图自立也。

五章：自此较今昔情事，以辟夸议。言昔在幽王时之幸福，不如今时。今时人对我多所訿毁。我自省疚，则不如所言者之甚。富字，《郑笺》云"福也"。《洪范》五福，以富为首，而无贵，盖奴隶社会，奴隶主皆贵族，奴隶众多为富。入周，已推行农奴生产制，则大权重者为富。富与福古同音义。毛说"往者富仁义，今者富谗佞"则训富为多，缘说为诗刺幽王而作之曲解也。朱说为富于财，亦非。"彼疏"，谓"维昔"食蔬。"斯粺"，谓今时食粺。"蔬"，古蔬字。"粺"，郑云："米之率：粝十，粺九，凿八，侍御七。"谓不舂为粝。舂存什之九为粺。亦非甚精，但已胜于蔬食与粗糧，较昔为优矣。盖亦借昔人成语，以喻"昔之富不如今日时"。"胡不自替"，犹云"既已较昔为优矣，胡得不自引疚灭削之乎？为此所以怆悦深自引疚也。"毛训替为废。兄作况，训兹。引训长。皆失诗旨。替，灭削之义。兄即《桑柔》仓兄字。当如《朱传》"音悦"。"引"，谓引疚。于时责皇父之诗有谓"彼有旨酒，又有嘉殽"，呼云"驾矣富人"者（《正月》）。有谓"择有车马，以居徂向"者（《十月之交》）。有问"昔尔出居，谁从作尔室"者（《雨无正》）。皇父不辨，但为此章作引疚之言，实以发其忠勤见毁之郁愤。故用"彼蔬斯粺，胡不自替"为辞。旧儒不得皇父之事，不得皇父之情，而妄云是凡伯刺幽王，故不能得诗旨。

六章：更深引疚责于为政未善。是善于弭谤解嘲者。老成之言，自与年轻浅躁者诗语不同。诗言：池水无源之水也。外无水入则涸竭。今云非自池滨无益进之水可乎？泉水，地下涌出者也，地中无水则涸竭，可云泉竭之原因不在中而在外来取尽之乎？言事象之成，必有其真正原因。今人民普遍受害矣，岂得谓非执政之过乎？职是之故，我之怆悦愈弘大也。宜我躬之亦受大栽矣。"频"，毛云："厓也。"郑云："频，当作滨。厓犹外也。""不"，读如丕。栽，灾之古字。一说读不如字，言"能不灾及我躬乎"，亦合。

卒章："昔先王"，指宣王。"受命"，亦谓受天命为天下王。旧说为文王武王者，非也。文王武王辟地拓国，非为召公一从之力。惟宣王时召穆公拓地最广，皇父亦与有力。著在《常武》。故皇父特称之。自明其建成勋业之早。召公平淮徐，为时一年，拓地方千余里，谓之"旧辟国百里"非夸。辟，闢，古今字。今则一役而丧失宗周京畿方千里，仅保东都一隅。亦可谓"日蹙国百里"矣。若云"刺幽王"，则犬戎未入以前，安得有日蹙百里之事哉？"于乎哀哉"，深恸之也。皇父盖深恸其自少壮忠勤谋国，佐召穆公日辟百里。以功望为幽王冢宰，乃为妇寺所排，出亡未久而宗周覆灭。深感于《瞻卬》"人之云亡，邦国殄瘁"之言。故以此诗答之。不自辩诬，而阅者之意即能自解。诗艺之尤善者也。最后只叹称"今人不尚有旧"。责乎王深矣。宜平王之阅而自惭，留养皇父，不削太师，而以此篇与《瞻卬》同付乐官谱成大雅矣。

《荡之什》十二篇，九十二章，七百六十九句。

《大雅》总结

《大雅》，旧云三十一篇。《新诠》分析所谓《桑柔》一篇十六章，实为厉王时芮伯与平王时芮伯两篇诗之误并。自"瞻彼中林"句以下八章，为芮良夫继诫百官文后所作之诗，原在《桑柔》八章之前。由于旧简失题，传写者遂误并之。汉儒移写诗题于篇首时，又误割"菀彼桑柔"以下八章移在其前。遂使三千年说诗诸家莫能觉也。《新诠》既为之分析说明，仍保存旧刻篇次，以便阅者检覆。但为之补题曰"牲鹿"。补题不用首句"中林"者，《兔罝》亦有其字，《正月》亦有其句。疑太师乐档原不用之。援《汉广》《驺虞》《桑中》《权舆》《巧言》等篇不取首句，与《渭阳》用第二句之例，题为"牲鹿"。《困学纪闻》载"朱子发曰：《诗》全篇削去者二千六百九十四篇。"盖缘《史记·孔子世家》谓古诗"三千篇"。删去二千六百九十四，则存者三百零六篇。而今世传本只三百零五篇。是亦《桑柔》为两篇误并为一之旁证也。

大雅，为雅乐发展之高级形式。其享受者全是周王朝执政之贵族。诗之作者亦然。其动用乐器之多，已近于颂，但歌而不舞耳。其创始，在成王世，周公东征平四国之后。其用，始于宗庙祭享以娱神。后乃由祭礼燕飨推广于一切燕飨，以侑酒，而祭祀则用颂乐以代之。平王以后，一切燕飨亦皆用颂乐，大雅之诗遂绝。其诗三十二篇中，用于祭庙颂神者，自《文王》以下有十篇，属于祭享嘏词者有《既醉》第三篇，属于燕飨专用者有《旱麓》《行苇》《泂酌》三篇。属于一般人事之赞颂、诤谏与酬答者有《下武》以下十六篇。自《卷阿》以上，皆成王世周召公执政时之诗。自《民劳》以下，皆厉、宣、幽、平四世人事酬答之诗。

颂神诗中，虽多采用诗史形式，而夸张过情，徒为后世封建谄谀文学开派，不能成为信史。然上古史记缺乏，民间歌谣亦不可能流传至今。赖此诸诗流传一二，反映出古史隐蔽之处，亦多有可珍者。如：后稷之育成高产籽种，公刘之发展矿冶事业；以至周族历史发展过程，及其各历史阶段中对羌族与南人之经济、文化诸联系；宣王征服徐淮广大地役与其善后措施；西周末叶贵族腐化堕落，及东周初年新旧贵族间矛盾斗争之实况，以及劳动人民语言为局部保存等方面，所表著于《大雅》诸篇者，皆较《小雅》与《风》《南》诸诗更为明确。

《毛诗》于《公刘》以下各篇皆明著其作者。计召康公三篇（《公刘》《泂酌》《卷阿》）。召穆公三篇（《民劳》《荡》《常武》）。凡伯三篇（《板》《瞻卬》《召旻》）。卫武公（《抑》），仍叔（《云汉》），芮伯（《桑柔》）各一篇。尹吉甫四篇（《崧高》《烝民》《韩奕》《江汉》）。《假乐》以上十五篇，不言作者，盖皆定为周公旦所作也。二千余年说诗者皆遵其说，莫敢立异。《新诠》除分析"甡鹿"八章为芮良夫诗外，肯定为周公旦作者只九篇。为其相成王时属乐官作者一篇，属史官作者五篇，属巫祝为之者一篇。可能为召康公作者二篇。此二十篇，周初世作之诗，犹微具《风诗》之格局与趣味。然较之《小雅》各篇，已去《风》《南》益远。足知《大雅》之乐，晚出于《小雅》数十年。即所有周公之作，亦皆出于其晚年之手。故与其少壮时作品格调不同也。

康、昭、穆、共、懿、孝、夷七王之世无《雅》。是由孔子未录，抑是厉王时民变，乐档被毁。非七王时无《雅》诗。仅如汲冢所出《穆天子传》残卷，已有西王母之《白云谣》与天子所和"于归东土"之歌。又有天子自作"我徂黄"之诗三章八十一字。此皆必当入于《大雅》或《周颂》者，而三百篇无之。足知非七王世无《雅》矣。

卷六 三颂

《周颂》解题

《周颂》三十一篇，绝大部分皆成王世作之诗。殷周以前，舞乐早有，但称为"乐"，无称为"颂"者。《吕览·古乐篇》所云黄帝《咸池》，颛顼《承云》，帝喾《六英》，尧之《大章》，舜之《九招（韶）》，禹之《大夏》，汤之《大濩》与周之《大武》《三象》，皆只称为乐。《汉书·礼乐志》亦然。舞乐称"颂"，始于周诗。《周颂》之制成，始于《清庙》，是周公旦晚年所制。同时，旧制之《武乐》与《三象》亦乃收入《周颂》。故舞乐之称为"颂"，始于成王时也。

周称舞乐为颂者，谓其乐不仅如《雅》《南》之徒以诗歌与音乐相结合，又复有合于乐节之舞蹈以表达诗语之仪容，是三者结合而成的乐艺之最高形式也。

最初之颂乐，只用于祭祀。随后用之于燕飨。其歌舞形式，可分为三类：

一曰"礼容"。属于威仪之一种。参与祭祀、燕飨之贵族，皆须应乐歌之音节，为盘辟进退之仪容。所谓"礼仪三百，威仪三千"，大抵包括此种礼容在内。贵族子弟恒通习之。盖周公所创礼乐制度规定如此。初制时，贵族阶级乐于有以自别于平民，习为之。后乃厌其烦苛，多弃而不学。儒家所叹为"礼坏乐崩"者，盖即指此。至秦。似曾重振其制，定有人臣朝见天子跪拜、舞蹈、进退之仪法。《史记·叔孙通传》称"高祖尽去秦苛仪"者是也。然失此，则统治者不足为威慑。故高祖于天下既定后，复使叔孙通更为朝仪，是为《汉仪》，或《汉官仪》。汉以后，其制相仍，一般称为"拜舞者"，周制"礼容"之遗制也。（清代称统治阶层相见之礼为"仪注"。凡入仕者皆先向礼部学习之。包括祭祀、燕享、朝觐、参谒之仪。惟已不必配合音乐。要是"礼容"遗制。）

二曰"佾舞"。俗称"文舞"。由士子组成舞队，俱执翟羽（一种长尾雉之尾羽），应乐节从容歌舞，以表达诗之意态。本为太学士子学习礼乐之一种形式。后乃沦为不仕士子编入乐官之一种专业舞，成为高级贵族享乐对象。后世之伶官与戏剧，即由此舞演变而成。

三曰"万舞"，俗称"武舞"。组健壮之士，执干戚戈铤诸武器，作驭车马，相战斗诸状，以表演军事性之诗歌。周公平定南国，所为"三象"，是也。又称"象舞"。此种舞员，专业化后，每杂以超距、屈伸、盘旋、拳勇之技，以提高贵族欣赏之兴趣。但舞而不歌，别有乐工为之代歌，与佾舞不同。后世演变为技击，为杂技者是也。

周之贵族统治地位已巩固后，礼容之舞渐就弛废。故周公执政时期之颂诗与宣王以后之颂诗，字量与辞义，显然不同。其所反应为宣王以后更无新出祭庙用诗。是为统治阶层已经不愿多学礼容之表现。即如《左传》《国语》所记，春秋世士大夫相见赋诗，用及颂诗者绝少。亦为其时统治阶级偏好《风》《雅》之验。风诗、雅诗，是脱离礼容之乐故也。至于佾舞、万舞，则一直向前发展，至于成为学校教育之主科。《简兮》诗所颂之舞师，即为专业化武舞技术已甚突出之表现。亦即统治阶级已不从事乐舞，而但为乐舞欣赏者之体现也。

乐舞之表演者与欣赏者，既已分成两个阶级。贵族欣赏要求之欲望逐步提高。舞员之技术亦适应之而进步。于是乐章与乐曲亦随之演变发展。颂诗之字量亦逐步增长。宣王以后，由每篇百余字，累增至数百字。大抵祭祀与燕飨，皆须有一定时间。颂乐演奏，当与之相终始。诗语愈简短者，各字之音调即必愈延长，乐曲愈舒缓、从容、雍雅，与当时贵族举动相称，则舞员不至疲劳。周初所制颂乐，大都如此。诗之字量繁重者，则音节必然迫促，而表态繁重，歌者舞者无不剧劳。在欣赏者，则为悦耳、豁目、快心、适意。此颂诗字量所反映为舞乐变化之验。春秋中世，《鲁颂·閟宫》文长至四百八十九字。急管繁弦，赏者不胜其乐，奏者不堪其苦。颂乐发展至此，已达绝峰悬岸之端，不能不归于破灭矣。

秦世，雅颂诗乐俱废。各地平民所创之地方小曲代之而兴，汉儒所称之"俗乐"是也。儒家者流，对于恢复雅颂，虽顽强各极其力，仍未能推转时代车轮。徒保存此三颂四十篇之文字，既已不能正其乐节，又亦不能理解其真实含义。曲解相欺，脱离历史真实愈远。兹为新诠，除部分训诂取于汉儒外，殆皆只用探索历史真实之目的与方法以为之说。所取于旧儒之说者益甚少矣。

《周颂》字甚少，三十一篇共才一千三百七十八字，仅相当于《大雅》三十一篇字量的五分之一。若以竹简每简四十字衡之。《大雅》当有百六十五简以上。分为三什，以便检取，可也。若此《周颂》，则字不能满四十简，旧亦分为三什者，何哉？窃疑太师旧档，原记有各篇之旋律。（今之五线谱，古为工尺谱，西藏与印度则以曲线表之）。文字少者与文字多者各章所占简幅大体相当。正如《大雅·荡之什》，字量与前两什之和相若，所占简数仍只与前之一什相近，故仍只为一什耶？

一、清庙之什

（一）清　庙

一章。八句。

于穆清庙，肃雍显相。济济多士，秉文之德。对越在天，骏奔走在庙。不显不承，无射于人斯！

此周公居摄初，率王臣告祭于文王庙，演习礼容之乐章也。

旧说此诗者，大都依《洛诰·大传》，说为周公朝诸侯于洛邑，率以祀庙之诗。或依《礼记·明堂位》及《汲冢周书·明堂解》，说为居摄六年朝诸侯祀庙于宗周之诗。或言祀文武庙。或言祀文王庙。或不言何地。要皆谓合东方诸侯。《大传》且谓"天下诸侯悉来，进受命周公而退见文武之尸者千七百七十三诸侯，皆莫不磬折，玉音、金声、柔色。然后周公升歌而弦文、武。诸侯在庙中者，攸然渊其志，和其情，愀然若复见文、武之身。"（依陈奂《传疏》引）按：周诗恒称诸侯为"君子"，为"群辟"，为"百辟"。此诗但云"多士"，则是称畿内王臣，非谓东方诸侯。《大传》传为伏生所作，识者以为伪书。夫《洛诰》固云"烝祭岁，文王骍牛一，武王骍牛一"。明洛邑有文武庙矣。即《大传》亦是文、武并称，则岂适用于此单称文王之诗哉。由诗之单称文王，即可知非用于洛庙之颂矣。

首二句。《毛传》："于。欢辞也。穆，美。肃，敬。雍，和。相，助也。"《郑笺》："显，光也，见也。于乎，美哉！周公之祭清庙也，其礼仪且和。又诸侯有光明昔见之德者来助祭。"（《朱传》略同。）诠按：宗庙常闭，唯祭享日启之，故称"闷宫"，此云"清庙"。于穆者，《大雅》称"穆穆文王"亦周公造语。此云"于穆清庙"，谓文王庙也。"肃雍显相"，谓饰文王尸者仪态肃穆、雍和，足以光显文王之德之灵，如文王生时形相。非谓助祭。"助祭"者，诸侯朝王，从王祭祀，俱当有所献纳，称为助祭祀之费。亦不只东方诸侯如此。即畿内王臣之从祭者，亦当有之。所纳皆只戋戋之费，不值称道于诗。虽如《雝》篇之特予称道，亦只"于荐广牡，相予肆祀"一句而已。他诗皆不见称，岂此诗，能特称道之哉？究其文义，亦不见有助祭诸侯。

中四句，"济济多士"，为《文王》篇原语。在彼篇，谓多士助文王，使其身宁，国宁。在此诗，则云多士"秉文之德"。谓秉承文王之遗德。盖指时王朝廷之家士，肃穆以对文王在天之灵，敏捷而雄健地从事于祀庙之礼。"对越"，犹"对扬王休"之"对扬"。《尔雅·释言》："越，扬也。"盖三家诗有释此对越为对扬者。越，本具扬之义。于文为仗钺而趋。故可训扬。引申为度越。《晋语》叔向贺韩宣子贫。谓"栾武子一卒之田，其宫不备其宗器。宣其德行，顺其宪则，使越于诸侯。诸侯亲之。"韦昭注："越，发闻也。"谓晋侯使之临诸侯而显扬之也。正是用此诗文义。《郑笺》云："对，配。越，于也。"系用《释诂》："爰，粤，于也。"假越为粤作训。非诗义。

末二句，谓文王丕显于前，多士丕显于后，庶几永无厌斁于世人。"不"读如丕，大也。"射"，读如斁，厌也。毛云："不见厌于人矣。"郑云："此文王之德，人无厌之。"皆脱离"多士"为说，大失诗义。

《竹书纪年》：成王元年正月，"庚午。周公诰诸侯于皇门"。《汲冢周书·皇门解》云："维正月庚午，周公格左闳门，会群口。（孔晁注：'格，至也。路寝左门曰皇门，闳音皇也。'）曰：呜呼！下邑小国。克有耆老，据屏位，建沈入非，不用明刑。维其开告于予嘉德之说。命我辟王，小至于大……"云云。此言周公居摄之初，所宣命于国中者，仅惟下邑小国之君，非有东方诸侯。周制以食邑代禄俸。所谓"下邑"，谓王臣食采之邑。"小国"，即王臣食邑之国，地方不过方数十里，亦称为畿内诸侯。"群下"所阙，盖辟字也。《竹书》则径称为"诸侯"矣。周公为冢宰，摄王政，对东方诸侯，当假王命行之。惟对王臣与畿内邑君可以径自号令。是此诗只称"多士"之原因。皇门之诰，与此诗之祭，固当为同时之二事。要皆周公初摄政所教导王臣之措施。言语出于一人，故其文与此诗每有同点。如皇门诰屡用，"人斯"字："人斯是助，王恭明祀"。"人斯既助，厥勤劳王家。""于是人斯乃非。""是人斯乃逸贼媢嫉。"又有"王用奄有四邻，远士丕承，子孙用末被先土之灵光"句。既以"呜呼"起句，又云"呜呼敬哉，监于兹"，亦与诗用"于"字发语，及"丕承"字同。含义亦多相呼应。故以皇门文释此诗义。较汉以来儒生之臆说当为确切也。

谓此诗用于演习礼仪者，周公既定礼乐之制，必先与王及王臣同演习之。此诗乐舞仪制，在《周颂》三十一篇中保存最久。即可知周公以此诗训练王臣，用力之多，与其排练之熟。《汉书·礼乐志》云："叔孙通因秦乐人，制宗庙乐。太祝迎神，于庙门，奏《嘉至》。犹今（指后汉初时）降神之乐也。皇帝入庙门，奏《永至》。以为行步之节，犹古《采荠》《肆夏》也（二乐，见《玉藻》）。乾豆上，奏《登歌》，独上歌，不以管弦乱人声，欲在位者遍闻之，犹古《清庙》之歌也。登歌再终，下奏《休成》之乐，美礼已成也。"

由此，可知秦之乐人能知《清庙》乐曲与礼容，叔孙通因之以制宗庙之乐。《嘉至》为庙乐之前奏。《休成》为庙乐之乐。《永至》《登歌》则庙祭之乐也。所谓"行步之节"，即礼容之舞。《汉书·儒林·高堂生传》谓"鲁徐生善为颂"。《集注》引苏林说："《汉旧仪》有二郎为此颂貌威仪事。""盘辟为礼容"者是也。《登歌》"不以管弦乱人声"而云"犹古《清庙》之歌"者，《清庙》之歌，是天子与从祭诸臣皆歌唱之，人皆习其乐曲、歌词，晓其意义，同歌舞以应乐节。秦仪，歌曲乐章固不同，歌舞之法，则当如周代《清庙》之制。汉初既已去秦苛仪。七年后再恢复之，仓促不能使从祭者编歌《登歌》，乃只由天子一人歌以诵之。使从臣遍领其文义。则与于祭者不感其难，而《清庙》之意义仍在也。

周公旦为文王之爱子，在武王世，权势已重。武王殁时，成王已长，周公犹以冢宰摄政。然其志不在于篡位，惟欲借其政权，创制一代制度而已。于时天下安定，权力集中，故可以肆志为之。时则国家大政，首在祭礼，政纲领于礼乐。故因庙祀文王，创为此颂，使成王与王臣通习之，以为新制推行倡首。成王与大臣莫敢不遵而习之。史迁谓"清庙为颂始"（《孔子世家》），谓其实为创制颂乐之始也。

（二）维天之命

一章，八句。

维天之命，于穆不已。于乎不显，文王之德之纯。
假以溢我，我其收之。骏惠我文王，曾孙笃之。

此周公东征，告庙，助勉贵族王臣之乐章也。

《毛序》云："《维天之命》，太平告文王也。"无《续序》，有旧注云："告太平者，居摄五年之末也。文王受命不卒而崩。今天下太平，故承其意而告之。明六年制礼作乐。"诠按：诗语无告太平含义。相反而是勉承重担之言。末言"曾孙笃之"，则只是勉其宗亲语。周公痛三监叛自宗亲，故东征前后诗恒以兄弟团结勉诸贵族。毛序之说盖非也。其他泛说为赞文王之德者，亦皆无取。

首两句，言文王受天命代殷，已历三世。将更绵延不已。凡周公诗，皆侈言文王受命，甚称武王者，自明其为承文王志业以辅幼王。凡具此诗特色者，皆东征前后诗也。"于穆"，同《清庙》文。《说文》"穆，禾也。从禾，㣎声。"又"㣎，细文也。从彡、㬎省声。"㬎，隙之古字。㣎字会意，谓壁隙之文，为细文，是㣎字本义。引申之义为美，为肃敬，为昭穆。隶书写经者，皆借用穆字，㣎字遂废。然诗本字，固当是㣎。字又通于缪。《左传·隐公三年》"宋穆公"，《公羊》《穀梁》俱作"缪公"。壁文纠乱，延续远达，如禾穗之交乱。故㣎、穆、缪三字古义通也。此诗云"于穆不已"是绵延不断之义。

次二句，嗟叹文王之德。"不显"亦《清庙》文。"纯"，毛训大。郑云："纯亦不已也。"朱云："纯，不杂也。"按：纯字本义与纠近从纟，从屯，会意。屯者。旋曲之毛，纺则相互固结为线，用以织。惟同样之毛，乃可纺识。故引申为淳，为不杂，为精洁，为纯粹。又引申为牢固，为叔父。为绵延。《召南》"白茅纯束"，《毛传》："犹包之也。"于是，再引申为"大也"（《卷阿》"纯嘏"《郑笺》同）。此诗，盖兼取淳美、牢固、绵延、广大之义。本义固仍只是结实而绵延之义也。

再次二句，毛云："假，嘉。溢，慎。"郑云："溢，盈溢之言也。"《左传》襄公二十九年，引诗作"何以恤我，我其收之。"《朱传》谓："何之为假声之转也。恤之为溢字之讹也。"案：三家诗与《毛诗》字异者多。皆由秦火后，口传诗语，随音造意而异。后儒或强通之，或各执之。惟得诗之本事，知其实旨者，自能正之耳。毛诗实得其正字。假即假借之义。《小戴·文王世子》，"我百，尔九十，吾与尔三焉"，即依此诗假字所造之譽言。当时人对天授福祉有如是之概念：福量大小，与人之德量大小相称。福量太厚及身不能享尽者，则溢流于子孙。子孙更能继修其德者，则福量更能溢出，延及其后代，诗语"假以溢我"之义如此。言文王之余福，溢以假我，我则受之不疑。自言作冢宰，摄王政，为文王之遗泽也。

末二句，"曾孙"，周族对其先祖自称之惯用语。骏，大也，发扬光大之谓也。言我受文王之溢福，亦将弘扬文王之纯德。愿我周族子弟同与力行之。文王志在灭殷。此时武庚与三监同叛，周公将东征平叛，故曰"骏惠我文王"。惠字本义为专一不贰。"骏惠"与上篇"对越"含义相似。

（三）维　清

一章，五句。

维清缉熙，文王之典。肇禋，迄用有成。维周之祯。

此周公东征，既平四国，归而告庙所制乐章也。文省至十八字，音节之舒缓可知。安详从容，为大功已成之表现。

前篇《毛序》"告太平"，若移用于此篇则适合矣。而此篇序云"奏象舞也"则又不合。原注云："象武，象用兵时刺伐之舞。武王制焉。"按《吕览·古乐篇》"成王立，殷民反，王命周公践伐之。商人服象，为虐于东夷。周公遂以师逐之，至于江南。乃为《三象》以喜其德。"则象舞有三，非一章也。象为南方民族用于战阵之兽，史册多见。周公破象阵而作象舞，此诗乃毫无战斗之意，更无象之迹象。足见《毛序》之误。后儒佞毛序者乃竟据为典实，与儒《大传》《礼记》诸象乐文记纠缠而成聚讼。谬妄相袭，以发展为尤谬尤妄，去诗义益远，大与史实相违。兹更为新诠。

"维清"，谓文王之庙，肃穆清明，即"于穆清庙"之清。"缉熙"，谓纯德光明。"缉，续也。熙，明也。"（《朱传》）"文王之典"，谓文王之典训，为周受天命当代殷，故命武王发与周公旦曰"时至勿疑"也。"肇禋"，谓文王肇始禋祀上帝，以祈固持天命，克覆殷社。"迄用有成"，谓文王虽未完成其事，武王则资以灭纣。武王又不克竟其业，仍存殷社于其故国。兹乃克剪除之，为完成文王志业。即终底于成之义。"维周之祯"，祯本作禥。《释文》本、《正义》本及《尔雅注》引诗皆作祺。《正义》引"定本"（颜师古定本）、《朱传》本、《释文》引徐邈本及相台本作祯。《说文》："祯，祥也。""祺，吉也，从示，其声。禥，籀文从基。"《段注》："基，声也。古其基通用。如尚书'丕丕基'，伏生作'平平其'是也。"许引诗亦作"维周之禥"。盖三家诗字本作祺。毛诗改祯字。协成字韵。然祺亦协照字韵。祺，古禥字。祺者，谓福祉之基。诗言："文王定比福基，故我能'迄用有成'，今则有周之禥永定矣。"祯祥字义不协。

孙嘉淦《诗义折衷》曰："清庙之三，皆祀文王。《清庙》，初献之乐也。《维天之命》，受嘏也。《维清》，送神也。"魏源《集义》曰："周公营洛邑，祀文王乐章之三也。……前二诗皆言文王之德，此诗始言文王之典。"此类创说，初观之亦足动人。细审之，则皆不中。周初作颂，务在舒缓，十八字足以完成一礼，安得为三篇三终之制？

况三篇既为一礼之三终，则文当调整为一气，岂能若此三篇，既有重复之文，而义又不相属次者乎？既成洛邑之祀，为续序加于《清庙》一篇之语，并无所依据。魏氏因而遂发展为三篇，所据仍是《小戴礼》以下汉儒唯心之说。安足取乎。

（四）烈　文

一章，十三句。

烈文辟公，锡兹祉福。惠我无疆，子孙保之。无封靡于尔邦，维王其崇之。念兹戎功，继序其皇之。无竞维人，四方其训之。不显维德，百辟其刑之。于乎，前王不忘。

成王二十五年，大会诸侯于东都。其十月，归自东都，大有事于太庙。诸侯从至宗周，献弊助祭。此其祭后大飨之乐章。召公奭之所作也。

成王初即位，周公旦为冢宰，总摄庶政。四年王"初朝于庙"。五年，王从周公在奄。遂灭奄。七年"周公复政于王。"周公营洛邑成，奉王，朝诸侯于东都。八年"王初莅祚亲政"。十年，"周公出居于丰"。十八年，"王如洛邑定鼎"。十九年，"王巡狩侯甸，方岳，召康公从"。二十一年"周文公薨于丰"。二十五年，大会诸侯于东都，四夷来宾。冬十月，归自东都，大有事于太庙。并见《汲冢》《竹书》。是成王在位三十七年中，曾四至成周，三次大会诸侯于洛。七年洛邑初成，会诸侯，率同祀文武庙，有《雍》之乐章，周公作也。十八年如洛定鼎，当亦朝会谁诸侯。率同祀庙与否，无诗证。（或肆是用《武》之乐章。营洛发自武王也。若仍同祀文武庙，则当仍用《雍》诗。）惟二十五年为一大举。归宗周，大合祷于太庙。又是赓、续之大举。诸侯当相从来庙助祭。时则周公已死，召康公辅政，则其燕飨之乐章，宜为召康公作也。召公之诗，表现特点，为叮咛繁重，不称天命，不谀颂文王，与周公诗显然不同。此诗具此特点，而特著诸侯助祭之义，故知为此时、此人之作也。

"烈文"，为当时通赞诸侯之诗词。烈，谓武烈。文谓文德。"辟公"，毛云："诸侯也。"（相台本脱辟公传。《正义》本有。《朱传》亦云。）周称君民为辟。故诸侯称"百辟"，或"群辟"。此诗与《雍》《载见》，均称"辟公"。《载见》是武王世诗。已云"烈文辟公"。此时援用其成语。"锡兹祉福"，毛云："文正锡之。"郑云："天锡之。"朱云："言诸侯助祭。使我获福，则是诸侯锡此祉福。"诠按：朱说似矣，犹示允也。锡，古为赐予之义。此成王主祭，诸侯助祭，为宾，故得云锡。祉、只、禔三字古通，本皆敬祀之义。古谓祀而能敬者必获福佑，故引申为获福之意，又转为表示幸福之字。福字，古读如幅，故《说文》云："福，备也。本义原是祀之礼物备，心之诚敬备。从而转为神之赐福备。故《段注》云："备者，百顺之名。"此诗谓"诸侯所助祭者，非惟圭璧币帛等财物而已，又具肃穆只敬之礼容。"礼容之含义尤重，故下云"惠我无疆"。夫周已富有天下矣，诸侯币帛圭璧之助虽重，岂即值以"惠我无疆"之语酬之？唯相从而笃敬于周礼规定之礼容，以为感格先王先后之助，乃可当此语耳。"子孙保之"，谓尔我子孙皆当保持如此"惠我无疆"之祉福。旧说为"子孙得传世，安而居之"（《郑笺》语），与"使我子孙保之"（《朱传》），皆非诗义。

"无封靡于尔邦"四句，毛云："封，大也。靡，累也。崇，立也。戎，大。皇，美也。"郑云："崇，厚也。皇，君也。无大累于女（汝）国，谓侯治国无罪恶也。王其厚之，增其爵士也。念此大功……王则出而封之。"朱云："封，专利以自封殖也。靡，汰侈也。崇，尊尚也。""言汝能无封靡于尔邦，则王当尊汝。又念汝有此助祭赐福之大功，则使汝之子孙继序而益大之也。"诠按：封者，积土崇高为标识。靡者凌替坍塌之含义。"无"，否定之语辞也。诗言："尔邦具无封靡之象耶。"谓威势凌替为封靡也。"维王其崇之"，言有则王能复使崇高之。"惠我无疆"，故为汝之大功，当怀念此大功，务使继嗣之君更辉煌而张大之。言周礼之推广发皇是尔等责任。

"无竞维人"二句，谓惟仁者，人不敢与之争竞，则四方从而遵循其法训也。人与仁字古通用。《孟子》"井有仁焉"，谓有人也。《中庸》："仁者人也，亲亲为大。"《说文》："仁，亲也。从人二。"谓人与人相处之道，亦即所谓"礼"。祭享之礼，当属之。诗言：诸侯善于礼事，则无能与之竞，四方当亦以为训也。《执竞》"无竞惟烈"，是颂武王语，宣王时作。是用此诗文语。"丕显"，是《清庙》《维天》颂文王语，此诗用之。言："先王之所以能丕显者，以其有德。故诸侯从而奉为仪型。"

"于乎前王不忘"，重申袷祭前王之义。"不忘"，犹言勿忘。《大学》（旧传曾子所作）引释此句云："君子贤其贤而亲其亲，小人乐其乐而利其利，此以没世不忘也。"贤其贤而亲其亲，仁也。乐其乐而利其利，德也。此前王之所以不能忘，即袷祭先王公为"大有事"之义也。

（五）天　作

一章，七句。

天作高山，大王荒之。彼作矣，文王康之。彼徂矣岐，有夷之行，子孙保之。

此成王望祭岐山之乐章。文格，似周文公作。若因游卷阿祀岐山，则当是召康公作也（参看《卷阿》篇）。

首句"天作高山"谓岐山高大，为天所生成，以待太王开辟者。《毛传》："作，生。荒，大也。"《公刘》"豳居允荒"，《传》同。应皆训为开辟。荒之本义为"草掩地"（《说文》）。《周南》"葛藟荒之"与"累之""萦之"同义。毛云："奄也。"是用本义。开垦必先削除掩地之草，故荒之引申为垦辟之义。开垦者耕地日拓展广大，故荒之再引申，为广大之义。诗谓太王自豳迁岐，开辟岐山下之广原，日益盛大而兴周族。郑云："天生此高山，使兴云雨以利万物。大王自豳迁焉，则能尊大之，广其德泽。"如此以说大之义，则谬矣。

"彼作矣"承上"天作"言。彼，谓岐山地区。义转为"周邦兴矣"。又赖文王以康之。康字，从庚米。会意。庚，秋成时也。本义为饱满之米粒。引申为充实、美满、壮大、快乐、安宁诸义①。其在此诗，谓光大之也。

"彼徂矣岐"，《鲁诗》作"彼岨者岐"。范晔《后汉书·西南夷传》朱辅献白狼夷诗，疏引此诗。今本已援《毛诗》改用徂字矣②。然审诗语及朱辅疏语，并以作岨为是。谓周道怀柔远人，岐山虽险岨而远夷仍逾之来附也。岐山在太王初迁时有蔽卫周原，捍御狄人之用。然因周族物资丰赡，羌戎仍远逾此山之险以来市易。《皇

---

① 康字，《说文》不在广部，附见于禾部穅字云，《段注》云："今人谓脱于米者为穅。古人不尔。穅之言，空也。空其中以含米也。凡康宁、康乐，皆本义空中之引申。今字分别，乃以本义从禾，引申义不从禾"。诠案：此段氏之谬说也。篆体从庚米，会意。庚字从干、从ㄙㄟ，像双手捧干。是捍卫之义。干，支字用之者，取秋成谷熟时，有人守护之义。加米，则谷实饱满之义。《周诗》"康年"，谓丰年也。"康爵"谓安乐之爵也。"我王不敢康"，谓自满也。《易》云"康侯"，安国之侯也。《洪范》康宁，健美之福也。贾谊《怀沙赋》"斡弃周鼎兮而宝康瓠"，谓瓠之用在空，以为瓢。瓠而坚实不能空，则无用。非谓康瓠为空瓠也。《尔雅》"康瓠谓之甈"。《说文》训甈为破罂，亦谓瓠之坚实者当弃掷而破，故以破罂为义。康不当有空义，有则其反义耳。

② 《后汉书·西南夷传》云"永平中，益州刺史梁国朱辅，好立功名……辅上书曰：臣闻《诗》云：'彼徂者岐，有夷之行'。《传》曰：'岐道虽僻而人不远'。诗人诵咏以为符验。今白狼王唐菆等慕化归义。作诗三章，经邛来大山，零高坂。峭危峻险，百倍岐道。"云云。章怀注，引《韩诗·薛君章句》曰：'徂，往也。夷，易也。行，道也。彼百姓归文王者，皆曰：岐有易道，可往归矣。'易道，谓仁义之道而易行。彼岐险阻，而人不难。"则又非朱辅所引之《诗传》。四家诗该有传，疑辅所引是《鲁诗传》。水平时，鲁诗犹未亡。朱辅生于前汉世，应曾习之。唐世已无《鲁诗》存，故章怀太子所征引只能有《韩诗》。即按章怀所引之意，亦仍是以徂为险阻。盖今本《汉书》亦传写者用《毛诗》徂字易之。《朱传》云："沈括引'《后汉书·西南夷传》作彼岨者岐。'今按彼书，岨但作徂。而（注字原脱）引《韩诗·薛君章句》亦但训为往。独矣字正作者，如沈氏说。然其注末复云：'岐虽阻僻'，则似又有岨意。《韩子》亦云'彼岐有岨'。疑或别有所据。故今从之。而定读岐字绝句。"谓从沈括与韩愈，作岨字，不易矣字，而以岐字连"彼岨矣"读，不用旧以"岐有夷之行"为句也。然今所见《朱传》本则仍作"彼徂"字。盖《毛诗》独行既久，人人习于其字，写刻者往往不自觉而已易之。故知朱辅疏所引诗本作岨字。系用《鲁诗》。唐人引《韩诗·薛君传》作注，故不相应。写刻者援之考作徂字也。

矣》所云"串夷载路"是也。渐因经济交易而进于政治联系。周族由之发展强大，以成文王三分有二之局。武王伐纣，多得于夷戎之力。故牧野誓师，羌髳与焉。"有夷之行"，为义如此。旧读"彼徂矣"句，以与"彼作矣"配，而以岐字下属（《郑笺》）。颂诗不必有如此句法。当从《朱传》，以"彼徂矣岐"为句。

"子孙保之"，召公《烈文》诗句同。此则谓周族子孙当保持柔远能迩，大王文王之道也。

（六）昊天有成命

一章，七句。

昊天有成命。二后受之。成王不敢康，夙夜基命宥密。于缉熙，单厥心，肆其靖之。

此周公东征祃祭，所造以励军士之乐章也。

首句。谓周之代殷而有天下，是天帝已定之"成命"，非可以人力改变之者。言文王受命，武王成之。武庚与三监四国之叛乱，为逆天之成命。故代天施行讨伐。"二后"，谓文王、武王。"成王"，是我王字伪。我字，古文作𢨵。《说文》云："从戈、手。手古文垂也。"谓勿为古文手字，向下垂。手下垂，勿用之义也。① 金文作𢨵。小篆作𢨵。皆古文之小变。隶书则作我，作𢦖，作𢦖与作𢦖。不一。要皆戈手之变文。成字，则从戊，丁声。古文作𢦏。然小篆形近，极易混伪。此诗之我王，恰是指成王诵。先儒师传：《周颂》皆周公召公作，而昧于各篇之本事，与作诗之时间，但知所指为成王，遂相与写作"成王"字。汉儒传诗，守家法，重经文。虽明知为伪者，不敢议之。郑玄作《诗谱》开始考订各篇产生之时间。虽知周公殁于成王之世，其诗不当称王为成王，则强为之解曰"成此王功"。陆德明《释文》曰"成王之王，如字。又于况反"，谓读王霸之王，"旺"音。《朱传》则谓"此康王以后之

---

① 《说文》段玉裁注最佳。然其于此字，则惟据经籍转引作敷衍，泛而不切。于"从戈手"下注云"合二成字，不能定其会意，以手字不定为何字也。"今按：古文用手之字恒向上，𠂇、又、屮是也。手下垂，示不用，即勿之义也。字从戈，而垂手，会意，谓非敌对者，故为"施身自谓"之义。上古渔猎时代，人群每月争夺从禽相斗之事。时无衣甲旌旗之识别，同忾者相呼以"我"，因造此字。故上古诗文之我字，恒兼我与我们之义。又广泛用为敌我亲仇之义。人们最初自称之语不一，如《尔雅·释诂》所引"卬、吾、台、予、朕、身、甫、余、言"，皆是自称本身之语。其后由我字形义明，使用便，乃通用而成统一之语矣。

诗"。魏源《诗古微》径谓成王"为生前称号。"皆不治小学，不究文字流变之失也。"我王不敢康"者，谓周公所辅之王，不敢满足于现状而遂逸豫自安。故仍夙夜孜孜以求巩固天命之道。"基命"，犹固命也。《尚书·洛诰》"王如弗敢及天基命、定命，予乃胤保大相东土。其基作民明辟。"谓成王幼，不能承担营洛之务，周公乃继太保召公之后，往东土代营洛都，以为固持天命，巩固明辟（王权）之基础。《蔡注》"凡有造，基之而后成。成之而后定。基命，所以成始也。"凡作基，无有不巩固者。故"基命"有固命之义。《洛诰》与此诗皆出自周公旦，宜可用以互释。而《毛传》用《周语》叔向告单老语，说之①。曰"基，始。命，信。宥，宽。密，宁也。"说此为郊祀天地之诗。应无取。"宥"，又也。加强之义也。"宥密"，谓其巩固天命之道尤缜密。明非可以动摇也。振奋军心之言如此。

"于缉熙"，亦犹"于穆不已"。谓奕世光明。"单"，读如殚。"单厥心"，谓其竭心力于巩固天命之道。"肆其靖之"，犹云坚决平靖之。肆，恣也，决心之义，亦大张挞伐之义。

（七）我 将

一章，十句。

我将我享，维羊维牛，维天其右之。仪式刑文王之典，日靖四方。伊嘏文王，既右飨之。我其夙夜畏天之威，于时保之。

此周公东征，郊天告庙，遍祭群神，大飨将士之乐章也。（旧读夙夜断句，为十句。则句无动词，不成为句。兹作九句读。）

"我将"，毛云："将，大。享，献也。"谓大献祭。郑云："将，犹奉也。我奉

---

① 叔向谓单靖公之老曰："昊天有成命，颂之盛德也。其诗曰：'昊天……靖之。'是道成王之德也。夫道成命者而称'昊天'，翼其上也。'二后受之'，让于德也。'成王不敢康'，敬百姓也。'夙夜'，恭也。'基'，始也。'命'，信也。'宥'，宽也。'密'，宁也。'缉'，明也。'熙'，广也。'亶'，厚也。'靖'，和也。其始也，翼上、德让、而敬百姓。其中也，恭俭、信、宽，帅归于宁。其终也，广厚其心，以固和之。始恭德让，中于信宽，终于固和，故曰成。"由于有此完整之成说，后儒遂莫敢不遵之。夫《诗》言周受命者，曰"维天之命"，曰："帝命不时"，曰"天命靡常"，曰"骏命不易"，曰"有命自天"。有不胜举之多，皆只用一命字。此诗独云"有成命"，特加成字，则其为周受命说发生动摇时，强为镇静之语言。其为周公恐惧流言时，勉强夸饰文王受命为定说以为稳定人心之用，盖可知矣。不循此背景以求诗义，而犹用周人赋诗断章以适己意随习之说，庸足取乎？且家臣送客，行路匆匆之谈，安得如此详密成章。非单老加工之文，即当是后儒窜乱之说耳。姑录附于此，俾览者便与新诠之说较核焉。

养，我享祭。"皆说为"宗祀文王于明堂以配上帝"（《毛传》）之诗。缘《孝经》有"周公郊祀后稷以配天、宗祭文王于明堂以配上帝"语以为说。后儒莫不遵之。诠按：郊祀，城外为坛以祀天之礼也。宗祀，城内祀祖于宗庙之礼也。明堂，即"前朝后庙"之朝，天子朝会诸侯之所也，非祀祖之地①。则周公安得不祀文王于庙，而乃祀之于明堂乎？上帝，即天帝也，周公又安得分而二之，分别配以后稷与文王而祀于城内外乎？则《孝经》者，亦儒生之妄言耳，不足信据，而况缘傅以说此诗乎？马瑞辰引庄述祖说云："将为鬺之省借，训烹。"实得诗义。周制，凡祭，牲只一牢。故《洛诰》云"文王骍牛一。武王骍牛一。"郊天，祀祖，只用一牛，称为"大牢"。较卑之祀，如皇祖伯，及日、月、风、雨、百神、司令之属，则用一羊。称为"少牢"（皇祖伯祀见《仪礼》，百神之祀《礼记》频见）。无一祀兼用二牲者。诗云"维羊维牛"，即可知非一祀所用。盖通郊、庙、山川、百神之祀并行之，故用牛羊多，克以偏享军士也。

诗首三句，盖谓："我所烹以燕享之牛羊，皆祭祀天、地、祖先、百神之牲牢。预此祭礼飨此牲牢之人，皆能分享天神人鬼所赐之祉福。先祖与百神皆天帝之佐史也。故皆从天以赐福佑。"右、佑、祐，古通用。

次四句，谓："此种祀礼之仪式，取法于文王之成典。文王因行此礼，故能日靖四方。"谓并密、灭崇、戡黎诸战役的成功。式字，似衍文。《大雅》有"仪刑文王"，亦周诗语。式与仪、刑，皆取法之义。重言以重其意可以。三之则累赘矣，而连用之者，"仪式"自为一词，刑乃取法之义也。"伊嘏文王"，谓文王尸之嘏。"既右享之"，为嘏云："已享尔之牲祭，而福佑尔矣。"为此语者，欲以兴奋从祀之人，即所以鼓励军心士气。依文王典法为之，故取嘏于文王。

末二句，言文王祀天地、祖先、百神，而获天假之威，用以日靖四方。今则受享赐福于我等，知天威亦已假之于我等矣。我等其可不早夜敬畏于天威而宝爱之乎！"于时"，犹于是。"保之"，犹宝之也。

---

① 明堂，为封建士大夫所侈谈之一种理想建筑。最早见于《逸周书·明堂解》，所言为周公摄政。"六年而天下大治。乃会方国诸侯于宗周，大朝诸侯于明堂"之事。《礼记·明堂位》首章略同。其说与《王会解》相似，而文不如王会之古朴，盖先秦好事者模仿《王会》所造，徒为空想之假设而已。《大戴礼·明堂篇》《白虎通·辟雍篇》更复造为建筑形式之尺寸，纷纷争讼大起，成为千余年来诸侈言封建典礼者口实。皆盲妄之说耳。

（八）时　迈

一章，十五句。

时迈其邦，昊天其子之。实右序有周，薄言震之，莫不震叠。怀柔百神，及河乔岳。允王维后。明昭有周，式序在位。载戢干戈，载櫜弓矢。我求懿德，肆于时夏。允王保之。

此周公东征既平武庚之乱，告天劳士之乐章也。《周书·作雒解》："周公立，相天子。三叔及殷东徐、奄及熊盈以畔。周公、召公内弭父兄，外抚诸夷。元年，夏六月，葬武王于毕。二年又作师旅，临卫，政（征同）殷。殷大震，溃降，辟（避同）三叔。王子禄父（武庚）北奔。管叔经而卒。乃囚蔡叔于郭凌。凡所征熊盈族十有七国，俘维九邑。俘殷献民，迁于九里。俾康叔宇于殷。俾中旄父宇于东。"与《尚书》《史记》《竹书》俱合。盖周公之师既抵殷南郭之卫邑，三监与武庚之众皆大惊溃。或赴降于周师，或避三叔而逃。时徐奄与熊盈诸族聚于朝歌北之邶邑。武庚等奔就之。周师不血刃而入朝歌。再进而攻邶。邶人亦溃。徐奄与熊盈之族亦各委武庚而去。于是诛武庚、缢管叔、囚蔡叔。分军灭熊盈十七族，徙其降民。进而伐奄。三年乃克之。遂不征徐。徙鲁公伯禽于曲阜，以六师之车马戈甲留鲁，以镇徐戎。封康叔于卫，以理殷之余民，封中旄父于殷东之管，以代管叔（依孔晁注）。以蔡叔之子仲代蔡叔。霍叔谴而不废。更大封诸侯，建毕、原、鄷、郇、凡、蒋、邢、茅诸国①。时为成王五年，"王在奄"（《竹书》），东山战征完结之时。奄地无宗庙，故周公与王为坛祭天，以告成功。其后归宗周，告庙，亦用此乐章也。

旧说皆遵《毛序》，谓是武王"巡守告祭柴望"（《毛序》与《传》俱原无武王义。《郑笺》以下乃说为武王事）。《白虎通·巡狩篇》云："何以知太平乃巡狩？以武王不巡狩，至成王乃巡狩。"《尚书·金縢》"克商二年，王有疾弗豫。"《逸周书·作雒解》云："武王既归（克殷归），成岁，十二月崩。"（《竹书》谓：武王十七年陟。则多活三年）不可能有时间巡守方岳从事柴望。审此诗语，皆周东征告成功之语也。

"时迈其邦"，犹云："今者我师入其国矣。"时，是字古通用，亦今者之义。迈，

---

① 《荀子·儒效篇》称周公"杀管叔，虚殷国，而天下不称戾焉。兼制天下，立七十一国，姬姓独居五十三人，而天下不称偏焉"。是周公此次新封之国，较武王世所封之国更多。

远行也（《说文》）。与征，义通。故《小宛》云："我日斯迈，而月斯征。"其邦谓叛者之国邑。"昊天其子之"，其字，读如"其然，岂其然乎"之其，亦"岂然"之义也。疑词为其，定词为岂。诗言："彼谓天命未改，武庚仍为殷天子者，今则与纣同灭矣。天帝岂以之为子耶？天帝之所兴者，实惟有周之王也。"人类右手灵于左手，上古古人皆尚右。"右序"，犹云首列，最重者之谓。故右与佑、祐字亦通。上古于氏族之据有地盘者加有字，如有熊、有虞、有莘、有夏、有穷、有商，皆是。此缘以称周王之族也。惟其昊天右助有周，故周师所至，莫不震叠自溃。"薄言"，轻快而主动之发语辞也。说在《芣苢》。"震之"，但使闻之之义，言初未进行挞伐。"震叠"，谓彼已叠迭震恐。指入朝歌，入邶，入诸叛国之事。上五句为一段。

"怀柔百神"。谓灭其国而祀其山川、先祖之神，告以易主。"怀柔"，明为招怀柔远之义。"及河"，为河水为殷地之主渎，故特之。"乔岳"，有两解："岳，嵩山古代之专称，已详《崧高》篇，乔，高也（《毛传》）。作动词用，则封土而崇高之，即封禅之义也。一说乔为山名，与峤字通（《说文》徐铉本）。盖即方士所称之员峤，本古泰山之名。或是恒山古称。殷畿南至汝坟，故岳山为其镇山。泰山近奄，恒山为熊盈诸族之镇山，亦当入祀。泰山即岱宗，唐虞时已入祀。恒山周代始列五岳，疑乔是指恒山。若乔为动词说，则当以"怀柔百神及河"为句。为山名说，则"及河乔岳"为怀柔属之句。兹依后说断句。"允"，信也（《朱传》）。在此诗为肯定之义。谓使此诸神皆知自今以后唯周王为天下主也。"明昭有周，式序在位"，言诸神之明德昭耀于周室，各居其秩位之旧。当承"允王维后"句连读，为第二段。旧割属下段者，非也。

"载戢干戈"五句，《左传·宣公二十年》载楚庄王全引，谓为"武王克商作颂"之语。郑玄以下经师皆据以为此篇为武王作颂之证。夫楚庄以南人说周颂，对此先后不足十年间事，固易混也。然就左氏所记之文，其于此诗及《武》亦是分别言之。能无因文省而误并于武王一人耶？且《毛序》旧注及传皆无及"武王"字意。自《郑笺》乃谓武王，则西汉世固无此说也。《左传》经人窜乱之文亦多，岂即可信楚庄果有此言，又果即如此为辞乎？夫武王克商，"血流漂杵"而后得入，若其作为此颂，又岂得"薄言震之"之辞哉？仅由"薄言震之"一语，即可知为周公东征之事矣。

"载"，遂愿之发语辞。"载驰载驱""载寝载兴""载见辞王"诸句皆然。毛训"始也"。郑训"则也"。并未允当。戢，敛也。橐，韬也。并收藏不用之义。诗言：武王克殷，曾有"偃武修文，归马于华山之阳，放牛于桃林之野，示天下弗服"（《武成》）之愿。乃未十年而殷复叛。今乃克偿此愿矣。三年战役，使用之车马戈甲必多。概贻存于鲁,以备徐戎,可谓载戢载櫜也。再次大封诸侯,遍满于华夏,故曰:"求懿德,肆布树于是夏也。""允王保之",犹云肯定王能保持之也。

(九)执 竞

一章,十四句。

执竞武王,无竞维烈。不显成康,上帝是皇。自彼成康,奄有四方。斤斤其明,钟鼓喤喤,磬筦将将,降福穰穰。降福简简,威仪反反。既醉既饱,福禄来反。

此宣王改造祖庙落成颂神之乐章。召穆公虎所作也。旧说多谓此是祭武王诗(毛、郑、孔外,有范景仁与方玉润);或谓是合祭武王、成王、康王(欧阳修、朱熹、姚际恒、魏源);或谓是祭成王(米郁仪、季明德、何楷);或谓祭康王(丰坊、孙嘉淦)。要皆谓"成康以后无颂",或推至康王为止。无说为宣王诗者。新诠作此论断之理据有三:

夫"二雅"有文、武、成王世诗,亦有宣幽厉平世诗。所阙康王以下七世,或是缘厉王时民变被毁,非无诗也。《穆天子传》屡言"广乐",则其时亦当有颂。东迁后或不能具颂乐。幽王之颂或孔子不取。宣王时国力富盛而召穆公好诗,既有大雅多篇,则亦当有颂乐。此其一。

周公诗,颂祖必主文王,而称天命。故知周初之庙,必以文王为大祖。召公奭虽不反周公所为,而实不以周公之夸颂文王而略于武王为然。故其诗不颂文王,不称天命,重在培训生者。至其曾孙召虎,佐宣王中兴,于厉王之乱文物被毁后,赓为制作。时则上去文王已十世。则乱后新立宗庙,宜以武王为大祖矣。就史实言,武王实为开国统一之君;文王、王季、太王皆出于其所追赠。周公贪称其父以自重,故为召公所不悦。召虎承其祖志,以武王为大祖,是理所必然。祖武王,则成王领昭,康王领穆,三庙皆不毁。故此诗但称武王与成康。其非周初之诗甚明。此其二。

郑玄谓成康以后无雅。周召以外无颂。后儒多遵信之。前于"二雅"中已驳斥之。若如此颂,全用四字为句,文长至十四句之多,而无章段可分。皆为宣幽平诗格句,与周初诗格显异。与周初颂诗更无同点。又周初诗不颂生人,故《思齐》不及邑姜,《皇矣》不及武王。此诗颂及成康,则非周初诗可定。康昭以下,至厉宣乃多有诗者当亦由召穆公嗜诗倡导而诗复盛。则此为宣王世召虎所作之颂可定。此其三也。

章首"执竞武王"二句,《郑笺》:"竞,疆也。能持疆道者惟有武王耳。"《朱传》:"言武王持其自强不息之心,故其功烈之盛,天下莫得而竞。"诠按:周初雅颂,恒依天命为义。惟召公祖孙避之。此诗颂武王,不用《泰誓》天命之义,而颂以执竞。甚值注意者也。竞,二竞并,会意,为双皆欲竞遂其志,即今竞赛、竞争之义。武王任太公,与殷争天下。振军经武,联合各地区奴隶主力量,竟十二年之力,再合诸侯,而后克胜殷纣如林之师。召公奭实参预其事,知之最深。传世至于召虎,犹能知之。召虎亦善于学武王者,故能完成北拒玁狁,南平淮徐之功。从而独能用"执竞"字以颂武王之烈。可谓深知武王之长者也。武王惟能执竞,故天下莫能与之竞,是为"无竞维烈"。烈。业也(《毛传》)。"丕显成康"二句,亦召虎切召公奭事业言之。《竹书》谓成王二十一年,周文公薨。成王在位三十七年。召公独辅政。康王在位二十六年,召康公先两年薨。成康二世,周室最盛。故诗用"丕显"颂之。皇者,光大也。天子丕显则上帝亦为之光大。谓郊祀之礼隆也。下乃颂成康之业,实亦隐颂召虎之祖德。成王始真实统一中华。屡出巡方。康王承之,南巡远至"九江庐山"(在十一年。见《竹书》),下至穆王。游迹尤广,而天下已有叛乱者。故周之最盛,在成康昭穆之世。而其极峰,在召公辅政之世。此应为召虎作此新庙与此颂诗之主意所在。颂武王、重在执竞。颂成康、重在拓地。亦隐矜宣王之能拓地也。"斤斤",毛云:"明察也。"诠按:明察用斧斤字者,亦谓其武功昭明也。

"钟鼓喤喤",皆道祭享之事。《毛传》:"喤喤,和也。将将,集也。穰穰,众也。简简,大也。反反,难也。反,复也。"郑云:"反反,顺习之貌。"朱云:"反反,谨重也。反,覆也。言受福之多而愈益谨重。是以既醉既饱而福禄之来,反覆而不厌也。"诠按:将将,犹锵锵,与喤喤皆乐奏之声。醉饱,言神尸之享。来反,谓尸嘏言,赐福祉为反也。颂诗皆预制以习练之而后用,故于现实情事之序述,皆泛拟,不能如实。

(十) 思 文

一章,八句。

思文后稷,克配彼天。立我烝民,莫匪尔极。贻我来牟,帝命率育。无此疆尔界,陈常于时夏。

此宣王郊祀后稷之乐章。亦召穆公作也。《孝经》有"周公郊祀后稷以配天"之说。旧儒遂皆以此为周公之诗。周初本有后稷专祀之庙,故有《生民》之诗。因其为主农之神，故其庙在郊。其后或因以为社稷之坛，或因以为郊天之所（今北京保存元明清代之天坛与先农坛，在城南，相对峙。社稷坛又在大城内。各代礼制不同）。此颂，为专祀后稷，无郊天之意，不能用《孝经》以说此诗。盖宣王世，重建后稷专庙所造之颂神乐章也。旧说谬陋尤多，略加辨订如下：

"思文"，《郑笺》解为"周公思先祖有文德者"。《朱传》云："思，语辞。文，言有文德也。"诠按：周代以礼乐、令教为文德。后稷于此无可称。此诗"思文"，犹云"闻之旧典，后稷德可配天"也。宣王世去稷弃更远，先民诗歌亦已失传。惟《生民》篇（文）存。谓其为上帝所降之子。享祀则"上帝居歆"为配天也。

"立我烝民"，郑云："立，当作粒。"系依《尚书·益稷篇》"烝民乃粒"为说。陈奂《传疏》据《左传》成公十六年申叔时及《周语》芮良夫两引此诗，谓"杜预，韦昭注，并谓后稷能有立民之道，无不得其中正。与《传》训同。"而以《尚书》乃粒为立之借字。按：《尚书》"烝民乃粒"，出于古歌谣；与"暨稷播奏庶艰食鲜食"相应，明为"粒食"之义。此诗倒为"粒我烝民"，正是周代引陈言者不遵陈文之常例。其义应可相补。《左传》所记引诗，全是断章，自为臆解之说，不是用以说诗。

"莫匪尔极"，朱云："极，至也。""言后稷之德，真可配天。使我烝民得以粒食者，莫非其德之至也。"否定《毛传》"极，中也"之说。盖亦知毛缘左氏之文，改立字，而曲训极为中之非。然朱说亦有未允。夫极字本义为屋顶之梁，引申为极端，即今语顶点之义。盖言烝民之获粒食，丰足之至，无非后稷遗惠。无非为尔足于食。尔，指烝民，非指后稷。惟《国语》言芮良夫谏厉王已引此诗，则非宣王时作。纵使所引为厉王时召虎之颂，字亦当作立。此则与《新诠》推断相左。夫《国语》称为"外传"，明其文未足全信也。各书写传，至宋乃刊成定本，又安能免于传写者之窜改哉。一切依诗语含义推理可也。

"贻我来牟"二句，谓天帝贻人以麦种，命后稷率导栽培之。《毛传》："牟，麦。"《说文》："来，周所受瑞麦来麰也。二麦一夆，象其芒束之形。天所来也，故为行来之来。《诗》曰'诒我来麰'。"又麰字云"来麰，麦也。"《段注》云："《毛诗传》曰：'牟，麦也。'当本作'来牟，麦也。'为许麰下所本。后人删来字耳。古无谓来小麦，牟大麦者，至《广雅》，乃云'麰，小麦。䅘，大麦。'非许说也。《刘向传》作'𪎭麰'。《文选·曲引·注》引《韩诗》作'贻我嘉䅘'。薛君曰：'䅘，大麦也。'与赵岐《孟子注》同。然《韩传》未尝云来小麦。"

诠按：今藏民所种以作糌粑之麦（青稞），呼作"来"（藏文作ནས་，国际音标作

li)。欧洲人种之黑麦，亦呼曰"来"（Rye）。性皆耐寒而麸粉粗糙，品味劣于小麦粉。吾考，此乃古羌人育成于青藏高原上之麦种，为世界人类最先育成之麦种也（另有羌族文化史考证）。依随羌民族之扩散延展，早于中原农耕文化发展以前，已经种植于青藏高原边缘之河谷地区。后引入欧洲者为黑麦，引入中原者为"来"。象形其穗，仍其本音也。其后华夏人更于低暖之地育成新麦种，称之为"牟"。音转为麦（牟→来今音别，古音同。皆可从牛鸣声审之）。故麦字从来。牟者麦字尚未造出时录音之字。华夏人既已育成更适于风土与口味之新麦种，立即迅速传播种植于华地，如牛鸣之远应，故用牟字。牟字引申为大，为爱，为倍取，为相似，皆自麦新种受人赞爱为义，不以牛鸣为义。麦字之造成较晚，大约在殷中叶以后；始见于《豳风·七月》之"禾麻菽麦"，周公旦之文也。亦见于《逸周书·尝麦解》。"尝麦"，志成王为此典礼，甚郑重。疑其为引种新麦成功时之典礼。殷墟甲骨中已有麦字。可知麦是殷人育成之新种，周初始引植于周地，周人犹有呼之为"牟"者。《毛传》："牟，麦也。"盖有以别于"来"。括有旧说。东周以后，从麦之字乃多。更无从"来"之字。"来"字已专用为行来之义。凡自麦类产生之新字，皆从麦。而地方劳动人民犹各自有谐声之别字，则为麰、为麰，与牟，亦只是麦之为物也。中华育成之新麦种，尚有所谓"坚麦"者，字作"麧"。《说文》："麧，坚麦也。"即有壳之"大麦"。汉以后，人乃皆谓小麦为麦，大麦为麰，而羌氏原种之"来"，则呼为稞，一作穬，今俗呼为青稞者是也。旧儒不明作物发展前进之规律，但依残阙已甚之旧文字形，反复考订，盈车充栋而不能得其实义。徒使阅者头昏意厌。兹故略论麦类栽培发展变化之概略，以说"来牟"字义（参看《臣工》篇论宣王世倡种小麦）。

"无此疆界"，谓后稷得天赐之麦种，率育于天下，不限于一国。"陈常于时夏"，郑云："陈其久常之功于是夏而歌之。"谓《周礼》"九夏"之乐有此诗也。① 朱云："陈其君臣父子之常道于中国也。"马瑞辰曰："谓陈农政于中夏也。《时迈》诗'肆

---

① 《左传·襄公四年》，与《鲁语》，皆记鲁叔孙豹聘于晋，对享以三夏乐，不拜之事，《内传》称"三夏"。《外传》作"金奏肆夏、樊、遏、渠"。韦昭援《周礼·钟师》"九夏"之文为注曰："肆夏一名樊。韶夏一名遏。纳夏一名渠。此三夏曲也。……郑司农云：'九夏皆篇名，颂之类也。载在乐章。乐崩，亦从而亡。是以颂不能具也。'"《郑笺》亦用"九夏"说此诗之夏字，由先郑有此说也。《朱传》于《时迈》篇引"吕叔玉云：'肆夏，时迈也。樊遏，执竞也。渠，思文也。'"诠按：禹所作乐曰"大夏"，与《韶》《濩》同，皆古代徒舞不歌之颂乐。钟师所奏之"九夏"，当亦为周人所保存夏代之古乐九章，亦非有词者。若周颂之三十一篇，则皆有词，是周代舞乐诗之特点。无词即不得为颂。先郑、后郑所说，皆谬说耳。朱熹更引吕叔玉说以为即此周颂三篇，取"肆于时夏"之二字合。然则《思文》又何不称为"陈夏"或"常夏"，而谓之渠乎？《执竞》无夏字，何得又列于"三夏"乎？且《外传》明言肆夏有樊、遏、渠三章。犹伶州鸠说原始之《大武乐》有《羽》《厉》《宣》《瀛》（参看大武乐考）。古乐无词者，皆一字为名也。而吕竟以肆夏与樊遏及渠为"三夏"，则谬之尤甚者。而《朱传》亦用之，非大惑乎。其误始于二郑。故附驳之。

于时夏',承上我求懿德言之,谓布德于是中夏也。此诗'陈常于时夏',承上'贻我来牟,帝命率育,无此疆尔界'言之。谓遍布其农政,所以布利于此中夏也。"诠按:马氏独得诗之文理,未释"常"为农政之义。兹为补充之,《吕氏春秋·孟春纪》:"乃命太史,守典奉法,司天日、月、星、辰之行,宿离不忒,(《月令》作不贷。)毋失经纪,以初为常。"高诱注:"星辰宿度,司知其度。以起牵牛之初为常。"毕沅校注:"谓冬至,十一月中,起牵牛一度。"是古谓历法为"常"。又谓之"常宪"。《书·胤征》"先王克谨天戒,人臣克有常宪"是也。谓历法关系农事甚严,故历法为"常宪"。《周礼·司常》"日月为常。"天子旌旗绘日月,为常。明天子为正朔制历者也(舜登庸之首"璇玑玉衡以齐七政"。先明历法也)。是所谓常,即天行之道。后稷优于农艺,则必娴于历法,农不失时,则不败。故农事之教亦曰"常"也。

二、臣工之什

（一）臣　工

一章，十五句。

嗟嗟臣工，敬尔在公。王釐尔成，来咨来茹。嗟嗟保介，维莫之春，亦又何求，如何新畬？于皇来牟，将受厥明。明昭上帝，迄用康年。命我众人，庤乃钱镈、奄观铚艾。

此宣王初行耕耤典礼，举行劳酒所造之乐章。可能即是谏不籍千亩之虢文公作。天子亲耕籍田之制，为夏商朝代所固有。故曰"禹稷躬耕而有天下"。殷墟甲骨文中，每见有耤臣字。《国语》载虢文公谏宣王语，举其典礼甚备。周初诸王，似皆岁岁为之。故周公于成王有《无逸》之诫，数言"知稼穑之艰难"。所云"文王卑服即康功田功"，即谓文王短衣亲耕。则武王必当亦为之。成王不为，则周公诫之也。王室政权巩固以后，"后王生则逸，不知稼穑之难，不闻小人之劳，惟耽乐之从"（并引《无逸》文）为必然之势。成康以下，旧典日旷，籍田虽千亩，祭祀之粢盛所出，亦只委于耤臣而已。宣王号称中兴，多复旧政。因虢文公谏而恢复耕耤典礼，理有可能。恢复久废之典，必当大事宣扬。告祭于后稷之庙，田祖之社，广乐歌舞以飨从事于此礼事者，此诗与《思文》相次。文辞与虢文公所论翕合。故可定为宣王用于耕耤之乐章也。

"嗟嗟"，《毛传》："勑之也。"朱云："重叹以深敕之也。""臣工"，谓参加典礼之王臣（毛云："工，官也。"）。其目详在《周语》及《月令》。此是作为周王劝语演奏之。"敬尔在公"，犹云各敬其事。"王釐尔成"，朱云："釐，赐也。成，成法也。茹，度也。此诫农官之诗。先言王有成法以赐汝，汝当来咨度也。"按：诗谓王赐众官以先代成法。"来咨"，谓学习也。"来茹"，谓从事也。古谓咽吞为茹，行事亦为茹。故《烝民》颂仲山甫德，"柔亦不茹"。

"嗟嗟保介"，《吕氏春秋》述耕藉云："天子亲载耒耜，措之，参于保介之御间。"（《月令》文同，倒参于二字。）明保介非一人。《郑笺》说保介为"车右"，《朱传》因高诱注说为"农副"，皆不合"之间"之义。按：《无逸》"能保惠于庶民"，"怀保小民"，"胥保惠"，皆就劝农之事言之。则保者当说为司徒官属。介者，谓介胄之士。周制，寓兵于农。天子六师，即组自六乡之农民。今亦当有从王以耕于藉者。司徒官属与六师之从来者，皆当于此一日完成千亩耕种之事。故耒耜措于具车之御间。数量当甚大，非只一人所用而已。若王与诸臣工，则"王耕一墢。班三之"，具备其形式而已。"庶人终于千亩"之庶人，则指司徒属之胥、役、藉臣与从王之介士也。

"维莫之春"，郑说为晚春。朱说为"三月"。皆与《吕览》及《月令》所言孟春耕藉之时间不合，似为旧儒不敢判此为耕藉颂之原因。按《国语》所述，"农祥晨正"，谓立春之日。仅为除坛祈谷诫农之日也。黄河流域地区，立春后一月，土始解冻、可耕。故知耕藉卜日在立春，实行之期，则由卜日定之。《月令》所谓"择元辰"，即择日也。"莫"字虽与"暮"通。却不可尽释为"暮"。《葛覃》之"维叶莫莫"，谓茂盛可爱也。此诗《朱传》"莫音慕"，不用《释文》"音暮"陈文。甚耐寻味。盖此"莫之春"云者，谓可爱慕之春月，非必具为孟春与季春也。"亦又何求"二句，如云：已祈谷矣。又更何求。惟有从事力耕而已。"如何新畬"，犹云何如赴耕于新畬之土乎！《毛传》"田，二岁曰新，三岁曰畬。"（《采芑·传》同，多"一岁曰菑"句。）《朱传》："畬，二岁田也。"按：《采芑》以"于彼新田，于此菑亩"连言，则新田当为新垦之田，即一岁田。畬为再岁田。菑则开始焚除草木，施种之荒土，不得为田也。周之藉田千亩，则荒为刍牧之地者必多。藉臣不能编耕则轮休而种之，故诗谓耕藉为往耕"新畬"也。

"于皇"，尊敬，重视之叹美辞。"来牟"，与《思文》同作特称之谷物。明两诗作于同时，且为当时特别提倡种麦之征。"将受厥明，"《朱传》："明，上帝之明赐也。言麦将熟也。"诠按：莫春，非麦将熟之时。耕藉之始，不得涉想为麦熟。"明明上帝"，是周人颂天之语，"将受厥明"，与"贻我来牟，帝命率育"同义。谓来牟之种受之于天。将，取也。厥，指上帝。明，天帝之旨，犹云"天之明命"，故下文赛释之曰"明昭上帝"。谓明命昭垂于上帝。"迄用康年"，谓必能获丰稔之收。康，充足，美满也。（说在《天作》。）年字本从禾千，会意为"收成"，引申为岁，稔诸义。诗言：既然天帝命以种植。结果必获丰收。迄，必然之义。用，使之之义。康年，美满收获之义，后人称为"大有年"是也。"夏曰岁，商曰祀，周曰年。唐虞曰载"（《尔雅·释天》），皆取收获奉祀为义也。

"命我众人"以下三句。即虢文公所谓"稷则遍诫百姓，纪农协功。"《月令》所谓"王命布农事"是也。其事应在举行劳酒之后。"我"，周王自指。"家人"，庶氏之谓。"庤乃钱镈"，毛云："庤，具。钱，铫。镈，耨。"郑云："具汝田器。"朱云："钱，铫。镈，鉏。皆田器也。"诠按：钱、铫有别。小圆锄曰铫，铫本义为有柄之小煮器，此锄似之，缘以为名。用于挹土拾粪者也。方口之锄曰钱。象古之泉布，所谓"刀币"者是也。用于掘土、除草者也。刀币，长方形。作凸作 。秦汉作圆币，圆形，亦称为钱。后竟用为圆钱之专称而本义废。此诗之钱，固当是方锄。钱之柄与身横。如今之锄。镈之柄与身直，如今之锹，如古之耜。皆周代新有之铁农具，诗特称之。明周之农具已由耒耜跃进一步。此不可忽也。耨，为薅草之具，即今所谓锄，古所谓钱。铫在周代尚无有。其字始见于《庄子》与《吕览》，则战国世乃有者也。鉏字，古只作且，音鉏鋙之且。东周以来，始用为钱器之动词，作芟除之义而读如除音，亦锄字。此诗之镈不得训为耨与鉏。旧说全误矣。"庤"，训具，亦非。当读如事，与持义通。此字他无所见。唯见此诗。毛训具。《训文》："储置屋下也"，与此诗文义不合。夫田器（农具），当常备。不用则置屋下矣，岂待储而后用？至于此诗，则正当"铚艾"之时，何得告以储备之乎？盖许慎因毛训具，字从广，所为之曲解也。疑广为𠂇之隶伪。诗本字实作持。承以"奄观铚艾"者，既命众人就耕，亦令众官督耕之语也。虢文公之言曰"稷则遍诫百姓，纪农协功，曰：'阴阳分布，震雷出滞。土不备垦，辟在司寇。'乃命其旅曰徇。农师一之。农正再之。后稷三之。司空四之。司徒五之。太保六之。太师七之。太史八之。宗伯九之。王则大徇。耨、获亦如之。""奄观"，谓徇视考察之也。耕土播种时如此，中耕与收获时亦当如此。此是耕土之时日，故云："铚艾。"毛云："铚，获也。"朱云："铚，获禾短镰也。"亦非。古谓收获为桎，音室。石器时代，禾黍成熟，但拔其茎束之，运至田圃叠积，待干燥后辊落其粒。故桎亦收获之义。后有"石镰"，亦呼为"桎"，用引申之义。进入金属农具时代，则字作铚。用于刈禾，亦用于刈草。此诗为暮春之事，安得云收获。铚只用于刈除野草耳。艾读如刈。铚与艾，在此该作动词。名词则读如至艾，动词则读如经与刈。故陆氏音云："铚，珍栗反。艾，音刈。"

附论　周宣王世倡种小麦

中华先农自行培育成功之良种谷物为禾黍。麦种，自外来者也。周初所制《生民》诗，颂后稷事业，不言麦类。《思文》与此篇为宣王世作，亦颂后稷，言农事，则不言禾谷黍糜，但称来牟。此所反映，为周代统治阶级所欲发展之谷物品种，随时代而有所不同。

《生民》，周初集前代歌谣所纂成之诗史也。原造歌谣，应不出于公刘至文王之世。其所体现为：当时提倡推广之谷种为禾谷类之禾、黍、稷、糜与苣菜。当时非不知有麦类也，徒以狃于先祖育成之品种惟足贵，特倡种之，不顾其余也。实则《噫嘻》诗已称"百种"，《丰年》诗亦言"黍、稌"，足知灭纣以前，周之人民已经广泛引进四方种类种植，不惟有麦，且有稻也。进入中世，宣王前后，则《思文》与此诗专言来牟，不及他谷。然而《王风·黍离》则谓宗周农田，全是黍稷。此可知来牟虽为宗周贵族所极力提倡，而农民则深不愿栽培麦类而偏喜栽培禾黍。故贵族一经溃败，农民即不复种麦。贵族行役过此，因不得麦食而深致慨叹也。同时，殷之旧郊，则犹普遍种麦，兼植禾黍。其证，在《史记·宋世家》。其文云："……箕子朝周，过殷墟，感宫室毁坏生禾黍。箕子伤之。欲哭，则不可。欲泣，为其近妇人。乃作《麦秀》之诗以歌咏之。其诗曰：'麦秀渐渐兮，禾黍油油。彼狡童兮，不与我好兮。'所谓狡童者纣也。殷民闻之，皆为流涕。"（《宋世家》不当有长段夹叙箕子事。其文酷似《说苑》，疑是刘向父子所窜入。然其所据亦当是先秦人之传说。非臆造也。）

盖箕子以"麦秀"喻殷人。"渐渐"衰削浸减之义。"禾黍"，喻周人。"油油"，《索隐》云"苗光悦貌"。谓殷墟殷人减少，周人浸多，故田间种麦者稀，种黍粟者繁荣也。"狡童"，谓农民也。史迁说为指纣者，不当。箕子，奴隶耳，陈《洪范》，倾筐倒箧以事周王，而得封国于朝鲜，则安得有责纣之言哉。徒以周之农民不悦箕子，箕子有故宫禾黍之感，慨叹于民族兴亡之间耳。其诗语所反映之实事，则殷人嗜种麦，而周人嗜种黍稷也。

殷人（商族）本系远方徙居华夏之民族，二十余迁而后定居于殷，初犹保持行国旧习故也。行国必重牧畜，入华乃渐习于农艺。至武乙迁居河北之沬乡，始定都于朝歌。则农业已有一定发展可知矣。中华之西面、北面与西南面，上古原是羌民族分布地区。华夏文化高涨后，其人或从华人之俗，而混于华。或持其旧俗而被称羌、氐、狄。下至春秋之世，犹有所谓赤狄、白狄、长狄与所谓"戎"者之国于华夏，至战国世乃归泯灭。殷墟甲骨中，屡见有多种之羌字。可见其时商族与羌族已甚习近，有盛大之经济与文化交流。羌族人民喜于种麦（说在《思文》篇）影响商族为必然。故可设想华夏种麦自商族始。麦种移植于中原,理宜发生种变甚速。比较稞麦(来)耐热之大麦小麦,必于殷世已经育成。时则夏族旧踞之河东河南地区与河西至岐周诸族落,则宝爱其先祖自所育成之品种,黍稷,且亦已有一定之进步,亩产量与风土之适应性能俱较麦类为高,故奴隶主颇排斥殷民族育成之麦种。直至周初统一,且已有土地经营之农户(农奴)应已广泛引进五方物种。故其时之诗,已有麦、稌、百谷之语。而贵族不恒称之,宣传农道之诗,仍以后稷所育之种为尚。

在奴隶社会,从事耕种之奴隶,不能自择所种。种子唯听奴隶主颁给之。故能限制种子之流通。殷民族既已习于种麦,育成风味美于黍粟之小麦,为殷贵族所嗜食,故恒令其奴隶尽种麦。麦种由是进化亦连。然而初不引起于夏族周族地区者,夏族周族之奴隶主不喜之也。迨周已有农奴而后麦种输入焉。周族既贵盛后,侈情享乐,于饮食之事,钻深广,自亦必能发觉小麦制品之优点,麦制食品大增(反映在一时从麦之字大增),于是赋于农民者首重在小麦。宗周农民则不习于其实,辄谓非祖所育,推行似有困难。故至宣王世,称颂后稷不复颂其禾黍秬秠之功,而专为帝赐来牟之说。欲以统一贵族阶级与农奴阶级之思想矛盾,此周诗之可验者也。

共和以后,王畿普遍进于农奴生产制。即东方诸侯之国,亦鲜能有保持奴隶生产制者。国君只有征取食粮之权。农民则已有选择所种之自由。宣王世屡兴军役、颇害农事。农奴各户,自必唯图高产可以自饱之作物,不嫌其为粗粝。不愿种植产量偏低而徒适于贵族口味之物以备上供。是为农奴不愿种麦之主要原因。统治阶级所愿征取者为小麦,自必多方倡导以诱致之。此种矛盾,自周宣世发端,存在于我国统治阶级与农民之间约两千年,至唐"一条鞭法"行,以货币代粮赋而后泯灭。知其如此者,不惟周诗之义可验,亦有后世历史旁证。兹举其尤显著者二事:

其一,《汉书·食货志》载:"董仲舒说上曰:'《春秋》,他谷不书。至于麦禾不成,则书之。以此见圣人于五谷,最重麦与禾也。(当时所谓麦已专指小麦。所言禾,已移为水稻之指称。——著者)今关中俗不好种麦。……愿陛下幸诏大司农,使关中民益种宿麦。令无后时。"(汉关中即周王畿。"宿麦"谓冬小麦。小麦品味之尤美者也。——著者)

其二,魏晋迄隋,江左王朝,屡颁诏书敕民间种麦。东晋之世,北方贵族世家之流徙江左仍执政者最多,此种诏令尤为密切。其文,载在《晋书》与宋、齐、梁书诸《帝纪》与《通志》者甚繁,不胜举。盖统治阶级嗜麦,屡以政治权力强迫供赋之民种之。农民反抗数百年,亦迫而习于种麦数百年,遂亦渐能为之矣。初时农民之痛苦可知。然,我国种麦之能推进至五岭以南,亦赖有此诸颠顶之暴政以促成之。此研治劳动人民历史者所宜知也。

此虽溢出诠诗范围以外之说，究于正确解释诗之义旨有益。故因诠释"来牟"，并及之。

（二）噫　嘻

一章，八句。

噫嘻成王，既昭假尔。率时农夫，播厥百穀。骏发尔私，终三十里，亦服尔耕，十千维耦。

此周初孟春祈谷之嘏词，祈穀即当卜耕耤之日期，因而耕耤劳酒亦用之。宣王世耕耤改用《臣工》为乐章。故太师乐档以此篇次之于《臣工》也。

旧说此诗者，皆碍于"成王"二字，纷作推测。或说为"春祈穀于上帝"（《毛序》）。或谓"亦戒农官之词"（《朱传》）。或云"卜郊也"（《折衷》）。其他臆测者尚多。魏源定"成王"为生前称号，说此为"孟春祈谷耕耤时歌也。"细审诗语，固应是奴隶社会末期，耤田犹用奴隶耕种时，孟春祈穀之嘏词。可能是武王时用殷巫祈穀，有其降神之辞。周公摄政后废巫法，改卜选贤德者为尸，以代巫，改祈穀降神之言为此嘏词。故其辞似巫，而文简洁，甚似周公时之颂诗。

"噫嘻"，诞呼之声。《周颂》辞皆庄严，惟此诗诙诡不庄，盖用巫诞原语情致于祈谷，以谬农夫，非宗庙之颂故也。"成王"，是我王字伪，与《昊天有成命》同。"既昭假尔"，犹云"兹明告尔"也。"既"，语辞。"假"，嘏之本字。尔，指周王①。

"率时农夫"二句，郑云："率是主田之吏农夫，使民耕田而种百穀也。"时固当训是。农夫释为主田之吏，则非。诗谓王当督率耤田之耤臣，播种。农夫，谓耤臣之长也。

"骏发尔私"二句，毛云："私民田也。言上欲富其民而让于下，欲民之大发其

---

① 奴隶社会祭祷，用巫行法，巫能降神，伪为神言为主祭者降福，称之为"嘏"。造字者以古为义，叚为音，古犹亡故也。谓神借巫口为言也。殷人重巫。巫有才能者多，说在《斯干》篇。周武王时，犹重殷巫。周公摄政，废巫法，而不能废巫嘏之"礼"，则卜选有贤德者为"神尸"。庄肃端坐如偶像，伪受酒食燕享。享后亦以嘏词降福。迎尸、送尸，皆如迎神送神仪式。但不用巫而用人，乐亦不用巫法而用堂下乐舞。其实亦仿于巫法。存此制者，盖欲藉贤之口以谏诫正，而勖勉之。且亦曾自为神尸者也。周公之礼，不许尔汝尊者，惟嘏词则可。亦见先世帝王，面侮者罪。唯巫降神侮之则无罪。故亦欲借此广谏诫之路。此周立尸嘏之意也。同时亦用假字代嘏。字从亻，谓生人也。后世乃用假为真假字，嘏为尸嘏字。音义并同。此诗用假字，当是最早颂诗之验。

私田耳。终三十里，言各极其望也。"郑为之说云："使民疾耕发其私田。竟三十里者，言一部一吏主之。于是民大事耕其私田，万耦同时举也。"后儒尽依此为说。诠按：儒生迷信《孟子》井田之说，以方里合九百亩，八家各得百亩，同耕公田百亩，为什一之税。以说比"私"字，昧于诗义亦甚矣。诚使如此，则谁家私田能延展至三十里乎？若谓天子属民私田之总和，则"邦畿千里"，又岂能只三十里哉？此诗之"尔"，指周王。"私"，谓王之籍田。周行农奴生产制，王畿最先。六乡六遂之田，分给农奴各户。乡、遂外土地，为封赐王臣及宗室之采邑。皆公之于人，不自有之。惟有留为奴隶自耕之土地，乃为王之私土，所谓"籍田"属之。天子私田初不限于千亩。凡王畿内，颁赐以外之地，皆是王用奴隶耕种，以备赏赐。其后赏去者多，至宣王时，乃只保存千亩。即仅保持籍田而已。千亩，仅略多于一方里。如匀割为百亩而联列之，不过微多于三里。此诗言王私有之田"竟三十里"者，是周初之籍田，三十倍于"千亩"之验也。然亦嘏辞之诞言耳。"骏"，《毛传》训大。郑训疾。"发"，郑云："伐也。"朱云："耕也"。马瑞辰引《吕氏春秋·音律篇》："令农发土，毋或失时，"说骏发为疾耕之义。诠按：《周语》"土乃脉发"，《韦注》"脉，理也。《农书》曰：'春土长冒橛，陈根可拔，耕者急发'。"盖谓黄河流域，冬季土冻而涨。春暖解冻，则土疏松。去冬禾茬之旧根可用手拔，此时即宜耕土播种。就土壤言，为"脉发"。就农夫言为"急发"。就农事言为"发土"。发者开也。农事开始也。

"亦服尔耕"二句，亦当读如奕。承"终三十里"言，谓耕籍之奴隶甚多，奕奕耦耕，数至十千耦，故排队达三十里之远也。服，从事于耕之义。凡嘏辞，皆虚拟无实。三十、十千字皆无核实必要。《郑笺》云："《周礼》曰：'凡治野田，夫间有遂。遂上有径。十夫有沟。沟上有畛。百夫有洫。洫上有涂。千夫有浍，浍上有道。万夫有川。川上有路。'计此万夫之地，……言三十里者，举其成数。"按：郑氏以善算得入马融之门。若此诗之巧合，亦可谓能矣。然亦只如廖平说"彼美人兮，西方之人兮"，为美利坚人，徒足为笑柄耳。《周礼》为秦汉间人采先世诸子百家之文纂成。《遂人》之文，出于儒家之妄谈井田者。非可实施之空想耳。现代机耕农田尚不能至如此之平整，上古何地能供此机械如棋盘之规划哉？井田实无其事，而可如此计算以三十里与千耦之数哉？

（三）振 鹭

一章，八句。

振鹭于飞，于彼西雝。我客戾止，亦有斯容。在彼无恶，在此无斁。庶几夙夜，以永终誉。

微子朝周，因访周于辟雝。此周公飨之所作乐章也。时间当在周公致政、出居于丰时（据《竹书》，在成王十年）。成王亲政，诸侯必来朝贺。微子新受封国，犹不能不至。封国于周公摄政时，宜其并朝周公于丰。周颂以二王后之礼飨之，因为此诗以为教诫也。

"鹭"，白羽水鸟，恒三五群飞于沼泽间捕食小鱼。"振鹭"，见《鲁颂·有駜》，成王初年，殷人之诗，自言其人皆白衣冠成列而进也。兹周公亦用其字，以明重视殷人。毛云："振振，群飞貌。""西雝"，谓丰水之辟雝。武王都镐后，复营镐之辟雝，故丰为西雝。周公言：向在西雝，常见鹭飞成列来去。有者来客，白衣冠车马，振振然至，仪容似之。戾，读如莅。

"在彼无恶"，郑云："在彼，谓居其国无怨恶之者。在此，谓其来朝，人皆敬爱之，无厌之者。"诠按：《尚书·微子之命》云"俾我有周无斁"。《孔传》"使我有周好汝无厌"。是《郑笺》所据。"庶几"二句，《朱传》"如是，则庶几其能夙夜以永终此誉矣。"马瑞辰引《后汉书·崔骃传》用此文，终字作众。疑三家诗与毛诗异字。众字义较为长。

（四）丰 年

一章，七句。

丰年！多黍多稌。亦有高廪，万亿及秭。为酒为醴，烝畀祖妣，以洽百礼。降福孔皆。

此周初蜡祭所用之乐章也。与《噫嘻》辞皆诙诞，如出一手。应是同年一人所作。其间夹有《振鹭》者，盖微子亦于是年春夏间朝周公。乐官依次编入旧档。非由钦诗之孔子，与传诗之毛公颠乱。然则此三篇之制作时间俱当是成王十年，周公归政后作。其时居丰，与农民尤接近故也。

蜡祭之礼，《小戴·郊特牲》详述之。谓："伊耆氏始为蜡。蜡者索也。岁十二月，合聚万物而索飨之也。"所举当祭飨者，有"先啬""百种"，"农，及邮表畷，禽兽"，"坊与水"，"四方"。又有"迎猫""迎虎"诸戏。主祭者"葛带，榛杖""皮弁素服"。"大罗氏、天子掌鸟兽者也，草笠而至。"百官与于祭者，皆"黄衣黄冠"，"尊野服也"。实为古代农社岁末一次盛大之文娱活动。即《吕氏春秋》与《明令》所谓"大傩"。《周礼》"方相氏，掌蒙熊皮，黄金四目，玄衣、朱裳，执戈扬盾，率百隶而时难，以索室驱疫。"（难，同傩，音罗。《月令》字亦作难）亦当为蜡祭日表演之事。后世社戏之嚆矢也。所有仪礼歌舞，不采庄严形式，一切务于诙诡，极谐乐之趣。《家语》载"子贡观于蜡。子问之曰：'乐乎？'子贡问：'举国之人若狂。赐不知礼（一本作'其乐'）也。'子曰：'赐，非尔所知也。弛而不张，文武弗为。张而不弛，文武弗能。一张一弛，文武之道也。'"此说能得蜡之实旨。

周公盖亦曾观于农民社祭与蜡祭者，知农民劳苦终岁，宜有以乐之。故为此蜡祭之乐章耶。

"丰年"，亦如"噫嘻"，诞然欢呼语也。当冒全篇。"多"，谓收获量之多。"秫"，毛云："稻也。"言黍秫而不及麦，可知为周初之诗。《豳·七月》"十月获稻"。知周公世，丰镐已盛种稻。麦在当时不为周族所重，说见《臣工》篇。"亦有高廪"之亦，当读如奕，与《噫嘻》同。言黍、稻丰收，装成高廪，奕奕不绝，数逾万，逾亿，将及秭数。毛云："数万至万曰亿。数亿至亿曰秭。"陆云"数，色主反"，谓读术。动词。毛谓：万万为亿，亿之亿为秭也。殷周天算家或已假定有如此数字。一般使用数字"三千"为最大数。"万"则为不可知之多。农民用数，百千而止。此诗遂用至亿、秭字，其非农民大众之语言可知。即一般文士，亦不可能设想及此字。是亦判为周公作诗之一种依据。

末四句，言如此盛多之谷物，岂可不用于祖宗之祭事，满足周王所规定之礼数，使天神人鬼大降福祐于人乎。毛云："皆，遍也。"郑云："烝，进。畀，予也。"

（五）有 瞽

一章。十三句。

有瞽有瞽，在周之庭。设业设虡，崇牙树羽。应田县鼓，鞉磬柷圉。既备乃奏，箫管备举。喤喤厥声，肃雝和鸣。先祖是听。我客戾止，永观厥成。

微子与殷之乐官迎降武王。武王率之归宗周，告祭祖庙。此其告庙后演奏殷乐之诗。

《史记》言微子"度纣终不可谏，欲死之及去，未能自决，乃问于太师、少师。……太师若曰：'……今诚得治国，国治身死，不恨为死。终不得治，不如去。'遂亡"。其说出于《尚书·微子篇》原作"父师少师"。《孔传》云："父师，太师，三公。箕子也。少师，孤，卿，比干。"此谬解也。奴隶社会，阶级森严，奴隶主虽饿死，亦不作人奴隶。箕子，殷之知识奴隶耳。虽亦可如伊尹，传说为殷宰辅，亦不得为三公。"三公"之制，始于周官，《尚书》记载甚明。殷无其官也。殷周称乐官师（例如殷之师涓、周之师旷）有大师、少师诸级。《史记》所云"问于太师少师"是也。《史记》又云：比干死，"太师、少师乃劝微子去。遂行。周武王克殷，微子乃持祭器造于军门，肉袒而缚，左牵羊，右把茅，膝行而前，以告"，不详所据何书，要必亦有所据。夫微子既自缚矣，则安得更抱祭器。又左右手牵羊把茅？当谓其左右更有人持羊、茅与祭器耳。且夫祭器，在宗庙，非可窃是物也。祭器除笾豆诸器外，乐器最为重要。当是乐官从微子出降，故持有祭器也。《韩诗外传》谓："有瞽有瞽，在周之庭，言纣之余民也。"魏源申论之曰："明为太师疵，少师彊，抱乐器奔周之俦。'我客戾止，永观厥成'，非'殷士肤敏，祼将于京'之谓乎？"细审诗语，为周庙献殷之记述无疑。

《毛传》："瞽，乐官也。"《笺》："瞽，矇也。以为乐官者，目无所见，于音声审也。《周礼》上瞽四十人，中瞽百人，下瞽百六十人。有视瞭者相之。"夫乐官自视瞭外皆瞽人，则庙庭奏乐，自皆瞽者为之。周庭有瞽，为当然之事，应无入诗必要。因此诗乃重言以首称之。又特著"周庭"字者，盖重其为殷之乐官来献乐也。

"设业"以下，皆言乐官演奏之事。《灵台》言正乐事，不过六句。习见当然之事则不叙述也。此诗则详述乐器之种类与其安置情形者，亦由其非周乐官演奏之常也。（正如《鼓钟》系召虎作于淮上参用殷乐与南乐，则不能不详述其事物。）业，虡，并见《灵台》篇，"树羽"，毛云："置羽也。"朱云："置五采之羽于崇牙之上也。"诠按："当是崇牙上以鹭羽为饰。"殷人尚白，巫师"植其鹭羽。"（说在《陈风》）乐师亦置之。周乐师不有，故特言之。后人忌白色，则易以五采之羽，朱熹所见为采羽，故不能联想及"鹭羽"。

乐器之名，毛云："应，小鞞也。田，大鼓也。县鼓，周鼓也。鞉，鞉鼓也。柷，木控也。圉，揭也。"郑云："田，当作朄。朄，小鼓，在大鼓旁，应鞞之属也。"陆云："田，如字，郑音胤。"盖犹未以郑说为定论。自唐以后，群儒依说。

《韩诗》作"应棘悬鼓"(《宋书·乐志》引,虽不明言韩诗,当时只韩、毛诗存,非毛则韩也)。《周礼》太师"令奏,鼓楝"。《郑家注》:"楝,小鼓也。小鼓为大鼓先引,故曰楝。"谓楝读如引。郑先习韩诗,又尊先郑,故其说如此。《说文》申部云:"楝,击小鼓引乐声也。"字从柬声。义则与楝(从柬)同。为导引乐曲之义。柬音近田,故毛诗借田字耶。周以柷起乐,以圉(敔)止乐。则用楝引乐者,亦殷制也。《朱传》演毛说云:"夏后氏足鼓。殷楹鼓。周悬鼓。"按:诗举诸乐器,皆单字名。不当独以"县鼓"为一物。鼓亦非以悬击之物。二传之说,未足遵。审此诗所举:应、田、鞉、鼓,皆革音。柷、圉,皆木音。磬,石音。箫、管,竹音。周之颂乐,当备八音。而不及匏、土、丝与金音者,亦当是殷乐之征。然,丝音清,易为鼓声所掩。颂诗每不举之,若周颂乐,号称"金奏",安得不有钟声?周之编钟、编磬,皆悬而击之。《周礼·小胥》:"天子宫县,诸侯轩县,大夫判县,士特县。"皆谓悬乐之堵数(天子四堵,诸侯三堵,士只一堵)。此诗上言"设业设虡,崇牙树羽",正是谓悬钟悬磬之具。既已言磬而不及钟,则此县字(古悬字)固当是编钟宫悬之义。殷之颂乐,以编磬导奏。故《商颂》曰:"依我磬声。"然其人既演奏于周庭,则亦必先以编磬合于周之编钟,以示改由编钟导奏之意。故周之乐官,依旧称编钟为"县"也。其下鼓字,亦谓周人用以节乐之大鼓。与应、田、鞉,诸小鼓有别。殷乐原亦当有之。殷人用革音特多,亦可于《商颂》见之。

"既备乃奏",谓诸种乐器安置妥当后乃奏。当在"箫管"句下。为协韵倒之。"备举"之举,亦谓奏也。献乐于祖庙,故曰:"先祖是听。""喤喤",大声也。殷之乐声尚宏大。"箫韶",雅声也。周之音乐重肃雍。"和鸣"之和,当读唱和之和。谓周之乐师以周之雅声和其曲同奏。虑先祖恶聆殷乐,故仍兼奏雅乐。既同用编钟导奏,则可和鸣也。

"我客",指微子与武庚。说在《有客》篇。"戾止"句,与《振鹭》同,皆周公作也。《振鹭》为飨客之乐,故句在前。此为献乐于祖庙,故先瞽,后客。"永观厥成",祝愿与之长享此乐。乐一阕为一成。"厥成",谓如此金奏领曲之殷乐,喻武庚降周而仍保其宗祀之意,愿永久能保持之。

(六)潜

一章,六句。

猗与漆沮,潜有多鱼。有鳣有鲔,鲦鲿鰋鲤。以享以祀,以介景福。

此文王在岐周时，取豳地漆沮之鱼荐于祖庙之诗。其时未有雅乐，实用殷乐奏之。至成王世，乃改为周之颂乐，用为春冬荐鱼之乐章也。

《月令》季冬之月，"命渔师始鱼。天子亲往。乃尝鱼。先荐寝庙"。又，季春"荐鲔于寝庙"。古礼，王者祭祖以牲牢，庶民以鱼。周自太王时，已有祖庙，以公刘为太祖。仍依在豳时鱼祭之制。其后居丰、镐，王天下，仍保持春冬荐鱼之旧俗。必取鱼于漆沮者，自公刘至太王皆居豳，明不忘本也。诗语乏于情感而博于名物，是乐官作也。

"猗与"，羡叹之发语词。"漆沮"，幽地水名，说在《绵篇》。"潜"，藏也。《毛传》"潜，糁也。"《朱传》为之说云："盖积柴养鱼，使得藏隐避寒，因以簿围取之也。"自唐以来，说诗者，纠缠于糁、椮、潜、涔字义，数万言，大抵皆如《朱传》，积柴养鱼之法。新诠以为是徒妄说耳。夫豳土早寒，春冬冰厚数尺，安能积柴水中以养鱼取鱼。此入冬春取鱼，唯有凿冰为穴，篝火以诱鱼至穴下一法。积柴水中，是南方非冰冻区之法，不可以说此诗也。惟其漆沮冬春结冰，鱼在冰下生活，故曰潜也。鳣鲔，见《硕人》。鲿、鳢鲤，见《鱼丽》。"鲦"，郑云："白鲦也。"白鲦，硬鳞鱼，长体，尖头，细鳞、色白，江河多有之。"介，助。景，大也。"（《郑笺》）

（七）雝

一章，十六句。

有来雝雝。至止肃肃。相维辟公，天子穆穆。于荐广牡，相予肆祀。假哉皇考，绥予孝子。宣哲维人，文武维后。燕及皇天，克昌厥后。绥我眉寿，介以繁祉。既右烈考，亦右文母。

武王定天下，告祭祖庙，诸侯来朝、助祭。此其燕飨诸侯之乐章也。武王及其以前之乐章，例以一字命题。三百篇中，《潜》《武》《酌》《桓》《赉》《般》，皆然。古乐中如《韶》《夏》《濩》《那》，亦然。成王以后，则皆二字以上矣。此篇文较《武》《酌》诸篇文倍多者，盖召康公作。

旧说此诗者，《毛序》云："禘大祖也。"原注云："禘，大祭也。大于四时而小于袷。大祖，谓文王。"《郑笺》《孔疏》并遵之。《朱传》云："此武王祭文王之诗。"又云："《周礼》大师，及彻，帅学士而歌彻。"说者以为即此诗。《论语》亦曰"以雝彻"。然则，此盖"彻祭"所歌，而亦名为"彻"也。自未能定。何楷、孙嘉淦与方玉润，俱说为祭飨彻馔之歌。则竟以"三家者雍彻"之僭侈，说周初之颂。必不然也。陈奂《传疏》则定为"时禘后稷之乐歌"。魏源《诗古微》移其篇次于《思文》下《烈文》前，云是"成王至洛，烝祭文武"。《郑笺》本分全篇为四段解释，首段六句，末段二句，二三段皆四句。《朱传》则段各四句，全与郑分相错。

首二句，言诸侯之来，雝然其和。既至，肃然其敬。"相"，毛训助。朱云："助祭也。""辟公"，朱云："诸侯也。"并当遵。"穆穆"，和悦而敬默之状，谓对诸侯来朝献币之态度如此。"于"，语辞。"荐"，助祭之献也。"广牡"，盛多之牲牢也。诸侯众多，各助一骍牛，故曰"广牡"。是毛训广为大之义。若竟谓广牡为"大牲"，则是合荐一牛，不成其为助祭也。"予"，王自称。"肆祀"，大合众祖而祭。即所谓祫。武王克殷诛纣，统一天下，大封诸侯。郊天、柴望于外。告成功于庙。为一盛大礼节。诸侯必来朝。先有圭璧、币帛之献，则穆穆然受礼。无诗。祭则宾主之礼，故飨以乐章，称其"相予"。

"假哉皇考"之假，毛训嘉，朱训大。"皇考"，郑朱并云指文王。魏源谓兼指文王、武王。诠按：下文有"文武维后"，与"烈考""文母"。《执竞》"无竞维烈"。《大雅》又有"丕承哉武王烈"语。则说"烈考"为成王称武王语，亦合。然不称文王而称文母，则难通矣。若皇考为指文王，则烈考之称又难合矣。禘祫所祭不只一祖二祖。故此两说皆难通也。查《典礼》曰："父曰皇考。母曰皇妣。"《王制》曰："曾祖之庙曰皇考庙。"蔡邕《独断》言："天子三昭天穆，与大祖之庙而七。七庙一坛一墠。""曰考庙，曰王考庙，曰皇考庙，曰显考庙，曰祖考庙，皆月祭之。"《尔雅·释亲》谓："父之考为王父。""王父又称大父。"《史记·封禅书》："皇者王也，大也。"综合言之，则皇考之称，加于亡父、亡祖、亡曾祖，皆无不可。皇者大也。考者多子孙者也。造字之本义，非已规定为祖先伦辈之称。儒生立之礼制，乃定为各级祖考之义。此诗之皇考，谓为指文王可也。谓指太王、王季、文王三世亦可也。"假"者，谓天帝假之以威命。周公之诗，与《泰誓》皆谓文王受天命。召公不言文王受命。《皇矣》诗则谓太王已受命。武王统一后，追尊三代为王，则亦承认太王受命之说。此非周公诗，则"假哉皇考"句，谓太王以来世承天命也。然说为文王，于义为洽。

"绥予孝子"之绥，古文作𡕨，《说文》"行迟曳夊夊也。象人两胫有所躧。"其后演变为绥。义转为"车中把"者，车行簸荡，故有绳著车，俾乘者把之。其摆动状，亦似人之雨胫躧行。故字变而音义仍同于夊。升车者失绥，则体随车颠簸不安。

既把持绥，则无杭触。故引申为安之义。《朱传》训绥为安，是也。绥著于御车者座上。乘者升车，御授以绥而后行。故绥又引申为授持之义。《齐风》"雄狐绥绥"，《玉篇》引作"雄狐父父"，是迟曳之义。此诗，与《载见》之"绥以多福"，皆授持之义。"绥予"，谓皇考未能完成之事，以递授于下一代。"孝子"，善述其事，继其志之子也。此二句，为武王自述。

"宣哲"，谓宣通，明哲。"维人"，谓惟仁者能之。仁，人字古通。"文武"，谓有文德、有武功。"维后"，谓群后能之。二句，是赞美诸侯。"燕"，毛云："安也。"诸侯能尊周，重祀，爱民，则皇天悦之，为其能知天命，礼天神，体天心也。如此，则能使后代昌盛。文王名昌，而此诗不讳昌字者，其时尚无避讳之礼也。旧亦说此六句皆颂文王，或总颂文王武王者，皆非矣。

"绥我眉寿"，谓诸侯此来助祭，为"安及皇天"之事。天帝不惟能使其后嗣昌盛，亦且授予我等以高寿。凡《周颂》之"我"，皆具"我等"之义，不专谓自己一身。在此诗，谓主祭者与助祭者全体。"介以繁祉"，谓引致甚多之福祉。"繁祉"所包括者，不惟生人与其后代，又且福祐于先代考妣在天之灵魂。右、祐字通。"烈考"，历世祖考之统称。犹后世云"列祖列宗。""文母"，毛云："太姒也。"夫《思齐》犹颂历世先妣。此禘袷之诗，安得独称太姒一人。盖"烈考"谓有烈绩之先灵。"文母"，谓有文德之先妣。武王世尚无谥法，"文王"之称且无之，更安得有父母为太姒之称哉。

（八）载 见

一章，十四句。

载见辟王。曰求厥章。龙旂阳阳，和铃央央。鞗革有鸧，休有烈光。率见昭考，以孝以享。以介眉寿。永言保之，思皇多祜。烈文辟公，绥以多福。俾缉熙于纯嘏。

此成王除丧，朝诸侯，率以祭于祢庙，祭毕大飨之乐章也。《毛序》云："诸侯始见乎武王庙也。"

《传》云："载，始也。龙旂阳阳，言有文章也。和在轼前。铃在旂上。鞗革有鸧，言有法度也。""昭考，武王也。享，献也。"《笺》云："诸侯始见君王，谓见成王也。曰求其章者，求车服礼仪之文章制度也。交龙为旂。鞗革，辔首也。鸧，金饰貌。休者，休然壮盛。"《朱传》有不同者："载，则也。发语辞也。""阳，明也。"

"央央、有鸧，皆声和也。"《说文》，"鸧"作瑲，段注今作鸧，亦作鎗。按：首六句美诸侯来朝。朝新君，故云"始见辟王。"辟，君也。时则周公摄政，频颁新制。诸侯觐见周公，皆以新制法度为问，故曰："曰求厥章。"

称武王为"昭考"者。当时庙制，太王为大祖，王季昭，文王穆，武王昭位之次也。故《访落》亦称武王为"昭考"。《尚书·酒诰》称文王"穆考"。"以孝"，谓祭献之礼。"以享"，谓享尸之事。"以介"，谓用以导致眉寿之福，言尸嘏之辞。"永言保之"，谓当永保尸嘏之辞，更思所以恢皇而张大之，以求多福。"祜"，神赐福也。中五句，美诸侯助祭致祜。

末三句，综勉诸侯，则嘏外之王宫也。"辟公"，谓诸侯。"烈文"，谓具文德与武烈者。下言，神虽授以多福，亦赖尔继续光明（缉熙）而巩固之。纯为牢固之义。《笺》训为大。谓"天子受福曰大嘏。"非诗义。

（九）有　客

一章，十二句。

有客有客，亦白其马。有萋有且，敦琢其旅。有客宿宿，有客信信。言授之縶，以縶其马。薄言追之，左右绥之。既有淫威，降福孔夷。

武王克殷，以武庚微子归。告于祖庙后，遣武庚返国为诸侯，奉殷祀。而留微子。此饯送武庚之乐章，周公旦作也。与《有瞽》制作同时，远在《振鹭》之前，而编次甚后者，《毛诗》篇次本多错乱。然抑或由于太师乐档，本以原是周公之颂乐者前列。由雅乐及殷乐改颂乐者次之。又以周王之颂列前，大臣所作次之。《振鹭》本为周颂，故在前。《有瞽》为荐庙之乐，故在后。《潜》与此诗亦皆殷乐改周颂，原应相次。此诗以属饯赠之用，故更后。惟《载见》与《武》篇，是毛诗颠乱也。

"有客"重言，则非指一客也。亦当读如奕，与《振鹭》及《噫嘻》《丰年》同。"有萋有且"，毛郑旧说为容貌威仪，传诗者莫能得其义理所据。明儒邹肇敏与何楷说为旅币之品物，虽为其他经师所摈，实则深得诗义。何楷说"萋当作綨"。据《说文》系部引《诗》"綨兮斐兮，成是贝锦"。《毛诗》字亦作萋。綨借作萋，仍当是"帛文貌"。有綨，则当有帛矣。"有且"，据《韩奕》云"笾豆有且"。知为旅币之属。然，《新诠》以为此诗之且，乃贝字之伪。古文贝字作𠩺，且字作𠀇。形近。易伪。商殷以贝为货币。周地无贝，初尚实物交易。后用刀币。殷人朝周所献固当是贝币。若作且字，则无论训且为多，不合。即说为承荐币帛之器，亦不合。"敦琢"，当读如"追琢"，皆谓治玉之工。说在《韩奕》与《棫朴》。言敦琢，则当有圭璧诸玉器矣。"其旅"正谓"旅币"。以上四句叙其来朝助祭。

中四句，言遣武庚而留微子。《毛传》："一宿曰宿。再宿曰信。"按：宿宿者，留也。信信者，遣也。《毛传》依《左传》说义，未安。后儒用而竟说宿宿为住二日，信信为住四日，则更凿谬以成妄矣。武王入朝歌，抚殷献民，已许仍以武庚奉殷祀。故虽率之来，告庙后仍遣之。"人言为信"，伸亦为信。申其前言，武庚信行，故曰"信信"。此四句言留微子，故以"宿宿"句在前。上宿，久也。下宿，处也。来朝，荐庙，礼至繁重，安得二日四日即去哉。后世乃因此诗语，推测为一宿再宿，入于《左传》，延入《毛诗》，乃遂成为定说，失其本义也。"言授之絷"，周公自言留微子也。古人每以赠物示意（如授玦，示意决绝。授策，示意催行）。周公既赠微子以絷（绊马索），又于此歌辞中说明"以絷其马"，喻留也。

末四句，为饯送武庚之辞。"追"，饯于郊外也。饯于道上有似追之。《邶·泉水》："出宿于干，饮饯于言。"饯于既行一宿之后，是追而饯之之例。郑云："追，送也。于微子去，王始言饯送之。"得追之义，失诗之旨。朱云："追之，已去而复还之，受之无已也。"旨义俱失。"左右绥之"，谓周室所以绥抚武庚者甚厚。左右手并用，尽全力也。与《关雎》"左右"字义同。"淫"字本义为浸盈泛溢，在周代无秽恶之义。此诗"淫威"谓周先王之威灵溢流于助祭之诸侯。武庚亦分享之。既有此"淫威"，则天亦将降福及之也。毛云："淫，大。威，则。夷，易也。"郑说之云："既有大则，谓用既正朔，行其礼乐。"马瑞辰引《风俗通·十反篇》谓"淫威犹大德耳"，皆非诗义。

（十）武

一章，七句。
于皇武王，无竞维烈。允文文王，克开厥后。嗣武受之，胜殷遏刘。耆定尔功。

《毛诗序》云："《武》，奏《大武》也。"原注："《大武》，周公作乐所为舞也。"《朱传》云："周公象武王之功，为《大武》之乐。"他书言大武乐作于武王与作于周公者不一。诠按：大武乐之制作凡三次，皆颂武王克殷事，而内容不同。此诗为第三次，六成大武乐之卒章。《毛诗》篇次紊乱，误移于此也。

《周语》景王"将铸无射，问律于伶州鸠。（《韦注》伶，司乐官，州鸠，名也。）……对曰：'昔武王克商，岁在鹑火。月在天驷，日在析木之津。辰在斗柄，星在天鼋。……王欲合是五位三所而用之。……王以二月癸亥夜陈。未毕而雨。以夷则上宫毕。当辰，辰在戌上，故长夷则之上宫（长谓先用之也）。名之曰《羽》。所以藩屏民则也。王以黄钟之下宫布戎于牧之野。故谓之《厉》。所以厉六师。以太族之下宫布令于商，昭显文德，底纣之多罪。故谓之《宣》。所以宣三王之德也。反及嬴内（地名），以无射之上宫布宪，施舍于百姓，故谓之《嬴》乱。所以优柔客民也。"所言天文、律历、音声、人事诸关系，有似迷信者之妖言。然先民文化之发育过程，则诚有如此之阶段，武王与太公吕尚，盖曾利用之。至于所言史事，则与《尚书》、子、史皆合。非同臆造。然则，武王克商之役，本有乐师从行。已于行军过程中，演成此《羽》《厉》《宣》《嬴》四章之乐。《嬴》称乱者，古于乐章以最末一章为乱。具结束之义（乱者，本义为治，为整理。其后兼用反义。秦汉以后，反义专行，本义转成反义也）。古乐无歌辞，例只一字为名。既定殷地，封叔鲜于管，以监临武庚，其地即在殷之东郊。于时周公旦、召公奭率师，分循南国。管叔因《羽》《厉》《宣》《嬴》四章合为《大武》之乐，以纪念之。此次之《大武》，为纯舞，无歌词也。《竹书纪年》武王十二年"夏四月，王归于丰，飨于太庙。命（三叔）监殷。遂狩于管，作大武乐"是也。《逸周书·大匡解》言"十有三祀，王在管。"《文政解》复言之。武王处理殷地善后事宜，实与管叔议之。故在管制成此武舞之乐。《尚书·武成》云："王来自商，至于丰。……越三日庚戌，柴望。大告武成。"盖谓《武》之乐篇成而演奏之也。"柴望"，巡祀方岳之礼也。四岳皆在周东方，则望祭宜至管行之。与《竹书》合。故知最初之大舞乐，管叔所制，仿于《韶》《濩》，无诗辞，但有象舞也。

《吕氏春秋·古乐篇》言武王克殷："归，乃荐俘馘于京太室。乃命周公而作《大武》。"盖周召既定南国，回京师，献俘馘于大庙时，无辞之《大武乐》已成。王属周公为之乐章立词。周公于《羽》《厉》《宣》《嬴》之外，更增《酌》篇之辞以补之。《汉书·礼乐志》谓："武王作《武》。周公作《勺》""勺"，即《毛诗》之"酌"。（盖《鲁诗》作"勺"。）《毛序》云："《酌》，吉成大武也。"谓周公加词，综合音乐、诗歌、舞蹈为周颂之"大武"也。时间，在武王十三年。（参看《酌》篇）

《古乐篇》又谓"成王立，殷民反，周公践伐之。商人服象，为虐于东夷。周公遂以师逐之，至于江南。乃为三象以嘉其德。"吕书后出，所言皆有所据，而时间不能准确。诠考，是周召公循南国时事。所谓"三象"，即《周颂》之《桓》《赍》《般》三篇也。武王时，"三象"与"大武"并称。至成王即位，周公摄政，管蔡以殷叛。周公东征，平叛。归，乃废管叔所制之《武乐》，更以平南国事，合旧之《酌》，改制大武六成之乐章。此次所制之《大武》按《家语》与《乐记》所述，为如下之舞乐六篇：

1. "始而北出"。谓出师临殷。当采原制《羽》《厉》两章为之，而为之辞。其辞今《周颂》失之。盖即《周语》敬王十年卫彪傒所引之"周诗"，篇名曰《支》者，是也。

2. "再成而灭商"。即《周颂·酌篇》之文也。

3. "三成而南"。即《周颂·赍》。

4. "四成而南国是疆"。即《周颂·般》。

5. "五成而分"。即《周颂·桓》。本"三象"之卒章，述南国军事结束之意。《乐记》云："分夹而进，事早济也。"谓周召二公分途还告事济于周王也（参看各本篇）。

6. "六成而复缀，以崇天子"。即《周颂·武》（即本篇）总结克殷、统一天下之武功。归美于文王开其谋，武王定其功。云"复缀"者，演奏象舞之场，中央树旗，为表，缀以采羽帛巾之饰，称为表缀。省称曰缀也。舞士皆先坐息于缀下。闻柷敔声，依次以出，应乐而舞。一成既阕，则就各所在，坐地休息。次成乐发，乃再起舞。竟六成，乃复归于缀。故曰复缀。缀之所在，设有王座。《大武》演至六成，为向王座拜礼之舞。座上有演王者，如祭祀之尸，默坐受之。故曰"以崇天子"也（今藏族演剧形式犹是如此）。

今本《周颂》只存五篇，非太师乐档之旧。卫彪傒谓"周诗有之"，则孔子所钞诗必有《支》篇。战国时传诗者如荀卿、浮丘伯之徒乃削之耳。其削去一篇之原因，盖与武王作《武》、周公作《勺》，又为"三象"之传说有关。其时"大武六成"已久无演奏者，人不知其形制。但只武王作《武》，周公作《勺》与"三象"之说，传诗者知《武》与《酌》，知《桓》《赍》《般》为"三象"，故特存之。

然则此诗七句二十八字，本成王世作为大武乐之卒章者，《毛诗》以为武王所作之《武》，故移于《有客》之下，《闵予小子》之前。又以《酌》与"三象"为周公在成王世作，非庙堂用诗，而降列于《周颂》之末也。毛诗颠乱篇次者多矣。此其尤谬者，故考正之。

以下诠释诗语：

"于皇"，犹云"大哉"也。"武王"称谥，是成王世诗之验。古世，固亦有生时自称"武王"者。如殷之武丁，说在《商颂·玄鸟篇》。魏源遂谓文武成王皆生前称号。然若此诗，既曰"武王"。又曰"嗣武受之。已单用一谥以表其人。岂可云生前自称一"武"字者哉？"无竞"，说在《执竞》。"维烈"，显赫之义。

"允文"，犹云信哉夫文德之深厚也。殷周人称颂征伐武功，恒用"烈"字。征伐以外，礼、乐、诸政之德，通用一"文"字。《尚书·大禹谟》"帝乃诞敷文德，舞干羽于两阶"是也。《泰誓》称文王为"文考"，未必即为称谥。《大诰》犹称文王来"宁王"，为"宁考"。《康诰》乃称"文王"，而为康叔称之为"文考"。《洛诰》则称文王为"文祖"，而称武王为"烈考"。是成王即位之初，尚无谥法。平殷奄四国后，周公多所创制，乃有《谥法》。于是"文王""武王"乃成为定称。亦此诗作于成王五年以后之验也。《大武》颂武王、武功而亦兼颂文王者，亦周公所作之验。周公之诗，无在不极力称颂其父文王。即如《泰誓》，盖亦周公之文也。他人诗文，无此特点。用"克开厥后"一语，便轻轻将武成之勋移归文王。《泰誓》曰："我文考肃将天威，大勋未集。……予小子夙夜只惧，受命文考……底天之罚。"是此诗"克开厥后嗣武受之"之义。

"胜殷"谓牧野之战。"遏刘"，谓止杀。《乐记》云："马，散之华山之阳而弗复乘。牛，散之桃林之野而弗复服。车、甲，衅而藏之府库，而弗复用。倒载干戈，包之以虎皮。将帅之士，使为诸侯。"皆缘此"遏刘"字所造。"耆定尔功"，毛云："耆，致也。"郑云："老也"。为郑说者，引《周书·度邑解》"发之未生，至于今六十年"。凿说"六十曰耆。"马瑞辰为毛说曰："耆者，厎之假借。"谓："《尔雅·释言》：'厎，致也。'《郭注》'见诗传'者，指此诗毛传也。'耆定尔功'。犹《书》'乃言厎可绩'，《史记·夏本纪》作'汝言致可绩'。《禹贡》'覃怀厎绩'，《夏本纪》作'覃怀致功'。是其证也。"当依马说。"厎定尔功"，犹今云"彻底完成其功"。陆德明云："耆音指"，亦是毛传致字之音义。耆从旨声。厎从氐声。并与致、指、氏、嗜，古音同，故可通假也。在此诗，应读如底（厎）。即嗜字之音。

三、闵予小子之什

（一）闵予小子

一章，十一句。

闵予小子，遭家不造，嬛嬛在疚。於乎皇考，永世克孝。念兹皇祖，陟降庭止。维予小子，夙夜敬止。於乎皇王，继序思不忘。

此成王毕丧，送武王主于祢庙，所作祔祭乐章也。同时，诸侯朝王助祭，祭毕，大飨，有《载见》篇。祔祭在大飨前，而篇次在其后者，《毛诗》篇次固多颠乱。非乐档旧次也。

首三句，述遭丧哀感。"闵"，自怜之辞。"予小子"，成王自称。"不造"毛训："造，为。"郑云："造，成也。"诠按："遭家不造"，明谓家遭凶丧。"不为"，"不成"，义皆不协。"造"者，祭庙之称。《王制》："天子将出，类乎上帝，宜乎社，造乎祢。"《注》云："类、宜、造，皆祭名。""类于上帝，宜于冢土"，亦见《尚书·泰誓》。则"造乎祢"亦必有所据。"家不造"，谓先武王不能造庙行祭。嗣王居丧，不治事，因亦不能造庙祀祖。天子居丧或谓三年，或谓一年。而七庙当"月祭"。则虽一年，亦已不能造庙十二次以上，知周公所制之礼如此，则亦可知此诗"不造"之义也。

"嬛嬛在疚"，《朱传》云："嬛，与茕同。无所依怙之意。疚，哀病也。"马瑞辰发展其说云："《释文》嬛，崔本作茕。疚，本又作㾈。按《说文》㾈字注，引诗'茕茕在㾈。'《汉书·匡衡传》引诗亦作'茕茕'。与《春秋传》'茕茕余在疚'同。《说文》嬛字注又引'嬛嬛在疚'，则作'茕茕'者三家诗，作'嬛嬛'者毛诗也。据《说文》：'茕，回疾也。从凡，营有声。'段玉裁曰：'茕，引申为茕独，取裴回无所依之意……'"《诗·正月》篇"哀此惸独"，《释文》："惸，本作茕。"《说文》

"趋，独行也。"亦云："读若茕。"至疢训病，字以作疢为正。作疚者假借字也。

"於乎皇考"四句，《朱传》云："皇考，武王也。叹武王之终身能孝也。皇祖，文王也。承文上言武王之孝，思念文王，常若见其陟降于庭。""维予小子"二句，《郑笺》云："我小子早夜慎行祖考之道。言不敢懈倦也。"

末二句，"皇王"，兼指文王武王言之。郑云："我继其绪，思其所行，不忘也。"祔祭武王，而亦兼称文王者，盖周公所作之乐章，必多方称道文王。亦由其时已奉文王为大祖，武王为昭。只此二庙为一坛。（《洛诰》同）

（二）访　落

一章，十二句。

访予落止，率时昭考。於乎悠哉，朕未有艾。将予就之，继犹判涣。维予小子，未堪家多难。绍庭上下，陟降厥家。休矣皇考，以保明其身。

成王十四年，营造洛都，文武庙落成，致新主。诸侯来助祭。此其大飨之乐章也。洛庙，文王为大祖。武王为昭庙。穆庙犹虚。一坛只文武庙。故《洛诰》曰："禋于文王武王。""文王骍牛一。武王骍牛一。"然武王实惟营洛之倡始者。故诸侯来助祭，则率之以朝于武庙而后大飨。诗亦周公所作，而不兼颂文王者，诸侯皆武王所封，成王亦欲自崇其生父，必欲率诸侯朝武庙，周公不能强以兼朝文王也。

"访予落止"，落，谓落成典礼。止，语辞。"访"，毛训为"谋"，朱训为"问"，皆谓成王自谦为访问治道于群辟。按：盖成王谦称诸侯来朝为来访。访我于新邑落成之时也。"率时昭考"，与"率见昭考"同义，谓朝于武王之庙。"时"，亦祭祀之义也。《周礼·地官·牧人》："凡时祀之牲，必用牷物。"旧说"时祀"为禴、祀、烝、尝之祭（见《春官·大宗伯》）。即《周语》"日祭、月祀、时享、岁贡、终王"之时享。然《大宗伯》又云："时见曰会。"《注》："时见者，言无常期。"盖犹今云"临时"。则不拘于定时之朝见为时见，不拘于定时之献祭为时祀。落成之祀，即非如禴祀烝尝之有定时者也。"率时昭考"，谓率之以时祀于武王之庙也。

"於乎悠哉"二句，谓成王叹天道之悠远，非予所及知。"朕"为予之变文。"艾"，灸剂也。"未有艾"，犹云未能亲灸。"将予就之"二句，言文王武王皆承受天命，克行天道。予则未达天道，赖皇考余荫，以周公提将，使予就之。兹虽嗣承大位，仍于天道判然未获。《毛传》："判，分。涣，散也。"意谓：犹未能合天道，故赖深明天道之人（周公）相助之。

"未堪家多难"，谓三监与殷、奄叛乱。"绍庭上下"，即上篇"念兹皇祖，陟降庭止"之义。言：武王克孝，常念文王，若陟降在庭。予则绍承其孝念，亦若皇考陟降于家。故能用先王威灵，荡平东方。益封建宗亲，屏藩王室。蔡叔虽死，蔡仲继之。霍叔之国不易，更封康叔，与毕、原、郇、凡、蒋、邢、茅诸国。"厥家"，谓王室也。

末二句，《朱传》云："庶几赖皇考之休，有以保明吾身而已矣。"

（三）敬 之

一章，十二句。

敬之敬之！天维显思。命不易哉。无曰高高在上，陟降厥士。日监在兹。维予小子，不聪敬止。日就月将，学有缉熙于光明。佛时仔肩，示我显德行。

成王如丰，朝周公，祀文武庙。此周公所作嘏辞。因即以为常年祀丰庙之乐章。前六句，假文王语。后六句假武王语。旧说为"群臣进戒嗣王，成王又谦以答之"云云者，并非。

首六句，意旨严肃，非臣下进戒之言。惟周公假文王尸嘏宜之。曰"敬"，曰"命不易"，曰"监在兹"，皆周公诗屡用语。后六句，显为第二人语。然非对上文作答。同时祀文武二庙，当先大庙，后昭庙。庙各一尸。嘏语相并，以为乐章。于文理事理俱洽。

文王之嘏，教王以敬天命。言天意显明，大命不易承而易失也。勿谓尔已高高在上位，而黜陟任情。"厥士"谓臣民。"日监在兹"，谓当日常注意于此。监，鉴也。明察而戒慎之义。旧说为"天监于上"，"殷鉴不远"与"先祖监临"者，皆是依群臣进戒为说。非也。

武王之嘏，勉成王云："维予之小子，尔尚幼，未能聪达于敬之义。日月勤以行，终能缉熙敬天之义而光大之。助我承担此任，成显德之行，以示于我。""维予小子"，在上篇固为成王自称。在此篇则武王尸嘏。"予"，为尸自称。"小子"指成王。犹《抑》之"於乎小子"，亦是用古旧嘏词原句也（成王之自称"予小子"，亦由其用旧嘏语。小，谦词）。"就"，赴之也。"将"毛训行。朱云："进也。""佛"字，毛云："大也。"郑云："辅也。"朱云："佛、弼通。"陆云："佛，符弗反。郑音弼。"《朱传》"符弗反。又音弼。"诠按:"福字,在《周诗》皆读壁。今,与符字同读服。弼字,今亦读壁,古则读符。故《郑笺》训佛为弼也。《说文》"㢻,辅也。从,卜。'㢼',古文㢻如此。'𢐿'亦古文㢻。'𢏪',㢻或如此。"《段注》:"弗者,矫也。故从弗,弗亦声。"又《说文》"奄,大也。从大,弗声。读若'予违汝弼'。"又:"佛,仿佛也。从人,弗声。"此为东汉以前佛、弗、弼,同意之证。此诗之佛,《韩诗》作弗。鲁齐二家当有作奄者,皆弼之假借。"时",是字通。"仔肩",毛云:"克也"。郑云:"任也。""弼是仔肩",犹言:"予承先君所荷负,未能竟其事。汝则竟之,是能助我矣。"谓平殷奄。周公晚年自矜之意气,讬于尸嘏之言以发泄之也。

(四)小 毖

一章,八句。

予其惩而毖后患。莫予荓蜂,自求辛螫。肇允彼桃虫,拚飞维鸟。未堪家多难,予又集于蓼。

成王八年莅祚亲政时作之诗。后遂为新王即位燕飨之乐章也。旧说为"嗣王求助"(《毛序》),与"成王自戒"者(《折中》),皆未准。

"予其惩"下当有脱字。《正义》本以"予其惩而"为句。以而字指管蔡。《唐石经》又于毖下旁添"彼"字,作"毖彼后患"。盖唐人早已疑及此篇首七字矣。《毛传》:"毖,慎也。"《郑笺》:"惩,艾也。始者,管叔及其群弟流言于国。成王信之而疑周公。至后三监叛而作乱。周公以王命举兵诛之。历年乃已。故今周公归政,成王受之,而求贤臣以自辅助也,曰我其创艾于往时矣,畏慎后复有祸难"云云,是郑玄作《笺》时尚未脱"于前"二字,故云"于往时"。至隋唐乃脱之。"惩艾",谓病者经艾灸而久畏之。故《楚辞》曰:"惩于羹者而吹齑",谓热羹伤口,遇冷食亦吹而后尝。即惩前毖后之义也。惩为及物动辞,而此句无物可及,不能成句。故知原脱"于前"字也。

"荓蜂",毛云:"摩曳也。"《尔雅·释训》作"甹夆"。孙炎注:"谓相掣曳入于恶也。"《郑笺》释摩曳云:"谓谲诈诳欺,不可信也。"《朱传》则云:"荓,使也。蜂,小物而有毒。"是汉魏与唐宋人说此者两歧。诠按:下云"自求辛螫",则《朱传》宜取。顾荓无"使"之义。荓,即马帚草(说在《鹿鸣》一本丛蘖千百枝。可引申为密集之义。)"菲蜂",盖谓如人误犯蜂巢,群蜂轰集而螫之状。喻管蔡流言之骇人。谓管蔡自败为"自求辛螫"也。周公平叛而归政于成王。故王为此语以慰之。《郑笺》说此二句为戒群臣"为谲诈诳欺"。未当。夫信其人而后用之,安得于即政之始遂为此猜畏之言哉?

《毛传》"桃虫,鹪也。鸟之始小终大者。"《郑笺》:"肇,始。允,信也。始者信以彼管蔡之属,虽有流言之罪,如鹪鸟之小,不登诛之。后反叛而作乱。犹鹪之翻飞为大鸟也。"按:鸟生旬余即成定形。无始小终大之事。桃虫,即蛀桃之虫也。为一种卷叶蛾之幼虫。体长不过七分。黄色。化蛾亦小而色黄。此劳动人民所易识。诗言之,以喻物亦能羽化而飞。"拼飞",谓奋力以飞。盖古有格言"桃虫奋飞可以成鸟"者,谓立志奋发可以转变形质。成王借以喻武庚亡国之余裔,几复纠故国。故曰:"始信彼桃虫拼飞成鸟。"非谓鹪鹩能成大鸟也。鹪便是鸟。诗亦未言大鸟,而是谓虫化为鸟。

"未堪家多难",《访落》句同。均指管蔡之乱,三年而后定之。"予又集于蓼",言今虽已平叛,周公归政,予又身当辛苦之茹矣。蓼,植物之苦辛难咽者也。

(五)载 芟

一章,三十一句。

载芟载柞,其耕泽泽。千耦其耘,徂隰徂畛。侯主侯伯,侯亚侯旅,侯彊侯以。有嗿其馌,思媚其妇,有依其士。有略其耜,俶载南亩,播厥百谷,实函斯活。驿驿其达,有厌其杰。厌厌其苗,绵绵其麃。载获济济,有实其积,万亿及秭。为酒为醴,烝畀祖妣,以洽百礼。有飶其香,邦家之光。有椒其馨,胡考之宁。匪且有且,匪今斯今,振古如兹。

此宣王复行耕耤之年秋获后,燕劳耕耤农人之乐章也。总全年农事与祭享言之。虚夸不实,好借旧文,为文艺已渐脱离实际之验。周初颂诗文率简短。至宣王世乃渐变为繁缛。此诗与《臣工》皆惟耕耤事足以当之。亦皆宣王世作也。《臣工》为春耕耤劳酒用之,犹只六十字。此诗遂已发展至百二十四字。一年间变化如此之大。知劳动农民不喜悠曼之声故也。

前段十四句,不适用于小私有之个体农户,亦不适用于奴隶耕种之场合。惟国征用农奴耕耤,乃适用之。"载芟载柞",《毛传》云:"除草曰芟,除木曰柞。"《朱传》为之说曰："秋官，柞氏攻草木，是也。"诠按：周至宣王时，农奴生产制已普行全部王畿，远及华夏诸侯之国。农奴所有之私田，不至有野草杂树。惟天子之私田，占地既广，荒废者多。仅仅耤田千亩，亦因耕耤礼废，耤臣不能遍耕，仍多荒芜。宣王征乡遂农奴助行耕垦，故能一日完成千亩之耕。《臣工》与此诗皆重言铚艾，艾柞者，明其复行耕耤之礼也。"千耦其耘"，袭用《噫嘻》"十千为耦"句。亦耕耤之诗也。耘，是除野草之义。"徂隰徂畛"，郑云"隰，谓新发田也。畛，谓旧田有径路者。"言此千耦之众，分赴耤田，有农官为之分工；或赴当艾当柞之处，从事复垦；或赴耤臣旧耕之畛，从事播种。此下列举从事耕耤之人。"侯"，维也。"侯主"谓主其役者。"司徒省民，太师监之"，皆代天子亲董其事者也。"侯伯"，公卿、诸侯之属也。"侯亚"，农师、农正之属也。"侯旅"，府史、保介之属也。"侯彊"，毛云："彊力也。"郑朱并云："所谓以'彊予任甿'者"，则征用农奴从事者也。"侯以"，毛云："以，用也。"郑云："以，谓闲民。今时佣赁也。"朱引《左传》云："'能左右之曰以'……若今时佣力之人，随主人所左右者也。"按：耤田必有耤臣，大抵皆罪徒与奴隶，无身体自由者，即此诗"以"。其时无如后世雇赁农耕之制也。"有嗿其馌"三句，写征用农劳动之家，致馌情致。凡农奴应征，皆当自备糇粮，虽从军竟岁，皆然。耕耤征乡遂民力，竟一二日而止。故其家人致馌于耤田也。毛云："嗿，众貌。士，子弟也。"朱云："嗿，众饮食声也"。"媚"与"依"，皆亲爱之义。以上皆追述春时复垦千亩耤田情况。以明克致秋成之功。俾从事于此劳役者喜慰。

"有略其耜"八句，述播种及禾苗生长情形。"略"，毛云："利也。"马瑞辰解之曰："略者，各挈之假借。《尔雅·释诂》，'挈，利也。'《说文》：刉，刀剑刃也。籀文作劀'。张楫《古今字诂》：'略，古作挈'，是其证也。"盖三家诗作刉、作挈。毛诗作略，并锋利之义。明其时耜已由木制进为铁制品矣。"俶载"，郑云："当作炽菑"。无取。上既已言艾言柞矣。耤田在原隰，荒是熟荒，不能适用炽菑之义。朱云："俶，始。载事也。"言初日复垦之熟荒。更择日再以利耜前往播。地面大，所播不止一种。言"百谷"，则凡可种之作物皆种之。若是个体农户，则土地有限，安能百谷并种哉？"实函斯活"，郑云："函，含也。活，生也。……其种皆成好含生气。"朱云："既播之，其实含气而生也。"按："实函"，谓播种后覆盖以土。"斯活"，谓覆土，其胚能得土壤所含湿气乃能成活。无覆土者，籽实一面接土，能得湿气，余五面皆受日热，则枯死。此诗语能代农民语言者，儒生以唯心气化之说说之，亦无足取。"驿驿"，连续不绝貌。"达"，毛云："射也。"郑云："出地也。""有厌其杰",毛云:"言杰苗厌然特美也。"郑云:"杰,先长者。""厌厌其苗",郑云"众齐等也。""绵绵其麃",毛云:"麃,耘也。"朱云:"绵绵,详密也。"诠按:上"厌",与下"厌厌",义当有别。马瑞辰说上厌为"壓之省"。说下"厌厌"为"稸稸之假借。"①。当遵。盖三家诗本作壓与稸稸。《毛诗》字异也。(此诗亦虢文公作。其人为周贵族之能以农道自负者。汉人所称引之"神农书",疑即此人所作。)所为诗多采劳动农民语言。每无其字,但录其音。缘音以造新字者往往有之,疑壓与稸皆是。因旧字以通其音者亦有之,上云"实函斯活","驿驿其达"是也。下文"绵绵其麃"亦然。《左传》昭公元年,晋赵文子曰:"武将信以为本,循而行之。譬如农夫,是穮是蔉,虽有饥馑,必有丰年。"《说文》"穮,耕禾间也。"(段注本依陆德明《周颂释文》引"《说文》穮,穮除田也"改。义则与耘同。)盖诗原作穮,毛改麃字。(蔉,以土壅苗根,培之义也。)

"载获济济"以下,述收获与祭飨之事。毛云:"济济,难也。"郑云:"难者,穗众,难进也。"朱云:"济济,人众貌。"凡耕耤,典礼行于开土之初。播种与收获皆征民力与耤臣共为之。应征人多,故曰"济济"。"有实其积",谓获禾堆积于场圃。"万亿及秭"四句,直用《丰年》之文。"馥",毛云:"芬香也。"郑云:"芳香之酒醴,飨燕宾客,则多得其欢心,于国家有荣誉。"

诠按:馥香,以黍稷为醴之香也。用以燕宾客。谓飨来朝诸侯,故曰"邦家之光"。椒馨,以椒浸酒之馨也。谓灌鬯之酒,所以祀祖先也。故曰"胡考之宁"。毛云:"胡,寿也。考,成也。"郑云:"宁,安也。"朱云:"以供养耆老,则胡考之所以安也。"皆用养老之义为说。按:耤田名为"以供粢盛,以飨宾客"。则此"胡考之宁",当指祀祖之言。胡考,犹云"皇考"也。《诗》《书》言考,皆谓先祖。文考、穆考、烈考、昭考、皇考、祖考皆然。《广雅》曰:"胡,大也。"皇,亦大也。故胡考与皇考同义,皆泛指祖考言之。祭祀所以宁神。此"胡考之宁"正解。旧从《毛传》者皆非也。

"匪且有且",毛训且为"此也"。郑为之说云:"飨燕祭祀,心非云且而有且。谓将有嘉庆祯祥先来见也。"朱云:"言非独此处有此稼穑之事。"陈奂《传疏》云:

---

① 《毛诗传笺通释》云:"按《说文》《广雅》并云:'厌好也。'厌,当即壓之省。故厌然为特美貌,以别于下之'厌厌'也。壓,从厂,《说文》'猒,饱也。从甘,从肰。'甘,美也。故厌亦有美义。'厌厌其苗',《笺》'厌厌其苗,众齐等也。'瑞辰按,《广雅》:'苗众也。'苗与杰对言。杰为特出,则苗为众矣。厌与稸双声。《集韵》'稸稸,苗齐等也。'厌厌即稸稸之假借。作稸稸者盖《韩诗》。《笺》及《集韵》'苗齐等,当亦本《韩诗》。此诗厌厌,《韩诗》作稸稸,犹《湛露》诗'厌厌夜饮',《韩诗》作'愔愔'也。"

"言不期有此而适有此。"马瑞辰谓"读从此音,与兹为韵。"按:且者祖之本字。故且与祖、俎字同音。其后音变,且之本义为主字,而以且为语辞。此诗之且,与今字对言,上承耕耤以供粢盛之义,盖是"旧制有之之义"。窃谓且当训故。言耕耤之礼,旧未曾行。然有旧制。字书虽无此义,诗语则必如此解。先儒不知此为耕耤事,则不可能设想及此,字书纂辑前人成说为义训,前人未说及则不著录。兹固无妨"自我作故",即用此诗为据可也。"匪今斯今",言亦非今日始为之。我等为之则始于今日。旧制久废,今复为之之义也。结云"振古如之",毛云:"振,自也。"郑云:"振亦古也。"朱云:"振,极也。"按:振字从辰、手。辰,农祥也。从手,谓从事于农事。故引申为自始之义。毛训当遵。"振古如兹",谓自古已有耕耤之制。其实亦不然。耤田之制始于阶级社会,统一局面形成以后。奴隶社会,奴隶主之田皆奴隶耕之。殷世始划一部分土地,征臣属之小奴隶主派人助耕,作为一种属部对中央政权之义务。周初之耤田亦如此。统一天下后,已有农奴生产制,诸侯封国过远,乃仅征农奴助耕。其有若干奴隶常任耕耘管理之役则同。

(六)良 耜

一章,二十三句。

畟畟良耜,俶载南亩。播厥百谷,实函斯活。或来瞻女,载筐及筥。其饷伊黍,其笠伊纠。其镈斯赵,以薅荼蓼。荼蓼朽止,黍稷茂止。获之挃挃。积之栗栗。其崇如墉,其比如栉。以开百室。百室盈止,妇子宁止。杀时犉牡,有捄其角。以似以续,续古之人。

此宣王复行秋社劳农,所制乐章也。《载芟》所劳,为乡遂应征耕籍之农民与农官、耤臣。此所劳,则郊甸之个体农户,属于食采诸邑君之农民。

首四句,颂农民播种之劳。用《载芟》原语,仅易三字。播种之事,全畿皆同。耤田辽阔,曰"播厥百谷"。《毛传》:"畟畟,犹测测也。"胡承珙《后笺》曰:"《尔雅》'深,测也'。《说文》'测,深所至也'。畟畟、测测,皆状农人深耕之貌。"诠按:此与"有略其耜"为同义而略变其文之语句。则畟畟,犹略略也。亦如云挈挈,犀利之谓也。诗语明是耜之形容字,说为用耜深耕者,非也。

"或来瞻女"三句,谓农官以筐筥载黍饭来饷农民于田间,《月令》所谓"劳农劝民"是也。下逮汉代,贤良牧守尚循此制,载酒劳农于田间。大抵随兴所至,慰劳一二处三五处而归。非能遍及全邑农田。但使农民知统治者重农事而已。《郑笺》《朱传》均说为"妇子来馌"。大非。宣王世，全畿皆已普行农奴生产制，农户皆小私有者，则妇子之馌，安得用筐筥以盛黍饷。惟农官慰劳农民于田间，须载大量酒食，乃用筐及筥耳。且诗但云"来瞻"，非谓来馌。瞻者，视察之意。农官载酒食巡行田间，见勤劳而耕耘得道者乃饷劳之。故曰："或来瞻汝。"或来，抑或有不来。瞻汝，则或不饷汝。若妇子来馌，则岂能曰"或曰瞻"哉？

"其笠伊纠"五句，述农民耘田之艺。"其笠"，谓农民所戴之笠。毛云："笠所以御暑、雨也。""斯纠"，郑云："戴纠然之登。"朱云："纠然，笠之轻举也。"愈后出者愈脱离实际，亦去诗美愈远。笠字从竹，故曰箬笠。编竹丝为之，双层巨孔，中押箬叶。微凸其中以着头，不能自稳。更须系二带夹颐，结于颏下。纠，谓结带也。"其镈斯赵"，毛云："赵，刺也。"诠按：赵字本义为移进，故从走。诗谓农民持镈耘田，移进不息。非谓刺也。薅草者，横斜向土，欲断草根。刺者，直向地，欲以掘物。下云"以薅荼蓼"，即不当是刺之义。旧说遵《毛传》者，皆误。"薅"，陆云："呼毛反，拔田草也。"今农民犹呼中耕除草为"薅草"。野草种类繁多，不只荼蓼。荼蓼形尤大，害尤甚，故以之代表野草。荼蓼经镈削断，朽烂于田间，转化为有机肥料。故曰荼蓼朽而黍稷茂也。

"获之"以下五句，言丰收情况。"挃挃"毛云："获声也。"与"奄观铚艾"之铚，陆音并为"珍栗反"。铚，镰也。挃从手，则当谓用镰之状。非谓其声。《毛传》又云："栗栗，众多也。"朱云："积之密也。"诠按："栗栗"，危惧貌。禾堆叠于场圃，如垣墉，甚高。似危，故曰栗栗也。赓云："其崇如墉"是也。农民共墟落为一场圃。各家获禾为一垣，以次相比，故如栉齿之密。"以开百室"，郑云："百室，一族也。""其已治之，则百家开户纳之。千耦其耘，辈作尚众也。一族同时纳谷，亲亲也。百室者，出必共溷闲而耕，入必共族中而居，又有祭脯合醵之欢。"《朱传》更引《周礼》为之说曰："五家为比。五比为闾、四闾为族。"说成恰是百家之数。诠按：井田，儒家之虚想，非实有也。颂诗，文士之虚词，非实述也。"百室"，虚拟之多数，非实计也。"则百斯男"，非大姒实有百子。则此"百室"云者，岂遂可如郑、朱之穿凿哉？"开"者，舒放之义。故花蕾之放曰开，笑颜之启亦曰开。"以开百室"，谓丰收，农户皆喜慰腾欢为开也。下文"百室盈止"，乃道打场纳谷之事。此句上属于积场工序。而郑、朱并以"同时入谷"说之。尤误。开字无打场入谷之义。

"百室盈止"以下六句，言丰收入场，经冬季打场脱谷，各户纳谷，仓箱皆满。

自此农事毕，妇子宁，乃从事于报赛祭享之事，以慰一年劳苦。"杀时犉牡"二句，谓报赛于社所用之牛。"时"，是也。犉牡，毛云："黄牛黑唇曰犉。"《大田》诗："以其骍黑，与其黍稷，以享以祀。"为奴隶主举行秋报于社之诗。是秋报社用牛牲也。宣王时，耕者为个体农户，一家之力不能杀牛，亦尚无醵资报赛之组织。秋报社惟王与邑君能举之。故曰"杀此犉牡之捄其角者，以似以续。"捄字，两见于《大东》。"有捄棘匕"，毛云："捄，长貌。""有捄天毕"，毛云："捄，毕貌。"一见于《绵》"捄之陾陾"，毛云："捄，虆也。"于此句，则云："社稷之牛角尺。"谓祭社、稷之牛角长一尺，则亦《大东》训长而成对之义（棘匕，双刺之匕，以取肉块者。毕，双歧之罔具）。《王制》："祭天地之牛，角茧栗，宗庙之牛角握，宾客之牛角尺。"角茧栗，谓角初出，稚牛也。角握，谓角长可握，始可耕者也。角尺，则已成长之牛。毛谓祀神则用。社祭所重在于飨农，故视同飨宾客也。《毛传》："以似以续，嗣前岁，续往事也。"《郑笺》："嗣前岁者，复求有丰年也。续往事者，复以养人也。"诠按：《斯干》"似续妣祖"，《毛传》"似嗣也。"此似与续联称，应亦同义。谓绍续前人之事也。天地、祖庙、社稷之祭事，前人已创制之，后人当嗣续之。重言"续古之人"以为结语者，谓《大田》祀飨之礼久废。今仿其制续而为之。亦欲各邑君亦行此礼也。

春祈、秋报，为奴隶社会已有之制。故《小雅》有《甫田》之诗，即亦有《大田》之诗。宣王既行秋社劳农之制而有此诗也，则亦当有春社祈谷之诗。而三百篇未见有如此乐章。初疑孔子录诗时失之。嗣疑宣王初年实未重视农事。缘畿内大面积土地中奴隶解放而为农奴，生产力高涨，农事不待劝劳也。迨穷兵黩武连年而农民亦疲，乃因虢文公谏而有重农之措施。于是盛为《载芟》《良耜》诸乐章以劝其事。然而卒因赋重民困，非乐章所能激兴。而一傅众咻，贵族多莫能赞许。故暂成高潮，瞬复消寂。翌年以后，更不复为。故乐官只存此一篇，与春行耕耤之《载芟》合志一年之事而已。非孔子未录取宣王春社乐章也。

（七）丝　衣

一章，九句。

丝衣其紑，载弁俅俅。自堂徂基，自羊徂牛，鼐鼎及鼒。兕觥其觩，旨酒思柔。不吴不敖，胡考之休。

此歌颂文王世养老典礼之诗。宣王复行养老典礼时，谱为颂乐也。原诗当为《豳风》，或谱为《小雅》。宣王改《颂》。文既屡经修改，音韵响亮，语言通俗而优美，在周诗中文字艺术为最高。故养老之礼废，而诗仍流传于后世之口。

新诠作此推断者：诗只三十六字，每四字为句，是风、雅规格。绝对不是周初之颂。亦不能是宣王世作。宣王世诗已尚长篇，不应造如此短简之颂。然而叙在《载芟》《良耜》之下。且"兕觥其觩"二句，见于《桑扈》，"胡考"之文，见于《载芟》，皆宣王世之诗。宣王世诗已多有借用昔人诗语之例，则此诗为宣王以前之旧诗，为当然矣。

《孟子·离娄篇》云："伯夷辟纣，居北海之滨。闻文王作，兴曰：'盍归乎来！吾闻西伯善养老者。'太公辟纣，居东海之滨。闻文王作，兴曰：'盍归乎来！吾闻西伯养老者。'"《尽心篇》又复如此言之。《史记·伯夷叔齐列传》亦云："闻西伯善养老，盍往归焉。"则文王曾行"养老"之礼，流称于当世，远达于孤竹，为实然也。文王时，西周优待奴隶，以发展农牧工商事业，物资丰赡，民食有余。因以有余之物资，施行养老之礼，以鼓励劳动人民而诱致远方才智之士，理有可能。则《孟子》所传，非无因也。顾当时所云"养老"非皆耆寿人之老人；大抵为本国奴隶之忠勤著绩者，与自外来归之贤而有才智者。每年一度或多次为之。由奴隶主阶级为之部署飨礼，待如宾客，以示优异。以为激劝。凡此卑贱与疏远之人，克跻此宾位者，必其立德累行若干年次，名已普著于时，而后得之。于时大抵已在衰暮，故不曰养贤而曰养老。苟业绩可称已成定论者，则虽犹少壮，亦必征而一度宾客之。或遂因而用之。故夷齐以少壮至，太公以耆年举。（太公卒于康王六年。仕周六十年乃死。世谓其八十遇文王者，妄也。其女为武王妻，则仕周时年龄只五十左右耳。）老者，才德成熟之谓，不必谓寿龄之高也。

后世儒生侈言古先王养老之礼，而不能举其实事。大抵皆缘传闻曾有，而以意附会之。《小戴礼》有《文王世子》一篇，铺叙其事。《史记·礼书》亦论及之。东汉明帝章帝曾按世儒所论实行，究以于世无益，旋即罢废。非唯其制非文王之制，其时亦非文王之时，则其效固应非文王之效为必然矣。文王行之而能致兴周之功。武王嗣行之而收统一之效。既定天下，则不复为之。周公制礼，无养士之礼矣。然其诗犹流传，其事犹仿佛在后人想象中。宣王世，国方富盛。为一时重农政，遂因旧文以制此乐章，用于春秋社祀及雩、蜡之祭，以尊礼耆寿之劳农。此理所可能者也。

旧说此诗者：《毛序》曰："绎宾尸也。"《续序》引"高子曰：'灵星之尸也。'"

然诗语无绎祭之义，更莫明为何种祭之绎祭。孔颖达《正义》考订绎祭，强通毛、卫之说最详矣，卒亦不能自通。《朱传》谓："此亦祭而饮酒之诗。"不言何种祭，何神之尸首，诗语固无有也。何楷《世本》据《祭统》"幽宗祭星"之语，谓此祭"即《月令》孟冬祈年于天宗"。郝京又附会"丝衣"为"祈蚕之祭"（并据魏源引）。皆依《续序》为说。亦不能举诗中何字以证"灵星"之义。魏源《诗古微》谓是"成王绎农祥灵星之尸"。为说尤辩，而与诗语卒难结合。惟孙嘉淦《折衷》援《周礼·党正》"国索鬼神而祭祀，则以属民而饮酒于序，以正齿位"语，以合《文王世子》"反，养老于东序"之文，判此为"养老"之诗，为近于理。然亦非可以拟文王时之养老也。

至于诗语诂训，则诸家大都依于毛、郑。兹亦依故训，释其为文王养老之诗如下：

首二句，《毛传》："丝衣，祭服也。紑，洁鲜貌。俅俅，恭顺貌。"《郑笺》："载，犹戴也。弁，爵弁也。爵弁而祭于王，士服也。"诠按：周代之士，对庶民言，属于官吏一级。按《周礼》，党正为下大夫。其下族师、闾胥、比长，皆士级。此周统一后之规制。若文王时，则唯有奴隶主与奴隶之两阶级而已。奴隶阶级号为庶民，衣惟麻褐，无冠。惟奴隶主，即贵族阶级，乃著丝衣，戴皮弁。不必祭祀时衣丝织品。文王养老典礼，使贵族之执事者，丝衣皮弁为之执役，以明其人一时之尊宠。

次三句，言此辈平时虽执阶级尊严的监人，在此典礼之日，则执役敬慎勤恪。郑云："升门堂，视壶濯及笾豆之属。降往于基，告濯具。又视牲，从羊之牛，反告充。已，乃举鼎幂。告洁。礼之次也。"系用《仪礼》部署祭礼层次为说。毛云："基，门塾之基。""大鼎谓之鼐，小鼎谓之鼒。"郑云："鼎圆，弇上谓之鼒。"诠按：周人之祭只一牢。即以之享祭者。此诗牛羊并用，则何祭耶？部署祭礼，礼官之恒职，不值特述。而此诗用过半文字特描述之。且不惟牛羊用已，又列鼎三种之多，不及笾豆粢盛。则非为祭事矣。非祭事，即亦不得绎祭之事。只能是燕享之事耳。不言祭，即非祭祀之燕飨。不言事，即非朝聘之燕享。然则《周礼·党正》所谓"索鬼神而祭祀"之蜡祭、雩祭之类，于时优礼老农之说，近之矣。然而诗语又不似蜡、雩之事，故可推想为"养老"之事矣。

《桑扈》之卒章曰："兕觥其觩，旨酒思柔。彼交匪敖，万福来求。"几于全用此诗之末四句。彼为王臣燕诸侯之诗，假用此诗语意，以明其敬。略变其文。"兕觥"，角制杯也。"其觩"，对举劝酬也。"旨酒"，美酒也。"思"，语辞。"柔"，柔嘉也，谓美殽。接合上文羊、牛，鼐、鼒衡之：所飨者多人，旨酒嘉殽，且主人之敬。而所以颂客者，则曰"不吴不敖"。吴，哗也。(《毛传》)。敖，傲也(《朱传》音傲)。则知如此大飨礼，非为习于"文德"之贵族，即所谓"君子"者设。而系为粗犷不检之劳动人民，乃至以"不吴不敖"称美之也。《毛传》于《载芟》云："胡，寿也。考，成也。"于此诗，仅重言"考，成也"。《郑笺》补之云："得寿考之休征。"《朱传》释"胡考之休"，云"故能得寿考之福"。诠按：胡考，犹皇考也。已前释。此亦宣王复行文王养老之礼，称为"胡考之休美事"也。若释"胡考"为老寿，则更于养老之义为洽。或文王世诗本是以"胡考"为"大老"之义，谓征养之老人。《孟子》云："二老者，天下之大老也。"谓伯夷太公为"大老"，或即缘古诗有此胡考之字而言之。宣王时引诗，文义已变。缘文王时，老与考为一义，宣王时，老考义乃分表生者与死者之所致耶。

此诗三十六字之非文王时旧文。不惟此句可疑。即如上文"肅鼎及鼒"句下，无收束语，亦似被删一句。原诗或是两章以上。一或后述贵族安排之勤诚。一或二章称道受飨者之欢乐与感激。改入颂乐时乃有并之。抑或是文王后，养老之礼久废。但诗语有传者。宣王取以制颂时，仅得其残句如此。然皆不值考订之文，不论可也。

（八）酌

一章，八句。

於铄王师，遵养时晦。时纯熙矣，是用大介。我龙受之，蹻蹻王之造。载用有嗣，实维尔公，允师。

此即世传武王作《武》，周公作《勺》之《勺》。其后成王时，周公改制六成大武乐之再成乐章也。

大武乐初本无词。为说已在《武》篇。周公旦始为之词，以颂克殷之功。题之曰"酌"，明待武王斟酌之意。字一作勺（《汉书·礼乐志》）。亦作汋（《左传》宣公十二年）。又或作礿（《春秋繁露》）。皆同音义。篆隶演变时传者各以意为字也。《大武》之乐，凡三制。武王初制在管，合《羽》《厉》《宣》《嬴》四章舞乐为之，无词。武王既归宗周，命周公旦为之词，即此篇也。《吕氏春秋》谓武王"于牧野归，荐俘馘于京太室。乃命周公而作《大武》"。《白虎通义》"周乐曰《大武象》。周公之乐曰《勺》，合曰《大武》是也"。本为《大武》之象乐填词，并无词之四章乐舞为一章而歌舞之。于旧之象舞与乐曲皆有所删省。乐官则新旧并传之，遂成"大武象"

与"酌"两乐,其实皆颂克殷一事。故后儒每混称之。

《毛序》云:"酌,告成大武也。"固谓武王告成有词之大武于祖庙之乐章如此。则既已非在管初制之"大武象"(武舞不歌者为象舞)。亦非成王时改制之"大武六成"也。

"於铄王师",於,语辞。铄字本义为金、铜、锡,熔化灼烂之状,引申为销熔,为光灿,为炽盛,为美。《毛传》:"铄,美。"谓灿烂之美也。"王师",周王之师。"遵养时晦",谓文王遗命,纣犹强大,未可伐。武王遵之,养晦待时,阅十二年,至纣恶已稔而后伐之。《毛传》:"遵,率。养,取。晦,昧也。"谓率是师以攻是昧而取其国。占去下文含义。无取。"时纯熙矣",谓伐纣之时已至。纯,大也(《郑笺》)。熙,明也。"是用大介",谓大出师以伐之。《朱传》:"介,甲也。所谓一戎衣也。"《尚书·武成》:"一戎衣,天下大定。"又曰:"将有大正于商。"大介,犹大正(征)也。

"我龙受之",毛云:"龙,和也。"郑云:"龙,宠也。来助我者宠而受用之。"马瑞辰云:"我龙受之,正与《赉》诗'我应受之'句法相同。《逸周书·祭公解》'用应受天命'。《左传》襄公十三年,'应受多福'。应受,犹此诗龙受也。"谓《毛传》训龙为和:"当读同倡和之和。和即应也。"又谓:"《商颂·长发篇》'受天之龙',《传》:'龙,和也。'亦以和为应。谓受天之瑞应也。"所为沟通龙与和音义之处,纡曲而牵强。然在历世伸毛伸郑诸争议中,论据为最胜矣。顾此句承上启下,所当注重求解者不在龙字,而当在"我"所指者为谁,与所受者究为何事?按上文两种言时,谓遵文王所命之时。时至而征,则此所受者伐纣之时也。"我",谓有周也。有周应天受命而大征彼殷纣也。龙字为受之疏状辞说为应受可也。"蹻蹻",毛云:"武貌。"造,毛云:"为也。"按:造之本义为先至,在此诗,当指王之前锋战士。《牧誓》所称之"戎车三百辆,虎贲三百人"是也。训造作为,于义难通。

"载用有嗣",谓方出军临殷时,周与纣孰胜,初未可知。败则有周不获嗣承天命。胜则灭纣,完成先君之志业。赖蹻蹻诸战士,获以克商,则乃克以嗣承天之明命。是皆尔战士之功。"公",功也。《牧誓》反复励士曰"夫子勖哉"!"勖哉夫子"!兹则已克殷矣,固当于此诗中明著战士之功。"允师",郑云:"信得用师之道。"朱云:"惟武王之事是师尔。"诠按:颂文以"於铄王师"起句,此回顾之,以"允师"为句作结,当为"允矣我师"之意。谓信能如《牧誓》所愿呈于铄之功也。

（九）桓

一章，九句。

绥万邦，娄丰年。天命匪解。桓桓武王，保有厥士。于以四方，克定厥家。於昭于天，皇以闲之。

此即周公所为"三象"之卒章。迨成王时改制《大武乐》，则以此为其五成之乐章也。无论为《三象》，为《大武》，篇次俱当在《赉》《桓》之下。而《毛诗》序列在前者，或是《毛诗》篇次错乱。抑或由于《三象》以此篇作结，乐官以结篇在前。犹"大武六成"本以《武》篇在末，而反序列于前也。"三象"所演，为周公于克商后抚循南国之事。已在《武》篇说明。

"绥万邦"，《郑笺》："绥，安也。"诗言南循之师，安抚之新邦甚多，天下大定也。"娄丰年"，《左传》宣公十二年楚庄王引，作"屡丰年"。屡，本楼之古字，重叠之义，与屡义通。《左传》僖公十九年，甯庄子曰："昔周饥，克殷而年丰。"是武王之十二年为周之丰年矣。《竹书纪年》云：武王十三年"秋，大有年"。则武王十二、十三年连为丰年矣。以常理推之，武王伐纣，自周人所谓"王师"外，又复广征其与国与属国之军，远及庸、蜀、羌、髳、微、庐、彭、濮之人。十月出师，四月乃归，适在冬令，田野无禾谷可资，军食当全赖于周人之转饷。此非当年有大丰收，不能给也。武王十二年之为丰年可定。即其前岁之十一年，亦可能也是丰稔，乃有大量物资给此庞大军用。甯庄子所云"饥"者，当谓师出而民食有所不足，幸十三年年丰而无害。此诗云屡丰年，固实然之语矣。

"天命匪懈"，郑云："天命为善不懈者以为天子。"朱云："天命之于周，久而不厌。"朱说为长。"桓桓武王，保有厥士"，毛云："士，事也。"郑云："桓桓有威武之武王，则能安有天下之事。此言其当天意也。"朱云："此桓桓之武王，保有其士而用之于四方，以定其家。"皆隐以"武王"为称谥。持文、武、成王皆生前称号者也，魏源乃于此诗亦云"诗举武王之谥，明作于成王时。"按：《三象》之乐作于武王时，其合并为"大武六成之乐"乃在成王时。此武王是指武王姬发，然非称谥也。商代无谥法，而《商颂》称汤为"武汤"（《玄鸟》）又曰"武王"（《长发》）。武乙亦自称"武王"（《玄鸟》）。是未有谥法之前，称颂有武业者，无论在生时、死后，皆可称为武王。武为颂美之词，不必即为谥也。"保有厥士"当用《朱传》之义。谓南循之师,凭借诛纣声威,所至克捷,无所伤折。"于以四方,克定厥家",于文法当为一句。犹言克定四方以宁其家。"以",用也。"于以四方",犹云用于四方也。天下皆定,有周之家乃定,故曰王者以天下为家也。

结束二句,毛云:"间,代也。"郑云:"于,曰也。皇,君也。於明乎,曰天也。纣为天下之君,但由为恶,天以武王代之。"朱云:"间字之义未详。《传》曰'间,代也',言君天下以代商也。"按:诗言"天命匪懈",故于克商之后又能克定四方。"克定厥家"即是克定天命矣,何庸更云天命代商?窃谓间者"居间"之义。诗盖谓:"天命之所以能昭明若是者,实赖我先王之灵在天,居间于天人之际,克使天命实现,助周室完成此伟烈之业。"皇"为"皇王"之缩省。周公诗一切归美于文王,于此亦必然也。

《左传》记楚庄王论京观引《武》乐诗之卒章、三章与六章。谓"其文曰:'绥万邦,屡丰年。'"夫《武》乐章至六成止,则安得既有"卒章"又有"六章"?非楚人传诗之篇第不同,即左氏记述之文有误矣。考此篇文义,应是《六成》之第五章。

(十) 赉

一章,六句。
文王既勤止,我应受之。敷时绎思,我徂维求定。时周之命,於绎思。

此《大武》"三成而南"之乐章。本与《般》及《桓》为"三象"。周公再制《大武乐》时并入之。缘三象志分军巡南国事,应为武王克殷一役之事故也。

全篇,为周召二公分军循抚南国时传檄于南人之语气。言:文王既已勤于拊循南国矣。然犹未能灭纣,不能使南国之素已服属于殷纣者断绝于纣而完全臣服于周室。今则,我有周既已完成代殷膺受天命之事,则亦当接受尔南国君民之臣服。兹乃敷布明令,绎续南国与华夏之隶属关系。我军此来,不为征讨,但求保持旧时华夷关系,安定此方而已。"敷",布也。"时",是。"绎",寻绎,循旧事而继续之也。"思",语辞。敷布绎续华夷旧有之关系,是循抚南国主旨。"时周之命",谓:周虽仍存殷祀,武庚则已降为周之藩国,则尔等南国君民亦当直接承奉周王之命。不得再奉殷为天下共主,而考奉国之正朔。上时字读如是。此"时",如字。"於绎思",欢而重言绎思,作具有威力之启示。如云:"注意,转移对殷王旧有之关系于周王,斯可也。"

诗语无赉字，而题为"赉"者，周召二公抚循南国，民族君长，例皆贪中华赏赉。华夏亦惟工艺物资足以动其欣羡。故其招抚程序必先有传檄之使宣谕其君长，便以赏赐物品诱之。军威在后。服则因而抚之。不服则从而征服之。物资诱导，实为主要作用。赏赐物品曰赉。故诗不言赉，但陈檄告之语而赉义自明矣。《尚书·武成》："大赉于四海，而万姓悦服。"即谓以赏赐招抚四海之民族首领也（四海，即四夷。说在《尔雅》）。《论语·尧曰》"周有大赉，善人是富"。旧皆说为大封诸侯。夫周代实行赐土新建之诸侯，寥寥可数。《春秋经传》所载之诸侯，号为百二十国，因其旧酋而封者实占大多数。凡江淮二水流域之国，皆因南国旧有之君长而谓之诸侯之国耳。此辈君长对殷周之关系，经济倚赖较之政治认识重大百倍。则周之克殷而命周召南出也。其赉赏之物资与传檄之使先之者为必然矣。封爵，非其君长之所重，有不有固非所关心也。说"周有大赉"为封诸侯者，未达。说为二公南循略地，则正如此诗。故曰："此大武三成而南之乐章也。"

（十一）般

一章，七句。

於皇时周。陟其高山，墮山乔岳，允犹翕河。敷天之下，裒时之对，时周之命。

此周公"三象"之一篇。后并于改制之《大武乐》，为"四成而南国是疆"之乐章也。

"於皇"，犹云：大哉！叹美周王拓地之广也。"时周"，谓统一天下时之周。时，是同。是，此也。时亦是时之义。上章及此下"时周之命"，义同。收其地，则祀告其山川之神。"陟其高山"，察视其山灵当祀者所在。南国新抚地面广大，有国不一，故必陟其高山以衡量制定之。"墮"，墮同。"墮山"，谓每抚有一国，即就其所宿祀之山，除土为墠而祭告之。除土为墠，于山之巅，示卑之地也。故曰"墮山"。此种仪式，在秦汉则为"封禅"之禅。"乔岳"，即"封禅"之封。封者，于山巅更积土为坛以祭，示助其崇高之义。"岳"者，嵩高二峰（太室、少室）之专名。说在《时迈》。其山原为殷畿与南国之界山。亦为夏、殷与南国之旧界。在汝渍之西南。周公南巡。首收汝渍之地，见于《周南》之诗。从而收得此山为周之新地。乃封土祭祀以崇高之。其山本为虞夏之南岳。自是，奄有江汉淮海之地以为华夏，别立南岳，而以此为中岳。故五岳之称自周始也①。如此"隓山乔岳"之文，不惟当时收地之实事，亦且具表示卑四海而崇中华，天下定于一尊之意。《毛传》云："高山，四岳也。隓山，山之隓隓小者也。"与诗语全不相应。夫山之小者多矣，既不皆祭祀之，则著于此颂何谓乎？况周秦汉已祀五岳，且能独以《虞书》之四岳为"高山"哉？凡此皆足知其识见之陋，为不足采之说。《郑笺》更妄谓："于小山及高岳皆信案山川之图而次序祭之。"《朱传》云："高山，泛言山耳。隓，则其狭而长者。乔，高也。岳，则其高而大者。"则谓如此之山皆遍陟之，尤谬。自此以外，旧儒无能更求其解者，从而后世字书亦莫能说此隓字。且于封禅之本义亦失之。皆自限于据书以说书之失也。"允犹翕河"，毛云："翕，合也。"郑云："犹，图也。"说为"信案山川之图"，固是谬解。其说翕河云："河自大陆之北，敷为九。祭者合为一。"诠按："祭河乃取殷国者所当为之祀，非抚循南国者所当有。只此，即可知郑氏为谬解。朱云："允犹，未详。或曰：允，信也。犹与由同。翕河，河善泛溢，今得其性，故翕而不为暴也。"诠按：犹、由、猷、游，古皆同音通假。此句犹当读如游。谓凡南国之大水可行船者，如淮、颍、江汉之类，皆视同河水以祭祀之。翕之为义，此同也。故从合羽，会意，泛释为合者，亦非。

"敷天之下，裒时之对"二句，毛云："裒，聚也。"郑云："裒，众。对，配也。遍天之下，众山川之神，皆如是配而祭之。"朱云："对，答也。""凡以敷天下之下，莫不有望于我。故聚而朝之方岳之下，以答其意耳。"马瑞辰云："对，当读如'对扬王休'之对。对，犹答也。谓诸侯皆聚于是，以答扬天子之休命也。"引"李黼平

---

① 《尚书·舜典》言舜："正月上日受终于文祖。""岁二月东巡守，至于岱宗。柴。望秩于山川。肆觐东后。""五月南巡守，至于南岳，如岱礼。八月西巡守，至于西岳，如初。十月一月朔巡守，至于北岳，如西礼。"后世言天子巡守者，本于此。孔安国传，谓："岱宗，泰山。""南岳，衡山。""西岳，华山。""北岳，恒山"（宋·蔡沈注词）。诠按：今传《虞书》五篇，皆殷周人依先民诗歌传述以为之耳。于文多所加工，未全信也。尧舜时不过建成氏族公社，因解池之盐利与四方部落交易，形成经济势力超越于公社以外之政治集团，犹未能建成国家也。则安得有天子巡狩之礼。惟其时有虞之文化与经济领域，实已远达于泰山与华、恒地区，舜曾躬履其地，则有可能。若夫其南，则伊洛以外皆三苗地区，初不隶属于虞夏，亦明著于《尚书》。则舜之足迹南至嵩山止耳。世传其与二妃南巡逾湘而奔于苍梧之野者，妄矣。则舜安得祀衡山为南岳哉？于时所谓"南岳"，谓嵩山耳。嵩山以外皆三苗，殷周所谓"南国"也。《周诗》亦称之为"南山"。华夏有称之为岳山者：《大雅·崧高篇》字本作岳，象太室少室对峙之形。在南国境上，故曰"南岳"。华山在岳之西，故称"西岳"。恒山在岳之北，故曰"北岳"。岱宗与岳山齐名，故《舜典》犹未称之为东岳。入周后，则长江以北，皆为封建诸侯之地区。始以霍山为南岳，而称嵩山为中岳。《尔雅·释山》："泰山为东岳。华山为西岳。霍山为南岳。恒山为北岳。嵩高为中岳"是也。秦始皇统一华夏拓地至于岭南。南巡逾洞庭，登衡山，始夺霍山之祀而移于衡山。霍山介于荆、豫、徐、扬四州界上，地僻，无车船之便，始皇不曾至，故失南岳之称也。然其地，周公之所曾至也。霍山之下，有英、六、舒、蓼、江、黄诸国，所谓"群舒"，春秋世仍为强族。其南巢伯，曾随周公入朝武王于宗周，见于《尚书》与《竹书纪年》。则周公逐商人之役象者于江南，而为"三象"之乐，可信矣。据此诗，所服之国，皆曾"陟其高山"故知周公曾登此山（今为霍山县之天柱峰）。从而可知周代以霍山为南岳，是周公所定。亦可知五岳之称始于周代，非殷及其以前所已有之矣。

曰：'《常棣》，原隰裒矣，《殷武》裒荆之旅，传训聚者，皆指人说。此亦当指人说。言天下之人，于巡守所至皆聚是方，而对答王命。'"按：旧儒皆按《毛序》"般，巡守而祀四岳河海也"求义，故不能得其义。郑说固谬，朱、马与李氏说为人事，则近之矣。犹以专从巡守着想，故不能准。兹结合于"四成而南国是疆"言文，则敷犹溥也。溥天下之土地为周王之土地，故祭告其山川。溥天下之人民为周王之人民，故二公南巡所至，民皆裒聚以受令教，而以悦服对答新天子之休命。故下更以"时周之命"说明"裒时之对"，谓所对者周天子之新命也。三言时字，皆谓天命转移入周，接替之进。

诗题为《般》者，般之本义为游乐。故《毛序》旧注云："般，乐也。"然命题本意为旋师。《汉书·赵充国传》"明立般师罢兵"。盖后世所谓班师，原亦作"般师"，谓从容旋师如般游，不同于仓促撤退也。南国既已疆理，则其师当旋归京师复命。故题曰《般》。

与《赍》同用"时周之命"一语，尤足知为周是南国循地一事之首尾两章。更用《桓》，以"克定"字总结之。则其为周公原作"三象舞"之乐章，可定。《诗正义》云："此篇之末，俗本（亦）有'於绎思'三字，误也。《释云》云：'於绎思，毛诗无此句。齐鲁韩有之。'今毛诗有者，衍文也。崔（灵恩）集句本有，是采三家之本，因有。故解之。"审此诗，当有"时重之命"句，不当有"於绎思"句。是《毛诗》胜于三家诗处。

《周颂》小结

综凡《周颂》三什，三十一篇，三十一章，旧云三百三十八句。共千三百七十八字。其中每有脱篇、脱句、脱字之处。如"大武六成"，今存者只五篇，是脱《支》"始而北出"之篇也。《丝衣》篇有脱句。《小毖》篇有脱字。并详各篇新诠。文最少者《维清》，仅十八字。最长者《载芟》百二十四字。

《鲁颂》解题

武王克殷，抚定南国，统一天下，周公、太公、召公之力为多。故封周公于鲁，以抚南国。封太公于齐，以镇东夷。封召公于燕，以御北狄。封纣子武庚于殷故地，以奉汤祀。而以三弟为管、蔡、霍三国，以监临之。武王崩，成王立，周召二公留辅政，各以其长子之国。三监疑周公，挟武庚以叛。奄、徐诸夷国助武庚。周公东征，诛武庚及管、蔡，灭奄。改封弟康叔于殷故地，曰卫。封微子于宋，以奉殷祀。徙鲁于奄故地，都曲阜，以备徐戎。留东征之车马辎重于鲁，因故奄之降民，并徙殷民六族以实之。故周之初世，诸侯之国，鲁为最强。鲁庙以周公为太祖。成王以周公有大勋劳于天下，命鲁世祀周公以天子礼乐。是故诸侯之国，鲁祀庙得用颂乐。

然，鲁承周公之教，世守周礼，唯用宗周雅颂旧乐，不自创制。其民间，奄之旧民，习于南乐，殷之徙民习于商风，华人之留居者，齐人为多，仍习齐风，自宗周来者，仍用豳风。故鲁国无自立之风诗①。而仍有自制之颂乐者，春秋世鲁君臣僭为之也。

伯禽传五世，二百一十九年，至武公敖，当周宣王平徐淮时，从王师平定徐地有功，故谥曰武。又三世，百零二年，至隐公息姑，入于"春秋"之世。鲁国浸弱而齐益强大。桓公允，弑兄承位。有子四人，嫡长子庄公名同，嗣。叔、仲、季三子为三族，相代辅政，是为"三桓"。季氏世有贤称，专政最久。庄公死，季友立闵公。被弑。再立僖公申。因齐桓之力，克定鲁乱。又相僖公，助成齐桓霸业。其事迹著于《春秋》。于时鲁之武功颇多。其孙季孙行父再执鲁政。附于晋。曾联晋、卫报怨于齐，败齐于鞌。取齐汶阳之国。一时东方诸侯，鲁之地位较齐尤高。时则周

---

① 鲁宋有颂无风，旧儒颇以为惑。郑玄《诗谱》为之说曰：周之不陈其诗者，为优耳。其有大罪，侯伯监之，行人书之，亦示觉先。"意谓周优待鲁，不陈其民间讽刺之诗以彰其恶。朱熹《集传》驳之曰："或谓夫子有所讳而削之。则左氏所记当时列国大夫赋诗，及吴季子观周乐，皆无曰鲁风者，其说不得通矣。"诠按：《何彼襛矣》鲁人刺王姬之诗。原用南乐，则入《召南》。《敝笱》《载驱》鲁人刺文姜也。原用齐风，则入于《齐》。《九罭》，鲁人欲留周公也。用豳旧乐，则入于豳。非鲁无风。无自立之鲁风而已。

室削弱已甚。行父为夸扬季友旧勋,作僖公新庙,请命于周王,为僖公作颂。周王许之。于是鲁有《泮水》《闷宫》之颂乐。又复以伯禽时徙民所作之诗改为颂乐,以夸先世之盛。于是鲁有颂乐四篇。时则已近春秋之末,《雅》《颂》垂亡之际矣。

（一）駉

四章,章八句。

（1）駉駉牡马,在坰之野。薄言駉者,有驈有皇,有骊有黄。以车彭彭。思无疆,思马斯臧。

（2）駉駉牡马,在坰之野。薄言駉者,有骓有駓,有骍有骐。以车伾伾。思无期,思马斯才。

（3）駉駉牡马,在坰之野。薄言駉者,有驒有骆,有骝有雒。以车绎绎。思无斁,思马斯作。

（4）駉駉牡马,在坰之野。薄言駉者,有骃有騢,有驔有鱼。以车祛祛。思无邪,思马斯徂。

周公东征,既定殷地,移讨从叛之奄徐。三年仅克灭奄,遂不讨徐。徙鲁于奄地,留东征车马千乘于鲁以镇徐戎。此鲁乐官所作以夸鲁强盛之诗也。诗格似《南》与《风》。或原是《小雅》。迨后鲁已僭侈,乃改为《颂》。

《毛序》云:"颂僖公也。"《续序》承之云:"僖公能遵伯禽之法俭以足用,宽以爱民,务农重谷,牧于坰野。鲁人尊之。于是季孙行父请命于周,而史克作是颂。"后儒皆循之为说,莫敢立异。按:审此诗之作在伯禽时。非颂僖公。有不可刊之理据如次:

1. 徕古产马之地,在西北两边。齐、鲁、吴、楚,东南半壁,皆非产马之地。《明堂位》言:成王"封周公于曲阜,地方七百里,革车千乘。"（周公字应是"鲁公"之伪。下文正是"命鲁公世世祀周公以天子之礼乐"。）革车千乘,则有戎马四千匹矣。鲁惟此时多马,足当此诗所颂。诗四章重叠,皆只云"牡马",则其为周公留此之戎马甚明矣。若颂僖公世之马牧,则岂能全是牡马而无好马与幼驹在坰牧乎?

2. 自伯禽至僖公,已十世,十八君,三百八十四年（皆自元年起算）。时则鲁之户口已甚稠密,故至宣公而能履亩以税,至成公而能按丘赋甲。户口稠密,则垦地略尽,安可得广阔之坰野以养牧众多之马群哉?惟伯禽初建国时,大军之后,地旷人稀，徙民不能尽垦，乃能有广阔之坰野以牧马牛耳。

3. 诗四章所举马之名色，有专称者至十六种之多。已见于《国风》《二雅》者，有黄（郑《大叔于田》、秦《渭阳》、小雅《车攻》），骐（秦《小戎》、小雅《皇华》《采芑》），骆（小雅《四牡》《皇华》《裳华》），骊（齐《载驱》、秦《小戎》、小雅《六月》），骊（《小戎》），駽（《皇华》）。大抵皆王畿地区习用为名马专称之字。惟产马与养马甚多之人群能制定行用之。若非产马地区之人不能有，有亦难于流行，况此诗所举更有倍多之专称乎？是其本为西北边与吴中习称之名类信用于鲁地，其为周公所留之戎马，而非鲁国能自有之牧马亦甚明矣。

4. 春秋战国之世，良马有专称者，例为二字（其制始于穆王之"八骏"）。惟周初世乃有一字用为马之别称。亦此诗作于伯禽世，非作于僖公以后之验。

5. 《尚书·费誓》志伯禽对徐戎备战之文。其言曰："无敢伤牿。牿之伤，汝则有常刑。"又云："窃牛马，诱臣妾，汝则有常刑。""牿"，牛马牢也（《说文》）。"臣妾"，男女奴隶也。殷民六族徙鲁者，皆属奴隶主与其奴隶。伯禽时，尚不可能施行农奴生产制于鲁。故用奴隶耕于近郊而牧牛马于坰野。郊有庐舍，野惟有牿牢。故备徐戎之令教，特重伤牿与窃牛马诱臣妾之刑。结合此诗，以核史事，情势吻合。若僖公世，则原隰皆已为赋役之民所耕，开垦深入山区，松惟徂崃，柏惟新甫有之。岂尚能有牛马之牿与臣妾之牧于坰野者哉？

以此，知此诗为颂伯禽之多马。"二序"皆谬。判为原非颂乐者；周公世之颂皆只一章。惟南、风与雅有骈叠三章以上者。此诗四章重文，仅各异六字，唯南与风诗有此格句，小雅亦惟周初世诗有之。大雅即不曾有，无论周颂。知其为乐官作者，新开之国，留此多马，寻常人不能辨其名色。时唯乐官博识乃能辨之。此诗特点亦惟在于能辨马之名色。故知为乐官作也。

首章：《毛传》云："駉駉，良马腹干肥张也。坰，远野也。邑外曰郊。郊外曰野。野外曰林。林外曰坰。""牧之林野，则駉駉然。骊马白跨曰驈。黄白曰皇。纯黑曰骊。黄骍曰黄。诸侯六闲，马四种：有良马，有戎马，有田马，有驽马。彭彭，有力有容也。"《诠》按：良马，谓驾车之马，尽牡马。戎马，谓挽战车之马，亦惟牡马中选。不足时乃用牝。田马，谓田猎用马。驽马，则母马，幼马也。此诗所颂皆牡，明其为上选之马也。"彭彭"，音同《郑·清人》之"驷介旁旁"。"以车彭彭"亦谓以此马驾戎车，彭彭然也。"思无疆"，谓成王周公所考虑于安定一方者深远无极。"思马斯臧"，谓留此诸马于此辽阔而富于野草之坰野，俾马得善地，顺其自然之性，优于武王之"归马于华山之阳"也。思字，郑朱皆说为思虑。陈奂《传疏》

云"思,调也",非此篇思字之义。

次章:毛云:"苍白杂毛曰骓。黄白杂毛曰驱。赤黄曰骍。苍祺曰骐。伾伾,有力也。""才,多材也。"朱云:"青黑曰骐。"《诠》按:毛意上骐,骐文也。见《小戎·传》。"苍祺",谓苍黑之骐文。"思无期",谓考虑之长远。徙善牧之殷民六族于鲁,使之教练其马,马乃多能善驶。

三章:毛云:"青骊驎曰驒。白马黑鬣曰骆。赤身黑鬣曰骝。黑身白鬣曰雒。绎绎,善走也。""作,始也。"朱云:"青骊驎曰驒,色有深浅,斑驳如鱼鳞。今之连钱骢也。绎绎,不绝貌。致,厌也。作"奋起也。"《诠》按:"思无致",谓思之勤,欲使鲁公常为之备。随时可以出征。作,兴也。

卒章:毛云:"阴白杂毛曰骃,彤白杂毛曰騢。豪骭曰驔。二目白曰鱼。祛祛,强健也。"朱云:"阴白杂毛曰骃。阴,浅黑色,今泥骢也。豪骭,豪在骭而白也。徂,行也。"《诠》按:"思无邪",谓武王周公留此武备以镇东南,使戎夷与东方之人不敢为邪恶。邪恶作,则鲁能以周公东征之军力,立即往镇服之。"思马斯徂",谓此马立可往征,不待王师之至。《郑笺》说为僖公"思遵伯禽之法,专心无复邪意,牧马使可走行"殆不成其为诗语矣。《论语》:"子曰:诗三百,一言以蔽之。曰'思无邪'。"孔子之意,亦正谓诗之为教,在于使人不敢为邪恶而已。宋以来儒者每说"思无邪"为心无邪淫之念,则下文"思马斯徂"句飞落天外耶?

(二) 有 駜

三章,章九句:

(1) 有駜有駜,駜彼乘黄。夙夜在公,在公明明。振振鹭,鹭于下。鼓咽咽,醉言舞。于胥乐兮!

(2) 有駜有駜,駜彼乘牡。夙夜在公,在公饮酒。振振鹭,鹭于飞。鼓咽咽,醉言归。于胥乐兮!

(3) 有駜有駜,駜彼乘駽。夙夜在公,在公载燕。自今以始,岁其有。君子有穀,诒孙子。于胥乐兮!

殷氏六族,自殷徙入鲁时,其首领受鲁公伯禽燕飨。此其人所作颂德诗歌也。原是商之风诗。后乃与《駉》同谱为《鲁颂》之乐。

其时殷与东南诸国,皆属奴隶社会。所谓六族首领,实即殷降民中六大氏族之奴隶主。有如近世凉山黑彝六大"家支"之首领。其下尚有若干小支首领。所谓"宗氏",盖如六大家支首领所属之黑彝。所谓"分族",盖如各小支首领所属之黑彝。使其一并率将以徙居鲁国,奉行周公之法制。按《左传·定公四年》,卫祝佗所言,武庚败灭时,有大奴隶主十三族降周。其六族分给鲁国。七族留属于卫。其熊盈等从叛之十七族,除被诛戮与逃逸者外,称为殷之顽民,则徙之于洛邑,受周王直接管理。唐叔虞则分得"怀姓九宗,职官五正",大抵皆殷执政之迎降者。其他分器、土田,鲁国倍厚。则分鲁六族之人,必其众多而尤恭顺者可知。

此六族之奴隶主,实即殷人所谓"诸侯"。奴隶社会之诸侯,重在属民,不重属地。其所属各支派民户,大都无固定耕牧之地限,迁移扩散,每与他支混处一地而不相役属。扩散性既强,故其迁徙甚易。"法则周公"者,盖谓如乡遂农奴之定居,故其流移无定之习俗,仍能常供职事于诸侯之国也。其被迁徙也,必有周之军士押行。既至,鲁公亦必飨劳其首领,因而施行教诫,部署安插。估计此六族人数,有数十万。其大小首领,有三百左右。其人多有知识奴隶能诗歌乐舞者与之同来。鲁公召燕时,固亦自有乐舞。其人亦必献其乐舞以相酬答。此时,盖即其知识奴隶所作谢燕之歌。如此则其文义可得而寻。不当如《毛序》之谓"颂僖公君臣之有道也"。

首章:《毛传》"駉,马肥强貌。"颂言鲁公有马之多且壮美。"駉彼乘黄",夸鲁公所乘之车,四马一色皆黄。良马多乃易选得也。"夙夜在公",用南乐旧歌成言,谓鲁公召饮之连日夜不放也。奴隶社会,食品陋劣,而以连日夜饮食为侈。故祭飨必有绎祭,以成两日欢乐。近世藏族奴隶主燕客,一般连三日乃罢。周初之燕飨情致,亦当似之。故其人之诗,用"夙夜在公"语也。"在公明明",谓燕飨中鲁君所作之训诫、指示,有如天帝之明教。其时人咸谓天道昭明。《小明》曰"明明上天",《大明》曰"明明在下",皆是此义。故殷降人之习诗者用此语也。"振振鹭"与"振鹭于飞"同义。殷人夜尚白。此言被召诸奴隶主群集于鲁公丹陛之下,列听教命也。"鼓咽咽",毛云:"咽咽,鼓节也。"此言鲁公有雅乐助飨也。雅乐之鼓,所以节乐。其声低沉而重,渊渊深长,若续若断。殷人谓之"咽咽"也。诸宾于鼓节声中纵饮。殷人嗜酒,饮易醉。醉则起舞以为乐。故曰"于胥乐兮"。于胥,相与乐也。(郑云"胥,皆也。"朱云:"胥,相也。")

次章:"乘牡",谓鲁国卿大夫之车,所谓"四牡"之车,其马不必一色也。"鹭于飞",言舞之狂。极欢时也。"醉言归",燕之将终,欢之极,舞益狂肆也。

卒章:《毛传》:"青骊曰驈",朱云:"今铁骢也。"《诠》按:"乘驈",谓迎送此辈宾客之车，即参预燕诸武士所驾者。其字当读如骍。《檀弓》"周人尚赤，戎事乘骊。"《韵会》："骊，禺袁切，音元。""骍，呼元切。"骍，骊双声，盖古通用。赤栗色马，马之最易得者，非"青骊"与"铁骢"也。诸徙民首领之应召燕者，皆用军士以乘骍迎送之。承上"醉言归"为义。归于罢舞后。故不复用"振鹭"语。而曰"自今以始，岁其有"者，诸奴隶主谢燕，对鲁公表示，保证督其奴隶努力于耕稼、牲畜之事，必能致丰收也。"君子"，当时奴隶对贵族之称语，亦被统治阶级对统治阶级之称语，《周诗》屡见皆然。"有穀"，旧皆依《郑笺》训穀为善。夫穀之训善，本是丰收义之引申。其本义固谓穀物。此诗是用穀之本义，承"岁其有"言。谓丰年大有穀畜，君子及身不能尽用，且将贻于子孙用之。祝愿之语也。

（三）泮　水

八章，章八句。

（1）思乐泮水，薄采其芹。鲁侯戾止，言观其旂。其旂茷茷，鸾声哕哕。无小无大，从公于迈。

（2）思乐泮水，薄采其藻。鲁侯戾止，其马蹻蹻。其马蹻蹻，其音昭昭。载色载笑，匪怒伊教。

（3）思乐泮水，薄采其茆。鲁侯戾止，在泮饮酒。既饮旨酒，永锡难老。顺彼长道，屈此群丑。

（4）穆穆鲁侯，敬明其德。敬慎威仪，维民之则。允文允武，昭假烈祖。靡有不孝，自求伊祜。

（5）明明鲁侯，克明其德。既作泮宫，淮夷攸服。矫矫虎臣，在泮献馘。淑问如皋陶，在泮献囚。

（6）济济多士，克广德心。桓桓于征，狄彼东南。烝烝皇皇，不吴不扬。不告于讻，在泮献功。

（7）角弓其觩，束矢其搜。戎车孔博，徒御无斁。既克淮夷，孔淑不逆。式固尔犹，淮夷卒获。

（8）翩彼飞鸮，集于泮林。食我桑黮，怀我好音。憬彼淮夷，来献其琛。元龟象齿，大赂南金。

此鲁世卿季友作以颂僖公武功之诗（可能是奚斯代作）。至其孙季孙行父，请命于周，以为僖公新庙祭享之乐章也。僖公本庄公之庶子，次不当立。庄公夫人哀姜，齐桓公之侄女，无子。庄公有同母弟庆父，图嗣立，通于哀姜以求助。鲁人多恶之。庄公有外嬖孟壬，生子名般，秘许为世子，而畏哀姜不敢立之。临终，托般于季友。季友许以死奉之。庄公死，子般立。才二月，庆父使人杀之。而立庄公之庶子启，是为闵公，才八岁。庆父专政二年，再杀之。季友奉庄公庶子申奔邾。齐桓以季友为贤，恶庆父与哀姜。使鲁人逐之。迎季友与申于邾。申立，是为僖公。僖公出于微贱，赖季友而立，政事全任季友。季友以全鲁从齐桓，襄成其霸业。亦仗齐之助，多有武功。僖公之元年九月，败邾师于偃。十月，又败莒师于郦。凡齐桓之会、盟、征伐，鲁则无役不从。僖公之三年，从齐桓以诸侯之师侵蔡，伐楚。楚服，盟于召陵。当还师，陈之执政者辕涛涂畏大军过境之扰。说齐桓"观兵于东方，循海归，以服东夷。"齐桓许之。郑申侯谮陈之谋不忠。齐桓执辕涛涂。命江人黄人从鲁师伐陈，讨不忠。陈人不服。师不能克。再命鲁率齐、宋、卫、郑、许、曹八国联军讨陈。陈人服。齐桓亦归辕涛涂于陈，复为执政。此诗屡称之"淮夷"，谓陈国也。其后僖公六年，从齐桓及诸侯之师伐郑救许。九年，从盟诸于蔡丘。霸业成。十五年，从齐侯与诸侯盟于牡丘。齐桓再命鲁为诸侯联军统师，救徐。无功。十六年，又从齐桓及诸侯会于淮，谋东略，城鄫未终。鲁师灭项而还。时则季友已卒。齐究鲁公擅灭项国之罪，被留。久乃获归而齐桓亦卒矣。宋襄公继齐国霸而败。晋文继霸。鲁僖依违其间，不复振作。在位三十三年薨。从齐桓者十七年。所有翼霸之功，实皆出于季友。然僖公自亦具有贤称。在鲁有"圣贤"之誉。（《左传》文公二年，议跻僖公。宗伯夏父弗忌曰："跻圣贤，明也。"）故季友之孙行父再执鲁政时，请颂僖公。其实意乃借之以张季友之勋业也。

诗称陈为"淮夷"者，陈国在淮水上游（故邑今为河南淮阳县），本南国旧域。其土民原属淮夷同族（凡淮水上游诸南国，皆淮夷）。故卫庄姜送戴妫大归之诗曰"远送于南"。而陈灵公君臣"南衣南冠以如夏氏"（《国语》文）。即此时当政之辕涛涂，亦不似华人姓名。但陈为舜后，武王长女大姬夫婿之国，鲁人不可以夷狄视之。若谓其国人为淮夷，则可也，当时华夏人好以褒贬之词为主观称谓。如楚之名国，周所给也。而诗曰"蠢尔蛮荆"，曰"荆舒是惩"。鲁史于春秋初世，亦不称之为楚而称曰荆。此诗不斥陈国之君，但谓讨陈国之人与辕涛涂，故斥之为淮夷也。

旧儒不能想象陈国可称为淮夷，遂猜测为鲁国实有征服淮夷之事。而苦于无史文可验，则皆避"淮夷"不考，但涵沦说之。《毛序》曰："《泮水》，颂僖公能修泮宫也。"《续序》与《序注》俱避不为辞。《郑笺》于第五章曰："修泮宫而德化行，于是伐淮夷，所以能服也。"于七章曰："僖公以此兵众伐淮夷而胜之。"又曰："用坚固女军谋之故，故淮夷尽可获服也。"朱熹《集传》谓"此饮于泮宫而颂祷之辞也。"范处义《诗补义》谓"当时必有征服淮夷之事。"至何楷《世本》与孙嘉淦《折衷》，则缘据《费誓》，以为是"颂伯禽"。姚际恒、魏源、方玉润则并斥泮宫非献馘、讯囚之所，为讥。惟孔颖达《诗正义》能援据《春秋》，为鲁僖曾征淮夷作证。其言曰："《春秋》（僖）十三年会咸，十四年城缘陵，皆为淮夷病杞。十六年会淮，为淮夷病鄫，鲁实从役。斯亦僖公伐淮夷之一证也。"然此三役，皆无鲁征淮夷之验。会咸，旋即"为戎难故，诸侯戍周"。城缘陵，"迁杞"而已会淮，"谋鄫，且东略也。城鄫。役人病，有夜登丘而呼曰，齐有乱。不果城而还"（并《左传》文）。则鲁虽从役，城鄫尚且不终，况能征淮夷乎？孔氏未引十七年"夏灭项"之事。项则诚淮夷之国也。其事足以当此诗乎？《左传》云："淮之会，公有诸侯之事，未归而取项。齐人以为讨而止公。秋，声姜以公故会齐侯于卞。九月，公至自齐。"则此僖公生平之一丑德，鲁史之可羞者也。岂足以说此诗哉？且诗言"淮夷孔淑不逆"则非灭国之事也（公谷并谓灭项为齐桓公事）。然则此诗之淮夷，谓陈辕涛涂事为必然矣。

至于姚、魏，以泮宫为聚士讲学之处，非献馘讯囚之所，而以为是刺诗者，亦陋见也。士字，在唐虞公社时代为执行刑罚者之称。夏殷，转为武士之义。其时聚士施教，不一其地。曰庠曰序，皆上古养老乞言之所。使武士亦列听之。后遂用为教学之地也。奴隶社会，知识奴隶大都成为乐官（掌握文字、诗歌、音律、技艺之人），因而学校亦以乐官为教师。周初皆然。所教虽已偏重文艺，武艺亦不偏废。周之学校，诗、礼、乐、舞、射、御、书、数并重。射、御、舞、乐，即战斗之义也。春秋末叶，乃有空谈理论之私塾，孔子为其倡首者，然犹以六艺教人，礼、乐、射、御、书（史）、数（术）是也。泮宫、辟雍，本文王晚年聚乐官研习乐舞之地。其后因之以为学校。诸侯之国仿而为之。鲁之泮宫，自鲁有学校时即当已有，非僖公始建成之。鲁僖于泮宫释菜，习礼，因而献馘讯囚，正是文武并重、教士于习之义。秦废学校，以吏为师。汉武用公孙弘议，兴复学校，始专治文艺，脱离武事。旧儒执科举时代泮宫祀孔之见以推周代泮宫之制，乃有此谬议耳。

明乎此，而后此诗之义旨真实可得而知矣。

首章："思"，发语辞。"思乐"，言鲁用人其事。其事，谓鲁侯来此泮宫行释菜之礼，并养老与讯囚也。鲁泮宫，引弦水为群雍，建宫其上，故人称曰泮水。从鲁侯来观礼者，止于水畔，故曰"思乐泮水"。"薄"，轻快之发语辞，"薄采其芹"，犹

"薄言采之"。欣喜之行动也。诸先生就水畔采芹与藻,备鲁侯来祀司教之神。即《月令》"上丁,命乐正习舞释菜"之礼。"戾",茬同。毛云:"戾,来。止,至也。"鲁侯之来,车上建旐,茬茬然飞扬。旗上有铃,作声哕哕然。国人追逐从之,老少杂沓,相从观其作为。

次章:"藻",以供祭祀,南国旧俗也(说在《采蘋》)。"蹻蹻"毛云:"言强盛也。"前四句,重复上章言之。后四句,言鲁侯释菜后教训士子情致。"昭昭",郑云:"僖公之德音。"谓教言也。"载色载笑",言其颜色容态和悦。"匪怒伊教",言其谆谆教人为善,责善而非有怒意。

三章:"茆",毛云:"凫葵也。"朱云:"叶大如手,赤圆而滑,江南人谓之蓴菜者也。"按:此字读如柳。朱云"叶谟九反"是也。陆云"茆,莫饱反。又力久反",则汉魏六朝时人读此字有卯与夘之二音。应是毛诗作茆,三家诗有作茆者。《说文》"茆,凫葵也。从,夘声。诗曰'言采其茆'"。即引此诗,盖《鲁诗》异文。《欧注》:"力久切,三部。俗作茆,音卯,非也。"又云:"《周礼·醢人》'茆菹'。郑大夫读为茅。或曰茆水草。杜子春读为茆。"谓读茆为正字。《三国志·虞翻传·裴注》引《翻别传》驳郑玄注《尚书》云:"古大篆卯字,当读为柳。古柳卯同字。而以为昧。"盖卯(卬)字本为贸易之义。后乃分变为卯与留之音义。故从卯之字,皆可写作从夘。不必从音变义歧而有所胶执。此诗自是毛之改字。当依《说文》作茆。协酒、丑为韵。含义同是凫葵,养老之礼所用以苴羹之水蔬也。"在泮饮酒",因释菜而行养老之礼也。"永锡难老",郑云:"已饮美酒而赐其难使老。难使老者,最寿考也。长赐之者,如《王制》所云'八十月告存,九十日有秩'者欤。"马瑞辰引惠周惕曰:"此诗始终言鲁侯在泮宫事。是克淮夷之后,释菜而儐宾也。释奠、释菜、祭之略者也。释奠、释菜不舞。诗言不及乐,故知为释菜也。《礼》释菜,退宾于东序,一献,无介语。诗言'永锡难老',故知为儐宾也。芹藻之类,释菜之用也。"又引《王制》:"出征,执有罪,反释奠于学,以讯馘告。"可以肯定此诗前三章颂僖公在泮释菜儐宾事。儐宾,古养老礼之变。其形式之简约诚如惠周惕言。"老"字。古音与母、呕音近,古姥、姆、妪三字同音通用。此诗老字与酒丑韵,是古音读如妪也。朱云"叶鲁吼反。""顺彼长道"谓循守释菜养老之礼为从古已有之道。"屈此群丑",谓因在泮释菜养老即以献馘讯囚。"屈",毛训收,郑训治,朱训服,皆讯问之义。丑,毛训众,郑训恶。盖犹"执讯获丑"之丑也。

四章:颂僖公品德,持之以敬,穆穆然雍和,敬慎于威仪,为国人之所法则。释菜养老,文德之表现也。征服淮夷,武德之表现也。故曰"允文允武"。"昭假烈祖",《朱传》云:"昭,明也。假与格同。烈祖,周公、鲁公也。"谓其文治武功,可以感格于鲁庙所祀诸祖考。"靡有不孝",谓无一不遵循先祖之法,与"孝子不匮"含义略同。"自求伊祜",亦"自求多福"之义,祜犹福也。

五章:颂僖公在泮宫讯囚事,为全篇主旨所在。首句"明明",用《有駜》"在公明明"文义。次句"克明",用《皇矣》"其德克明"文义。诹颂文学之好借用典语,宣、幽、平世已然。"既作泮宫"之作,旧皆说为修造。毛云:"颂其能修泮宫。"郑云:"修泮宫而德化行,于是淮夷所以能服也。"夫鲁用周礼,则开国初即当有学校。有学校即当有泮宫,岂待春秋中世始有之哉?诚如鲁僖始修泮宫,有学校,教化远被、遂服淮夷,则"修文德以来之"矣,胡待有斩馘献囚之事哉?诗语以此句与"淮夷攸服"连言者,盖谓鲁僖命将出师在泮宫,故献馘献囚仍在泮宫。"作"字,当训如《駉》诗"思马斯作"之作,命将出师之义也。"淮夷攸服",谓再度讨陈而陈服也。"矫矫",武强貌。"虎臣",指公孙兹,即叔孙戴伯,僖公四年十二月率鲁、齐、宋、卫、郑、许、曹七国联军再度讨罪于陈者。戴伯于僖公五年夏,始娶于牟。盖鲁之少壮军人,故能成服陈之功。"在泮献馘",则陈国战败始服也。"在泮献囚",谓陈辕涛涂也。齐桓因郑申侯之潛,执辕涛涂,而命鲁率江黄之师讨陈。不克,再合七国之师命鲁率以讨陈。鲁僖以其任畀公孙兹。陈之不服者,为辕涛涂忠于谋国而非不忠于霸主,以潛被执在齐。故人心不服也。兹虽战败求成,必以放还涛涂为条件。公孙兹许之,陈国乃服。放还之程序,例当由统帅告成于齐桓,因请释辕涛涂。齐桓必以之交付公孙兹之军中,俾自鲁遣之。公孙兹因献馘泮宫,而献辕涛涂。辕涛涂,陈之执政也。在齐则为俘囚。兹见鲁君,亦当以囚自处。鲁人亦当以囚遇之。然陈与鲁为姻亲敌体之国。辕涛涂归仍执政,鲁君接之虽当以献囚礼作问讯,不能不假以温颜与友国执政之礼。仅用献囚之形式,勉以归后仍同心翼霸之语而已。故曰:"淑问如皋陶。"淑问,谓讯语和善。皋陶,古文懋于德而明于刑者。谓僖公讯囚无威厉也。

六章:颂军士献功秩序良好。"济济多士"用《周颂》文。"克广德心"言鲁侯仁厚,不尚杀戮。军士能体其德心而广之,故克敌而献馘不多。"桓桓",威武貌。"于征",犹言出征时。"狄彼东南"之狄,郑云:"当作剔。剔,治也。"《释文》谓《韩诗》作鬄。《朱传》云:"狄,犹遏也。"马瑞辰曰:"狄、易,古同音,剔借作狄,犹《春秋》'易牙',《史记》作'狄牙'。契母简狄,《汉书·人表》作'简遏'也。"时鲁已战胜邾、莒,再服陈国。复从齐桓伐蔡、服楚,救徐、谋鄫,屡出兵车,皆在华夏东南一隅。全是季友之勋,此诸军士之力。借此统颂之,不专为讨陈言，故曰："剔彼东南"也。作诗本旨在彰季友之勋，固不妨借题发挥。因献馘而及其前后军事，以明其人之得力。献馘当在僖公五年春末。诗作于其后十年左右（即季友卒之前后），故有此语。若作于陈服之后，则陈蔡在鲁之西，不当云东南也。"烝烝"，众也。"皇皇"，盛也。状鲁军士献功者之众盛。"不吴"，谓无欢哗。"不扬"，谓不操扰，无飞扬跋扈之态。"不告于訩"，郑云："訩，讼也。……无以争讼之事告于治讼之官者，皆自献其功。"朱云："师克而和，不争功也。"按：訩，争议赏罚轻重之言也。赏罚平允，故无以争议告者。

七章：《郑笺》，"角弓觩然，言持弦急也。束矢搜然，言劲疾也。博当作傅。甚傅致者，言安利也。徒行者，御车者皆敬其事，又无厌倦也。僖公以此兵众伐淮夷而胜之。其士卒甚顺军法而善。无有为逆者，谓堙井刊木之类。"按：此六句述军士生活细节，所用多属当时鲁人语言。郑氏生地于鲁为近，生时于春秋未远。所释觩、搜、博、致字义，当较他旧为得。按所解释，则伐陈之役，实未有大战斗，但七国联军，势在必克。陈人畏威，求成，因而服之也。斩馘不多，实缘此故。"孔淑不逆"，当指陈人言之。陈本从齐桓侵蔡伐楚之国，求成时当曾表示此后仍当服从齐鲁，尊王攘夷，效其忠顺。故曰"孔淑不逆"。亦犹《常武》诗云"徐方不回，王曰还归"。谓可以班师也。郑说为指鲁师无堙井伐木之事。未允。"式固尔犹"二句，谓鲁初讨陈无功。仍再大举讨之，卒得陈人降服。颂僖公谋猷坠决，故能完成其功。"式"，用也。犹，同猷，谋也。

卒章，前四句喻齐、宋六国之军吏，有同来参加此献功之礼者。鲁以同于鲁师大飨之。"飞鸮"，鸤鸠也，《诗正义》引陆玑曰："鸱鸠似黄雀而小，取茅秀为窠，以麻紩之，如刺袜然。或谓之袜爵。"（爵，雀，古义通）此鸟喜食桑葚，故又称为"桑飞"。《方言》"桑飞，自关而东谓之工爵。或谓之过嬴。或谓之女鸥。自关而东又谓之鸤鸠。自关而西谓之桑飞。或谓之袜爵。"郭璞注"即鹪鹩也。"按：鸤鸠类鸟皆微小而巧于营巢于丛箐灌莽间，种类甚多，有织巢巧致甚于人工者。今城乡竹林茨丛间常见之。古有称为鸤鸠者。《庄子》称曰"鹪鹩"，今人称曰"巧妇"，皆鸤鸠类也。《毛传》于《豳·鸱鸮》释曰："鸤鸠也。"于此"飞鸮"释曰："恶声之鸟也"，恰得其反。《豳风》之鸮，为枭之借字，其物今云猫头鹰，昼不见物，休于树丛密叶间，夜出捕食鸟鼠，甚劲锐。鸣声呵呵，为人所恶，所谓恶声鸟也。此诗之"飞鸮"云食桑葚，则为鸤鸠（桑飞）而非枭鸟甚明矣。此诗用飞鸮食葚为喻，亦缘当时实见其扬飞集于泮宫桑林言之。公孙兹于十二月率师讨陈，桑葚熟时献馘献囚。飞鸮贪食桑葚，不畏人众，集飞于桑林间，体小而捷，人亦不能害之。时今景物均无抵牾。"怀我好音"者谓感怀鲁君讯囚班赏之言。末四句，谓陈国使人来接收辕涛涂者，感鲁之能主持和议，归其辅臣，对鲁之所献纳。"憬，觉悟也"（《朱传》）。陈初不服，师再出而服，故曰"憬彼淮夷"。"琛"，珍字通。"元龟"，大龟也。毛云："元龟尺二寸。""象齿"，谓象牙。"大赂"，毛云："赂，遗也。"郑云："大，犹广也。广赂者，赂君及卿大夫也。"《诠》按：陈人为鲁能助成和议，来鲁迎娶辕涛涂，故对鲁君有所献纳。所馈物品皆非甚珍。安得广赂鲁之君臣？《后汉书·刘陶传》"就使砂砾化为南金。"章怀注："《诗》曰：大路南金。"盖三家诗本作"大路"，旧制天子之车曰大路也。《毛诗》疑淮夷不当有此车，故改赂字。陈为大姬之国，当有天子嫁女之路车。陈侯以之馈鲁，犹齐人以王姬之车遣嫁哀姜于鲁也。《汉书·舆服志》云："夷王以下，周室衰微，诸侯大路。"然则，陈侯以大路之车馈鲁，尤属可能。"南金"者，古金字泛指铜锡铁。故《禹贡》有"厥贡惟金三品"之文。周代但称铜为金。锡与铁皆自有专名。赤金与铜，一般人不能别，亦不知其异用。惟以轻重质异工师能分别之。称赤金为"兼金"或"南金"。兼金见《孟子》，谓其较常金信重也。"南金"见此诗，谓华夏不产，惟南国产之也。南国亦非有金矿，惟长江上源地区，当时羌氏所居之地金矿甚丰。金屑金粒夹存于石英岩中。岩石崩溃风化，赤金则随水流汇于南国江水沙坭中，南人能淘沙得之。所得金屑，在春秋战国之世，工匠已能制造摄氏千度之高温以熔炼之。成为商品，为世所重，故曰南金，以别于华夏旧言之金（铜）也。羌氏地区虽多金矿，其人无术淘取之。故惟南国产赤金。赤金流入华夏已多之后，金字乃转为赤金之专称。亦乃有铜字代表旧称之金字（初亦尚只有彤，或同字。至汉初，始渐习用铜字）。此诗用"南金"字，表明春秋中华人已知分别铜与赤金。然赤金犹未大见重也。元龟，象齿、南金，皆南国产物。陈用以馈鲁，亦足知当时陈为南国商货之一大集市。陈国之重南俗与华人称陈为南，此亦是其一大原因。古史偏阙工矿资料，今只能从如此之只字片语推断之。此与《公刘》之取厉锻，并值注意，故申论之。

（四）閟 宫

八章。（朱传本作"九章"）。二章章十七句。一章十二句。一章三十八句。二章八句。二章十句。

（1）閟宫有侐，实实枚枚。赫赫姜嫄，其德不回，上帝是依。无灾无害，弥月不迟。是生后稷，降之百福。黍稷重穋，稙稺菽麦。奄有下国，俾民稼穑。有稷有黍,有稻有秬。奄有下土,缵禹之绪。

(2) 后稷之孙,实维大王。居岐之阳,实始翦商。至于文武,缵大王之绪,致天之届,于牧之野。无贰无虞,上帝临女。敦商之旅,克咸厥功。

(3) 王曰:"叔父,建尔元子,俾侯于鲁,大启尔宇,为周室辅。"乃命鲁公,俾侯于东,锡之山川,土田附庸。周公之孙,庄公之子,龙旂承祀,六辔耳耳。春秋匪解,享祀不忒。皇皇后帝,皇祖后稷,享以骍牺,是飨是宜。降福既多。周公皇祖,亦其福女。秋而载尝。夏而楅衡。白牡骍刚,牺尊将将。毛炰胾羹,笾豆大房。万舞洋洋,孝孙有庆。俾尔炽而昌。俾尔寿而臧。保彼东方,鲁邦是常。不亏不崩。不震不腾。三寿作朋,如冈如陵。

(4) 公车千乘,朱英绿縢,二矛重弓。公徒三万,贝胄朱綅。烝徒增增。戎狄是膺,荆舒是惩。则莫我敢承。俾尔昌而炽。俾尔寿而富,黄发台背,寿胥与试。俾尔昌而大。俾尔耆而艾。万有千岁,眉寿无有害。

(5) 泰山岩岩,鲁邦所詹。奄有龟蒙,遂荒大东。至于海邦。淮夷来同。莫不率从,鲁侯之功。

(6) 保有凫绎,遂荒徐宅。至于海邦。淮夷蛮貊,及彼南夷,莫不率从。莫敢不诺,鲁侯是若。

(7) 天锡公纯嘏,眉寿保鲁。居常与许,复周公之宇。鲁侯燕喜,令妻寿母。宜大夫庶士,邦国是有。既多受祉,黄发儿齿。

(8) 徂徕之松,新甫之柏,是断是度,是寻是尺。松桷有舄,路寝孔硕。新庙奕奕,奚斯所作。孔曼且硕。万民是若。

此季孙行父请命于周以颂僖公之诗,史克作也。季孙行父即季文子。其祖父季友相鲁僖公,事已前具。僖公十六年,季友卒,东门襄仲当国,臧孙文仲佐之。行父以大夫师事臧孙。文公十年,文仲卒。行父代之为卿,与襄仲同辅政。宣公八年,襄仲卒。行父专鲁政,历成公世,至襄公五年乃卒。其为政,取法于季友与臧孙。内则团结公族以尊鲁君。外则亲附强晋以尊周室。于家,则躬持节约以身教人。于祖宗神祇,则侈为耗费以祈福祐。追随霸国,军役频兴,则再三加重国人负担,以谬为富强。在春秋末叶,甚为封建士大夫所称道。列国亦颇重其人。史克者,鲁之太史,一曰里革,为行父所倚任,亦能以善道辅行父。其事迹著在《左传》文公十八年,及《国语·鲁上》。其人敢于谏诤而词尚烦冗,贪举书史陈言以争胜。行父死谥曰文,应是自能诗者。然就此诗文之冗长而远引史事之格调推之,应可设想为史克代作。中间又似有行父删省之处。

卫宏《续序》于《駉》篇云："季孙行父请命于周，而史克作颂"，盖旧传《鲁颂》者语，宏妄以系于《鲁颂》之首篇。若系于此篇，则适合矣（此篇与《有駜》《泮宫》皆无续序）。

《春秋》文公二年"八月丁卯，大事于大庙，跻僖公。"《左传》云："逆祀也。于是夏父弗忌为宗伯，尊僖公。且明见曰：'吾见新鬼大，故鬼小。先大、后小，顺也。跻圣贤，明也。明顺，礼也。'"《公羊传》云："大事者何，大祫也。大祫者何，合祭也。其合祭奈何：毁庙之主，陈于大祖。未毁庙之主，皆升，合食于大祖，五年而再殷祭。跻者何，升也。何言乎升僖公，讥。何讥尔，逆祀也。其逆祀奈何，先祢而后祖也。"（《榖梁传》略同。谓"逆祀，则是无昭穆也。"）按周制：诸侯四庙。逾四世则为亲尽。昭穆诸主皆升。新君以亲主入祢庙。旧祢之主移穆庙，旧穆次移为昭次。旧昭次移于领穆。穆移领昭。旧领昭之主为亲尽，移于世室。惟大祖不易。《春秋》云："跻僖公"者，谓为僖公别立庙，为大祖，而仍旧之昭穆。文公，僖公之子也。不致主于祢庙，而立以为新庙之大祖。转以其先世之主为昭穆，故曰"逆祀"也。其时桓公、庄公皆非亲尽，则当于新庙中昭庙穆庙中陈主。孙凌祖上，子凌父上，故为逆也。其时，是臧文仲执政。此诗云："新庙奕奕，奚斯所作"，是也。鲁庙本以周公为大祖。此时更为僖公不毁之庙，故"新庙"，一曰"新宫"。《春秋》成公三年二月"甲子，新宫灾"是也。一称"僖宫"，《春秋》哀三年"桓宫、僖宫灾"是也。春秋世，诸侯僭侈，各私尊其所亲，侈于大庙之外，更立先世著名称者立不毁之庙。晋悼公入，"朝于武宫"（《左传》成公十八年）晋灭陆浑"献俘于文宫"（《左传》成公十七年）。是晋于大庙以外，又有武公、文公专庙矣。鲁之新庙，自"跻僖公"始。其后成公六年"立武宫"。定公元年"立炀宫"。并见《春秋》。"桓宫"，大抵立于哀公之世。即此已可知晋有不毁之庙三，鲁有不毁之庙五矣。

此诗作于何时？按诗语"奚斯所作"，则行父请命于周之时间在成三年"新宫灾"之前。或疑季孙行父于成公二年有鞌之大捷。明年而"新宫灾"。庙被毁必重建。疑是重建僖庙时请命于周，则当是成四五六年时也。然《春秋》成六年书"立武宫"。《左传》云："季文子以鞌之功立武宫。"《公羊》云："武公之宫也。"则又似"新庙灾"后，非请颂僖公之时。当以僖庙灾前之时间为允。

此篇文长至四百八十九字。在颂诗中为最恶劣。旧说诗者，于其文理不尽了了，纷歧芜杂，有待订正者甚多。兹为考正历史事实，诠解未完辞费。极力精简，依旧分为八章言之。

首章：旧为十七句六十八字。述周室祖德，上至后稷，以明鲁与周王同一氏族体系。溯及姜嫄，明所据为《生民》诗也。

《毛传》"閟，闭也。先妣姜嫄之庙在周，常闭而无事。孟仲子曰'是禖宫也'。侐，清静也。实实，广大也。枚枚，砻密也。《郑笺》："閟，神也。姜嫄神所依，故庙曰神宫。"《诠》按：姜嫄，周人传说以为后稷生母。周制先祖有功德者可以立庙，先妣但附祀于先祖，无为之立专庙者。《毛传》引孟仲子说，以为是禖宫。禖宫，即《月令》之"郊禖"，先秦时人传说，男女祷婚祈孕之神祠也。无论此种神祠，原始社会决不能有。纵使已有，亦不当以为姜嫄之神，姜嫄传说，固非祈婚与祈孕之女子也。再迁就言之，便使为姜嫄之神祠亦当在郊外有坛墠而已，何得称为"閟宫"，更何得于颂僖庙之诗用其祠为领首语哉？"閟"者，寂静也。此鲁人对大庙之别称。祖庙非祭祀时不开。平时门闭，内常寂静故曰"閟宫"，毛郑皆曲解耳。"有侐"，旧训侐为"清净"。亦非。字从人从血，盖"血统"之会意字。鲁与姜嫄之关系，惟血系克成连锁。故承之曰"实实枚枚"，谓子孙世代蕃衍，犹"绵绵瓜瓞"之谓也。或疑"血统"，"血系"，是近代科学词汇，古不能有。则亦见未广耳。《后汉书·张纲传》其论广陵张婴等利害有曰："身绝血嗣，非孝也。"人类自有夫妇，即知子姓为血统关系。侐之为字，正缘此造，群书中只此一见，而《毛传》曲解之。本义遂晦。细审此诗，其义自明。

"赫赫姜嫄"以下，皆袭用《生民》《思文》等旧篇文义以承"有侐"为之。言为天帝生子，是为后稷。"无灾无害"，径用《生民》原句。"弥月不迟"，亦"诞弥厥月，先生如达"之意。最后八句，颂后稷以农道兴。皆《生民》原旨，微变其文。"黍稷重穋"，用《豳风》原句。《说文》穋字引诗作"黍稷种稑"。种稑《周礼·内宰》字作"穜稑"。谓黍之早熟种与晚熟种也。此重为种及穜之借字。穋为稑之借字。农作物名尚无定字时，传者各以其便用之字写之。"稙稺菽麦"，亦《豳风》"禾麻菽麦"之变文。"稙"者，盖春秋世已经育成小麦之名称。知其然者：今藏语谓大麦为"来"（ནས་来），小麦为"卓"（གྲོ་卓）。其小麦有两种，藏地所旧有者曰"播卓"。（བོད་གྲོ་卓，羌藏小麦）。近世汉地引种尤为优良之种曰"甲卓"，（རྒྱ་གྲོ་卓，羌汉小麦）。实则所谓"播卓"，亦唐世引进之小麦种也。金城公主下嫁吐蕃，求小麦蚕桑之种于唐（见《唐书》）。唐世吐蕃自称曰"播"（བོད་播）。《唐韵》"稙，竹力切"，知唐世读稙音近于卓，吐蕃用汉译音，故其字作羌播也。《毛传》"先种曰稙，后种曰稺"。与其《豳风传》"后熟曰重，先熟曰穋"，同为想当然耳之推测，非诗语本义也。"穊"者，疑是菽之变种名称。菽在古代，本为食苗之野菜。经人工栽培后，必然发展为苗用与荚用之两种。荚用之种子，被称为豆，系借用筥豆字，可知其成功甚晚。苗用者以肉柔无粗纤维者为良。穊之本义正如此，故引申为幼穊之义也（《说文》作穉。盖《鲁诗》字）。黍稷有重穋之变种。菽麦亦有稙、穊之变种。故诗比而言之，不全用豳之旧文。与农作物发展前进之事实符合。"奄有下国"二句。郑云："以五谷终覆盖天下，使民知稼穑之道。"按："下国"谓天下诸国。此与《思文》"陈常于时夏"同义。

重言"有稷有黍"，"奄有下土"，是不善为诗而好堆砌，叠语者之类句。新增以配稷黍者，仅"有稻有秬"二种。秬，用《生民》字。稻，则用《豳诗》字。稻为南国原产，殷周际诚已引种入豳地。后稷时则犹未也。《生民》《思文》传后稷所种皆不及稻。此诗乃以"有稻"为后稷之事，亦以作者所见之物妄以为古时即有之谬。故曰此周诗中最恶劣之一篇也。"缵禹之绪"，为辞尤不允当。后稷（弃）与禹为同时人，事业各别，不得云后稷缵禹之绪。缵者，承而续成之义也。绪者，丝之末梢，已断而未有续之者也。《闵予小子》"继序思不忘"，《笺》云："叹文王武王也，我继其绪。"此诗下章"至于文武，缵大王之绪"。《尚书》五子之歌曰"荒坠厥绪"。皆以后人继承先世之业为缵其绪。后稷岂禹之子孙哉？《毛传》云："绪，业也。"《郑笺》云："绪，事也。尧时，洪水为灾，民不粒食，天神多予后稷以五谷。禹平水土，乃教民播种之。于是天下大有，故云继禹之事也。"此荒谬之曲解也。即如此说，谓为赞禹之事可也，不得云缵也。新诠以为禹字当为帝字之伪。帝谓上帝。《生民》云："履帝武，敏歆。居然生子。"谓后稷为天帝之子也。《思文》言"贻我来牟，帝命率育"，谓天帝生育万物以养人。后稷承之以致众庶鲜食，为缵承帝绪也。古文帝与禹形近，故传伪也。

次章：旧云"十二句"四十九字。续述周之祖德，至武王灭纣。朱熹（《集传》本）截下五句于次章，述至鲁开国止。亦为十七句。方玉润《诗经原始》同。兹依汉唐定本，十二句。

"大王"，古公亶父也。古谓后裔曰孙。"实始翦商"之翦，是裁割之义。初只割商之一邑以为国，其后逐步蚕食其邑，以自扩展。以至于尽其属国，而克灭商。太王居岐为"始翦"也。至于文王，三分天下有其二，翦过半也。至于武王，翦商至尽。皆为"缵太王之绪"也。"致天之届"二句，届犹尽也。《郑笺》释届为"殛"。云："天所以罚殛纣于商郊牧野。"《朱传》云："届，极也。犹言穷极也。"翦商之极，为牧野一役。"无贰无虞"二句，用《大明》"上帝临女，无贰尔心"文义。"敦商之旅",郑云:"敦,治。"朱云:"敦,治之也。"按:敦,雕也。治玉之工,用尖锥凿钻之为敦,用盘车割磨之为琢(参看《有客》篇)。故敦具攻破之义。诗言击败纣师于牧野完成转移天命之功也。"咸",犹成也。《易·咸卦》《彖》曰:"咸,感也。柔上而刚下,二气感应以相与。止而悦。"故咸有成之义。

三章:旧云"三十八句"。一百五十四字,多于雅诗一片字量。《朱传》以首五句割归上章。又以"秋而载尝"以下十六句别为第四章,并谓"第四章有脱句"。《原始本》亦如此分章,谓第四章只十六句,无脱句。按:诗语本一气呵成,未自分章。划分乐章,乃乐官之事。此篇如此繁重,当时乐官如何划分,已无从稽考。若言文章段落,则原划此三十八句固当是三段误合。且前段述鲁开国,诚有脱文。所脱,应是"王曰叔父"以上有称颂周公一段,述周公辅成王平四国事。"王曰叔父",是成王呼周公言之语。合十余句自为一章。就文势推究,合当如此。疑是季孙行父嫌史克文繁,删去之。《朱传》遂以其残存之五句牵合上章成十七句字量。则径以"王曰叔父"接于武王之事。岂王指武王而称周公为叔父哉?是《朱传》之说未足取,《原始》亦从谬矣。审如是,则此旧分之一章,当分为三段释之。

"王曰叔父"之王,成王也。原脱周公辅成王平殷奄四国之乱,完成统一之业,有大勋劳于天下之文句。"王曰"以下,当有引语号。合"乃命鲁公"至"土田附庸"句,为述鲁开国之一章。即第三章。大约亦十七句。则原脱去有八句,述周公事也。

"周公之孙"以下,乃畅述僖公之事。僖公,庄公之子,周公之第七世远孙也。"交龙为旂",诸侯之旂也。"六辔",四马之车,两腹各二辔,两骖各一辔也。"耳耳",毛云:"耳耳然,至盛也。"朱云:"耳耳,柔从也。"按:耳耳,弭弭之假借也。古耳与弭同音。故弭以耳为声。而此诗耳与子为韵。弭者,弓弛,两端下俯貌。故引申为放弛,止息,俯顺之义。此言公车舒缓,六辔松弛之状。"春秋匪懈"二句,言僖公承祀、敬慎于享祀之礼。"不忒",无差错也。"皇皇后帝"五句,述僖公郊祀之礼。"后帝",天帝也。"周公郊祀后稷以配天",鲁国遵之。故以后稷与天帝并称。《朱传》云:"成王以周公有大功于王室。故命鲁公以夏正孟春,郊祀上帝,配以后稷。牲用骍牡。"(系据《礼记·明堂位》)"是飨",言献酒食于神尸。"是宜",言神灵来享。宜与仪,义通。"凤凰来仪",言凤皇降临也。神降,则有嘏词,为祭者降福。"降福孔多",多古音同爹,章移切。协稷、牺、宜韵。"周公皇祖"二句,言祀祖庙。祀事之大,莫如祖庙与郊天。此章既颂郊天,兼及祀庙。于礼庙事又特于下章详述之。故此但言"周公皇祖亦其福女",足成一章十七句。是为第四章。

"秋而载尝"以下，颂祀庙之事，十六句，为第五章。与下章（原第四章）皆有"俾尔"二句为标识。下章为十七句，则此章亦当是十七句。乃只能有十六句，故《朱传》以为有脱句也。如有脱句，应是章首（"秋而载尝"句上）脱一句，如"皇祖明明"，或"丕显皇祖"之类承上启下之句。旧本亦是自"周公皇祖"句贯至"孝孙有庆"句为段，明此段述祀大庙之事也。此段《毛传》云："诸侯夏禘则不礿，秋祫则不尝。唯天子兼之。楅衡，设牛角以楅之也。白牡，周公牲也。骍刚，鲁公牲也。牺尊，有沙饰也。毛炰，豚也。胾，肉也。羹，大羹鉶羹也。大房，半体之俎也。洋洋，众多也。"《郑笺》："载，始也。秋将尝祭，于夏则养牲。楅衡其牛角，为其触抵人也。秋尝而言始者，秋物新成尚之也。大房，玉饰俎也。其制：足间有横，下有柎，似乎堂后有房然。万舞，千舞也。"《朱传》"楅衡，施于牛角，所以止触也。《周礼·封人》云'凡祭，饰其牛牲，设其楅衡'是也。……牺尊，画牛于尊腹也。或曰：尊作牛形凿其背以受酒也。毛炰，《周礼·封人》'祭祀有毛炰之豚'，注云'烂去其毛而炰之也'。胾，切肉也。大羹，太古之羹，湆煮肉汁，不和，盛之以登，贵其质也。鉶羹，肉汁之有菜和者也。盛之鉶器，故曰鉶羹。"参此三说，略知春秋世诸侯祀庙仪式可以，不值深考矣。（"白牡"当谓洁淑之牡。牛无白者。鲁庙亦不能有二大祖。毛说有误。）"孝孙有庆"之庆，古音袪羊反，与尝、衡、刚、将、羹、房韵。《周颂》庆字，亦皆是此音。"俾尔炽而昌"四句，谓神受享后，俾尔国势强盛。又使尔多寿而名声美。东方之国皆缘鲁而得安固。从而遵循鲁之礼法。常，犹法也，说在《思文》。"不亏不崩"四句，另为一韵，与下章协。文义，则谓鲁国形势之巩固。实与下章文理契合。然旧本与《集传》皆归附于庙祀一章，以为祭享获福之验。不亏、崩、震、腾，谓国无灾异。用《十月之交》之"日月告凶"与"百川沸腾，山冢崒崩"诸义，故结语曰"如冈如陵"之稳固，亦用《天保》成语也。"三寿作朋"句，从来解说纷纷。《毛传》："寿，考也。"《郑笺》云："三寿，三卿也。"《朱传》云："三寿，未详。……或曰：愿公寿与冈陵等而为三也。"他诸家，自孔颖达至陈奂、马瑞辰，皆谓三寿即三老。或谓三寿为天道、地道、人道皆备于鲁。皆于上下文义无能适合。新诠以为：若以此四句属于一章，则天地人三寿之说可取，无日月蚀异（不亏），是天示之寿征。无山崩、地震、川腾，是地示之寿征。下文黄发、台背、儿齿，是人之寿征。天地人三征聚合，斯强固如冈陵也。此虽亦谬说，犹当胜于郑、孔、朱氏之不切矣。然，尚不如说三寿作朋为齐、鲁、宋三国之结成一体，故国势之强固，如冈如陵。三国皆周初封建之大国，并强盛直至此时，称为三寿国亦可也。更妙其时三国之君皆较一般国君为长寿。齐桓定霸葵丘会时已在位三十五年，应已六十岁矣。宋桓公已在位三十一年，亦当已六十岁。鲁僖公时仅在位九年，又二十四年乃卒。诗称其"黄发儿齿"，则虽才即位九年，亦当四十以上。以此释"三寿作朋"，为贴切矣。

四章：实当为第六章。十七句七十四字，各本均同。颂僖公之军容。"国之大事，惟祀与戎"为春秋时人之概念。故颂祀事讫，续颂其戎事也。

《毛传》："大国之赋千乘。朱英，矛饰也。绿，绳也。重弓，重于韔中也。""贝胄，贝饰也。朱绶，以朱绶缀之。增增，众也。"《郑笺》"二矛、重弓，备折坏也。兵车之法，左人持弓，右人持矛，中人御。""万二千五百人为军。大国三军，合三万七千五百人。言三万者，举成数也。烝，进也。徒进行增增然。"《朱传》："车千乘，法当用十万人，而为步卒者七万二千人。然，大国之赋适满千乘。苟尽用之，是举国而行也。故其用之，大国三军而已。三军，为车三百七十五乘，三万七千五百人。其为步卒，不过二万七千人。举其中而以成数言，故曰三万也。"按：周制寓兵于农，按邱甸民户征赋。贫户不齐，精窳不一，各国随其具体情况为之安排使用，决不能如司马法之机械。常用之兵，待遇有所不同，编制亦不能各从邱甸所出。郑朱之机械核算，非可取也。"千乘"，"三万"皆就经常可以使用之概数言之耳，非可确实核计也。"戎狄是膺"二句，颂僖之武功。按：春秋世所谓戎狄，皆羌族之杂居于冀外界内者，狄人最强。在齐桓初年，灭卫、灭邢、灭温，侵及晋、郑，王畿与齐、鲁。戎又在狄之北，屡从狄入侵。齐桓初亦仅能存邢卫于新迁之地。纠合诸侯以抗御戎狄。狄既衰弱，乃远伐山戎。伐山戎归，曾献戎捷于鲁，则鲁盖亦遣军从。御狄诸役更无论矣。毛云："膺，当也。"谓阻击也。惩荆，谓服楚也。惩舒，谓服江黄、救徐、伐厉，取项诸役也。江、黄、道柏、弦、巢、舒、蓼，诸凡淮夷以南之国，号为"群舒"。《左传》僖公十二年，齐桓晚年经营东南与楚王争徐、舒之地。僖公十五年，"楚人伐徐"。二月"公会齐侯、宋公、陈侯、卫侯、郑伯、许男、曹伯盟于牡丘。遂次于匡。公孙敖率师及诸侯之大夫救徐"。是为齐桓再一次以诸侯联军属鲁统率之。诗云："荆舒是惩"之含义如此。《史记·建元以来诸侯年表》引此诗作"荆舒是惩"。应是《鲁诗》著字不同。荼盖舒之借字，抑或是蓼之别称。征字与惩古音本同含义则异。征者，责取其贡赋，惩者创艾以畏之。齐鲁未尝与楚及舒人战，但迫使入贡于周。则作"荆舒是征"为尤合于史实也。鲁国有此武功，则天下之国莫敢承受鲁之威力矣。《毛传》训承为止。《郑笺》释承为御。实皆承当之义。续言如此武力，使鲁国声威昌炽，亦使鲁君寿。"富"，谓财物多，各国赂遗厚如陈之献象齿南金是也。"寿",谓常在军中,练于武事,则体强而神旺,故能寿也。"黄发",白发带黄。"台背",谓背曲隆如鲐,皆寿征也。"寿胥与试",郑云:"胥,相也。寿而相与试,谓讲气力不衰倦。"《朱传》:"寿胥与试之义未详。王氏曰'寿考者,相与为公用也。'苏氏曰'愿其寿而相与试其才力以为用也。'"《诠》按:寿,承黄发台背言,指僖公。胥,皆也。与,予也。试,检阅也。诗言此寿人之君虽黄发台背,对此军队之出师与旋师,亦无不进行检阅,谓其勤于戎事也。试字本义为检验事物之合于法式否。试验,考试,试仕皆其引申之义。诗所用其本义也。如此军队,能使鲁国昌大。大谓境土日扩,如取济西之田,收常许之邑,声威掩于东南之事。如此勤于戎事,亦能使鲁君耆年仍康强。艾之为药,陈老者功效尤大。故诗曰"耆而艾"。末二句,祝愿语。愿其万有千岁不死,"眉寿"上寿也。郑云:"秀眉。亦寿征。"非义。"无害",无灾病也。

五章,实当为第七章。八句,三十二字。颂僖公初年战胜邾莒,征服陈人之武功。

"泰山",即岱宗。从来华夏所崇祀之东岳也。"岩岩",《节南山·传》:"积石貌。"此山岩石坚刚,难风化,乏于土壤,惟石岩岩然。"鲁邦所詹",毛云:"詹,至也。"义无可取。《韩诗外传》与《说苑·杂言篇》引字并作瞻。义为"瞻仰",协"高山仰止"之字。然瞻不协韵。窃为当读如宗,此山自古称为"岱宗"(见《虞书》)。谓山之最崇高者,群山之所朝宗。适在鲁境,诗借以喻鲁为诸侯之长,如此山也。非惟韵协,义亦较瞻为胜。疑秦世传诗者缘音近而伪。"龟蒙",二山句。元于钦《齐乘》云:"龟山近鲁,在今费县西北七十里。蒙山在龟山东。二山连属,长八十里。"《诠》按:《春秋》僖公元年,"九月,公败邾师于偃"。十月"公子友帅师败莒师于郦,获莒挐"。邾国在龟山下。莒国在蒙海之间。故诗夸言"奄有龟蒙"也。"荒",犹奄也。"大东",谓鲁境以外之东方。如《大东》诗以王畿以内之东国为"小东",王畿之东诸国为"大东"。如今云"大前方""大后方",亦皆以本境内外为小大也。"至于海邦",谓莒国近海。又《春秋》僖公五年"杞伯姬来朝其子"。谓杞伯姬率其幼子来朝也。(伯姬庄二十五年嫁杞。二十七年归宁。杞伯随亦来朝。迄是嫁十三年矣。故自领其幼子来朝于鲁也。)齐桓迁杞于极东。故城在今山东安邱县。亦是沿海之国。"淮夷来同"句指陈人服于鲁,其事已详《泮水》篇。"莫不率从",则泛谓东南诸侯之国莫不服于齐桓,率从以尊周室。为鲁侯之功也。

六章:实当为八章。八句三十二字。颂僖公中年(实颂季友晚年)佐齐经营徐淮舒、鄫,与灭项之事。

"凫绎"，二山名。《齐乘》："凫山，在邹县西南五十里。绎山，在邹县东南二十里。"绎，今作峄山，在京苏铁路侧，与凫山皆鲁国南境之山，故言"保有"，谓旧为徐夷常犯之地，今则保安无虞。"徐宅"谓徐之国都。此时不惟徐夷不敢犯鲁，鲁之军力亦掩盖其地如大东之莒杞。谓徐国服于齐鲁也。僖公十五年，"楚人伐徐。三月，公会齐侯，宋公、陈侯、卫侯、郑伯、许男、曹伯盟于牡丘"，谋救徐也。"遂次于匡。公孙敖帅师及诸侯之师救徐。"十六年，再会于淮。"谋鄫，且东略也。"（《左传》）鄫与莒、杞皆鲁当时沿海婚姻之国。僖公十四年，鄫子来朝于鲁。故齐桓属鲁以率诸侯之师城鄫。是此诗"至于海邦"含义。与上章同文异指，由时间不同也。"淮夷蛮貊及彼南夷"混指淮水南北诸国与群舒。"莫敢不诺"二句，言此诸国莫敢不应顺鲁侯之命令。诺，应也。若，顺也。辞虽夸张，要亦依于实事。

七章：实当为第九章。十句，四十三字。综颂僖公一生。谓由其敬恪于祀事，故获天神赐福，身得上寿，国获强固。"居常与许"，毛云："常，许，鲁南鄙西鄙。"郑云："许，许田也，鲁朝宿之邑也。常或作尝，在薛之旁。《春秋》鲁庄公三十一年'筑台于薛'是欤？周公有尝邑许。田未闻也。六国时，齐有孟尝君，食邑于薛。"朱云："皆鲁之故地，见侵于诸侯而未复者，故鲁人以是愿僖公也。"则谓祝愿僖公能收复其地。《诠》按：《春秋》隐公五年，"公观鱼于棠"。《左传》云："非礼也。且言其远也。"《杜注》"高平、方与县北，有武唐亭，即鲁侯观鱼台。"晋高平，为今山东鱼台县，春秋时为鲁、宋间地。常、棠、唐音近，古今人书字不同耳。诗云："居常"，谓僖公亲齐与宋公从齐桓公盟伐，故出居于隐公观鲁之棠邑，以会宋公。春秋时大国多有飞地遥辖以备游观、射猎、与朝会道宿者，此常与许皆是也。盖常邑，犹周诗"常棣"即"棠棣"也。马瑞辰引《齐语》管子曰："以鲁为主，仅其侵地堂潜。"谓："《管子》作常潜。则常邑曾见侵于齐。庄公时复归于鲁。去僖公时未远，故诗人尚举以为颂美之词。"虽亦可能是此诗之常，究于"居常"之义难协。齐桓霸业，会盟征伐地皆在鲁之西南境外，不在齐之东方，则鲁僖公自朝齐外，无出居于齐鲁界上之必要。此诗作于季孙行父之世，侈言鲁之盛强，毫无追随齐桓语义。则必不有朝齐文义入诗甚明。然则亦必无僖公居于鲁齐界上之含义亦可知。其非指齐反侵地之常或堂亦明矣。"许田"，地在周郊，为鲁朝宿之邑。近许，多蓄林兽，供射猎，故称许田。其邑则曰许也。《春秋·桓公元年》，"郑伯以璧假许田"。《左传》："郑人请复祀周公。卒易祊田。公许之。为周公祊故也。"郑人假许之田，非并假其邑也。其邑，鲁侯朝周所必居，不可以假人。诗言"居常"谓翼霸事业恒当出居于棠。复言居许者，谓朝周天子必居于许。（《公羊传》云："诸侯时朝于天子。天子之郊，许诸皆有朝宿之邑焉。）"复周公之宇"，谓周公循抚南国逐商人之服象为虐于东方者于江南。淮海之间，尽为周王之地。其后徐淮屡叛。召穆公再收服之。又其后亦叛离不朝会于中国，鲁僖公复从齐桓抚有其地。为复周公之宇。周公之宇，即周王之土宇。非谓鲁国境域曾被侵割而僖公复之也。"令妻寿母"四句，郑云："僖公燕饮于内寝，则善其妻，寿其母。谓为之祝庆也。与群臣燕，则欲与之相宜，亦祝庆也。'是有'，谓常有也。"朱云："'令妻'，令善之妻，声姜也。'寿母'，寿考之母，成风也。"按：成风，庄公之妾，鲁附庸须句氏之女也（三章云："锡之山川，土田附庸。"附庸正指须句言之）。卒于文公四年。其卒，周襄王"使荣叔来归含，且赗"。及葬，又"使昭伯来会葬"。并著于《春秋》。亦缘周王重僖公，故礼其生母如此。季孙行父请颂僖公于周，故于此章称其朝周（居许），翼霸（居常）及周王归含致赗之寿母，明周王素已尊贤僖公。是请命辞所当有也。因"寿母"而及"令妻"，则以声姜为文公母。此诗作在文公时之验也。又必牵及大夫者，以辅弼之宜，夸成季（季友）之勋。因大夫以及庶士，夸武功故重战士也。宜，两善相与之义。郑云："祝庆语"者，非。"有"，当读如右，谓助治邦国。"黄发儿齿"，郑云："寿征"。朱云："儿齿，齿落更生细者。亦寿征也。"按：人老齿落不能更生。惟小儿能一度换齿，故小儿齿恒有所缺落。此诗谓僖公缺齿为"儿齿"耳。妄谓其齿缺如小儿能再生，为多受嘏福所当致。

卒章，实当为十章。十句，四十四字。颂僖公庙貌。

"徂来"，山名。一作崌崃山，在泰安县东南四十里。海拔不高，宜松。"新甫"，一称小泰山，在泰安县西北四十里。山高、土厚、宜柏。春秋世鲁地垦尽，山林多残，惟此二山远于郭邑，尚保存大木也。"是断"，伐其树也。"是度"，量其长也。"是寻，是尺"量定而截割之也。长八尺为寻。"松桷"，的松材为桷。"有鸟"，毛云："鸟，大貌"。《诠》按"鸟，桷题饰如鸟，垫使微昂也。"路寝"，毛云："正寝也。"谓大庙"孔硕"甚硕大也。鲁旧有大庙以周公为大祖。文公二年为僖公更立大庙，称为新庙也。"奕奕"，言非单只一庙，亦有昭穆四庙及世室，制同周公之庙。"奚斯"，季友时鲁公子之有贤称者，即公子鱼。闵公二年《左传》及《鲁世家》并曾著其事迹之一部分。时已声闻甚著。自闵二年至文二年阅三十四年，应尚在世。又三十余年季孙行父乃专鲁政。旧有谓此诗篇为奚斯作者，必不可能。惟建造僖庙由奚斯董其事，则合矣。"孔曼且硕"，谓新庙之奕奕而起为曼，崇宏为硕也。"万民是若"谓人民皆以为僖庙当如此建立。"若"，顺也。夏父弗忌所谓"明顺"，是也。

《鲁颂》小结

四篇凡九百六十八字,相当于《周颂》三十一篇字量之百分之七十而强。其中《閟宫》一篇四百八十九字,超过《周颂》各篇平均字量(44.4字)之十一倍。

《商颂》解题

商族自传其先出于有娀氏，玄鸟所生，始祖号为玄王。儒家之书以为即帝喾之子司徒契；春秋世前无此说也。其先王史事，至相土乃渐明。相土居商丘（《左传》《世本》），今河南商丘县是也。商族之称始于此。又传相土之曾孙冥为夏帝治水，死于河（《鲁语》《竹书》）。其子亥，迁居殷。今河南偃师县地也。一谓之西亳（《帝王世纪》），亦曰"亳殷"（《尚书》《盘庚》）。《竹书纪年》夏帝芒三十三年，"商侯迁于殷"是也。此后皆称殷侯。至帝孔甲九年，"殷侯复归于商丘"（徐位山《统笺》订为是成汤祖父主壬，主癸时）。自是复称"商侯"。《史记》谓玄王至于成汤"八迁，始居亳"。大抵自相土至成汤，虽屡迁，要不出于河南汝颍二水之间。其时济水与河水间尚为海迹沮洳之地。名为兖州，实少人居。商族转徙于其西南侧较高之地，经营农牧，成为南国与华夏之中间地带。汤既灭夏，为中华诸氏族共主，商族乃渐自汝颍向三河地区移进（河东、河南、河内，《史记》称为三河）。故仲丁居隞（《尚书》作嚣），今荥阳县西之敖山，后世建成敖仓者是也。河亶甲居相。今河南汤阴县，唐宋之相州是也。祖乙徙居耿，一作邢。今河北邢台县是也。或谓是今山西吉县。要皆在河水之北，太行山脉南东之平原地，汉代所谓河内地也。下逮盘庚，乃复徙还河南之亳殷（《尚书》）。其后遂定号曰殷。故世恒以殷商或商殷联称之。盘庚后又四世至武乙，再迁居河北洹水之南，新营国邑曰朝歌，今河南安阳县西五里之小屯，《史记·项羽本纪》"与章邯期于洹水南殷虚上"之殷虚是也。自是定居，至于纣亡。

武王灭纣，仍封纣子武庚于殷，以承汤祀。武庚叛，败死，周公以殷地封康叔为卫。别封纣庶弟微子于宋，以承殷祀。分徙殷遗民于鲁、唐及洛邑。然殷遗民往往潜归于宋。故宋虽南国故地而流行殷之风乐及南乐，无自立之风雅。微子有贤称，为周所重，许其祭祖祀天得用殷之乐舞。故诸侯之国惟鲁与宋有颂。

《国语》载闵马父之言曰："昔正考父校商之名颂十二篇于周太师，以《那》为首。"云名"颂"者，明商颂不止十二篇。云"校"者，宋人保存其十二篇，久未行用，失其音节，讹其词义，持向周太师校订之。周用六代之乐与四夷之乐，故周太师保存有商颂乐章也。言以《那》为首者，周太师所保存之商颂原自以《那》为首。正考父所有十二篇失其篇次，校而后知以《那》为首也。

《史记·宋世家》太史公曰："襄公之时，修行仁义，欲为盟主。其大夫正考父美之，故追道契、汤、高宗殷所以兴，作商颂。"盖据鲁诗家说也。《集解》引《韩诗章句》亦云"美襄公"。魏源《诗古微》遂谓："三家诗皆以正考父作于襄公之世。'汤孙'皆美襄公。"《诠》按：正考父佐戴、武、宣公。其子孔父嘉，宋殇公时为大司马（见《左传》）。则不可能为宋襄公大夫，甚明。《那》篇《续序》云："微子至于戴公，其间礼乐废坏，有正考甫者，得《商颂》十二篇于周之太师，以《那》为首。"原注云："正考公，孔子之先也。其祖弗父何，以有宋而授厉公。"①《宋世家》"戴公二十九年，周幽王为犬戎所杀"。是宋戴公即位在周宣王时。在位三十四年，卒于平王五年。又阅四十四年历武公，宣公，至穆公七年，始入于春秋之世。更阅七十二年，宋桓公卒，襄公乃立。上至戴武宣世，已百余年，则正考父安得事宋襄公乎？是三家诗说皆谬，毛诗家言有据也。

《商颂》现存者只三篇。其三篇各只一章，文不甚多，近于《鲁颂》之《駉》与《有駜》。应皆正考父所校之《商颂》。其二篇，文长而分章，与《鲁颂》之《泮水》《閟宫》相似，盖宋襄公时所作。旧儒或以为皆"商之名颂"，或以为"皆宋襄所作"者，俱非矣。

（一）那

一章，二十二句。

猗与那与，置我鞉鼓。奏鼓简简，衎我烈祖。汤孙奏假，绥我思成。鞉鼓渊渊，嘒嘒管声。既和且平，依我磬声。于赫汤孙。穆穆厥声。庸鼓有斁，万舞有奕。我有嘉客，亦不夷怿。自古在昔，先民有作，温恭朝夕，执事有恪。顾予烝尝，汤孙之将。

此商代祭祖庙通用乐章，宋受封，亦用于祀庙。周太师保存其乐。宋人久用而有讹伪，正考父更就周太师校正之文也。何时创作，未详。既屡称汤孙，则当在太甲

---

① 《诗正义》："《世本》云'宋闵公生弗父何。弗父何生宋父。宋父生考甫（考父）。考父生孔父嘉，为宋司马。华督杀之而绝其世。其子木金父降为士。木金父生祁父。祁父生防叔。为华氏逼，奔鲁，为防大夫，故曰防叔。防叔生伯夏。伯夏生叔梁纥。叔梁纥生仲尼'。故曰'孔子之先也'。弗父何本宋闵公世子。父死当立，而殇公篡之。厉公杀殇公，将立弗父何。何让厉父，故曰'以有宋授厉公'。"

（殷太宗）以下诸王时。何楷《诗世本》谓此与《烈祖》《玄鸟》皆殷高宗（武丁）世作。就其字量已多而皆四字为句，与其语言格调衡之，应是殷中世作品。惟其不颂何人，但称主祀者为"汤孙"，故可通用于殷商之列祖。即宋人用之，亦无所碍也。

首六句，《毛传》："猗，欢辞。那，多也。""夏后氏足鼓。殷人置鼓。周人县鼓。""衎，乐也。烈祖，汤，有功烈之祖也。"《郑笺》："置，读曰植。植鞉鼓者，为楹，贯而树之……鞉虽不植，贯而摇之，亦植之类。"《朱传》："置，陈也。"按：鼓不可以悬击。周人悬编钟。鼓置于架上。无所谓悬鼓。《毛传》语不足据。鞉鼓，种类多，皆有柄，小者人一手摇之作声。大者，一手持柄，一手以曲拐击之作声。近世藏族喇嘛犹用之。"置我鞉鼓"之置，谓乐官当祀庙前，安置乐器于各所当在之位置。殷乐衍自巫师。巫师重柄。故殷乐以鞉为尊。他诸乐器，动止皆仰承于鞉。言置鞉鼓，则安置他诸乐器可知矣。"奏鼓简简"，谓鞉鼓声发，则众乐俱起。"简简"，鼓声单重，不成旋律也。"烈祖"，犹云列祖，非指汤一人。《泮水》诗，"昭假烈祖"，《郑笺》谓僖公能"美祖之德。谓遵伯禽之法"。《朱传》云："烈祖，周公鲁公也。"盖烈者光显之谓也。子孙于其先祖，无不以光显称之。旧说为指一人者，皆非。此诗无特指汤事之文。《泮水》诗亦无特颂伯禽或周公与伯禽之意。"汤孙"，亦殷世诸王之通称。商庙以成汤为大祖，故其嗣王于祀事皆称汤孙。"奏假"，毛云："假，大也。"郑训假为升，谓"奏升堂之乐"。朱云："假与格同。言奏乐以格于祖考也。"马瑞辰谓："假与格，一声之转。"引据甚博。足阐《朱传》之说①。"绥我思成"，郑、朱并引《礼记·祭义》："斋之日，思其居处，思其笑语，思其意志，思其所乐，思其所嗜。斋三日，乃见其所为斋者。祭之日，入室，僾然必有见于其位。周旋出声，肃然必有闻乎其容声。出户而听，忾然必有闻乎其欢息之声。"谓"此之谓思成"。马瑞辰曰："《尚书》'备者成也'。《祭义》'福者备也'。成为备，即为福。'绥我思成'，为报福之词。与'祝告利成'同义。绥与遗叠韵。绥之言遗。遗即诒

---

① 原文云："假者，徦之叚借。格者，佫之叚借。《尔雅·释诂》：'格，至也。'《释言》：'格，来也。'《方言》：'假佫，至也。邠、唐、冀、兖之间曰假。或曰佫。'《郭注》：'假音驾。佫，古格字。'据《说文》：'徦，至也。从彳，叚声。'知《方言》假，当作徦。《广雅·释诂》：'徦，至也。"假亦徦之省借。假又嘏之假借。音古，故与祖为韵。格字转上声，亦音古。故通用。至与致，义相成。凡神人来至曰假。祭者上致乎神亦曰假。《尚书》'祖号来格'，《商颂》'来假来享'，此神人之来至也。《易·萃·象》'王假有庙，致孝享也'，《尚书》'舜格于文祖'，《史记·五帝纪》作'舜乃至于文祖'，《祭统》'王假于大庙'，《商颂》'以假以享'，'鬷格无言'，及此诗'汤孙奏假'，皆祭者致神之谓也。……《小尔雅》《说文》并曰：'奏，进也。'上致乎神曰奏假。亦曰登假。扬雄《剧秦美新》曰'登假皇穹'是也。《诗》'汤孙奏假'，谓汤之子孙进假其祖。则不得如《毛传》之以汤孙为汤矣。假与格皆当训至。《尔雅·释言》'格，来也'。《方言》'格来也'，义亦相通。《传》训假为大，《正义》以为大乐。失之。《笺》训假为升，与《方言》训格为登，义合。然以为'奏升堂之乐'，则非。"

也。思为句中语助。'绥我思成',犹云贻我福。与《烈祖》诗'赉我思成'句法正同。亦谓赉我福也。"言虽迂回,驳郑朱说甚准。"绥"本有授予之义(自升车授绥引申)。"思成"商巫语言福祉也。汉儒所造之"祭义",未可用以说此商颂者,商代但借祀祖以团结其族人,非即有周人"孝思"之说。即如周公制礼,尚只重在诚敬,为之尸以像之而已。孔子言礼尤繁重,亦只有"祭如在"数语。至汉儒乃发展为"祭义"之说耳。若遂用以回释(商颂)之"思成",岂不同于说今之美国人为《周诗》"彼美人兮,西方之人兮"之类乎?

中十句,称乐舞之美。"渊渊",鼓声沉重而深远也。"嘒嘒",管乐清越而悠扬也。"和且平"诸乐并调无噪音也。"依我磬声",殷乐以编磬之音阶造为旋律乐谱,诸乐响之高低抑扬、节奏皆依之成声相应也。笙、箫、笛、竽、箎、埙、瑟、琴,皆可合编磬成曲,惟鼓与大钟仅能应节拍为抑扬以应之。故诗以鞉鼓与管声该之。在颂乐,例不举琴瑟,其音恒被掩也。"于赫汤孙",谓主祭之时王。"于",叹美辞,"赫",光明炽盛之义。"穆穆厥声",旧说"穆穆,美也"(《郑笺》)。谓主祭者以此声为美。于文义不协。疑殷之庙祀,众乐既举,主祭者与从祭者入庙至神前,为九献之礼。止乐而诵祝辞。祝讫,乃更为乐舞。故诗先述众乐,嗣为此言,后乃言庸鼓、万舞。《毛传》:"大钟曰庸。致致然,盛也。""万舞",干戚之舞。"有奕",谓奕奕然迭起。毛云:"奕奕然闲也。"意谓闲习熟练。"嘉客",谓助祭之诸侯(中小奴隶主)。"亦丕夷怿",谓亦大悦怿。"不",古丕字,大也。"夷",毛训为悦。郑云:"亦不悦怿乎?言悦怿也。"读不如今字。又以此二字下属。皆失诗义。

末六句,总结全篇祭享之事,如周秦之所谓"乱"。谓如此礼制,自古已然。先民作之,不可不承敬其事。告从祭诸奴隶主,视此烝尝之礼,而遵行之。《国语》载闵马父之言曰:"先圣之传恭,犹不敢专,称曰自古。古曰在昔。昔曰先民。"《毛传》据引之。《诠》按:闵马父亦断章为义,以嘲子服景伯之骄满①。诗语但重言自古已然耳。"作",创其制也。毛云:"有作,有所作也。""温恭",温温然恭敬。"朝夕",谓祭之整日皆然。"执事",盛篡,荐馔诸祭事。恪、勤慎、庄敬之义。陆音"苦各反"。"顾予烝尝"二句,郑云:"嘉我殷家有时祭之事而来者,乃太甲之扶助也。"是拘执"汤孙"为太甲之曲解。《朱传》云:"顾,奉也。言汤其尚顾我烝尝

---

① 《鲁语》下:"齐闾丘来盟。子服景伯戒宰人曰:'陷而入于恭'。闵马父笑。景伯问之。对曰:'笑吾子之大也。昔正考父校商之名颂十二篇于周太师。以《那》为首。其辑之乱曰:'自古在昔……有恪。'先圣王之传恭,犹不敢专称曰自古。古曰在昔。昔曰先民。今吾子之戒吏人曰,陷而入于恭,其满之甚也。……'"

哉。此汤孙之所奉者。致其丁宁之意，庶几其顾之也。"是拘执"烈祖"为成汤之曲解。诗语只在教导从祀之人，顾视此烝尝之礼。将者取携之义，引申为遵行其法度。

（二）烈 祖

一章，二十二句。

嗟嗟烈祖，有秩斯祜。申锡无疆，及尔斯所。既载清酤，赉我思成。亦有和羹，既戒既平。鬷假无言，时靡有争。绥我眉寿，黄耇无疆。约軧错衡，八鸾鸧鸧。以假以享，我受命溥将。自天降康，丰年穰穰。来假来飨，降福无疆，顾予烝尝，汤孙之将。

此亦殷王祀祖通用乐章也。与《那》同时一手所作。似用于一祭。《那》诗但言乐舞，此诗兼及享食。《诗经原始》疑为"始作乐时则奏《那》。既祭而后歌《烈祖》"。颇有似处。《诗义折中》演何楷说以为"《那》祼献之乐，此则受釐之词"。不如方说允当。其他说为祀中宗，祀成汤者，皆非。

"嗟嗟"，在《周颂·臣工》毛云："敕之也"。朱云："重叹以深敕之也。"在此诗，则叹美之辞也。"烈祖"，说其上篇。次三句，朱云："有秩秩无穷之福，可以申锡于无疆。是以及于尔今王之所。""既载清酤"，郑云："既载清酒于尊，酌以祼献，而神灵来至我致齐之所。"赉，毛云："赐也。"思成，说在上篇。六句综言致祭能受多福。

"亦有和羹"二句，郑云："和羹者，五味调，腥熟得节，食之于人性安和，喻诸侯有和顺之德也。"朱云："戒，夙戒也。平，犹和也。《仪礼》于祭祀燕享之始，每言'羹定'。盖以羹熟为节，然后行礼。定，即戒平之谓也。""鬷假"，朱云："鬷，《中庸》作奏。正与上篇（奏假）义同。盖古声奏族相近，族声转平而为鬷平。无言无争，肃敬而齐一也。"《诠》按：毛郑说此诗多不中。朱说胜之。（朱氏《中庸注》："奏，进也。……言进而感格于神明之际，极其诚敬，无有言说而人自化之也。"）然亦非能中也。《左传》昭公二十年，晏子与景公论和同。引此诗，作"鬷嘏无言"（《释文》本、朱注本，并同）。鬷字从鬲，有献羹之义。嘏为神降之语。上古祭祀祈祷，皆有伪为神语之人。周人曰尸，殷人用巫。巫作法行礼后，伪为神状，饮食献羹讫，即伪为神言。如此神言，周人谓之嘏，宋人谓之鬷嘏也。（《方言》："假、烙、怀、摧、詹、戾、艘，至也……艘，宋语也。皆古雅之别语也。"郭璞注：

"雅，谓风雅。"騢即《毛诗》騢字。至，谓神至也。郭云"古届字"。故宋语嘏为騢嘏。）嘏与假为一音，故毛诗作假（《左传》注疏本亦引作假）。《中庸》作"奏假"，亦是殷巫降神之义，不当如朱注所释。"騢嘏无言"，犹云降神之言也。无舞古字通。巫降神必舞，故曰舞言。无亦语辞，说在《文王》篇。殷人有此语辞。"时靡有争"之争，当读如净。巫者降神之语，模拟其神生时姿态。伪作先祖教诫子孙之辞。责其不然，待其称悔而后为之赐福。名巫能中人之隐，使人信服。从而亦信以为赐福可得。此祀祖，騢嘏原始形式也。周代易巫为尸。尸嘏乃不敢有所指责，但为勖勉之语，浸至于只为佞谀之辞。此殷之旧颂，尚能传殷俗真实。言神之嘏辞，无有戒诤之意，明其列祖无失德也。争、诤二字古通。《孝经·谏诤篇》"天子有争臣七人"。至"士有争友"，"父有争子"，皆以诤为争。殷巫，皆出于奴隶。平时不敢有谏诤，惟降神则可肆言。故亦得为争臣之一。"靡有净"，则惟降福而已。故赓云"绥我眉寿，黄耉无疆"，皆赐福之辞也。

"约軝错衡"二句，已见《采芑》。彼言方叔之车，逊于天子而尊于士庶之乘车。在此诗，谓助祭诸侯之车也。殷世尚非真正统一之国家，仅属于大中小奴隶主之政治集团。殷王为中央大奴隶主。其祭祖庙，中小奴隶主咸来赓祭，同燕飨。故大祭祀用牲每至数百头之多，有殷墟甲骨文字可征。周世诸侯助祭之制，盖仿于此。惟周制，王率诸侯同祭。祭毕燕飨。据此诗以推殷世，则当是殷王先祭。神降騢嘏后，所谓助祭诸侯，乃赓行祭享之礼。亦复有巫嘏之辞。如此礼毕，然后燕飨。盖其时嘏辞有净戒。殷王不愿他人闻之也。"八鸾鸧鸧"，《采芑》作"瑲瑲"，袭用此诗之文而易其字。以玉声易鸟声，其为旗铃之声一也。"以假以享"之假，为读如格，谓感格于神，神来享其献食也。神享之后亦有嘏辞，"我受命溥将"以下五句是也。"我"，谓我殷也。"受命"，受天命也。"溥将"，统率溥天之下也。（旧说此诗者皆未达此，可以不论。）又言由我殷族之管领天下，而天降康乐，天下皆连获丰年。今尔诸侯来格于我神，受主人飨礼。我神亦降予尔以无疆之福。此诗，以献神为享，会饮为飨。是古义，明有分别。后世乃混用之。

末二句，与《那》从同。明其为一祭所用之两篇。应是殷王先祭，则奏《那》。诸侯赓祭，则奏此篇。周人乃合主祭助祭者于一祭，选子孙之贤者为尸。其"绎祭"之制，盖亦殷世主、宾分祭相续之变制也。

（三）玄　鸟

一章，二十二句。

天命玄鸟，降而生商。宅殷土芒芒。古帝命武汤，正域彼四方。方命厥后。奄有九有。商之先后，受命不殆，在武丁孙子。武丁孙子，武王靡不胜。龙旂十乘，大糦是承。邦畿千里，维民所止。肇域彼四海。四海来假，来假祁祁。景员维河。殷受命咸宜，百禄是何。

此殷帝武乙，自亳徙居河北朝歌，建成祖庙后所作祀祖乐章也。

商自帝微（成汤六世祖。一作"上甲微"）起，世以天干字命名。历久未免重复，史臣加上字以别之。曰天，曰太，曰雍，曰阳，曰盘，曰武，皆就其人性能与事迹之特点为字以称别之。其事迹平庸无可称道者则漫称曰祖，曰小。凡称"武"者，率为有武功或赋性强武之君。周代谥法实仿于此。武乙性倔强好斗。《史记》称其"为偶人，谓之天神。与之博，令人为行。天神不胜，乃戮辱之。为革囊，盛血，仰而射之，命曰射天"。《诗》云："武王靡不胜"者，盖其人好胜，虽天神亦必欲胜之，故曰武乙也。商殷列帝之有声称者，成汤号为"武王"（《长发》），称"天乙"（《世本》）外，太甲，谓之太宗；太戊，谓之中宗；武丁，谓之高宗。此诗但称颂"武汤"与"武丁"，不及太宗、中宗，又不称高宗而称其名。自称"武丁孙子"，又曰"武王"。故可知其为武乙之作也。

《毛序》云："《玄鸟》祀高宗也。"岂有祀高宗之诗夸颂"武丁孙子"者乎？高宗之孙为廪辛与庚丁。庚丁生武乙，是武丁曾孙，援殷列帝皆称"汤孙"之例，故武乙自称为"武丁孙子"也。

首二句，称商族本源出于玄鸟。玄鸟者，燕也，羽色黑，故曰玄鸟。《毛传》："玄鸟，鳦也。春分玄鸟见。汤之先祖有娀氏女简狄，配高辛氏帝。帝率之祈于郊禖，而生契，故本其为天所命，以玄鸟至而生焉。"《吕氏春秋》："有娀氏有二女，为之九成之台，饮食必以鼓。帝令燕往亲之。二女爱而争搏之，覆以玉筐。少选，发而视之。燕遗二卵，北飞。遂不反。"高诱注"吞之生契"。《殷本纪》云："殷契，母曰简狄，有娀氏之女，为帝喾次妃，三人行浴，见玄鸟坠其卵，简狄取吞之，因孕，生契。"按：原始社会，女子皆无夫而孕。后世子孙以封建礼俗讳之，乃造为天降子之说。并附会为上世帝王之妃，以自炫惑。纷传异说，无非可笑。所当注意者，为传说产生之时间，及其发展变化。推求其编造故事之用心所在以为测量历史阶段之标识可也。《吕览》与《史记》及其他后世发展之说，皆遵源于此诗。此诗及《商颂》各篇，但言玄鸟生商，并无祖契文义。《吕览》所记，亦未言所生为契。只儒家所传之《世本》《帝系姓》《史记》《三家诗传》及《郑笺》说商族为出于帝喾与契。其不可信据，有明显之五点：

1. 《商颂》无契为始祖文义，则商族非自有此说。

2. 《商颂》但言"玄王"。《荀子·成相篇》始云："契玄王，生昭明。"应是据《世本》。谓契即玄王也。《汉书·礼乐志》又云'卨生玄王'。卨古契字。足见《古世本》亦经后人多所改窜。儒家造为帝王皆出于黄帝子孙之说，初亦不自统一，迭经修改而成纷歧也。

3. 《尚书》无契有封国之说。《舜典》九官，皆无封国。以今世史学常识衡之，当时只才组成世族公社，不得成为国家，则安得有封国之说哉？

4. 《史记·五帝本纪》："禹践天子位，尧子丹朱、舜子商均，皆有疆土以奉先祀。"谓商为舜子均之封邑也。《竹书纪年》谓帝舜"二十九年，命子义均封于商"。是虞夏之世，商丘自有邑君为舜子所封，则安得更封契于商丘？虽史迁善为纂组亦不能弥缝此矛盾矣（《殷本纪》谓契封于商）。

5. 唐、虞、夏世，元首皆称帝。殷周之际始有王称。"玄王""武王"皆此诗初见。绝不可能成为虞夏时代之爵位。则司徒契安得称玄王乎？由此可见"玄鸟生商"之说，商族初盛时所已有，"玄王"之号，则武乙作颂时所立。契为玄王，又出于周人之《世本》。亦唯儒家遵信之。其他百家诸子，包括《吕览》不用其说。而儒家内部于此说之传衍亦多纷歧、矛盾，可斥驳之点殊多，岂值信据哉？

又商族自云出于玄鸟者，谓其族迁流无定居，如鸟中之有燕也。世儒妄解，以为玄为黑色，北方之色也。为商族系自北方迁来之证。引《吕览》燕"遗卵，北飞不反"，《郑笺》"承黑帝而立子，故谓契为玄王"作证。查燕之为鸟，冬季栖于岭南之热带森林。春初北迁于中华之温带地方，营巢育雏。夏初率之北徙至塞北关东之寒带森林。入秋仍复南来华夏，不更入人家营巢育雏，但栖林间，啄食飞虫，故华人不觉之。入冬仍复南旋。此不得为北方之鸟也。说"天命玄鸟"为"承黑帝而立子"者，亦谬矣。商族自相土始居商丘，下至仲丁之世约五百年间，皆盘桓于汝颖地区，未能渡河而北。至河亶甲居相，始渡河向北移进。盘庚复徙而南。再至武乙始渡河定居。由此测之，商族实自南来，非北方民族也。

"宅殷土芒芒"，谓商族八迁皆不出于殷亳汝颖在大平原间，原是衮州南界大草原。芒芒，犹莽莽，平衍辽阔，草木繁茂宜农宜牧之大原野也。不称商而曰殷，明此诗作于盘庚以后。《郑笺》本于此断句。明汤之先世如此宅居。《朱传》下贯至"正域彼四方"，分殷，未是。

"古帝命武汤"，商人谓远昔为古。故《那》诗曰"自古在昔"。《书·盘庚》曰："古我先王。"《郑笺》谓："古帝，天也。"亦非。"帝命武汤"，谓成汤受天命代夏而有天下也。《殷本纪》："汤曰：'吾甚武。'号曰武王。"盖据鲁诗家为《长发》"武王载旆"说之文也。鲁诗家又混此篇"武王靡不胜"与此武汤，及"武王载旆"为一人。司马迁故有汤号武王之说。实则武汤之武，亦是史官所加，并非汤自立武号。惟武乙则曾自号武王耳。"正域彼四方"，毛云："正，辰。域，有也。"朱云："正，治。域，封境也。"《诠》按："四方"，谓商族地盘以外诸族落也。"正域"，谓釐正各族落之经界。故下文云"方命厥后"，谓四方各选强大之部酋俾率领各小酋长以亲附于商。即殷周所谓"方伯"。其小酋长，则殷周所谓"诸侯"是也。奴隶社会，大中小奴隶主相次服从，渐以形成统一局势，其组织实始于汤。夏代所未能也。而《尚书·尧典》云"咨四岳"，《舜典》曰"观四岳群牧"，曰"询于四岳"，"咨十二牧"，皆属原始社会不能有之政治组织。可知"二典"所据之古歌谣，亦皆殷代所编造者也。四方皆服，故曰"奄有九有"。下有字当读为囿。相传"人皇氏分天下为九囿"，（《艺文类聚》《初学记》并引《始学篇》），为后世造《禹贡》九州者所由仿。古以三为多数，九为最多数时所造之说如此。太古不可能恰分天下为九区，但有"九囿"之说，而此诗用之。"九囿"犹云天下各地也。

"商之先后"，统殷庙所祀列祖言之，自成汤始。成汤受命代夏奄有全华。承之者，盛衰不一，然虽极弱亦不危殆。故曰"受命不殆"。按《殷本纪》所载，商族兴衰反复若干次。大抵成汤以下，太宗，中宗，高宗时为兴世。其外为衰世。衰之至危殆时即迁徙复得振作。自高宗武丁至武乙之间，三世五帝，共百余年，已属极衰，武乙乃徙居河北，得以复振。诗云"在武丁孙子"，犹云至武丁之曾孙，武乙时有强邻危逼，亦不殆也。《郑笺》释不殆为"不懈殆"，意以殆为怠之借字。《朱传》谓"言商之先后受天命不危殆。故今武丁孙子犹赖其福"，较郑说为胜。

重"武丁孙子"句以下，遘颂武乙之强盛。"武王"，武乙自称也。"靡不胜"，言无所不胜，虽天神亦能胜之也。旧儒有因《长发》称汤为"武王"，泥执此武王亦系颂汤者。如王肃曲解"武丁孙子"云："在此高宗武丁，善为人之孙子。"（《诗正义》引。以此为武丁祀成汤之颂。）王引之《经义述闻》又谓"经文两言'武丁'疑皆武王之伪。而'武王靡不胜'，则武丁之伪。"竟欲改商颂一章之三字以适高宗祀成汤之说。则视《毛序》说此为"祀高宗"这诗为尤谬矣。（马瑞辰引《大戴礼·用兵篇》"嗣武于孙子"谓于为王字脱画。亦谬。）旧儒依《史记》斥武乙为乖戾荒唐之后，必欲排之于《商颂》之外，不惜作诸曲解如上之例颇多。然就商族发展之历史分析，武乙实贤于盘庚。盘庚说服诸奴隶，仅克迁回河南。仍无振作，更阅二帝十余年，至武丁而后复兴。武乙远徙河北，营邑定居，及身强盛。更约百年不迁，乃亡于纣。则武乙诚有过人之长。刚强好胜，至于斗天，则所以胜人者多矣。此诗正其自矜之作也。

"龙旂十乘"二句，言武乙之祭祀。《郑笺》以"交龙为旂"是诸侯车旂，因说为"乃有诸侯建龙旂者十乘，奉承黍稷而进者。亦言得诸侯欢心。十乘者，二王后，八州之大国"。（《朱传》略同。谓"武王汤号，而其后世亦以自称也。"）按：《周礼·司常》所言，周制也。《易·乾卦》以龙为君象。宜殷帝之旗绘交龙也。周灭殷，以殷嗣为诸侯，欲更有以胜殷，乃制"日月为常"之旗为天子车旌。非殷帝亦用"日月为常"也。譬如周之王，亦服衮冕，衮衣绘龙，是承用殷之旧制，岂曾亦只绘日月哉？《周诗》与《周书》屡用"明明""昭明"字以颂君德。《商颂》与《商书》则无取于日月，昭明之义。从而可知商殷无建常之制，天子旂亦只绘龙矣。魏源《诗古微》竟因此龙旂字，定《商颂》五篇皆宋襄世作，皆非达于史学者也。"糦"者，谷物所制之食品。与黍稷等生谷不同。诸侯来献黍稷者，则安得用"大糦"字。诸侯之国有道远者，又安可以熟制食品来进献哉？《方言》："糦，熟也。自河以北，赵魏之间，大熟曰烂，气熟曰糦。"谓蒸饼也。《天保》篇，"吉蠲为饎"《毛传》："酒食也。"谓祭享之食物。饎，糦字通。此云"大糦"明是殷人称天子祭享之糦。盖诗言武乙出祭，建十乘龙旂，以大祭享。是承先后之祭事。谓已于朝歌建成宗庙社稷也。

"邦畿千里"，谓殷王直接管理之地域，南色汝颍，西尽三河，北抵幽燕，长广千里。"维民所止"之民，在殷世皆指奴隶。奴隶分属殷族诸中小奴隶主，或耕或牧，或工或商，随其时宜，任各徙居，不限于一定地域。虽农耕亦然。此种制度，最利于强族向弱族地区扩散，以自发展。近世凉山彝族犹是如此。殷族每迁新地即能恢复强大之原因亦正在此。故其效果为"肇域彼四海"。肇，开也（《朱传》）。"四海"，《尔雅》："九夷、八狄、七戎、六蛮，谓之四海。"《舜典》："四海遏密八音。"《孔传》："四夷绝音三年，则华夏可知。"是古言四海，谓华夏以外四夷之地。非谓海洋。此诗，谓殷族窜居地广远，所在弱小民族与之接触，皆从而尊事殷帝。相率来朝，故曰"四海来假"，假，当读为格。朱云："假与格同。"至也。《大禹谟》"有苗格"，《孔传》"不讨自来"。"来假祁祁"，谓四夷来朝贡市易者众多，祁祁然盛也。凡古言四夷朝贡，皆市易之谓。封建儒士以为畏威怀德所致者望耳。四夷生产落后，爱慕大国工农产品，远来市易。由经济联系渐以形成政治联系，夏殷西周之世皆实如此。诗云"来格"，不云来朝，正是质实无夸之语。"景员维河"，谓四夷内属者虽多，而殷不利其土地，王畿以河为限，河以外皆为"诸侯之国"。景，古影字。《周礼·大司徒》"以土圭之法测土深，正日景"，谓测量土地也。古盖谓测定土地定其界至为景。员，《说文》云："物数也。"景员，犹云幅员，谓地面东西南北测定广袤之数，今云"面积"是也。一作"广轮之数"，一作"广员"。《山海经》三危之山"广员百里"，白沙山"广员三百里"，跂踵之山"广员二百里"。皆谓广轮之概数。幅员，景员之义正同，以河为限，故不言里数。亦由上文已云"邦畿千里"也。旧说"景员"者，尽非。

"殷受命咸宜"二句，承上"先后受命"言之。谓自先后受命，徙居所在无不咸宜。"百禄"，谓中小奴隶主，与四海来假之君，犹周人所谓"百辟"或言"诸侯"也。禄字，古云天禄，即奴隶主合当剥削奴隶而食之义。后世乃转为天子给予之俸禄，亦是间接剥削人民资粮之义。何，当读如荷。陆云"音河。又河可反。"谓可两读。朱云："音荷，叶如字。"谓用荷之义，读何之音。荷者，承担之义。言：所有"诸侯"皆由殷王权力以维持其剥削奴隶之享受也。

（四）长　发

七章。一章八句。四章七句。一章九句。一章六句。

（1）濬哲维商，长发其祥。洪水芒芒，禹敷下土方，外大国是疆。幅陨既长，有娀方将，帝立子生商。

（2）玄王桓拨，受小国是达，受大国是达。率履不越，遂视既发。相土烈烈，海外有截。

（3）帝命不违，至于汤齐。汤降不迟。圣敬日跻。昭假迟迟，上帝是祗。帝命式于九围。

（4）受小球大球，为下国缀旒，何天之休。不竞不絿，不刚不柔，敷政优优，百禄是遒。

（5）受小共大共，为下国骏厖，何天之龙。敷奏其勇，不震不动，不戁不竦，百禄是总。

(6) 武王载旆，有虔秉钺。如火烈烈，则莫我敢曷。苞有三蘖，莫遂莫达，九有有截。韦顾既伐，昆吾夏桀。

(7) 昔在中叶，有震且业。允也天子，降予卿士，实维阿衡，实左右商王。（此下脱有数章）

此宋襄公时所造祀庙之乐章，非正考父所校于周太师之商颂也。西周与其以前之颂乐，例只一章（周公旦所为三象及大武六成，亦作为三篇演奏之）。惟春秋世之僭乐，乃多至数章。《鲁颂》如此。《商颂》亦正如此。

作此诗者，似为宋之史官，亦如周史之作《皇矣》，欲为商族诸名王造为诗史，以为祀祖之广乐，以适宋襄公之侈志。仅述至汤而宋襄公死。宋襄公在时，每成一章即命乐官谱为颂乐。宋襄公既死，史官乐官俱不复为，故全篇只得七章。或即宋襄公自作，亦有可能。审其为文，多取材于旧成之商颂。如"帝立子生商"即取自《玄鸟》。正考父所校商之名颂有十二篇，孔子所录，仅其三篇，则尚有九篇未录，宋襄公得资用之。篡取旧颂而多所增饰，夸颂武功而忒饰之以文雅，似宋襄公之为人也。

首章：称商族之兴在唐虞世。"濬哲"，用《尚书》颂舜文。孔传："濬，深。哲，智也。舜有深智……"此借为商族诸王颂语。"长发其祥"，郑云："长，久也。"祥，朱云："受命之祥。"世有哲王，故能之发也。"洪水"，谓衮州古为大海所漫。"芒芒"，犹茫茫，水广大貌。下五句，言有娀氏生育商族，在禹治水之际。谓虞舜时也。《郑笺本》以"禹敷下土"断句，方字下属。云："禹敷下土，正四方，定诸夏，广大其境界之时，（商族）始有王天之下萌兆。"《朱传》本以方字下云"绝句。《楚辞·天问》'禹降省下土方'，盖用此语。"按：《书序》："帝釐下土方"为此诗此语所仿，亦即《玄鸟》"正域彼四方"之语变耳。《禹贡》首云"禹敷土"，此诗即其句加下字，又依《书序》加方字以协韵。《郑笺》非也。"外大国是疆"，《毛传》云"诸夏为外"。华言之诗，不以诸夏为内，反以为外，有是理乎?!《朱传》云："外大国，远诸侯也。"夫承"禹敷土"为文，不言夏域有内外，而直以远诸侯为"外大国"，亦文理之难通者也。新诠以为：外字，衍文耳。"大国是疆"，谓夏之疆域定于禹也。夏以前，中华皆小邦分立。惟禹之夏族所得地面最大。故国号曰夏。夏，大也。故夏禹一曰"大禹"（《尚书》）。商族自成汤以上皆臣属于夏族，故称夏为"大国"。禹平水土，正疆理以为夏域，故曰"大国是疆"。若谓外字非衍文，则亦当是维字之伪。缘音近，与起笔相同而伪。"幅陨"与"景员"同义，说在上篇。（上篇

《毛传》"员，均"。此篇《传》云"幅，广也。陨，均也"。明陨为员之借字。）"既长"，谓其道里之数不可知，但知其纵横并长广。"有娀方将"，毛云："将，大也。"言当禹平水土疆理夏域之时，有娀之国始因禹而强大。明其为禹之诸侯也。"帝生子生商"，谓有娀氏之女生玄王，别为商族之祖先也。由此诗语，足见虽至春秋时代，商族但自承为有娀氏之支族，不承为帝喾之裔。有井氏女与禹同时，不可能生与禹同时为司徒之契，亦不可能为帝喾之妃。凡儒家所传商族出于契之说，皆妄言耳。《毛传》："有娀，契母也。契生商也。"《郑笺》："帝，黑帝也。禹敷下土之时，有娀氏之国亦始广大。有女简狄，吞鳦卵而生契。尧封之于商。"《朱传》："盖契于是时始为舜司徒，掌布五教于四方，而商之受命实基于此。"及其他史家之说，皆与此诗所言时间性不相容。此以诗纠史之所以足贵也。

次章：谓商族初祖曰"玄王"，前五句，皆述玄王事迹。自《毛传》以下皆谓玄王为契。所据惟《荀子》"契玄王，生昭明"一语。说玄王者唯此诗。五句中全无与司徒契相应之语。则此诗玄王非谓司徒契亦甚明矣。"桓拨"，毛云："桓，大。拨，治也。"《诠》按：桓字，在古籍中全是强武之义。拨字，则是捩转之义。《毛传》曲训为大、治，图牵强以合于司徒司教之意，后儒尽遵之。夫《尚书》固云"汝作司徒，敬敷五教，在宽"，岂有"桓、拨"之义哉？"玄王"不见于《商归颂》，亦不见于《世本》与《史记》而见于此诗，应是宋人因《玄鸟》生商之文私拟为始祖之称号，非殷人已有之也。其名绝非是契。《世本》谓："昭明居砥石，迁于商丘。"亦不谓契封于商或居商丘。《左传》襄公九年"陶唐氏之火正阏伯居商丘，相土因之。"此诗叙玄王后即述相土武功。相土为夏帝相时人，《世本》谓是昭明之子（史记同）。帝相为禹之曾孙。其即位，上距禹之称帝仅三十余年，则相土应是有娀氏女之孙。然则此玄王，盖为相土生父之称号。于《世本》为昭明。宋人称之为玄王也（虞、夏、商皆称帝。殷周间乃有王称）。"受小国"，谓商族初本弱小，臣属于夏。为受封于夏。"是达"，谓其事业上达于天帝，不负"帝立子"之意。"受大国"，谓居商丘后，国族已强大，仍臣服于夏，亦不违于天道。"率履不越"，请遵循天帝之道，不敢逾越。旧说达为"达其教令"（《郑笺》），"履，礼也"（《毛传》），皆非诗义。"遂视既发"之视，当读为示，谓遂能显示其族之已发达。旧说视为"省视"，为"视察"者非也。皆空洞之颂语，无史实足资印证。足明其非近系子孙之辞矣。"相土"之事迹著于《竹书纪年》者：夏帝相之十五年"商侯相土作乘马"。《世本》云："相土作驾马。"盖始创以四马驾车作战之法。后世《司马法》因为丘甸军赋之制者是也。此种车战方法之创造，大大提高平原地区战争胜敌之效果。参合《夏本纪》与

《竹书》所传大康亡国至少康中兴之史事分析之，足知夏族之所以能灭有穷氏之寒浞而致复兴者，商族协助之力为多。相传相土为夏帝司马之官创乘马法。是想象之说耳。相土盖为商族创车战法而助夏族，故能灭有穷氏也。按《尚书》《史记》及先秦文籍，皆谓夏帝太康时，因邑为有穷后羿所夺。其弟仲康，依同姓诸侯斟灌、斟寻氏。仲康卒，子相"即位，居商"。（《竹书》）。则是又转依商族矣。帝相虽失国，犹能"征淮夷""征风夷及黄夷"，"于夷来宾"（并《竹书》）。则其为商族首领相土之武功，甚明。后羿之国复为寒浞所篡。帝相复避依于斟灌。其地在今山东寿光县。寒浞使其二子，浇（《论语》"乔荡舟"之乔）居于过，豷居于戈以逼之（过戈皆今山东半岛上地）。商侯相土迎帝相居于帝丘。（《竹书》作"遂迁于商丘"，徐位山《统笺》考为"帝丘"之伪。）今濮阳县。寒浞灭戈，而使子浇灭斟灌氏，杀帝相。相后缗，逃归母家有仍氏，生少康。帝相旧臣伯靡出奔有鬲氏，收斟灌斟寻之遗民以讨寒浞，灭之，而迎立少康。（《左传》襄公四年）。少康之三年，使商侯冥治河（《竹书》）。足知自相土至其曾孙冥，皆臣事夏后氏，未尝有贰矣。夫斟灌斟寻之民不能自存其国，靡败之余，乃能与有鬲氏之族奋起而灭强盛之寒浞父子，复兴夏社。此其得力于商族之助已甚明矣。商族之强，自相土始。诗言"相土烈烈，海外有截"者，盖寒浞之子浇居遇，灭斟寻氏时，相土实助斟寻氏。《竹书》帝相二十七年，"浇伐斟浔，大战于潍。覆其舟，灭之。"明年"浇弑帝"（帝相在帝丘），夏亡。伯靡复能纠合斟灌斟寻以复兴者，实赖相土助夏，常在山东助斟寻之族以抗浇豷。其间似潍水之战斗者甚多。有时逐敌入海，追至辽东而戮之。故曰"海外有截"。截，斩馘也。山东半岛与辽东半岛之间，有庙岛列岛作渡海桥道，遂在独木舟时代，已能往来无碍。故山东半岛之战争历史上恒与辽东相关联。商丘唯由此道渡海为近。他道皆不易出兵于海外也。

三章：颂成汤之德，在于祗敬天命。《礼记·孔子闲居》述孔子与子夏论三王之德，引用此章七句全文。谓："天无私覆。地无私载。日月无和照。奉斯三者以劳天下，此之谓三无私。其在《诗》曰：'帝命不违……云云'，是汤之德也。"后世说诗者皆缘传以为义。其实《孔子闲居》亦汉儒所造之说也。此章文义，谓商族历代不违天命，至汤而德与天同，故史官称之曰"天乙"也。汤之降生，上去相土已十一世（据《史记》），似嫌为迟。诗云"不迟"者，谓夏德未衰，必至桀恶已稔而后降汤，为及时也。《朱传》云："汤之生也，应期而降，适当其时。其圣敬又日跻升，以至昭假于天，久而不息，惟上帝是敬。故帝命之，使为法于九州也。"跻，升。祗、敬。式、法也。九围，犹云九有、九州也。

四章：颂汤之为政，得旁国欢心，大小皆来归附。《毛传》："球，玉。缀，表。旒，章也。絿，急也。优优，和也。遒，聚也。"《诠》按：絿字一作璆。徐铉本（说文）云："璆，玉磬也。"《段注文》云："磬以球为之，故名球。非球之本训为玉磬。"古制器之石材皆谓之玉。实则唯制圭璧者用真玉，制磬则用粘板岩之尤坚者，谓之次玉。旧说球为美玉者，非也。《尚书·益稷篇》"夔曰：戛击鸣球"，谓击磬也。《禹贡》九州之贡，惟徐、荆、梁三州贡磬。豫州贡"磬错"，是无磬石而精于治磬，故贡治磬之具。雍州贡"球、琳、琅玕"则有磬石而无制磬之工可知。汤居亳，属豫州。役属荆徐之南夷，为特产磬与磬石之地。故商乐造成编磬最早。《烈祖》云："依我磬声"，明商颂乐以磬领声，犹金奏之以编钟领导也。此诗"受小球大球"，谓下国之贡。以球为主。犹周制诸侯朝贡之必以圭璧也。"缀旒"，谓商汤与下国之关系，犹旗之与旒相缀为一体。旒，旗之缘饰。"何"，读如荷。关系如旒之在旗，则得与商族一同承受天之休庆。"不竞"谓缀为一体，则无争竞。"不絿"之絿，与纠同义，谓不以私利相纠缚。"不刚不柔"，谓处理适中。"百禄"，指诸下国酋长。"是遒"，谓诸酋长俱固附于汤。《说文》手部"揫，束也"。引诗，作"百禄是揫"，盖《鲁诗》字。又"犹，聚也。"《毛传》即训遒为聚。《郑笺》从之。盖《韩诗》字作揂。《毛诗》作遒也。

五章：颂汤之军队，不只本族成员，凡其属国之民亦踊跃从之。毛云："共，法。骏，大。厖，厚。龙，和也。""戁，恐。竦，惧也。"郑谓："龙当作宠。"宠，荣名之谓。《诠》按：共，当读为供。谓小国、大国皆供军赋于汤。其应征来赴之军士皆如龙马之英俊、恭顺。骏，良马也。厖，《朱传》引董迺曰："齐诗作骏駹。谓马也。"音蒙，《荀子》引此诗作"骏蒙"。《尔雅》："面颡皆白惟駹。"可知三家诗确有作駹者。"荷天之厖"，谓受汤之奖誉。商族固以汤代表天帝也。"不震不动"谓不可撼摇。"不戁不竦"谓无所畏怖。竦与悚同。"是总"，亦是合为一体之义。多数线条结为一物曰总。

六章：颂汤之武力莫能御者，故能统一天下。"武王"，《毛传》云："汤也。""载斾"，谓建旌旗出征。"有虔秉钺"，毛郑训虔为固。说为"固持其钺"。朱训虔为敬。说为"恭行天讨。"《诠》按：《说文》："虔，虎行貌。从虍，文声。读若矜。"此诗"有虔"，谓有威也，当读如勤。为矜之本音。矜义与穜通，矛柄也，亦具威严之义。引申为矜骄，始读如亲。再引申为矜怜，始读如鳏。音随义变，后人习用引申之义，失其本音义，从而并失虔之本义与音也。虔字又与虔字有别。虔字从文，为虎行貌。虔字从攵，为虎攫杀之义。下篇"方斲是虔"，《左传》"虔刘我边陲"

（成公十三年）是也。后世说字者混为一字，皆读钱音。此当辨也。汤之出征，如火烈烈，故莫能遏其锋锐。《荀子·议兵篇》与《汉书·刑法志》引此诗并作"则莫我敢遏"。《毛诗》改字作曷。《传》云："害也。"《笺》云："谁敢御害我。"失遏之义而依音训害，是（毛诗）之病。（古曷、害同音，通假。说在《葛覃》篇。）"苞有三蘗"，毛云："苞，本。蘗，余也。"朱云："蘗，旁生萌蘗也。言一本生三蘗也。本则夏桀。蘗则韦也，顾也，昆吾也，皆桀之党也。"又"初伐韦。次伐顾。次伐昆吾。乃伐夏桀。当时用师之序如此。"《郑笺》云："韦，豕韦，彭姓也。顾昆吾皆已姓也。三国党于桀。""莫遂"，谓三蘗国与夏桀皆恶商族强大，欲杀灭之，而不克遂。《竹书》桀之二十二年"商侯履（汤名）来朝。命囚履于夏台。"《史记·夏本纪》："召汤而囚之夏台，已而释之。"《竹书》云："二十三年，释商侯履。二十八年昆吾伐商。"不能杀汤，不能克商，故曰莫遂。"莫达"，谓夏后氏号令所达之地原本广阔。原曾令其属国以兵伐商，莫不败还。渐无肯奉其发商之命者，为不达也。《竹书》："释商侯履，诸侯遂宾于商。"诸侯皆服于商，故夏帝之命"莫达"也。《史记》谓"汤修德，诸侯皆归汤"，想当然之说耳。诗言"九有有截"，而复伐韦顾。谓已征服天下大部分，仅余一苞三蘗之国，而乃伐之也。《孟子》："汤始征自葛始。"初居亳，与"葛为邻"故也。《竹书》谓汤居亳之六年"征有洛，克之，遂征荆，荆降"。又五年（桀之二十六年）"商灭温"。则汤在伐韦顾前所征服之地面已宽。故曰"九有有截"，非徒以文德服人也。《左传》昭公四年，"汤有景亳之命"。《竹书》夏桀二十八年："商会诸侯于景亳，遂征韦。商师取韦，遂征顾。"二十九年，"商师取顾"。三十年"商师征昆吾"，三十一年："商师自陑征夏邑，克昆吾。大雷雨，战于鸣条，夏师败绩。桀出奔三朡。商师征三朡。战于郕。获桀于焦门，放之于南巢。"所言征伐次第与时间，亦此诗吻合，亦与《尚书》《史记》相印。盖必先征服诸小国，得其助兵，如五章所云，而后能有此章之武功。汤事荒远，《尚书》不能详。此宋襄时史官之诗，自述其先祖功烈，故能较孔子所辑之书为准确也。

七章：非卒章也。起句"昔在中叶"，明明为颂述太宗、中宗、高宗诸帝的开始。太宗（太甲）仍用伊尹为相。中宗（太戊）任伊陟、巫咸，高宗（武丁）任用傅说，皆商族之知识奴隶，与伊尹佐汤相似。故诗特颂伊尹一章，以领起"中叶"诸帝之史事。故知"七章"非卒章也。"中叶"云者，对初叶、末叶言之。旧儒说此为卒章者，《郑笺》云："中世，谓相土也。震犹威也。相土始有征伐之威，以为子孙讨恶之业。汤遵而兴之。"

《毛传》训叶为"世"。业为"危"。郑从《传》说中叶为"中世"矣，乃训震为威。独弃（传）"叶危也"之义可乎？《朱传》云："震，惧。业，危也。承上文而言'昔在'，则前乎此矣。岂谓汤之前世中衰时欤。"马瑞辰竟谓："承上言之，则中业宜指汤时。……自元王立国言，则汤为中业也。"俱不识此为承上启下之一章而妄为之曲解。史家之诗，盖以汤统一以前为初业，太甲至武丁之世为中业，武乙定居于河北后为后业。中叶诸帝，屡衰屡起，故曰："有震且业。""允也天子"以下，言信乎商族之王为天帝之子孙也。故当震惧危业之时，天恒降予以良辅（卿士）。"实维阿衡，谓奴隶之贤辅，如伊尹、伊陟、巫贤、傅说等也。"左右"，谓辅佐。"商王"为春秋世加于商族诸王之通称。非指一帝，更不得为汤之专称，犹所云"卿士"之不得专指伊尹也。武乙以前无称商族之君为王者。惟《玄鸟》以下三篇，有武王、玄王、商王诸称号。汤时未尝有"商王"之称也。《尚书·说命》曰："昔我先正保衡，作我先王……尔尚明保予，罔俾阿衡专美有商。"《孔传》："保衡，伊尹也。"蔡沈注："作，兴起也。"谓伊尹相汤而汤兴起也。据此殷高宗语，足知武丁之世，犹称伊尹为"保衡"。《周书·君奭》："我闻在昔，成汤既受命，时则有若伊尹，格于皇天。在太甲时，则有若保衡。在太戊时，则有伊陟、臣扈，格于上帝；巫咸，乂王家。在祖乙时则有巫贤。在武丁时，则有若甘盘。"事成汤与太甲者同一伊尹，而分言作"保衡"者，盖太甲始称伊尹为保衡。自太甲至武丁皆用此称。《说命》又称之为"阿衡"者，"阿"在各民族语言中，皆是泛称。如吴语之"阿毛""阿狗"，藏语之"阿爸""阿妈"，所重在阿下字。阿只如语辞也。殷代，凡商族以外之辅臣，皆属奴隶。《君奭》所举六臣皆然。（惟臣扈，可能是本族大臣。）"衡"者，奴隶社会，物资出入皆以衡量其重（无升斗）。当家奴隶掌其权衡。故例呼"当家娃子"（凉山语）为"阿衡"。汤固呼伊尹为阿衡。太甲乃尊呼尹曰"保衡"，后世"太保""少保"仿于此。大戊之于伊陟、巫咸，祖乙之于巫贤，武丁之于傅说，皆当呼为"阿衡"。然则《说命》之"阿衡"，盖言前世之贤辅佐，实包括伊尹、伊陟、巫咸、巫贤言之。此诗亦以"卿士"与"阿衡"分别言之。卿士为职名，阿衡为当家奴臣之代称。与"商王"为先世诸帝之代称同矣。《毛传》："阿衡，伊尹也。"定指为伊尹一人为非也。《朱传》更谓："阿衡，伊尹官号"，则尤谬矣。

诗述商族本源，远自有娀。名王远若玄王、相土，均成汤以上四百年人，并有颂语。成汤一人占有四章。"中叶"方揭，戛然而止。其非全篇为甚明矣。

（五）殷　武

六章。三章，章六句。二章，章七句。一章五句。

(1) 挞彼殷武，奋伐荆楚。罙入其阻，裒荆之旅。有截其所。汤孙之绪。

(2) 维女荆楚，居国南乡。昔有成汤，自彼氐羌，莫敢不来享，莫敢不来王，曰商是常。

(3) 天命多辟，设都于禹之绩。岁事来辟，勿予祸适。稼穑匪解，（此下有脱句）

(4) 天命降监，下民有严。不僭不滥，不敢怠遑。命于下国，封建厥福。

(5) 商邑翼翼，四方之极。赫赫厥声。濯濯厥灵。寿考且宁，以保我后生。

(6) 陟彼景山，松柏丸丸。是断是迁，方斫是虔。松桷有梴，旅楹有闲。寝成孔安。

宋襄公图霸而辱于楚。志欲报楚，因为高宗立庙，祔主日，为此乐章以励国人之敌忾也。

《易·既济》："高宗伐鬼方，三年克之。"此殷伐之爻辞。故称高宗而不殷。殷高宗武丁，居亳殷，紧邻南国落后民族地区。其时南人尚鬼而文身，渔猎，出没于林薄湖沼间，无定居。故商族称之曰鬼方。其东部淮水流域，早已臣服于商，结为一体。中部汉水流域，以荆族为大，居三苗故地，于时已进入奴隶社会，能纠诸部族与殷相抗。高宗用兵三年，乃征服之。荆族既服，商族始无后顾之忧，得专力经营华夏。至武乙而定都河北，"肇域彼四海"矣。旧说鬼方为西羌者，误也。

楚之先世，三苗之遗类也，居于荆山，故号荆族。实为鬼方诸部最先进之一族。虽被征服于殷高宗，后仍叛殷而附于周。周文王时，鬻熊入仕于周。成王既定天下，举文武勤劳诸臣之后嗣，卦熊绎于丹阳，国号楚。然其人仍自称荆。故《采芑》之诗曰："蠢尔蛮荆。"《春秋》庄公十四年、十六年、二十三年皆书曰荆。僖公元年，始书曰楚。时楚已称王八十四年矣。始称王者熊通之言曰："昔吾先鬻熊，文王之师也，早终。成王举我先公，乃以子男田，令居楚。蛮夷皆率服而王不加位，我自尊耳。"通自立为武王，仍国号荆。至成王熊頵，乃改称楚。成王元年，即鲁庄公二十三年，《春秋》书"荆人来聘"。其十三年，为鲁僖公元年，《春秋》书"楚人伐郑"。皆从其国书所自称也。然则殷伐无楚之名，而此诗云"奋伐荆楚"，则非殷代之颂，而为宋襄公时作明矣。

宋桓公与鲁僖公翼赞齐桓霸业，已说在《鲁颂》。宋桓公在位三十一年卒，子兹父立，是为襄公。其八年，齐桓公卒，国内乱，公子昭奔宋，宋襄公率曹、卫、邾人之师伐齐，败齐师于甗，逐乱党，立昭，是为齐孝公。于时宋强，宋襄公欲继齐桓成霸业，颇以军威凌小国。执滕子。用鄫子于次睢之社。陈穆公不忘齐桓之德，与蔡、楚、郑人会盟于齐，以修桓公之好。齐宋方睦。宋襄公与齐楚盟于鹿上的求霸。为楚所欺。既合诸侯于盂（宋襄十二年），楚执宋襄公于会上以自霸。阅半载，乃因诸侯之请释之。明年，宋与楚战于泓。宋兵败，襄公伤股，又半年而卒。于时大国诸侯各为其先世名德之君立专祀之庙。宋襄公亦因殷高宗能伐鬼方，而立不毁之庙，作此诗，宣扬商族征服荆楚之旧威以励其国人也。

首章："挞彼殷武"，《毛传》："挞，疾意也。殷武，殷王武丁也。荆楚，荆州之楚国也。"《朱传》："挞，疾貌。"《诠》按：《说文》手部"🈳"，古文挞。《周书》曰：'🈳以记之'"《殷注》云："壁中古文作🈳也。"查其文在《虞书·益稷篇》，今作"侯以明之，挞以记之。"《孔传》云："当行射侯之礼，以明善恶之教。笞挞不是者，使记识其过。"《蔡沈注》："射所以观德。""挞，朴也。即朴作教刑。"《说文》亦云："乡饮酒，罚不敬，挞其背"。窃谓挞者，拍也。手轻拍而怒视，使知其为不敬而已。非即施鞭扑也。《尚书》记帝舜之教，用射侯以观德，而明察孰贤、孰不肖，用书识之。欲其迁善。则亦非动辄施鞭朴也。其字本作🈳。以虍为义。后世乃省作挞也。🈳之为言，威怒貌也。以貌表达其情感，使人知畏。后世则轻拍其背而示之威怒。反抗则斗矣。又后则施以鞭扑曰挞。字形亦变。就此诗言，亦应是古原作🈳，秦汉传诗者改写作挞耳。"🈳彼殷武"，谓殷武🈳然威怒。不当写作挞，使与今义混淆。🈳然而怒者，怒其不率教也。故奋然征伐之称荆族曰"荆楚"，足知其为周代所作，非殷旧颂。"罙"古深字。深入其阻，谓逾重险以深入，故三年乃克之也。"裒荆之旅"，毛云："裒聚也。"郑云："克其军率而俘虏其士众。"按："裒，犹递剪而削平之也。"《易·谦卦》："君子以裒多益少。"谓削其所多以益其所少，使平衡也。"裒荆"与"剪商"义同，谓非一举而灭之。荆人分散飘忽，难于聚歼，惟当次第削平，故曰裒。训聚，乃非也。"有截其所"，谓荆族其时无城邑。但随地阻击。殷师亦随所在斩馘之。（《郑笺》于商颂诸"有截"皆训为"截然整齐"。大谬。）"汤孙之绪"，谓高宗武丁能承汤"九有有截"之绪。

次章：设为殷高宗遣责荆族之辞，以自抒其意。言："汝荆族居南国，未沾王化。乃不知我先祖成汤之世，远如氐羌民族，亦莫敢不来贡献，莫敢不来朝觐。"《郑笺》云："享，献也。世见曰王。"《左传》隐公九年，"宋公不王，郑伯为王左卿士，以王命讨之"。不王，谓不朝于周王也。不王之反为"来王"。殷墟甲骨文中，羌氏字甚多。当时中华之玉器皆仰给于羌族。故羌氏来华市易者甚多。其族人亦杂居于中华之西、北、南三面，与商族发生政治联系。故诗特举之。"曰商是常"。郑释常为"常君"，朱释为"常礼"，并非。《左传》文公八年，史克对鲁宣公引《誓命》曰："主藏之名，赖奸之用，为大凶德，有常无赦。"则常者，法也。《易·坤卦》，"先迷失道，后顺得常"。又"后得主而有常"。《系辞》"动静有常"，皆以常为法则之义。《诗·思文》"陈常于时夏"，《闷宫》"鲁邦是常"并同。此诗言四夷皆奉汤之令教，奉为法则也。

三章：言殷受天命，诸侯皆当敬事之。毛云："辟，君也。"朱云："多辟，诸侯也。"盖"多辟"与"百辟"同义。诗言：天命各国诸侯，凡设国都于禹绩以内者，每岁俱当来朝于殷帝。"禹之绩"，郑释为"禹所治之功"，朱释为"禹所治之地"。要皆谓禹迹所至之处。"来辟"，郑云："犹来王也。""勿予祸适。"毛云："适，过也。"陆音"直革反"，则当读谪。朱云："适，谪通。""皆以岁事来至于商以祈王之不遣。"《诠》按：适，当读如敌。协韵，义亦可通。《礼·燕义》："君独升，立席上，西面特立。莫敢适之义也。"即以适为敌之义。"勿予祸适"，谓诸侯勿敢为我商族祸难。非诸侯自谓曰予也。"稼穑匪解"，下当脱一句。如《烝民》曰"稼穑匪懈，以事一人"，《韩奕》曰"夙夜匪懈，虔共尔位"之例。失之既久，无可缉补。审如下章，亦为六句，则当是"以事于一"四字。

四章：赓上章言：天亦命下民监察其君。民之从违，天必依之。"下民有严"毛训严为敬。朱训严为威。郑释"有严"为"有严明之君"。按："有严"，谓下民受命为监，"天视自我民视。天听自我民听"，则下民亦有严也。《说命》曰"维民从人。"曰"克绍乃辟于先王，永绥民"。即此诗降临有严之义也。故殷帝"命于下国"曰："勿僭勿滥，勿怠遑。"而诸侯亦能"不僭不滥，不敢怠遑"，毛云："赏不僭，刑不滥也。"郑云："能明德慎罚，不敢怠惰自暇于政事。"是也。"封建厥福"，毛训封为大。朱云："大建其福。"谓天为诸奴隶主大建其福。民顺政令则福多也。

五章：颂高宗德业之遗存于宋者。"商邑"，谓亳殷，即宋之都邑。"翼翼"，里衎纷披貌。"极"，本义为屋宇正中最高之横梁。"四方之极"，犹云"纪纲四方"也。"赫赫"，颂武丁之声光。"濯濯"，颂武丁之精神。"寿考"，谓武丁享国五十九年。"且宁"，谓服荆族而国安也。"以保我后生"，谓武丁生则能致此功，死则能荫及后世子孙之国。宋则是也。

卒章：述建造寝庙之工，祝其安固不败。冀其威灵能助宋惩荆楚也。"景山"，自古为人工所造土山之通称，犹人工河之通称为"灵渠"，今则云"运河"也。亳地平旷，历世因丘为山以培风景，备观象，故曰景山，凡古老城邑大都有之。自汤居亳至宋襄公，约千二百年，亳之景山已大，为松柏所蔚植矣。"丸丸"，毛云："易直也。"朱云"直也"。"是断"，伐木，量其用而截断之也。"是迁"，运于工地也。"方斫"，工人依建造之方技斫之成材料也。"是虔"，施斧斤之猛也。"松桷"，以松为椽与榱也。椽头檐间木曰榱。《鲁颂》"松桷有舄"，谓雕饰。此云"有梴"，谓簹下桷端有横木封之为梴也。鲁庄公"丹桓宫楹，刻桓宫桷"后遂以为庙制。故云"有舄"。宋无此制，但以木片横缀之。曰梴。今云"飞檐"是也。"旅楹"，犹今云"栏干"，短柱成列，缀以为栏，拦阻不当入者，故曰"有闲"。闲，限阻也。"寝"，毛云："路寝也。"寝庙既成，国当大安。谓祀庙能得殷武之福祐也。

《商颂》小结

《商颂》五篇，有脱章脱句。今存者凡七百二十二字。

"三颂"总结

周、鲁、商三颂共四十篇，今存三千六十八字。

颂乐，为合诗歌、舞蹈于音乐节拍之一种巨型文娱形式。非国君之具有雄厚威势与财富者不能举。故颂诗全属为统治阶级服务之谀辞，文格甚卑。虽亦演述史事，率浮夸歪曲，不切实际。较之大小雅诗，更少研究价值。至于旧儒说诗，音、训之谬陋，表现于"三颂"者尤多。新诠随处为之纠正。遍在各篇，不胜列举。中间颇多发现文字古音古义之处，亦可谓检此敝帚之征益。要之，旧说之谬，以"三颂"为最。新诠不能不厘正之。从而诠说文字亦不能不多于南、风、二雅云。